［大学专业］速查手册

·文科·

新高考研究室　编著

中国海洋大学出版社
CHINA OCEAN UNIVERSITY PRESS

·青岛·

图书在版编目（CIP）数据

大学专业速查手册 / 新高考研究室编著 . — 青岛：
中国海洋大学出版社，2023.4

ISBN 978-7-5670-3465-5

Ⅰ . ①大… Ⅱ . ①新… Ⅲ . ①高等学校 – 招生 – 专业
– 中国 – 手册 Ⅳ . ① G647.32–62

中国国家版本馆CIP数据核字（2023）第052352号

大学专业速查手册（文科）

DAXUE ZHUANYE SUCHA SHOUCE (WENKE)

出版发行	中国海洋大学出版社
社　　址	青岛市香港东路 23 号　　　　邮政编码　266071
出 版 人	刘文菁
网　　址	http://pub.ouc.edu.cn
电子信箱	1193406329@qq.com
订购电话	0532-82032573（传真）
责任编辑	孙宇菲　　　　　　　　　　　电　　话　0532-85902349
印　　制	青岛金亿嘉印刷有限公司
版　　次	2023 年 4 月第 1 版
印　　次	2023 年 4 月第 1 次印刷
成品尺寸	140 mm × 210 mm
印　　张	46
字　　数	580 千
印　　数	1 ～ 5500
定　　价	198.00 元（全两册）

发现印装质量问题，请致电 13964839192，由印刷厂负责调换。

在我国，大学是实施高等教育的学校的一种，包括综合大学和专科大学、学院。大学专业分为普通教育本科专业、职业教育本科专业、高职专科专业。其中，普通教育本科专业是在教育部颁布的《普通高等学校本科专业目录（2020 年版）》的基础上，增补近年来批准增设的目录外新专业而形成的。截至 2022 年 2 月，我国普通教育本科专业共设置 12 个学科门类（不含军事学和交叉学科），92 个专业类，771 个专业。12 个学科门类包括 4 个自然科学：理学、工学、医学、农学；8 个人文和社会科学：文学、历史学、哲学、经济学、管理学、法学、教育学、艺术学。

本书是一本实用的工具书，针对目前国内的 771 个大学专业进行了详细的解读，分文科和理科两册。对每一个专业的解读都包括专业特点、学科要求、大学课程、就业方向、开设院校等方面，并对每年新增专业进行了分析，如 2021 年新增了 31 个专业，2022 年新增了 37 个专业，让学生对大学及专业有清晰的认识。本书对高中生具有一定的指导意义，适合刚升入高中的学生研读，让学生在轻松阅读中了解大学专业，认识大学课程。

本书对每个大学专业从 6 个方面进行了详细解剖，有利于学生更好地了解大学专业。第一部分，重点介绍了各个大学专业的特点。第二部分是本科专业与高中学科的关联度及学科要求。我国大学本科专业的教学内容与高中所学的科目有一定的关联，有的关联度高，有的关联度低。在本书中，我们设计了 5 个等级，分别用 A、B、C、D、E 来表示，A

表示关联度最高，B 次之，E 表示关联度最低。但是需要说明的是，虽然是同一个专业，但是在不同的大学里，学习内容可能有所不同，甚至还会有较大的差别。第三部分是选考学科建议，针对"'3+3'省份"和"'3+1+2'省份"，所选学科有所不同。第四部分重点介绍了大学的主要课程。我国大学的本科专业课程主要由专业课程、公共必修课和公共选修课组成，由于公共课程在各类大学都基本相同，为了节省篇幅，在各个专业介绍中没有列出。本书只列举了专业课程，可供学生提前了解。第五部分是就业方向。第六部分为"本专业较好的大学"推荐，编者综合了中华人民共和国教育部网站、《"上海软科教育"中国大学专业排名报告（2021）》、易度专业排名等多方材料，所列大学虽排名不分先后，但是基本上反映了其专业实力，可供读者参考。

　　需要说明的是，我国大学专业代码通常由 6 位阿拉伯数字组成，前两位代表专业的类别，中间两位代表专业的学科，后两位代表专业变更的识别符号。此外，专业代码后加"T"，代表是"国家特设专业"，如伦理学（010104T）、国民经济管理（020103T）、化学生物学（070303T）等专业；专业代码后加"K"，代表是"国家控制布点专业"，如宗教学（010103K）、财政学（020201K）、信息安全（080904K）等专业；专业代码后加"TK"，代表是"国家特设控制布点专业"，如行星科学（070804TK）、生物育种科学（090116TK）等专业。

　　由于编者水平有限，本书不足之处在所难免，敬请广大读者批评指正。

编者

2023 年 1 月

目录

哲学

经济学

法 学

教育学

文　学

历史学

管理学

艺术学

哲学

哲学

专业特点

哲学专业以世界本原为探究对象，研习中西现代哲学、中西哲学史、伦理学、逻辑学、人类学等方面的基本理论和知识，研究自然、社会和人类最普遍的问题，探索人的价值观、人生观和世界观等问题。例如：世界的本质是什么，人类应该怎样活着，人类如何看待死亡。

本专业与高中学科关联度及学科要求

语文	数学	英语	物理	化学	生物	政治	历史	地理
A	E	B	C	C	C	A	A	C

本专业对高中阶段语文、政治、历史科目要求较高，适合思想情感丰富，乐于了解自然、社会的学生就读。

选考学科建议

"3+3"省份：不限

"3+1+2"省份：首选不限，再选政治/化学/地理/生物

大学主要课程

哲学概论、马克思主义哲学原理、中国哲学史、西方哲学史、科学技术哲学、伦理学、宗教学、美学、逻辑学、心理学、中外哲学原著导读等。

💡 就业方向

本专业毕业生可在国家机关、文教事业、新闻媒体、公司企业等部门从事行政、宣传、管理、教学、科研等工作，亦可在工商、外贸、金融、保险、证券、旅游、房地产等企事业单位从事企业营销管理、客户资源管理、网络营销管理、营销策划、营销诊断、市场调查和咨询等工作。

🏛 本专业较好的大学（排名不分先后）

复旦大学、北京大学、清华大学、中国人民大学、南京大学、武汉大学、北京师范大学、中山大学、浙江大学、华东师范大学、南开大学、吉林大学、华中科技大学、四川大学、东南大学、山东大学、厦门大学、同济大学、中国政法大学、南京师范大学、西安交通大学、中央民族大学、湖南师范大学、中南大学、中南财经政法大学、黑龙江大学、东北大学、西南大学、大连理工大学、陕西师范大学、西北大学、华南师范大学、深圳大学、首都师范大学、云南大学、山西大学、苏州大学、上海大学、安徽大学、华中师范大学等。

逻辑学

专业特点

逻辑学专业以人类的思维形式及思维规律为研究对象，研习中西逻辑史、逻辑学、数理逻辑、思维科学等方面的基本理论和知识，涉及数学、物理、计算机等多个学科，进行既定命题发生过程的推理和推导等。常见的找规律就是数理逻辑的典型，而数理逻辑也是现代逻辑学的主流。

本专业与高中学科关联度及学科要求

语文	数学	英语	物理	化学	生物	政治	历史	地理
A	A	B	C	E	D	B	B	D

本专业对高中阶段语文、数学科目要求较高，适合逻辑思维严谨，对计算机、哲学感兴趣的学生就读。

选考学科建议

"3+3"省份：不限

"3+1+2"省份：首选不限，再选政治／化学／地理／生物

大学主要课程

数学分析、高等代数、抽象代数、概率统计、逻辑导论、数理逻辑、集合论、模态逻辑、归纳逻辑、应用逻辑、逻辑史、逻辑哲学、程序

语言设计、操作系统等。

💡 就业方向

　　本专业毕业生可以在企业的人力资源部门、新闻媒体、网站、教育培训机构等从事人事管理、编辑、文案、课程顾问和教学研究员等工作。

🏛 本专业较好的大学（排名不分先后）

　　南开大学、中山大学等。

专业类
哲学类

专业代码
010102

修业年限
四年

授予学位
哲学学士

宗教学

👍 专业特点

宗教学专业主要研究人类宗教现象及其历史演变，包括宗教的起源、宗教与人类其他精神活动的关系、各大宗教的历史与理论、宗教对社会生活的影响、宗教与政治的关系等方面。

📖 本专业与高中学科关联度及学科要求

语文	数学	英语	物理	化学	生物	政治	历史	地理
A	E	B	E	E	D	A	A	B

本专业对高中阶段语文、政治、历史科目要求较高，适合思想情感丰富，对社会科学、宗教文化感兴趣的学生就读。

📚 选考学科建议

"3+3"省份：不限

"3+1+2"省份：首选不限，再选政治／化学／地理／生物

📕 大学主要课程

中国哲学史、外国哲学史、宗教学导论、佛教史、道教史、基督教史、伊斯兰教史、民间宗教研究、宗教社会学、宗教心理学、宗教问题社会调查与方法等。

💡 就业方向

本专业毕业生可到高等院校、研究机构或政府部门从事教学、研究、宗教事务管理、理论宣传、政策调研等工作。

🏛 本专业较好的大学（排名不分先后）

北京大学、复旦大学、中国人民大学等。

伦理学

专业特点

伦理学专业以人类道德现象为研究对象，包括道德意识现象、道德活动现象、道德规范现象等，探讨道德的起源、本质和发展，道德的最高原则和道德评价的标准、道德规范体系、人生的意义等。

本专业与高中学科关联度及学科要求

语文	数学	英语	物理	化学	生物	政治	历史	地理
A	E	B	E	E	D	A	A	D

本专业对高中阶段语文、政治、历史科目要求较高，适合对社会科学、人文自然科学感兴趣的学生就读。

选考学科建议

"3+3"省份：不限

"3+1+2"省份：首选不限，再选政治／化学／地理／生物

大学主要课程

马克思主义哲学原理、伦理学原理、中国伦理思想史、外国伦理思想史、马克思主义伦理思想研究、德育原理、现代西方伦理学、职业道德概论、应用伦理学等。

💡 就业方向

　　本专业毕业生可从事政府部门、非营利机构以及企业的行政及人力资源管理工作；高校政治学、德育的教学与研究工作；高校行政管理、学生管理及政治思想工作；各种新闻媒体、图书馆等机构的采访、编辑、管理等工作。

🏛 本专业较好的大学（排名不分先后）

　　中国人民大学、山西大学等。

经济学

经济学

专业特点

经济学专业主要研究经济学、金融学、投资学、精算学等方面的基本知识和技能，在银行、证券、信托等金融机构进行经济分析、预测、规划、管理以及各类金融服务等工作。例如：债券、基金的投资前景分析，股票、投资的风险评估，汽车、房子的抵押贷款，企业破产时的资产清算。

本专业与高中学科关联度及学科要求

语文	数学	英语	物理	化学	生物	政治	历史	地理
B	A	B	C	E	D	A	B	B

本专业对高中阶段数学、政治科目要求较高，适合对社会科学、自然科学感兴趣的学生就读。

选考学科建议

"3+3"省份：不限/物理/化学/生物

"3+1+2"省份：首选不限，再选政治/化学/地理/生物

大学主要课程

政治经济学、资本论、西方经济学、统计学、国际经济学、货币银行学、财政学、经济学说史、发展经济学、企业管理、市场营销、国际金融、国际贸易、线性代数、高等数学、概率论与数理统计等。

💡 就业方向

本专业毕业生适合在政府机构、金融机构、高等学校、大中型企业从事政策分析、教学研究、经济管理、营销等工作，也适合自主创业。

🏛 本专业较好的大学（排名不分先后）

中国人民大学、北京大学、清华大学、复旦大学、南京大学、武汉大学、南开大学、上海财经大学、厦门大学、浙江大学、中央财经大学、西南财经大学、对外经济贸易大学、吉林大学、中南财经政法大学、华中科技大学、中山大学、山东大学、北京交通大学、湖南大学、四川大学、西安交通大学、首都经济贸易大学、上海交通大学、辽宁大学、北京师范大学、北京理工大学、暨南大学、东北财经大学、东南大学、西北大学、南京财经大学、重庆大学、江西财经大学、华东师范大学、浙江财经大学、北京航空航天大学、华南理工大学、华南师范大学、中国地质大学（武汉）、浙江工商大学、广东外语外贸大学、中国政法大学、广西大学、中国农业大学、深圳大学、东北大学、山东财经大学、中国海洋大学、安徽大学、河南大学、南京师范大学、兰州大学、宁波大学、福建师范大学、东北师范大学、大连理工大学、华东理工大学、南昌大学、上海对外经贸大学、天津财经大学、华中师范大学、苏州大学、安徽财经大学、上海大学、云南大学、武汉理工大学、西南大学、重庆工商大学、郑州大学、中央民族大学、南京审计大学、青岛大学、北京工商大学、哈尔滨工业大学、陕西师范大学等。

经济统计学

专业特点

经济统计学专业以经济数据为研究对象，主要研究经济数据的采集、生成和传输等方面的基本知识和技能，利用统计方法对经济数据背后的经济现象以及复杂的经济系统进行有规律的分析，从而为投资和管理决策服务。例如：投资前对投资风险和预估收益的分析，产品投放前对市场和消费者购买力的调研分析。

本专业与高中学科关联度及学科要求

语文	数学	英语	物理	化学	生物	政治	历史	地理
B	A	B	E	E	E	A	E	E

本专业对高中阶段数学、政治科目要求较高，适合对经济统计学感兴趣的学生就读。

选考学科建议

"3+3"省份：不限 / 物理 / 化学 / 生物

"3+1+2"省份：首选不限，再选政治 / 化学 / 地理 / 生物

大学主要课程

高等数学、高等代数、概率论、数理统计、空间解析几何、随机过程、宏观经济学、微观经济学、会计学、财政学、计量经济学、应用时间

序列分析、应用多元分析、抽样调查、国民经济统计学、金融统计分析、证券投资分析、非参数统计、贝叶斯统计、统计预测与决策、运筹学、统计计算与软件应用、数据挖掘技术、保险精算、试验设计、社会统计学等。

💡 就业方向

本专业毕业生能在企事业单位的经济、金融和管理部门从事统计调查、统计信息管理、数量分析、市场研究、质量控制以及高新技术产品的开发、研究、应用和管理工作，或在科研教育部门从事研究和教学工作。

🏛 本专业较好的大学（排名不分先后）

中国人民大学、厦门大学、北京大学、对外经济贸易大学、上海财经大学、西南财经大学、中南财经政法大学、西安交通大学、东北财经大学、中央财经大学、暨南大学、湖南大学、中山大学、浙江工商大学、北京航空航天大学、江西财经大学、华中科技大学、浙江财经大学、天津财经大学、南京财经大学、华东师范大学、首都经济贸易大学、辽宁大学、北京工业大学、南京审计大学、上海对外经贸大学、山东财经大学、河北大学、西北大学、广东外语外贸大学、郑州大学、东北师范大学、安徽财经大学、安徽大学、杭州电子科技大学、华中农业大学、福州大学、兰州大学、河南大学、云南财经大学、青岛大学、哈尔滨商业大学、西安财经大学、北京工商大学、南京信息工程大学、南昌大学、浙江理工大学、长安大学、湖南工商大学、重庆工商大学、西南政法大学、广东财经大学、山西财经大学、吉林财经大学、海南大学、中南民族大学、南京邮电大学、江西师范大学、河南财经政法大学、山东工商学院、东北林业大学、曲阜师范大学等。

国民经济管理

专业特点

国民经济管理专业主要研究中国经济学、金融学、管理学等方面的基本知识和技能，包括宏观经济管理理论、宏观经济计量模型与方法的应用、国民经济运行与宏观调控、地区经济与城市发展等，进行经济分析、预测、规划、决策和管理等。例如：对过高商品价格的干预调节，对农业、工业、商业、运输业等国民经济的管理。

本专业与高中学科关联度及学科要求

语文	数学	英语	物理	化学	生物	政治	历史	地理
B	A	B	E	E	E	A	C	C

本专业对高中阶段数学、政治科目要求较高，适合对数学逻辑、统计感兴趣的学生就读。

选考学科建议

"3+3"省份：不限 / 物理 / 化学 / 生物

"3+1+2"省份：首选不限，再选政治 / 化学 / 地理 / 生物

大学主要课程

经济学基础、中级微观经济学、中级宏观经济学、财政学、货币银行学、国际经济学、金融经济学、计量经济学、统计学、会计学、

政治经济学、国民经济管理学、发展战略与规划、投入产出分析、产业经济学、管理学基础等。

💡 就业方向

本专业毕业生可以在各级政府部门、大中型企业、社会中介机构、研究机构从事经济分析、预测、决策、规划、咨询和经济管理等工作。

🏛 本专业较好的大学 （排名不分先后）

中国人民大学、中央财经大学、四川大学等。

专业类 经济学类

专业代码 020103T

修业年限 四年

授予学位 经济学学士

资源与环境经济学

专业特点

　　资源与环境经济学专业主要研习经济学、管理学、环境资源、发展经济学等方面的基本知识和技能，以经济学为手段，研究自然资源环境的发展与保护，进行土地、林木、海水等自然资源的开发、管理与保护以及环境经济分析，提升资源的利用效率，从而实现可持续发展。

本专业与高中学科关联度及学科要求

语文	数学	英语	物理	化学	生物	政治	历史	地理
B	A	B	E	E	E	C	E	A

　　本专业对高中阶段数学、地理科目要求较高，适合对地理、自然资源感兴趣的学生就读。

选考学科建议

　　"3+3"省份：不限 / 物理 / 化学 / 生物
　　"3+1+2"省份：首选不限，再选政治 / 化学 / 地理 / 生物

大学主要课程

　　自然资源学、环境学概论、资源与环境经济学、资源开发与管理、产业经济学、发展经济学、生态经济学、资源环境定量分析方法、经济地理学、可持续发展理论与实践、环境认证与审计、环境会计学等。

💡 就业方向

本专业毕业生可在综合经济管理部门、政策研究部门、金融机构和企业从事资源与环境经济学分析、预测、规划和经济管理等方面的工作。

🏛 本专业较好的大学（排名不分先后）

北京大学、中国人民大学、山东财经大学、浙江工商大学、贵州财经大学、山西财经大学等。

商务经济学

专业特点

商务经济学专业主要研究经济、商务、贸易、营销、管理等方面的基本知识和技能，让学生了解中国和国际贸易的规则惯例、现状、发展趋势和政策法规等，进行商务分析、商务规划、商务运营和业务拓展等。例如：企业项目的招商，企业投资的效益分析，潜在客户的人群分析与跟进，促成交易前买卖双方的商务谈判。

本专业与高中学科关联度及学科要求

语文	数学	英语	物理	化学	生物	政治	历史	地理
B	A	A	E	E	E	C	E	E

本专业对高中阶段数学、英语科目要求较高，适合对市场经济、数理统计、逻辑感兴趣的学生就读。

选考学科建议

"3+3"省份：不限 / 物理 / 化学 / 生物

"3+1+2"省份：首选不限，再选政治 / 化学 / 地理 / 生物

大学主要课程

商务数学、统计学、人类环境和科学、宏观经济学原理、管理学原理、管理心理学、中级微观经济学、数理经济学、货币银行学、公共金融学、

商务调研方法、国际宏观经济学、战略经济学等。

💡 就业方向

　　本专业毕业生可以到国家经济部门或私人贸易公司，从事经济预测和计划、财务分析、信贷分析、市场调查和分析、保险证券分析、经理顾问、效益分析等工作。

🏛 本专业较好的大学（排名不分先后）

　　南开大学、首都经济贸易大学、哈尔滨商业大学、海南大学、福建农林大学、兰州财经大学、湖北经济学院、上海商学院、广西财经学院、重庆第二师范学院、铜陵学院等。

能源经济

专业特点

能源经济专业以能源为研究对象，主要研究经济学、管理学、能源经济学、环境科学等方面的基本知识和方法，包括能源的战略选择、能源的融资、能源的预测、能源企业的组织形式等，探究能源的效应与效益等，进行能源产业发展规划、能源技术经济评价、国际能源合作等。

本专业与高中学科关联度及学科要求

语文	数学	英语	物理	化学	生物	政治	历史	地理
B	A	B	E	E	E	C	E	A

本专业对高中阶段数学、地理科目要求较高，适合热爱自然科学、乐于了解人文社会科学的学生就读。

选考学科建议

"3+3"省份：不限 / 物理 / 化学 / 生物

"3+1+2"省份：首选不限，再选政治 / 化学 / 地理 / 生物

大学主要课程

能源经济学、宏微观经济学、计量经济学、环境经济学、运筹学、金融学、技术经济学、国际石油经济学、石油地质学、能源法、能源

政策与战略、能源金融、能源项目管理、气候变化经济学、新能源与可再生能源等。

💡 就业方向

本专业毕业生能够胜任各级政府能源管理部门、大中型能源企业、能源金融机构中的能源管理、能源预测、能源规划、能源经济研究和咨询、国际能源合作等领域的工作。

🏛 本专业较好的大学 （排名不分先后）

中国人民大学、重庆大学、北京航空航天大学、中国石油大学（北京）、江苏大学、湖北工业大学、山西财经大学、河南财经政法大学、山东工商学院等。

劳动经济学

专业特点

　　劳动经济学专业主要研究劳动力市场现象及其所引起的劳动力资源配置等相关问题，包括劳动力供给、劳动力需求、劳动力就业、劳动力工资、劳动力人力资本投资、劳动力收入分配等。例如：劳动力市场失衡背后各种因素的变化，如何通过优化劳动进行资源配置。

本专业与高中学科关联度及学科要求

语文	数学	英语	物理	化学	生物	政治	历史	地理
B	A	B	E	E	E	C	E	E

　　本专业对高中阶段数学科目要求较高，适合对劳动经济学感兴趣的学生就读。

选考学科建议

　　"3+3"省份：物理 / 历史 / 不限

　　"3+1+2"省份：首选不限，再选政治 / 化学 / 地理 / 生物

大学主要课程

　　管理数学、微观经济学、宏观经济学、人口资源环境统计学、人口经济学、生态与可持续发展经济学、资源与环境经济学等。

💡 就业方向

本专业毕业生能在综合经济管理部门、政策研究部门、金融机构和企业从事经济分析、预测、规划和经济管理工作。

🏛 本专业较好的大学 （排名不分先后）

中国人民大学、首都经济贸易大学、中国劳动关系学院等。

经济学类 专业类

020107T 专业代码

四年 修业年限

经济学学士 授予学位

经济工程

👍 专业特点

　　经济工程专业主要研究经济学和建筑工程学相关内容，包括产业经济学、投资学、市场营销、统计学、建筑识图、项目管理等。例如：进行房地产等不动产的投资与管理，对城市规划中的经济分析及管理。

📖 本专业与高中学科关联度及学科要求

语文	数学	英语	物理	化学	生物	政治	历史	地理
B	A	B	E	E	E	A	E	E

　　本专业对高中阶段数学、政治科目要求较高，适合对经济研究感兴趣的学生就读。

📚 选考学科建议

　　"3+3"省份：物理 / 历史 / 不限

　　"3+1+2"省份：首选不限，再选政治 / 化学 / 地理 / 生物

📘 大学主要课程

　　政治经济学、微观经济学、宏观经济学、产业经济学、管理学、会计学、投融资学、市场营销、国际金融与贸易、统计学、计量经济学、运筹学、房屋建筑学、工程经济学、工程造价、城市规划原理、建筑识图、项目管理等。

💡 就业方向

本专业毕业生面向大型企业集团、证券公司（投资银行）、资产管理公司、房地产投资公司等商务机构与专业研究机构、政府专业管理部门等，可从事专业的管理工作。

🏛 本专业较好的大学（排名不分先后）

合肥学院等。

专业类
经济学类

专业代码
020108T

修业年限
四年

授予学位
经济学学士

数字经济

专业特点

数字经济专业主要研究数字经济的运行规律，测度数字经济的规模，促进数字产业化与产业数字化发展，实现数字技术与工业、农业、服务业等行业的深度融合。例如：利用数字化识别货架上的商品缺货率等进行运营分析，规划和实施企事业单位的数字化转型。

本专业与高中学科关联度及学科要求

语文	数学	英语	物理	化学	生物	政治	历史	地理
B	A	B	E	E	E	C	E	E

本专业对高中阶段数学科目要求较高，适合对数字经济感兴趣的学生就读。

选考学科建议

"3+3"省份：物理 / 不限

"3+1+2"省份：首选不限，再选政治 / 化学 / 地理 / 生物

大学主要课程

微观经济学、宏观经济学、商务与经济统计、计量经济学、大数据财务、网络经济学、电子商务、数据挖掘、数字媒体管理、数据化组织等。

💡 就业方向

　　本专业毕业生可以从事有关区块链、人工智能、物联网、机器人、电子商务等新兴领域的相关经济分析、金融分析和行业管理等工作。

🏛 本专业较好的大学（排名不分先后）

　　安徽财经大学、中国传媒大学等。

财政学

专业特点

　　财政学专业主要研究经济学、财政学、税收学等方面的基本知识和技能，包括政府部门在资金筹集和使用方面的理论、制度和管理方法以及企业在生产经营过程中的税收问题等，从而进行税务规划、税务检查和资产管理等。例如：在合法的情况下为企业税务进行筹划，对个人或者企业的资产总值进行评估和管理。

本专业与高中学科关联度及学科要求

语文	数学	英语	物理	化学	生物	政治	历史	地理
B	A	B	E	E	E	A	D	D

　　本专业对高中阶段数学、政治科目要求较高，适合对统计计算、社会经济、政治感兴趣的学生就读。

选考学科建议

　　"3+3"省份：不限 / 物理 / 历史

　　"3+1+2"省份：首选不限，再选政治 / 化学 / 地理 / 生物

大学主要课程

　　政治经济学、西方经济学、货币银行学、国际经济学、财政学、国家预算、税收管理、国际税收、国有资产管理等。

💡 就业方向

本专业毕业生既可以在税务事务所、会计师事务所、财务公司等中介机构，从事税务代理、税务筹划、税务会计、审计以及一般财务工作；也可以进入外贸领域，从跟单员、单证员或者外贸业务员等较为基础的职位开始工作；还可以选择报考公务员，进入政府部门的财政管理领域工作。

🏛 本专业较好的大学（排名不分先后）

中国人民大学、北京大学、中央财经大学、厦门大学、上海财经大学、南开大学、对外经济贸易大学、复旦大学、山东大学、中南财经政法大学、西安交通大学、东北财经大学、南京大学、西南财经大学、浙江大学、武汉大学、华中科技大学、浙江财经大学、湖南大学、中山大学、江西财经大学、首都经济贸易大学、辽宁大学、四川大学、天津财经大学、吉林大学、暨南大学、山东财经大学、南京审计大学、重庆大学、安徽大学、南京财经大学、安徽财经大学、苏州大学、河北大学、广东外语外贸大学、河南大学、东北师范大学、广东财经大学、西北大学、福州大学、广西大学、青岛大学、山西财经大学、西安财经大学、云南财经大学、哈尔滨商业大学、重庆工商大学、河北经贸大学等。

税收学

专业特点

税收学专业主要研究经济学、税收学、管理学、法学等方面的基本知识和技能，包括税收的制度、分类、法律、政策等，从而进行纳税管理、税务规划、税务检查等。例如：企业对自身纳税情况的管理和监督，政府对企业缴税情况的检查，在合法的情况下为企业进行税务筹划。

本专业与高中学科关联度及学科要求

语文	数学	英语	物理	化学	生物	政治	历史	地理
B	A	B	E	E	E	A	D	D

本专业对高中阶段数学、政治科目要求较高，适合对数据统计、人文社科感兴趣的学生就读。

选考学科建议

"3+3"省份：不限 / 物理 / 历史

"3+1+2"省份：首选不限，再选政治 / 化学 / 地理 / 生物

大学主要课程

税收理论、中国税制、外国税制、税收筹划、税务代理实务、国际税收、税收管理、财税信息化、财务会计、公共财政学、中国财政

史、国家预算、公共支出管理、宏观经济学、微观经济学、计量经济学、经济法、国际经济学等。

💡 就业方向

本专业毕业生主要在税务师事务所、会计师事务所、财务公司等税务咨询代理机构，财政、税务等政府部门，银行、工商等企事业单位从事税务、财务等相关工作。其主要职业有:簿记员，会计和审计员，出纳员，税收监察者，税收征收人和税收代理人，在法院、市政以及政府行政机关工作的办事员，报税代理人等。

🏛 本专业较好的大学（排名不分先后）

中国人民大学、中央财经大学、上海财经大学、东北财经大学、中南财经政法大学、西南财经大学、厦门大学、对外经济贸易大学、江西财经大学、浙江财经大学、首都经济贸易大学、暨南大学、南京财经大学、天津财经大学、山东财经大学、广东外语外贸大学、安徽财经大学、广东财经大学、南京审计大学、重庆工商大学、吉林财经大学、贵州财经大学、云南财经大学、山西财经大学、西安财经大学、湖南工商大学、上海理工大学、河南财经政法大学、兰州财经大学、哈尔滨商业大学、河北经贸大学、内蒙古财经大学、上海立信会计金融学院、上海海关学院、上海政法学院、湖北经济学院、武汉纺织大学、新疆财经大学、广西财经学院、广西民族大学、海南师范大学、上海商学院、上海第二工业大学、湖南财政经济学院、北方民族大学、铜陵学院等。

金融学

专业特点

金融学专业主要研究金融学、经济学、货币银行学、证券投资学、保险学等方面的基本知识和技能，在证券、投资、信托、保险等行业进行投资理财和风险控制等。例如：基金、股票、债券的收益分析、风险评估和投资管理，人身保险的销售，银行柜台业务的办理。

本专业与高中学科关联度及学科要求

语文	数学	英语	物理	化学	生物	政治	历史	地理
B	A	A	E	E	E	A	E	E

本专业对高中阶段数学、英语、政治科目要求较高，适合对数理统计、国际政治感兴趣的学生就读。

选考学科建议

"3+3"省份：不限 / 物理 / 历史

"3+1+2"省份：首选不限，再选政治 / 化学 / 地理 / 生物

大学主要课程

西方经济学、国际金融学、货币银行学、金融市场学、世界经济概论、金融工程学、国际保险、信托与租赁、公司金融、证券投资学、商业银行经营与管理、金融统计分析、国际结算、国际经济法、国际贸易

理论与实务、金融专业英语等。

💡 就业方向

本专业毕业生的就业方向有经济分析预测、对外贸易、市场营销、管理等。如果能获得一些资格认证，可从事的职业有特许金融分析师（CFA）、特许财富管理师（CWM）、基金经理、精算师、证券经纪人、股票分析师等。

🏛 本专业较好的大学（排名不分先后）

中国人民大学、北京大学、中央财经大学、复旦大学、上海财经大学、对外经济贸易大学、厦门大学、南开大学、西南财经大学、湖南大学、清华大学、浙江大学、上海交通大学、东北财经大学、西安交通大学、中南财经政法大学、中山大学、山东大学、华中科技大学、同济大学、吉林大学、北京航空航天大学、华东师范大学、南京大学、北京交通大学、武汉大学、暨南大学、四川大学、北京师范大学、大连理工大学、重庆大学、江西财经大学、首都经济贸易大学、中国农业大学、东南大学、上海大学、天津财经大学、浙江工商大学、中国海洋大学、南京财经大学、电子科技大学、浙江财经大学、中南大学、上海对外经贸大学、华南理工大学、山东财经大学、天津大学、广东外语外贸大学、南京师范大学、哈尔滨工业大学、深圳大学、南京审计大学、宁波大学、西南大学、广西大学、西北大学、福州大学、安徽大学、南京农业大学、浙江工业大学、兰州大学、青岛大学、安徽财经大学、郑州大学等。

金融工程

👍 专业特点

　　金融工程专业研究经济学、金融学、金融工程和金融管理等方面的基本知识，在校接受理财、投融资、风险管理等方面的技能训练，主要运用计算机建立数学模型，从而解决金融相关的问题。例如：基金、证券、保险等金融衍生品的设计开发，投资理财产品的风险控制和管理，保险事故损失额分布规律的精算。

📖 本专业与高中学科关联度及学科要求

语文	数学	英语	物理	化学	生物	政治	历史	地理
B	A	B	E	E	E	C	D	E

　　本专业对高中阶段数学科目要求较高，适合对统计计算、经济投资感兴趣的学生就读。

📚 选考学科建议

　　"3+3"省份：不限 / 物理 / 历史

　　"3+1+2"省份：首选不限，再选政治 / 化学 / 地理 / 生物

📖 大学主要课程

　　政治经济学、微观经济学、宏观经济学、计量经济学、货币银行学、金融经济学、金融市场学、证券投资学、衍生金融工具、固定收益证券、

公司金融、金融工程学、金融会计等。

💡 就业方向

本专业毕业生可到跨国公司、金融机构或高等院校从事金融、财务管理以及教学、科研工作等。

🏛 本专业较好的大学（排名不分先后）

中国人民大学、中央财经大学、对外经济贸易大学、厦门大学、南开大学、武汉大学、上海财经大学、东北财经大学、西安交通大学、西南财经大学、东南大学、中南财经政法大学、南京大学、山东大学、首都经济贸易大学、华中科技大学、南京财经大学、天津财经大学、浙江财经大学、湖南大学、华东师范大学、浙江工商大学、山东财经大学、广东外语外贸大学、四川大学、江西财经大学、合肥工业大学、上海对外经贸大学、北京工商大学、安徽财经大学、宁波大学、山西财经大学、华中师范大学、南京审计大学、青岛大学、广州大学、北京科技大学、兰州大学、杭州师范大学、哈尔滨商业大学、西北大学、南京信息工程大学、中国政法大学、重庆工商大学、华南师范大学、福建师范大学、湖南科技大学、云南财经大学、南方科技大学、江苏师范大学、西南政法大学、河海大学、上海师范大学、大连海事大学、温州大学、中南民族大学、河南财经政法大学、南京邮电大学、广东财经大学、四川师范大学、香港中文大学（深圳）、广东工业大学、兰州财经大学、河北经贸大学、长春理工大学、吉林财经大学、内蒙古大学、天津科技大学、南京林业大学、山东工商学院、西南民族大学、中国计量大学、贵州财经大学、重庆理工大学、河北师范大学等。

保险学

专业特点

保险学专业主要研究经济学、金融学、保险学、数学、统计学、金融投资等方面的基本知识和技能，进行商业性保险业务的咨询、营销与管理，社会保险基金的运作，保险行业的监管等。

本专业与高中学科关联度及学科要求

语文	数学	英语	物理	化学	生物	政治	历史	地理
B	A	B	D	D	D	C	D	D

本专业对高中阶段数学科目要求较高，适合对数学逻辑感兴趣的学生就读。

选考学科建议

"3+3"省份：不限 / 物理 / 历史

"3+1+2"省份：首选不限，再选政治 / 化学 / 地理 / 生物

大学主要课程

微观经济学、宏观经济学、国际经济学、货币银行学、金融市场学、计量经济学、会计学、统计学、财政学、管理学、保险学、经济法、保险公司经营管理、保险学原理、保险精算、财产保险原理与实务、人寿保险原理与实务社会保险、人寿与健康保险、财产和责任保险、

保险公司财务管理、利息理论、寿险精算、非寿险精算、公司金融等。

💡 就业方向

本专业毕业生主要在各大保险公司、保险中介机构、保险监管机构、银行、证券公司、信托投资公司等金融机构工作，也可以在大中型企业风险管理部门、社会保障机构、政府部门等就业，还可以在教育、科研部门从事教学和科研工作。

🏛 本专业较好的大学（排名不分先后）

北京大学、中央财经大学、南开大学、中国人民大学、上海财经大学、对外经济贸易大学、复旦大学、西南财经大学、东北财经大学、湖南大学、厦门大学、武汉大学、南京大学、江西财经大学、中山大学、中南财经政法大学、山东大学、华东师范大学、广东外语外贸大学、首都经济贸易大学、四川大学、浙江工商大学、上海对外经贸大学、辽宁大学、山东财经大学、天津财经大学、南京财经大学、浙江财经大学、安徽财经大学、青岛大学、南京审计大学、河南大学、山西财经大学、西安财经大学、重庆工商大学、河北大学、南京信息工程大学、云南财经大学、江苏大学、西北农林科技大学、北京工商大学、上海师范大学、广东财经大学、湖南工商大学、东北农业大学、中南民族大学、哈尔滨商业大学、河南财经政法大学、吉林财经大学、河北经贸大学、中南林业科技大学、西南民族大学、山东工商学院、贵州财经大学、广州中医药大学、兰州财经大学、内蒙古财经大学、湖北经济学院等。

投资学

专业特点

投资学专业主要研究金融学、经济学、投资学、管理学、法学等方面的基本知识和技能，涉及金融投资、风险投资、政府投资、投资宏观调控等，进行个人或企业的投资项目的规划、分析与管理等。

本专业与高中学科关联度及学科要求

语文	数学	英语	物理	化学	生物	政治	历史	地理
B	A	B	E	E	E	B	D	D

本专业对高中阶段数学科目要求较高，适合对经济金融感兴趣、善于数理统计的学生就读。

选考学科建议

"3+3"省份：不限 / 物理 / 历史

"3+1+2"省份：首选不限，再选政治 / 化学 / 地理 / 生物

大学主要课程

经济学、管理学、投资学、中级会计学、投资银行理论与实务、期权与期货、创业投资、私募股权基金、固定收益证券、个人理财规划、投资经济学、项目评估、项目融资、计量经济学等。

💡 就业方向

本专业毕业生主要有以下几个就业方向：到政府相关部门从事有关投资的政策制定和政策管理工作；到事业单位，如会计师事务所、税务师事务所等税务代理机构、政府财税部门，从事行政管理和建议工作；到证券、信托投资公司和投资银行从事证券投资工作；到高校、科研部门从事教学、科研工作。

🏛 本专业较好的大学（排名不分先后）

中央财经大学、上海财经大学、对外经济贸易大学、中南财经政法大学、南开大学、东北财经大学、浙江工商大学、西南财经大学、安徽财经大学、首都经济贸易大学、南京审计大学、江西财经大学、天津财经大学、上海对外经贸大学、南京财经大学、浙江财经大学、山东财经大学、广东财经大学、南京农业大学、杭州师范大学、华侨大学、合肥工业大学、重庆工商大学、云南财经大学、济南大学、上海师范大学、哈尔滨商业大学、广东工业大学、西安财经大学、湖南工商大学、河南财经政法大学、山西财经大学、武汉科技大学、贵州财经大学、成都理工大学、四川农业大学、河北经贸大学、西南民族大学、河南师范大学、集美大学、山东工商学院、内蒙古财经大学、山东科技大学、上海立信会计金融学院、西南石油大学、天津科技大学、兰州财经大学、武汉纺织大学、天津师范大学、安徽师范大学、湖南农业大学、烟台大学、厦门理工学院、上海第二工业大学、广东金融学院、湖北经济学院、齐鲁工业大学、福建江夏学院、天津城建大学、湖南工业大学、合肥学院、东莞理工学院、北京农学院、河北金融学院、湖南财政经济学院、南昌工程学院、云南农业大学、广西财经学院、阜阳师范大学、郑州师范学院、仲恺农业工程学院、龙岩学院、信阳师范学院等。

金融数学

专业特点

金融数学专业主要研习数学、统计学、运筹学、金融学等方面的基本知识和技能，主要利用数学函数、数学公式等数学工具研究金融，进行数学建模、理论分析、数值计算等定量分析，从而找到金融学内在规律用来指导实践。例如：根据数据计算资金的周转率、交易量、市盈率等指导股票的买入卖出。

本专业与高中学科关联度及学科要求

语文	数学	英语	物理	化学	生物	政治	历史	地理
B	A	B	E	E	E	B	D	D

本专业对高中阶段数学科目要求较高，适合对统计计算、社会经济感兴趣的学生就读。

选考学科建议

"3+3"省份：不限 / 物理 / 历史

"3+1+2"省份：首选不限，再选政治 / 化学 / 地理 / 生物

大学主要课程

数学分析、高等代数、解析几何、微分方程、概率论、数理统计、应用统计、多元统计分析、运筹学、数值分析、复变函数、实变函数、

数学建模与数学实验、西方经济学、货币银行学、计量经济学、会计学、金融工程学、保险学、金融数学、计算机应用基础等。

💡 就业方向

本专业毕业生可以选择在各类银行、保险公司、证券公司、投资公司等金融机构从事量化交易、资产和风险管理、数据挖掘和分析等工作。

🏛 本专业较好的大学（排名不分先后）

北京大学、对外经济贸易大学、中南财经政法大学、东北财经大学、西南财经大学、吉林大学、天津大学、北京师范大学、南京师范大学、重庆大学、山东财经大学、南京财经大学、天津财经大学、浙江财经大学、苏州大学、南京审计大学、郑州大学、华南师范大学、西北大学、安徽大学、广西大学、南昌大学、安徽财经大学、河南大学、南方科技大学、山西财经大学、重庆工商大学、济南大学、江苏大学、河南财经政法大学、湖南工商大学、四川师范大学、西安财经大学、北京化工大学、江西理工大学、云南财经大学、重庆理工大学等。

信用管理

专业特点

信用管理专业主要研究管理学、经济学、信用管理等方面的基本知识和技能，让学生了解信用管理的国际惯例及相关的法律、规则，进行个人或企业的资信调查、信用评级、信用管理等。例如：企业贷款时，对企业资产、信用的评级，办理信用卡时对个人还款能力的评估。

本专业与高中学科关联度及学科要求

语文	数学	英语	物理	化学	生物	政治	历史	地理
B	A	B	E	E	E	A	D	E

本专业对高中阶段数学、政治科目要求较高，适合对数据统计、逻辑推理、社会经济投资感兴趣的学生就读。

选考学科建议

"3+3"省份：不限 / 物理 / 历史

"3+1+2"省份：首选不限，再选政治 / 化学 / 地理 / 生物

大学主要课程

政治经济学、宏观经济学、微观经济学、会计学、货币银行学、证券投资学、保险学、商业银行业务与经营、信用管理学、信用风险管理、财政学、国际贸易等。

💡 就业方向

本专业毕业生工作岗位分布于国家政府部门的财政部、工商管理局、海关、征信局，金融行业的商业银行、保险公司、信用卡公司，企业的信用管理部门，研究单位、高等院校、信用评级机构、资产评估机构、会计师事务所、风险管理部门和资金借贷部门，大型企业中的会计审计部门、风险控制部门，还有政府监管部门等。

🏛 本专业较好的大学（排名不分先后）

中国人民大学、上海财经大学、西南财经大学、吉林大学、浙江财经大学、南京财经大学、天津财经大学、南京审计大学、山东财经大学、上海师范大学、河南财经政法大学、上海立信会计金融学院、天津商业大学、兰州财经大学等。

经济与金融

专业特点

经济与金融专业主要研究经济学、金融学、投资学等方面的基本知识和技能，在银行、证券、投资保险等金融机构进行投资理财咨询、金融建模、金融数据分析、金融营销等。例如：投资理财的规划、分析，基金、证券等金融衍生品的营销管理。

本专业与高中学科关联度及学科要求

语文	数学	英语	物理	化学	生物	政治	历史	地理
B	A	B	E	E	E	C	E	E

本专业对高中阶段数学科目要求较高，适合对经济金融感兴趣的学生就读。

选考学科建议

"3+3"省份：不限 / 物理 / 历史
"3+1+2"省份：首选不限，再选政治 / 化学 / 地理 / 生物

大学主要课程

投资学、国际金融学、微观经济学、宏观经济学、货币银行学、财务会计、计量经济学、应用统计、数学分析、线性代数、概率论与数理统计等。

💡 就业方向

本专业毕业生一般会继续深造，比如攻读经济学之类的研究生；有的学生也会直接进入国家经济管理部门，服务于证券公司、投资银行、商业银行、保险公司、各类投资基金及管理公司等金融机构，或者在管理与财务咨询公司和大型工商企业就业等。

🏛 本专业较好的大学（排名不分先后）

对外经济贸易大学、清华大学、中南财经政法大学、安徽工业大学、南通大学、燕山大学、北方工业大学、上海政法学院、西交利物浦大学、闽南师范大学、上海电机学院、南京晓庄学院、淮阴师范学院、中国民航大学、大连海洋大学、东莞理工学院、云南民族大学、广东海洋大学、广东金融学院、常熟理工学院、内蒙古师范大学、武汉商学院、长春师范大学、合肥师范学院、乐山师范学院、淮阴工学院、湖北民族大学、内江师范学院、黄冈师范学院、重庆第二师范学院、西安文理学院、西南林业大学、徐州工程学院、河北北方学院、内蒙古民族大学、皖西学院、兰州工业学院等。

精算学

专业特点

精算学专业主要研究数学、统计学、经济学、金融学等方面的基本知识和技能，利用回归分析、统计模型等现代数学方法和股票、期货、外汇等多种金融工具，对货物和服务交易、金融交易等经济活动进行预测、财务分析、估价和管理等。例如：财政收支计划的测算，投资活动的分析。

本专业与高中学科关联度及学科要求

语文	数学	英语	物理	化学	生物	政治	历史	地理
B	A	B	E	E	E	C	E	E

本专业对高中阶段数学科目要求较高，适合逻辑思维严密、善于思考的学生就读。

选考学科建议

"3+3"省份：不限 / 物理 / 历史

"3+1+2"省份：首选不限，再选政治 / 化学 / 地理 / 生物

大学主要课程

微观经济学、宏观经济学、货币银行学、会计学、统计学概论、概率论和数理统计、保险原理、金融数学、寿险精算、精算模型、非

寿险精算、精算管理、随机过程、回归分析、统计软件、时间序列分析等。

💡 就业方向

本专业毕业生可进行软件开发以及相关的数据分析处理工作。

🏛 本专业较好的大学（排名不分先后）

中央财经大学、对外经济贸易大学、南开大学、西南财经大学、湖南大学、江西财经大学等。

专业类
金融学类

专业代码
020308T

修业年限
四年

授予学位
经济学学士、理学学士

互联网金融

专业特点

互联网金融专业主要研究现代金融理论、金融科技及互联网金融、管理理论与电子商务技术，进行金融数据分析、金融信息系统分析和设计等。例如：余额宝等投资理财类产品的设计、金融建模，对金融产品进行数据收集、分析管理。

本专业与高中学科关联度及学科要求

语文	数学	英语	物理	化学	生物	政治	历史	地理
B	A	B	D	E	C	C	E	D

本专业对高中阶段数学科目要求较高，适合对互联网金融感兴趣的学生就读。

选考学科建议

"3+3"省份：物理

"3+1+2"省份：首选不限，再选政治/化学/地理/生物

大学主要课程

经济学、会计学、统计学、国际金融学、电子商务、互联网技术、大数据技术、第三方支付、P2P借贷与资产交易、证券投资学、金融学、金融市场学、互联网金融、互联网金融法律法规、金融风险管理、

金融营销与客户经营、市场调查与预测、金融数据分析、互联网金融产品设计等。

💡 就业方向

本专业毕业生一般在互联网金融企业、传统金融机构、电子商务企业等企事业单位从事互联网金融运营管理、互联网金融数据分析、互联网金融产品设计与营销、金融风险控制、企划专员等相关工作。

🏛 本专业较好的大学（排名不分先后）

安徽财经大学、电子科技大学、安徽大学、云南财经大学、安徽工业大学、兰州财经大学、沈阳工业大学、安徽工程大学、广东金融学院、河北金融学院、衢州学院、泰州学院、滇西科技师范学院、合肥师范学院、成都工业学院、四川大学锦城学院、济宁学院、铜陵学院、巢湖学院、山东财经大学燕山学院、江苏师范大学科文学院、浙江工商大学杭州商学院、三江学院、湖北师范大学文理学院、重庆工商大学派斯学院、大连财经学院、广州商学院等。

金融科技

专业特点

    金融科技专业主要研究金融学、投资学、互联网金融等，将相关商业场景下计量分析原理及方法与大数据分析技术有机结合，进行金融产品设计与运营、金融大数据分析与管理。例如：在网络信贷、智能固投、数字货币中进行产品设计、量化分析、风险控制、运营管理。

本专业与高中学科关联度及学科要求

语文	数学	英语	物理	化学	生物	政治	历史	地理
B	A	B	C	E	D	C	D	D

    本专业对高中阶段数学科目要求较高，适合对经济金融研究、国内外金融发展的高新技术感兴趣的学生就读。

选考学科建议

    "3+3"省份：物理

    "3+1+2"省份：首选不限，再选政治/化学/地理/生物

大学主要课程

    金融科技概论、自动化数据处理技术、互联网金融风险管理、第三方支付与电子银行、互联网金融运营管理、数据科学基础与Python语言、金融大数据、数据仓库与数据挖掘、机器学习与金融应用实践、

新消费金融模式与实践、"互联网＋"供应链金融创新实践、数字普惠金融产品设计分解实践、大数据金融计量分析综合实践等。

💡 就业方向

本专业毕业生适合在金融机构、金融科技企业、第三方金融服务机构、金融监管部门及相关企事业单位、政府部门从事金融科技产品开发、运营和管理等相关工作。

🏛 本专业较好的大学（排名不分先后）

中央财经大学、西南财经大学、东北财经大学、江西财经大学、山东财经大学、深圳大学、吉林财经大学、山东工商学院、上海立信会计金融学院等。

国际经济与贸易

专业特点

国际经济与贸易专业主要研究经济学原理、国际经济、国际贸易等方面的基本知识和技能，了解中国对外贸易和当代国际经济贸易的环境和发展现状，熟悉国际贸易规则、法律与惯例以及中国对外贸易的政策法规，进行进出口业务以及对外经济和贸易活动等。例如：从国外进口电子设备、仪器，向国外出口零件、服装。

本专业与高中学科关联度及学科要求

语文	数学	英语	物理	化学	生物	政治	历史	地理
B	A	A	E	E	E	A	E	C

本专业对高中阶段数学、政治、英语科目要求较高，适合对经济感兴趣的学生就读。

选考学科建议

"3+3"省份：不限 / 物理 / 化学 / 生物 / 历史

"3+1+2"省份：首选不限，再选政治 / 化学 / 地理 / 生物

大学主要课程

政治经济学、西方经济学、国际经济学、计量经济学、世界经济概论、国际贸易理论与实务、国际金融、国际结算、货币银行学、财

政学、会计学、统计学等。

💡 就业方向

本专业毕业生可以到政府对外贸易经济管理部门从事外贸管理工作；到外贸企业从事对外贸易业务及国际市场的营销工作；到国家机关、国民经济综合部门、商业部门、涉外企业、合资企业、大型工商贸易企业从事贸易经济、市场营销、经营管理等工作；还可到各大高等院校、科研单位从事教学及科研工作。

🏛 本专业较好的大学（排名不分先后）

对外经济贸易大学、中国人民大学、北京大学、南开大学、厦门大学、复旦大学、上海财经大学、中央财经大学、南京大学、浙江大学、武汉大学、西安交通大学、中南财经政法大学、西南财经大学、山东大学、北京师范大学、湖南大学、上海对外经贸大学、东北财经大学、吉林大学、同济大学、首都经济贸易大学、南京财经大学、华中科技大学、暨南大学、上海交通大学、辽宁大学、广东外语外贸大学、中山大学、四川大学、江西财经大学、东南大学、浙江工商大学、天津财经大学、哈尔滨工业大学、上海大学、浙江财经大学、大连理工大学、浙江工业大学、北京理工大学、武汉理工大学、山东财经大学、华东师范大学、华南理工大学、广西大学、中国海洋大学、北京航空航天大学、宁波大学、北京交通大学、重庆大学、南京审计大学、中国农业大学、安徽财经大学、北京科技大学、重庆工商大学、南京师范大学、华东理工大学、南京农业大学、安徽大学、浙江理工大学、中南大学、河北大学、华侨大学、苏州大学、福建师范大学、西北工业大学、中国地质大学（武汉）、东北大学、华中农业大学、江苏大学、杭州电子科技大学等。

贸易经济

专业特点

贸易经济专业主要研究经济、管理、财会、金融、数学、营销、法律等方面的基本知识和技能，以国内贸易、营销为主，注重内贸与外贸、营销与管理相结合，进行商品贸易、市场营销、贸易管理等工作。例如：汽车、房屋等商品的买卖交易，股票的买入卖出，政府对商品流通过程的监督管理。

本专业与高中学科关联度及学科要求

语文	数学	英语	物理	化学	生物	政治	历史	地理
B	A	B	E	E	E	C	E	C

本专业对高中阶段数学科目要求较高，适合对数理统计感兴趣的学生就读。

选考学科建议

"3+3"省份：不限 / 物理 / 化学 / 生物 / 历史

"3+1+2"省份：首选不限，再选政治 / 化学 / 地理 / 生物

大学主要课程

经济数学、政治经济学、西方经济学、货币银行学、财政学、会计学、统计学、国际经济学、计量经济学、发展经济学、贸易经济学、市场

营销学、物流学、国际金融实务、国际贸易实务、购销实务、管理学、国民经济管理、市场调查、市场营销策划、现代商场策划、证券与期货、公共关系、商务谈判、消费心理、西方商业、电子商务、经济法等。

💡 就业方向

本专业主要为机关和企事业单位培养从事制定贸易政策、实施贸易管理和开展贸易实务、市场调研与开发、销售管理、现代物流管理等所需的人才。

🏛 本专业较好的大学（排名不分先后）

中国人民大学、西安交通大学、中央财经大学、首都经济贸易大学、南京财经大学、中南财经政法大学、山东财经大学、江西财经大学、重庆工商大学、安徽财经大学、北京工商大学、湖南工商大学、南京审计大学、山西财经大学、河北经贸大学、北京第二外国语学院、哈尔滨商业大学、内蒙古财经大学、西安财经大学、云南财经大学、河南财经政法大学、江苏师范大学、兰州财经大学、郑州航空工业管理学院等。

法学

法学

专业特点

法学专业主要研究法律、法律现象、法律相关问题等方面的基本理论和知识，涉及宪法、刑法、民商法、经济法、诉讼法等，进行诉讼、法务的处理等。例如：离婚、遗产纠纷等民事诉讼的辩护，谋杀、盗窃等刑事案件的检举控告，企业合同的拟定、审查、修改，劳务纠纷的协调处理。

本专业与高中学科关联度及学科要求

语文	数学	英语	物理	化学	生物	政治	历史	地理
A	D	B	E	E	D	A	B	E

本专业对高中阶段政治、语文科目要求较高，适合对政治、法学感兴趣，同时善于文字表达、社会交流沟通能力强的学生就读。

选考学科建议

"3+3"省份：不限 / 政治 / 历史

"3+1+2"省份：首选不限，再选政治

大学主要课程

法理学、中国法制史、宪法、行政法与行政诉讼法、民法、商法、知识产权法、经济法、刑法、民事诉讼法、刑事诉讼法、国际法、国际私法、国际经济法等。

💡 就业方向

本专业毕业生可到立法机关、行政机关、检察机关、审判机关、仲裁机构和法律服务机构从事法律工作。

🏛 本专业较好的大学（排名不分先后）

中国政法大学、中国人民大学、北京大学、武汉大学、清华大学、西南政法大学、上海交通大学、南京大学、华东政法大学、中南财经政法大学、复旦大学、吉林大学、厦门大学、对外经济贸易大学、北京师范大学、浙江大学、南开大学、四川大学、中山大学、南京师范大学、中央财经大学、山东大学、东南大学、中南大学、北京航空航天大学、天津大学、西南财经大学、同济大学、上海财经大学、西北政法大学、湖南大学、重庆大学、西安交通大学、暨南大学、华南理工大学、北京理工大学、华中科技大学、苏州大学、湖南师范大学、大连海事大学、辽宁大学、郑州大学、华东师范大学、海南大学、中国海洋大学、湘潭大学、安徽大学、宁波大学、华中师范大学、中央民族大学、中国人民公安大学、兰州大学、云南大学、浙江工商大学、黑龙江大学、福州大学、广东外语外贸大学、江西财经大学、北京交通大学、深圳大学、烟台大学、上海对外经贸大学、北京外国语大学、首都经济贸易大学、上海政法学院、广州大学、河南大学、贵州大学、华南师范大学、武汉理工大学、南京审计大学、江苏大学、广东财经大学、上海大学、浙江理工大学、北京化工大学、扬州大学、东北财经大学、南昌大学、西南大学、河北大学、外交学院、东北师范大学、南京航空航天大学、福建师范大学、天津财经大学、华东理工大学等。

知识产权

👍 专业特点

知识产权专业主要研究法律、知识产权等方面的基本知识和技能，在专利事务所、商标事务所、版权局、商标局、专利局等企事业单位进行知识产权服务，包括知识产权的代理、转让、登记、鉴定、评估、认证、咨询、检索等。

📘 本专业与高中学科关联度及学科要求

语文	数学	英语	物理	化学	生物	政治	历史	地理
A	D	B	C	C	C	A	C	D

本专业对高中阶段语文、政治科目要求较高，适合对法学、社会科学感兴趣的学生就读。

📚 选考学科建议

"3+3"省份：不限 / 政治 / 历史

"3+1+2"省份：首选不限，再选政治

📖 大学主要课程

法理学、宪法学、民法学、刑法学、刑事诉讼法、行政法与行政诉讼法、国际私法、国际法、著作权法（版权法）、专利法、商标法、知识产权国际公约、专利文献检索、知识产权损害赔偿、合同法、知识产权法原理、网络环境下的知识产权保护、企业知识产权战略、反不正当竞争法、知识产权代理实务等。

💡 就业方向

本专业毕业生可以在知识产权管理机构、大型企业、科研院所等单位从事知识产权管理工作，也可以在知识产权中介服务机构、律师事务所或人民法院等单位从事知识产权服务工作或审判工作，还可以在研究单位从事知识产权相关的研究工作。

🏛 本专业较好的大学 (排名不分先后)

华东政法大学、北京大学、华南理工大学、西南政法大学、重庆大学、暨南大学、湘潭大学、安徽大学、苏州大学、郑州大学、上海大学、烟台大学、湖南师范大学、华中师范大学、浙江工商大学、兰州大学、华东理工大学、南昌大学、上海政法学院、中国计量大学、大连理工大学、浙江工业大学、杭州师范大学、南京理工大学、新疆大学、南京工业大学、河南财经政法大学、西北大学、湖南工业大学、北方工业大学、中南民族大学、河南师范大学、甘肃政法大学、武汉工程大学、河南科技大学、重庆邮电大学、西南科技大学、天津科技大学、重庆交通大学、兰州理工大学、重庆理工大学、华东交通大学、广西民族大学、重庆工商大学、福建工程学院、厦门理工学院、广东金融学院等。

专业类

法学类

专业代码

030102T

修业年限

四年

授予学位

法学学士

监狱学

👍 专业特点

监狱学专业主要研究马克思主义基本原理、监狱法律制度、监狱刑罚学、劳动教养学、犯罪心理学等方面的基本知识和技能，在监狱、劳教所、看守所、戒毒所等机关进行狱政管理、罪犯改造教育、罪犯心理矫治等。报考该专业需要经过政审、面试、体检、体能测试等。

📖 本专业与高中学科关联度及学科要求

语文	数学	英语	物理	化学	生物	政治	历史	地理
A	D	B	E	E	E	A	B	E

本专业对高中阶段政治、语文科目要求较高，适合对法律、政治、人文社会科学感兴趣的学生就读。

📚 选考学科建议

"3+3"省份：不限 / 政治 / 历史

"3+1+2"省份：首选不限，再选政治

📔 大学主要课程

法学基础理论、宪法学、刑法学、刑事诉讼法学、民法学、行政法学、经济法学、犯罪学、犯罪心理学、监狱学基础理论、刑罚学、狱政管理学、监狱教育学、狱内侦查学、罪犯改造心理学、监狱经济管理学、比较监狱学、法律文书、劳动教养学、刑事照相、审讯学、计算机技术、射击技术等。

💡 就业方向

本专业毕业生可以在公检法部门或其他机关从事执法工作，在监狱、戒毒所、看守所等机关从事罪犯管理、罪犯教育和罪犯心理矫正工作，也可以在机关、企事业单位从事法律和安全保卫工作。

🏛 本专业较好的大学（排名不分先后）

中央司法警官学院、上海政法学院、山东政法学院、辽宁警察学院等。

信用风险管理与法律防控

👍 专业特点

　　信用风险管理与法律防控专业主要研究信用风险法律防控相关知识，化解信用管理领域法律风险、处置经济矛盾纠纷，保障市场主体合法权益，维护交易安全。例如：化解市场主体因失信引发的违约、违法、犯罪等法律风险，处理经济矛盾纠纷。

📖 本专业与高中学科关联度及学科要求

语文	数学	英语	物理	化学	生物	政治	历史	地理
A	D	B	E	E	E	A	B	E

　　本专业对高中阶段政治、语文科目要求较高，适合对法学、风险投资及管理感兴趣的学生就读。

📊 选考学科建议

　　"3+3"省份：物理 / 历史 / 不限

　　"3+1+2"省份：首选不限，再选政治

📚 大学主要课程

　　法理学、宪法学、民法学、刑法学、刑事诉讼法、行政法与行政诉讼法、国际私法、国际法、著作权法（版权法）、专利法、商标法、知识产权国际公约、专利文献检索、知识产权损害赔偿、合同法、知识产权法原理、网络环境下的知识产权保护、企业知识产权战略、反不正当竞争法、知识产权代理实务等。

💡 就业方向

本专业毕业生可以在风险管理机构、大型企业、投资机构等单位从事知识产权管理工作，也可以在知识产权中介服务机构、律师事务所或人民法院等单位从事知识产权服务工作或审判工作，还可以在研究单位从事风险投资和与管理相关的研究工作。

🏛 本专业较好的大学（排名不分先后）

湘潭大学、广东金融学院、安顺学院、河南财政金融学院、宿迁学院等。

专业类
法学类

专业代码
030104T

修业年限
四年

授予学位
法学学士

国际经贸规则

专业特点

国际经贸规则专业主要研究国际经济法、国际商事仲裁、知识产权法等相关内容，包括研究国际贸易规则、中国法律知识、英美国家法律制度等。例如：在国际投资争端解决中心（ICSID）处理国际投资争议，在世界知识产权组织（WIPO）处理跨国知识产权纠纷。

本专业与高中学科关联度及学科要求

语文	数学	英语	物理	化学	生物	政治	历史	地理
A	D	A	E	E	E	A	B	E

本专业对高中阶段语文、政治、英语科目要求较高，适合对国际经济交流及相关政策研究感兴趣的学生就读。

选考学科建议

"3+3"省份：物理/历史/不限
"3+1+2"省份：首选不限，再选政治

大学主要课程

经济法、知识产权法、国际公法、国际私法、国际经济法、国际组织法、世界贸易组织法、外交学、谈判学、国际争端解决、商事外交模拟、争端解决案例模拟等。

💡 就业方向

　　本专业毕业生可以就职于国内外与经贸相关的政府机构、中外律师事务所、跨国公司等，亦可选择到国内外高等院校、科研机构继续深造。

🏛 本专业较好的大学（排名不分先后）

　　上海对外经贸大学、云南财经大学、温州大学、山东政法学院、云南财经大学、吉林外国语大学等。

司法警察学

专业特点

司法警察学专业主要研究司法学、监狱学、侦查学相关内容，进行刑事犯罪预防与打击、改造罪犯、管理劳动教养人员、维护社会治安等。例如：在监狱中改造及教育管理劳动教养人员；在人民法院警卫法庭、提押犯人，执行搜查、拘传和送达诉讼文书。

本专业与高中学科关联度及学科要求

语文	数学	英语	物理	化学	生物	政治	历史	地理
A	D	B	E	E	E	A	B	E

本专业对高中阶段语文、政治科目要求较高，适合对法律、政治、警察行为科学感兴趣的学生就读。

选考学科建议

"3+3"省份：物理 / 历史 / 不限

"3+1+2"省份：首选不限，再选政治

大学主要课程

法理学、法制史、宪法、行政法与行政诉讼法、民法、商法、知识产权法、经济法、刑法、民事诉讼法、刑事诉讼法、国际法、国际私法、国际经济法、国际政治、警卫勤务学、警卫战术学、警卫指挥学、部队管理科学基础、劳动教养学、审讯学、计算机技术等。

💡 就业方向

本专业毕业生可到立法机关、行政机关、检察机关、审判机关、仲裁机构和法律服务机构从事司法警察工作。

🏛 本专业较好的大学（排名不分先后）

中央司法警官学院、广西警察学院等。

专业类
法学类

专业代码
030106TK

修业年限
四年

授予学位
法学学士

社区矫正

专业特点

　　社区矫正专业主要研究刑法学、监狱学、社区矫正理论等相关内容，社区矫正是与监禁矫正相对的一种行刑方式，主要采用心理引导和行为规范等方式，矫正其犯罪心理和行为恶习。例如：将罪行较轻、人身危险性较小罪犯置于社区中，对其行动范围及行为进行规范，促进罪犯形成健康的社会人格。

本专业与高中学科关联度及学科要求

语文	数学	英语	物理	化学	生物	政治	历史	地理
A	D	B	E	E	E	A	B	E

　　本专业对高中阶段语文、政治科目要求较高，适合对政治、法学感兴趣，善于文字表达、社会交流沟通能力强的学生就读。

选考学科建议

　　"3+3"省份：物理 / 历史 / 不限

　　"3+1+2"省份：首选不限，再选政治

大学主要课程

　　法理学、法制史、宪法、行政法与行政诉讼法、民法、商法等。

💡 就业方向

本专业毕业生主要面向司法行政机关和参与社区矫正工作的社会组织，在社区矫正执法、社区矫正辅助、社区矫正社会工作等岗位，从事社区矫正监督管理、教育矫正和帮困扶助等工作。

🏛 本专业较好的大学（排名不分先后）

中央司法警官学院、新疆政法学院、上海政法学院、山东政法学院、云南民族大学等。

专业类
法学类

专业代码
030107TK

修业年限
四年

授予学位
法学学士

政治学与行政学

专业特点

政治学与行政学专业以国家及其活动为研究对象，主要研究马克思主义理论、政治学、行政学等方面的基本知识和技能，涉及政治理论、政治制度、公共政策、公共行政和国际政治等。毕业后多在政府部门及事业单位从事组织、人事、纪检、监督、宣传、文秘等工作，进行政府形象、政府与公众关系的维护，以及对党员的检查和监督等。

本专业与高中学科关联度及学科要求

语文	数学	英语	物理	化学	生物	政治	历史	地理
A	D	B	E	E	D	A	B	C

本专业对高中阶段政治、语文科目要求较高，适合对政治、法学感兴趣，善于文字表达、社会交流沟通能力强的学生就读。

选考学科建议

"3+3"省份：不限 / 政治 / 历史

"3+1+2"省份：首选不限，再选政治

大学主要课程

政治学原理、行政学概论、中国政治制度史、当代中国政治制度、比较政治制度、中国政治思想史、当代西方政治思潮、西方政治思想史、西方政治制度史、西方行政学说史、当代中国政府与政治、当代中国地方政府、中国社会政治分析、比较政党制度、市政学、公共政策概论、行政法学、人事行政学、社会调查与社会统计等。

💡 就业方向

本专业毕业生适合在中央和地方各级党政机关、军队系统、企事业单位、社会团体、新闻出版机构、教育及其他企事业单位从事科研、教学、行政管理、政策研究以及其他有关的工作。

🏛 本专业较好的大学（排名不分先后）

复旦大学、北京大学、中国人民大学、南开大学、吉林大学、清华大学、中国政法大学、中山大学、华东师范大学、武汉大学、南京大学、厦门大学、山东大学、云南大学、华中师范大学、天津师范大学、华东政法大学、对外经济贸易大学、同济大学、上海外国语大学、华南师范大学、北京外国语大学、湖南师范大学、西南政法大学、东北师范大学、中国海洋大学、安徽大学、浙江大学、首都师范大学、西南大学、华中科技大学、兰州大学、湘潭大学、东南大学、湖南大学、贵州大学、山西大学、新疆大学、河南师范大学、青岛大学、中央民族大学、南京航空航天大学、西南交通大学、哈尔滨工程大学、广西民族大学、贵州师范大学、陕西师范大学、西北政法大学、大连海事大学、云南民族大学、黑龙江大学、宁波大学、山东师范大学、内蒙古大学、燕山大学、东北林业大学等。

专业类
政治学类

专业代码
030201

修业年限
四年

授予学位
法学学士

国际政治

专业特点

国际政治专业主要研习马克思主义理论、国际政治、国际法、政治学、外交学等方面的基本知识和技能，以国家为主体的跨国互动关系为研究对象，从政治的角度研究影响这种互动关系的一切因素，进而在党政机关、事业单位等进行外交、外事、对外宣传等。例如：对来访外国人的接待，对外国人的工作、生活的安排，中国文化向世界各国的宣传。

本专业与高中学科关联度及学科要求

语文	数学	英语	物理	化学	生物	政治	历史	地理
A	D	A	E	E	E	A	B	B

本专业对高中阶段语文、政治、英语科目要求较高，适合对政治、法学感兴趣，善于文字表达、社会交流沟通能力强、英语水平高的学生就读。

选考学科建议

"3+3"省份：不限 / 政治 / 历史

"3+1+2"省份：首选不限，再选政治

📚 大学主要课程

政治学原理、国际政治概论、国际法与国际组织、国际关系史、当代国际关系、近现代中国外交、国际关系概论、西方国际关系理论、国际政治经济学、美国外交政策、经济外交等。

💡 就业方向

本专业毕业生既可以到各级党政机关、外事部门、新闻单位和教学科研机构工作，也可以到企事业单位、进出口公司和金融机构从事相关的工作。

🏛 本专业较好的大学（排名不分先后）

复旦大学、北京大学、中国人民大学、清华大学、中山大学、吉林大学、中国政法大学、南京大学、南开大学、上海外国语大学、华中师范大学、对外经济贸易大学、山东大学、暨南大学、厦门大学、四川大学、国际关系学院、东北师范大学、中南财经政法大学、浙江大学、中央财经大学等。

外交学

👍 专业特点

外交学专业主要研究马克思主义理论、外交学、国际政治、国际公共关系、外语等方面的基本知识，包括外交史、外交技巧、外交礼仪、具体国家的外交政策等，培养对外交际和谈判的能力，毕业后在政府部门、事业单位等进行外交外事、对外宣传、国际新闻采编等。例如：中国文化的对外弘扬，国际事件的公关处理。

📙 本专业与高中学科关联度及学科要求

语文	数学	英语	物理	化学	生物	政治	历史	地理
A	D	A	E	E	E	A	B	B

本专业对高中阶段语文、政治、英语科目要求较高，适合对政治、外交感兴趣，善于文字表达、社会交流沟通能力强、英语表达能力强的学生就读。

📚 选考学科建议

"3+3"省份：不限 / 政治 / 历史

"3+1+2"省份：首选不限，再选政治

📚 大学主要课程

法理学、法制史、宪法、行政法与行政诉讼法、民法、商法、知识产权法、经济法、刑法、民事诉讼法、刑事诉讼法、国际法、国际私法、国际经济法、国际政治等。

💡 就业方向

本专业毕业生主要在各级党政机关、外事部门、新闻单位和教学科研机构从事外事外交、政策研究、对外宣传、国际新闻采编、教学科研和行政管理等工作，也可以在其他外事部门、党政机关、各地方外办、科研机构、大学、新闻媒体等从事国际问题研究和教学等工作，或进入非公有制民营企业从事需要外语能力相关的职业。

🏛 本专业较好的大学（排名不分先后）

外交学院、北京大学、武汉大学、中国人民大学、厦门大学、北京外国语大学等。

专业类
政治学类

专业代码
030203

修业年限
四年

授予学位
法学学士

国际事务与国际关系

专业特点

国际事务与国际关系专业主要研究马克思主义理论、政治学、国际事务、国际关系、英语等方面的基本知识和技能，从全球视角观察认识当代国际事务进程的结构、动力和网络，进行国际事务的处理、国际关系的维护以及外交外事等。例如：办理签证、港澳通行证，对外国人在华宗教活动的管理，国际政治、经济、文化、军事关系的维护。

本专业与高中学科关联度及学科要求

语文	数学	英语	物理	化学	生物	政治	历史	地理
A	D	A	E	E	E	A	B	B

本专业对高中阶段语文、政治、英语科目要求较高，适合对政治感兴趣，社会交流沟通能力强的学生就读。

选考学科建议

"3+3"省份：不限 / 政治 / 历史

"3+1+2"省份：首选不限，再选政治

大学主要课程

比较政治学导论、资本主义的起源、全球关系认识、全球关系课题、国际政治经济、国际组织、中国与世界、发展政治学、中国和世界等。

💡 就业方向

本专业毕业生就业主要定位在三资企业、合资企业、独资企业、政府对外经济文化部门和学术机构；还可以报考国内外大学的研究生，进行继续教育。

🏛 本专业较好的大学（排名不分先后）

北京大学、暨南大学、安徽大学、华侨大学、北京语言大学、北京第二外国语学院、湘潭大学等。

政治学、经济学与哲学

专业特点

政治学、经济学与哲学为复合型专业，主要研究政治学、经济学、哲学等方面的基本知识和技能，融会贯通三个学科的理论与方法，使学生具备政治学、经济学的知识和思维方式，能够从哲学的高度，以哲学的思维方式来分析和解决经济和政治领域的问题，立志于培养具备全球视野的领导型人才。

本专业与高中学科关联度及学科要求

语文	数学	英语	物理	化学	生物	政治	历史	地理
A	A	B	E	E	E	A	B	B

本专业对高中阶段政治、语文、数学科目要求较高，适合对政治、哲学、经济学感兴趣，逻辑思维活跃的学生就读。

选考学科建议

"3+3"省份：不限 / 政治 / 历史

"3+1+2"省份：首选不限，再选政治

大学主要课程

逻辑与批判性思维、微积分、线性代数、概率统计、社会调查的理论与方法、学术规范与论文写作、政治学原理、政治哲学、政治经济学导论、比较政治学概论、中国近现代政治发展史、经济学原理、中级微观经济学、中国经济专题、中国哲学史、西方哲学史、宗教学导论、全球化问题研究等。

💡 就业方向

　　本专业毕业生可以到政府机关、社会管理部门、国内外哲学社会科学研究机构等从事相关学术研究、教学、销售经营、管理、咨询策划服务等工作。

🏛 本专业较好的大学（排名不分先后）

　　清华大学、北京大学、北京师范大学等。

国际组织与全球治理

专业特点

国际组织与全球治理是一门以国际学学位为基础的交叉学科，主要研究国际组织运营规律、全球发展趋势、全球治理动态、国际通用语言（英语和法语）、国际谈判、国际法、国际关系等。例如：为国家大型外交外事论坛提供服务。

本专业与高中学科关联度及学科要求

语文	数学	英语	物理	化学	生物	政治	历史	地理
B	D	A	E	E	E	A	B	B

本专业对高中阶段政治、英语科目要求较高，适合对政治感兴趣、社会交流沟通能力强的学生就读。

选考学科建议

"3+3"省份：不限 / 政治 / 历史
"3+1+2"省份：首选不限，再选政治

大学主要课程

政治学导论、全球关系认识、国际政治经济、国际组织、中国与世界、发展政治学、中国和世界、资本主义的起源等。

💡 就业方向

本专业毕业生主要在政府对外政治经济部门和学术机构工作，还可以报考国内外大学的研究生。

🏛 本专业较好的大学（排名不分先后）

外交学院、北京外国语大学等。

专业类
政治学类

专业代码
030206TK

修业年限
四年

授予学位
法学学士

社会学

专业特点

社会学专业主要研究理论社会学、应用社会学等方面的基本知识，接受社会研究、社会调查、语言表达的技能训练，对社会现象和热点问题进行调查、研究、分析、解决等。

本专业与高中学科关联度及学科要求

语文	数学	英语	物理	化学	生物	政治	历史	地理
A	C	B	D	D	D	A	B	B

本专业对高中阶段语文、政治科目要求较高，适合对社会学、人文社科感兴趣，社会交流沟通能力强的学生就读。

选考学科建议

"3+3"省份：不限 / 历史 + 政治

"3+1+2"省份：首选不限，再选政治

大学主要课程

社会学概论、社会研究方法、社会心理学、中外社会思想史、古典及现代社会学理论、社会统计与计算机应用、中国社会等。

💡 就业方向

本专业毕业生可在教育、科研机构、党政机关、新闻出版、企事业单位、社会团体从事社会研究与调查、政策研究与评估、社会规划与管理、发展研究与预测等工作。

🏛 本专业较好的大学（排名不分先后）

北京大学、中国人民大学、南京大学、清华大学、复旦大学、中山大学、南开大学、浙江大学、华东师范大学、上海大学、华中科技大学、厦门大学、武汉大学、西安交通大学、北京师范大学、吉林大学、中央民族大学、华东理工大学、华中师范大学、中国农业大学、山东大学、中南大学、中央财经大学、中国政法大学、华中农业大学、哈尔滨工业大学、河海大学、陕西师范大学、南京农业大学、东南大学、安徽大学、福州大学、兰州大学、南京师范大学、上海财经大学、北京工业大学、西北农林科技大学、中南财经政法大学、哈尔滨工程大学、云南大学、同济大学、云南民族大学、华东政法大学、湖南师范大学、苏州大学、贵州民族大学、东北师范大学、中国传媒大学、安徽师范大学、广州大学、深圳大学、云南师范大学等。

社会工作

👍 专业特点

社会工作专业主要研究社会学、心理学、社会工作等方面的基本知识和技能，以助人为宗旨，对社会上的贫困者、老弱者、身心残障者和其他弱势人群提供救助和服务等。例如：对孤寡老人的陪护，对家庭矛盾的调解处理，对青少年的心理疏导，对贫困者的救助关怀。

📖 本专业与高中学科关联度及学科要求

语文	数学	英语	物理	化学	生物	政治	历史	地理
A	D	B	E	E	E	A	B	C

本专业对高中阶段政治、语文科目要求较高，适合善于文字表达、社会交流沟通能力强的学生就读。

📚 选考学科建议

"3+3"省份：不限 / 历史 + 政治

"3+1+2"省份：首选不限，再选政治

📙 大学主要课程

社会学概论、社会工作概论、社会统计学、社会调查研究方法、个案工作、小组工作、社区工作、社会工作专业伦理、社会工作行政、社会工作实务、人类行为与环境、社会心理学，普通心理学、异常心理学等。

💡 就业方向

本专业毕业生可在民政、劳动、社会保障和卫生部门，工会、青年妇女等社会组织及其他社会福利、服务和公益团体等机构，从事社会保障、社会政策研究、社会行政管理、社区发展与管理、社会服务、评估与操作等工作。

🏛 本专业较好的大学（排名不分先后）

北京大学、中国人民大学、复旦大学、南京大学、上海大学、华东师范大学、吉林大学、华东理工大学、华中科技大学、华中师范大学、中山大学、南开大学、北京师范大学、武汉大学、华中农业大学、西安交通大学、厦门大学、中央民族大学、中央财经大学、山东大学、四川大学、中国政法大学、安徽大学、云南大学、浙江师范大学、南京邮电大学、南京师范大学、江西财经大学、西南大学、北京科技大学、郑州大学、济南大学、北京工业大学、南京理工大学、西北农林科技大学、苏州大学、华东政法大学、首都经济贸易大学、广州大学、北京理工大学、东北师范大学、贵州大学、西北师范大学、云南民族大学、西北工业大学、安徽师范大学、重庆工商大学、贵州民族大学、华南师范大学、杭州师范大学、华南农业大学、武汉理工大学、深圳大学、上海政法学院、河北大学、首都师范大学、江南大学、东北林业大学、上海师范大学、广西师范大学、天津理工大学、西北大学、广东外语外贸大学、山东理工大学、江苏师范大学、华北电力大学、汕头大学、西南政法大学、浙江工商大学、中南民族大学、集美大学、大连海事大学、温州医科大学、浙江财经大学、沈阳师范大学、浙江理工大学、长春理工大学等。

人类学

👍 专业特点

  人类学主要研习人类学、社会学、文化学等方面的基本理论和知识，兼修文化人类学、考古人类学、语言人类学、体质人类学，以人类为研究对象，从生物和文化的角度进行全面研究，包括人类的生物性和文化性、人类今日特质的源头与演变的追溯等。

📒 本专业与高中学科关联度及学科要求

语文	数学	英语	物理	化学	生物	政治	历史	地理
A	D	B	E	E	C	B	A	A

  本专业对高中阶段语文、历史、地理科目要求较高，适合对人类历史、人类文化感兴趣的学生就读。

📘 选考学科建议

  "3+3"省份：不限 / 历史

  "3+1+2"省份：首选不限，再选政治

📚 大学主要课程

  人类学概论、文化人类学理论方法、考古学、体质人类学、语言学、世界民族志、中国民族学、中国民族志、宗教学概论、社会学概论、田野调查方法等。

💡 就业方向

本专业毕业生能从事民族、宗教、计划生育、文化、民政、旅游、宣传、政策研究等工作；还可以去党政机关、社会团体、企事业单位、公共组织和私有机构从事行政、文秘及各项管理工作。

🏛 本专业较好的大学（排名不分先后）

北京大学、中山大学等。

女性学

○ ♀

👍 专业特点

女性学专业主要研究女性主义、社会学、心理学、妇女史等方面的基本理论和知识，以男女平等为核心，服务于妇女发展，进行广大妇女的关怀、保护、引导、教育以及权益维护等。涉及女性与政策、女性与发展、女性与婚姻家庭、女性自我保护、女性礼仪、女性时尚等。

📙 本专业与高中学科关联度及学科要求

语文	数学	英语	物理	化学	生物	政治	历史	地理
A	D	B	E	E	E	A	B	E

本专业对高中阶段政治、语文科目要求较高，适合对政治、法学感兴趣，善于文字表达、社会交流沟通能力强的学生就读。

📚 选考学科建议

"3+3"省份：不限 / 历史

"3+1+2"省份：首选不限，再选政治

📖 大学主要课程

社会学概论、社会政策与制度分析、社会科学研究方法、法学概论、管理学和行政管理学、教育学概论、社会心理学、女性学理论、女性史、女性心理学、女性与健康、女性领导学、性别与发展、妇女与 NGO

组织等。

💡 就业方向

　　本专业毕业生可在党政机关、社会团体、企事业单位、民间组织、国际组织、社区和大专院校等部门，从事性别与发展的研究与实际推动、性别与政策分析、性别与文化传播、女性学教学等工作。

🏛 本专业较好的大学（排名不分先后）

　　中华女子学院、湖南女子学院、山东女子学院等。

家政学

专业特点

　　家政学专业以家庭生活为研究对象，主要研习家政学、社会学、心理学等方面的基本理论和知识，掌握家政管理、营养调配、社区服务、家庭教育等方面的专业技能，在妇联、社区指导类机构进行家庭咨询、儿童保育保健、社区服务等。例如：优生优育咨询，婚姻与家庭生活指导，老年人护理指导，儿童营养指导。

本专业与高中学科关联度及学科要求

语文	数学	英语	物理	化学	生物	政治	历史	地理
A	D	B	E	E	E	A	B	E

　　本专业对高中阶段语文、政治科目要求较高，适合对人类社会学、自然科学感兴趣的学生就读。

选考学科建议

　　"3+3"省份：不限 / 历史

　　"3+1+2"省份：首选不限，再选政治

大学主要课程

　　社会学概论、社会医学、社会心理学、生活科学概论、应用营养学、优生学、儿童保育与教育、心理咨询与辅导、家庭医学、社会保障、家庭投资理财、生活美学、老年学、公共事业管理、家庭伦理学、婚姻与家庭咨询等。

💡 就业方向

　　本专业毕业生可以在政府部门、民政系统、妇联系统、社会工作系统、社区、服务与管理机构、物业管理机构等从事社区管理与服务、生活与家庭教育指导、婚姻与家庭咨询等工作，也可以在中小学校或学前教育机构从事生活教育、生活管理等工作，也可以在企事业单位从事职工保健与生活管理等工作，还可以从事生活科学产业的开发、组织和运作等。

🏛 本专业较好的大学（排名不分先后）

　　吉林农业大学、天津师范大学、河北师范大学、湖南女子学院、郑州师范学院、太原师范学院、泰山学院、北京师范大学珠海分校等。

老年学

专业特点

老年学是研究人类老化规律的一门综合学科，是以自然科学、社会科学和自然科学与社会科学相互交叉渗透的科学理论和方法，研究人的个体老化和群体老化及由此而引起的社会、经济、自然等问题。老年学最初主要是研究人类衰老的生物和医学方面的问题，随着社会的发展，逐步从生物、医学的研究扩展到社会学、心理学以及教育学的研究，并与生物学、医学共同构成对人的老年、老龄过程和老龄问题的综合研究，发展为现代老年学。

本专业与高中学科关联度及学科要求

语文	数学	英语	物理	化学	生物	政治	历史	地理
A	D	B	E	E	E	A	B	E

本专业对高中阶段语文、政治科目要求较高，适合对遗传、基因、生物感兴趣的学生就读。

选考学科建议

"3+3"省份：不限 / 历史

"3+1+2"省份：首选不限，再选政治

📖 大学主要课程

老年学概论、社会老年学、老年人口学、老年经济学、老年保障学、老年教育学、家庭老年学、老年心理学、衰老生物学、老年护理学、老龄工作管理、国外老年学研究新进展、比较老年学等。

💡 就业方向

本专业毕业生可以在各级养老机构从事老年人高级生活护理工作，在社会福利院从事康复保健等技术服务工作，在专业相关企业从事基层管理工作，在社区等单位从事老年社会工作和在各类服务站从事养老服务咨询工作，还可以在老年产品生产机构从事产品销售工作。

🏛 本专业较好的大学（排名不分先后）

天津理工大学、湖南女子学院。

社会学类 专业类

030306T 专业代码

四年 修业年限

法学学士 授予学位

民族学

专业特点

民族学专业以民族为研究对象，主要研习民族学、社会学、历史学等方面的基本理论和知识，通过实地调查、资料分析和比较研究，研究各民族的社会经济结构、政治制度、风俗习惯、宗教信仰、语言文字、思想意识等，并进行民族问题和民族事务的处理和解决以及宗教活动的管理等。

本专业与高中学科关联度及学科要求

语文	数学	英语	物理	化学	生物	政治	历史	地理
A	D	B	E	E	E	A	B	E

本专业对高中阶段语文、政治科目要求较高，适合对民族学研究感兴趣，社会交流沟通能力强的学生就读。

选考学科建议

"3+3"省份：历史

"3+1+2"省份：首选历史，再选政治

大学主要课程

人类学、民族学导论、文化人类学、民族学、人类学史、生态人类学、民族学调查方法、中国民族概论、世界民族概论、民族考古学、民族经济学、族群与家族、民族理论与政策、民族学概论、社会学概论、民俗学概论、中国文化史、世界文化史、人类学通论、宗教文化学、区域经济学、市场营销、文化经济学等。

💡 就业方向

本专业毕业生可以在各级党政机关中的民族、宗教、统战、民政、侨务、旅游、博物馆等部门以及相关的政策研究机构、事业单位、群众团体工作。

🏛 本专业较好的大学 （排名不分先后）

中央民族大学、云南大学、中南民族大学、兰州大学、内蒙古大学、中山大学、西南民族大学、西南大学、广西民族大学、云南民族大学、新疆大学、内蒙古师范大学、西北民族大学、贵州民族大学等。

科学社会主义

👍 专业特点

　　科学社会主义专业主要研究马克思列宁主义、毛泽东思想、邓小平理论和国际共产主义运动等方面的基本理论和知识，以马克思主义基本理论为指导。该专业学生接受社会调查、理论写作和外语等方面的技能训练，对当今社会主义运动出现的新情况和新问题进行研究、分析等。

📒 本专业与高中学科关联度及学科要求

语文	数学	英语	物理	化学	生物	政治	历史	地理
A	D	B	E	E	E	A	A	E

　　本专业对高中阶段语文、历史、政治科目要求较高，适合逻辑推理能力较强，对哲学、人文社科感兴趣的学生就读。

📚 选考学科建议

　　"3+3"省份：政治
　　"3+1+2"省份：首选不限，再选政治

📖 大学主要课程

　　科学社会主义原理、国际共产主义运动史、当代国际共产主义运动、马列主义经典著作选读、邓小平理论、国际政治学、当代世界社会主义、社会主义思想史、政治学、行政管理学、中共党史等。

💡 就业方向

本专业毕业生可以进入党政机关、外事部门、高等院校等从事理论宣传、教学研究工作。

🏛 本专业较好的大学（排名不分先后）

山东大学等。

专业类
马克思主义理论类

专业代码
030501

修业年限
四年

授予学位
法学学士

中国共产党历史

专业特点

中国共产党历史专业主要研究马克思主义基本原理中国革命史、中国共产党历史等方面的基本理论和知识，全面理解中国共产党领导下的中国人民进行新民主主义革命、社会主义革命和建设的历程和经验，了解党的纲领、路线、方针、政策和党的理论建设等，能够运用马克思主义的立场、观点和方法对党的建设中的有关问题进行分析和研究。

本专业与高中学科关联度及学科要求

语文	数学	英语	物理	化学	生物	政治	历史	地理
A	D	B	E	E	E	A	A	E

本专业对高中阶段语文、历史、政治科目要求较高，适合对社会学、历史研究感兴趣，社会交流沟通能力强的学生就读。

选考学科建议

"3+3"省份：政治

"3+1+2"省份：首选不限，再选政治

大学主要课程

毛泽东思想、中国特色社会主义理论体系、中国共产党党史、中华人民共和国史、马克思主义党的学说和党的建设、中国政治思想史、中国政治制度史、当代中国政府与政治、当代中国经济、当代中国文化、当代中国社会、当代中国对外关系、当代中国统一问题、中共党史人物、中共党史文献、中共党史学、海外中共党史研究等。

💡 就业方向

本专业毕业生主要在政策研究室、党史研究室、党政机关、政府部门等机构就职，从事党校教师、党务干事、党建管理等工作。

🏛 本专业较好的大学（排名不分先后）

中国人民大学、湘潭大学、河南师范大学、延安大学等。

专业类 马克思主义理论类

专业代码 030502

修业年限 四年

授予学位 法学学士

思想政治教育

专业特点

思想政治教育专业主要研究马克思主义、毛泽东思想、邓小平理论、思想政治教育等方面的基本理论和知识，了解人的思想品德的形成、发展、变化的规律，以及向人们进行思想政治教育的规律。

本专业与高中学科关联度及学科要求

语文	数学	英语	物理	化学	生物	政治	历史	地理
A	E	C	E	E	E	A	A	E

本专业对高中阶段政治、语文、历史科目要求较高，适合对思想政治、人文社会科学感兴趣的学生就读。

选考学科建议

"3+3"省份：政治

"3+1+2"省份：首选不限，再选政治

大学主要课程

马克思主义思想政治教育理论基础、思想政治道德观教育、中华人民共和国史、伦理学、教育学、管理学、心理学基础、思想政治教育史、思想政治教育案例分析等。

💡 就业方向

本专业毕业生既可以成为中小学、大学的政治教育教师，也可以发展成为管理干部、政工干部、思想宣传工作者等。

🏛 本专业较好的大学（排名不分先后）

武汉大学、东北师范大学、北京师范大学、吉林大学、南京师范大学、西安交通大学、华东师范大学、中国人民大学、华中师范大学、南开大学、华南师范大学、西南大学、中南大学、陕西师范大学、江西师范大学、中国政法大学、武汉理工大学、福建师范大学、兰州大学、湖南师范大学、河海大学、西南交通大学、合肥工业大学、浙江师范大学、上海师范大学、扬州大学、山东师范大学、郑州大学、哈尔滨师范大学、苏州大学、天津师范大学、上海大学、江苏大学、广西师范大学、海南大学、河南大学、安徽师范大学、电子科技大学、北京科技大学、湘潭大学、湖北大学、河北师范大学、东北大学、哈尔滨工程大学、北京交通大学、新疆大学、大连理工大学、对外经济贸易大学、首都师范大学、西南政法大学、温州大学、中南民族大学、西北师范大学、广州大学、湖南科技大学、江苏师范大学、中国地质大学（武汉）、西北工业大学、海南师范大学、曲阜师范大学、贵州师范大学、重庆师范大学、河北工业大学、广西大学、长安大学、安徽大学、宁波大学、山西师范大学、杭州师范大学、河南师范大学、宁夏大学、辽宁师范大学、四川师范大学、云南师范大学、西华师范大学、中国地质大学（北京）、聊城大学、济南大学、沈阳师范大学、新疆师范大学、上海政法学院、成都理工大学、中国传媒大学、青岛大学、赣南师范大学、湖北师范大学、南通大学、长江大学、南宁师范大学、中国石油大学（北京）、渤海大学等。

专业类
马克思主义理论类

专业代码
030503

修业年限
四年

授予学位
法学学士

马克思主义理论

专业特点

马克思主义理论专业是对马克思主义进行整体性研究的一级学科，主要研究马克思列宁主义、马克思中国化的重要理论成果、毛泽东思想、邓小平理论等，培养能在党政机关、外事部门、高等院校从事实际工作的高级专门人才。例如：利用马克思主义立场、观点和方法在相关科研机构进行研究工作，分析研究当代现实问题。

本专业与高中学科关联度及学科要求

语文	数学	英语	物理	化学	生物	政治	历史	地理
A	E	C	E	E	E	A	A	E

本专业对高中阶段政治、语文、历史科目要求较高，适合对思想政治、人文社会科学感兴趣的学生就读。

选考学科建议

"3+3"省份：政治

"3+1+2"省份：首选不限，再选政治

大学主要课程

马克思主义发展史、中国近现代思想史、西方哲学史、思想政治教育学原理与方法、马克思主义经典著作选读（哲学）、马克思主义经典著作选读（政治经济学）、科学社会主义经典著作与当代社会、马克思主义哲学专题研究、政治经济学专题研究、马克思主义中国化专题研究、国外马克思主义、社会工程导论等。

💡 就业方向

本专业毕业生可从事马克思主义理论研究、宣传与教学工作，还可在党政机关、企事业单位从事行政管理、党务管理、秘书等实际工作。

🏛 本专业较好的大学 （排名不分先后）

中国人民大学、北京大学、复旦大学、武汉大学、南开大学、同济大学、中山大学、西安交通大学、山东大学等。

治安学

专业特点

治安学专业主要研究治安学、行政法学、行政管理学、安全防范技术、侦查学等方面的基本知识和技能，接受公安行政执法和犯罪预防等方面的基本训练，在公安、国家安全、边防、行政执法机关等部门进行治安管理、预防和控制犯罪、安全保卫等。例如：盗窃、斗殴等治安案件的查处，爆炸、中毒、高空坠落等灾害事故的预防和处理，铁道、公路等道路交通的管理。

本专业与高中学科关联度及学科要求

语文	数学	英语	物理	化学	生物	政治	历史	地理
A	E	C	E	E	E	A	B	E

本专业对高中阶段语文、政治科目要求较高，适合熟悉法律知识、对治安管理感兴趣的学生就读。

选考学科建议

"3+3"省份：政治

"3+1+2"省份：首选不限，再选政治

大学主要课程

法理学、宪法学、政治学、行政管理学、警察法学、公安基础理论、刑法学、刑事诉讼法学、行政法与行政诉讼法学、治安管理学总论、刑事侦查学、侦查讯问学、侦查措施、犯罪学、犯罪心理学、法医学、刑事照相、安全防范技术等。

就业方向

本专业毕业生可到公安、检察、国家安全等部门从事侦查、刑事执法、预防和控制犯罪以及侦查学教学、科研等方面的工作。

本专业较好的大学（排名不分先后）

浙江警察学院、中国人民公安大学、江苏警官学院、山东警察学院、湖南警察学院、南京森林警察学院、四川警察学院、河南警察学院、铁道警察学院、辽宁警察学院、中南财经政法大学、广东警官学院、吉林警察学院、江西警察学院等。

侦查学

👍 专业特点

　　侦查学专业主要研究公安学、侦查学、犯罪学等方面的基本知识和技能，包括侦查活动及其规律、侦查制度和侦查理论、犯罪活动的规律及特点等，接受刑事执法、侦查破案、擒拿格斗的基本训练，在公安、检察、海关、国家安全等部门进行侦查、稽查、执法等。例如：刑事案件的侦查侦破，走私品、违禁品的稽查，毒品的缉查。

📖 本专业与高中学科关联度及学科要求

语文	数学	英语	物理	化学	生物	政治	历史	地理
A	E	C	E	E	E	A	C	E

　　本专业对高中阶段语文、政治科目要求较高，适合对侦查管理感兴趣的学生就读。

📚 选考学科建议

　　"3+3"省份：政治

　　"3+1+2"省份：首选不限，再选政治

📙 大学主要课程

　　公安学基础理论、犯罪学、公安管理学、刑法、刑事诉讼法、行政法与行政诉讼法、自卫擒敌、射击、刑事侦查学、物证技术学、法医学、侦查讯问学、现场勘查学等。

💡 就业方向

本专业毕业生主要在检察、国家安全、军队保卫以及公安、工商、税务、海关、纪检、监察等部门从事侦查、稽查、刑事、执法工作，还可从事预防和控制犯罪以及侦查学教学、科研等方面的工作。

🏛 本专业较好的大学（排名不分先后）

中国人民公安大学、中国刑事警察学院、华东政法大学、西南政法大学、湖北警官学院、中南财经政法大学、中央司法警官学院、湖南警察学院、四川警察学院、甘肃政法大学、西北政法大学、广东警官学院、吉林警察学院、福建警察学院等。

边防管理

专业特点

　　边防管理专业主要研究法律、公安边防业务、部队管理等方面的基本知识和技能，接受边境管理、边防勤务与战术、护照证件及交通运输工具检查等方面的基本训练，进行边境管理、出入境边防检查、边境突发事件的处理等。例如：对出入国境人员护照、证件、签证和携带物品的检查，对敌人和罪犯潜入、潜出国境的防范与打击。

本专业与高中学科关联度及学科要求

语文	数学	英语	物理	化学	生物	政治	历史	地理
A	E	C	E	E	E	A	C	E

　　本专业对高中阶段语文、政治科目要求较高，适合对政治、法律感兴趣，能适应边防工作的学生就读。

选考学科建议

　　"3+3"省份：政治

　　"3+1+2"省份：首选不限，再选政治

大学主要课程

　　国际法、刑法、刑事诉讼法、当代世界政治经济、边防公安法规、公安学概论、治安管理学、刑事侦查学、边境管理学、边防勤务学、边防战术学、边防情报学、边防检查学、护照签证制度、边防专业外语等。

💡 就业方向

本专业毕业生可到边防部队、人民警察和武警部队中的出入境管理部门和出入境边防检查部门从事国境管理和出入境边防检查等方面的工作，也可以到政府外事部门、安全、海关、金融、税务、高等院校、科研机构工作。

🏛 本专业较好的大学（排名不分先后）

中国人民警察大学、甘肃政法大学等。

专业类
公安学类

专业代码
030603K

修业年限
四年

授予学位
法学学士

禁毒学

专业特点

禁毒学专业主要研究公安学、侦查学、毒品学、化学等方面的基本知识和技能，了解中国和世界毒品问题的现状、趋势和应对策略，进行缉毒侦查、毒品检验、毒品预防教育、戒毒管理等。

本专业与高中学科关联度及学科要求

语文	数学	英语	物理	化学	生物	政治	历史	地理
A	E	C	C	A	B	A	C	E

本专业对高中阶段语文、化学、政治科目要求较高，适合热爱法律的学生就读。

选考学科建议

"3+3"省份：政治

"3+1+2"省份：首选不限，再选政治

大学主要课程

禁毒学导论、毒品学（含检验）、禁毒法学、禁毒情报、戒毒学、毒品公开查缉、毒品犯罪案件侦查（含措施、预审）、毒品预防、国外禁毒概论（双语）、艾滋病与职业防护等。

💡 就业方向

本专业毕业生可在国家机关、卫生部门、教育部门、各企事业单位及其他社区服务和公益团体等机构工作，可从事公安、司法、文教、卫生、民政、社保等领域的禁毒相关工作，还可在公安、检察、国家安全等部门从事侦查、刑事执法、预防和控制犯罪以及侦查学教学、科研等方面的工作。

🏛 本专业较好的大学（排名不分先后）

中国刑事警察学院、云南警官学院、湖南警察学院、四川警察学院、重庆警察学院、贵州警察学院、甘肃政法大学等。

专业类 公安学类

专业代码 030604TK

修业年限 四年

授予学位 法学学士

警犬技术

专业特点

警犬技术专业主要研究公安学、侦查学、警犬学、警犬技术等方面的基本知识和技能，包括警犬的训练、管理、繁育、疾病防治等，在公安机关进行警犬的训导和管理，以用于侦察搜捕、缉私查毒、灾难救援等。例如：通过训练警犬对气味的识别能力，进行罪犯的追踪、毒品的缉查。

本专业与高中学科关联度及学科要求

语文	数学	英语	物理	化学	生物	政治	历史	地理
A	E	C	E	E	E	A	C	E

本专业对高中阶段语文、政治科目要求较高，适合身体素质过硬、热爱法律的学生就读。

选考学科建议

"3+3"省份：政治

"3+1+2"省份：首选不限，再选政治

大学主要课程

治安管理学、刑事案件侦查、警察查缉战术、犯罪现场勘查、痕迹检验学、警犬学概论、犬解剖生理学、养犬学、犬病学、犬行为学、警犬训练学、警犬使用学、基层公安机关实习、社会调查等。

💡 就业方向

　　本专业毕业生可以到公安机关从事警犬技术的相关工作，也可以报考公安学、法学的研究生继续深造。

🏛 本专业较好的大学（排名不分先后）

　　中国刑事警察学院、四川警察学院等。

经济犯罪侦查

👍 专业特点

经济犯罪侦查专业主要研究刑事法学、经济法学、案件侦查、物证技术等方面的基本知识和技能，进行经济犯罪的侦查、防范等。

📖 本专业与高中学科关联度及学科要求

语文	数学	英语	物理	化学	生物	政治	历史	地理
A	B	C	E	E	E	A	C	E

本专业对高中阶段语文、政治科目要求较高，适合对经济学感兴趣、热爱人文社会科学的学生就读。

📚 选考学科建议

"3+3"省份：政治

"3+1+2"省份：首选不限，再选政治

📖 大学主要课程

侦查策略、刑法学、证据学、现场勘查、司法会计、走私犯罪案件侦查、金融犯罪案件侦查、商业犯罪案件侦查、经济犯罪防范对策、刑事讯问学、痕迹检验、笔迹学、侦查心理学、法医学、刑事照相、司法精神病学、经济法学等。

💡 就业方向

本专业毕业生可在检察、纪检部门、公安部门以及企事业单位相关岗位工作；也可选择参加公务员考试，进入公检法系统；或者进入国企的保卫部门。

🏛 本专业较好的大学（排名不分先后）

广东警官学院、中国刑事警察学院、江西警察学院、浙江警察学院、西南政法大学、重庆警察学院、云南警官学院等。

边防指挥

专业特点

边防指挥专业主要研究边防部队管理、边防作战指挥、边防执勤、边防案件侦查等方面的基本知识和技能，熟悉边防政策法规，边界条约、协定、协议和国际惯例以及边防勤务与作战的指挥程序等，在公安边防部队进行边防执勤执法行动的指挥、边境突发事件的处理、边境出入境人员和车辆的检查等。

本专业与高中学科关联度及学科要求

语文	数学	英语	物理	化学	生物	政治	历史	地理
A	E	C	E	E	E	A	C	B

本专业对高中阶段语文、政治科目要求较高，适合有一定的管理能力，并能积极服从管理的学生就读。

选考学科建议

"3+3"省份：政治

"3+1+2"省份：首选不限，再选政治

大学主要课程

军事地形学、部队管理科学基础、司令部工作、边防战术学、边防勤务学、处置边境突发事件、边防战例分析、边防案件侦查、边境管理学等。

💡 就业方向

本专业毕业生主要面向全国公安边防部队，从事边防执法执勤、组织实施边防战斗、依法处置边境突发事件等工作。

🏛 本专业较好的大学（排名不分先后）

中国人民警察大学等。

消防指挥

专业特点

消防指挥专业主要研究消防工程、灭火技术、抢险救援、安全管理、作战组织指挥等方面的基本知识和技能，熟悉各种消防技术和设施，在消防部队进行火灾、洪灾、震灾、化学危险品泄漏灾害事故、核灾害事故的抢险救援和作战指挥等。例如：火灾扑救的战术规划，洪水、地震等灾害救援时的作战指挥。

本专业与高中学科关联度及学科要求

语文	数学	英语	物理	化学	生物	政治	历史	地理
A	E	C	B	B	E	A	C	E

本专业对高中阶段语文、政治科目要求较高，适合身体素质过硬、愿意投身社会安全的学生就读。

选考学科建议

"3+3"省份：物理 / 化学

"3+1+2"省份：首选不限，再选政治

大学主要课程

工程力学、化学工程、消防燃烧理论、建筑防火设计原理、灭灾对策学、消防技术装备、消防法规、防火工程、消防监督管理、消防队伍管理、灭火救援、火灾调查、消防专业外语、军队指挥学基础理论、部队管理科学基础、火灾科学概论、灭火技术等。

💡 就业方向

本专业毕业生就业方向主要在消防部队、物业管理、房地产、建筑等行业或部门从事安全员、安保主管等工作，岗位有安全员、安保主管、消防主管等。

🏛 本专业较好的大学（排名不分先后）

中国人民警察大学、中国消防救援学院、四川警察学院等。

警卫学

专业特点

　　警卫学专业主要研究警卫活动的现象、特点、规律和对策等方面的基本知识和技能，包括警卫工作的基本原理和基本措施、各种敌对势力和敌对分子的阴谋暗害活动的特点及规律、警卫工作的历史及现状等，在公安警卫部队进行党和国家领导人、来访重要外宾及重要会议、重大活动安全的警戒保卫工作。

本专业与高中学科关联度及学科要求

语文	数学	英语	物理	化学	生物	政治	历史	地理
A	E	C	E	E	E	A	C	E

　　本专业对高中阶段语文、政治科目要求较高，适合身体健康、能服从管理的学生就读。

选考学科建议

　　"3+3"省份：政治

　　"3+1+2"省份：首选不限，再选政治

大学主要课程

　　治安管理学、散打、驾驶技术、防暴技术、警卫基础理论、警卫参谋学、警卫勤务学、警卫战术学、警卫指挥学、部队管理科学基础、治安管理学等。

💡 就业方向

本专业毕业生能在公安、检察、国家安全等部门从事侦查、刑事执法、预防和控制犯罪以及侦查学教学、科研等方面的工作。

🏛 本专业较好的大学（排名不分先后）

中国人民警察大学等。

专业类
公安学类

专业代码
030609TK

修业年限
四年

授予学位
法学学士

公安情报学

专业特点

公安情报学专业主要研究情报学、公安情报学等方面的基本知识和技能，包括公安情报的获取、公安情报的分析与研判、公安情报系统的设计与开发、公安情报安全管理与反情报、公安情报制度与政策法规等，进行公安情报的获取与分析、情报活动的技术支持、情报工作的制度保障等。

本专业与高中学科关联度及学科要求

语文	数学	英语	物理	化学	生物	政治	历史	地理
A	E	C	E	E	E	A	C	E

本专业对高中阶段语文、政治科目要求较高，适合逻辑思维严谨、善于分析的学生就读。

选考学科建议

"3+3"省份：政治

"3+1+2"省份：首选不限，再选政治

大学主要课程

情报学导论、公安情报学、公安情报技术、公安情报管理信息系统、公安情报分析与研判、公安情报组织与利用、公安情报工作实务、公安情报政策与法规等。

💡 就业方向

本专业毕业生可从事国内安全保卫、各类刑事犯罪侦查、社会治安管理情报的搜集、整理、分析和使用等工作；或从事相关专业的教学、科研工作。

🏛 本专业较好的大学（排名不分先后）

中国人民公安大学、山东警察学院、中国人民警察大学等。

专业类
公安学类

专业代码
030610TK

修业年限
四年

授予学位
法学学士

犯罪学

🖐 专业特点

犯罪学专业以犯罪现象为研究对象，主要研究犯罪的原因、手法、心理等方面的基本理论和知识，在公安等机关进行犯罪调查、犯罪分析与预测、犯罪预防、罪犯心理研究以及罪犯的感化和矫治等。例如：研究了解罪犯犯罪的原因和心理，预测罪犯未来的犯罪行动，进而避免犯罪的发生。

📖 本专业与高中学科关联度及学科要求

语文	数学	英语	物理	化学	生物	政治	历史	地理
A	E	C	E	E	E	A	C	E

本专业对高中阶段语文、政治科目要求较高，适合逻辑推理能力强、善于分析的学生就读。

📚 选考学科建议

"3+3"省份：政治

"3+1+2"省份：首选不限，再选政治

📙 大学主要课程

犯罪学原理、西方犯罪学、刑事政策学、犯罪被害人学、犯罪预防学、犯罪心理学、罪犯矫治学、犯罪评估导论、犯罪学研究方法、犯罪统计学、公安学概论、刑事侦查学、治安管理学、刑事科学技术、刑法学、刑事诉讼法学、社会学概论、社会工作概论、普通心理学、社会心理学、人格心理学、变态心理学等。

💡 就业方向

本专业毕业生的主要就业方向为科研、教育、培训和公务员，就业岗位主要有刑事犯罪鉴定人员、犯罪心理研究员、犯罪调查员、执法人员、警务人员、狱警、感化主任、假释官、社会工作者等。

🏛 本专业较好的大学（排名不分先后）

中国人民公安大学、辽宁警察学院等。

公安管理学

专业特点

公安管理学专业主要研究马克思主义基本原理、公安管理学、公安政策、警务保障等方面的基本知识和技能，在公安机关综合管理、政治工作、法制工作、后勤保障等部门进行行政管理、法制宣传、警务保障等。例如：公安法制的宣传普及，公安机关财务、人员、装备的管理。

本专业与高中学科关联度及学科要求

语文	数学	英语	物理	化学	生物	政治	历史	地理
A	E	C	E	E	E	A	C	E

本专业对高中阶段语文、政治科目要求较高，适合喜欢法律、对公安管理有兴趣的学生就读。

选考学科建议

"3+3"省份：政治

"3+1+2"省份：首选不限，再选政治

大学主要课程

政治学、管理学、公安管理学、公安决策学、公安指挥学、公安政工学、警察人力资源管理、警察组织行为学、公安信息系统管理、警察公共关系等。

💡 就业方向

　　本专业毕业生能在公安保卫部门从事犯罪预防、控制犯罪、犯罪分析与预测以及罪犯矫治等工作，在检察、法院、司法等国家安全行政部门从事相关工作，也可以在相关领域从事犯罪学教学、科研工作等。

🏛 本专业较好的大学（排名不分先后）

　　中国人民公安大学、贵州警察学院、江苏警官学院、四川警察学院、浙江警察学院等。

涉外警务

专业特点

涉外警务专业主要研究涉外行政法学、犯罪学、治安管理学、侦查学、外交学、国际关系学、国际法学等方面的基本知识和技能，在公安机关对具有涉外因素（如外国人、外国政府、外国组织等）的事务实施行政和刑事管辖等。例如：跨国犯罪案件的调查，跨国罪犯的追捕和遣返。

本专业与高中学科关联度及学科要求

语文	数学	英语	物理	化学	生物	政治	历史	地理
A	E	B	E	E	E	A	C	E

本专业对高中阶段语文、政治科目要求较高，适合身体素质过硬、对警务执法感兴趣的学生就读。

选考学科建议

"3+3"省份：政治

"3+1+2"省份：首选不限，再选政治

大学主要课程

涉外警务法律基础、涉外警务概论、出入境管理、涉外案件处置、国际警务合作概论、跨国犯罪对策、国际移民概论、国际关系概论、外交学等。

💡 就业方向

本专业毕业生可以在公安机关出入境管理部门、武警边防检查机构或者其他涉外警务工作部门从事出入境管理、国际警务合作、联合国维和警务、边防检查、涉外案件处置、跨国犯罪调查、跨国罪犯追捕和遣返、国际执法联络、国际警务合作、司法协助、中国驻外使领馆警务联络工作。

🏛 本专业较好的大学（排名不分先后）

浙江警察学院、中国人民公安大学、北京警察学院等。

国内安全保卫

👍 专业特点

国内安全保卫专业以维护国家安全和社会稳定为己任，主要研究马克思主义基本原理、国际关系学、刑事侦查学、治安管理学等方面的基本知识和技能，在公安机关进行国内安全保卫、邪教犯罪的防范和处置、恐怖主义犯罪的防范与打击等。

📘 本专业与高中学科关联度及学科要求

语文	数学	英语	物理	化学	生物	政治	历史	地理
A	E	C	E	E	E	A	C	E

本专业对高中阶段语文、政治科目要求较高，适合身体素质过硬，对国家安全防护、保卫有兴趣的学生就读。

📚 选考学科建议

"3+3"省份：政治

"3+1+2"省份：首选不限，再选政治

📖 大学主要课程

公安学基础理论、刑法、刑事诉讼法、刑事侦查学、公安行政法、犯罪学、治安管理学、擒拿、射击、查缉战术、汽车驾驶、国内安全基础理论、国内安全措施与手段、国内安全情报信息、国内安全案件侦察、保卫学、安全防范技术、事故对策学、痕迹学、刑事图像技术、文件检验、刑事化验、法医学、侦查讯问学等。

💡 就业方向

本专业毕业生可从事国家安全机关、基层公安及党政机关、企事业单位、金融领域等安全保卫部门的安保工作。

🏛 本专业较好的大学（排名不分先后）

中国人民公安大学、云南警官学院、福建警察学院等。

专业类
公安学类

专业代码
030614TK

修业年限
四年

授予学位
法学学士

警务指挥与战术

👍 专业特点

警务指挥与战术专业以重大警务处置行动的应急指挥为研究对象，主要研究应急指挥中的运筹谋划、发令调度、现场处置战术等方面的基本理论和知识，涉及军事学、公安学、战术学等，接受警务实战技能训练，在公安一线进行警务行动的指挥辅助和战术谋划等。

📖 本专业与高中学科关联度及学科要求

语文	数学	英语	物理	化学	生物	政治	历史	地理
A	E	C	E	E	E	A	C	E

本专业对高中阶段语文、政治科目要求较高，适合身体健康，善于分析，有较强管理能力的学生就读。

📘 选考学科建议

"3+3"省份：政治

"3+1+2"省份：首选不限，再选政治

📚 大学主要课程

侦查学、治安管理学、警务指挥学、警务战术学、警察谋略学、警务实战训练、警务实战心理学、警务战例研究、警务实战技能、警务指挥与战术总论、公安作战指挥、运筹学基础、警务指挥信息系统、警务参谋、警用武器使用、警用装备使用、警务战术学、警务实战心理应用、警务实战法律法规应用、警务实战训练指导法、危机谈判、攀降越障技术等。

💡 就业方向

本专业毕业生适合在公安机关指挥中心、刑警、巡警、特警、缉毒、治安警、铁路公安、水上公安、森林公安、各级公安领导机关下属的参谋、计划、保障部门等公安机关工作。

🏛 本专业较好的大学 （排名不分先后）

浙江警察学院、广东警官学院、中国人民公安大学、重庆警察学院、贵州警察学院、中国人民警察大学、湖北警官学院、南京森林警察学院等。

专业类 公安学类

专业代码 030615TK

修业年限 四年

授予学位 法学学士

技术侦查学

专业特点

技术侦查学专业培养熟悉中国公安工作的路线、方针、政策和相关法律、法规，系统掌握侦查学专业的基本理论、基本知识和基本技能，能在公安、检察、国家安全等部门从事侦查工作、刑事执法工作、预防和控制犯罪以及侦查学教学、科研等方面工作的高级专门人才。

本专业与高中学科关联度及学科要求

语文	数学	英语	物理	化学	生物	政治	历史	地理
A	E	C	E	E	E	A	C	E

本专业对高中阶段语文、政治科目要求较高，适合对技术侦查与管理感兴趣、喜欢法律的学生就读。

选考学科建议

"3+3"省份：政治

"3+1+2"省份：首选不限，再选政治

大学主要课程

公安学基础理论、犯罪学、公安管理学、刑法、刑事诉讼法、行政法与行政诉讼法、自卫擒敌、射击、刑事侦查学、物证技术学、法医学、侦查讯问学、现场勘查学等。

💡 就业方向

本专业毕业生主要在检察、国家安全、军队保卫以及公安、工商、税务、审判、海关、纪检、监察等部门从事侦查、稽查、刑事、执法等工作，也可以从事预防和控制犯罪以及侦查学教学、科研等方面的工作。

🏛 本专业较好的大学（排名不分先后）

中国刑事警察学院等。

海警执法

专业特点

    海警执法专业作为公安学的一门学科，是近年来兴起的一个新专业。海警执法也具有行政学和管理学的相关属性，是一个交叉的、综合性的学科。同时，海警执法研究的对象——海上治安问题也是社会问题的一种。

本专业与高中学科关联度及学科要求

语文	数学	英语	物理	化学	生物	政治	历史	地理
A	E	B	E	E	E	A	C	E

    本专业对高中阶段语文、政治科目要求较高，适合喜欢法律、对海上治安管理感兴趣的学生就读。

选考学科建议

"3+3"省份：政治

"3+1+2"省份：首选不限，再选政治

大学主要课程

    法理学、宪法学、政治学、行政管理学、警察法学、公安基础理论、刑法学、行政法与行政诉讼法学、治安管理学总论、犯罪学、犯罪心理学、安全防范技术等。

💡 就业方向

本专业毕业生一般在公安机关边防海警、海关总署海上缉私等机构工作。

🏛 本专业较好的大学（排名不分先后）

中国人民武装警察部队海警学院等。

公安政治工作

专业特点

公安政治专业工作专业着重培养能在综合管理、政治工作、法制工作、后勤保障等部门从事管理、法制工作和在公安业务部门从事警务指挥、组织管理、信息调研工作以及在相关领域从事教学、科研工作的高级复合型专门人才。

本专业与高中学科关联度及学科要求

语文	数学	英语	物理	化学	生物	政治	历史	地理
A	E	C	E	E	E	A	C	E

本专业对高中阶段语文、政治科目要求较高，适合热爱法律、对公安政治工作感兴趣的学生就读。

选考学科建议

"3+3"省份：政治

"3+1+2"省份：首选不限，再选政治

大学主要课程

政治学、管理学、公安管理学、公安决策学、公安指挥学、公安政工学、警察人力资源管理、警察组织行为学、公安信息系统管理、警察公共关系等。

💡 就业方向

本专业毕业生可到公安、检察、国家安全等部门从事政治、科研等方面的工作。

🏛 本专业较好的大学（排名不分先后）

中国人民公安大学、中国人民警察大学等。

移民管理

👍 专业特点

移民管理专业主要为公安机关培养从事国籍管理、签证管理、外国人停留居留和永久居留管理、难民管理、移民管理执法办案、移民领域国际合作等工作的高素质应用型警务人才。

📖 本专业与高中学科关联度及学科要求

语文	数学	英语	物理	化学	生物	政治	历史	地理
A	E	A	E	E	E	A	C	B

本专业对高中阶段语文、英语、政治科目要求较高，适合热爱法律、对移民管理感兴趣的学生就读。

📑 选考学科建议

"3+3"省份：政治

"3+1+2"省份：首选不限，再选政治

📚 大学主要课程

当代世界政治经济、边防公安法规、公安学概论、治安管理学等。

💡 就业方向

　　本专业毕业生一般在公安出入境部门从事移民安排、统筹规划和组织管理等方面的工作，也可以在相关领域从事教学、科研工作。

🏛 本专业较好的大学（排名不分先后）

　　中国人民警察大学等。

专业类 公安学类

专业代码 030619TK

修业年限 四年

授予学位 法学学士

出入境管理

专业特点

出入境管理专业主要培养具备出入境边防检查等方面的知识和能力，能在公安边防部队和出入境管理部门从事国（边）境管理和出入境边防检查等方面工作的高级专门人才。

本专业与高中学科关联度及学科要求

语文	数学	英语	物理	化学	生物	政治	历史	地理
A	E	A	E	E	E	A	C	B

本专业对高中阶段语文、英语、政治科目要求较高，适合对政治、法律感兴趣，能适应出入境工作的学生就读。

选考学科建议

"3+3"省份：政治
"3+1+2"省份：首选不限，再选政治

大学主要课程

国际法、刑法、刑事诉讼法、当代世界政治经济、边防公安法规、公安学概论、治安管理学、刑事侦查学、边境管理学、边防勤务学、边防情报学、边防检查学、护照签证制度、边防专业英语等。

💡 就业方向

本专业毕业生可在边防部队、人民警察部队和武警部队中的出入境管理部门和出入境边防检查部门，从事国境管理和出入境边防检查等方面的工作。

🏛 本专业较好的大学（排名不分先后）

中国人民警察大学等。

教育学

教育学

专业特点

教育学专业主要研究教育学、心理学等方面的基本理论和知识，包括教育现象、教育问题、教育规律、教育方法、学生心理状态等，培养良好的人文素养和教师职业素养，进行教育教学、教育研究和教育管理等。例如：对于高效教学方法的研发，对于不同年龄段学生心理状态的研究。

本专业与高中学科关联度及学科要求

语文	数学	英语	物理	化学	生物	政治	历史	地理
A	D	B	D	D	D	B	B	C

本专业对高中阶段语文科目要求较高，适合对教育感兴趣的学生就读。

选考学科建议

"3+3"省份：不限

"3+1+2"省份：首选不限，再选政治 / 化学 / 地理 / 生物

大学主要课程

普通心理学、教育心理学、中国教育史、外国教育史、教育通论、教学论、德育原理、教育社会学、教育统计测量评价、教育哲学、中

小学语文教学法、中小学数学教学法等。

💡 就业方向

　　本专业毕业生主要从事基础教育、综合文科师资、高等教育人文教育方向的教学与研究，政府机关以及企事业单位的办公、文秘、专业技术与管理工作等。

🏛 本专业较好的大学（排名不分先后）

　　北京师范大学、华东师范大学、浙江大学、华中师范大学、东北师范大学、西南大学、陕西师范大学、南京师范大学、华南师范大学、首都师范大学、湖南师范大学、天津大学、河南大学、山东师范大学、苏州大学、福建师范大学、上海师范大学、天津师范大学、西北师范大学、四川师范大学、河北大学、中央民族大学、安徽师范大学、曲阜师范大学、辽宁师范大学、河北师范大学、云南师范大学、河南师范大学、沈阳师范大学、江西师范大学、中南民族大学、广州大学、哈尔滨师范大学、湖北大学、江苏师范大学、深圳大学、海南师范大学、贵州师范大学、山西大学、郑州大学、重庆师范大学、江苏大学、扬州大学、兰州大学、湖南科技大学、石河子大学、信阳师范学院、南昌大学、天津职业技术师范大学、西华师范大学、北京体育大学、湖南农业大学、南宁师范大学、赣南师范大学、长江大学、广东外语外贸大学、山西师范大学、鲁东大学、内蒙古师范大学、黑龙江大学、四川外国语大学等。

科学教育

专业特点

科学教育专业主要研究教育科学、自然科学等方面的基本知识和实验技能，掌握科学课程教学的基本原理、科学教育的方法和现代教育技术，在当今中小学校进行《科学》课程的教学与教育管理等。

本专业与高中学科关联度及学科要求

语文	数学	英语	物理	化学	生物	政治	历史	地理
A	D	B	D	D	D	B	B	C

本专业对高中阶段语文科目要求较高，适合对教育科研感兴趣的学生就读。

选考学科建议

"3+3"省份：物理/化学/生物

"3+1+2"省份：首选不限，再选政治/化学/地理/生物

大学主要课程

普通心理学、教育心理学、中国教育史、外国教育史、教育通论、教学论、德育原理、教育社会学、教育统计测量评价、教育哲学、中小学语文教学法、中小学数学教学法等。

💡 就业方向

本专业学生毕业后可以从事中小学综合实践活动必修课中的科技教师工作，或高中技术课程的教师工作；在科协、科技教育场馆、科技教育场所、科技教育基地、社区科普站、新闻媒体等，从事科技教育、传播与普及等工作。

🏛 本专业较好的大学（排名不分先后）

华中师范大学、华南师范大学、浙江师范大学、上海师范大学、东南大学、西北师范大学、河北师范大学、广西师范大学、杭州师范大学、宁波大学、四川师范大学、重庆师范大学、湖州师范学院、石河子大学、哈尔滨师范大学、贵州师范大学、长春师范大学、鲁东大学、西华师范大学、湖南第一师范学院、北京联合大学、闽南师范大学、浙江外国语学院、安庆师范大学、江苏第二师范学院、绍兴文理学院、河北科技师范学院、临沂大学等。

人文教育

专业特点

　　人文教育专业主要研究教育学、人文社会科学等方面的基本知识和技能，涵盖历史学、社会学、政治学、地理学、汉语言文学等，培养教学研究、社会实践、社会调查的能力，以提高学生的人文素质为目标，在中学进行语文、历史、政治、人文与社会等学科的教学与研究等。

本专业与高中学科关联度及学科要求

语文	数学	英语	物理	化学	生物	政治	历史	地理
A	D	B	D	D	D	A	A	C

　　本专业对高中阶段政治、历史、语文要求较高，适合对历史、文学研究感兴趣的学生就读。

选考学科建议

"3+3"省份：不限 / 历史 / 政治

"3+1+2"省份：首选不限，再选政治 / 化学 / 地理 / 生物

大学主要课程

　　中外文化史、文学概论、社会学研究、美学原理、管理学通论、科学研究方法、现代汉语、中外名著选读、民族与宗教、人文课程资

源开发研究、自然与人文、科学与人文等。

💡 就业方向

本专业毕业生一般到中学、职业高中、中等专业学校、政府机关、企事业单位从事教育、研究等工作。

🏛 本专业较好的大学（排名不分先后）

浙江师范大学、宁波大学、杭州师范大学、长春师范大学、鲁东大学、安庆师范大学、信阳师范学院、廊坊师范学院、太原师范学院、怀化学院等。

教育技术学

专业特点

教育技术学专业主要研究教育学、教育技术、信息技术、多媒体技术等方面的基本知识和技能，在新技术教育领域进行教学媒体和教学系统的设计、开发、运用、管理和评价等。例如：学校教室电教设备的操作与管理，校园网的维护与管理。

本专业与高中学科关联度及学科要求

语文	数学	英语	物理	化学	生物	政治	历史	地理
A	B	B	B	E	E	D	E	E

本专业对高中阶段语文科目要求较高，适合对教育科研设计感兴趣的学生就读。

选考学科建议

"3+3"省份：不限 / 物理

"3+1+2"省份：首选物理，再选政治 / 化学 / 地理 / 生物

大学主要课程

教育技术学、教学系统设计、计算机教育基础、网络教育应用、远距离教育、电视教材设计与制作、教育技术研究方法、教育传播学等。

💡 就业方向

本专业毕业生可在各类教育机构、各级电教中心、电视台、网络中心、广告公司以及信息产业各领域从事教学、科研、管理和开发等工作。

🏛 本专业较好的大学（排名不分先后）

北京师范大学、华东师范大学、华南师范大学、华中师范大学、南京师范大学、东北师范大学、陕西师范大学、浙江师范大学、首都师范大学、西南大学、河南大学、山东师范大学、天津师范大学、江南大学、江苏师范大学、四川师范大学、广州大学、江西师范大学、湖南师范大学、上海师范大学、杭州师范大学、西北师范大学、苏州大学、浙江工业大学、福建师范大学、河北师范大学、曲阜师范大学、扬州大学、深圳大学、广西师范大学、河南师范大学、上海外国语大学、云南师范大学、河北大学、安徽师范大学、沈阳师范大学、武汉理工大学、辽宁师范大学、宁夏大学、哈尔滨师范大学、江苏大学、中南民族大学、南京邮电大学、重庆师范大学、海南师范大学、兰州大学、温州大学、贵州师范大学、南通大学、湖北大学、湖南科技大学、青岛大学、山西师范大学、东华大学、湖州师范学院、中国海洋大学、聊城大学、石河子大学、湖北师范大学、三峡大学、广西大学、西华师范大学、东北石油大学、鲁东大学、四川农业大学、集美大学、赣南师范大学、天津职业技术师范大学、湖南第一师范学院、南宁师范大学、湖南农业大学、淮北师范大学、天津外国语大学、信阳师范学院、石家庄铁道大学、新疆师范大学、苏州科技大学、渤海大学、长春师范大学、安庆师范大学、江西科技师范大学、闽南师范大学、内蒙古师范大学、江西农业大学、青海师范大学、黄冈师范学院、南昌航空大学、延安大学、西北民族大学、陕西理工大学等。

艺术教育

专业特点

艺术教育专业主要研究教育学、人文学、心理学、音乐、美术、舞蹈、戏剧等方面的基本知识和技能，培养审美修养和艺术鉴赏能力，在学前教育、基础教育类机构进行儿童综合艺术的教育教学等。

本专业与高中学科关联度及学科要求

语文	数学	英语	物理	化学	生物	政治	历史	地理
A	D	B	D	D	D	B	B	C

本专业对高中阶段语文科目要求较高，适合对艺术感兴趣的学生就读。

选考学科建议

"3+3"省份：不限

"3+1+2"省份：首选不限，再选政治/化学/地理/生物

大学主要课程

艺术概论、学前教育概论、特殊教育概论、艺术教育、现代教育技术培训、中外音乐史、中外美术史、艺术欣赏、中外文学名篇欣赏、综合艺术创作原理与实践等。

💡 就业方向

本专业毕业生可从事中、小学的艺术教育工作，也可在艺术研究单位从事研究工作，或在各级文化单位和业余艺术学校从事艺术训练工作等。

🏛 本专业较好的大学（排名不分先后）

华东师范大学、厦门大学、杭州师范大学、云南师范大学、深圳大学、重庆师范大学、上海戏剧学院、上海体育学院、安庆师范大学、四川美术学院、临沂大学、重庆第二师范学院、北京师范大学珠海分校、吉林外国语大学、贵州师范学院、忻州师范学院、云南艺术学院、曲靖师范学院、宁德师范学院、景德镇学院、西安美术学院、广西艺术学院、广西科技师范学院、凯里学院等。

专业类
教育学类

专业代码
040105

修业年限
四年

授予学位
教育学士/艺术学士

学前教育

👍 专业特点

学前教育专业主要研究学前教育学、学前儿童保育学、学前儿童发展科学、学前儿童心理学等方面的基本知识和技能，观察、分析 3~6 岁幼儿的身心活动，在幼儿园、托儿所等学前教育学校和机构进行学龄前儿童的教育教学、品行培养、智力开发等。

📙 本专业与高中学科关联度及学科要求

语文	数学	英语	物理	化学	生物	政治	历史	地理
A	D	B	C	D	C	C	C	D

本专业对高中阶段语文科目要求较高，适合对幼儿教育研究感兴趣的学生就读。

📚 选考学科建议

"3+3"省份：不限 / 物理 / 历史

"3+1+2"省份：首选不限，再选政治 / 化学 / 地理 / 生物

📖 大学主要课程

普通心理学、人体解剖生理学、教育社会学、声乐、舞蹈、美术、学前教育学、幼儿心理学、幼儿教育心理学、幼儿保健学、幼儿教育研究方法等。

💡 就业方向

本专业毕业生主要从事托幼机构的保教工作、学前教育行政管理以及其他有关机构的教学、研究等工作。

🏛 本专业较好的大学（排名不分先后）

北京师范大学、华东师范大学、南京师范大学、华中师范大学、陕西师范大学、华南师范大学、首都师范大学、东北师范大学、西南大学、浙江师范大学、河南大学、上海师范大学、山东师范大学、天津师范大学、广西师范大学、福建师范大学、杭州师范大学、江西师范大学、四川师范大学、西北师范大学、宁波大学、沈阳师范大学、安徽师范大学、重庆师范大学、扬州大学、河南师范大学、湖南师范大学、云南师范大学、江苏师范大学、南通大学、河北师范大学、广州大学、河北大学、辽宁师范大学、曲阜师范大学、山西师范大学、贵州师范大学、宁夏大学、温州大学、深圳大学、青岛大学、山西大学、海南师范大学、哈尔滨师范大学、新疆师范大学、信阳师范学院、淮北师范大学、广东技术师范大学、内蒙古师范大学、北京联合大学、中华女子学院、集美大学、鲁东大学、石河子大学、安庆师范大学、成都大学、贵州民族大学、西华师范大学、贵州师范学院、嘉兴学院、阜阳师范大学、聊城大学、湖北师范大学、长江大学、江西科技师范大学、四川外国语大学、渤海大学、宝鸡文理学院、赣南师范大学、常熟理工学院、河北科技师范学院、江苏第二师范学院、南京晓庄学院、闽南师范大学、山东女子学院、盐城师范学院、延安大学、太原师范学院、湖州师范学院、昆明学院、西藏大学、广东第二师范学院、咸阳师范学院、浙江外国语学院、北华大学、大理大学、洛阳师范学院、陕西学前师范学院、苏州科技大学、湖北第二师范学院、兰州城市学院、西华大学等。

小学教育

专业特点

小学教育专业主要研究教育学、心理学、文学、小学课程教学等方面的基本知识和技能，分析 6~12 岁儿童的身体和心理活动，培养良好的人文素养、心理素质和教师职业道德，在小学从事语文、数学、英语、品德等学科的教育教学、儿童的启蒙教育以及心理辅导等。

本专业与高中学科关联度及学科要求

语文	数学	英语	物理	化学	生物	政治	历史	地理
A	A	A	D	E	D	C	C	C

本专业对高中阶段语文、数学、英语科目要求较高，适合对人文教育感兴趣的学生就读。

选考学科建议

"3+3"省份：不限 / 物理 / 历史

"3+1+2"省份：首选不限，再选政治 / 化学 / 地理 / 生物

大学主要课程

教育学、心理学、逻辑学、教学设计、德育原理、教育社会学、班主任工作、教育哲学、心理卫生与心理辅导、汉语基础、中国历代文学作品选、写作、儿童文学等。

💡 就业方向

本专业毕业生主要从事小学教育机构的教学工作，也可以在教育机构或教育培训机构从事教育咨询等方面的工作。

🏛 本专业较好的大学（排名不分先后）

南京师范大学、华南师范大学、东北师范大学、首都师范大学、华中师范大学、杭州师范大学、天津师范大学、上海师范大学、江西师范大学、江苏师范大学、宁波大学、四川师范大学、浙江师范大学、福建师范大学、广西师范大学、扬州大学、山东师范大学、江南大学、广州大学、海南师范大学、沈阳师范大学、南通大学、温州大学、青岛大学、河北师范大学、安徽师范大学、贵州师范大学、湖州师范学院、云南师范大学、重庆师范大学、河南师范大学、曲阜师范大学、辽宁师范大学、湖南科技大学、宁夏大学、南宁师范大学、鲁东大学、聊城大学、吉林师范大学、哈尔滨师范大学、西华师范大学、湖北师范大学、集美大学、渤海大学、长春师范大学、浙江外国语学院、湖南第一师范学院、闽南师范大学、山西师范大学、新疆师范大学、安庆师范大学、大连大学、南京晓庄学院、三峡大学、重庆第二师范学院、泉州师范学院、盐城师范学院、常熟理工学院、成都大学、青海师范大学、临沂大学、湖北第二师范学院、台州学院、浙江海洋大学、河北科技师范学院、北华大学、大理大学、齐鲁师范学院、江苏第二师范学院、绍兴文理学院、北京联合大学、赣南师范大学、淮北师范大学、阜阳师范大学、淮阴师范学院、丽水学院、岭南师范学院、西藏民族大学、信阳师范学院、内蒙古师范大学、江苏理工学院、合肥师范学院、咸阳师范学院、东莞理工学院、合肥学院、保定学院、淮南师范学院、西安文理学院、哈尔滨学院、嘉兴学院、沈阳大学、云南民族大学、长江师范学院、石家庄学院、重庆文理学院、北部湾大学、绵阳师范学院等。

特殊教育

专业特点

特殊教育专业主要研究教育学、特殊教育学、心理学等方面的基本知识和技能，包括手语、盲文等，在特殊学校对有特殊需要的儿童进行教育教学、行为矫正、心理辅导以及关怀关爱等。特殊儿童包括视力、听力、语言、肢体、智力、精神有疾病的儿童。

本专业与高中学科关联度及学科要求

语文	数学	英语	物理	化学	生物	政治	历史	地理
A	C	B	C	E	B	D	D	D

本专业对高中阶段语文科目要求较高，适合有志于投身教育事业的学生就读。

选考学科建议

"3+3"省份：不限 / 生物 / 政治 / 历史
"3+1+2"省份：首选不限，再选政治 / 化学 / 地理 / 生物

大学主要课程

特殊教育导论、盲童心理与教育、聋童心理与教育、弱智儿童心理与教育、残疾儿童生理与病理、残疾儿童康复、特殊教育技术等。

💡 就业方向

本专业毕业生可从事特殊儿童的诊断、鉴定、咨询、教育、训练等工作。

🏛 本专业较好的大学（排名不分先后）

北京师范大学、华东师范大学、华中师范大学、西南大学、陕西师范大学、华南师范大学、浙江师范大学、湖南师范大学、四川师范大学、杭州师范大学、重庆师范大学、江西师范大学、西北师范大学、广西师范大学、辽宁师范大学、广州大学、云南师范大学、海南师范大学、北京语言大学、淮北师范大学、济南大学、新疆师范大学、湖北师范大学、南宁师范学院、泉州师范学院、安庆师范大学、长春大学、北京联合大学、内蒙古师范大学、成都大学、长春师范大学、滨州医学院等。

华文教育

专业特点

华文教育专业主要研究教育学、心理学、文化学、第二语言教学、汉语言等方面的基本知识和技能，熟练掌握汉语听、说、读、写、口译、笔译的能力，了解中国国情与中华文化，服务于广大华侨华人。

本专业与高中学科关联度及学科要求

语文	数学	英语	物理	化学	生物	政治	历史	地理
A	D	A	D	D	D	B	B	C

本专业对高中阶段语文、英语科目要求较高，适合对语言文化研究感兴趣的学生就读。

选考学科建议

"3+3"省份：不限

"3+1+2"省份：首选不限，再选政治 / 化学 / 地理 / 生物

大学主要课程

教育学、心理学、第二语言教学论、综合汉语、汉语听力、汉语口语、汉语阅读、汉语写作等。

💡 就业方向

本专业毕业生适合在海外华文教育机构、海外华文媒体、华人社团等机构从事汉语教学、编辑、记者等工作。

🏛 本专业较好的大学（排名不分先后）

华侨大学、暨南大学、云南师范大学等。

教育康复学

专业特点

教育康复学专业综合了教育和康复两个方面，主要研究教育学、特殊教育学、康复治疗学、心理学等方面的基本知识和技能，在特殊教育学校、社会康复机构等对听力障碍、语言障碍、智力障碍、自闭症等特殊儿童从事教育教学和康复治疗等工作。例如：对听力障碍的儿童进行听力矫治的同时对其进行教育教学。

本专业与高中学科关联度及学科要求

语文	数学	英语	物理	化学	生物	政治	历史	地理
A	D	B	D	D	D	A	B	C

本专业对高中阶段语文、政治科目要求较高，适合对教育康复学研究感兴趣的学生就读。

选考学科建议

"3+3"省份：不限

"3+1+2"省份：首选不限，再选政治 / 化学 / 地理 / 生物

大学主要课程

言语科学基础、儿童语言发展、听力学基础、言语障碍评估与矫治、语言障碍评估与训练、听力学基础实验、特殊儿童运动康复实践、康

复听力学、临床语音学、情绪行为障碍的评估与训练、教育康复见习、特殊教育学科教学法、特殊儿童认知能力评估与训练等。

💡 就业方向

本专业毕业生主要在特殊教育学校、康复中心、民政福利机构、医院相关科室等，从事言语障碍、听觉障碍、语言障碍、认知障碍、心理障碍、运动障碍等患者的评定、康复、教育、咨询及康复辅具研发工作。

🏛 本专业较好的大学（排名不分先后）

华东师范大学、重庆师范大学、北京联合大学、南京特殊教育师范学院等。

卫生教育

专业特点

　　卫生教育专业以"医养结合"为特色，主要研究健康教育、卫生保健服务、学校卫生管理等，培养有教育资质、健康教育与宣传能力、良好职业素养的复合应用型人才。例如：在学校开展卫生保健服务、卫生管理、健康教育教学、疾病预防与控制等工作。

本专业与高中学科关联度及学科要求

语文	数学	英语	物理	化学	生物	政治	历史	地理
A	D	B	D	D	D	A	B	C

　　本专业对高中阶段语文、政治科目要求较高，适合热爱医学的学生就读。

选考学科建议

　　"3+3"省份：不限

　　"3+1+2"省份：首选不限，再选政治/化学/地理/生物

大学主要课程

　　心理学基础、教育学基础、发展心理学、人体解剖生理学、疾病学基础、健康教育学、预防医学、儿童健康评估、儿童营养与发育、儿童卫生与保健、心理咨询与辅导、健康教育课程设计与评价、健康

教育研究、学校卫生管理与实践等。

💡 就业方向

本专业毕业生一般在学校进行卫生保健服务、学校卫生管理、健康教育教学、疾病预防与控制等工作。

🏛 本专业较好的大学（排名不分先后）

上海杉达学院等。

专业类
教育学类

专业代码
0401111T

修业年限
四年

授予学位
教育学学士

认知科学与技术

专业特点

认知科学与技术专业主要研究认知科学基础理论、专业知识与技能、人工智能、文化与认知等，培养未来的心理学家、语言学家、逻辑学家和认知科学家。

本专业与高中学科关联度及学科要求

语文	数学	英语	物理	化学	生物	政治	历史	地理
A	D	B	D	D	D	B	B	C

本专业对高中阶段语文科目要求较高，适合对认知科学、人工智能感兴趣的学生就读。

选考学科建议

"3+3"省份：不限

"3+1+2"省份：首选不限，再选政治/化学/地理/生物

大学主要课程

教育技术学、计算机教育基础、网络教育应用、远距离教育、电视教材设计与制作、教育技术研究方法、教育传播学等。

💡 就业方向

本专业毕业生可在各类高、中等学校、各级电教中心、电视台、网络中心、广告公司以及信息产业各领域从事教学、科研、管理和开发等工作。

🏛 本专业较好的大学（排名不分先后）

贵州民族大学等。

体育教育

专业特点

体育教育专业主要研究教育学、心理学、人体科学、体育学等方面的基本知识和技能，接受田径、足球、篮球、排球、羽毛球、乒乓球、武术、体操等体育项目的训练，在中小学校进行体育教学和课外体育活动管理，或在健身房、运动俱乐部等进行健身指导和运动训练等。

本专业与高中学科关联度及学科要求

语文	数学	英语	物理	化学	生物	政治	历史	地理
A	D	B	E	E	C	C	D	E

本专业对高中阶段语文科目要求较高，适合对体育科学研究感兴趣的学生就读。

选考学科建议

"3+3"省份：不限

"3+1+2"省份：首选不限，再选生物

大学主要课程

普通心理学、教育心理学、中国教育史、外国教育史、教育通论、教学论、德育原理、教育社会学、教育统计测量评价、教育哲学、中小学语文或数学教学法等。

💡 就业方向

本专业毕业生可从事学校体育与健康的教学、训练、竞赛工作，学校体育科学研究工作，学校体育管理工作及社会体育指导等工作；还可以从事健身指导员、裁判员、体育经纪人、体育营销以及体育管理者等工作。

🏛 本专业较好的大学（排名不分先后）

北京体育大学、上海体育学院、华东师范大学、北京师范大学、福建师范大学、华南师范大学、首都体育学院、武汉体育学院、华中师范大学、成都体育学院、苏州大学、天津体育学院、宁波大学、吉林体育学院、陕西师范大学、广州体育学院、南京师范大学、沈阳体育学院、曲阜师范大学、西安体育学院、湖南师范大学、东北师范大学、河南大学、南京体育学院、郑州大学、云南师范大学、浙江大学、哈尔滨体育学院、河北师范大学、浙江师范大学、山东师范大学、吉首大学、南通大学、山西大学、山西师范大学、安徽师范大学、山东体育学院、扬州大学、河南师范大学、江西师范大学、湖北大学、新疆师范大学、西南大学、西北师范大学、天津师范大学、广西师范大学、湖南工业大学、西藏民族大学、杭州师范大学、深圳大学、温州大学、鲁东大学、贵州师范大学、湖南科技大学、四川师范大学、辽宁师范大学、哈尔滨师范大学、内蒙古师范大学、海南师范大学、青海师范大学、重庆大学、淮北师范大学、西华师范大学、太原理工大学、上海师范大学、沈阳师范大学、广东第二师范学院、南昌大学、成都大学、延安大学、广西民族大学、盐城师范学院、肇庆学院、湖南人文科技学院、宁夏大学、江苏师范大学、长沙师范学院、牡丹江师范学院、邵阳学院、赣南师范大学等。

体育学类 专业类

040201 专业代码

四年 修业年限

教育学学士 授予学位

运动训练

专业特点

运动训练专业以竞技体育为核心，主要研究运动技术学、运动人体学、心理学等方面的基本知识和技能，接受身体机能、技能技术、策略战术、心理和智力等方面的训练，了解体育竞赛的比赛规则、方针、政策和法规，从事体育竞赛运动员的训练和管理，以及体育赛事的裁判等工作。

本专业与高中学科关联度及学科要求

语文	数学	英语	物理	化学	生物	政治	历史	地理
A	C	B	C	C	C	D	E	E

本专业对高中阶段语文科目要求较高，适合对体育运动感兴趣的学生就读。

选考学科建议

"3+3"省份：不限 / 物理 / 生物 / 政治

"3+1+2"省份：首选不限，再选生物

大学主要课程

运动训练学、主修项目理论与实践、运动选材学、运动营养与恢复、运动训练管理学、运动心理学、运动生理学、运动生物力学、教育学等。

💡 就业方向

本专业毕业生主要从事教学、科研、健身技能的指导与科学健身咨询、体制测评以及社区体育部门的组织管理工作等。

🏛 本专业较好的大学（排名不分先后）

北京体育大学、上海体育学院、华东师范大学、首都体育学院、福建师范大学、华南师范大学、武汉体育学院、北京师范大学、成都体育学院、浙江大学、沈阳体育学院、天津体育学院、吉林体育学院、南京体育学院、陕西师范大学、西安体育学院、东北师范大学、苏州大学、哈尔滨体育学院、华南理工大学、华中师范大学、山东体育学院、广州体育学院、曲阜师范大学、安徽师范大学、山西大学、河南大学、湖南师范大学、宁波大学、云南师范大学、西南大学、河南师范大学、大连理工大学、深圳大学、山西师范大学、吉林大学、河北师范大学、江西师范大学、辽宁师范大学、南昌大学、西北师范大学、新疆师范大学、华东交通大学、广西师范大学、西藏民族大学、聊城大学、湖南工业大学、中国矿业大学、江苏师范大学、河北体育学院、贵州师范大学、同济大学等。

社会体育指导与管理

专业特点

社会体育指导与管理专业主要研究运动学、社会体育等方面的基本知识和技能，能够在社会体育（群众自愿参加的以增进身体健康、丰富文化生活为主要目的的群众性体育活动）领域内进行组织管理、咨询指导、经营管理等。例如：健身俱乐部体能训练的指导，长跑、太极、广场舞等社会体育活动的组织。

本专业与高中学科关联度及学科要求

语文	数学	英语	物理	化学	生物	政治	历史	地理
A	D	B	C	E	C	D	D	D

本专业对高中阶段语文科目要求较高，适合对体育活动与研究感兴趣的学生就读。

选考学科建议

"3+3"省份：不限

"3+1+2"省份：首选不限，再选生物

大学主要课程

社会体育理论与方法、社会心理学、运动解剖学、教育学、体育经济学、俱乐部体育、社区体育、高尔夫、时尚有氧运动、攀岩、体育管理学概论、体育舞蹈、民间体育以及健身操舞等。

💡 就业方向

本专业毕业生可从事健身教练、理疗师、中小学体育教师、销售代表、销售经理、物流监管员、业务代表、客户经理、管理培训生、特检业务代表等工作。

🏛 本专业较好的大学（排名不分先后）

华南师范大学、首都体育学院、上海体育学院、华东师范大学、北京体育大学、山东大学、天津体育学院、南京师范大学、沈阳体育学院、吉林体育学院、成都体育学院、福建师范大学、山东体育学院、武汉体育学院、湖北大学、郑州大学、吉林大学、扬州大学、广州体育学院、中国地质大学（武汉）、西安体育学院、南京体育学院、湖南师范大学、湖南工业大学、哈尔滨体育学院、浙江师范大学、云南师范大学、山东师范大学、安徽师范大学、南通大学、山西大学、山西师范大学、江西师范大学、辽宁师范大学、东北大学、广西师范大学、四川师范大学、西藏民族大学、上海师范大学、中国矿业大学、盐城师范学院、鲁东大学、集美大学、贵州师范大学、同济大学、湖南科技大学、中南民族大学、西南医科大学、山东中医药大学、沈阳师范大学、中国地质大学（北京）、泉州师范学院、广州大学、哈尔滨师范大学、聊城大学、西南科技大学、石家庄学院、徐州工程学院、湖南农业大学、邵阳学院、海南师范大学、池州学院、内蒙古民族大学、天水师范学院、延安大学、湖南城市学院、云南民族大学、长江大学、中北大学、广西民族大学、广州应用科技学院、内蒙古师范大学、宁夏师范学院、湖南涉外经济学院、淮北师范大学、南宁师范大学、西华师范大学、长安大学、牡丹江师范学院等。

武术与民族传统体育

专业特点

武术与民族传统体育专业主要研究民族传统体育教学、训练、科研以及传统体育养生等方面的基本知识和技能，接受武术、摔跤、射箭、散打、太极等民族民间体育项目的训练，在中小学或武术学校进行武术教学与指导，抑或在相关部门进行民族传统体育的推广、管理等。

本专业与高中学科关联度及学科要求

语文	数学	英语	物理	化学	生物	政治	历史	地理
A	D	B	D	D	D	B	B	C

本专业对高中阶段语文科目要求较高，适合对武术和传统体育研究感兴趣的学生就读。

选考学科建议

"3+3"省份：不限 / 政治

"3+1+2"省份：首选不限，再选生物

大学主要课程

民族传统体育概论、中国武术史、中国文化概论、武术理论基础、传统体育养生学、中医学基础、专项理论与技术、运动生理学、运动解剖学、运动心理学等。

💡 就业方向

本专业毕业生适合在各类大中小学、业余体校、武术馆（院）、各级体育部门及武术运动队、公安、部队、健身机构、武术研究机构等单位从事武术训练、教学、管理工作，还可以继续攻读本专业或相关专业的硕士或博士学位。

🏛 本专业较好的大学（排名不分先后）

上海体育学院、北京体育大学、武汉体育学院、首都体育学院、成都体育学院、沈阳体育学院、苏州大学、浙江大学、吉林体育学院、吉首大学、南京体育学院、山东体育学院、河南大学、天津体育学院、广州体育学院、山西大学、西安体育学院、东北师范大学、湖南师范大学、哈尔滨体育学院、云南师范大学、山西师范大学、河北师范大学、山东师范大学、扬州大学等。

运动人体科学

专业特点

运动人体科学专业将理论与运动实践相结合，主要研究体育运动与人体的相互关系及其规律，涉及运动学、生物学、养生学、医学等学科，在运动训练基地、运动保健康复中心等进行运动健身与营养指导、运动员身体机能诊断与评价、运动损伤康复治疗等工作。

本专业与高中学科关联度及学科要求

语文	数学	英语	物理	化学	生物	政治	历史	地理
C	D	B	B	B	A	C	E	E

本专业对高中阶段生物科目要求较高，适合对运动人体科学感兴趣的学生就读。

选考学科建议

"3+3"省份：不限 / 物理 / 化学 / 生物

"3+1+2"省份：首选不限，再选生物

大学主要课程

人体解剖学、人体生理学、生物化学、生物力学、临床医学基础、中医基础、运动训练学、运动心理学、运动实践与分析等。

💡 就业方向

本专业毕业生主要在医疗康复部门、体育科研机构、各级运动队、体育健身俱乐部以及社区服务机构等部门从事教学、科研、健身技能指导与科学健身咨询、体质测评及社区体育的组织管理工作。

🏛 本专业较好的大学（排名不分先后）

北京体育大学、上海体育学院、成都体育学院、沈阳体育学院、广州体育学院、南京体育学院、吉林体育学院、天津体育学院、西安体育学院、武汉体育学院、首都体育学院、山东体育学院等。

专业类 体育学类

专业代码 040205

修业年限 四年

授予学位 教育学学士

运动康复

专业特点

运动康复专业主要研究运动学、康复学、医学等方面的基本知识和技能，掌握体育运动与人体机体的相互关系及规律，在训练基地、健身俱乐部、康复机构等，为不同运动损伤水平的患者进行康复训练计划的设计，以及康复训练强度的调整等。

本专业与高中学科关联度及学科要求

语文	数学	英语	物理	化学	生物	政治	历史	地理
A	D	B	D	D	A	C	C	C

本专业对高中阶段语文、生物科目要求较高，适合对健康教育、体育研究感兴趣的学生就读。

选考学科建议

"3+3"省份：不限 / 物理 / 化学 / 生物

"3+1+2"省份：首选不限，再选生物

大学主要课程

系统解剖学、中医基础、人体解剖、运动解剖学、人体生理、运动生理学、生物化学、运动生物力学、康复心理学、医学统计学、组织学、药理学、病理学（含病理物理学）、免疫学、外科学、内科学、中国传统康复治疗学（含针灸、按摩）、运动疗法原理与技术、运动损伤学、运动医务监督、临床运动疗法学、理疗学等。

💡 就业方向

本专业毕业生可通过国家统一组织的考试获取卫生专业技术资格证书，主要在专业运动队、各级医院的康复机构、健康休闲俱乐部、职业运动俱乐部、养老院、社区、健康与康复科研所、体育与卫生行政部门等机构，从事康复治疗、健康教育、健康测定与评估、健身指导、卫生保健、医疗监督、科学研究及行政管理等工作。

🏛 本专业较好的大学（排名不分先后）

上海体育学院、北京体育大学、武汉体育学院、成都体育学院、天津体育学院、首都体育学院、苏州大学、吉林体育学院、南京体育学院、山东体育学院、沈阳体育学院、广州体育学院、大连理工大学、西安体育学院、河北师范大学、哈尔滨体育学院、遵义医科大学、聊城大学、山东第一医科大学、哈尔滨师范大学、大连大学、广西医科大学、温州医科大学、山西医科大学、广州中医药大学、天津医科大学、潍坊医学院、黑龙江中医药大学、西南医科大学、成都中医药大学、绍兴文理学院、山东中医药大学、锦州医科大学、湖北中医药大学、江西中医药大学、昆明医科大学、岭南师范学院、河北科技师范学院、河南中医药大学、湖南中医药大学、龙岩学院、齐齐哈尔大学等。

休闲体育

📋 专业特点

休闲体育专业主要研究体育学、休闲学、教育学等方面的基本理论和知识，掌握指导休闲体育、大众健身、体育旅游、体育赛事相关的运动技术和技能，在休闲度假村、会所、俱乐部、户外拓展机构等进行休闲体育活动的指导与教学、休闲体育产品的策划与研发等。

📖 本专业与高中学科关联度及学科要求

语文	数学	英语	物理	化学	生物	政治	历史	地理
A	D	B	D	D	D	C	C	C

本专业对高中阶段语文科目要求较高，适合对体育研究感兴趣的学生就读。

📚 选考学科建议

"3+3"省份：不限

"3+1+2"省份：首选不限，再选生物

📘 大学主要课程

休闲体育概论、休闲体育行为、休闲体育管理、体育技能实践系列、运动解剖生理、基础休闲学、体育概论、体育观赏概论，社会体育、体育经营、体育教育等。

💡 就业方向

本专业毕业生可在政府或公益机构（城市公共游憩空间、主题公园、全民健身中心、公共体育活动与竞赛场所等）、休闲体育事业机构（高等院校、研究所）、休闲体育工商企业（休闲度假村、高尔夫会所、健身休闲俱乐部、星级酒店康乐部、SPA休闲会所、温泉度假饭店、户外与拓展训练机构、体育旅游公司）等单位从事休闲体育相关工作。

🏛 本专业较好的大学（排名不分先后）

北京体育大学、武汉体育学院、上海体育学院、首都体育学院、广州体育学院、成都体育学院、山东体育学院、沈阳体育学院、安徽师范大学、吉林体育学院、曲阜师范大学、西安体育学院、南京体育学院、哈尔滨体育学院、深圳大学、湖北大学、杭州师范大学、湖北经济学院、河北传媒学院、常州大学、西南医科大学、贵州大学、江苏科技大学、青岛科技大学、烟台大学、成都大学、河北工程大学、莆田学院、四川农业大学、铜仁学院、江苏海洋大学、福建师范大学协和学院、贵州医科大学、海南大学、河北科技师范学院、河北体育学院、九江学院、山西农业大学、肇庆学院、安庆师范大学、成都理工大学、广东海洋大学、海南热带海洋学院、湖北第二师范学院、阜阳师范大学、贵州理工学院、贵州师范大学求是学院、贵州师范学院、乐山师范学院、齐鲁师范学院、皖西学院等。

体能训练

专业特点

体能训练专业主要研究体育训练、身体运动功能训练、保健康复等，培养能够从事体能训练、学校体育教学等体能指导工作的一专多能的应用型人才。例如：在奥运会、世锦赛等大型赛事上为运动员提供体能训练指导。

本专业与高中学科关联度及学科要求

语文	数学	英语	物理	化学	生物	政治	历史	地理
A	D	B	D	D	A	B	B	C

本专业对高中阶段语文、生物科目要求较高，适合对体育运动感兴趣的学生就读。

选考学科建议

"3+3"省份：不限

"3+1+2"省份：首选不限，再选生物

大学主要课程

高等数学、医学统计学、运动解剖学、运动生理学、运动生物力学、运动营养学、运动心理学、教育学、运动训练学、体能训练原理、体能训练方法、动作模式与功能训练、体能测试与评估、专项体能训练设计、运动损伤机制及预防等。

💡 就业方向

本专业毕业生可在运动队、学校、体育科研单位和健身机构等就职。

🏛 本专业较好的大学 （排名不分先后）

北京体育大学、上海体育学院、武汉体育学院、首都体育学院等。

冰雪运动

👍 专业特点

冰雪运动专业主要研究冰雪运动教学与指导、冰雪运动损伤防护、冰雪运动产业经营与营销、冰雪场地管理与设备维护等，为国家培养从事冰雪项目的运动员、教练员、体育教师等体育工作者。例如：在冬奥会等大型赛事上，从事冰雪运动竞技、项目裁判及技术官员等工作。

📖 本专业与高中学科关联度及学科要求

语文	数学	英语	物理	化学	生物	政治	历史	地理
A	D	B	D	D	A	B	B	C

本专业对高中阶段语文、生物科目要求较高，适合对体育运动，尤其是冰雪运动感兴趣的学生就读。

📚 选考学科建议

"3+3"省份：不限

"3+1+2"省份：首选不限，再选生物

📙 大学主要课程

运动训练学、主修项目理论与实践、运动选材学、运动营养与恢复、运动训练管理学、运动心理学、运动生理学、运动生物力学、教育学等。

💡 就业方向

本专业毕业生主要从事运动员、教练员、体育教师、体育行政管理人员、竞赛组织者等与体育相关的工作。

🏛 本专业较好的大学（排名不分先后）

北京体育大学、吉林体育学院、哈尔滨体育学院等。

电子竞技运动与管理

专业特点

电子竞技运动与管理专业主要研究游戏品种研发、IP 赛事活动打造、专业战队运营、衍生产品开发、关联产业服务发展等，培养承担电竞产业中的教育培训、赛事组织、企业管理、俱乐部管理等工作的专业复合型人才。例如：通过组建电子竞技专业战队或电竞职业俱乐部，征战国内外赛场，为国争光。

本专业与高中学科关联度及学科要求

语文	数学	英语	物理	化学	生物	政治	历史	地理
A	B	B	D	D	D	B	B	C

本专业对高中阶段语文科目要求较高，适合对电子游戏感兴趣的学生就读。

选考学科建议

"3+3"省份：不限

"3+1+2"省份：首选不限，再选政治 / 化学 / 地理 / 生物

大学主要课程

电子竞技技术、电子竞技概论、电子竞技裁判、赛事组织策划、数据分析与战术设计等。

💡 就业方向

本专业毕业生可从事电竞运动员、电竞教练员、电竞裁判员、电竞职业经理人、电竞赛事策划与执行、电竞俱乐部运营与管理、电竞主持与主播等工作。

🏛 本专业较好的大学（排名不分先后）

山东体育学院、上海第二工业大学等。

智能体育工程

👍 专业特点

　　智能体育工程专业培养符合数字化时代体育产业需要的新型体育科技人才，注重学科交叉和创新实践，培养掌握体育学、计算机科学、信息科学相关基础理论知识，具备信息处理与控制相关应用能力和较强实际动手能力，能在智能体育、体育大数据、互联网、计算机技术及其他电子技术等方面从事教学、科研和管理的高层次复合型人才。

📘 本专业与高中学科关联度及学科要求

语文	数学	英语	物理	化学	生物	政治	历史	地理
A	A	B	D	D	D	B	B	C

　　本专业对高中阶段语文、数学科目要求较高，适合对人工智能、虚拟现实等高科技感兴趣的学生就读。

📚 选考学科建议

　　"3+3"省份：不限

　　"3+1+2"省份：首选不限，再选政治/化学/地理/生物

📖 大学主要课程

　　运动人体科学导论、生物力学、生物与运动信息采集、体育测量与评价、运动训练学、生物力学、人机工效学、数字逻辑与数字系统、

算法设计与分析、数据结构、人工智能基础、机器学习导论、模式识别基础、智能信息处理、机器视觉、动作捕捉与虚拟现实、数字体育概论等。

💡 就业方向

本专业毕业生可在智能体育、体育大数据、互联网、计算机技术及其他电子技术企业从事教学科研和管理工作，也可以在企业体育管理部门从事体育产业及体育产品的营销、开发和应用等工作。

🏛 本专业较好的大学（排名不分先后）

北京体育大学。

体育旅游

专业特点

体育旅游专业以旅游综合服务为基础，以休闲体育项目为特色，主要研究体育旅游行业管理、休闲运动项目技术指导、项目策划与营销、培训与咨询等，培养体育旅游行业具有综合实践能力的高素质应用复合型人才。

本专业与高中学科关联度及学科要求

语文	数学	英语	物理	化学	生物	政治	历史	地理
B	D	B	D	D	D	B	B	A

本专业对高中阶段地理科目要求较高，适合对旅游感兴趣的学生就读。

选考学科建议

"3+3"省份：不限

"3+1+2"省份：首选不限，再选政治/化学/地理/生物

大学主要课程

旅游学概论、旅游接待业、旅游目的地管理、旅游消费者行为、体育旅游概论、体育活动策划与组织、教学方法论、专项教学训练理论与实践等。

💡 就业方向

　　本专业毕业生可在休闲体育工商企业（休闲度假村、高尔夫会所、健身休闲俱乐部等）、政府或公益机构（主题公园、全民健身中心、公共体育活动与竞赛场所等）、休闲体育事业机构（高等院校、研究所）等单位从事相关工作。

🏛 本专业较好的大学（排名不分先后）

　　首都体育学院、上海体育学院等。

体育学类 专业类

040212TK 专业代码

四年 修业年限

教育学学士 授予学位

运动能力开发

专业特点

运动能力开发专业通过招生来源的改革与培养方案的创新结合，在继承体育学专业特色的基础上，吸纳、融合并延伸运动训练、体育教育、体能训练、运动人体科学等传统体育学专业中割裂开的知识与能力结构。

本专业与高中学科关联度及学科要求

语文	数学	英语	物理	化学	生物	政治	历史	地理
A	D	B	D	D	D	B	B	C

本专业对高中阶段语文科目要求较高，适合对体育运动感兴趣的学生就读。

选考学科建议

"3+3"省份：不限

"3+1+2"省份：首选不限，再选政治/化学/地理/生物

大学主要课程

运动表现分析概论、运动训练监控、运动训练学概论、生长发育与运动、体能训练理论与方法、运动技能学习与控制、肌动学。

💡 就业方向

本专业毕业生可在职业联赛俱乐部、高水平运动队、社会体育机构等工作。

🏛 本专业较好的大学（排名不分先后）

上海体育学院等。

文学

汉语言文学

专业特点

汉语言文学专业主要研究汉语和中国文学等方面的基本理论和知识，包括其相关理论、发展历史和研究现状等，涉及诗词歌赋、现当代文学、民间文学等多个领域，可在报刊宣传、新闻出版行业进行文章编辑与撰写、发表文学评论等。

本专业与高中学科关联度及学科要求

语文	数学	英语	物理	化学	生物	政治	历史	地理
A	E	B	E	E	E	B	B	B

本专业对高中阶段语文科目要求较高，适合对文学研究感兴趣、文笔较好、思维活跃的学生就读。

选考学科建议

"3+3"省份：不限 / 生物 / 政治 / 历史 / 地理 / 历史 + 地理
"3+1+2"省份：首选不限，再选政治 / 化学 / 地理 / 生物

大学主要课程

语言学概论、古代汉语、现代汉语、文学概论、中国古代文学史、中国现代文学史、马克思主义文论、比较文学、中国古典文献学、外国文学史、民间文学、汉语史、语言学史等。

💡 就业方向

本专业毕业生可以在新闻出版、文艺宣传、教学科研等文化研究单位，从事编辑、采写、企宣、文案、教师等与专业基础尤其是文字能力密切相关的工作。

🏛 本专业较好的大学（排名不分先后）

北京师范大学、南京大学、北京大学、复旦大学、武汉大学、浙江大学、中国人民大学、四川大学、华东师范大学、清华大学、南开大学、中山大学、陕西师范大学、暨南大学、山东大学、南京师范大学、吉林大学、华中师范大学、苏州大学、福建师范大学、首都师范大学、北京语言大学、浙江师范大学、上海师范大学、西南大学、中央民族大学、东北师范大学、湖南师范大学、上海大学、西北大学、华南师范大学、江苏师范大学、厦门大学、上海交通大学、扬州大学、河南大学、云南大学、郑州大学、山东师范大学、中国传媒大学、内蒙古大学、河北大学、杭州师范大学、北京外国语大学、四川师范大学、华中科技大学、安徽大学、广西师范大学、兰州大学、安徽师范大学、黑龙江大学、江西师范大学、南昌大学、西南交通大学、河北师范大学、浙江工业大学、天津师范大学、西北师范大学、湖北大学、湖南大学、辽宁大学、青岛大学、湘潭大学、中南大学、广州大学、山西大学、宁波大学、广东外语外贸大学、东南大学、浙江工商大学、中国海洋大学、中南民族大学、哈尔滨师范大学、新疆大学、重庆大学、南通大学、曲阜师范大学、华侨大学、贵州大学、贵州师范大学、重庆师范大学、温州大学、同济大学、天津大学、深圳大学、海南师范大学、济南大学、对外经济贸易大学、广西大学、河南师范大学、宁夏大学、西南民族大学、辽宁师范大学、三峡大学、西安交通大学、大连理工大学、北京第二外国语学院、中南财经政法大学、汕头大学、浙江财经大学等。

专业类 中国语言文学类　专业代码 050101　修业年限 四年　授予学位 文学学士

汉语言

专业特点

汉语言专业侧重于汉语和对外汉语两方面，主要研究汉语及语言学、中国文学等方面的基本理论和知识，接受社会调查、文字处理、语言教学的技能训练，在中小学校、教育机构进行汉语教学，抑或在媒体、新闻、出版行业进行语言文字管理、文字编辑等工作。

本专业与高中学科关联度及学科要求

语文	数学	英语	物理	化学	生物	政治	历史	地理
A	E	B	E	E	E	B	A	B

本专业对高中阶段语文、历史科目要求较高，适合对语言文学研究感兴趣的学生就读。

选考学科建议

"3+3"省份：不限 / 生物 / 政治 / 历史 / 地理 / 历史 + 地理

"3+1+2"省份：首选不限，再选政治 / 化学 / 地理 / 生物

大学主要课程

语言学概论、现代汉语、古代汉语、文学概论、中国文学史、中国语言学史、计算语言学、汉语史、汉语方言调查、逻辑学、中文信息处理等。

就业方向

本专业毕业生可在高校、科研机构或机关企事业相关部门，从事汉语言文字的教学科研、对外汉语教学、语言文字管理及语言应用等方面的工作。

本专业较好的大学（排名不分先后）

北京大学、复旦大学、北京师范大学、中山大学、浙江大学、武汉大学、中国人民大学、华东师范大学、厦门大学、南开大学、四川大学、华中师范大学、上海交通大学、北京语言大学、南京师范大学、暨南大学、首都师范大学、上海大学、中国传媒大学、山东师范大学、华南师范大学、浙江师范大学、西北大学、上海师范大学、东北师范大学、上海外国语大学、广东外语外贸大学、兰州大学、天津大学、深圳大学、河北师范大学、云南大学、河北大学、江苏师范大学、北京航空航天大学、辽宁大学、西安交通大学、西北民族大学、中国政法大学、新疆大学、青岛大学、西北师范大学、华侨大学、北京第二外国语学院、宁波大学、大连理工大学等。

汉语国际教育

专业特点

汉语国际教育专业主要研究汉语及语言学、国际文学、中国文化、跨文化交际等方面的基本理论和知识，培养汉语作为第二语言的教学技能、文化传播技能以及跨文化交际能力，在海内外进行汉语教学或语言文化传播等，一般多服务于海外教育机构、新闻出版单位等。

本专业与高中学科关联度及学科要求

语文	数学	英语	物理	化学	生物	政治	历史	地理
A	E	A	E	E	E	C	B	B

本专业对高中阶段英语、语文科目要求较高，适合对中西方语言研究感兴趣的学生就读。

选考学科建议

"3+3"省份：不限 / 政治 / 历史 / 地理

"3+1+2"省份：首选不限，再选政治 / 化学 / 地理 / 生物

大学主要课程

中国语言文学、外国语言文学基础英语、英语写作、英汉翻译、现代汉语、古代汉语、中国文学、外国文学、中国文化通论、西方文化与礼仪、国外汉学研究、语言学概论、对外汉语教学概论等。

💡 就业方向

本专业毕业生可以报考语言文字学、语言学与应用语言学、国际汉语教育硕士研究生，经继续深造可在大学从事对外汉语教学工作，经国家汉办的考试和选拔可以以志愿者和汉语教师的身份去国外从事汉语作为第二语言的教学工作；也可以在国内汉语培训机构、汉语学校及国际中、小学从事教学或教学管理工作；还可以在企事业单位从事文员工作。

🏛 本专业较好的大学（排名不分先后）

北京语言大学、华东师范大学、四川大学、南京大学、山东大学、武汉大学、北京师范大学、暨南大学、首都师范大学、浙江大学、南开大学、中央民族大学、北京外国语大学、中山大学、上海外国语大学、南京师范大学、陕西师范大学、河南大学、湖南师范大学、福建师范大学、上海大学、华中师范大学、安徽大学、苏州大学、江苏师范大学、山东师范大学、西南大学、郑州大学、河北大学、华中科技大学、南昌大学、浙江师范大学、中国传媒大学、广东外语外贸大学、上海师范大学、西北大学、天津师范大学、江西师范大学、东北师范大学、四川师范大学、上海财经大学、北京第二外国语学院、湖北大学、扬州大学、西南交通大学、云南大学、兰州大学、河北师范大学、杭州师范大学、重庆大学、辽宁大学、对外经济贸易大学、广西大学、西北师范大学、华南理工大学、天津外国语大学、浙江工业大学、深圳大学、河南师范大学、内蒙古大学、湘潭大学、云南师范大学、广州大学、安徽师范大学、西安电子科技大学、黑龙江大学、华侨大学、北京工业大学、中南民族大学、四川外国语大学、浙江财经大学、广西师范大学、江苏大学、沈阳师范大学、新疆大学、广西民族大学、西安外国语大学、北京化工大学、西北农林科技大学、上海对外经贸大学等。

中国少数民族语言文学

专业特点

中国少数民族语言文学专业主要研究少数民族的语言、文字、文献、文学以及文学史等方面的基本理论和知识，分为蒙古语、满语、维吾尔语、朝鲜语、哈萨克语、彝语等多个方向，毕业后从事少数民族语言文学的教学、科研、编辑、翻译、创作等工作。

本专业与高中学科关联度及学科要求

语文	数学	英语	物理	化学	生物	政治	历史	地理
A	E	B	E	E	E	B	A	B

本专业对高中阶段语文、历史科目要求较高，适合对少数民族文学研究感兴趣的学生就读。

选考学科建议

"3+3"省份：不限 / 政治 / 历史 / 地理

"3+1+2"省份：首选不限，再选政治 / 化学 / 地理 / 生物

大学主要课程

语言学概论、有关民族语言史、古代汉语、有关民族现代语言、现代汉语、汉语－民族语语法对比、文学概论、有关民族文学史、中国文学史、有关民族历史等。

💡 就业方向

本专业毕业生主要到少数民族教育文化部门及相关单位，从事有关少数民族语言文字、文学、文献的教学、研究、编辑、翻译、新闻、文学创作等方面的工作。

🏛 本专业较好的大学（排名不分先后）

中央民族大学、新疆大学、西南民族大学、黑龙江大学、广西民族大学、西藏大学、西北民族大学、云南民族大学、延边大学、贵州民族大学、青海民族大学、青海师范大学、新疆师范大学、石河子大学、内蒙古大学、长春师范大学、吉林师范大学、内蒙古师范大学等。

专业类 中国语言文学类

专业代码 050104

修业年限 四年

授予学位 文学学士

古典文献学

专业特点

古典文献学专业主要研究古籍整理、中国古典文献学方面的基本理论和知识，涉及中国古代文学典籍的研究、考辨、编纂、译注及现代化传播等，毕业后多在图书馆、出版社、文化产业相关单位，进行中国古籍的辨伪、校勘、注解等。

本专业与高中学科关联度及学科要求

语文	数学	英语	物理	化学	生物	政治	历史	地理
A	D	C	E	E	E	B	A	B

本专业对高中阶段语文、历史科目要求较高，适合对古代文学研究感兴趣的学生就读。

选考学科建议

"3+3"省份：不限 / 历史 / 地理

"3+1+2"省份：首选不限，再选政治 / 化学 / 地理 / 生物

大学主要课程

中国古典文献学、目录学、版本学、校勘学、文字学、音韵学、训诂学、文科工具书使用、出土文献概论、古代文化概论、古文献学史、古代汉语、中国古代文学史等。

💡 就业方向

本专业毕业生一般进入大学、科研机构、出版社、图书馆、文化产业相关部门从事古典文献研究或教学工作。

🏛 本专业较好的大学（排名不分先后）

北京大学、浙江大学、南京师范大学等。

应用语言学

专业特点

　　应用语言学专业主要研习语言学、语义、语法、语音等方面的基本知识和理论，研究各种与语言有关的实际问题，包括语言教学、标准语的建立和规范化、文字的创制和改革、辞书编纂、翻译等。例如：简体字的创制，标点符号和字母表的改进，词典和字典的编撰与修订，外文文章的翻译。

本专业与高中学科关联度及学科要求

语文	数学	英语	物理	化学	生物	政治	历史	地理
A	E	B	E	E	E	B	B	B

　　本专业对高中阶段语文科目要求较高，适合对语言文字研究感兴趣的学生就读。

选考学科建议

　　"3+3"省份：不限

　　"3+1+2"省份：首选不限，再选政治／化学／地理／生物

大学主要课程

　　语言理论、语言研究方法、应用语言学、对外汉语教学概论、语法理论、语义理论、词汇理论、实验语音学、汉语语用学、汉语方言

与方言调查、语言与文化、跨文化交际等。

💡 就业方向

    本专业毕业生多在高等院校、研究所、出版社等机构从事相关专业的教学及研究工作，或进入国家机关和公司企业从事语言应用方面的工作。

🏛 本专业较好的大学（排名不分先后）

    北京大学、华侨大学等。

专业类
中国语言文学类

专业代码
050106T

修业年限
四年

授予学位
文学学士

秘书学

专业特点

秘书学专业主要研究秘书工作的产生与发展、职能与环境、性质与作用、规律与特征、原则与要求、发展与趋势等方面的基本理论和知识，接受文书写作、档案管理、公关礼仪等技能训练，在各类企事业单位从事秘书工作，包括单位的日程管理、来访接待、会议安排、文书写作、信息搜集等。

本专业与高中学科关联度及学科要求

语文	数学	英语	物理	化学	生物	政治	历史	地理
A	D	B	E	E	D	A	A	B

本专业对高中阶段语文、政治科目要求较高，适合对秘书学感兴趣的学生就读。

选考学科建议

"3+3"省份：不限 / 政治 / 历史

"3+1+2"省份：首选不限，再选政治 / 化学 / 地理 / 生物

大学主要课程

基础写作、现代汉语、Office 高级应用、管理学原理、秘书学概论、领导科学、秘书实务、秘书写作、秘书文档管理、秘书公关与礼仪、

中国古代文学、中国现当代文学、外国文学作品选读、国际贸易理论与实务、社会工作、企业法与合同法、劳动与社会保障法、普通逻辑学、中国传统文化概论、中外文化比较、公共事业管理、广告文案策划、会展服务管理等。

💡 就业方向

本专业毕业生的就业方向有文秘、教师、各类编辑职务、文案策划人员、记者等。

🏛 本专业较好的大学（排名不分先后）

陕西师范大学、南京师范大学、首都师范大学、苏州大学、福建师范大学、四川师范大学、安徽师范大学、扬州大学、山东师范大学、江苏师范大学、西北师范大学、广西师范大学、云南师范大学、南通大学、云南民族大学、哈尔滨师范大学、安徽财经大学、西华师范大学、重庆师范大学、山东科技大学、赣南师范大学、天津科技大学、河南财经政法大学、河北农业大学、西安财经大学、浙江传媒学院、安徽工业大学、湖南工商大学、青岛农业大学、内蒙古师范大学、山东农业大学、南京晓庄学院、聊城大学、广东海洋大学、安庆师范大学、延安大学、湖南理工学院、金陵科技学院、江苏第二师范学院、遵义师范学院、江苏理工学院、长春师范大学、陕西理工大学、常熟理工学院、南宁师范大学、广西财经学院、四川警察学院、阜阳师范大学、合肥学院、绵阳师范学院、内蒙古财经大学、昆明学院、盐城师范学院、西藏民族大学、青海民族大学、韶关学院、甘肃农业大学、华北科技学院、云南农业大学、山东管理学院、淮阴师范学院、内蒙古科技大学、石家庄学院、信阳师范学院、韩山师范学院、洛阳师范学院、北华航天工业学院、南昌师范学院、保定学院、肇庆学院等。

中国语言与文化

专业特点

中国语言与文化专业主要研究中国语言及文化的相关历史与知识，为文化传播、历史传承提供支持，培养能够在高等和中等学校进行汉语言文学教学的教师、教学研究人员及其他教育工作者。

本专业与高中学科关联度及学科要求

语文	数学	英语	物理	化学	生物	政治	历史	地理
A	E	B	E	E	E	B	A	B

本专业对高中阶段历史、语文科目要求较高，适合历史基础知识扎实、喜欢文化研究的学生就读。

选考学科建议

"3+3"省份：不限 / 政治 / 历史

"3+1+2"省份：首选不限，再选政治 / 化学 / 地理 / 生物

大学主要课程

语言学概论、现代汉语、古代汉语、中国汉字学、汉语史（或文字、声韵、训诂学）、中外语言学史、语言文字信息处理、中国文化概论、中国古代文献学、文学概论、马克思主义文论、中国现代文学史、中国现当代文学作品选、中国古代文学史、中国古代文学作品选、民

间文学、比较文学、写作、文艺心理学、中国文学批评史、语文教学论、自然科学基础等。

💡 就业方向

本专业毕业生既可在报社、出版社、杂志社、各级党政机关文化宣传等部门从事编辑、宣传、文秘等工作，也可在中小学及高校从事教学或科研等工作。

🏛 本专业较好的大学（排名不分先后）

重庆城市科技学院等。

手语翻译

👍 专业特点

手语翻译专业架起了聋听沟通的桥梁，培养具有博爱精神和人文情怀，扎实的手语、汉语基础，较强的手语汉语互译能力和多元文化交际与沟通能力，高素质应用型手语翻译工作者。

📖 本专业与高中学科关联度及学科要求

语文	数学	英语	物理	化学	生物	政治	历史	地理
A	E	A	E	E	D	B	B	C

本专业对高中阶段语文、英语科目要求较高，适合有爱心、有奉献精神的学生就读。

📗 选考学科建议

"3+3"省份：不限 / 政治 / 历史

"3+1+2"省份：首选不限，再选政治 / 化学 / 地理 / 生物

📙 大学主要课程

手语语言学、国家通用手语、行业手语、手语翻译概论、聋人与社会、手语翻译技巧、同声传译、文体翻译等。

💡 就业方向

　　本专业毕业生可在企事业单位从事接待翻译、手语播音主持、传译、聋校教学、聋人事务管理等工作。

🏛 本专业较好的大学（排名不分先后）

　　南京特殊教育师范学院等。

桑戈语

👍 专业特点

桑戈语是一种南美洲语言，属于伊斯兰教传统，使用者大多数来自阿根廷和乌拉圭。桑戈语专业培养能在外事、经贸、文化、新闻出版、教育、科研、旅游等部门从事翻译、研究、教学、管理工作的相应语言高级专门人才。

📖 本专业与高中学科关联度及学科要求

语文	数学	英语	物理	化学	生物	政治	历史	地理
A	E	A	E	E	E	C	B	B

本专业对高中阶段语文、英语科目要求较高，适合对桑戈语感兴趣的学生就读。

📋 选考学科建议

"3+3"省份：不限 / 政治 / 历史 / 地理

"3+1+2"省份：首选不限，再选政治 / 化学 / 地理 / 生物

🏛 大学主要课程

基础相应语、高级相应语、报刊选读、视听、口语、相应语写作、翻译理论与实践、语言理论等。

💡 就业方向

本专业毕业生可从事翻译、研究、教学、管理工作。

🏛 本专业较好的大学（排名不分先后）

北京外国语大学等。

专业类 外国语言文学类

专业代码 050200T

修业年限 四年

授予学位 文学学士

英语

EN

专业特点

英语专业主要研究英语语言、语法、口语以及英美等英语国家的文化与历史等方面的基本理论和知识，接受英语听、说、读、写、译等方面的技能训练，进行英语的翻译、教学与研究等。英语是世界上使用最广泛的语言之一，常用于英国、美国、澳大利亚、新西兰、爱尔兰等国家和地区。

本专业与高中学科关联度及学科要求

语文	数学	英语	物理	化学	生物	政治	历史	地理
A	E	A	E	E	E	C	B	B

本专业对高中阶段语文、英语科目要求较高，适合对英语感兴趣的学生就读。

选考学科建议

"3+3"省份：不限 / 政治 / 历史 / 地理
"3+1+2"省份：首选不限，再选政治 / 化学 / 地理 / 生物

大学主要课程

英语精读、英语泛读、英语听力、英语语法、英语口语、英语写作、综合英语、英汉翻译、汉英翻译、语言学概论、英美文学、英语国家

文化等。

💡 就业方向

本专业毕业生可在涉外机构、外资企业、银行、保险、海关、边防、新闻出版、教育、科研、旅游等部门，从事翻译、研究、教学和管理等工作；也可以选择留学、考研或国外就业，适合于外经贸各部委、贸易公司、涉外机构、外商投资企业、跨国公司、金融国贸等单位的文秘、业务人员或行政管理人员等。

🏛 本专业较好的大学（排名不分先后）

北京外国语大学、南京大学、北京大学、上海外国语大学、浙江大学、清华大学、复旦大学、上海交通大学、北京师范大学、华东师范大学、广东外语外贸大学、湖南师范大学、山东大学、中国人民大学、厦门大学、南开大学、中山大学、四川大学、北京航空航天大学、吉林大学、南京师范大学、武汉大学、同济大学、华中科技大学、电子科技大学、东北师范大学、东南大学、哈尔滨工业大学、华中师范大学、西北工业大学、湖南大学、苏州大学、大连理工大学、中南大学、四川外国语大学、西南大学、北京语言大学、北京科技大学、杭州师范大学、陕西师范大学、对外经济贸易大学、黑龙江大学、宁波大学、北京第二外国语学院、大连外国语大学、中国海洋大学、北京交通大学、暨南大学、郑州大学、重庆大学、西安交通大学、华南师范大学、西南交通大学、浙江工商大学、西安外国语大学、北京理工大学、河南大学、首都师范大学、中国政法大学、南京航空航天大学、扬州大学、安徽大学、上海师范大学、福建师范大学、天津外国语大学、浙江师范大学、延边大学、东北大学、武汉理工大学、深圳大学、杭州电子科技大学、外交学院、湘潭大学、广西大学、中央民族大学、北京林业大学等。

俄语

专业特点

俄语专业主要研究俄语语言、语法、口语以及俄罗斯等俄语国家的文化与历史等方面的基本理论和知识，接受俄语听、说、读、写、译等方面的技能训练，进行俄语的翻译、教学与研究等。俄语是世界上以其为母语使用人数、第二语言使用人数排名均为第四的语言，常用于俄罗斯、乌克兰等国家和地区。

本专业与高中学科关联度及学科要求

语文	数学	英语	物理	化学	生物	政治	历史	地理
A	E	A	E	E	E	C	B	B

本专业对高中阶段语文、英语科目要求较高，适合对俄语感兴趣的学生就读。

选考学科建议

"3+3"省份：不限 / 政治 / 历史 / 地理

"3+1+2"省份：首选不限，再选政治 / 化学 / 地理 / 生物

大学主要课程

俄语基础、语法、视听、写作、翻译理论与实践、报刊选读、文学作品选读、语言理论、俄罗斯文学史、俄罗斯国情等。

💡 就业方向

本专业毕业生可做笔译、口译、对外贸易、营销类、出口专员之类的工作。

🏛 本专业较好的大学（排名不分先后）

北京大学、南京大学、北京外国语大学、上海外国语大学、北京师范大学、黑龙江大学、厦门大学、南京师范大学、广东外语外贸大学、大连外国语大学、浙江大学、复旦大学、中山大学、哈尔滨工业大学、东北师范大学、湖南师范大学、华中师范大学、山东大学、西安外国语大学、北京第二外国语学院、大连理工大学、中央民族大学、四川大学、四川外国语大学、中国人民大学、华东师范大学、首都师范大学、吉林大学、对外经济贸易大学、南开大学、天津外国语大学、武汉大学、西南大学、苏州大学、哈尔滨师范大学、河南大学、兰州大学、新疆大学、陕西师范大学、郑州大学、北京交通大学、北京语言大学、东北大学、河北师范大学、南昌大学、安徽大学、西北师范大学、安徽师范大学、华南师范大学、山西大学、中南财经政法大学、辽宁师范大学、延边大学、中国传媒大学、山东师范大学、中国石油大学（华东）、江西师范大学、江苏师范大学、辽宁大学、西北大学、燕山大学、内蒙古大学、天津师范大学、河北大学、宁夏大学、四川师范大学、江苏科技大学、曲阜师范大学、东北林业大学、吉林师范大学、贵州师范大学、东北农业大学、青岛科技大学、沈阳师范大学、海南大学、黑河学院、中南林业科技大学、西南石油大学、呼伦贝尔学院、山东农业大学等。

德语

专业特点

德语专业主要研究德语语言、语法、口语以及德国等德语国家的文化与历史等方面的基本理论和知识，接受德语听、说、读、写、译等方面的技能训练，进行德语的翻译、教学与研究等。德语是使用国家数量世界排名第六的语言，也是欧盟内使用最广的母语，常用于德国、奥地利、列支敦士登等国家和地区。

本专业与高中学科关联度及学科要求

语文	数学	英语	物理	化学	生物	政治	历史	地理
A	E	A	E	E	E	C	B	B

本专业对高中阶段语文、英语科目要求较高，适合对德语感兴趣的学生就读。

选考学科建议

"3+3"省份：不限 / 政治 / 历史 / 地理

"3+1+2"省份：首选不限，再选政治 / 化学 / 地理 / 生物

大学主要课程

德语语言理论、基础德语、高级德语、德语语法、德语视听、德

语口语、德语写作、翻译理论与实践、德国文学史、德国社会文化等。

💡 就业方向

本专业毕业生可到外事、经贸、文化、新闻出版、教育、科研、旅游等部门工作。

🏛 本专业较好的大学（排名不分先后）

北京大学、北京外国语大学、浙江大学、上海外国语大学、同济大学、北京航空航天大学、广东外语外贸大学、上海交通大学、对外经济贸易大学、南京大学、复旦大学、中山大学、北京理工大学、北京师范大学、北京第二外国语学院、中国人民大学、华东师范大学、西安外国语大学、厦门大学、南开大学、南京师范大学、四川外国语大学、大连外国语大学、武汉大学、华中科技大学、北京语言大学、山东大学、天津外国语大学、西南交通大学、青岛大学、苏州大学、西北工业大学、北京科技大学、中国海洋大学、中国政法大学、西南大学、东北师范大学、湖南师范大学、湘潭大学、重庆大学、宁波大学、黑龙江大学、郑州大学、首都师范大学、华东政法大学、东北大学、河南大学、深圳大学、安徽大学、兰州大学、华东理工大学、中国传媒大学、福州大学、上海理工大学、南昌大学、西南政法大学、中国矿业大学、延边大学、山西大学等。

法语

专业特点

　　法语专业主要研究法语语言、语法、口语以及法国等法语国家的文化与历史等方面的基本理论和知识，接受法语听、说、读、写、译等方面的技能训练，进行法语的翻译、教学与研究等。法语是继西班牙语之后，使用者人数最多的罗曼语族独立语言之一，常用于法国、加拿大、比利时等国家和地区。

本专业与高中学科关联度及学科要求

语文	数学	英语	物理	化学	生物	政治	历史	地理
A	E	A	E	E	E	C	B	B

　　本专业对高中阶段语文、英语科目要求较高，适合对法语感兴趣的学生就读。

选考学科建议

　　"3+3"省份：不限 / 政治 / 历史 / 地理

　　"3+1+2"省份：首选不限，再选政治 / 化学 / 地理 / 生物

大学主要课程

　　法语语音、基础法语、高级法语、法国与法语国家和地区概况、法国文学概论、新闻法语、笔译理论与实践、口译理论与实践、语言

学概论、法语视听说、法语阅读、法语写作、法语计算机处理、学术写作与研究方法等。

💡 就业方向

本专业毕业生可以到政府部门、出版部门就业，可以进入外贸行业，也可以到学校里当教师，或者做法资企业的翻译。

🏛 本专业较好的大学（排名不分先后）

南京大学、北京大学、上海外国语大学、广东外语外贸大学、武汉大学、华东师范大学、上海交通大学、浙江大学、复旦大学、中山大学、北京师范大学、湖南师范大学、北京语言大学、西安外国语大学、中国人民大学、对外经济贸易大学、厦门大学、南开大学、大连外国语大学、南京师范大学、华中科技大学、山东大学、四川外国语大学、四川大学、苏州大学、中国海洋大学、湘潭大学、电子科技大学、中南大学、西安交通大学、华中师范大学、天津外国语大学、国际关系学院、陕西师范大学、北京第二外国语学院、中国政法大学、黑龙江大学、上海大学、浙江工商大学、暨南大学、西南交通大学、上海对外经贸大学、首都师范大学、扬州大学、河南大学、外交学院、安徽大学、中南财经政法大学、深圳大学、华南师范大学、兰州大学、青岛大学、武汉理工大学、浙江师范大学、中国传媒大学、上海师范大学、云南大学、南昌大学、湖北大学、江西师范大学、山东师范大学、山东财经大学、哈尔滨师范大学、河海大学、河北大学、山西大学、首都经济贸易大学、安徽师范大学、济南大学、四川师范大学、天津师范大学、辽宁大学、燕山大学、曲阜师范大学、三峡大学等。

专业类 外国语言文学类

专业代码 050204

修业年限 四年

授予学位 文学学士

西班牙语

专业特点

西班牙语专业主要研究西班牙语语言、语法、口语以及西班牙等西班牙语国家的文化与历史等方面的基本理论和知识，接受西班牙语听、说、读、写、译等方面的技能训练，进行西班牙语的翻译、教学与研究等。西班牙语是世界第二大语言，主要分布在拉丁美洲，常用于西班牙、阿根廷、哥伦比亚等国家和地区。

本专业与高中学科关联度及学科要求

语文	数学	英语	物理	化学	生物	政治	历史	地理
A	E	A	E	E	E	C	B	B

本专业对高中阶段语文、英语科目要求较高，适合对西班牙语感兴趣的学生就读。

选考学科建议

"3+3"省份：不限 / 政治 / 历史 / 地理

"3+1+2"省份：首选不限，再选政治 / 化学 / 地理 / 生物

大学主要课程

基础西班牙语、高级西班牙语、西班牙语视听说、西班牙语语法、西班牙语语音、西班牙语泛读、西班牙语精读、西班牙语写作、西班

牙文学史、拉美文学史等。

💡 就业方向

　　本专业毕业生可在政府、高校、新闻传媒机构、外企和中外合资企业、各省市外办、外贸公司、旅游公司、留学培训机构、文化传播公司就职。

🏛 本专业较好的大学（排名不分先后）

　　北京大学、北京外国语大学、上海外国语大学、对外经济贸易大学、广东外语外贸大学、南京大学、浙江大学、复旦大学、北京师范大学、北京第二外国语学院、华东师范大学、西安外国语大学、中国人民大学、四川外国语大学、中山大学、南开大学、首都师范大学、厦门大学、武汉大学、山东大学、南京师范大学、吉林大学、天津外国语大学、四川大学、北京语言大学、苏州大学、华中师范大学、北京理工大学、中南大学、北京交通大学、湖南师范大学、中国传媒大学、暨南大学、黑龙江大学、大连外国语大学、福建师范大学、扬州大学、外交学院、安徽大学、深圳大学、青岛大学、湘潭大学、南昌大学、山东师范大学、汕头大学、河北师范大学、哈尔滨师范大学、江苏师范大学、云南师范大学等。

阿拉伯语

👍 专业特点

　　阿拉伯语专业主要研究阿拉伯语语言、语法、口语以及沙特阿拉伯等阿拉伯语国家的文化与历史等方面的基本理论和知识，接受阿拉伯语听、说、读、写、译等方面的技能训练，进行阿拉伯语的翻译、教学与研究等。阿拉伯语是阿拉伯民族的母语，为从右至左书写文字，主要通行于西亚和北非，常用于沙特阿拉伯、阿联酋、阿曼等国家和地区。

📖 本专业与高中学科关联度及学科要求

语文	数学	英语	物理	化学	生物	政治	历史	地理
A	E	A	E	E	E	C	B	B

　　本专业对高中阶段语文、英语科目要求较高，适合对阿拉伯语感兴趣的学生就读。

📚 选考学科建议

　　"3+3"省份：不限 / 政治 / 历史 / 地理

　　"3+1+2"省份：首选不限，再选政治 / 化学 / 地理 / 生物

📖 大学主要课程

　　基础阿拉伯语、高级阿拉伯语、阿拉伯语视听说、阿拉伯语语法、

阿拉伯语口语、阿拉伯语泛读、阿拉伯语精读、阿拉伯语写作、阿拉伯国家社会与文化、翻译理论与实践等。

💡 就业方向

　　本专业毕业生就业方向为外交、经贸、文化、新闻等涉外机构及高校、科研、外企、旅游等企事业单位。

🏛 本专业较好的大学（排名不分先后）

　　北京大学、上海外国语大学、北京外国语大学、对外经济贸易大学、中山大学、北京第二外国语学院、北京语言大学、广东外语外贸大学、黑龙江大学、浙江工商大学、西安外国语大学、南开大学、四川外国语大学、天津外国语大学、扬州大学、大连外国语大学、浙江外国语学院、山东师范大学、西北师范大学、哈尔滨师范大学、宁夏大学、新疆大学等。

日语

专业特点

日语专业主要研究日语语言、语法、口语以及日本等日语国家的文化与历史等方面的基本理论和知识，接受日语听、说、读、写、译等方面的技能训练，进行日语的翻译、教学与研究等。日语在与 ACG 相关的物什上，几乎是唯一的用语，常用于日本、东南亚等国家和地区。

本专业与高中学科关联度及学科要求

语文	数学	英语	物理	化学	生物	政治	历史	地理
A	E	A	E	E	E	C	B	B

本专业对高中阶段语文、英语科目要求较高，适合对日语感兴趣的学生就读。

选考学科建议

"3+3"省份：不限 / 政治 / 历史 / 地理
"3+1+2"省份：首选不限，再选政治 / 化学 / 地理 / 生物

大学主要课程

基础日语、高级日语、日语会话、日语视听说、日语演讲与辩论、日语阅读、日语基础写作、笔译理论与实践、口译理论与实践、日语语言学概论、日本文学概论、日本概况、跨文化交际、学术写作与研

究方法等。

💡 就业方向

本专业毕业生可在各级政府涉外部门、企事业单位、科研机关、学校、三资企业等部门，从事外事、国际文化交流等方面的接待服务和管理工作等。

🏛 本专业较好的大学（排名不分先后）

北京大学、北京外国语大学、上海外国语大学、北京师范大学、对外经济贸易大学、广东外语外贸大学、吉林大学、南开大学、山东大学、湖南大学、中国人民大学、清华大学、上海交通大学、南京大学、浙江大学、中山大学、黑龙江大学、北京第二外国语学院、复旦大学、北京语言大学、华中师范大学、东北师范大学、四川大学、大连外国语大学、西安交通大学、郑州大学、大连理工大学、浙江工商大学、哈尔滨工业大学、西安外国语大学、华东师范大学、天津外国语大学、南京师范大学、厦门大学、华中科技大学、同济大学、暨南大学、四川外国语大学、宁波大学、武汉大学、西南交通大学、华南理工大学、苏州大学、东北大学、华南师范大学、山东师范大学、电子科技大学、东南大学、哈尔滨师范大学、中南大学、北京科技大学、北京理工大学、东华大学、中国海洋大学、湖南师范大学、中央民族大学、杭州师范大学、陕西师范大学、河北大学、上海财经大学、上海大学、大连海事大学、广西大学、首都师范大学、西南大学、北京邮电大学、云南大学、河南师范大学、上海对外经贸大学、重庆大学、海南大学、南昌大学、南京航空航天大学、扬州大学、东北财经大学、华侨大学、河南大学、武汉理工大学、华东政法大学、安徽大学、南京工业大学、延边大学、浙江师范大学、外交学院、兰州大学、深圳大学等。

波斯语

专业特点

    波斯语专业主要研究波斯语语言、语法、口语以及伊朗等波斯语国家的文化与历史等方面的基本理论和知识，接受波斯语听、说、读、写、译等方面的技能训练，进行波斯语的翻译、教学与研究等。波斯语是世界上的古老语言之一，是伊朗和塔吉克斯坦的官方语言，也是阿富汗斯坦境内两种主要语言之一，常用于伊朗、塔吉克斯坦、阿富汗斯坦以及中亚其他地区。

本专业与高中学科关联度及学科要求

语文	数学	英语	物理	化学	生物	政治	历史	地理
A	E	A	E	E	E	C	B	B

    本专业对高中阶段语文、英语科目要求较高，适合对波斯语感兴趣的学生就读。

选考学科建议

"3+3"省份：不限 / 政治 / 历史 / 地理

"3+1+2"省份：首选不限，再选政治 / 化学 / 地理 / 生物

大学主要课程

基础波斯语、高级波斯语、波斯语口语、波斯语视听说、波斯语写作、

波斯语口译、翻译理论与实践、波斯语报刊选读、波斯文学作品选读、伊朗通史等。

💡 就业方向

本专业毕业生可在外事、经贸、文化、新闻出版、教育、科研、旅游等部门，从事翻译、研究、教学、管理工作。

🏛 本专业较好的大学（排名不分先后）

北京大学、上海外国语大学、北京外国语大学、广东外语外贸大学等。

专业类 外国语言文学类

专业代码 050208

修业年限 四年

授予学位 文学学士

朝鲜语

专业特点

朝鲜语专业主要研究朝鲜语语言、语法、口语以及朝鲜等朝鲜语国家的文化与历史等方面的基本理论和知识，接受朝鲜语听、说、读、写、译等方面的技能训练，进行朝鲜语的翻译、教学与研究等。朝鲜语，即韩语，是朝鲜和韩国的官方语言，这两个国家的朝鲜语使用者占了全世界朝鲜语使用者的 90% 以上。

本专业与高中学科关联度及学科要求

语文	数学	英语	物理	化学	生物	政治	历史	地理
A	E	A	E	E	E	C	B	B

本专业对高中阶段语文、英语科目要求较高，适合对朝鲜语感兴趣的学生就读。

选考学科建议

"3+3"省份：不限 / 政治 / 历史 / 地理

"3+1+2"省份：首选不限，再选政治 / 化学 / 地理 / 生物

大学主要课程

基础朝鲜语、高级朝鲜语、朝鲜语阅读、朝鲜语听力、朝鲜语语法、朝鲜语会话、朝鲜语写作、朝汉互译、朝鲜文学作品选读、朝鲜文学史等。

💡 就业方向

本专业毕业生就业方向为国企翻译，或者到外交部、国安部门等从事相关工作。

🏛 本专业较好的大学（排名不分先后）

北京大学、复旦大学、上海外国语大学、北京外国语大学、山东大学、广东外语外贸大学、对外经济贸易大学、吉林大学、南京大学、中山大学、湖南师范大学、中国海洋大学、大连外国语大学、北京语言大学、北京第二外国语学院、延边大学、南京师范大学、西安外国语大学、天津外国语大学、青岛大学、哈尔滨工业大学、苏州大学、华中师范大学、中央民族大学、天津师范大学、杭州师范大学、黑龙江大学、扬州大学、四川外国语大学、北京工业大学、中国传媒大学、山东师范大学、哈尔滨师范大学、河北大学、辽宁大学、江西师范大学、曲阜师范大学、中南民族大学、上海海洋大学、山东科技大学、广西师范大学、济南大学、鲁东大学、烟台大学、中南林业科技大学、长春理工大学、青岛科技大学、西南民族大学、西北政法大学、吉林财经大学、河北经贸大学、浙江外国语学院、聊城大学、哈尔滨理工大学、吉林师范大学、上海商学院、大连民族大学、长春师范大学、齐齐哈尔大学、青岛理工大学、齐鲁工业大学、山东理工大学、北华大学等。

菲律宾语

专业特点

菲律宾语专业主要研究菲律宾语语言、语法、口语以及菲律宾等菲律宾语国家的文化与历史等方面的基本理论和知识，接受菲律宾语听、说、读、写、译等方面的技能训练，进行菲律宾语的翻译、教学与研究等。菲律宾语以塔加洛语作为主体发展而来，是菲律宾国语及官方语言之一，主要使用于菲律宾。

本专业与高中学科关联度及学科要求

语文	数学	英语	物理	化学	生物	政治	历史	地理
A	E	A	E	E	E	C	B	B

本专业对高中阶段语文、英语科目要求较高，适合对菲律宾语感兴趣的学生就读。

选考学科建议

"3+3"省份：不限 / 政治 / 历史 / 地理

"3+1+2"省份：首选不限，再选政治 / 化学 / 地理 / 生物

大学主要课程

基础菲律宾语、高级菲律宾语、菲律宾语阅读、菲律宾语听力、菲律宾语语法、菲律宾语口语、菲律宾语写作、翻译理论与实践、菲

律宾文学作品选读、菲律宾文学史等。

💡 就业方向

　　本专业毕业生可在外事、经贸、文化、新闻出版、教育、科研、旅游等部门，从事翻译、研究、教学、管理等工作。

🏛 本专业较好的大学（排名不分先后）

　　北京大学、北京外国语大学等。

梵语巴利语

专业特点

梵语巴利语专业主要研究梵语巴利语语言、语法、口语以及印度等梵语巴利语国家的文化与历史等方面的基本理论和知识，接受梵语巴利语听、说、读、写、译等方面的技能训练，进行梵语巴利语的翻译、教学与研究等。梵语巴利语，即梵语，是古代印度的标准书面语，是印度官方语言中使用人数最少的语言，严格意义上说，梵语已经成为语言学研究的活化石。

本专业与高中学科关联度及学科要求

语文	数学	英语	物理	化学	生物	政治	历史	地理
A	E	A	E	E	E	C	B	B

本专业对高中阶段语文、英语科目要求较高，适合对梵语巴利语感兴趣的学生就读。

选考学科建议

"3+3"省份：不限 / 政治 / 历史 / 地理

"3+1+2"省份：首选不限，再选政治 / 化学 / 地理 / 生物

📚 大学主要课程

基础梵语巴利语、高级梵语巴利语、梵语巴利语阅读、梵语巴利语听力、梵语巴利语语法、梵语巴利语口语、梵语巴利语写作、翻译理论与实践、梵语文学作品选读等。

💡 就业方向

本专业毕业生一般在各级政府涉外部门、企事业单位、科研机关、学校、三资企业等，从事外事、国际文化交流等方面的接待服务和管理工作。

🏛 本专业较好的大学（排名不分先后）

北京大学、北京外国语大学等。

专业类 外国语言文学类

专业代码 050211

修业年限 四年

授予学位 文学学士

印度尼西亚语

专业特点

印度尼西亚语专业主要研究印度尼西亚语语言、语法、口语以及印尼等印度尼西亚语国家的文化与历史等方面的基本理论和知识，接受印度尼西亚语听、说、读、写、译等方面的技能训练，进行印度尼西亚语的翻译、教学与研究等。印度尼西亚语，是以廖内方言为基础的一种马来语，是印度尼西亚的官方语言。

本专业与高中学科关联度及学科要求

语文	数学	英语	物理	化学	生物	政治	历史	地理
A	E	A	E	E	E	C	B	B

本专业对高中阶段语文、英语科目要求较高，适合对印度尼西亚语感兴趣的学生就读。

选考学科建议

"3+3"省份：不限 / 政治 / 历史 / 地理

"3+1+2"省份：首选不限，再选政治 / 化学 / 地理 / 生物

大学主要课程

印度尼西亚语泛读、印度尼西亚语精读、印度尼西亚语视听说、印度尼西亚语听力、印度尼西亚语语法、印度尼西亚语口语、印度尼

西亚语写作、翻译理论与实践、印尼语文学作品选读、印尼文学史等。

💡 就业方向

本专业毕业生一般在各级政府涉外部门、企事业单位、科研机关、三资企业，从事外事、国际文化交流等方面的接待服务和管理工作，或者从事一些教育教学的工作。

🏛 本专业较好的大学（排名不分先后）

北京大学、广东外语外贸大学、上海外国语大学、北京外国语大学、北京语言大学、广西大学、西安外国语大学、天津外国语大学等。

专业类 外国语言文学类

专业代码 050212

修业年限 四年

授予学位 文学学士

印地语

专业特点

印地语专业主要研究印地语语言、语法、口语以及印度等印地语国家的文化与历史等方面的基本理论和知识，接受印地语听、说、读、写、译等方面的技能训练，进行印地语的翻译、教学与研究等。印地语，是使用国家数量世界排名第八的语言，是印度中央政府的官方语言，最常用于印度，南非、毛里求斯等地也有很多人使用。

本专业与高中学科关联度及学科要求

语文	数学	英语	物理	化学	生物	政治	历史	地理
A	E	A	E	E	E	C	B	B

本专业对高中阶段语文、英语科目要求较高，适合对印地语感兴趣的学生就读。

选考学科建议

"3+3"省份：不限 / 政治 / 历史 / 地理

"3+1+2"省份：首选不限，再选政治 / 化学 / 地理 / 生物

大学主要课程

基础印地语、高级印地语、印地语泛读、印地语会话、印地语视听说、印地语语法、印地语写作、翻译理论与实践、印地语报刊选读、印度

文学史等。

💡 就业方向

本专业毕业生可从事外交、外贸、国际文化交流、涉外企业管理、新闻、旅游、外语教学和国际问题研究等工作。

🏛 本专业较好的大学（排名不分先后）

北京大学、上海外国语大学、北京外国语大学、广东外语外贸大学、西安外国语大学等。

柬埔寨语

👍 专业特点

柬埔寨语专业主要研究柬埔寨语语言、语法、口语以及柬埔寨等柬埔寨语国家的文化与历史等方面的基本理论和知识，接受柬埔寨语听、说、读、写、译等方面的技能训练，进行柬埔寨语的翻译、教学与研究等。柬埔寨语，旧称高棉语，属于南亚语系，是柬埔寨的官方语言。

📗 本专业与高中学科关联度及学科要求

语文	数学	英语	物理	化学	生物	政治	历史	地理
A	E	A	E	E	E	C	B	B

本专业对高中阶段语文、英语科目要求较高，适合对柬埔寨语感兴趣的学生就读。

🗒 选考学科建议

"3+3"省份：不限 / 政治 / 历史 / 地理

"3+1+2"省份：首选不限，再选政治 / 化学 / 地理 / 生物

📖 大学主要课程

基础柬埔寨语、高级柬埔寨语、柬埔寨语阅读、柬埔寨语听力、柬埔寨语语法、柬埔寨语口语、柬埔寨语写作、翻译理论与实践、高棉文学作品选读、柬埔寨文学史等。

就业方向

本专业毕业生就业方向主要是在中国或东南亚地区企事业单位，从事柬埔寨语涉外旅游翻译、经济贸易、文秘和对外汉语教学工作。

本专业较好的大学 （排名不分先后）

北京外国语大学、广东外语外贸大学、广西民族大学、广西大学、云南民族大学等。

老挝语

专业特点

老挝语专业主要研究老挝语语言、语法、口语以及老挝等老挝语国家的文化与历史等方面的基本理论和知识，接受老挝语听、说、读、写、译等方面的技能训练，进行老挝语的翻译、教学与研究等。老挝语，分布于中南半岛，和泰语是同一种语系，但是文字形体和拼写有一定的差别，常用于老挝、泰国、越南、缅甸等国家和地区。

本专业与高中学科关联度及学科要求

语文	数学	英语	物理	化学	生物	政治	历史	地理
A	E	A	E	E	E	C	B	B

本专业对高中阶段语文、英语科目要求较高，适合对老挝语感兴趣的学生就读。

选考学科建议

"3+3"省份：不限 / 政治 / 历史 / 地理

"3+1+2"省份：首选不限，再选政治 / 化学 / 地理 / 生物

大学主要课程

基础老挝语、高级老挝语、老挝语阅读、老挝语听力、老挝语语法、老挝语口语、老挝语写作、翻译理论与实践、老挝语文学作品选读、

老挝文学史等。

💡 就业方向

本专业毕业生可在外事、经贸、文化、新闻出版、教育、科研、旅游等部门从事翻译工作，或在教育机构从事教育教学工作。

🏛 本专业较好的大学（排名不分先后）

北京外国语大学、广东外语外贸大学、云南民族大学、广西民族大学等。

专业类
外国语言文学类

专业代码
050215

修业年限
四年

授予学位
文学学士

缅甸语

👍 专业特点

缅甸语专业主要研究缅甸语语言、语法、口语以及缅甸等缅甸语国家的文化与历史等方面的基本理论和知识，接受缅甸语听、说、读、写、译等方面的技能训练，进行缅甸语的翻译、教学与研究等。缅甸语是缅甸的官方语言，主要分布于伊洛瓦底江流域和三角洲地区，以缅甸为主，少量分布在泰国、老挝、孟加拉国等国家。

📖 本专业与高中学科关联度及学科要求

语文	数学	英语	物理	化学	生物	政治	历史	地理
A	E	A	E	E	E	C	B	B

本专业对高中阶段语文、英语科目要求较高，适合对缅甸语感兴趣的学生就读。

📚 选考学科建议

"3+3"省份：不限/政治/历史/地理

"3+1+2"省份：首选不限，再选政治/化学/地理/生物

📖 大学主要课程

基础缅甸语、高级缅甸语、缅甸语阅读、缅甸语听说、缅甸语语法、缅甸语语音、缅甸语写作、翻译理论与实践、缅甸文学、缅甸文化等。

💡 就业方向

本专业毕业生的工作范围包括各外事部门的翻译，各研究单位有关语言、文学、历史、文化等方面的研究，以及有关学校缅甸语言、文化或其他课程的教学工作。

🏛 本专业较好的大学（排名不分先后）

北京大学、北京外国语大学、广东外语外贸大学、云南大学、云南民族大学、四川外国语大学、天津外国语大学、广西民族大学、广西大学等。

马来语

专业特点

　　马来语专业主要研究马来语语言、语法、口语以及马来西亚等马来语国家的文化与历史等方面的基本理论和知识，接受马来语听、说、读、写、译等方面的技能训练，进行马来语的翻译、教学与研究等。马来语是马来西亚和文莱的官方语言，也是新加坡的官方语言之一，主要分布于马来西亚、新加坡、文莱、泰国南部及印度尼西亚的苏门答腊、廖内和林加群岛等国家和地区。

本专业与高中学科关联度及学科要求

语文	数学	英语	物理	化学	生物	政治	历史	地理
A	E	A	E	E	E	C	B	B

　　本专业对高中阶段语文、英语科目要求较高，适合对马来语感兴趣的学生就读。

选考学科建议

"3+3"省份：不限 / 政治 / 历史 / 地理

"3+1+2"省份：首选不限，再选政治 / 化学 / 地理 / 生物

大学主要课程

　　马来语泛读、马来语精读、马来语视听说、马来语语音、马来语语法、

马来语写作、外事马来语、翻译理论与实践、马来语报刊选读、马来西亚文学历史等。

💡 就业方向

本专业毕业生的工作范围包括各外事部门的翻译，各研究单位有关语言、文学、历史、文化等方面的研究，以及有关学校马来语言、文化或其他课程的教学工作。

🏛 本专业较好的大学（排名不分先后）

北京外国语大学、广东外语外贸大学、西安外国语大学、天津外国语大学、中国传媒大学等。

蒙古语

专业特点

蒙古语专业主要研究蒙古语语言、语法、口语以及蒙古等蒙古语国家的文化与历史等方面的基本理论和知识，接受蒙古语听、说、读、写、译等方面的技能训练，进行蒙古语的翻译、教学与研究等。蒙古语主要分布于中国蒙古族聚居区、蒙古国和俄罗斯联邦西伯利亚联邦管区，其中俄罗斯的卡尔梅克语、布里亚特语被视为蒙古语的方言。

本专业与高中学科关联度及学科要求

语文	数学	英语	物理	化学	生物	政治	历史	地理
A	E	A	E	E	E	C	B	B

本专业对高中阶段语文、英语科目要求较高，适合对蒙古语感兴趣的学生就读。

选考学科建议

"3+3"省份：不限 / 政治 / 历史 / 地理

"3+1+2"省份：首选不限，再选政治 / 化学 / 地理 / 生物

大学主要课程

蒙古语语言理论、基础蒙古语、高级蒙古语、蒙古语视听、蒙古语口语、蒙古语语法、蒙古语写作、翻译理论与实践、蒙古语报刊选读、

蒙古文学史等。

💡 就业方向

本专业毕业可在外事、经贸、文化、新闻出版、教育、科研、旅游等部门，从事翻译、研究、教学、管理工作。

🏛 本专业较好的大学（排名不分先后）

北京大学、北京外国语大学等。

僧伽罗语

专业特点

　　僧伽罗语专业主要研究僧伽罗语语言、语法、口语以及斯里兰卡等僧伽罗语国家的文化与历史等方面的基本理论和知识，接受僧伽罗语听、说、读、写、译等方面的技能训练，进行僧伽罗语的翻译、教学与研究等。僧伽罗语和印度北部诸语言相近，是斯里兰卡主体民族僧伽罗族的语言，也是斯里兰卡的主要官方语言。

本专业与高中学科关联度及学科要求

语文	数学	英语	物理	化学	生物	政治	历史	地理
A	E	A	E	E	E	C	B	B

　　本专业对高中阶段语文、英语科目要求较高，适合对僧伽罗语感兴趣的学生就读。

选考学科建议

　　"3+3"省份：不限 / 政治 / 历史 / 地理

　　"3+1+2"省份：首选不限，再选政治 / 化学 / 地理 / 生物

大学主要课程

　　基础僧伽罗语、僧伽罗语听力、僧伽罗语语法、僧伽罗语口语、僧伽罗语阅读、僧伽罗语写作、翻译理论与实践、僧伽罗语报刊选读、

斯里兰卡国家概况、斯里兰卡文学史等。

💡 就业方向

本专业毕业生可从事外事、经贸、文化、新闻出版、教育、科研、旅游等部门的管理和翻译工作。

🏛 本专业较好的大学（排名不分先后）

北京外国语大学、云南大学等。

泰语

专业特点

  泰语专业主要研究泰语语言、语法、口语以及泰国等泰语国家的文化与历史等方面的基本理论和知识，接受泰语听、说、读、写、译等方面的技能训练，进行泰语的翻译、教学与研究等。泰语也称傣语，是傣泰民族的语言，主要分布于泰国、老挝、缅甸、越南西北部、柬埔寨西北部、中国西南地区、印度东北部等国家和地区。

本专业与高中学科关联度及学科要求

语文	数学	英语	物理	化学	生物	政治	历史	地理
A	E	A	E	E	E	C	B	B

  本专业对高中阶段语文、英语科目要求较高，适合对泰语感兴趣的学生就读。

选考学科建议

  "3+3"省份：不限 / 政治 / 历史 / 地理

  "3+1+2"省份：首选不限，再选政治 / 化学 / 地理 / 生物

大学主要课程

  基础泰语、高级泰语、实用泰语、泰语语音、泰语听力、泰语口语、泰语阅读、泰语写作、翻译理论与实践、泰国历史与文化等。

💡 就业方向

本专业毕业生主要去向是外交部、商务部、文化部、新华社、国际广播电台、旅行社、国外公司，或应聘到泰国工作等。

🏛 本专业较好的大学（排名不分先后）

北京大学、北京外国语大学、广东外语外贸大学、上海外国语大学、西安外国语大学、大连外国语大学、广西民族大学、云南民族大学、四川外国语大学、广西大学、天津外国语大学、云南大学、云南师范大学、成都大学、大理大学、南宁师范大学、昆明理工大学、云南财经大学、贵州民族大学、云南农业大学、内江师范学院、西南林业大学、海南热带海洋学院、曲靖师范学院等。

专业类 外国语言文学类

专业代码 050220

修业年限 四年

授予学位 文学学士

乌尔都语

专业特点

乌尔都语专业主要研究乌尔都语语言、语法、口语以及巴基斯坦等乌尔都语国家的文化与历史等方面的基本理论和知识，接受乌尔都语听、说、读、写、译等方面的技能训练，进行乌尔都语的翻译、教学与研究等。乌尔都语是巴基斯坦的国语，也是印度宪法承认的语言之一，主要分布于巴基斯坦和印度等国家。

本专业与高中学科关联度及学科要求

语文	数学	英语	物理	化学	生物	政治	历史	地理
A	E	A	E	E	E	C	B	B

本专业对高中阶段语文、英语科目要求较高，适合对乌尔都语感兴趣的学生就读。

选考学科建议

"3+3"省份：不限 / 政治 / 历史 / 地理

"3+1+2"省份：首选不限，再选政治 / 化学 / 地理 / 生物

大学主要课程

基础乌尔都语、高级乌尔都语、乌尔都语语法、乌尔都语语音、乌尔都语听力、乌尔都语口语、乌尔都语阅读、乌尔都语写作、翻译

理论与实践、巴基斯坦概况等。

💡 就业方向

本专业毕业生可在外事、经贸、文化、新闻出版、教育、科研、旅游等部门从事翻译、研究、教学、管理等工作。

🏛 本专业较好的大学（排名不分先后）

北京大学、北京外国语大学、广东外语外贸大学、西安外国语大学、天津外国语大学等。

希伯来语

专业特点

希伯来语专业主要研究希伯来语语言、语法、口语以及《圣经》等希伯来语宗教法典和文献等方面的基本理论和知识，接受希伯来语听、说、读、写、译等方面的技能训练，进行希伯来语的翻译、教学与研究等。希伯来语是犹太人的民族语言，是世界上最古老的语言之一，现今主要保留在基督教《圣经》《死海古卷》和大量犹太教法典及文献之中。

本专业与高中学科关联度及学科要求

语文	数学	英语	物理	化学	生物	政治	历史	地理
A	E	A	E	E	E	C	B	B

本专业对高中阶段语文、英语科目要求较高，适合对希伯来语感兴趣的学生就读。

选考学科建议

"3+3"省份：不限 / 政治 / 历史 / 地理

"3+1+2"省份：首选不限，再选政治 / 化学 / 地理 / 生物

大学主要课程

基础希伯来语、高级希伯来语、希伯来语语法、希伯来语视听说、

希伯来语口语、希伯来语阅读、希伯来语写作、翻译理论与实践、希伯来语报刊选读、希伯来《圣经》导读等。

就业方向

本专业毕业生可从事外事、经贸、文化、新闻出版、教育、科研、旅游等部门的管理和翻译工作。

本专业较好的大学 （排名不分先后）

北京大学、上海外国语大学、北京外国语大学等。

越南语

专业特点

越南语专业主要研究越南语语言、语法、口语以及越南等越南语国家的文化与历史等方面的基本理论和知识，接受越南语听、说、读、写、译等方面的技能训练，进行越南语的翻译、教学与研究等。越南语简称"越语"，是越南的官方语言，使用拉丁字母，与高棉语同属南亚语系，主要分布于越南沿海平原越族（也称京族）聚居地区。

本专业与高中学科关联度及学科要求

语文	数学	英语	物理	化学	生物	政治	历史	地理
A	E	A	E	E	E	C	B	B

本专业对高中阶段语文、英语科目要求较高，适合对越南语感兴趣的学生就读。

选考学科建议

"3+3"省份：不限 / 政治 / 历史 / 地理

"3+1+2"省份：首选不限，再选政治 / 化学 / 地理 / 生物

大学主要课程

基础越南语、高级越南语、越南语泛读、越南语视听说、越南语语法、越南语会话、越南语写作、翻译理论与实践、越南语报刊选读、越南

概况等。

💡 就业方向

本专业毕业生可从事翻译、研究、教学、管理工作。

🏛 本专业较好的大学 （排名不分先后）

北京大学、上海外国语大学、对外经济贸易大学、广东外语外贸大学、广西大学、北京外国语大学、四川外国语大学、云南师范大学、云南民族大学、广西民族大学、云南大学、南宁师范大学等。

豪萨语

专业特点

豪萨语专业主要研究豪萨语语言、语法、口语以及尼日利亚等豪萨语国家和地区的文化与历史等方面的基本理论和知识，接受豪萨语听、说、读、写、译等方面的技能训练，进行豪萨语的翻译、教学与研究等。豪萨语是非洲最重要的三大语言之一，是西非地区公认的一种商业交际语，主要分布于尼日利亚北部、尼日尔南部、乍得湖沿岸、喀麦隆北部、加纳北部以及非洲萨丽那地带的西非其他各国。

本专业与高中学科关联度及学科要求

语文	数学	英语	物理	化学	生物	政治	历史	地理
A	E	A	E	E	E	C	B	B

本专业对高中阶段语文、英语科目要求较高，适合对豪萨语感兴趣的学生就读。

选考学科建议

"3+3"省份：不限 / 政治 / 历史 / 地理

"3+1+2"省份：首选不限，再选政治 / 化学 / 地理 / 生物

大学主要课程

基础豪萨语、高级豪萨语、豪萨语泛读、豪萨语视听说、豪萨语语法、

豪萨语会话、豪萨语写作、翻译理论与实践、豪萨语报刊选读、尼日利亚概况等。

💡 就业方向

本专业毕业生可在涉外机构、外资企业、银行、保险、海关、边防、新闻出版、教育、科研、旅游等部门，从事翻译、研究、教学和管理等工作。

🏛 本专业较好的大学（排名不分先后）

北京外国语大学、天津外国语大学等。

斯瓦希里语

专业特点

斯瓦希里语专业主要研究斯瓦希里语语言、语法、口语以及坦桑尼亚等斯瓦希里语国家的文化与历史等方面的基本理论和知识，接受斯瓦希里语听、说、读、写、译等方面的技能训练，进行斯瓦希里语的翻译、教学与研究等。斯瓦希里语是非洲使用人数最多的语言之一，也是坦桑尼亚、肯尼亚、乌干达的官方语言，主要分布于坦桑尼亚、肯尼亚、刚果民主共和国、布隆迪等东非和中非的国家。

本专业与高中学科关联度及学科要求

语文	数学	英语	物理	化学	生物	政治	历史	地理
A	E	A	E	E	E	C	B	B

本专业对高中阶段语文、英语科目要求较高，适合对斯瓦希里语感兴趣的学生就读。

选考学科建议

"3+3"省份：不限／政治／历史／地理

"3+1+2"省份：首选不限，再选政治／化学／地理／生物

大学主要课程

基础斯语、高级斯语、斯语阅读、斯语视听说、斯语语法、斯语口语、

斯语写作、翻译理论与实践、斯语报刊选读、东非概况等。

💡 就业方向

本专业毕业生可从事翻译、研究、教学、管理工作。

🏛 本专业较好的大学（排名不分先后）

北京外国语大学、天津外国语大学、上海外国语大学等。

阿尔巴尼亚语

专业特点

阿尔巴尼亚语专业主要研究阿尔巴尼亚语语言、语法、口语以及阿尔巴尼亚等阿尔巴尼亚语国家和地区的文化与历史等方面的基本理论和知识，接受阿尔巴尼亚语听、说、读、写、译等方面的技能训练，进行阿尔巴尼亚语的翻译、教学与研究等。阿尔巴尼亚语是阿尔巴尼亚、科索沃和马其顿的官方语言，主要分布于阿尔巴尼亚、塞尔维亚科索沃等国家和地区。

本专业与高中学科关联度及学科要求

语文	数学	英语	物理	化学	生物	政治	历史	地理
A	E	A	E	E	E	C	B	B

本专业对高中阶段语文、英语科目要求较高，适合对阿尔巴尼亚语感兴趣的学生就读。

选考学科建议

"3+3"省份：不限 / 政治 / 历史 / 地理

"3+1+2"省份：首选不限，再选政治 / 化学 / 地理 / 生物

大学主要课程

基础阿尔巴尼亚语、高级阿尔巴尼亚语、阿尔巴尼亚语阅读、阿

尔巴尼亚语视听说、阿尔巴尼亚语语法、阿尔巴尼亚语口语、阿尔巴尼亚语写作、翻译理论与实践、阿尔巴尼亚语报刊选读、阿尔巴尼亚概况等。

💡 就业方向

本专业毕业生可从事外事、经贸、文化、新闻出版、教育、科研、旅游等部门的管理和翻译工作。

🏛 本专业较好的大学（排名不分先后）

北京外国语大学、北京第二外国语大学等。

专业类 外国语言文学类

专业代码 050226

修业年限 四年

授予学位 文学学士

保加利亚语

专业特点

保加利亚语专业主要研究保加利亚语语言、语法、口语以及保加利亚等保加利亚语国家的文化与历史等方面的基本理论和知识，接受保加利亚语听、说、读、写、译等方面的技能训练，进行保加利亚语的翻译、教学与研究等。保加利亚语是保加利亚的官方语言，主要分布于巴尔干半岛的保加利亚及其周边地区，包括罗马尼亚、匈牙利、摩尔达维亚等。

本专业与高中学科关联度及学科要求

语文	数学	英语	物理	化学	生物	政治	历史	地理
A	E	A	E	E	E	C	B	B

本专业对高中阶段语文、英语科目要求较高，适合对保加利亚语感兴趣的学生就读。

选考学科建议

"3+3"省份：不限 / 政治 / 历史 / 地理

"3+1+2"省份：首选不限，再选政治 / 化学 / 地理 / 生物

大学主要课程

基础保加利亚语、高级保加利亚语、保加利亚语阅读、保加利亚

语视听说、保加利亚语语法、保加利亚语口语、保加利亚语写作、翻译理论与实践、保加利亚语报刊选读、保加利亚概况等。

💡 就业方向

本语专业毕业生可在外事、经贸、文化、新闻出版、教育、科研、旅游等部门从事翻译、研究、教学、管理工作。

🏛 本专业较好的大学（排名不分先后）

北京外国语大学、北京第二外国语大学、天津外国语大学等。

外国语言文学类 专业类

专业代码 050227

修业年限 四年

授予学位 文学学士

波兰语

专业特点

波兰语专业主要研究波兰语语言、语法、口语以及波兰等波兰语国家的文化与历史等方面的基本理论和知识，接受波兰语听、说、读、写、译等方面的技能训练，进行波兰语的翻译、教学与研究等。波兰语是波兰人的语言，主要分布于波兰、乌克兰的鲁维和鲁克地区、白俄罗斯西部等国家和地区。

本专业与高中学科关联度及学科要求

语文	数学	英语	物理	化学	生物	政治	历史	地理
A	E	A	E	E	E	C	B	B

本专业对高中阶段语文、英语科目要求较高，适合对波兰语感兴趣的学生就读。

选考学科建议

"3+3"省份：不限 / 政治 / 历史 / 地理

"3+1+2"省份：首选不限，再选政治 / 化学 / 地理 / 生物

大学主要课程

基础波兰语、高级波兰语、波兰语阅读、波兰语视听说、波兰语语法、波兰语口语、波兰语写作、翻译理论与实践、波兰语报刊选读、波兰

概况等。

💡 就业方向

本专业毕业生可从事外事、经贸、文化、新闻出版、教育、科研、旅游等部门的管理和翻译工作。

🏛 本专业较好的大学（排名不分先后）

北京外国语大学、广东外语外贸大学、上海外国语大学、四川大学、西安外国语大学、北京第二外国语学院、大连外国语大学等。

捷克语

专业特点

捷克语专业主要研究捷克语语言、语法、口语以及捷克等捷克语国家的文化与历史等方面的基本理论和知识，接受捷克语听、说、读、写、译等方面的技能训练，进行捷克语的翻译、教学与研究等。捷克语是捷克的官方语言，主要分布于捷克、塞尔维亚、美国部分地区等捷克人侨居的国家和地区。

本专业与高中学科关联度及学科要求

语文	数学	英语	物理	化学	生物	政治	历史	地理
A	E	A	E	E	E	C	B	B

本专业对高中阶段语文、英语科目要求较高，适合对捷克语感兴趣的学生就读。

选考学科建议

"3+3"省份：不限 / 政治 / 历史 / 地理

"3+1+2"省份：首选不限，再选政治 / 化学 / 地理 / 生物

大学主要课程

基础捷克语、高级捷克语、捷克语阅读、捷克语听力、捷克语语法、捷克语口语、捷克语写作、翻译理论与实践、捷克语文学、捷克概况等。

💡 就业方向

本专业毕业生可在外事、经贸、文化、新闻出版、教育、科研、旅游等部门，从事翻译、研究、教学、管理工作。

🏛 本专业较好的大学（排名不分先后）

北京外国语大学、上海外国语大学、广东外语外贸大学、西安外国语大学、北京第二外国语学院、四川外国语大学、大连外国语大学等。

斯洛伐克语

专业特点

斯洛伐克语专业主要研究斯洛伐克语语言、语法、口语以及斯洛伐克等斯洛伐克语国家和地区的文化与历史等方面的基本理论和知识，接受斯洛伐克语听、说、读、写、译等方面的技能训练，进行斯洛伐克语的翻译、教学与研究等。斯洛伐克语同波兰语、捷克语以及索布语相近，特别是跟捷克语的使用者可以无障碍交流，主要分布于中欧国家斯洛伐克及其周边国家及地区。

本专业与高中学科关联度及学科要求

语文	数学	英语	物理	化学	生物	政治	历史	地理
A	E	A	E	E	E	C	B	B

本专业对高中阶段语文、英语科目要求较高，适合对斯洛伐克语感兴趣的学生就读。

选考学科建议

"3+3"省份：不限 / 政治 / 历史 / 地理

"3+1+2"省份：首选不限，再选政治 / 化学 / 地理 / 生物

大学主要课程

基础斯洛伐克语、高级斯洛伐克语、斯洛伐克语阅读、斯洛伐克

语听力、斯洛伐克语语法、斯洛伐克语口语、斯洛伐克语写作、翻译理论与实践、斯洛伐克语文学、斯洛伐克概况等。

💡 就业方向

本专业毕业生适合在外交、外贸、旅游、对外文化交流机构、研究和教育等部门从事口译、笔译或科研、教学工作。

🏛 本专业较好的大学（排名不分先后）

北京外国语大学、北京第二外国语大学等。

罗马尼亚语

专业特点

罗马尼亚语专业主要研究罗马尼亚语语言、语法、口语以及罗马尼亚等罗马尼亚语国家和地区的文化与历史等方面的基本理论和知识，接受罗马尼亚语听、说、读、写、译等方面的技能训练，进行罗马尼亚语的翻译、教学与研究等。罗马尼亚语是罗马尼亚的官方语言，主要分布于欧洲的巴尔干半岛的罗马尼亚和摩尔多瓦等国家和地区。

本专业与高中学科关联度及学科要求

语文	数学	英语	物理	化学	生物	政治	历史	地理
A	E	A	E	E	E	C	B	B

本专业对高中阶段语文、英语科目要求较高，适合对罗马尼亚语感兴趣的学生就读。

选考学科建议

"3+3"省份：不限 / 政治 / 历史 / 地理

"3+1+2"省份：首选不限，再选政治 / 化学 / 地理 / 生物

大学主要课程

基础罗马尼亚语、高级罗马尼亚语、罗马尼亚语阅读、罗马尼亚语听力、罗马尼亚语语法、罗马尼亚语口语、罗马尼亚语写作、翻译

理论与实践、罗马尼亚文学史 、罗马尼亚国情等。

💡 就业方向

本专业毕业生可在外事、经贸、文化、新闻出版、教育、科研、旅游等部门从事翻译、研究、教学、管理工作。

🏛 本专业较好的大学（排名不分先后）

北京外国语大学、北京语言大学、北京第二外国语学院等。

葡萄牙语

📢 专业特点

葡萄牙语专业主要研究葡萄牙语语言、语法、口语以及巴西等葡萄牙语国家的文化与历史等方面的基本理论和知识，接受葡萄牙语听、说、读、写、译等方面的技能训练，进行葡萄牙语的翻译、教学与研究等。葡萄牙语简称葡语，是继英语和西班牙语之后世界上使用最广泛的语种之一，主要分布于巴西、葡萄牙、安哥拉、莫桑比克等国家和地区。

📖 本专业与高中学科关联度及学科要求

语文	数学	英语	物理	化学	生物	政治	历史	地理
A	E	A	E	E	E	C	B	B

本专业对高中阶段语文、英语科目要求较高，适合对葡萄牙语感兴趣的学生就读。

📋 选考学科建议

"3+3"省份：不限 / 政治 / 历史 / 地理

"3+1+2"省份：首选不限，再选政治 / 化学 / 地理 / 生物

📚 大学主要课程

基础葡萄牙语、高级葡萄牙语、葡萄牙语阅读、葡萄牙语听力、

葡萄牙语语法、葡萄牙语口语、葡萄牙语写作、翻译理论与实践、葡萄牙文学、巴西国情等。

💡 就业方向

本专业毕业生可在外事、经贸、文化、新闻出版、教育、科研、旅游等部门从事翻译、研究、教学、管理工作。

🏛 本专业较好的大学 （排名不分先后）

北京大学、上海外国语大学、北京外国语大学、对外经济贸易大学、广东外语外贸大学、北京师范大学、南开大学、北京第二外国语学院、西安外国语大学、北京交通大学、天津外国语大学、北京语言大学、中国传媒大学、四川外国语大学、大连外国语大学、山东师范大学、湖北大学、河北大学等。

瑞典语

👍 专业特点

瑞典语专业主要研究瑞典语语言、语法、口语以及瑞典等瑞典语国家的文化与历史等方面的基本理论和知识，接受瑞典语听、说、读、写、译等方面的技能训练，进行瑞典语的翻译、教学与研究等。瑞典语是欧盟的官方语言之一，与丹麦语和挪威语是相通语言，主要分布于瑞典和芬兰。

📙 本专业与高中学科关联度及学科要求

语文	数学	英语	物理	化学	生物	政治	历史	地理
A	E	A	E	E	E	C	B	B

本专业对高中阶段语文、英语科目要求较高，适合对瑞典语感兴趣的学生就读。

📚 选考学科建议

"3+3"省份：不限 / 政治 / 历史 / 地理

"3+1+2"省份：首选不限，再选政治 / 化学 / 地理 / 生物

🧪 大学主要课程

基础瑞典语、高级瑞典语、瑞典语阅读、瑞典语视听说、瑞典语语法、瑞典语会话、瑞典语写作、翻译理论与实践、瑞典文学作品赏析、瑞

典文化史等。

💡 就业方向

本专业毕业生适合在外交、外贸、旅游、对外文化交流机构、研究和教育等部门从事口译、笔译或科研、教学工作。

🏛 本专业较好的大学（排名不分先后）

北京外国语大学、上海外国语大学等。

专业类 外国语言文学类

专业代码 050233

修业年限 四年

授予学位 文学学士

塞尔维亚语

专业特点

塞尔维亚语专业主要研究塞尔维亚语语言、语法、口语以及塞尔维亚等塞尔维亚语国家的文化与历史等方面的基本理论和知识，接受塞尔维亚语听、说、读、写、译等方面的技能训练，进行塞尔维亚语的翻译、教学与研究等。塞尔维亚语是流行在东欧巴尔干半岛前南斯拉夫诸国的语言，通行于塞尔维亚、波斯尼亚、黑塞哥维那、黑山和克罗地亚等国家和地区。

本专业与高中学科关联度及学科要求

语文	数学	英语	物理	化学	生物	政治	历史	地理
A	E	A	E	E	E	C	B	B

本专业对高中阶段语文、英语科目要求较高，适合对塞尔维亚语感兴趣的学生就读。

选考学科建议

"3+3"省份：不限 / 政治 / 历史 / 地理

"3+1+2"省份：首选不限，再选政治 / 化学 / 地理 / 生物

大学主要课程

基础塞尔维亚语、高级塞尔维亚语、塞尔维亚语阅读、塞尔维亚

语听力、塞尔维亚语语法、塞尔维亚语口语、塞尔维亚语写作、翻译理论与实践、塞尔维亚文学史、塞尔维亚概况等。

💡 就业方向

本专业毕业生可在外事、经贸、文化、新闻出版、教育、科研、旅游等部门从事翻译、研究、教学、管理工作。

🏛 本专业较好的大学（排名不分先后）

上海外国语大学、北京外国语大学、广东外语外贸大学等。

专业类
外国语言文学类

专业代码
050234

修业年限
四年

授予学位
文学学士

土耳其语

专业特点

土耳其语专业主要研究土耳其语语言、语法、口语以及土耳其等土耳其语国家的文化与历史等方面的基本理论和知识，接受土耳其语听、说、读、写、译等方面的技能训练，进行土耳其语的翻译、教学与研究等。土耳其语是土耳其人的语言，主要在土耳其本土使用，并通行于阿塞拜疆、塞浦路斯、希腊、马其顿、罗马尼亚等国家。

本专业与高中学科关联度及学科要求

语文	数学	英语	物理	化学	生物	政治	历史	地理
A	E	A	E	E	E	C	B	B

本专业对高中阶段语文、英语科目要求较高，适合对土耳其语感兴趣的学生就读。

选考学科建议

"3+3"省份：不限/政治/历史/地理

"3+1+2"省份：首选不限，再选政治/化学/地理/生物

大学主要课程

基础土耳其语、高级土耳其语、土耳其语泛读、土耳其语视听说、土耳其语语法、土耳其语会话、土耳其语写作、翻译理论与实践、土

耳其语报刊选读、土耳其概况等。

💡 就业方向

本专业毕业生适合在外交、外贸、旅游、对外文化交流机构、研究和教育等部门从事口译、笔译或科研、教学工作。

🏛 本专业较好的大学（排名不分先后）

北京外国语大学、上海外国语大学、广东外语外贸大学、北京第二外国语学院、北京语言大学等。

专业类 外国语言文学类

专业代码 050235

修业年限 四年

授予学位 文学学士

希腊语

🔖 专业特点

　　希腊语专业主要研究希腊语语言、语法、口语以及希腊等希腊语国家的文化与历史等方面的基本理论和知识，接受希腊语听、说、读、写、译等方面的技能训练，进行希腊语的翻译、教学与研究等。希腊语是希腊和塞浦路斯的官方语言，也是欧盟的官方语言之一，常用于希腊、阿尔巴尼亚、塞浦路斯等国家与土耳其境内的某些地区。

📘 本专业与高中学科关联度及学科要求

语文	数学	英语	物理	化学	生物	政治	历史	地理
A	E	A	E	E	E	C	B	B

　　本专业对高中阶段语文、英语科目要求较高，适合对希腊语感兴趣的学生就读。

📚 选考学科建议

　　"3+3"省份：不限/政治/历史/地理

　　"3+1+2"省份：首选不限，再选政治/化学/地理/生物

📖 大学主要课程

　　基础希腊语、高级希腊语、希腊语阅读、希腊语视听说、希腊语系统语法、希腊语会话、希腊语写作、翻译理论与实践、希腊现代文

学史、希腊概况等。

💡 就业方向

本专业毕业生可在国家部委、企事业单位，从事外交、外贸、翻译、对外文化交流等工作。

🏛 本专业较好的大学（排名不分先后）

上海外国语大学、北京外国语大学等。

匈牙利语

👍 专业特点

匈牙利语专业主要研究匈牙利语语言、语法、口语以及匈牙利等匈牙利语国家的文化与历史等方面的基本理论和知识，接受匈牙利语听、说、读、写、译等方面的技能训练，进行匈牙利语的翻译、教学与研究等。匈牙利语是匈牙利共和国的官方语言，主要分布于匈牙利、罗马尼亚、斯洛伐克、塞尔维亚、乌克兰、奥地利等国家。

📖 本专业与高中学科关联度及学科要求

语文	数学	英语	物理	化学	生物	政治	历史	地理
A	E	A	E	E	E	C	B	B

本专业对高中阶段语文、英语科目要求较高，适合对匈牙利语感兴趣的学生就读。

📚 选考学科建议

"3+3"省份：不限 / 政治 / 历史 / 地理

"3+1+2"省份：首选不限，再选政治 / 化学 / 地理 / 生物

📕 大学主要课程

基础匈牙利语、高级匈牙利语、匈牙利语阅读、匈牙利语视听说、匈牙利语语法、匈牙利语口语、匈牙利语写作、翻译理论与实践、匈

牙利语文学作品选读、匈牙利国情等。

💡 就业方向

本专业毕业生可在外事、经贸、文化、新闻出版、教育、科研、旅游等部门从事翻译、研究、教学、管理工作。

🏛 本专业较好的大学（排名不分先后）

北京外国语大学、上海外国语大学、北京第二外国语学院、西安外国语大学、天津外国语大学等。

意大利语

专业特点

意大利语专业主要研究意大利语语言、语法、口语以及意大利等意大利语国家的文化与历史等方面的基本理论和知识，接受意大利语听、说、读、写、译等方面的技能训练，进行意大利语的翻译、教学与研究等。意大利语是世界上最美的语言之一，是意大利的官方语言，主要分布于意大利等西欧国家以及美国、加拿大、阿根廷、巴西等国家。

本专业与高中学科关联度及学科要求

语文	数学	英语	物理	化学	生物	政治	历史	地理
A	E	A	E	E	E	C	B	B

本专业对高中阶段语文、英语科目要求较高，适合对意大利语感兴趣的学生就读。

选考学科建议

"3+3"省份：不限 / 政治 / 历史 / 地理

"3+1+2"省份：首选不限，再选政治 / 化学 / 地理 / 生物

大学主要课程

意大利语泛读、意大利语精读、意大利语视听说、意大利语语法、意大利语听力、意大利语口语、意大利语写作、翻译理论与实践、意

大利语报刊导读、意大利文学简史等。

💡 就业方向

本专业毕业生适合在外交、外贸、旅游、对外文化交流机构、研究和教育等部门从事口译、笔译或科研、教学工作。

🏛 本专业较好的大学（排名不分先后）

上海外国语大学、北京外国语大学、对外经济贸易大学、广东外语外贸大学、南开大学、南京师范大学、北京语言大学、西安外国语大学、北京第二外国语学院、天津外国语大学、大连外国语大学等。

泰米尔语

专业特点

泰米尔语专业主要研究泰米尔语语言、语法、口语以及泰米尔纳德邦等泰米尔语地区的文化与历史等方面的基本理论和知识，接受泰米尔语听、说、读、写、译等方面的技能训练，进行泰米尔语的翻译、教学与研究等。泰米尔语是达罗毗荼语系中最重要的语言，印度宪法承认的语言之一，主要分布于泰米尔纳德邦、印度南部、斯里兰卡东北部等地区。

本专业与高中学科关联度及学科要求

语文	数学	英语	物理	化学	生物	政治	历史	地理
A	E	A	E	E	E	C	B	B

本专业对高中阶段语文、英语科目要求较高，适合对泰米尔语感兴趣的学生就读。

选考学科建议

"3+3"省份：不限 / 政治 / 历史 / 地理

"3+1+2"省份：首选不限，再选政治 / 化学 / 地理 / 生物

大学主要课程

基础泰米尔语、高级泰米尔语、泰米尔语阅读、泰米尔语语法、

泰米尔语听力、泰米尔语口语、泰米尔语写作、翻译理论与实践、泰米尔语报刊导读 、泰米尔语文学作品选读等。

💡 就业方向

本专业毕业生可在外事、经贸、文化、新闻出版、教育、科研、旅游等部门从事翻译、研究、教学、管理工作。

🏛 本专业较好的大学（排名不分先后）

北京外国语大学、中国传媒大学、云南民族大学等。

专业类 外国语言文学类

专业代码 050239

修业年限 四年

授予学位 文学学士

普什图语

专业特点

　　普什图语专业主要研究普什图语语言、语法、口语以及阿富汗等普什图语国家和地区的文化与历史等方面的基本理论和知识，接受普什图语听、说、读、写、译等方面的技能训练，进行普什图语的翻译、教学与研究等。普什图语是阿富汗普什图人的语言，与波斯语同为阿富汗的官方语言，主要分布于阿富汗和巴基斯坦西北地区。

本专业与高中学科关联度及学科要求

语文	数学	英语	物理	化学	生物	政治	历史	地理
A	E	A	E	E	E	C	B	B

　　本专业对高中阶段语文、英语科目要求较高，适合对普什图语感兴趣的学生就读。

选考学科建议

　　"3+3"省份：不限 / 政治 / 历史 / 地理

　　"3+1+2"省份：首选不限，再选政治 / 化学 / 地理 / 生物

大学主要课程

　　基础普什图语、高级普什图语、普什图语阅读、普什图语语法、普什图语听力、普什图语口语、普什图语写作、翻译理论与实践、普

什图语报刊导读、阿富汗社会与文化等。

💡 就业方向

本专业毕业生适合在外交、外贸、旅游、对外文化交流机构、研究和教育等部门从事口译、笔译或科研、教学工作。

🏛 本专业较好的大学（排名不分先后）

中国传媒大学、云南民族大学等。

世界语

专业特点

世界语专业主要研究世界语语言、语法、口语以及世界语相关的文化与历史等方面的基本理论和知识，接受世界语听、说、读、写、译等方面的技能训练，进行世界语的翻译、教学与研究等。世界语是由人类创立的一种语言，旨在消除国际交往中的语言障碍，是目前国际上使用最为广泛的国际辅助语，遍布全球 150 多个国家和地区，但其实际应用范围相当有限。

本专业与高中学科关联度及学科要求

语文	数学	英语	物理	化学	生物	政治	历史	地理
A	E	A	E	E	E	C	B	B

本专业对高中阶段语文、英语科目要求较高，适合对世界语感兴趣的学生就读。

选考学科建议

"3+3"省份：不限 / 政治 / 历史 / 地理

"3+1+2"省份：首选不限，再选政治 / 化学 / 地理 / 生物

大学主要课程

基础世界语、高级世界语、世界语阅读、世界语语法、世界语听力、

世界语口语、世界语写作、翻译理论与实践、世界语报刊导读、世界语文学史等。

💡 就业方向

　　本专业毕业生适合在外交、外贸、旅游、对外文化交流机构、研究和教育等部门从事口译、笔译或科研、教学工作。

🏛 本专业较好的大学（排名不分先后）

　　枣庄学院等。

专业类　外国语言文学类

专业代码　050241

修业年限　四年

授予学位　文学学士

孟加拉语

专业特点

孟加拉语专业主要研究孟加拉语语言、语法、口语以及孟加拉国等孟加拉语国家和地区的文化与历史等方面的基本理论和知识，接受孟加拉语听、说、读、写、译等方面的技能训练，进行孟加拉语的翻译、教学与研究等。孟加拉语是印度语族在印地语之后第二大语言，主要分布于孟加拉国和印度西孟加拉邦、特里普拉邦、阿萨姆邦部分地区。

本专业与高中学科关联度及学科要求

语文	数学	英语	物理	化学	生物	政治	历史	地理
A	E	A	E	E	E	C	B	B

本专业对高中阶段语文、英语科目要求较高，适合对孟加拉语感兴趣的学生就读。

选考学科建议

"3+3"省份：不限 / 政治 / 历史 / 地理

"3+1+2"省份：首选不限，再选政治 / 化学 / 地理 / 生物

大学主要课程

基础孟加拉语、高级孟加拉语、孟加拉语阅读、孟加拉语语法、孟加拉语听力、孟加拉语口语、孟加拉语写作、翻译理论与实践、孟

加拉语报刊导读、孟加拉文学史等。

💡 就业方向

本专业毕业生可从事翻译、研究、教学、管理工作。

🏛 本专业较好的大学 （排名不分先后）

北京外国语大学、广东外语外贸大学等。

尼泊尔语

👍 专业特点

尼泊尔语专业主要研究尼泊尔语语言、语法、口语以及尼泊尔等尼泊尔语国家的文化与历史等方面的基本理论和知识，接受尼泊尔语听、说、读、写、译等方面的技能训练，进行尼泊尔语的翻译、教学与研究等。尼泊尔语属印欧语系印度语族，是尼泊尔的官方语言，主要分布于尼泊尔、不丹和印度的一些地区。

📒 本专业与高中学科关联度及学科要求

语文	数学	英语	物理	化学	生物	政治	历史	地理
A	E	A	E	E	E	C	B	B

本专业对高中阶段语文、英语科目要求较高，适合对尼泊尔语感兴趣的学生就读。

📘 选考学科建议

"3+3"省份：不限 / 政治 / 历史 / 地理

"3+1+2"省份：首选不限，再选政治 / 化学 / 地理 / 生物

📚 大学主要课程

基础尼泊尔语、高级尼泊尔语、尼泊尔语阅读、尼泊尔语语法、尼泊尔语听力、尼泊尔语口语、尼泊尔语写作、翻译理论与实践、尼

泊尔语报刊导读、尼泊尔文学史等。

💡 就业方向

本专业毕业生适合在外交、外贸、旅游、对外文化交流机构、研究和教育等部门从事口译、笔译或科研、教学工作。

🏛 本专业较好的大学（排名不分先后）

北京外国语大学、中国传媒大学等。

克罗地亚语

📖 专业特点

克罗地亚语专业主要研究克罗地亚语语言、语法、口语以及克罗地亚等克罗地亚语国家的文化与历史等方面的基本理论和知识，接受克罗地亚语听、说、读、写、译等方面的技能训练，进行克罗地亚语的翻译、教学与研究等。克罗地亚语主要分布于中欧地区和巴尔干半岛，通行于克罗地亚、塞尔维亚、黑山、波黑、斯洛文尼亚等前南斯拉夫国家。

📙 本专业与高中学科关联度及学科要求

语文	数学	英语	物理	化学	生物	政治	历史	地理
A	E	A	E	E	E	C	B	B

本专业对高中阶段语文、英语科目要求较高，适合对克罗地亚语感兴趣的学生就读。

📘 选考学科建议

"3+3"省份：不限 / 政治 / 历史 / 地理

"3+1+2"省份：首选不限，再选政治 / 化学 / 地理 / 生物

📚 大学主要课程

基础克罗地亚语、高级克罗地亚语、克罗地亚语阅读、克罗地亚语语法、克罗地亚语听力、克罗地亚语口语、克罗地亚语写作、翻译

理论与实践、克罗地亚语报刊导读、克罗地亚文学史等。

💡 就业方向

本专业毕业生适合在外交、外贸、旅游、对外文化交流机构、研究和教育等部门从事口译、笔译或科研、教学工作。

🏛 本专业较好的大学（排名不分先后）

北京外国语大学、北京体育大学等。

荷兰语

专业特点

　　荷兰语专业主要研究荷兰语语言、语法、口语以及荷兰等荷兰语国家的文化与历史等方面的基本理论和知识，接受荷兰语听、说、读、写、译等方面的技能训练，进行荷兰语的翻译、教学与研究等。荷兰语是荷兰的官方语言，也是比利时的官方语言之一，主要分布于荷兰、比利时、南非、苏里南、加勒比海荷属安的列斯群岛等地。

本专业与高中学科关联度及学科要求

语文	数学	英语	物理	化学	生物	政治	历史	地理
A	E	A	E	E	E	C	B	B

　　本专业对高中阶段语文、英语科目要求较高，适合对荷兰语感兴趣的学生就读。

选考学科建议

　　"3+3"省份：不限 / 政治 / 历史 / 地理
　　"3+1+2"省份：首选不限，再选政治 / 化学 / 地理 / 生物

大学主要课程

　　基础荷兰语、高级荷兰语、荷兰语泛读、荷兰语系统语法、荷兰语视听说、荷兰语会话、荷兰语写作、翻译理论与实践、荷兰语报刊

导读、荷兰文学史等。

💡 就业方向

　　本专业毕业生适合在外交、外贸、旅游、对外文化交流机构、研究和教育等部门从事口译、笔译或科研、教学工作。

🏛 本专业较好的大学（排名不分先后）

　　北京外国语大学、上海外国语大学等。

芬兰语

专业特点

芬兰语专业主要研究芬兰语语言、语法、口语以及芬兰等芬兰语国家的文化与历史等方面的基本理论和知识,接受芬兰语听、说、读、写、译等方面的技能训练,进行芬兰语的翻译、教学与研究等。芬兰语是芬兰的两种官方语言之一,也是瑞典的一种法定少数民族语言,主要分布于芬兰、瑞典、挪威、爱沙尼亚和俄罗斯。

本专业与高中学科关联度及学科要求

语文	数学	英语	物理	化学	生物	政治	历史	地理
A	E	A	E	E	E	C	B	B

本专业对高中阶段语文、英语科目要求较高,适合对芬兰语感兴趣的学生就读。

选考学科建议

"3+3"省份:不限 / 政治 / 历史 / 地理

"3+1+2"省份:首选不限,再选政治 / 化学 / 地理 / 生物

大学主要课程

基础芬兰语、高级芬兰语、芬兰语泛读、芬兰语语法、芬兰语视听说、芬兰语会话、芬兰语写作、翻译理论与实践、芬兰语报刊导读、芬兰

文学史等。

💡 就业方向

本专业毕业生适合在外交、外贸、旅游、对外文化交流机构、研究和教育等部门从事口译、笔译或科研、教学工作。

🏛 本专业较好的大学（排名不分先后）

北京外国语大学、天津外国语大学等。

专业类 外国语言文学类

专业代码 050246

修业年限 四年

授予学位 文学学士

乌克兰语

👍 专业特点

　　乌克兰语专业主要研究乌克兰语语言、语法、口语以及乌克兰的文化与历史等方面的基本理论和知识，接受乌克兰语听、说、读、写、译等方面的技能训练，进行乌克兰语的翻译、教学与研究等。乌克兰语是乌克兰的官方语言，在斯拉夫语族中仅次于俄语而居第二位，分为西北、西南、东南及喀尔巴阡四种方言。

📖 本专业与高中学科关联度及学科要求

语文	数学	英语	物理	化学	生物	政治	历史	地理
A	E	A	E	E	E	C	B	B

　　本专业对高中阶段语文、英语科目要求较高，适合对乌克兰语感兴趣的学生就读。

📚 选考学科建议

　　"3+3"省份：不限 / 政治 / 历史 / 地理

　　"3+1+2"省份：首选不限，再选政治 / 化学 / 地理 / 生物

📰 大学主要课程

　　基础乌克兰语、高级乌克兰语、乌克兰语泛读、乌克兰语语法、乌克兰语视听说、乌克兰语会话、乌克兰语写作、翻译理论与实践、俄

语乌克兰语比较研究、乌克兰文学史等。

💡 就业方向

    本专业毕业生适合在外交、外贸、旅游、对外文化交流机构、研究和教育等部门从事口译、笔译或科研、教学工作。

🏛 本专业较好的大学（排名不分先后）

    上海外国语大学、北京外国语大学等。

专业类 外国语言文学类

专业代码 050247

修业年限 四年

授予学位 文学学士

挪威语

专业特点

挪威语专业主要研究挪威语语言、语法、口语以及挪威的文化与历史等方面的基本理论和知识，接受挪威语听、说、读、写、译等方面的技能训练，进行挪威语的翻译、教学与研究等。挪威语是挪威的官方语言，属于印欧语系日耳曼语族，与瑞典语和丹麦语十分相似，这三种语言基本可以互通。

本专业与高中学科关联度及学科要求

语文	数学	英语	物理	化学	生物	政治	历史	地理
A	E	A	E	E	E	C	B	B

本专业对高中阶段语文、英语科目要求较高，适合对挪威语感兴趣的学生就读。

选考学科建议

"3+3"省份：不限 / 政治 / 历史 / 地理

"3+1+2"省份：首选不限，再选政治 / 化学 / 地理 / 生物

大学主要课程

基础挪威语、高级挪威语、挪威语泛读、挪威语语法、挪威语视听说、挪威语会话、挪威语写作、翻译理论与实践、挪威语报刊选读、挪威

文学史等。

💡 就业方向

本专业毕业生可在外事、经贸、文化、新闻出版、教育、科研、旅游等部门，从事翻译、研究、教学、管理工作。

🏛 本专业较好的大学（排名不分先后）

北京外国语大学等。

专业类　外国语言文学类

专业代码　050248

修业年限　四年

授予学位　文学学士

丹麦语

👍 专业特点

　　丹麦语专业主要研究丹麦语语言、语法、口语以及丹麦等丹麦语国家和地区的文化与历史等方面的基本理论和知识，接受丹麦语听、说、读、写、译等方面的技能训练，进行丹麦语的翻译、教学与研究等。丹麦语是丹麦王国的官方语言，属于印欧语系日耳曼语族，主要分布于丹麦王国以及其属地法罗群岛和格陵兰。

📖 本专业与高中学科关联度及学科要求

语文	数学	英语	物理	化学	生物	政治	历史	地理
A	E	A	E	E	E	C	B	B

　　本专业对高中阶段语文、英语科目要求较高，适合对丹麦语感兴趣的学生就读。

📚 选考学科建议

　　"3+3"省份：不限 / 政治 / 历史 / 地理

　　"3+1+2"省份：首选不限，再选政治 / 化学 / 地理 / 生物

📘 大学主要课程

　　基础丹麦语、高级丹麦语、丹麦语泛读、丹麦语语法、丹麦语视听说、丹麦语会话、丹麦语写作、翻译理论与实践、丹麦语报刊选读、丹麦

文学史等。

💡 就业方向

　　本专业毕业生适合做专业翻译、商务翻译、同声传译、外贸业务人员、外语教师、对外汉语教师、涉外导游、记者、编辑等。

🏛 本专业较好的大学（排名不分先后）

　　北京外国语大学等。

冰岛语

🖐 专业特点

冰岛语专业主要研究冰岛语语言、语法、口语以及冰岛的文化与历史等方面的基本理论和知识，接受冰岛语听、说、读、写、译等方面的技能训练，进行冰岛语的翻译、教学与研究等。冰岛语是冰岛的官方语言，属印欧语系日耳曼语族，主要分布于冰岛本土。

📖 本专业与高中学科关联度及学科要求

语文	数学	英语	物理	化学	生物	政治	历史	地理
A	E	A	E	E	E	C	B	B

本专业对高中阶段语文、英语科目要求较高，适合对冰岛语感兴趣的学生就读。

📚 选考学科建议

"3+3"省份：不限 / 政治 / 历史 / 地理

"3+1+2"省份：首选不限，再选政治 / 化学 / 地理 / 生物

📖 大学主要课程

基础冰岛语、高级冰岛语、冰岛语泛读、冰岛语语法、冰岛语视听说、冰岛语会话、冰岛语写作、翻译理论与实践、冰岛语报刊选读、冰岛文学史等。

💡 就业方向

　　本专业毕业生适合做专业翻译、商务翻译、同声传译、外贸业务人员、外语教师、对外汉语教师、涉外导游、涉外护理、记者、编辑等。

🏛 本专业较好的大学（排名不分先后）

　　北京外国语大学等。

爱尔兰语

专业特点

爱尔兰语专业主要研究爱尔兰语语言、语法、口语以及爱尔兰的文化与历史等方面的基本理论和知识，接受爱尔兰语听、说、读、写、译等方面的技能训练，进行爱尔兰语的翻译、教学与研究等。爱尔兰语是爱尔兰的第一官方语言，属于印欧语系凯尔特语族，与布列塔尼语、威尔士语以及苏格兰盖尔语有相当密切的关系，主要分布于爱尔兰。

本专业与高中学科关联度及学科要求

语文	数学	英语	物理	化学	生物	政治	历史	地理
A	E	A	E	E	E	C	B	B

本专业对高中阶段语文、英语科目要求较高，适合对爱尔兰语感兴趣的学生就读。

选考学科建议

"3+3"省份：不限 / 政治 / 历史 / 地理

"3+1+2"省份：首选不限，再选政治 / 化学 / 地理 / 生物

大学主要课程

基础爱尔兰语、高级爱尔兰语、爱尔兰语泛读、爱尔兰语语法、爱尔兰语视听说、爱尔兰语会话、爱尔兰语写作、翻译理论与实践、爱

尔兰语报刊选读、爱尔兰文学史等。

💡 就业方向

　　本专业毕业生适合做专业翻译、商务翻译、同声传译、外贸业务人员、外语教师、对外汉语教师、涉外导游、记者、编辑等。

🏛 本专业较好的大学（排名不分先后）

　　北京外国语大学等。

专业类 外国语言文学类

专业代码 050251

修业年限 四年

授予学位 文学学士

拉脱维亚语

专业特点

拉脱维亚语专业主要研究拉脱维亚语语言、语法、口语以及拉脱维亚的文化与历史等方面的基本理论和知识，接受拉脱维亚语听、说、读、写、译等方面的技能训练，进行拉脱维亚语的翻译、教学与研究等。拉脱维亚语又称莱提什语，是拉脱维亚的官方语言，属印欧语系波罗语族，是该语族仅存的两种语言之一，主要分布于拉脱维亚及其附近地区和美国部分地区。

本专业与高中学科关联度及学科要求

语文	数学	英语	物理	化学	生物	政治	历史	地理
A	E	A	E	E	E	C	B	B

本专业对高中阶段语文、英语科目要求较高，适合对拉脱维亚语语感兴趣的学生就读。

选考学科建议

"3+3"省份：不限 / 政治 / 历史 / 地理

"3+1+2"省份：首选不限，再选政治 / 化学 / 地理 / 生物

大学主要课程

基础拉脱维亚语、高级拉脱维亚语、拉脱维亚语泛读、拉脱维亚

语语法、拉脱维亚语视听说、拉脱维亚语会话、拉脱维亚语写作、翻译理论与实践、拉脱维亚语报刊选读、拉脱维亚文学史等。

💡 就业方向

本专业毕业生适合做专业翻译、商务翻译、同声传译、外贸业务人员、外语教师、对外汉语教师、涉外导游、记者、编辑等。

🏛 本专业较好的大学（排名不分先后）

北京外国语大学等。

专业类 外国语言文学类

专业代码 050252

修业年限 四年

授予学位 文学学士

立陶宛语

专业特点

　　立陶宛语专业主要研究立陶宛语语言、语法、口语以及立陶宛的文化与历史等方面的基本理论和知识，接受立陶宛语听、说、读、写、译等方面的技能训练，进行立陶宛语的翻译、教学与研究等。立陶宛语是立陶宛的官方语言，属印欧语系波罗语族，是该语族仅存的两种语言之一，主要分布于立陶宛以及美国、巴西、中欧和西欧的部分地区。

本专业与高中学科关联度及学科要求

语文	数学	英语	物理	化学	生物	政治	历史	地理
A	E	A	E	E	E	C	B	B

　　本专业对高中阶段语文、英语科目要求较高，适合对立陶宛语感兴趣的学生就读。

选考学科建议

　　"3+3"省份：不限 / 政治 / 历史 / 地理

　　"3+1+2"省份：首选不限，再选政治 / 化学 / 地理 / 生物

大学主要课程

　　基础立陶宛语、高级立陶宛语、立陶宛语泛读、立陶宛语语法、立陶宛语视听说、立陶宛语会话、立陶宛语写作、翻译理论与实践、立

陶宛语报刊选读、立陶宛文学史等。

💡 就业方向

　　本专业毕业生适合做专业翻译、商务翻译、同声传译、外贸业务人员、外语教师、对外汉语教师、涉外导游、记者、编辑等。

🏛 本专业较好的大学（排名不分先后）

　　北京外国语大学、北京第二外国语大学等。

专业类　外国语言文学类

专业代码　050253

修业年限　四年

授予学位　文学学士

斯洛文尼亚语

👍 专业特点

斯洛文尼亚语专业主要研究斯洛文尼亚语语言、语法、口语以及斯洛文尼亚的文化与历史等方面的基本理论和知识，接受斯洛文尼亚语听、说、读、写、译等方面的技能训练，进行斯洛文尼亚语的翻译、教学与研究等。斯洛文尼亚语是斯洛文尼亚的官方语言，属印欧语系斯拉夫语族，主要分布于斯洛文尼亚以及匈牙利、奥地利和意大利等国家与斯洛文尼亚接壤的地区。

📒 本专业与高中学科关联度及学科要求

语文	数学	英语	物理	化学	生物	政治	历史	地理
A	E	A	E	E	E	C	B	B

本专业对高中阶段语文、英语科目要求较高，适合对斯洛文尼亚语感兴趣的学生就读。

📋 选考学科建议

"3+3"省份：不限 / 政治 / 历史 / 地理

"3+1+2"省份：首选不限，再选政治 / 化学 / 地理 / 生物

📖 大学主要课程

基础斯洛文尼亚语、高级斯洛文尼亚语、斯洛文尼亚语泛读、斯

洛文尼亚语语法、斯洛文尼亚语视听说、斯洛文尼亚语会话、斯洛文尼亚语写作、翻译理论与实践、斯洛文尼亚语报刊选读、斯洛文尼亚文学史等。

就业方向

本专业毕业生适合做商务翻译、同声传译、外贸业务人员、外语教师、对外汉语教师、涉外导游、记者、编辑等。

本专业较好的大学（排名不分先后）

北京外国语大学、北京第二外国语大学等。

爱沙尼亚语

专业特点

爱沙尼亚语专业主要研究爱沙尼亚语语言、语法、口语以及爱沙尼亚的文化与历史等方面的基本理论和知识，接受爱沙尼亚语听、说、读、写、译等方面的技能训练，进行爱沙尼亚语的翻译、教学与研究等。爱沙尼亚语是爱沙尼亚的官方语言，是欧盟的官方语言之一，主要分布于爱沙尼亚，在列宁格勒、普斯科夫、鄂木斯克等州以及拉脱维亚等地也有使用者。

本专业与高中学科关联度及学科要求

语文	数学	英语	物理	化学	生物	政治	历史	地理
A	E	A	E	E	E	C	B	B

本专业对高中阶段语文、英语科目要求较高，适合对爱沙尼亚语感兴趣的学生就读。

选考学科建议

"3+3"省份：不限 / 政治 / 历史 / 地理

"3+1+2"省份：首选不限，再选政治 / 化学 / 地理 / 生物

大学主要课程

基础爱沙尼亚语、高级爱沙尼亚语、爱沙尼亚语泛读、爱沙尼亚

语语法、爱沙尼亚语视听说、爱沙尼亚语会话、爱沙尼亚语写作、翻译理论与实践、爱沙尼亚语报刊选读、爱沙尼亚文学史等。

💡 就业方向

本专业毕业生适合做专业翻译、商务翻译、同声传译、外贸业务人员、外语教师、对外汉语教师、涉外导游、记者、编辑等。

🏛 本专业较好的大学（排名不分先后）

北京第二外国语大学等。

专业类 外国语言文学类

专业代码 050255

修业年限 四年

授予学位 文学学士

马耳他语

专业特点

马耳他语专业主要研究马耳他语语言、语法、口语以及马耳他的文化与历史等方面的基本理论和知识，接受马耳他语听、说、读、写、译等方面的技能训练，进行马耳他语的翻译、教学与研究等。马耳他语是马耳他的官方语言之一，起源于古代迦太基语，受阿拉伯语影响而形成，主要分布于马耳他，在澳大利亚和北美地区也有一定的使用者。

本专业与高中学科关联度及学科要求

语文	数学	英语	物理	化学	生物	政治	历史	地理
A	E	A	E	E	E	C	B	B

本专业对高中阶段语文、英语科目要求较高，适合对马耳他语感兴趣的学生就读。

选考学科建议

"3+3"省份：不限 / 政治 / 历史 / 地理

"3+1+2"省份：首选不限，再选政治 / 化学 / 地理 / 生物

大学主要课程

基础马耳他语、高级马耳他语、马耳他语泛读、马耳他语语法、马耳他语视听说、马耳他语会话、马耳他语写作、翻译理论与实践、马

耳他语报刊选读、马耳他文学史等。

💡 就业方向

　　本专业毕业生可从事外语教师、对外汉语教师、涉外导游、记者、编辑等职业。

🏛 本专业较好的大学（排名不分先后）

　　北京外国语大学等。

哈萨克语

专业特点

哈萨克语专业主要研究哈萨克语语言、语法、口语以及哈萨克斯坦的文化与历史等方面的基本理论和知识，接受哈萨克语听、说、读、写、译等方面的技能训练，进行哈萨克语的翻译、教学与研究等。哈萨克语是哈萨克斯坦的官方语言之一，也是全球哈萨克人所使用的语言，属阿尔泰语系突厥语族，主要分布于哈萨克斯坦，其次分布于中国、乌兹别克斯坦、俄罗斯、蒙古等国家。

本专业与高中学科关联度及学科要求

语文	数学	英语	物理	化学	生物	政治	历史	地理
A	E	A	E	E	E	C	B	B

本专业对高中阶段语文、英语科目要求较高，适合对哈萨克语感兴趣的学生就读。

选考学科建议

"3+3"省份：不限 / 政治 / 历史 / 地理

"3+1+2"省份：首选不限，再选政治 / 化学 / 地理 / 生物

大学主要课程

基础哈萨克语、高级哈萨克语、哈萨克语泛读、哈萨克语语法、哈

萨克语视听说、哈萨克语会话、哈萨克语写作、翻译理论与实践、哈萨克语报刊选读、哈萨克斯坦文学史等。

💡 就业方向

本专业毕业生适合做专业翻译、商务翻译、同声传译、外贸业务人员、外语教师、对外汉语教师、涉外导游、记者、编辑等。

🏛 本专业较好的大学（排名不分先后）

上海外国语大学、北京外国语大学等。

专业类 外国语言文学类

专业代码 050257

修业年限 四年

授予学位 文学学士

乌兹别克语

专业特点

乌兹别克语专业主要研究乌兹别克语语言、语法、口语以及乌兹别克斯坦的文化与历史等方面的基本理论和知识，接受乌兹别克语听、说、读、写、译等方面的技能训练，进行乌兹别克语的翻译、教学与研究等。乌兹别克语是乌兹别克斯坦的官方语言，属阿尔泰语系突厥语族，与维吾尔语和哈萨克语等突厥语言比较接近，主要分布于乌兹别克斯坦、哈萨克斯坦、吉尔吉斯斯坦等地。

本专业与高中学科关联度及学科要求

语文	数学	英语	物理	化学	生物	政治	历史	地理
A	E	A	E	E	E	C	B	B

本专业对高中阶段语文、英语科目要求较高，适合对乌兹别克语感兴趣的学生就读。

选考学科建议

"3+3"省份：不限 / 政治 / 历史 / 地理

"3+1+2"省份：首选不限，再选政治 / 化学 / 地理 / 生物

大学主要课程

基础乌兹别克语、高级乌兹别克语、乌兹别克语泛读、乌兹别克

语语法、乌兹别克语视听说、乌兹别克语会话、乌兹别克语写作、翻译理论与实践、乌兹别克语报刊选读、乌兹别克文学史等。

就业方向

本专业毕业生适合做专业翻译、商务翻译、同声传译、外贸业务人员、外语教师、对外汉语教师、涉外导游、记者、编辑等。

本专业较好的大学（排名不分先后）

上海外国语大学等。

专业类 外国语言文学类

专业代码 050258

修业年限 四年

授予学位 文学学士

祖鲁语

专业特点

祖鲁语专业主要研究祖鲁语语言、语法、口语以及祖鲁族的文化与历史等方面的基本理论和知识，接受祖鲁语听、说、读、写、译等方面的技能训练，进行祖鲁语的翻译、教学与研究等。祖鲁语是南非第一大民族祖鲁族的语言，是非洲最为流行的语言之一，也是南非最大的语言，主要分布于南非的祖鲁兰和纳塔尔。

本专业与高中学科关联度及学科要求

语文	数学	英语	物理	化学	生物	政治	历史	地理
A	E	A	E	E	E	C	B	B

本专业对高中阶段语文、英语科目要求较高，适合对祖鲁语感兴趣的学生就读。

选考学科建议

"3+3"省份：不限 / 政治 / 历史 / 地理

"3+1+2"省份：首选不限，再选政治 / 化学 / 地理 / 生物

大学主要课程

基础祖鲁语、高级祖鲁语、祖鲁语泛读、祖鲁语语法、祖鲁语视听、祖鲁语口语、祖鲁语写作、翻译理论与实践、祖鲁语报刊选读、祖鲁

族概况等。

💡 就业方向

本专业毕业生适合做专业翻译、商务翻译、同声传译、外贸业务人员、外语教师、对外汉语教师、涉外导游、记者、编辑等。

🏛 本专业较好的大学（排名不分先后）

北京外国语大学等。

专业类 外国语言文学类

专业代码 050259

修业年限 四年

授予学位 文学学士

拉丁语

专业特点

拉丁语专业主要研究拉丁语语言、语法、口语以及拉丁语的历史等方面的基本理论和知识，接受拉丁语听、说、读、写、译等方面的技能训练，进行拉丁语的翻译、教学与研究等。拉丁语属印欧语系意大利语族，起源拉丁姆地区，后为罗马帝国使用，罗马天主教也曾以此为公用语，现在只有梵蒂冈尚在使用，是一种日常口语基本已经消亡的西方古典语言。

本专业与高中学科关联度及学科要求

语文	数学	英语	物理	化学	生物	政治	历史	地理
A	E	A	E	E	E	C	B	B

本专业对高中阶段语文、英语科目要求较高，适合对拉丁语感兴趣的学生就读。

选考学科建议

"3+3"省份：不限 / 政治 / 历史 / 地理

"3+1+2"省份：首选不限，再选政治 / 化学 / 地理 / 生物

大学主要课程

基础拉丁语、高级拉丁语、拉丁语泛读、拉丁语精读、拉丁语语法、

拉丁语视听、拉丁语写作、翻译理论与实践、拉丁语文献选读、拉丁语历史等。

💡 就业方向

　　本专业毕业生适合做专业翻译、商务翻译、同声传译、外贸业务人员、外语教师、对外汉语教师、涉外导游、记者、编辑等。

🏛 本专业较好的大学（排名不分先后）

　　北京外国语大学等。

专业类　外国语言文学类

专业代码　050260

修业年限　四年

授予学位　文学学士

翻译

专业特点

翻译专业主要研究语言学、文学等方面的基本理论和知识，接受外语听、说、读、写、译等方面的基本训练，培养优秀汉语表达能力，掌握商务、政务、文学、法律、旅游等不同情况下的翻译技巧，在外事、商贸、文化、教育等企事业单位进行笔译、交互式传译、同声传译等。

本专业与高中学科关联度及学科要求

语文	数学	英语	物理	化学	生物	计算机	政治	历史	地理
A	E	A	E	E	D	C	B	B	C

本专业对高中阶段语文、英语科目要求较高，适合对翻译研究感兴趣的学生就读。

选考学科建议

"3+3"省份：不限 / 政治 / 历史 / 地理

"3+1+2"省份：首选不限，再选政治 / 化学 / 地理 / 生物

大学主要课程

英汉翻译技巧、汉英翻译技巧、文学翻译、商务笔译、新闻翻译、视听译、随同口译、政务口译、商务口译、同声传译入门等等。

💡 就业方向

本专业毕业生可从事政府部门和企事业单位的外事接待、商务、旅游等口译、笔译工作，在科研院所等事业单位从事外语翻译教学及与翻译有关的科研、管理等工作。

🏛 本专业较好的大学（排名不分先后）

浙江大学、上海外国语大学、广东外语外贸大学、北京外国语大学、西安外国语大学、华中科技大学、复旦大学、北京语言大学、陕西师范大学、四川外国语大学、北京第二外国语学院、北京师范大学、黑龙江大学、大连外国语大学、河南大学、扬州大学、西南交通大学、大连理工大学、中山大学、北京航空航天大学、华东师范大学、福建师范大学、对外经济贸易大学、南京师范大学、南开大学、山东大学、武汉大学、暨南大学、天津外国语大学、华东政法大学、华中师范大学、电子科技大学、苏州大学、湖南师范大学、广西大学、河北师范大学、南京信息工程大学、杭州师范大学、中央民族大学、西北师范大学、中国政法大学、华南师范大学、哈尔滨师范大学、湖北大学、浙江师范大学、曲阜师范大学、外交学院、湖南科技大学、广西民族大学、中央财经大学、河南师范大学、湘潭大学、湖南工业大学、中国传媒大学、南京邮电大学、上海海事大学、长沙理工大学、浙江外国语学院、江西师范大学、南昌大学、南通大学、华侨大学、江苏师范大学、云南民族大学、中南林业科技大学、山西大学、西安电子科技大学、香港中文大学（深圳）、燕山大学、南方医科大学、南华大学、中南民族大学、河北科技大学、华北电力大学、江苏科技大学、西南科技大学、武汉科技大学、广西师范大学、浙江工业大学、贵州大学等。

商务英语

专业特点

　　商务英语专业主要研究语言学、经济学、管理学等方面的基本理论和知识，接受英语听、说、读、写、译等方面的基本训练，培养扎实的英语语言基础和较系统的国际商务管理知识，在国际贸易、商务等领域进行商务翻译等。

本专业与高中学科关联度及学科要求

语文	数学	英语	物理	化学	生物	政治	历史	地理
A	E	A	E	E	E	C	B	B

　　本专业对高中阶段语文、英语科目要求较高，适合对商务英语研究感兴趣的学生就读。

选考学科建议

　　"3+3"省份：不限 / 政治 / 历史 / 地理

　　"3+1+2"省份：首选不限，再选政治 / 化学 / 地理 / 生物

大学主要课程

　　基础英语、高级英语、英语听力、英语口语、英语写作、翻译理论与实践、英美文学史及选读、西方经济学、国际贸易、国际商务、市场营销等。

💡 就业方向

本专业毕业生可在企事业单位从事外经、外贸、旅游、外事等口译、笔译工作，以及管理、文秘、经济贸易、公共英语教学等工作。

🏛 本专业较好的大学（排名不分先后）

对外经济贸易大学、上海外国语大学、广东外语外贸大学、华南理工大学、黑龙江大学、浙江工商大学、四川外国语大学、西安外国语大学、上海对外经贸大学、天津外国语大学、中山大学、中南财经政法大学、东北师范大学、山东财经大学、大连理工大学、北京第二外国语学院、北京语言大学、暨南大学、东北财经大学、扬州大学、大连外国语大学、上海财经大学、首都经济贸易大学、西南交通大学、天津财经大学、华中农业大学、北京林业大学、浙江财经大学、上海海事大学、南通大学、长江大学、福建师范大学、江西师范大学、哈尔滨师范大学、湖北经济学院、曲阜师范大学、安徽财经大学、广西师范大学、海南大学、南方医科大学、湖北师范大学、西南财经大学、中南民族大学、贵州大学、河北科技大学、江西财经大学、湖北工业大学、南京财经大学、湖南工商大学、北京工商大学、河南科技大学、华南农业大学、吉首大学、广东工业大学、广东财经大学、鲁东大学、衡阳师范学院、广西财经学院、兰州财经大学、山东工商学院、成都理工大学、辽宁大学、常州大学、西交利物浦大学、北京物资学院、湖南工程学院、武汉纺织大学、西北政法大学、西南科技大学、浙江海洋大学、浙江外国语学院、山西财经大学、浙大城市学院、滁州学院、河北经贸大学、西安邮电大学、安徽农业大学、上海立信会计金融学院、河南财经政法大学、上海商学院、贵州财经大学、重庆工商大学、西华师范大学、重庆理工大学等。

专业类 外国语言文学类 专业代码 050262 修业年限 四年 授予学位 文学学士

阿姆哈拉语

专业特点

阿姆哈拉语专业主要研究阿姆哈拉语语言、语法、口语以及阿姆哈拉人的文化与历史等方面的基本理论和知识，接受阿姆哈拉语听、说、读、写、译等方面的技能训练，进行阿姆哈拉语的翻译、教学与研究等。阿姆哈拉语是埃塞俄比亚的官方语言，属阿非罗－亚细亚语系闪语族，原先分布于埃塞俄比亚阿姆哈拉地区，现主要分布于埃塞俄比亚的中部和南部地区。

本专业与高中学科关联度及学科要求

语文	数学	英语	物理	化学	生物	政治	历史	地理
A	E	A	E	E	E	C	B	B

本专业对高中阶段语文、英语科目要求较高，适合对阿姆哈拉语感兴趣的学生就读。

选考学科建议

"3+3"省份：不限 / 政治 / 历史 / 地理

"3+1+2"省份：首选不限，再选政治 / 化学 / 地理 / 生物

大学主要课程

基础阿姆哈拉语、高级阿姆哈拉语、阿姆哈拉语泛读、阿姆哈拉

语语法、阿姆哈拉语视听、阿姆哈拉语口语、阿姆哈拉语写作、翻译理论与实践、阿姆哈拉语报刊选读、阿姆哈拉人文化等。

💡 就业方向

本专业毕业生可在外事、外贸类企事业单位从事阿姆哈拉语的翻译及国际商贸工作。

🏛 本专业较好的大学（排名不分先后）

北京外国语大学等。

吉尔吉斯语

专业特点

吉尔吉斯语专业主要研究吉尔吉斯语语言、语法、口语以及吉尔吉斯斯坦和吉尔吉斯族的文化与历史等方面的基本理论和知识，接受吉尔吉斯语听、说、读、写、译等方面的技能训练，进行吉尔吉斯语的翻译、教学与研究等。吉尔吉斯语又称柯尔克孜语，是吉尔吉斯斯坦的官方语言之一，属阿尔泰语系突厥语族，主要分布于中亚吉尔吉斯斯坦、阿富汗斯坦以及中国的新疆维吾尔自治区西南部等地。

本专业与高中学科关联度及学科要求

语文	数学	英语	物理	化学	生物	政治	历史	地理
A	E	A	E	E	E	C	B	B

本专业对高中阶段语文、英语科目要求较高，适合对吉尔吉斯语感兴趣的学生就读。

选考学科建议

"3+3"省份：不限 / 政治 / 历史 / 地理

"3+1+2"省份：首选不限，再选政治 / 化学 / 地理 / 生物

大学主要课程

基础吉尔吉斯语、高级吉尔吉斯语、吉尔吉斯语泛读、吉尔吉斯

语语法、吉尔吉斯语视听、吉尔吉斯语口语、吉尔吉斯语写作、翻译理论与实践、吉尔吉斯语报刊选读、吉尔吉斯族文化等。

💡 就业方向

本专业毕业生可从事翻译、研究、教学、管理工作。

🏛 本专业较好的大学（排名不分先后）

中国人民解放军战略支援部队信息工程大学等。

索马里语

专业特点

　　索马里语专业主要研究索马里语语言、语法、口语以及索马里的文化与历史等方面的基本理论和知识，接受索马里语听、说、读、写、译等方面的技能训练，进行索马里语的翻译、教学与研究等。索马里语是非洲东部国家索马里的官方语言，属闪含语系库希特语族，主要分布于索马里、埃塞俄比亚、苏丹、肯尼亚等国家和地区。

本专业与高中学科关联度及学科要求

语文	数学	英语	物理	化学	生物	政治	历史	地理
A	E	A	E	E	E	C	B	B

　　本专业对高中阶段语文、英语科目要求较高，适合对索马里语感兴趣的学生就读。

选考学科建议

　　"3+3"省份：不限 / 政治 / 历史 / 地理

　　"3+1+2"省份：首选不限，再选政治 / 化学 / 地理 / 生物

大学主要课程

　　基础索马里语、高级索马里语、索马里语泛读、索马里语语法、索马里语视听、索马里语口语、索马里语写作、翻译理论与实践、索

马里语报刊选读、索马里概况等。

💡 就业方向

本专业毕业生可从事翻译、研究、教学、管理工作。

🏛 本专业较好的大学（排名不分先后）

北京外国语大学等。

专业类 外国语言文学类

专业代码 050265T

修业年限 四年

授予学位 文学学士

土库曼语

专业特点

土库曼语专业主要研究土库曼语语言、语法、口语以及土库曼斯坦的文化与历史等方面的基本理论和知识，接受土库曼语听、说、读、写、译等方面的技能训练，进行土库曼语的翻译、教学与研究等。土库曼语是土库曼斯坦的官方语言，属阿尔泰语系突厥语族，主要分布于土库曼斯坦、阿富汗斯坦、伊朗等国家。

本专业与高中学科关联度及学科要求

语文	数学	英语	物理	化学	生物	政治	历史	地理
A	E	A	E	E	E	C	B	B

本专业对高中阶段语文、英语科目要求较高，适合对土库曼语感兴趣的学生就读。

选考学科建议

"3+3"省份：不限 / 政治 / 历史 / 地理

"3+1+2"省份：首选不限，再选政治 / 化学 / 地理 / 生物

大学主要课程

基础土库曼语、高级土库曼语、土库曼语泛读、土库曼语语法、土库曼语视听、土库曼语口语、土库曼语写作、翻译理论与实践、土

库曼语报刊选读、土库曼斯坦概况等。

💡 就业方向

本专业毕业生可从事翻译、研究、教学、管理工作。

🏛 本专业较好的大学（排名不分先后）

北京外国语大学等。

加泰罗尼亚语

👍 专业特点

　　加泰罗尼亚语专业主要研究加泰罗尼亚语语言、语法、口语以及加泰罗尼亚的文化与历史等方面的基本理论和知识，接受加泰罗尼亚语听、说、读、写、译等方面的技能训练，进行加泰罗尼亚语的翻译、教学与研究等。加泰罗尼亚语是加泰隆人的语言，属印欧语系罗曼语族，是安道尔公国的官方语言，主要分布于安道尔、西班牙的加泰罗尼亚、瓦伦西亚和巴利阿里群岛以及法国和意大利的部分地区。

📒 本专业与高中学科关联度及学科要求

语文	数学	英语	物理	化学	生物	政治	历史	地理
A	E	A	E	E	E	C	B	B

　　本专业对高中阶段语文、英语科目要求较高，适合对加泰罗尼亚语感兴趣的学生就读。

📋 选考学科建议

"3+3"省份：不限 / 政治 / 历史 / 地理

"3+1+2"省份：首选不限，再选政治 / 化学 / 地理 / 生物

📘 大学主要课程

　　基础加泰罗尼亚语、高级加泰罗尼亚语、加泰罗尼亚语泛读、加

泰罗尼亚语语法、加泰罗尼亚语视听、加泰罗尼亚语口语、加泰罗尼亚语写作、翻译理论与实践、加泰罗尼亚语报刊选读、加泰罗尼亚概况等。

💡 就业方向

本专业毕业生可从事翻译、研究、教学、管理工作。

🏛 本专业较好的大学（排名不分先后）

北京外国语大学。

约鲁巴语

专业特点

约鲁巴语专业主要研究约鲁巴语语言、语法、口语以及尼日利亚的文化与历史等方面的基本理论和知识，接受约鲁巴语听、说、读、写、译等方面的技能训练，进行约鲁巴语的翻译、教学与研究等。约鲁巴语是约鲁巴人的母语，主要分布于尼日利亚、贝宁、多哥等西非国家和地区。

本专业与高中学科关联度及学科要求

语文	数学	英语	物理	化学	生物	政治	历史	地理
A	E	A	E	E	E	C	B	B

本专业对高中阶段语文、英语科目要求较高，适合对约鲁巴语感兴趣的学生就读。

选考学科建议

"3+3"省份：不限 / 政治 / 历史 / 地理

"3+1+2"省份：首选不限，再选政治 / 化学 / 地理 / 生物

大学主要课程

基础约鲁巴语、高级约鲁巴语、约鲁巴语泛读、约鲁巴语语法、约鲁巴语视听、约鲁巴语口语、约鲁巴语写作、翻译理论与实践、约

鲁巴语报刊选读、尼日利亚概况等。

💡 就业方向

本专业毕业生可从事翻译、研究、教学、管理工作。

🏛 本专业较好的大学（排名不分先后）

北京外国语大学等。

专业类 外国语言文学类

专业代码 050268T

修业年限 四年

授予学位 文学学士

亚美尼亚语

专业特点

亚美尼亚语专业主要研究亚美尼亚语语言、语法、口语以及亚美尼亚的文化与历史等方面的基本理论和知识，接受亚美尼亚语听、说、读、写、译等方面的技能训练，进行亚美尼亚语的翻译、教学与研究等。亚美尼亚语是亚美尼亚共和国及纳戈尔诺 – 卡拉巴赫共和国的官方语言，广泛被亚美尼亚人使用，主要分布于亚美尼亚、格鲁吉亚等地。

本专业与高中学科关联度及学科要求

语文	数学	英语	物理	化学	生物	政治	历史	地理
A	E	A	E	E	E	C	B	B

本专业对高中阶段语文、英语科目要求较高，适合对亚美尼亚语感兴趣的学生就读。

选考学科建议

"3+3"省份：不限 / 政治 / 历史 / 地理

"3+1+2"省份：首选不限，再选政治 / 化学 / 地理 / 生物

大学主要课程

基础亚美尼亚语、高级亚美尼亚语、亚美尼亚语泛读、亚美尼亚语语法、亚美尼亚语视听、亚美尼亚语口语、亚美尼亚语写作、翻译

理论与实践、亚美尼亚语报刊选读、亚美尼亚概况等。

💡 就业方向

本专业毕业生可从事翻译、研究、教学、管理工作。

🏛 本专业较好的大学（排名不分先后）

北京外国语大学等。

马达加斯加语

📖 专业特点

马达加斯加语专业主要研究马达加斯加语语言、语法、口语以及马达加斯加的文化与历史等方面的基本理论和知识，接受马达加斯加语听、说、读、写、译等方面的技能训练，进行马达加斯加语的翻译、教学与研究等。马达加斯加语是马达加斯加的官方语言之一，属南岛语系印度尼西亚语族，主要分布于马达加斯加本土及邻近诸岛。

📙 本专业与高中学科关联度及学科要求

语文	数学	英语	物理	化学	生物	政治	历史	地理
A	E	A	E	E	E	C	B	B

本专业对高中阶段语文、英语科目要求较高，适合对马达加斯加语感兴趣的学生就读。

📚 选考学科建议

"3+3"省份：不限 / 政治 / 历史 / 地理

"3+1+2"省份：首选不限，再选政治 / 化学 / 地理 / 生物

📔 大学主要课程

基础马达加斯加语、高级马达加斯加语、马达加斯加语泛读、马达加斯加语语法、马达加斯加语视听、马达加斯加语口语、马达加斯

加语写作、翻译理论与实践、马达加斯加语报刊选读、马达加斯加概况等。

💡 就业方向

本专业毕业生可从事翻译、研究、教学、管理工作。

🏛 本专业较好的大学 （排名不分先后）

北京外国语大学等。

专业类 外国语言文学类

专业代码 050270T

修业年限 四年

授予学位 文学学士

格鲁吉亚语

专业特点

格鲁吉亚语专业主要研究格鲁吉亚语语言、语法、口语以及格鲁吉亚的文化与历史等方面的基本理论和知识，接受格鲁吉亚语听、说、读、写、译等方面的技能训练，进行格鲁吉亚语的翻译、教学与研究等。格鲁吉亚语是高加索语言的一种，是格鲁吉亚的官方语言，主要分布于格鲁吉亚、伊朗、土耳其等地。

本专业与高中学科关联度及学科要求

语文	数学	英语	物理	化学	生物	政治	历史	地理
A	E	A	E	E	E	C	B	B

本专业对高中阶段语文、英语科目要求较高，适合对格鲁吉亚语感兴趣的学生就读。

选考学科建议

"3+3"省份：不限 / 政治 / 历史 / 地理

"3+1+2"省份：首选不限，再选政治 / 化学 / 地理 / 生物

大学主要课程

基础格鲁吉亚语、高级格鲁吉亚语、格鲁吉亚语泛读、格鲁吉亚语语法、格鲁吉亚语视听、格鲁吉亚语口语、格鲁吉亚语写作、翻译

理论与实践、格鲁吉亚语报刊选读、格鲁吉亚概况等。

💡 就业方向

　　本专业毕业生可在外事、外贸类企事业单位从事格鲁吉亚语的翻译及国际商贸工作。

🏛 本专业较好的大学（排名不分先后）

　　北京外国语大学等。

专业类 外国语言文学类

专业代码 0502711T

修业年限 四年

授予学位 文学学士

阿塞拜疆语

专业特点

阿塞拜疆语专业主要研究阿塞拜疆语语言、语法、口语以及阿塞拜疆的文化与历史等方面的基本理论和知识，接受阿塞拜疆语听、说、读、写、译等方面的技能训练，进行阿塞拜疆语的翻译、教学与研究等。阿塞拜疆语是阿塞拜疆的官方语言，属突厥语系，与土耳其语有很大联系，主要分布于阿塞拜疆、伊朗和苏联统治区。

本专业与高中学科关联度及学科要求

语文	数学	英语	物理	化学	生物	政治	历史	地理
A	E	A	E	E	E	C	B	B

本专业对高中阶段语文、英语科目要求较高，适合对阿塞拜疆语感兴趣的学生就读。

选考学科建议

"3+3"省份：不限 / 政治 / 历史 / 地理

"3+1+2"省份：首选不限，再选政治 / 化学 / 地理 / 生物

大学主要课程

基础阿塞拜疆语、高级阿塞拜疆语、阿塞拜疆语泛读、阿塞拜疆语语法、阿塞拜疆语视听、阿塞拜疆语口语、阿塞拜疆语写作、翻译

理论与实践、阿塞拜疆语报刊选读、阿塞拜疆概况等。

💡 就业方向

本专业毕业生可从事翻译、研究、教学、管理工作。

🏛 本专业较好的大学（排名不分先后）

北京外国语大学等。

阿非利卡语

专业特点

阿非利卡语专业主要研究阿非利卡语语言、语法、口语以及阿非利卡人的文化与历史等方面的基本理论和知识，接受阿非利卡语听、说、读、写、译等方面的技能训练，进行阿非利卡语的翻译、教学与研究等。阿非利卡语属印欧语系日耳曼语族，是南非共和国 11 种官方语言之一，在纳米比亚也有官方地位，是其族际通用语之一。

本专业与高中学科关联度及学科要求

语文	数学	英语	物理	化学	生物	政治	历史	地理
A	E	A	E	E	E	C	B	B

本专业对高中阶段语文、英语科目要求较高，适合对阿非利卡语感兴趣的学生就读。

选考学科建议

"3+3"省份：不限 / 政治 / 历史 / 地理

"3+1+2"省份：首选不限，再选政治 / 化学 / 地理 / 生物

大学主要课程

基础阿非利卡语、高级阿非利卡语、阿非利卡语泛读、阿非利卡语语法、阿非利卡语视听、阿非利卡语口语、阿非利卡语写作、翻译

理论与实践、阿非利卡语报刊选读、阿非利卡语文学作品选读等。

💡 就业方向

本专业毕业生可从事翻译、研究、教学、管理工作。

🏛 本专业较好的大学（排名不分先后）

北京外国语大学等。

马其顿语

专业特点

马其顿语专业主要研究马其顿语语言、语法、口语以及马其顿的文化与历史等方面的基本理论和知识，接受马其顿语听、说、读、写、译等方面的技能训练，进行马其顿语的翻译、教学与研究等。马其顿语是马其顿的官方语言，属印欧语系斯拉夫语族，主要分布于巴尔干半岛南部的马其顿及其周边地区。

本专业与高中学科关联度及学科要求

语文	数学	英语	物理	化学	生物	政治	历史	地理
A	E	A	E	E	E	C	B	B

本专业对高中阶段语文、英语科目要求较高，适合对马其顿语感兴趣的学生就读。

选考学科建议

"3+3"省份：不限 / 政治 / 历史 / 地理

"3+1+2"省份：首选不限，再选政治 / 化学 / 地理 / 生物

大学主要课程

基础马其顿语、高级马其顿语、马其顿语泛读、马其顿语语法、马其顿语视听、马其顿语口语、马其顿语写作、翻译理论与实践、马

其顿语报刊选读、马其顿概况等。

💡 就业方向

　　本专业毕业生可在外事、外贸类企事业单位做马其顿语的翻译及国际商贸工作。

🏛 本专业较好的大学（排名不分先后）

　　北京外国语大学等。

塔吉克语

专业特点

　　塔吉克语专业主要研究塔吉克语语言、语法、口语以及塔吉克斯坦的文化与历史等方面的基本理论和知识，接受塔吉克语听、说、读、写、译等方面的技能训练，进行塔吉克语的翻译、教学与研究等。塔吉克语是塔吉克斯坦的官方语言，也是塔吉克族的语言，属印欧语系伊朗语族，与波斯语相近，主要分布于塔吉克斯坦、阿富汗、乌兹别克斯坦等地。

本专业与高中学科关联度及学科要求

语文	数学	英语	物理	化学	生物	政治	历史	地理
A	E	A	E	E	E	C	B	B

　　本专业对高中阶段语文、英语科目要求较高，适合对塔吉克语感兴趣的学生就读。

选考学科建议

　　"3+3"省份：不限 / 政治 / 历史 / 地理

　　"3+1+2"省份：首选不限，再选政治 / 化学 / 地理 / 生物

大学主要课程

　　基础塔吉克语、高级塔吉克语、塔吉克语泛读、塔吉克语语法、

塔吉克语视听、塔吉克语口语、塔吉克语写作、翻译理论与实践、塔吉克语报刊选读、塔吉克斯坦概况等。

就业方向

本专业毕业生可从事翻译、研究、教学、管理工作。

本专业较好的大学（排名不分先后）

北京外国语大学等。

茨瓦纳语

专业特点

茨瓦纳语专业是一种南非官方语言，属于班图语系，该专业主要培养具有扎实的相应语语言基础、有比较广泛的科学文化知识，能从事翻译、研究、教学、管理工作的相应语语言高级专门人才。

本专业与高中学科关联度及学科要求

语文	数学	英语	物理	化学	生物	政治	历史	地理
A	E	A	E	E	E	C	B	B

本专业对高中阶段语文、英语科目要求较高，适合对茨瓦纳语感兴趣的学生就读。

选考学科建议

"3+3"省份：不限 / 政治 / 历史 / 地理

"3+1+2"省份：首选不限，再选政治 / 化学 / 地理 / 生物

大学主要课程

基础茨瓦纳语、高级茨瓦纳语、报刊选读、茨瓦纳语口语、茨瓦纳语写作、翻译理论与实践、语言理论、语言学概论等。

💡 就业方向

本专业毕业生可从事翻译、研究、教学、管理工作。

🏛 本专业较好的大学（排名不分先后）

北京外国语大学等。

恩德贝莱语

专业特点

恩德贝莱语专业是与英语和绍纳语并列的津巴布韦官方语言，该专业主要培养具有扎实的相应语语言基础、有比较广泛的科学文化知识，能从事翻译、研究、教学、管理工作的相应语语言高级专门人才。

本专业与高中学科关联度及学科要求

语文	数学	英语	物理	化学	生物	政治	历史	地理
A	E	A	E	E	E	C	B	B

本专业对高中阶段语文、英语科目要求较高，适合对恩德贝莱语感兴趣的学生就读。

选考学科建议

"3+3"省份：不限 / 政治 / 历史 / 地理

"3+1+2"省份：首选不限，再选政治 / 化学 / 地理 / 生物

大学主要课程

基础恩德贝莱语、高级恩德贝莱语、报刊选读、恩德贝莱语口语、恩德贝莱语写作、翻译理论与实践、语言理论、语言学概论等。

💡 就业方向

本专业毕业生可从事翻译、研究、教学、管理工作。

🏛 本专业较好的大学（排名不分先后）

北京外国语大学等。

科摩罗语

专业特点

科摩罗语专业是斯瓦希里语的一种方言，属于班图语的一种。该专业主要培养具有扎实的相应语语言基础、有比较广泛的科学文化知识，能从事翻译、研究、教学、管理工作的相应语语言高级专门人才。

本专业与高中学科关联度及学科要求

语文	数学	英语	物理	化学	生物	政治	历史	地理
A	E	A	E	E	E	C	B	B

本专业对高中阶段语文、英语科目要求较高，适合对科摩罗语感兴趣的学生就读。

选考学科建议

"3+3"省份：不限 / 政治 / 历史 / 地理

"3+1+2"省份：首选不限，再选政治 / 化学 / 地理 / 生物

大学主要课程

基础科摩罗语、高级科摩罗语、报刊选读、科摩罗语口语、科摩罗语写作、翻译理论与实践、语言理论、语言学概论等。

就业方向

本专业毕业生可从事翻译、研究、教学、管理工作。

本专业较好的大学（排名不分先后）

北京外国语大学等。

克里奥尔语

专业特点

克里奥尔语专业主要培养具有扎实的相应语语言基础、有比较广泛的科学文化知识，能从事翻译、研究、教学、管理工作的相应语言高级专门人才。

本专业与高中学科关联度及学科要求

语文	数学	英语	物理	化学	生物	政治	历史	地理
A	E	A	E	E	E	C	B	B

本专业对高中阶段语文、英语科目要求较高，适合对克里奥尔语感兴趣的学生就读。

选考学科建议

"3+3"省份：不限 / 政治 / 历史 / 地理

"3+1+2"省份：首选不限，再选政治 / 化学 / 地理 / 生物

大学主要课程

基础克里奥尔语、高级克里奥尔语、报刊选读、克里奥尔语口语、克里奥尔语写作、翻译理论与实践、语言理论、语言学概论等。

💡 就业方向

本专业毕业生可从事翻译、研究、教学、管理工作。

🏛 本专业较好的大学（排名不分先后）

北京外国语大学等。

绍纳语

专业特点

绍纳语是尼日尔－刚果语系班图语族的一种语言。该专业主要培养具有扎实的相应语语言基础、有比较广泛的科学文化知识，能从事翻译、研究、教学、管理工作的相应语言高级专门人才。

本专业与高中学科关联度及学科要求

语文	数学	英语	物理	化学	生物	政治	历史	地理
A	E	A	E	E	E	C	B	B

本专业对高中阶段语文、英语科目要求较高，适合对绍纳语感兴趣的学生就读。

选考学科建议

"3+3"省份：不限 / 政治 / 历史 / 地理

"3+1+2"省份：首选不限，再选政治 / 化学 / 地理 / 生物

大学主要课程

基础绍纳、高级绍纳、报刊选读、绍纳语口语、绍纳语写作、翻译理论与实践、语言理论、语言学概论等。

💡 就业方向

本专业毕业生可从事翻译、研究、教学、管理工作。

🏛 本专业较好的大学 （排名不分先后）

北京外国语大学等。

提格雷尼亚语

专业特点

提格雷尼亚语是一种闪含语系闪语族的语言。该专业主要培养具有扎实的相应语语言基础、有比较广泛的科学文化知识，能从事翻译、研究、教学、管理工作的相应语语言高级专门人才。

本专业与高中学科关联度及学科要求

语文	数学	英语	物理	化学	生物	政治	历史	地理
A	E	A	E	E	E	C	B	B

本专业对高中阶段语文、英语科目要求较高，适合对提格雷尼亚语感兴趣的学生就读。

选考学科建议

"3+3"省份：不限 / 政治 / 历史 / 地理

"3+1+2"省份：首选不限，再选政治 / 化学 / 地理 / 生物

大学主要课程

基础提格里尼亚语、高级提格里尼亚语、报刊选读、提格里尼亚语口语、提格里尼亚语写作、翻译理论与实践、语言理论、语言学概论等。

💡 就业方向

本专业毕业生可从事翻译、研究、教学、管理工作。

🏛 本专业较好的大学（排名不分先后）

北京外国语大学等。

白俄罗斯语

👍 专业特点

　　白俄罗斯语是白俄罗斯的官方语言。该专业主要培养具有扎实的相应语语言基础、有比较广泛的科学文化知识，能从事翻译、研究、教学、管理工作的相应语语言高级专门人才。

📒 本专业与高中学科关联度及学科要求

语文	数学	英语	物理	化学	生物	政治	历史	地理
A	E	A	E	E	E	C	B	B

　　本专业对高中阶段语文、英语科目要求较高，适合对白俄罗斯语感兴趣的学生就读。

💻 选考学科建议

　　"3+3"省份：不限 / 政治 / 历史 / 地理

　　"3+1+2"省份：首选不限，再选政治 / 化学 / 地理 / 生物

📚 大学主要课程

　　基础俄语、中级俄语、高级俄语、俄语语法、俄语视听说、基础白俄罗斯语、高级白俄罗斯语、白俄罗斯语语法、白俄罗斯语视听说、白俄罗斯语口译、白译汉笔译、汉译白笔译、论文写作指导等。

💡 就业方向

本专业毕业生可以服务于外交、经贸、新闻、国防、科研、教育、文化等领域，如外交部、商务部、白俄罗斯驻华单位、与白合作密切的中国企业、国际航空公司、相关政府部门及事业单位、非政府组织等。

🏛 本专业较好的大学（排名不分先后）

北京外国语大学、天津外国语大学、西安外国语大学等。

毛利语

专业特点

毛利语是新西兰土著毛利人的语言，也是新西兰的三种官方语言之一。该专业主要培养具有扎实的相应语语言基础、有比较广泛的科学文化知识，能从事翻译、研究、教学、管理工作的相应语语言高级专门人才。

本专业与高中学科关联度及学科要求

语文	数学	英语	物理	化学	生物	政治	历史	地理
A	E	A	E	E	E	C	B	B

本专业对高中阶段语文、英语科目要求较高，适合对毛利语感兴趣的学生就读。

选考学科建议

"3+3"省份：不限 / 政治 / 历史 / 地理

"3+1+2"省份：首选不限，再选政治 / 化学 / 地理 / 生物

大学主要课程

基础毛利语、高级毛利语、报刊选读、毛利语口语、毛利语写作、

翻译理论与实践、语言理论、语言学概论等。

💡 就业方向

本专业毕业生可从事翻译、研究、教学、管理工作。

🏛 本专业较好的大学（排名不分先后）

北京外国语大学等。

汤加语

专业特点

汤加语属于南岛语系马来－波利尼西亚语族，主要用于汤加王国。该专业主要培养具有扎实的相应语语言基础、有比较广泛的科学文化知识，能从事翻译、研究、教学、管理工作的相应语语言高级专门人才。

本专业与高中学科关联度及学科要求

语文	数学	英语	物理	化学	生物	政治	历史	地理
A	E	A	E	E	E	C	B	B

本专业对高中阶段语文、英语科目要求较高，适合对汤加语感兴趣的学生就读。

选考学科建议

"3+3"省份：不限 / 政治 / 历史 / 地理

"3+1+2"省份：首选不限，再选政治 / 化学 / 地理 / 生物

大学主要课程

基础汤加语、高级汤加语、报刊选读、汤加语口语、汤加语写作、翻译理论与实践、语言理论、语言学概论等。

💡 就业方向

本专业毕业生可从事翻译、研究、教学、管理工作。

🏛 本专业较好的大学（排名不分先后）

北京外国语大学等。

萨摩亚语

专业特点

　　萨摩亚语是萨摩亚与美属萨摩亚的官方语言之一，也是两地的传统语言。该专业主要培养具有扎实的相应语语言基础、比较广泛的科学文化知识，能从事翻译、研究、教学、管理工作的相应语语言高级专门人才。

本专业与高中学科关联度及学科要求

语文	数学	英语	物理	化学	生物	政治	历史	地理
A	E	A	E	E	E	C	B	B

　　本专业对高中阶段语文、英语科目要求较高，适合对萨摩亚语感兴趣的学生就读。

选考学科建议

　　"3+3"省份：不限 / 政治 / 历史 / 地理

　　"3+1+2"省份：首选不限，再选政治 / 化学 / 地理 / 生物

大学主要课程

　　基础萨摩亚语、高级萨摩亚语、报刊选读、汤加语口语、萨摩亚语写作、翻译理论与实践、语言理论、语言学概论等。

💡 就业方向

本专业毕业生可从事翻译、研究、教学、管理工作。

🏛 本专业较好的大学（排名不分先后）

北京外国语大学等。

库尔德语

专业特点

库尔德语属印欧语系－伊朗语族－西伊朗语支。该专业主要培养具有扎实的相应语语言基础、有比较广泛的科学文化知识，能从事翻译、研究、教学、管理工作的相应语语言高级专门人才。

本专业与高中学科关联度及学科要求

语文	数学	英语	物理	化学	生物	政治	历史	地理
A	E	A	E	E	E	C	B	B

本专业对高中阶段语文、英语科目要求较高，适合对库尔德语感兴趣的学生就读。

选考学科建议

"3+3"省份：不限 / 政治 / 历史 / 地理

"3+1+2"省份：首选不限，再选政治 / 化学 / 地理 / 生物

大学主要课程

基础库尔德语、高级库尔德语、报刊选读、汤加语口语、库尔德语写作、翻译理论与实践、语言理论、语言学概论等。

💡 就业方向

本专业毕业生可从事翻译、研究、教学、管理工作。

🏛 本专业较好的大学（排名不分先后）

北京外国语大学等。

比斯拉马语

专业特点

比斯拉马语是一种美拉尼西亚克里奥尔语。该专业主要培养具有扎实的相应语语言基础、有比较广泛的科学文化知识，能从事翻译、研究、教学、管理工作的相应语语言高级专门人才。

本专业与高中学科关联度及学科要求

语文	数学	英语	物理	化学	生物	政治	历史	地理
A	E	A	E	E	E	C	B	B

本专业对高中阶段语文、英语科目要求较高，适合对比斯拉马语感兴趣的学生就读。

选考学科建议

"3+3"省份：不限 / 政治 / 历史 / 地理

"3+1+2"省份：首选不限，再选政治 / 化学 / 地理 / 生物

大学主要课程

基础比斯拉马语、高级比斯拉马语、报刊选读、比斯拉马语口语、比斯拉马语写作、翻译理论与实践、语言理论、语言学概论等。

💡 就业方向

本专业毕业生可从事翻译、研究、教学、管理工作。

🏛 本专业较好的大学（排名不分先后）

北京外国语大学等。

达里语

专业特点

达里语是阿富汗、伊朗、塔吉克斯坦的官方语言。该专业主要培养具有扎实的相应语语言基础、有比较广泛的科学文化知识，能从事翻译、研究、教学、管理工作的相应语语言高级专门人才。

本专业与高中学科关联度及学科要求

语文	数学	英语	物理	化学	生物	政治	历史	地理
A	E	A	E	E	E	C	B	B

本专业对高中阶段语文、英语科目要求较高，适合对达里语感兴趣的学生就读。

选考学科建议

"3+3"省份：不限 / 政治 / 历史 / 地理

"3+1+2"省份：首选不限，再选政治 / 化学 / 地理 / 生物

大学主要课程

基础达里语、高级达里语、报刊选读、达里语口语、达里语写作、翻译理论与实践、语言理论、语言学概论等。

💡 就业方向

本专业毕业生可从事翻译、研究、教学、管理工作。

🏛 本专业较好的大学（排名不分先后）

北京外国语大学等。

德顿语

专业特点

德顿语是东帝汶的官方语言，属于南岛语系。该专业主要培养具有扎实的相应语语言基础、有比较广泛的科学文化知识，能从事翻译、研究、教学、管理工作的相应语语言高级专门人才。例如：在大使馆从事德顿语相关工作。

本专业与高中学科关联度及学科要求

语文	数学	英语	物理	化学	生物	政治	历史	地理
A	E	A	E	E	E	C	B	B

本专业对高中阶段语文、英语科目要求较高，适合对德顿语感兴趣的学生就读。

选考学科建议

"3+3"省份：不限 / 政治 / 历史 / 地理

"3+1+2"省份：首选不限，再选政治 / 化学 / 地理 / 生物

大学主要课程

基础德顿语、高级德顿语、报刊选读、德顿语口语、德顿语写作、翻译理论与实践、语言理论、语言学概论等。

💡 就业方向

本专业毕业生可从事翻译、研究、教学、管理工作。

🏛 本专业较好的大学（排名不分先后）

北京外国语大学等。

迪维希语

👍 专业特点

迪维希语属于印欧语系印度语族，用字母拼写，是马尔代夫的官方语言。该专业主要培养具有扎实的相应语语言基础、有比较广泛的科学文化知识，能从事翻译、研究、教学、管理工作的相应语语言高级专门人才。

📖 本专业与高中学科关联度及学科要求

语文	数学	英语	物理	化学	生物	政治	历史	地理
A	E	A	E	E	E	C	B	B

本专业对高中阶段语文、英语科目要求较高，适合对迪维希语感兴趣的学生就读。

📚 选考学科建议

"3+3"省份：不限 / 政治 / 历史 / 地理
"3+1+2"省份：首选不限，再选政治 / 化学 / 地理 / 生物

📕 大学主要课程

基础迪维希语、高级迪维希语、报刊选读、迪维希语口语、迪维希语写作、翻译理论与实践、语言理论、语言学概论等。

💡 就业方向

本专业毕业生可从事翻译、研究、教学、管理工作。

🏛 本专业较好的大学（排名不分先后）

北京外国语大学等。

斐济语

专业特点

斐济语是斐济的民族语言，属于南岛语系。该专业主要培养具有扎实的相应语语言基础、有比较广泛的科学文化知识，能从事翻译、研究、教学、管理工作的相应语语言高级专门人才。

本专业与高中学科关联度及学科要求

语文	数学	英语	物理	化学	生物	政治	历史	地理
A	E	A	E	E	E	C	B	B

本专业对高中阶段语文、英语科目要求较高，适合对斐济语感兴趣的学生就读。

选考学科建议

"3+3"省份：不限 / 政治 / 历史 / 地理

"3+1+2"省份：首选不限，再选政治 / 化学 / 地理 / 生物

大学主要课程

基础斐济语、高级斐济语、报刊选读、斐济语口语、斐济语写作、翻译理论与实践、语言理论、语言学概论等。

💡 就业方向

本专业毕业生可从事翻译、研究、教学、管理工作。

🏛 本专业较好的大学（排名不分先后）

北京外国语大学等。

专业类　外国语言文学类

专业代码　050291T

修业年限　四年

授予学位　文学学士

库克群岛毛利语

专业特点

库克群岛毛利语专业主要培养具有扎实的相应语语言基础、有比较广泛的科学文化知识，能从事翻译、研究、教学、管理工作的相应语语言高级专门人才。

本专业与高中学科关联度及学科要求

语文	数学	英语	物理	化学	生物	政治	历史	地理
A	E	A	E	E	E	C	B	B

本专业对高中阶段语文、英语科目要求较高，适合对库克群岛毛利语感兴趣的学生就读。

选考学科建议

"3+3"省份：不限 / 政治 / 历史 / 地理

"3+1+2"省份：首选不限，再选政治 / 化学 / 地理 / 生物

大学主要课程

基础相应语、高级相应语、报刊选读、视听、口语、相应语写作、翻译理论与实践、语言理论、语言学概论、主要相应语国家文学史及文学作品选读、主要相应语国家国情等。

💡 就业方向

本专业毕业生可从事翻译、研究、教学、管理工作。

🏛 本专业较好的大学（排名不分先后）

北京外国语大学等。

隆迪语

专业特点

隆迪语专业主要培养具有扎实的相应语语言基础、有比较广泛的科学文化知识，能从事翻译、研究、教学、管理工作的相应语语言高级专门人才。

本专业与高中学科关联度及学科要求

语文	数学	英语	物理	化学	生物	政治	历史	地理
A	E	A	E	E	E	C	B	B

本专业对高中阶段语文、英语科目要求较高，适合对隆迪语感兴趣的学生就读。

选考学科建议

"3+3"省份：不限 / 政治 / 历史 / 地理

"3+1+2"省份：首选不限，再选政治 / 化学 / 地理 / 生物

大学主要课程

基础隆迪语、高级隆迪语、报刊选读、隆迪语口语、隆迪语写作、翻译理论与实践、语言理论、语言学概论等。

💡 就业方向

本专业毕业生可从事翻译、研究、教学、管理工作。

🏛 本专业较好的大学（排名不分先后）

北京外国语大学等。

卢森堡语

专业特点

卢森堡语是卢森堡大公国的母语。该专业主要培养具有扎实的相应语语言基础、有比较广泛的科学文化知识，能从事翻译、研究、教学、管理工作的相应语语言高级专门人才。

本专业与高中学科关联度及学科要求

语文	数学	英语	物理	化学	生物	政治	历史	地理
A	E	A	E	E	E	C	B	B

本专业对高中阶段语文、英语科目要求较高，适合对卢森堡语感兴趣的学生就读。

选考学科建议

"3+3"省份：不限 / 政治 / 历史 / 地理

"3+1+2"省份：首选不限，再选政治 / 化学 / 地理 / 生物

大学主要课程

基础卢森堡语、高级卢森堡语、报刊选读、卢森堡语口语、卢森堡语写作、翻译理论与实践、语言理论、语言学概论等。

💡 就业方向

本专业毕业生可从事翻译、研究、教学、管理工作。

🏛 本专业较好的大学（排名不分先后）

北京外国语大学等。

卢旺达语

专业特点

卢旺达语是班图语系的一种语言。该专业主要培养具有扎实的相应语语言基础、有比较广泛的科学文化知识，能从事翻译、研究、教学、管理工作的相应语语言高级专门人才。

本专业与高中学科关联度及学科要求

语文	数学	英语	物理	化学	生物	政治	历史	地理
A	E	A	E	E	E	C	B	B

本专业对高中阶段语文、英语科目要求较高，适合对卢旺达语感兴趣的学生就读。

选考学科建议

"3+3"省份：不限 / 政治 / 历史 / 地理

"3+1+2"省份：首选不限，再选政治 / 化学 / 地理 / 生物

大学主要课程

基础卢旺达语、高级卢旺达语、报刊选读、卢旺达语口语、卢旺达语写作、翻译理论与实践、语言理论、语言学概论等。

💡 就业方向

本专业毕业生可从事翻译、研究、教学、管理工作。

🏛 本专业较好的大学（排名不分先后）

北京外国语大学等。

纽埃语

专业特点

纽埃语是一种波利尼西亚语言，属于南岛语系马来－波利尼西亚语族。该专业主要培养具有扎实的相应语语言基础、有比较广泛的科学文化知识，能从事翻译、研究、教学、管理工作的相应语语言高级专门人才。

本专业与高中学科关联度及学科要求

语文	数学	英语	物理	化学	生物	政治	历史	地理
A	E	A	E	E	E	C	B	B

本专业对高中阶段语文、英语科目要求较高，适合对纽埃语感兴趣的学生就读。

选考学科建议

"3+3"省份：不限 / 政治 / 历史 / 地理

"3+1+2"省份：首选不限，再选政治 / 化学 / 地理 / 生物

大学主要课程

基础纽埃语、高级纽埃语、报刊选读、纽埃语口语、纽埃语写作、翻译理论与实践、语言理论、语言学概论等。

💡 就业方向

本专业毕业生可从事翻译、研究、教学、管理工作。

🏛 本专业较好的大学（排名不分先后）

北京外国语大学等。

专业类
外国语言文学类

专业代码
050296T

修业年限
四年

授予学位
文学学士

皮金语

专业特点

皮金语别名巴布亚皮钦语，又叫皮钦语、新亚语、托克皮辛语等，是一种基于英语的克里奥尔语，是巴布亚新几内亚的官方语言之一，在大洋洲多个岛国中有分布，其他使用国家有所罗门群岛、斐济等。

本专业与高中学科关联度及学科要求

语文	数学	英语	物理	化学	生物	政治	历史	地理
A	E	A	E	E	E	C	B	B

本专业对高中阶段语文、英语科目要求较高，适合对皮金语感兴趣的学生就读。

选考学科建议

"3+3"省份：不限 / 政治 / 历史 / 地理

"3+1+2"省份：首选不限，再选政治 / 化学 / 地理 / 生物

大学主要课程

基础皮金语、高级皮金语、皮金语报刊选读、皮金语视听、皮金语口语、皮金语写作、翻译理论与实践、语言理论、语言学概论等。

💡 就业方向

本专业毕业生可从事翻译、研究、教学、管理工作。

🏛 本专业较好的大学（排名不分先后）

北京外国语大学等。

切瓦语

👍 专业特点

切瓦语也称马拉维语，是马拉维共和国的官方语言之一，也是当地土著的母语。该专业主要培养具有扎实的相应语语言基础、有比较广泛的科学文化知识、能从事翻译、研究、教学、管理工作的相应语语言高级专门人才。

📙 本专业与高中学科关联度及学科要求

语文	数学	英语	物理	化学	生物	政治	历史	地理
A	E	A	E	E	E	C	B	B

本专业对高中阶段语文、英语科目要求较高，适合对切瓦语感兴趣的学生就读。

📘 选考学科建议

"3+3"省份：不限 / 政治 / 历史 / 地理

"3+1+2"省份：首选不限，再选政治 / 化学 / 地理 / 生物

📖 大学主要课程

基础切瓦语、高级切瓦语、切瓦语视听说、切瓦语写作、切瓦语口语、切瓦语语法、切瓦语汉语互译、马拉维文化、马拉维文学史等。

💡 就业方向

本专业毕业生可从事翻译、研究、教学、管理工作。

🏛 本专业较好的大学（排名不分先后）

北京外国语大学等。

塞苏陀语

专业特点

塞苏陀语和英语均为莱索托通用官方语言。该专业主要培养具有扎实的相应语语言基础、有比较广泛的科学文化知识，能从事翻译、研究、教学、管理工作的相应语语言高级专门人才。

本专业与高中学科关联度及学科要求

语文	数学	英语	物理	化学	生物	政治	历史	地理
A	E	A	E	E	E	C	B	B

本专业对高中阶段语文、英语科目要求较高，适合对塞苏陀语感兴趣的学生就读。

选考学科建议

"3+3"省份：不限 / 政治 / 历史 / 地理

"3+1+2"省份：首选不限，再选政治 / 化学 / 地理 / 生物

大学主要课程

基础塞苏陀语、高级塞苏陀语、塞苏陀语视听说、塞苏陀语写作、塞苏陀语口语、塞苏陀语语法、塞苏陀语汉语互译、莱索托文化、莱索托文学史等。

💡 就业方向

本专业毕业生可从事翻译、研究、教学、管理工作。

🏛 本专业较好的大学（排名不分先后）

北京外国语大学等。

语言学

专业特点

语言学专业是系统而科学地研究语言的本质、起源及运用的学科，学习现代语言学及心理、认知等学科的基础知识，培养具有完备现代语言学知识结构的语言学专门人才和跨学科视野的、国际化的复合型人才。

本专业与高中学科关联度及学科要求

语文	数学	英语	物理	化学	生物	政治	历史	地理
A	E	A	E	E	E	C	B	B

本专业对高中阶段语文、英语科目要求较高，适合对世界各国语言感兴趣的学生就读。

选考学科建议

"3+3"省份：不限 / 政治 / 历史 / 地理

"3+1+2"省份：首选不限，再选政治 / 化学 / 地理 / 生物

大学主要课程

语言学、逻辑学、语音（音系）学、句法学、语义学、认知科学导论、心理语言学、认知语言学等。

💡 就业方向

本专业毕业生可从事教师、媒体记者、秘书、公务员、翻译、外企职员等职业。

🏛 本专业较好的大学（排名不分先后）

上海外国语大学、北京语言大学、西安外国语大学等。

塔玛齐格特语

专业特点

塔玛齐格特语专业是小语种，属外国语言文学专业亚非语言文学学科。该专业主要培养具有扎实的相应语语言基础、有比较广泛的科学文化知识，能从事翻译、研究、教学、管理工作的相应语语言高级专门人才。

本专业与高中学科关联度及学科要求

语文	数学	英语	物理	化学	生物	政治	历史	地理
A	E	A	E	E	E	C	B	B

本专业对高中阶段语文、英语科目要求较高，适合对塔玛齐格特语感兴趣的学生就读。

选考学科建议

"3+3"省份：不限 / 政治 / 历史 / 地理

"3+1+2"省份：首选不限，再选政治 / 化学 / 地理 / 生物

大学主要课程

基础塔玛齐格特语、中级塔玛齐格特语、高级塔玛齐格特语、阿拉伯综合、塔玛齐格特语口语、塔玛齐格特语视听说、塔玛齐格特语新闻阅读、塔玛齐格特语文学、摩洛哥和阿尔及利亚研究等。

💡 就业方向

本专业毕业生可从事翻译、研究、教学、管理工作。

🏛 本专业较好的大学（排名不分先后）

昆明理工大学、天津师范大学、南宁师范大学、中国人民解放军战略支援部队信息工程大学等。

爪哇语

专业特点

爪哇语是印度尼西亚人数最多的民族爪哇族的语言。该专业主要培养具有扎实的相应语语言基础、有比较广泛的科学文化知识，能从事翻译、研究、教学、管理工作的相应语语言高级专门人才。

本专业与高中学科关联度及学科要求

语文	数学	英语	物理	化学	生物	政治	历史	地理
A	E	A	E	E	E	C	B	B

本专业对高中阶段语文、英语科目要求较高，适合对爪哇语感兴趣的学生就读。

选考学科建议

"3+3"省份：不限 / 政治 / 历史 / 地理

"3+1+2"省份：首选不限，再选政治 / 化学 / 地理 / 生物

大学主要课程

基础爪哇语、高级爪哇语、报刊选读、爪哇语口语、爪哇语写作、翻译理论与实践、语言理论、语言学概论等。

💡 就业方向

本专业毕业生可从事翻译、研究、教学、管理工作。

🏛 本专业较好的大学（排名不分先后）

昆明理工大学、南宁师范大学、中国人民解放军战略支援部队信息工程大学等。

旁遮普语

专业特点

旁遮普语属印欧语系印度－伊朗语族印度语支。该专业主要培养具有扎实的相应语语言基础、有比较广泛的科学文化知识，能从事翻译、研究、教学、管理工作的相应语语言高级专门人才。

本专业与高中学科关联度及学科要求

语文	数学	英语	物理	化学	生物	政治	历史	地理
A	E	A	E	E	E	C	B	B

本专业对高中阶段语文、英语科目要求较高，适合对旁遮普语感兴趣的学生就读。

选考学科建议

"3+3"省份：不限 / 政治 / 历史 / 地理

"3+1+2"省份：首选不限，再选政治 / 化学 / 地理 / 生物

大学主要课程

基础旁遮普语、高级旁遮普语、报刊选读、旁遮普语口语、旁遮普语写作、翻译理论与实践、语言理论、语言学概论等。

💡 就业方向

本专业毕业生可在外事、经贸、文化、新闻出版、教育、科研、旅游等部门，从事翻译、研究、教学、管理工作。

🏛 本专业较好的大学（排名不分先后）

昆明理工大学、天津师范大学等。

新闻学

专业特点

新闻学专业主要研究马克思主义基本原理、新闻学、传播学、文学等方面的基本理论和知识，接受新闻采访、写作、编辑、评论、摄影等方面的技能训练，了解新闻工作的现状、趋势、政策和法规等，进行新闻的采编和传播等。例如：对热点新闻的实时采访和报道，新闻通稿的撰写与编辑，对时政新闻的采编与评论。

本专业与高中学科关联度及学科要求

语文	数学	英语	物理	化学	生物	政治	历史	地理
A	E	B	D	E	E	A	B	B

本专业对高中阶段语文、政治科目要求较高，适合对新闻学研究感兴趣的学生就读。

选考学科建议

"3+3"省份：不限 / 政治 / 历史 / 地理

"3+1+2"省份：首选不限，再选政治 / 地理 / 化学 / 生物

大学主要课程

新闻学概论、中国新闻事业史、外国新闻事业、新闻采访与写作、新闻编辑与评论、马列新闻论著选读、中国历代文学作品选读、大众

传播学、新闻法规与新闻职业道德、新闻摄影、广播电视学、新闻事业管理、广告学与公共关系学等。

💡 就业方向

本专业毕业生可在新闻媒体、政府机关、高等院校和科研机构从事较高层次的新闻业务、教学、科研和管理工作。

🏛 本专业较好的大学（排名不分先后）

中国人民大学、复旦大学、清华大学、中国传媒大学、北京大学、华中科技大学、南京大学、浙江大学、武汉大学、暨南大学、四川大学、华东师范大学、中山大学、南京师范大学、山东大学、湖南大学、上海外国语大学、重庆大学、郑州大学、安徽大学、厦门大学、苏州大学、上海大学、深圳大学、广东外语外贸大学、河北大学、湖南师范大学、南昌大学、吉林大学、华南理工大学、陕西师范大学、东北师范大学、华中师范大学、北京外国语大学、中国政法大学、兰州大学、西北大学、西南政法大学、西南大学、中央民族大学、广西大学、华东政法大学、河南大学、云南大学、北京工商大学、湖北大学、江西师范大学、辽宁大学、天津师范大学、中央财经大学、新疆大学、中南民族大学、黑龙江大学、西北政法大学、内蒙古大学、湘潭大学、汕头大学、安徽师范大学、上海财经大学、中国海洋大学、华南师范大学、东北财经大学、山东师范大学、北京印刷学院、天津外国语大学、中南财经政法大学、北京体育大学、山西大学、宁夏大学、北京语言大学、西南财经大学、浙江工商大学、江西财经大学、北京第二外国语学院、东北大学、上海政法学院、河北师范大学、河北经贸大学、西安外国语大学、四川外国语大学、宁波大学、上海对外经贸大学等。

专业类 新闻传播学类

专业代码 050301

修业年限 四年

授予学位 文学学士

广播电视学

👍 专业特点

广播电视学专业主要研究马克思主义基本原理、新闻学、广播电视学、传播学等方面的基本理论和知识，接受广播电视新闻采访、写作、编导、播音、节目主持等方面的基本训练，在广播电台、电视台等进行采访、编辑、节目主持与策划等。例如:电视专题与节目的策划，新闻、娱乐热点的采访与报道。

📒 本专业与高中学科关联度及学科要求

语文	数学	英语	物理	化学	生物	政治	历史	地理
A	D	B	D	E	E	A	C	C

本专业对高中阶段语文、政治科目要求较高，适合对广播电视学研究感兴趣的学生就读。

📚 选考学科建议

"3+3"省份：不限 / 政治 / 历史 / 地理

"3+1+2"省份：首选不限，再选政治 / 地理 / 化学 / 生物

📖 大学主要课程

广播电视概论、广播电视技术基础、广播电视新闻采访与写作、广播电视节目策划、广播电视编辑、广播电视节目制作、电视专题与

电视栏目、电视摄像技术、广播电视史、广播电视法规与广电职业道德、视听语言、影视艺术概论。

💡 就业方向

本专业毕业生可到新闻文艺出版部门、高校、科研机构或机关企事业单位，从事文学评论、汉语言文学教学与研究以及文化、宣传等方面的工作。

🏛 本专业较好的大学（排名不分先后）

中国传媒大学、中国人民大学、华中科技大学、复旦大学、武汉大学、北京大学、暨南大学、南京大学、浙江大学、厦门大学、上海大学、四川大学、南京师范大学、安徽大学、南昌大学、上海外国语大学、重庆大学、湖南师范大学、苏州大学、西南政法大学、广州大学、郑州大学、南开大学、东北师范大学、浙江工业大学、福建师范大学、河北大学、华中师范大学、兰州大学、同济大学、广西大学、辽宁大学、云南大学、大连理工大学、北京工商大学、江西师范大学、湖北大学、湘潭大学、中南财经政法大学、中国地质大学（武汉）、中南大学、汕头大学、成都理工大学、河海大学、天津师范大学、中南民族大学、南京理工大学、上海师范大学、西北政法大学、浙江传媒学院、新疆大学、华侨大学、上海政法学院、南京航空航天大学、四川外国语大学、山东师范大学、南京林业大学、重庆交通大学、天津财经大学、西安外国语大学、中国矿业大学、江苏师范大学、扬州大学、三峡大学、燕山大学、西交利物浦大学、天津工业大学、西南科技大学、贵州民族大学、河南师范大学、贵州师范大学、南宁师范大学、长江大学、重庆工商大学、四川师范大学、河北经贸大学、贵州师范学院、云南师范大学、石河子大学、苏州科技大学、济南大学、浙大城市学院等。

广告学

专业特点

广告学专业主要研究广告活动的历史、理论、策略、制作与经营管理等方面的基本理论和知识，涉及广告学、传播学、艺术学、市场学等学科。学生接受现代广告策划、设计、制作的基本技能训练，进行广告的创意策划、设计制作和营销管理等工作。例如：广告宣传片的策划、拍摄与制作，广告在微信、微博等社交平台的投放。

本专业与高中学科关联度及学科要求

语文	数学	英语	物理	化学	生物	政治	历史	地理
A	D	B	D	E	E	C	C	C

本专业对高中阶段语文科目要求较高，适合对广告学研究感兴趣的学生就读。

选考学科建议

"3+3"省份：不限 / 政治 / 历史 / 地理

"3+1+2"省份：首选不限，再选政治 / 地理 / 化学 / 生物

大学主要课程

传播学概论、广告学概论、广告策划与创意、广告史、广告文案写作、广告经营与管理学、广告媒体研究、广告摄像与摄影、实用美术与广

告设计、电脑图文设计、广告效果研究方法。市场调查与分析、公共关系学、中外广告法规与广告职业道德等。

就业方向

本专业毕业生可在教育、新闻媒介广告部门、广告公司、市场调查和信息咨询行业以及企事业单位，从事广告经营管理、广告策划创意和设计制作、市场营销策划等工作。

本专业较好的大学（排名不分先后）

中国传媒大学、南京大学、武汉大学、中国人民大学、清华大学、复旦大学、厦门大学、北京大学、四川大学、暨南大学、华中科技大学、浙江大学、深圳大学、湖南大学、华东师范大学、北京师范大学、华南理工大学、中山大学、郑州大学、上海大学、湖南师范大学、南京师范大学、河北大学、南昌大学、上海外国语大学、河南大学、广东外语外贸大学、西北大学、苏州大学、东北师范大学、吉林大学、中央民族大学、兰州大学、江西师范大学、广西大学、辽宁大学、上海师范大学、广州大学、中央财经大学、西南交通大学、同济大学、湖北大学、湘潭大学、新疆大学、首都经济贸易大学、上海理工大学、浙江工业大学、中南民族大学、北京工商大学、华中农业大学、福建师范大学、南京林业大学、安徽师范大学、北京印刷学院、汕头大学、天津师范大学、东北财经大学、武汉理工大学、江西财经大学、江苏师范大学、宁波大学、黑龙江大学、山西大学、四川外国语大学、长安大学、北京工业大学、南京邮电大学、浙江工商大学、贵州财经大学、华北电力大学、成都理工大学、南京财经大学、河北师范大学、浙江财经大学、合肥工业大学、天津财经大学、西安外国语大学、青岛大学、湖南理工学院、四川农业大学、华侨大学、浙江农林大学等。

传播学

专业特点

传播学专业主要研究现代媒体传播的基础理论和知识，掌握现代电子媒体，特别是电视媒体与网络多媒体传播的基本技能，进行影视传播、新闻传播、网络传播、广告营销等。例如：信息或广告在互联网、社交平台的投放与传播，网络舆论风向的控制，纪录片、科教片的创作。

本专业与高中学科关联度及学科要求

语文	数学	英语	物理	化学	生物	政治	历史	地理
A	D	B	D	E	E	C	C	C

本专业对高中阶段语文科目要求较高，适合对传播学研究感兴趣的学生就读。

选考学科建议

"3+3"省份：不限

"3+1+2"省份：首选不限，再选政治/地理/化学/生物

大学主要课程

新闻学概论、传播学概论、传播研究方法、市场营销学、网络传播、网络新闻传播原理与应用、新闻媒体与信息技术、视觉传播、公共信息写作、媒体技术应用与发展、移动通信技术与发展、宽带技术应用

与发展、社会信息化建设等。

💡 就业方向

本专业毕业生可在新闻媒体机构、出版机构、中央和地方政府及企事业单位的宣传部门、广告公司、教育部门、农业技术推广等部门，从事编导、记者、制作、广告与文化经济活动策划、计算机网络课件开发制作等工作。

🏛 本专业较好的大学（排名不分先后）

复旦大学、中国人民大学、中国传媒大学、上海交通大学、浙江大学、华中科技大学、武汉大学、北京师范大学、中山大学、华南理工大学、厦门大学、北京交通大学、中国科学技术大学、深圳大学、西南交通大学、北京外国语大学、华南师范大学、西南政法大学、首都经济贸易大学、黑龙江大学、上海理工大学、东华大学、中国农业大学、北京印刷学院、国际关系学院、湖北大学、杭州电子科技大学、宁波诺丁汉大学、贵州民族大学、天津外国语大学、浙江传媒学院、浙江理工大学、北京信息科技大学、北京服装学院、贵州财经大学、温州肯恩大学、鲁东大学、云南师范大学、海南大学等。

编辑出版学

专业特点

编辑出版学专业主要研究编辑学、出版学、汉语言文学、传播学等方面的基本知识和技能，在出版社、杂志社、报社等进行编辑、编务、出版或发行等。例如:文稿的撰写与编辑，书稿文字和标点符号的校对，书刊、杂志的封面、扉页、装订形式的设计。

本专业与高中学科关联度及学科要求

语文	数学	英语	物理	化学	生物	政治	历史	地理
A	E	B	D	D	D	C	C	C

本专业对高中阶段语文科目要求较高，适合对编辑出版学研究感兴趣的学生就读。

选考学科建议

"3+3"省份：不限 / 历史 / 地理

"3+1+2"省份：首选不限，再选政治 / 地理 / 化学 / 生物

大学主要课程

编辑学概论、古代汉语、现代汉语、出版发行学基础、中国编辑出版史、图书学、出版美学（含装帧设计）、书业法律基础、报刊编辑学、出版现代技术等。

💡 就业方向

本专业毕业生可在书刊出版、新闻宣传和文化教育部门从事编辑、出版、发行的业务与管理工作，也有部分毕业生到一些出版公司或网络公司做网络编辑。

🏛 本专业较好的大学（排名不分先后）

中国传媒大学、武汉大学、南京大学、北京大学、浙江大学、陕西师范大学、华东师范大学、四川大学、河南大学、湖南师范大学、上海理工大学、北京印刷学院、南开大学、安徽大学、河北大学、辽宁大学、西北政法大学、华南师范大学、浙江传媒学院、湖北大学、黑龙江大学、上海师范大学、武汉理工大学、中国海洋大学、新疆大学、内蒙古大学、杭州电子科技大学、浙江工商大学、吉林工程技术师范学院等。

网络与新媒体

专业特点

    网络与新媒体专业主要研究新闻学、传播学等方面的基本理论和知识，掌握新媒体技术和网络传播的基本技能，在新闻、网络媒体、文化传播等企事业单位，进行网络宣传、网络信息传播以及舆论分析等。例如：在微博、微信等平台发布新闻，引导微博评论导向，统计公众号流量数据和粉丝增长。

本专业与高中学科关联度及学科要求

语文	数学	英语	物理	化学	生物	政治	历史	地理
A	D	B	E	E	E	B	B	C

    本专业对高中阶段语文科目要求较高，适合对网络与新媒体研究感兴趣的学生就读。

选考学科建议

"3+3"省份：不限

"3+1+2"省份：首选不限，再选政治／地理／化学／生物

大学主要课程

    新媒体概论、新媒体实务、数字媒体技术与应用、文化电子商务、网络营销策划与创意、网站策划创意与设计、数字图像创意与设计、

动画创意与设计等。

💡 就业方向

本专业毕业生可在各级党政机关、部队、各大院校、企事业单位等从事网络新闻宣传与媒介传播优化等工作，或在各级报社、广播电台、电视台及其网络平台、大中型网络媒体等从事媒介内容生产与媒介经营管理等工作。

🏛 本专业较好的大学（排名不分先后）

中国传媒大学、深圳大学、湖南师范大学、暨南大学、西安交通大学、中山大学、四川大学、南京师范大学、上海大学、上海外国语大学、广东外语外贸大学、北京交通大学、苏州大学、陕西师范大学、郑州大学、安徽大学、中南财经政法大学、中国政法大学、华中师范大学、辽宁大学、河南大学、西北大学、西南政法大学、广州大学、厦门理工学院、汕头大学、华南师范大学、对外经济贸易大学、浙江传媒学院、北京印刷学院、安徽师范大学、西北政法大学、内蒙古大学、中国海洋大学、四川外国语大学、北京语言大学、浙大宁波理工学院、浙江工商大学、合肥工业大学、北京信息科技大学、西安外国语大学、吉首大学、南京财经大学、浙江财经大学、北京体育大学、贵州财经大学、重庆工商大学、安徽财经大学、南京传媒学院、贵州民族大学、内蒙古师范大学、武汉纺织大学、北京联合大学、成都大学、浙江外国语学院、河南财经政法大学、湖北经济学院、四川师范大学、湖南理工学院、西安邮电大学、河南工业大学、重庆师范大学、南京晓庄学院、安徽理工大学、广东技术师范大学、山东政法学院、广西师范大学、西华大学、长春理工大学、浙江万里学院、河北科技大学、西华师范大学、中华女子学院、福建工程学院、西安工业大学等。

数字出版

专业特点

数字出版专业主要研究编辑学、数字出版、计算机技术等方面的基本知识和技能，在网络传播、出版、宣传等行业进行书刊、杂志、报纸、音乐的数字化出版、发行、传播与管理等。例如：电子书、数字报纸、数字期刊的出版，线上音乐的发行与传播，DVD 的出版与发行，彩铃、彩信的生成与编辑。

本专业与高中学科关联度及学科要求

语文	数学	英语	物理	化学	生物	政治	历史	地理
A	B	B	C	C	D	C	C	E

本专业对高中阶段语文科目要求较高，适合对数字出版研究感兴趣的学生就读。

选考学科建议

"3+3"省份：不限

"3+1+2"省份：首选不限，再选政治 / 地理 / 化学 / 生物

大学主要课程

图书出版史、网络传播、数字书刊编辑学、数字出版技术、编辑出版概论、网页编辑、多媒体编辑、出版法规与版权贸易、媒介经营

与管理、社会学概论等。

💡 就业方向

　　本专业毕业生可从事新闻出版行业书刊、杂志、报纸的数字化出版与传播工作，或者是从事新媒体、网络与电子商务，企业信息的采集、组织与印制等工作。

🏛 本专业较好的大学（排名不分先后）

　　武汉大学、北京印刷学院、湘潭大学、中南大学、天津科技大学、浙江传媒学院、曲阜师范大学、西北师范大学、金陵科技学院、闽南师范大学等。

时尚传播

专业特点

时尚传播专业是为了满足时尚产业的传播人才需求，由教育部特别设置的专业；主要研究时尚行业的特性和要求、现代传播新技术、时尚传播基础知识、新媒体传播技术等，培养具备策划、制作、执行等时尚产业全媒体传播实际工作能力的复合应用型人才。

本专业与高中学科关联度及学科要求

语文	数学	英语	物理	化学	生物	政治	历史	地理
A	E	B	E	E	E	C	C	C

本专业对高中阶段语文科目要求较高，适合对时尚潮流、传播学研究感兴趣的学生就读。

选考学科建议

"3+3"省份：不限

"3+1+2"省份：首选不限，再选政治/地理/化学/生物

大学主要课程

传播学概论、新媒体传播、时尚整合营销传播、时尚与审美、视听语言、虚拟空间表现（虚拟漫游）、VR基础与创意来源、动态图像实验、影视特效表现、时尚场景社交、服饰搭配艺术、公共关系与活

动策划等。

💡 就业方向

本专业毕业生可从事时尚项目（活动）策划执行专员、自媒体策划与运营、时尚媒体策划专员、时尚新媒体编辑等工作。

🏛 本专业较好的大学（排名不分先后）

重庆第二师范学院、南京传媒学院、浙江越秀外国语学院、上海建桥学院、沈阳城市建设学院、沈阳工学院、上海杉达学院等。

专业类 新闻传播学类

专业代码 050308T

修业年限 四年

授予学位 文学学士

国际新闻与传播

NEWS

专业特点

国际新闻与传播专业主要研究新闻现象和新闻活动规律、人类传播行为和过程发展规律、国际新闻传播发展现实需要和未来前景等，培养能够掌握现代电子媒体，特别是网络多媒体传播等对外宣传及涉外新闻报道技能的国际传播应用型人才。

本专业与高中学科关联度及学科要求

语文	数学	英语	物理	化学	生物	政治	历史	地理
A	E	A	E	E	E	C	C	C

本专业对高中阶段语文、英语科目要求较高，适合对新闻传播学研究感兴趣的学生就读。

选考学科建议

"3+3"省份：不限

"3+1+2"省份：首选不限，再选政治 / 地理 / 化学 / 生物

大学主要课程

新闻学概论、中国新闻事业史、外国新闻事业史、新闻采访与写作、新闻编辑与评论、马列新闻论著选读、基础写作、国际新闻传播史、传播学概论、新闻学概论、新闻采访与写作。

💡 就业方向

本专业毕业生可以在驻外新闻单位、涉外媒体、国际传播机构、高校、网络公司、事业单位、广告传媒公司等，从事编辑、记者、策划、文案、宣传、公关等工作。

🏛 本专业较好的大学 （排名不分先后）

中国人民大学、中国传媒大学、厦门大学、上海外国语大学、西安外国语大学、重庆外语外事学院、南京传媒学院、汕头大学等。

专业类 新闻传播学类

专业代码 050309T

修业年限 四年

授予学位 文学学士

会展

专业特点

　　会展专业主要培养会展（会议、展览、演出、节庆、赛事、文化活动、旅游、培训、产业观光、主题公园等）相关行业的策划和组织人才、创意人才、项目协调管理人才，培养具有会展策略传播、智能会展技术和会展创意设计能力的中高端复合型人才。

本专业与高中学科关联度及学科要求

语文	数学	英语	物理	化学	生物	政治	历史	地理
A	E	B	E	E	E	C	C	C

　　本专业对高中阶段语文科目要求较高，适合对会展研究感兴趣的学生就读。

选考学科建议

　　"3+3"省份：不限

　　"3+1+2"省份：首选不限，再选政治 / 地理 / 化学 / 生物

大学主要课程

　　会展学概论、市场营销学、会展策划、会展营销、会展文案、会展法规、公共关系学、网络与新媒体技术应用、数据挖掘与分析、多媒体作品制作、虚拟会展。

💡 就业方向

　　本专业毕业生既能在本领域内深造，也能结合自身所学进入其他相关的第三产业，从事会展策划、服务和管理等工作。

🏛 本专业较好的大学（排名不分先后）

　　上海大学、北京石油化工学院、福建商学院等。

历史学

历史学

专业特点

历史学专业主要研习马克思主义基本原理、历史学、古文字学、历史地理学等方面的基本理论和知识，涉及中外通史和断代史、中西史学史、中外历史文献选读等，对先人遗留下来的古籍、文献、历法、制度进行研究分析，从而为当今的社会生活所借鉴。

本专业与高中学科关联度及学科要求

语文	数学	英语	物理	化学	生物	政治	历史	地理
A	E	C	E	E	D	A	A	B

本专业对高中阶段语文、历史、政治科目要求较高，适合喜欢历史研究、自然人文社科的学生就读。

选考学科建议

"3+3"省份：历史 / 地理 / 地理 + 历史

"3+1+2"省份：首选不限，再选地理

大学主要课程

中国通史、世界通史，史学导论、中国史、西方史学史、考古学通论、历史地理学、古代汉语、中外历史文化原典导读与选读、中国断代史等。

💡 就业方向

本专业毕业生主要在国家机关、文教事业、新闻出版、文博档案及各类事业单位与组织机构工作。

🏛 本专业较好的大学（排名不分先后）

北京大学、北京师范大学、复旦大学、清华大学、南京大学、南开大学、中国人民大学、武汉大学、华东师范大学、中山大学、华中师范大学、四川大学、厦门大学、东北师范大学、浙江大学、陕西师范大学、山东大学、西北大学、湖南大学、吉林大学、中央民族大学、上海大学、湖南师范大学、暨南大学、兰州大学、上海师范大学、西南大学、首都师范大学、郑州大学、云南大学、苏州大学、福建师范大学、河南大学、华南师范大学、安徽大学、浙江师范大学、河北师范大学、杭州师范大学、宁波大学、扬州大学、南京师范大学、湖北大学、河北大学、山西大学、广州大学、山东师范大学、西北师范大学、江西师范大学、南昌大学、内蒙古大学、四川师范大学、安徽师范大学、重庆大学、天津师范大学、曲阜师范大学、青岛大学、湘潭大学、河南师范大学、辽宁大学、宁夏大学、山西师范大学、广西师范大学、黑龙江大学、哈尔滨师范大学、新疆大学、华南农业大学、吉林师范大学、贵州大学、云南师范大学、辽宁师范大学、苏州科技大学、贵州师范大学、江苏师范大学、海南师范大学、渤海大学、延边大学、聊城大学、深圳大学、鲁东大学、温州大学、长江大学、江苏大学、重庆师范大学、浙江工商大学、湖北师范大学、内蒙古师范大学、赣南师范大学、湖南科技大学、中南民族大学、北华大学、吉首大学、延安大学、淮北师范大学、北京联合大学、长春师范大学、济南大学、西南民族大学、淮阴师范学院、江汉大学、闽南师范大学、南通大学、石河子大学等。

世界史

专业特点

世界史专业主要研究马克思主义基本原理、历史学等方面的基本理论和知识，包括世界通史、世界军事史、近现代国际关系史等，了解世界的历史发展和西方国家的历史、文化、制度、经济等，在文化、文博、档案等行业进行世界历史与世界文物方面的科学研究等。

本专业与高中学科关联度及学科要求

语文	数学	英语	物理	化学	生物	政治	历史	地理
A	E	B	E	E	D	A	A	B

本专业对高中阶段语文、政治、历史科目要求较高，适合热爱历史、喜欢人文社科与自然科学的学生就读。

选考学科建议

"3+3"省份：历史 / 地理

"3+1+2"省份：首选不限，再选地理

大学主要课程

世界通史、中国通史、世界文明史、史学概论、西方史学史、中国史学史、历史地理学、古代汉语、专业外语、中外历史文献、史学名著选读等。

💡 就业方向

本专业毕业生能够在高等院校和科研机构从事教学和科研工作，可在科技政策部门、企事业单位从事科技管理工作以及有关咨询、宣传、编辑和出版工作，还可在国家各类文化、宣传、出版、文博、涉外等部门从事相关工作。

🏛 本专业较好的大学（排名不分先后）

北京大学、武汉大学、南开大学、首都师范大学、中国人民大学、西北大学、陕西师范大学、天津师范大学、山东大学、上海师范大学等。

专业类
历史学类

专业代码
060102

修业年限
四年

授予学位
历史学学士

考古学

👍 专业特点

考古学专业主要研究考古学、历史学、文物学、地理学等方面的基本理论和知识，接受田野考古、文物鉴定的基本技能训练，进行考古调查、遗址发掘、文物鉴定等。例如：对北京周口店龙骨山遗址、安阳殷墟等遗址进行发掘，对发现的头盖骨化石、甲骨文、玉器等文物进行鉴定。

📖 本专业与高中学科关联度及学科要求

语文	数学	英语	物理	化学	生物	政治	历史	地理
A	E	B	C	C	C	C	A	A

本专业对高中阶段语文、历史、地理科目要求较高，适合对历史学感兴趣、热爱考古的学生就读。

📑 选考学科建议

"3+3"省份：历史 / 地理 / 地理 + 历史

"3+1+2"省份：首选不限，再选地理

📚 大学主要课程

中国通史、世界上古史、中国考古学史、考古学导论、旧石器时代考古、新石器时代考古、夏商周考古、战国秦汉考古、三国两晋南北朝考古、隋唐考古、宋元明考古、田野考古等。

💡 就业方向

本专业毕业生可以应聘到大学或科研单位从事教学或科学研究工作；也可以到博物馆、拍卖行、文物商店或海关，从事文物保护、古玩鉴定以及拍卖等工作；也可以报考研究生或者出国留学，继续深造。

🏛 本专业较好的大学 （排名不分先后）

北京大学、四川大学、吉林大学、西北大学、南京大学、山东大学、武汉大学、中国人民大学、郑州大学、中山大学、厦门大学、中国科学技术大学、首都师范大学等。

文物与博物馆学

专业特点

　　文物与博物馆学专业主要研究博物馆学、文物学等方面的基本知识和技能，接受文化遗产保护、研究、鉴定、展示等方面的技能训练，在文博行业进行藏品保管、陈列展示、保护修复等。例如：博物馆展品陈列的设计规划，瓷器、玉器等文物展品的鉴定与管理，古画、古陶瓷等古文物的保护与修复。

本专业与高中学科关联度及学科要求

语文	数学	英语	物理	化学	生物	政治	历史	地理
A	E	B	C	C	C	C	A	B

　　本专业对高中阶段语文、历史科目要求较高，适合历史基础知识扎实、喜欢文化研究的学生就读。

选考学科建议

　　"3+3"省份：历史/地理

　　"3+1+2"省份：首选不限，再选地理

大学主要课程

　　博物馆学概论、博物馆陈列设计、博物馆藏品管理、博物馆经营管理、物质文化史、文化人类学、文物学概论、文物管理与法规、中国历史地理、古代工艺美术、民俗学、艺术史、考古学通论、文物与考古技术、文物保护基础等。

💡 就业方向

本专业毕业生可在政府文物管理和研究机构、各类博物馆和陈列展览单位、考古部门、文物与艺术品经营单位、旅游部门、新闻出版和教育单位，进行文物陈列与保护、博物馆管理和研究；或在公安、海关、商检、拍卖典当、珠宝行等，进行文物鉴定、评估和保护。

🏛 本专业较好的大学（排名不分先后）

北京大学、复旦大学、吉林大学、四川大学、南开大学、浙江大学、山东大学、西北大学、兰州大学、河南大学、中央民族大学、陕西师范大学、南京师范大学、山西大学、北京联合大学、辽宁师范大学、湖北大学、重庆师范大学、天津师范大学、河北工程大学、西南民族大学、内蒙古大学、中南民族大学、贵州民族大学、江西师范大学、曲阜师范大学等。

文物保护技术

专业特点

文物保护技术专业主要研究文物学、历史学、材料学、物理学、化学等方面的基本理论和知识，掌握文物材质分析、文物保护材料合成、文物保护与修复的基本技能，在博物馆、文物管理机构等进行文物保护与修复等。例如：遭受风雨侵蚀的壁画的修复，铜铁器的防锈，丝绸、字画的防腐防霉。

本专业与高中学科关联度及学科要求

语文	数学	英语	物理	化学	生物	政治	历史	地理
A	E	B	C	C	C	C	A	B

本专业对高中阶段语文、历史科目要求较高，适合对历史感兴趣，同时喜欢文物保护与研究的学生就读。

选考学科建议

"3+3"省份：历史

"3+1+2"省份：首选不限，再选地理

大学主要课程

文物保护导论、无机质文物保护、有机质文物保护、土遗址保护概论、文物保护材料学、文物材质分析、文物保护与修复实验、古建筑保护、壁画保护、馆藏文物与环境、田野考古技术、低温技术与应用、计算机原理及应用、管理信息系统、网络应用基础、普通物理学、工程力学、高等数学、无机化学、有机化学、分析化学、中国古代史、中国考古学通论、文物学概论、博物馆学概论等。

💡 就业方向

本专业毕业生可以到文化、文物、博物、环保、建设、公安、海关、旅游及科研、高校等部门从事教育、科研、设计、开发、管理等工作，也可以继续深造。

🏛 本专业较好的大学（排名不分先后）

北京大学、西北大学、太原理工大学、哈尔滨师范大学等。

专业类
历史学类

专业代码
060105T

修业年限
四年

授予学位
历史学学士

外国语言与外国历史

专业特点

外国语言与外国历史专业主要研究历史学、语言学、文学等方面的基本知识和技能，涉及主修国家的历史、语言、文化、政治、社会、军事、经济等多个方面，要求熟练掌握除英语外的另一门与其研究方向相关的外语，有法语与法国史、德语与德国史、日语与日本史、越南语与越南史等多个方向可供学生选择。

本专业与高中学科关联度及学科要求

语文	数学	英语	物理	化学	生物	政治	历史	地理
A	E	A	E	E	E	C	A	B

本专业对高中阶段语文、英语、历史科目要求较高，适合外语能力较强、热爱历史研究的学生就读。

选考学科建议

"3+3"省份：不限

"3+1+2"省份：首选不限，再选地理

大学主要课程

毛泽东思想概论、军事理论、马克思主义哲学原理、高级英语、高级写作、英国文学、美国文学、翻译等。

💡 就业方向

本专业毕业生可以到大型企业或者教育机构从事销售、教学等工作，或选择继续深造。

🏛 本专业较好的大学（排名不分先后）

北京大学、北京外国语大学等。

文化遗产

专业特点

文化遗产专业主要研究文化学、考古学、文化遗产等方面的基本理论和知识，包括文化遗产的概况、分类、分布、管理、保护状况、法规与政策等，掌握文化遗产保护与修复的基本技能，进行物质与非物质文化遗产的调查、价值研究、保护、开发、管理等。

本专业与高中学科关联度及学科要求

语文	数学	英语	物理	化学	生物	政治	历史	地理
A	E	B	E	E	E	C	A	B

本专业对高中阶段语文、历史科目要求较高，适合历史基础知识扎实、喜欢文化遗产研究的学生就读。

选考学科建议

"3+3"省份：历史

"3+1+2"省份：首选不限，再选地理

大学主要课程

文化遗产概论、文化遗产规划与管理、文化遗产法规与政策、文化遗产保护技术、非物质文化遗产保护、文化遗产保护案例、北京文化遗产、文化人类学、考古学概论、文物学概论、博物馆学概论、中国通史、世界通史、北京史、文化遗产专业外语等。

💡 就业方向

　　本专业毕业生可到国家、省市文化管理部门，文化企事业单位就职；也可到从事旅游、广告、艺术品拍卖等公共和私人机构工作。

🏛 本专业较好的大学（排名不分先后）

　　首都师范大学、重庆文理学院等。

专业类
历史学类

专业代码
060107T

修业年限
四年

授予学位
历史学学士

管理学

管理科学

专业特点

管理科学专业主要研究数学、经济学、管理学、计算机应用基础等方面的基本知识和技能，进行企业、项目的规划，定量分析、决策、管理和组织实施等，涉及公共管理、企业管理、项目管理、后勤管理、信息管理、采购管理等多个领域。

本专业与高中学科关联度及学科要求

语文	数学	英语	物理	化学	生物	政治	历史	地理
B	A	B	E	E	E	D	D	E

本专业对高中阶段数学科目要求较高，适合对信息管理和数量分析研究感兴趣的学生就读。

选考学科建议

"3+3"省份：物理 / 历史

"3+1+2"省份：首选物理，再选政治 / 化学 / 地理 / 生物

大学主要课程

统计学、运筹学、经济学、会计学、财务学、管理信息系统、国际贸易和国际金融、组织行为学、管理决策模型和方法、运营计划和控制、预测方法与技术、决策支持系统、信息系统分析与设计等。

💡 就业方向

本专业毕业生适合在各类行政单位、事业单位、科研院所、工商企业从事管理和科研、教育、培训、咨询工作。

🏛 本专业较好的大学（排名不分先后）

复旦大学、中国科学技术大学、浙江大学、西安交通大学、厦门大学、四川大学、中山大学、武汉大学、中国人民大学、东北财经大学、上海大学、大连理工大学、中央财经大学、南昌大学、上海理工大学、上海海事大学、西南财经大学、苏州大学、中南财经政法大学、北京师范大学、江西财经大学、上海科技大学、广东工业大学、天津财经大学、南京财经大学、山东财经大学等。

信息管理与信息系统

👍 专业特点

信息管理与信息系统专业主要研究经济学、管理学、数量分析方法、信息资源管理、计算机及信息系统等方面的基本知识和技能，适应于各行各业的信息管理部门，利用计算机、网络等现代化办公手段进行信息的收集、传送、储存、加工以及使用等。例如：信息系统的规划、分析、设计、建设、管理，企业信息的处理和保密，数据库的建设和应用。

📙 本专业与高中学科关联度及学科要求

语文	数学	英语	物理	化学	生物	政治	历史	地理
B	A	B	E	E	E	D	E	E

本专业对高中阶段数学科目要求较高，适合对经济、数量分析研究感兴趣的学生就读。

📚 选考学科建议

"3+3"省份：物理

"3+1+2"省份：首选物理，再选政治/化学/地理/生物

📖 大学主要课程

管理信息系统、信息资源管理、经济学原理、运筹学、信息系统开发与管理、生产运作与管理、ERP、计算机网络、电子商务等。

💡 就业方向

本专业毕业生适合到党政军机关以及各种企事业单位和金融机构的信息中心、网络管理中心；计算机网络企业、软件企业；各类信息资源开发及咨询机构；相关高等专业教育和科研单位；国家保密行政管理部门、国家行政机关、军工企事业单位、大中型企业等单位，从事保密理论研究、保密技术开发、保密组织管理等工作。

🏛 本专业较好的大学（排名不分先后）

清华大学、哈尔滨工业大学、同济大学、合肥工业大学、北京航空航天大学、武汉大学、浙江大学、南京大学、大连理工大学、北京理工大学、南京航空航天大学、中南大学、华中科技大学、西安交通大学、东南大学、西北工业大学、上海交通大学、天津大学、复旦大学、北京交通大学、东北大学、中国科学技术大学、中山大学、重庆大学、中国人民大学、电子科技大学、华东理工大学、上海财经大学、北京科技大学、东华大学、华南理工大学、南京理工大学、山东大学、西南交通大学、中央财经大学、四川大学、上海大学、南开大学、西安电子科技大学、北京工业大学、深圳大学、首都经济贸易大学、武汉理工大学、对外经济贸易大学、江西财经大学、北京邮电大学、中国地质大学（武汉）、杭州电子科技大学、湖南大学、河海大学、南京邮电大学、南京信息工程大学、广东工业大学、吉林大学、华北电力大学、福州大学、暨南大学、东北财经大学、江苏科技大学、西安建筑科技大学、北京外国语大学、中南财经政法大学、北京师范大学、中国石油大学（北京）、西南财经大学、华中师范大学、江苏大学、浙江财经大学等。

工程管理

专业特点

工程管理专业主要研究管理学、经济学、信息工程、土木工程等方面的基本知识和技能，在工程建设和房地产等领域进行项目规划、决策、管理、组织等。例如：建筑工程的审计、评价和可行性分析，工程项目全过程的进度管理、质量把控和组织协调，工程项目造价和收益的预估。

本专业与高中学科关联度及学科要求

语文	数学	英语	物理	化学	生物	政治	历史	地理
B	A	B	E	E	E	D	E	E

本专业对高中阶段数学科目要求较高，适合对工程建筑管理与开发研究感兴趣的学生就读。

选考学科建议

"3+3"省份：物理

"3+1+2"省份：首选物理，再选政治 / 化学 / 地理 / 生物

大学主要课程

管理学、经济学、应用统计学、运筹学、会计学、财务管理、工程经济学、组织行为学、市场学、计算机应用、经济法、工程项目管理、

工程估价、合同管理等。

💡 就业方向

本专业毕业生就业领域涉及建筑工程、工程施工和控制管理、房地产经营，以及金融、宾馆、贸易等行业部门的管理工作。

🏛 本专业较好的大学（排名不分先后）

清华大学、同济大学、东南大学、哈尔滨工业大学、天津大学、北京航空航天大学、华中科技大学、大连理工大学、重庆大学、西北工业大学、中南大学、西安交通大学、北京交通大学、华南理工大学、东北财经大学、华北电力大学、西南交通大学、河海大学、四川大学、武汉大学、中央财经大学、中国矿业大学、湖南大学、厦门大学、上海财经大学、中国人民大学、北京科技大学、山东大学、河北工业大学、华东理工大学、上海大学、深圳大学、江西财经大学、哈尔滨工程大学、福州大学、西安建筑科技大学、吉林大学、浙江工业大学、北京邮电大学、西安电子科技大学、中国地质大学（武汉）、武汉理工大学、浙江财经大学、西安理工大学、江苏大学、南昌大学、长安大学、南京工业大学、首都经济贸易大学、重庆交通大学、贵州大学、湖南工商大学、苏州大学、中国石油大学（华东）、天津理工大学、广东工业大学、扬州大学、三峡大学、太原理工大学、天津财经大学、江南大学、中南财经政法大学、中国海洋大学、郑州大学、中国地质大学（北京）、浙江工商大学、辽宁工程技术大学、华北水利水电大学、江苏科技大学、昆明理工大学、长沙理工大学、南京林业大学、山东财经大学、南京农业大学、北京建筑大学、苏州科技大学、武汉科技大学、华中农业大学、山东师范大学、江西师范大学、浙江理工大学、山东科技大学、河南理工大学、西安科技大学、重庆邮电大学、石家庄铁道大学、西南石油大学等。

房地产开发与管理

专业特点

房地产开发与管理专业主要研究地理学、经济学、管理学、土木工程、房地产基本法规和政策等方面的基本知识和技能，进行房地产的开发与管理等。例如：土地的位置、价值以及开发后的收益的评估，房地产项目造价的预算，项目招标、投标的管理，房地产的销售。

本专业与高中学科关联度及学科要求

语文	数学	英语	物理	化学	生物	政治	历史	地理
B	A	B	E	E	E	D	E	A

本专业对高中阶段数学、地理科目要求较高，适合对房地产开发与管理研究感兴趣的学生就读。

选考学科建议

"3+3"省份：物理

"3+1+2"省份：首选物理，再选政治／化学／地理／生物

大学主要课程

地理学、经济学、资源与环境、宏观经济学、微观经济学、城市经济学、地理信息系统、测量与地图、管理学、房地产市场、房地产投资、房地产项目策划、房地产营销、城市规划原理、工程概预算、

房地产项目管理、招投标管理、房地产法律、房地产评估、物业管理等。

💡 就业方向

　　本专业毕业生就业方向主要集中在房地产中介咨询机构、物业公司、普通工程施工单位等。

🏛 本专业较好的大学（排名不分先后）

　　重庆大学、东北财经大学、上海财经大学、华中师范大学、中央财经大学、中南财经政法大学、江西财经大学、南京财经大学、广东工业大学、南京工业大学、山东财经大学、江西师范大学、华东师范大学、天津城建大学、安徽建筑大学、山西财经大学、广州大学、广东财经大学、华南农业大学、河南财经政法大学、山东建筑大学、沈阳建筑大学、云南财经大学、宁夏大学、青岛理工大学、河北经贸大学、贵州财经大学、兰州财经大学、上海立信会计金融学院、湖南城市学院、辽宁工业大学、湖南财政经济学院、吉林建筑大学、广西财经学院、福建工程学院、南宁师范大学、重庆第二师范学院、桂林理工大学、内蒙古财经大学、北京师范大学珠海分校、淮阴师范学院等。

工程造价

👍 专业特点

工程造价专业主要研究经济学、管理学、土木工程等方面的基本知识和技能，进行建筑项目的投资分析、造价确定与控制、竣工结算等，包括了工程从开工到竣工全程的估、概、预、结算。例如：投资前项目费用的预测和估算，开工前对工程全程造价的预算，施工中费用的控制和工程拨款，竣工后工程价款的结算。

📖 本专业与高中学科关联度及学科要求

语文	数学	英语	物理	化学	生物	政治	历史	地理
B	A	B	E	E	E	D	E	E

本专业对高中阶段数学科目要求较高，适合对工程投资预算研究感兴趣的学生就读。

📚 选考学科建议

"3+3"省份：物理

"3+1+2"省份：首选物理，再选政治 / 化学 / 地理 / 生物

📒 大学主要课程

西方经济学、土木工程概论、材料力学、结构力学、工程经济学、经济法、工程项目管理、工程招投标与合同管理、会计学、财务管理、

建筑定额与预算、工程设备与预算、安装工程预算、建筑电气施工预算等。

🔅 就业方向

　　本专业毕业生能够在工程（造价通）咨询公司、建筑施工企业（乙方）、建筑装潢装饰工程公司、工程建设监理公司、房地产开发企业、设计院、会计审计事务所、政府部门企事业单位基建部门（甲方）等企事业单位，从事工程造价招标代理、建设项目投融资和投资控制、工程造价确定与控制、投标报价决策、合同管理、工程预（结）决算、工程成本分析、工程咨询、工程监理以及工程造价管理相关软件的开发应用和技术支持等工作。

🏛 本专业较好的大学（排名不分先后）

　　重庆大学、四川大学、天津理工大学、西南交通大学、华北电力大学、三峡大学、昆明理工大学、重庆交通大学、江西财经大学、沈阳建筑大学、中南财经政法大学、长安大学、青岛理工大学、北京建筑大学、山东建筑大学、武汉纺织大学、成都理工大学、兰州交通大学、福建工程学院、华北水利水电大学、安徽工业大学、江西理工大学、西华大学、安徽财经大学、贵州师范大学、南京审计大学、安徽理工大学、西南石油大学、四川农业大学、山西大学、河南财经政法大学、南京工程学院、浙江水利水电学院、山西财经大学、安徽建筑大学、湖南工业大学、山东科技大学、天津城建大学、四川师范大学、山东工商学院、湖北经济学院、浙江科技学院、西南科技大学、云南农业大学、河南工业大学、辽宁工业大学、西安财经大学、成都大学、兰州理工大学、成都师范学院、大连大学、四川轻化工大学、绍兴文理学院、广西财经学院、广西科技大学、江西科技师范大学、河北地质大学等。

保密管理

专业特点

保密管理专业为教育部特殊专业、国家控制布点专业，主要研究信息科学、管理科学、法律科学、信息安全与保密等方面的基本知识和技能，涉及保密法律法规、保密防护和检查技术、保密工作管理等多个领域，在国家保密部门、国家行政机关、军工企事业单位等进行保密技术开发、保密组织管理、信息安全与保密等。

本专业与高中学科关联度及学科要求

语文	数学	英语	物理	化学	生物	政治	历史	地理
B	A	B	E	E	E	D	E	E

本专业对高中阶段数学科目要求较高，适合对信息安全研究感兴趣的学生就读。

选考学科建议

"3+3"省份：物理

"3+1+2"省份：首选物理，再选政治/化学/地理/生物

大学主要课程

经济学、会计学、市场营销学、生产与运作管理、组织战略与行为学、管理学原理、应用数理统计、运筹学、计算机系统与系统软件、数据

结构与数据库、计算机网络、信息管理学、信息组织、信息存储与检索管理、信息系统分析与设计等。

💡 就业方向

本专业毕业生可在国家保密行政管理部门、国家行政机关、军工企事业单位、国防科技工业和信息产业等部门，从事保密理论研究、保密技术开发、保密组织管理、保密法规制定、保密教学培训等工作。

🏛 本专业较好的大学（排名不分先后）

天津大学、复旦大学、中山大学、西北工业大学、四川大学等。

邮政管理

专业特点

邮政管理专业主要培养管理科学与计算机科学在物流领域的学科融合，以运用经济金融知识与智能信息技术建设智慧供应链协同平台及管理运营系统为目标，在一带一路和快递电商交叉融合背景下，"互联网＋"和智能制造时代具有国际化视野的高端复合型管理人才及其复合型能力。

本专业与高中学科关联度及学科要求

语文	数学	英语	物理	化学	生物	政治	历史	地理
B	A	B	E	E	E	D	E	E

本专业对高中阶段数学科目要求较高，适合对邮政业管理研究感兴趣的学生就读。

选考学科建议

"3+3"省份：物理

"3+1+2"省份：首选物理，再选政治／化学／地理／生物

大学主要课程

经济学、管理学、运筹学、市场营销学、电子商务、供应链管理、物联网技术、人工智能与数据挖掘、邮政与快递网络规划与管理、邮

政与快递运营管理、创新创业理论与实践等。

💡 就业方向

本专业毕业生可在政府相关管理部门、邮政和快递企业、各类电商及互联网公司、物流企事业单位、咨询机构和科研院所等从事经营和管理工作，还可向管理科学与工程、工商管理等多个研究生方向发展。

🏛 本专业较好的大学（排名不分先后）

北京邮电大学、南京邮电大学、西安邮电大学等。

大数据管理与应用

专业特点

大数据管理与应用专业以"互联网+"和大数据时代为背景，主要研究大数据分析理论和方法在经济管理中的应用以及大数据管理与治理方法。例如：商务数据分析，商务智能，电子健康，大数据金融，数据挖掘，大数据管理与治理。

本专业与高中学科关联度及学科要求

语文	数学	英语	物理	化学	生物	政治	历史	地理
B	A	B	E	E	E	D	E	E

本专业对高中阶段数学科目要求较高，适合对互联网、大数据等感兴趣的学生就读。

选考学科建议

"3+3"省份：物理

"3+1+2"省份：首选物理，再选政治/化学/地理/生物

大学主要课程

微观经济学、宏观经济学、管理学基础、运筹学、应用统计、计量经济学、商务数据分析、多元统计分析与R建模、时间序列分析方法、大数据基础设施、面向对象程序设计、数据库系统、数据仓库与数据

挖掘、文本分析与文本挖掘、网络社会媒体营销分析、量化金融方法等。

💡 就业方向

　　本专业学生毕业后，可到国内外著名高校、研究所等从事商业分析、数据科学等相关工作，也可以到企事业单位的数据分析部门、商业智能部门等担任数据分析师、商业智能分析师、数据科学家、首席数据官等职位。

🏛 本专业较好的大学（排名不分先后）

　　西安交通大学、哈尔滨工业大学、合肥工业大学、北京科技大学、河海大学、中央财经大学、东北财经大学、西安电子科技大学、吉林大学、中国矿业大学、华中师范大学、中南财经政法大学、大连海事大学、广东工业大学、北京大学、北京信息科技大学、长安大学、南方科技大学、江苏科技大学、天津理工大学、南京财经大学、山东财经大学、北京工商大学、中国传媒大学、上海外国语大学、北京物资学院、湖北工业大学、北京中医药大学、成都理工大学、济南大学、杭州师范大学、江汉大学、广东财经大学、上海应用技术大学、西安邮电大学、湖北大学、大连外国语大学、重庆理工大学、河北科技大学、吉林财经大学等。

工程审计

专业特点

工程审计专业是专业审计人员通过行使独立审计职权，检查工程建设各基建环节的管理是否合规合法、建设成本的真实性和相关规定的贯彻执行情况等，通过检查，纠正工程管理中存在的不规范行为。

本专业与高中学科关联度及学科要求

语文	数学	英语	物理	化学	生物	政治	历史	地理
B	A	B	E	E	E	D	E	E

本专业对高中阶段数学科目要求较高，适合对工程审计感兴趣的学生就读。

选考学科建议

"3+3"省份：物理

"3+1+2"省份：首选物理，再选政治 / 化学 / 地理 / 生物

大学主要课程

经济学、管理学、会计学、审计学、运筹学、应用统计学、财务管理、经济法、工程制图与识图、土木工程概论、工程力学、工程结构、工程经济学、工程估价、工程项目管理、工程项目融资、合同管理、建设单位会计、建设与审计法规、建设项目审计等。

💡 就业方向

本专业毕业生可在大中型企业和跨国公司从事内部审计工作，可在政府审计机关和司法机关从事审计检查与鉴定工作，可在会计师事务所、律师事务所、资产评估公司等中介机构从事审计服务与咨询工作，也可在学校和科研部门从事教学和科研工作。

🏛 本专业较好的大学（排名不分先后）

南京审计大学、重庆文理学院、重庆第二师范学院、河南城建学院、新疆科技学院、江西财经大学现代经济管理学院、山西应用科技学院、西南财经大学天府学院、合肥城市学院、南宁学院等。

专业类 管理科学与工程类

专业代码 120109T

修业年限 四年

授予学位 管理学学士

计算金融

专业特点

计算金融专业与大数据及"互联网+"的背景紧密结合，主要研究方向包括数据分析、数据挖掘理论与方法、商务智能、电子健康、信息系统开发与管理、基于信息技术的业务流程优化等。

本专业与高中学科关联度及学科要求

语文	数学	英语	物理	化学	生物	政治	历史	地理
B	A	B	E	E	E	D	E	E

本专业对高中阶段数学科目要求较高，适合对统计计算、社会经济感兴趣的学生就读。

选考学科建议

"3+3"省份：物理

"3+1+2"省份：首选物理，再选政治/化学/地理/生物

大学主要课程

高等代数、解析几何、微分方程、概率论、数理统计、应用统计、多元统计分析、运筹学、数值分析、复变函数、实变函数、数学建模与数学实验、西方经济学、货币银行学、计量经济学、会计学、金融工程学、保险学、金融数学等。

💡 就业方向

　　本专业毕业生主要集中于商业银行、投资银行、保险公司、证券公司、投资公司、基金公司等金融机构，负责理财、风险投资公司风险分析及风险管理，衍生品定价模型的建立和应用、模型验证、模型研究、程序开发险管理等。

🏛 本专业较好的大学（排名不分先后）

　　哈尔滨工业大学、西南财经大学等。

应急管理

专业特点

应急管理专业培养的学生应基本掌握应急管理理论与管理工程技术、应急管理与决策理论、应急管理处置与救援技术，能够在公共安全、矿山、化工、电力、消防和建筑等行业领域，在政府机关、企事业单位、基层应急管理部门和教育培训机构等单位部门，从事应急管理方面的决策与指挥、预防与处置、灾害风险检测监控、应急救援与事故处理和教育培训等工作，并能解决实践中复杂应急管理技术与管理工程问题的中、高级应用型复合专门人才。

本专业与高中学科关联度及学科要求

语文	数学	英语	物理	化学	生物	政治	历史	地理
B	A	B	E	E	E	D	E	E

本专业对高中阶段数学科目要求较高，适合对应急管理感兴趣的学生就读。

选考学科建议

"3+3"省份：物理

"3+1+2"省份：首选物理，再选政治 / 化学 / 地理 / 生物

📖 大学主要课程

应急管理概论、灾害经济学、应急资源管理、应急管理法律法规、应急管理信息与系统、应急沟通与舆情管理、灾害风险管理、应急预案编制与演练、应急指挥与决策、数据库原理与应用、机器学习与模式识别、公共安全科学导论、应急决策理论与方法、公共政策决策与评价、灾害防治理论与技术、交通安全分析与评价、应急物流与供应链管理等。

💡 就业方向

本专业毕业生主要去各级政府机构、社区和大型企事业单位从事应急管理实务工作，也可胜任公共安全与应急管理的科研工作。

🏛 本专业较好的大学（排名不分先后）

武汉理工大学、暨南大学、河海大学、中国地质大学（武汉）、西北大学、石河子大学、沈阳建筑大学、河北科技大学、山西财经大学、沈阳化工大学、江西理工大学、防灾科技学院、华北科技学院、盐城工学院等。

工商管理

专业特点

工商管理专业培养适应现代市场经济需要，具备人文精神、科学素养和诚信品质，掌握现代管理理论，具有国际化视野、创新意识、团队精神，具有实践能力与沟通技能的高素质应用型管理人才。

本专业与高中学科关联度及学科要求

语文	数学	英语	物理	化学	生物	政治	历史	地理
B	B	B	E	E	E	D	E	E

本专业对高中阶段数学科目要求较高，适合对管理研究感兴趣的学生就读。

选考学科建议

"3+3"省份：不限 / 物理 / 历史

"3+1+2"省份：首选不限，再选政治 / 化学 / 地理 / 生物

大学主要课程

高等数学、线性代数、概率论与数理统计、管理学原理、微观经济学、宏观经济学、技术经济学、管理信息系统、统计学、会计学、中级会计实务、财务管理、运筹学、市场营销、经济法、现代公司制概论、经营管理、公司金融、人力资源管理、企业战略管理等。

💡 就业方向

本专业毕业生适合在各类行政单位、事业单位、科研院所、工商企业从事管理和科研工作，以及在相关单位从事教育、培训、咨询工作。

🏛 本专业较好的大学（排名不分先后）

中国人民大学、上海财经大学、上海交通大学、清华大学、中山大学、南开大学、南京大学、北京大学、对外经济贸易大学、浙江大学、厦门大学、西安交通大学、华南理工大学、武汉大学、大连理工大学、华中科技大学、哈尔滨工业大学、西南财经大学、中南财经政法大学、北京理工大学、复旦大学、湖南大学、中央财经大学、中国科学技术大学、重庆大学、吉林大学、山东大学、北京师范大学、中南大学、暨南大学、天津大学、东北财经大学、北京科技大学、浙江工商大学、四川大学、北京交通大学、合肥工业大学、首都经济贸易大学、华东理工大学、北京航空航天大学、深圳大学、华北电力大学、电子科技大学、东南大学、南京师范大学、武汉理工大学、西北工业大学、浙江工业大学、北京邮电大学、上海大学、天津财经大学、云南大学、华东师范大学、上海对外经贸大学、上海外国语大学、东北大学、华侨大学、江西财经大学、西南交通大学、南京航空航天大学、中国海洋大学、江南大学、苏州大学、西北大学、南京财经大学、广东外语外贸大学、河海大学、郑州大学、福州大学、辽宁大学、山东财经大学、南京审计大学、浙江财经大学、北京外国语大学、北京化工大学、广州大学、哈尔滨工程大学、安徽大学、河北工业大学、东华大学、兰州大学等。

市场营销

专业特点

市场营销专业主要研究管理学、经济学、法学、市场营销学等方面的基本知识和技能，进行市场营销与管理、产品与品牌的推广宣传等，包括市场调查、市场分析、市场定位、营销策划、品牌推广、市场宣传等，实现在创造、沟通、传播和交换产品中，为客户、合作伙伴以及整个社会带来经济价值。

本专业与高中学科关联度及学科要求

语文	数学	英语	物理	化学	生物	政治	历史	地理
B	A	B	E	E	E	D	E	E

本专业对高中阶段数学科目要求较高，适合对市场营销、经济研究感兴趣的学生就读。

选考学科建议

"3+3"省份：不限 / 物理 / 历史

"3+1+2"省份：首选不限，再选政治 / 化学 / 地理 / 生物

大学主要课程

管理学、微观经济学、宏观经济学、管理信息系统、统计学、运筹学、会计学、财务管理、市场营销、经济法、消费者行为学、消费心理学、

国际市场营销、市场调查、基础会计、金融概论、企业销售策划、商业银行实务、人力资源管理学、市场调查与预测、分销渠道管理、银行营销、服务营销、客户关系管理、定价管理、现代推销技术、营销创新、广告理论与实务、财政与税收、公共关系学、广告沟通、促销管理、商务礼仪、商务谈判等。

💡 就业方向

市场营销专业毕业生可以从事市场调研、营销策划、广告策划、市场开发、营销管理、推销服务和教学科研等工作；也可以在国内外高校及研究机构中继续深造;还可以在工商、外贸、金融、保险、证券、旅游、房地产等企事业单位从事企业营销管理、客户资源管理、网络营销管理、营销诊断、市场调查和咨询等工作。

🏛 本专业较好的大学（排名不分先后）

北京大学、对外经济贸易大学、上海财经大学、中国人民大学、中央财经大学、武汉大学、华中科技大学、西南财经大学、同济大学、中山大学、南京大学、南开大学、湖南大学、复旦大学、重庆大学、东北财经大学、暨南大学、中南财经政法大学、吉林大学、西安交通大学、厦门大学、华南理工大学、浙江大学、四川大学、大连理工大学、首都经济贸易大学、浙江工商大学、福州大学、北京理工大学、北京师范大学、华北电力大学、山东大学、哈尔滨工业大学、北京交通大学、江西财经大学、上海对外经贸大学、天津财经大学、中南大学、广东外语外贸大学、河海大学、东北大学、兰州大学、北京第二外国语学院、山东财经大学、深圳大学、辽宁大学、南京航空航天大学、浙江财经大学、中国海洋大学、苏州大学、长沙理工大学、西北工业大学等。

会计学

👍 专业特点

  会计学专业主要研究经济学、管理学、会计学、审计学、财务管理等方面的基本知识和技能，以培养企业会计为主，兼顾计算机与财务管理，进行企业财务活动和成本资料的收集、分类、综合、分析等。例如：企业资金流动的记录，资金数目的核对，财务报表的核算。

📖 本专业与高中学科关联度及学科要求

语文	数学	英语	物理	化学	生物	政治	历史	地理
B	A	B	E	E	E	D	E	E

  本专业对高中阶段数学科目要求较高，适合对事物分析信息获取感兴趣的学生就读。

📚 选考学科建议

  "3+3"省份：不限 / 物理

  "3+1+2"省份：首选不限，再选政治 / 化学 / 地理 / 生物

📚 大学主要课程

  管理学、微观经济学、宏观经济学、管理信息系统、统计学、会计学、财务管理、市场营销、经济法、财务会计、成本会计、管理会计、审计学、中级财务会计、高级财务会计、财务管理等。

💡 就业方向

本专业毕业生可以在各类企事业单位、会计师事务所、经济管理职能部门、金融与证券投资部门，以及三资企业、外贸公司等经济部门与单位从事会计及财务管理。

🏛 本专业较好的大学（排名不分先后）

中国人民大学、上海财经大学、上海交通大学、北京大学、中山大学、复旦大学、南京大学、厦门大学、中央财经大学、南开大学、清华大学、对外经济贸易大学、西安交通大学、浙江大学、东北财经大学、暨南大学、西南财经大学、湖南大学、同济大学、北京师范大学、东南大学、四川大学、中南财经政法大学、山东大学、重庆大学、中南大学、哈尔滨工业大学、武汉大学、浙江工商大学、中国海洋大学、河海大学、华中科技大学、北京交通大学、福州大学、吉林大学、西南交通大学、首都经济贸易大学、江西财经大学、南京财经大学、天津财经大学、华南理工大学、北京理工大学、合肥工业大学、西北工业大学、武汉理工大学、深圳大学、兰州大学、南京审计大学、北京航空航天大学、广东外语外贸大学、华东师范大学、上海对外经贸大学、山东财经大学、苏州大学、云南大学、北京外国语大学、浙江财经大学、北京工商大学、杭州电子科技大学、湖南师范大学、长沙理工大学、安徽大学、南京航空航天大学、华南师范大学、南京理工大学、山西财经大学、中国矿业大学、北京化工大学、北京科技大学、北京邮电大学、上海大学、中国农业大学、安徽财经大学、华北电力大学、重庆工商大学、华东理工大学、东北师范大学、常州大学、东北大学、重庆理工大学、华中农业大学、东华大学、上海外国语大学、南京师范大学等。

财务管理

专业特点

财务管理专业主要研究管理学、经济学、法学、金融学等方面的基本知识和技能，通过计划、决策、控制、监督等管理活动对资金运动进行管理规划，进行融资、投资及资本运营，并对亏损、破产等财务危机进行预测、防范和化解等。

本专业与高中学科关联度及学科要求

语文	数学	英语	物理	化学	生物	政治	历史	地理
B	A	B	E	E	E	D	E	E

本专业对高中阶段数学科目要求较高，适合对理财、资金效益研究感兴趣的学生就读。

选考学科建议

"3+3"省份：不限 / 物理 / 历史

"3+1+2"省份：首选不限，再选政治 / 化学 / 地理 / 生物

大学主要课程

基础会计学、财务会计、财务管理学、高级财务管理、审计学、税法、税务会计与纳税筹划、电子商务概论、项目评估、资产评估、资本运营、投资学等。

专业类
工商管理类

专业代码
0120204

修业年限
四年

授予学位
管理学学士

💡 就业方向

本专业毕业生可以进入政府经济管理部门、企事业单位、金融与证券机构，以及会计师事务所、资产评估事务所等中介机构做相关业务工作；也可在工商、金融企业、事业单位和政府部门，从事财务、金融管理；还可在大专院校、科研单位从事教学，科研方面的工作。

🏛 本专业较好的大学（排名不分先后）

中国人民大学、上海财经大学、复旦大学、对外经济贸易大学、厦门大学、中央财经大学、西南财经大学、北京大学、东北财经大学、中山大学、暨南大学、南开大学、南京大学、西安交通大学、重庆大学、湖南大学、中南财经政法大学、浙江大学、武汉大学、北京交通大学、华中科技大学、浙江工业大学、首都经济贸易大学、吉林大学、浙江工商大学、江西财经大学、北京第二外国语学院、北京工商大学、北京师范大学、华南理工大学、哈尔滨工业大学、四川大学、天津财经大学、南京审计大学、天津大学、山东财经大学、中南大学、广东外语外贸大学、河海大学、中国海洋大学、苏州大学、山西财经大学、浙江财经大学、福州大学、华北电力大学、杭州电子科技大学、陕西师范大学、安徽财经大学、上海大学、华东理工大学、南京财经大学、云南大学、上海对外经贸大学、武汉理工大学、重庆工商大学、重庆理工大学、东华大学、中央民族大学、大连海事大学、安徽师范大学、南京师范大学、华侨大学、广东财经大学、北京外国语大学、河南大学、河南财经政法大学、长沙理工大学、浙江师范大学、北京联合大学、郑州大学、华南师范大学、华中农业大学、北京化工大学、哈尔滨商业大学、哈尔滨工程大学、东北师范大学、常州大学、河南师范大学、南昌大学、云南财经大学、湘潭大学、北京信息科技大学等。

国际商务

👍 专业特点

国际商务专业主要研究西方经济学、国际经济学、国际商务、国际贸易、国际法规等方面的基本知识和技能，应用于国际法规和外语开展商务活动，在跨国公司、涉外经济贸易部门、外资企业、政府机构等进行国际商务活动的策划、开展，包括国际商务谈判、进出口贸易、举办国际商会等。

📖 本专业与高中学科关联度及学科要求

语文	数学	英语	物理	化学	生物	政治	历史	地理
B	A	A	E	E	E	D	E	E

本专业对高中阶段数学、英语科目要求较高，适合对国际经济与贸易研究感兴趣的学生就读。

📚 选考学科建议

"3+3"省份：不限

"3+1+2"省份：首选不限，再选政治／化学／地理／生物

📕 大学主要课程

专业英语、管理学理论、微观经济学、宏观经济学、会计学、国际经济学、财政管理、国际营销学、国际金融、国际贸易法、货币银

行学、国际营销学、中国对外贸易等。

专业类
工商管理类
专业代码
120205
修业年限
四年
授予学位
管理学学士

💡 就业方向

本专业毕业生适合做国际贸易运输、保险、报关等各种代理业务机构的从业人员；外贸专业公司储运和制单部门的业务人员；中外合资、外商独资企业进出口部门的初级管理和业务人员；有外贸经营权企业的外贸部门的管理和业务人员。

🏛 本专业较好的大学（排名不分先后）

中山大学、厦门大学、南开大学、中央财经大学、上海财经大学、对外经济贸易大学、暨南大学、华中科技大学、西南财经大学、山东大学、江西财经大学、天津财经大学、广东外语外贸大学、浙江工商大学、中南财经政法大学、山东财经大学、安徽财经大学、上海对外经贸大学、北京外国语大学、辽宁大学、中国政法大学、华侨大学、青岛理工大学、南昌大学、青岛大学、山西财经大学、重庆工商大学、广东财经大学、济南大学、杭州师范大学、云南财经大学、河南财经政法大学、扬州大学、北京联合大学、西交利物浦大学、香港中文大学（深圳）、新疆财经大学、吉林财经大学、湖南工商大学、西安外国语大学、安徽工业大学、沈阳大学、内蒙古财经大学、中南林业科技大学、浙江外国语学院、天津外国语大学、齐鲁工业大学、上海海关学院、兰州财经大学、山东科技大学、绍兴文理学院、厦门理工学院、大连民族大学、贵州财经大学、浙大城市学院、辽宁师范大学、湖北经济学院、浙江科技学院、广东金融学院、浙江大学宁波理工学院、上海第二工业大学、湖北中医药大学、郑州轻工业大学、宁波工程学院、上海电机学院、山东政法学院、新疆师范大学、湖南财政经济学院、闽江学院等。

人力资源管理

专业特点

人力资源管理专业主要研究管理学、经济学、法学、人力资源管理等方面的基本知识和技能，涉及人力资源规划、招聘与配置、培训与开发、绩效管理、薪酬福利管理、劳动关系管理六个方面，进行企业人员的招聘、甄选、培训、考核、劳动关系管理等。

本专业与高中学科关联度及学科要求

语文	数学	英语	物理	化学	生物	政治	历史	地理
A	A	B	E	E	D	C	D	E

本专业对高中阶段语文、数学科目要求较高，适合对人力资源管理感兴趣的学生就读。

选考学科建议

"3+3"省份：不限

"3+1+2"省份：首选不限，再选政治／化学／地理／生物

大学主要课程

管理学、微观经济学、宏观经济学、管理信息系统，统计学、会计学、财务管理、市场营销、西方经济学、经济法、人力资源管理、组织行为学、劳动经济学等。

💡 就业方向

本专业毕业生可以在企事业单位、政府管理部门、社团组织、公共事业单位、非营利性组织等，从事人力资源规划、工作分析与职务设计、员工招聘选拔、人才培训与开发、员工素质测评与绩效考核、薪资管理与人员调配、劳动关系管理和劳动组织管理等人力资源管理及咨询工作；在人才交流中心、职业中介机构和社区等从事人事代理服务和人事法律咨询等工作；在企事业单位及其咨询机构人力资源管理相关岗位，从事招聘、人力资源开发、考核、薪酬管理、员工培训、办公室文秘等工作。

🏛 本专业较好的大学（排名不分先后）

中国人民大学、南开大学、厦门大学、上海交通大学、北京大学、中山大学、吉林大学、西南财经大学、北京师范大学、上海财经大学、东北财经大学、武汉大学、浙江大学、华南理工大学、西安交通大学、对外经济贸易大学、河海大学、浙江工商大学、中央财经大学、首都经济贸易大学、大连理工大学、四川大学、山东大学、深圳大学、重庆大学、苏州大学、暨南大学、华北电力大学、江西财经大学、天津财经大学、华东师范大学、中南财经政法大学、辽宁大学、兰州大学、广东外语外贸大学、华侨大学、上海大学、华南师范大学、中国矿业大学、山东财经大学、武汉理工大学、华东理工大学、郑州大学、安徽财经大学、浙江财经大学、安徽大学、南京财经大学、合肥工业大学、上海对外经贸大学、南京师范大学、南京信息工程大学、云南大学、南京审计大学、西北大学、东北师范大学、陕西师范大学、湘潭大学、华中师范大学、南昌大学、浙江理工大学、南京理工大学、杭州电子科技大学、湖北大学、广州大学、河北师范大学、山西财经大学、华中农业大学、长沙理工大学、山东师范大学、河南大学、常州大学等。

专业类 工商管理类

专业代码 120206

修业年限 四年

授予学位 管理学学士

审计学

专业特点

审计学专业主要研究管理学、经济学、法学、会计学、审计学等方面的基本知识和技能，包括政府审计、独立审计、内部审计三大类，分别由政府审计机关、会计师事务所、企业内部，对企业的财务收支和经济活动进行事前和事后的审查、监督、计算等。例如：费用预算和经济合同执行情况的审查，内部人员舞弊行为的审查。

本专业与高中学科关联度及学科要求

语文	数学	英语	物理	化学	生物	政治	历史	地理
B	A	B	E	E	E	D	E	E

本专业对高中阶段数学科目要求较高，适合对经济分析、审计研究感兴趣的学生就读。

选考学科建议

"3+3"省份：不限

"3+1+2"省份：首选不限，再选政治/化学/地理/生物

大学主要课程

微观经济学、宏观经济学、管理学原理、管理信息系统、经济法、税法、财务会计、成本会计、财务管理、内部控制审计、财务审计、

管理审计、建设项目审计、计算机审计、法务会计等。

💡 就业方向

本专业毕业生可在大中型企业和跨国公司从事内部审计工作，可在政府审计机关和司法机关从事审计检查与鉴定工作，也可在会计师事务所、律师事务所、资产评估公司等中介机构从事审计服务与咨询工作，还可以在学校和科研部门从事教学和科研工作。

🏛 本专业较好的大学（排名不分先后）

西南财经大学、南京审计大学、浙江工商大学、南京财经大学、山东财经大学、浙江财经大学、山西财经大学、广东外语外贸大学、安徽财经大学、天津财经大学、上海对外经贸大学、广东财经大学、杭州电子科技大学、重庆工商大学、云南财经大学、湘潭大学、哈尔滨商业大学、西南政法大学、重庆理工大学、海南大学、河北经贸大学、河南财经政法大学、吉林财经大学、石河子大学、湖南工商大学、山东工商学院、北京信息科技大学、四川农业大学、上海立信会计金融学院、郑州航空工业管理学院、四川师范大学、西北政法大学、集美大学、安徽工业大学、内蒙古财经大学、西安外国语大学、西安财经大学、兰州财经大学、贵州财经大学、东华理工大学、西华大学、上海政法学院、新疆财经大学、云南师范大学、成都大学、上海海关学院、河北地质大学、四川外国语大学、广东金融学院、湖北经济学院、河北金融学院、金陵科技学院、曲阜师范大学、山东政法学院、四川大学锦城学院、福建工程学院、中华女子学院、山东管理学院、淮阴师范学院、黑龙江八一农垦大学、南京审计大学金审学院、湖南财政经济学院、广东技术师范大学、淮北师范大学、惠州学院、铜陵学院等。

资产评估

专业特点

资产评估专业主要研究资产评估、财务、税收、审计等方面的基本知识和技能，对不动产、动产、无形资产、企业价值、资产损失或者其他经济权益，进行评定、估算，包括房屋、股票、债券、专利权、商标权、企业价值等资产的评估。

本专业与高中学科关联度及学科要求

语文	数学	英语	物理	化学	生物	政治	历史	地理
B	A	B	E	E	E	D	E	E

本专业对高中阶段数学科目要求较高，适合对国内外资产评估研究感兴趣的学生就读。

选考学科建议

"3+3"省份：不限

"3+1+2"省份：首选不限，再选政治/化学/地理/生物

大学主要课程

经济法、财务会计、财务管理、统计学、金融学、保险学、投资学、财政学、税法、资产评估原理、建筑工程概论、机电设备评估、建筑工程评估、企业资产评估、审计学、国有资产管理、企业价值评估、

房地产评估、无形资产评估、国际评估准则等。

💡 就业方向

　　本专业毕业生可参加各级政府的公务员考试，进入政府资产管理部门、土地管理部门、财政局、国税局、地税局等从事资产管理及财务税收工作；可到各类资产评估事务所、会计师事务所、税务事务所以及咨询机构就业；可到企事业单位、金融证券投资公司、房地产开发机构、典当拍卖机构，从事资产评估与管理及财务税收、企业管理工作。

🏛 本专业较好的大学（排名不分先后）

　　东北财经大学、中央财经大学、首都经济贸易大学、山东财经大学、上海对外经贸大学、南京财经大学、山西财经大学、浙江财经大学、安徽财经大学、重庆工商大学、广东财经大学、河南财经政法大学、上海师范大学、河北经贸大学、云南财经大学、四川农业大学、内蒙古财经大学、吉林财经大学、四川师范大学、山东工商学院、西华大学、兰州财经大学、上海立信会计金融学院、山东农业大学、湖北经济学院、浙大城市学院、安徽建筑大学、广东金融学院、南京审计大学金审学院、福建江夏学院、成都师范学院、河南财政金融学院、兰州文理学院、山东管理学院、吉林工商学院、哈尔滨金融学院、皖西学院、浙江万里学院、铜陵学院、唐山师范学院、邵阳学院、成都文理学院、嘉应学院、重庆财经学院等。

物业管理

👍 专业特点

物业管理专业主要研究管理学、经济学、物业管理等方面的基本知识和技能，受物业所有人所托，对楼宇、社区、园区等物业设备设施、绿化、卫生、交通、治安和环境容貌，进行维护、修缮、整治和管理，保障物业的安全与整洁。

📒 本专业与高中学科关联度及学科要求

语文	数学	英语	物理	化学	生物	政治	历史	地理
A	A	B	E	E	E	D	E	E

本专业对高中阶段语文、数学科目要求较高，适合对经济建设与物业管理研究感兴趣的学生就读。

📚 选考学科建议

"3+3"省份：不限

"3+1+2"省份：首选不限，再选政治/化学/地理/生物

📖 大学主要课程

管理学基础、物业信息管理、物业管理财税基础、物业管理实务、物业管理法规、房地产营销管理、物业设备设施管理、房屋构造与维护管理、文秘管理与应用写作、人力资源管理、公共关系学、社区规划与

管理、合同管理、物业估价、商务物业管理、职业资格培训综合教程等。

💡 就业方向

本专业毕业生可在国家机关后勤部门和各省市建设部门、物业行政主管部门、物业服务企业、企事业单位从事对物业的房屋建筑及其设备进行维修养护，物业行业监管和社区管理工作及物业项目的各类投资、开发、经营与管理工作。

🏛 本专业较好的大学（排名不分先后）

武汉大学、北京林业大学、河南财经政法大学、武汉科技大学、上海师范大学、长沙学院、内蒙古财经大学、山东工商学院、山西大学、佳木斯大学、福建江夏学院、山东青年政治学院、吉林工商学院、福建师范大学协和学院、四川文理学院、宿州学院、沈阳工程学院、唐山师范学院等。

文化产业管理

专业特点

文化产业管理专业主要研究管理学、经济学、文化学等方面的基本知识和技能，涉及文化旅游、广播影视、新闻出版、文物遗产、工艺美术、体育娱乐、动漫音乐等多个领域，探讨文化产业中企业的盈利方法及其模式，进行文化经营管理等。例如：电影、电视剧的制片、发行，图书、报刊的印刷、销售。

本专业与高中学科关联度及学科要求

语文	数学	英语	物理	化学	生物	政治	历史	地理
A	B	B	E	E	D	B	B	B

本专业对高中阶段语文科目要求较高，适合对中外文化研究感兴趣的学生就读。

选考学科建议

"3+3"省份：不限

"3+1+2"省份：首选不限，再选政治/化学/地理/生物

大学主要课程

文化学、中国文化史、中国文化交流史、产业经济学、管理心理学、文化市场营销学、管理信息系统、文化管理学、会计学、应用统计、

公共事业管理学、文化产业概论、文化资源概论、公共部门公共关系、文化政策与法规、文化管理理论与实践、艺术基础、美学概论、世界文化简史等。

💡 就业方向

本专业毕业生可到党、政宣传文化管理部门机构，各级文化事业单位，各类文化企业以及大型文化跨国公司的各种文化业务和管理工作。

🏛 本专业较好的大学（排名不分先后）

上海交通大学、对外经济贸易大学、中央财经大学、北京师范大学、同济大学、山东大学、暨南大学、山东财经大学、湖南师范大学、中国传媒大学、中国海洋大学、浙江工商大学、上海对外经贸大学、江西财经大学、南京师范大学、北京工业大学、华南师范大学、山西财经大学、南昌大学、西安建筑科技大学、浙江师范大学、西南大学、河南大学、江西师范大学、湘潭大学、上海师范大学、首都师范大学、济南大学、广东财经大学、华东政法大学、浙江传媒学院、江苏师范大学、内蒙古大学、福建农林大学、贵州大学、北京电影学院、河南师范大学、四川农业大学、太原理工大学、河北经贸大学、云南财经大学、北京印刷学院、杭州师范大学、福建师范大学、中国戏曲学院、云南师范大学、内蒙古财经大学、西南民族大学、西华大学、江汉大学、西北师范大学、北京师范大学－香港浸会大学联合国际学院、浙江农林大学、上海应用技术大学、武汉轻工大学、吉首大学、成都大学、广西师范大学等。

劳动关系

专业特点

劳动关系专业主要研究社会学、管理学、劳动关系等方面的基本知识和技能，在企事业单位、政府部门等进行劳动事务的协调处理等。例如：劳动合同的订立和管理，劳动报酬、工伤补偿的协商，企业员工关系的协调管理，辞退、社保、赔偿金等引发的劳动争议的仲裁。

本专业与高中学科关联度及学科要求

语文	数学	英语	物理	化学	生物	政治	历史	地理
A	A	B	E	E	E	D	E	E

本专业对高中阶段语文、数学科目要求较高，适合对经济、劳动关系研究感兴趣的学生就读。

选考学科建议

"3+3"省份：不限

"3+1+2"省份：首选不限，再选政治/化学/地理/生物

大学主要课程

管理学、宏观经济学、微观经济学、会计学、财务管理学、统计学、劳动经济学、人力资源管理、社会保障学、劳动关系学、劳动关系管理、劳动法律制度、比较劳动法制（双语）、劳动争议处理、集体协商和集

体合同、国际劳工标准、工会组织与工会学、劳工运动史、劳动心理学、职工民主参与与公司治理等。

💡 就业方向

本专业毕业生可在政府机构、工会组织、社会保障机构、企事业单位的公共关系、人力资源管理、劳动关系等岗位从事相关工作。

🏛 本专业较好的大学（排名不分先后）

中国人民大学、中南财经政法大学、首都经济贸易大学、中国劳动关系学院、西南政法大学等。

体育经济与管理

专业特点

体育经济与管理专业主要研究经济学、管理学、体育经济与管理等方面的基本知识和技能，进行体育产业的开发和管理，促进体育经济的发展。例如：球拍、跑步机、运动护具等体育用品的营销，健身训练、网球课程等体育服务的推广，田径场、篮球场等运动场馆的管理，世锦赛、奥运会等体育赛事的经营与管理。

本专业与高中学科关联度及学科要求

语文	数学	英语	物理	化学	生物	政治	历史	地理
A	A	B	E	E	E	D	E	E

本专业对高中阶段语文、数学科目要求较高，适合对体育经济研究感兴趣的学生就读。

选考学科建议

"3+3"省份：不限

"3+1+2"省份：首选不限，再选政治/化学/地理/生物

大学主要课程

体育产业概论、体育企业战略管理、体育产业经济学、管理学原理、微观经济学、宏观经济学、运营管理、会计学原理、公司财务管理、

营销学、管理信息系统、体育场馆管理、体育赛事的经营与管理、俱乐部管理、体育经纪人、体育赞助、体育风险管理等。

💡 就业方向

本专业毕业生可在各级国家体育行政部门、各项商业体育赛事组织部门、各类体育咨询公司、大型体育产品公司、各类健身俱乐部、各类体育经纪人公司、各类体育企业、职业体育俱乐部、健身俱乐部、体育中介公司、运动项目管理中心、体育事业单位、高等院校等工作。

🏛 本专业较好的大学（排名不分先后）

浙江大学、中央财经大学、天津财经大学、山东财经大学、江西财经大学、河南财经政法大学、山西财经大学、北京体育大学、安徽工业大学、哈尔滨商业大学、上海体育学院、首都体育学院、湖北经济学院、兰州财经大学、武汉商学院、泉州师范学院等。

财务会计教育

专业特点

　　财务会计教育专业主要研究管理学、经济学、会计学、教育学等方面的基本知识和技能，包括会计学的定性定量分析方法、会计相关的政策和法规等，进行企事业单位的财务管理、大中专和技术类院校会计类专业的教学等。

本专业与高中学科关联度及学科要求

语文	数学	英语	物理	化学	生物	政治	历史	地理
B	A	B	E	E	E	D	E	E

　　本专业对高中阶段数学科目要求较高，适合对财务及经济分析研究感兴趣的学生就读。

选考学科建议

　　"3+3"省份：不限

　　"3+1+2"省份：首选不限，再选政治/化学/地理/生物

大学主要课程

　　管理学、微观经济学、宏观经济学、管理信息系统、统计学、初级会计学、财务管理、市场营销、经济法、财务会计、成本会计学、管理会计学、审计学、会计电算化等。

💡 就业方向

本专业毕业生可在中高等学校及企事业单位、政府部门，从事教学、会计实务和管理等方面的工作，就业岗位包括会计、财务经理、财务会计、财务总监、出纳、财务主管、会计主管、主管会计、主办会计、幼儿园园长、总账会计等。

🏛 本专业较好的大学（排名不分先后）

宁波大学、华中师范大学、浙江师范大学、岭南师范学院、天津职业技术师范大学、云南民族大学等。

市场营销教育

专业特点

市场营销教育专业主要研究经济学、管理学、法学、市场营销等方面的基本知识和技能，包括市场营销的定性定量分析方法、相关的政策和法规、国际市场营销的惯例和规则等，进行产品的市场调查分析和市场营销、大中专和技术类院校市场营销类专业的教学等。

本专业与高中学科关联度及学科要求

语文	数学	英语	物理	化学	生物	政治	历史	地理
B	A	B	E	E	E	D	E	E

本专业对高中阶段数学科目要求较高，适合对经济市场营销研究感兴趣的学生就读。

选考学科建议

"3+3"省份：不限

"3+1+2"省份：首选不限，再选政治/化学/地理/生物

大学主要课程

微观经济学、宏观经济学、管理学、管理信息系统、统计学、会计学、财务管理、市场营销学、经济法、消费者行为学、国际市场营销、市场调查与预测等。

💡 就业方向

本专业毕业生可以从事市场调研、营销策划、广告策划、市场开发、营销管理、推销服务和教学科研等工作；也可在国内外高校及研究机构继续深造；还可以在工商、外贸、金融、保险、证券、旅游、房地产等企事业单位，从事企业营销管理、客户资源管理、网络营销管理、营销诊断、市场调查和咨询等工作。

🏛 本专业较好的大学（排名不分先后）

广西职业师范学院。

零售业管理

专业特点

零售业管理专业是通过规范并管理买卖形式将工农业生产者生产的产品直接售给居民作为生活消费用，或售给社会集团供公共消费用的商品销售行业。

本专业与高中学科关联度及学科要求

语文	数学	英语	物理	化学	生物	政治	历史	地理
B	A	B	E	E	E	D	E	E

本专业对高中阶段数学科目要求较高，适合对零售业管理研究感兴趣的学生就读。

选考学科建议

"3+3"省份：不限

"3+1+2"省份：首选不限，再选政治/化学/地理/生物

大学主要课程

会计学原理、经济学、管理学、市场营销学、财务管理、零售学、零售战略管理、零售运营管理、采购与供应链管理、零售企业拓展与规划、在线零售管理等。

💡 就业方向

本专业毕业生可在各类实体零售企业总部、区域、门店、线上零售企业及配送中心的管理岗位工作。

🏛 本专业较好的大学（排名不分先后）

上海商学院、武汉商学院等。

农林经济管理

专业特点

农林经济管理专业主要研究经济学、管理学、农学、林学等方面的基本知识和技能，发展农林业的经济，进行农林业的企业经营管理、市场营销、流通贸易等。例如：牛奶、大米等农副产品的营销，生态农庄、农田景观等农业投资项目的评估，"三农"相关政策的研究。

本专业与高中学科关联度及学科要求

语文	数学	英语	物理	化学	生物	政治	历史	地理
A	D	B	E	E	E	B	C	B

本专业对高中阶段语文要求较高，适合对农林经济研究感兴趣的学生就读。

选考学科建议

"3+3"省份：不限

"3+1+2"省份：首选不限，再选政治 / 化学 / 地理 / 生物

大学主要课程

经济学、农（林）业经济学、管理学原理、农（林）业企业经营管理学、农（林）业技术经济学、农（林）产品营销学、农（林）业政策学、农（林）业概论等。

💡 就业方向

本专业毕业生可到企事业单位从事经营、管理、市场分析和营销策划等工作；也可以进入大中型农牧企业和食品加工贸易企业，与农业和食品产业有关的金融投资、流通贸易、加工运输、科技开发、新闻传媒、咨询服务等企事业单位，从事农产品的国际贸易和市场营销等工作。

🏛 本专业较好的大学（排名不分先后）

南京农业大学、浙江大学、中国人民大学、中国农业大学、华中农业大学、西北农林科技大学、北京林业大学、西南大学、华南农业大学、东北农业大学、中南财经政法大学、贵州大学、福建农林大学、东北林业大学、南京林业大学、吉林大学、四川农业大学、沈阳农业大学、兰州大学、浙江农林大学、海南大学、上海海洋大学、吉林农业大学、山东农业大学、河北农业大学、江西农业大学、湖南农业大学、扬州大学、北京农学院、安徽农业大学、河南农业大学、河南财经政法大学、石河子大学等。

农村区域发展

📋 专业特点

 农村区域发展专业主要研究发展经济学、农村区域发展、当代农村发展等方面的基本知识和技能，进行农村发展的调查分析、规划设计、实施管理、调控评价等。例如：农村社区的规划、治理，沼气、秸秆等农村自然资源的可持续利用，农村生态环境的建设，灌溉、嫁接等农业技术的推广。

📙 本专业与高中学科关联度及学科要求

语文	数学	英语	物理	化学	生物	政治	历史	地理
A	A	B	E	E	E	B	C	B

 本专业对高中阶段语文、数学科目要求较高，适合对农村经济与发展研究感兴趣的学生就读。

📚 选考学科建议

 "3+3"省份：不限

 "3+1+2"省份：首选不限，再选政治/化学/地理/生物

📖 大学主要课程

 农业概论、政治经济学、农业经济学、发展人类学、发展社会学、发展经济学、农村发展研究方法、经济学、法学、管理学、高等数学、

农业企业经营管理学、区域规划学等。

💡 就业方向

　　本专业毕业生可到政府的政策研究与制定机构，大专院校、研究所等教学研究机构，国际国内发展机构，地方政府机构，管理咨询机构，以及国内大中小型企业，从事管理、研究、教学、咨询、中国的对外援助等工作。

🏛 本专业较好的大学（排名不分先后）

　　中国人民大学、南京农业大学、中国农业大学、华中农业大学、西南大学、福建农林大学、四川农业大学、沈阳农业大学、湖南农业大学、扬州大学、山东农业大学、河北农业大学、山东财经大学、贵州财经大学、北京农学院、江西农业大学、河北经贸大学、青岛农业大学、山西农业大学等。

公共事业管理

专业特点

公共事业管理专业主要研究政治学、经济学、法学、社会学、管理学等方面的基本知识和技能，在交通、科技、体育、卫生、环保、社会保险等领域，进行公共事业的规划、建设和管理等。常见的公共事业有电力、供水、垃圾处理、污水处理、燃气供应、公共交通等。

本专业与高中学科关联度及学科要求

语文	数学	英语	物理	化学	生物	政治	历史	地理
A	D	B	E	E	E	B	C	B

本专业对高中阶段语文科目要求较高，适合对规划、组织等管理感兴趣的学生就读。

选考学科建议

"3+3"省份：不限 / 物理

"3+1+2"省份：首选不限，再选政治 / 化学 / 地理 / 生物

大学主要课程

管理学原理、管理心理学、人力资源开发与管理、管理经济学、公共关系、公共财务、管理定量分析、应用统计、管理信息系统、管理文秘、公共行政学、政治学原理、西方经济学等。

💡 就业方向

本专业毕业生可从事党政机关、企事业单位、社会团体、公共服务机构的办公和管理工作。

🏛 本专业较好的大学（排名不分先后）

中国人民大学、华中科技大学、北京师范大学、复旦大学、浙江大学、北京大学、中山大学、东北大学、武汉大学、大连理工大学、兰州大学、四川大学、南京农业大学、天津大学、华东师范大学、首都医科大学、云南大学、中国政法大学、南京医科大学、西南交通大学、中央财经大学、中央民族大学、中南财经政法大学、上海财经大学、华东理工大学、郑州大学、哈尔滨医科大学、山东大学、中国地质大学（武汉）、武汉理工大学、对外经济贸易大学、广西大学、杭州师范大学、暨南大学、中国农业大学、东北财经大学、首都师范大学、江苏大学、华东政法大学、温州医科大学、西北大学、南京师范大学、华南师范大学、陕西师范大学、北京邮电大学、南方医科大学、苏州大学、中国海洋大学、湘潭大学、首都经济贸易大学、天津医科大学、南京航空航天大学、浙江财经大学、南昌大学、广州大学、浙江工商大学、北京中医药大学、西南大学、浙江工业大学、安徽医科大学、上海理工大学、西北工业大学、上海师范大学、福州大学、广州中医药大学、西南民族大学、华南农业大学、江西师范大学、东北师范大学、哈尔滨工程大学、西南政法大学、南京中医药大学、南京理工大学、湖南农业大学、山东财经大学、湖北大学、华侨大学、华北电力大学、长安大学、南通大学、广州医科大学、山东师范大学、北京化工大学、中南民族大学、燕山大学、北京体育大学、大连海事大学、福建农林大学、宁夏医科大学、福建医科大学等。

行政管理

专业特点

行政管理专业主要研究行政学、政治学、管理学、法学等方面的基本知识和技能，进行企、事业单位行政事务的管理、组织、协调等。例如：企业办公用品的采购、登记、核查，各类会议的组织、安排、服务，打印机、饮水机等设备的管理，办公秩序和环境卫生的监督等。

本专业与高中学科关联度及学科要求

语文	数学	英语	物理	化学	生物	政治	历史	地理
A	D	B	E	E	E	B	C	B

本专业对高中阶段语文科目要求较高，适合对行政理论研究感兴趣的学生就读。

选考学科建议

"3+3"省份：不限

"3+1+2"省份：首选不限，再选政治/化学/地理/生物

大学主要课程

行政管理学、市政学、社会学、行政领导与决策、人力资源开发与管理、组织行为学、西方经济学、行政法学、社会调查与统计、公共政策分析、国家公务员制度概论等。

💡 就业方向

本专业毕业生适合在工商行政管理部门、涉外经济管理部门、经济监督检查等部门从事政策和法规研究及实际工作。

🏛 本专业较好的大学（排名不分先后）

中国人民大学、北京大学、清华大学、中山大学、浙江大学、武汉大学、南京大学、上海交通大学、四川大学、厦门大学、北京航空航天大学、西安交通大学、南开大学、复旦大学、华东师范大学、南京农业大学、兰州大学、中南大学、中央财经大学、电子科技大学、华南理工大学、华中科技大学、山东大学、中南财经政法大学、吉林大学、郑州大学、东北大学、华中师范大学、同济大学、中国地质大学（武汉）、湖南大学、西南财经大学、中国政法大学、暨南大学、上海财经大学、中国农业大学、华东政法大学、西北大学、重庆大学、中央民族大学、南京师范大学、东北财经大学、深圳大学、云南大学、湘潭大学、对外经济贸易大学、中国海洋大学、苏州大学、中国地质大学（北京）、华中农业大学、南昌大学、浙江财经大学、西南大学、广州大学、华南师范大学、浙江工商大学、首都经济贸易大学、浙江工业大学、南京审计大学、福州大学、华东理工大学、武汉科技大学、西南政法大学、北京科技大学、中国矿业大学、中国矿业大学（北京）、宁波大学、陕西师范大学、华南农业大学、湖南农业大学、黑龙江大学、山东财经大学、湖北大学、杭州师范大学、中国传媒大学、东北师范大学、山东师范大学、天津师范大学、燕山大学、中南民族大学、贵州大学、河南大学等。

劳动与社会保障

专业特点

劳动与社会保障专业主要研究管理学、经济学、社会学等方面的基本知识和技能，进行劳动、社会保险、社会救济、社会福利、社会服务等方面的工作。例如：企业员工社会保险的办理，辞退、工伤赔偿等劳动纠纷的仲裁，对孤寡病残等困难户的救助，对于退伍军人、烈士家属的抚恤。

本专业与高中学科关联度及学科要求

语文	数学	英语	物理	化学	生物	政治	历史	地理
A	D	B	E	E	E	B	C	B

本专业对高中阶段语文科目要求较高，适合对劳动与社会保障感兴趣的学生就读。

选考学科建议

"3+3"省份：不限 / 物理

"3+1+2"省份：首选不限，再选政治 / 化学 / 地理 / 生物

大学主要课程

心理学、教育学、马克思主义哲学原理、经济学原理、管理学原理、政治学原理、社会学、法学概论、社会调查理论与方法、普通逻辑学、

社会保险学、社会保障基金管理、人力资源管理、社会救助学等。

💡 就业方向

　　本专业毕业生可以进入国家各级劳动与社会保障部门、人事管理部门、企事业单位的人力资源管理部门等，从事劳动与社会保障方面的政策制定与组织管理工作；或者进入相关科研机构和高等院校从事研究和教学工作；或者进入法院、劳动仲裁机关等部门从事劳动与社会保障方面的实务工作。

🏛 本专业较好的大学（排名不分先后）

　　浙江大学、武汉大学、西安交通大学、中国人民大学、四川大学、中央财经大学、南京大学、中南财经政法大学、上海财经大学、南京农业大学、东北财经大学、吉林大学、中南大学、西北大学、河海大学、西南财经大学、首都经济贸易大学、对外经济贸易大学、华中师范大学、东南大学、华东政法大学、南京医科大学、浙江财经大学、南京师范大学、江西财经大学、北京交通大学、华东理工大学、首都师范大学、南昌大学、苏州大学、山东财经大学、湖南农业大学、南京审计大学、武汉科技大学、安徽财经大学、温州医科大学、上海师范大学、河南大学、辽宁大学、华南农业大学、福建师范大学、安徽医科大学、天津财经大学、中南民族大学、山东师范大学、南京中医药大学、贵州大学、西安电子科技大学、福建农林大学、贵州财经大学、安徽大学、昆明医科大学、内蒙古大学、西北农林科技大学、河北大学、河北师范大学、江西师范大学、南京邮电大学、上海工程技术大学、河北工业大学、山西财经大学、新疆大学、西北政法大学、南京财经大学、广西师范大学等。

土地资源管理

👍 专业特点

　　土地资源管理专业主要研究现代管理学、经济学、资源学、土地管理等方面的基本知识和测量、制图、计算机等基本技能，进行土地调查、土地评估、土地利用规划、地籍管理、土地开发经营等。例如：高原、山地、丘陵等土地资源面积、地形、地区的调查，土地价值的评估，土地用途的规划。

📒 本专业与高中学科关联度及学科要求

语文	数学	英语	物理	化学	生物	政治	历史	地理
A	D	B	E	E	E	B	C	B

　　本专业对高中阶段语文科目要求较高，适合对土地资源管理研究感兴趣的学生就读。

📚 选考学科建议

　　"3+3"省份：物理/化学/地理

　　"3+1+2"省份：首选不限，再选政治/化学/地理/生物

📖 大学主要课程

　　管理学原理、经济学基础、公共财政学、土地法学、土地经济学、土地利用规划、土地行政学、地籍管理、土地信息系统、土壤学、地

质学基础、土地资源学、土地管理学等。

💡 就业方向

　　本专业毕业生可以从事土地资源调查与评价、土地整理、土地利用规划、地籍测量、地籍管理、土地及房地产价格评估、土地信息系统开发与应用及房地产开发经营等方面的技术和行政管理工作。

🏛 本专业较好的大学（排名不分先后）

　　中国人民大学、武汉大学、浙江大学、南京农业大学、四川大学、中国农业大学、中国地质大学（武汉）、中国地质大学（北京）、华中农业大学、东北大学、吉林大学、上海财经大学、中国矿业大学、华中师范大学、河海大学、首都经济贸易大学、西南大学、浙江财经大学、广州大学、浙江工商大学、广西大学、江西财经大学、长安大学、华南农业大学、东北农业大学、湖南农业大学、湖南师范大学、华侨大学、中南民族大学、黑龙江大学、海南大学、西北农林科技大学、河北地质大学、安徽财经大学、四川农业大学、广东工业大学、内蒙古大学、福建农林大学、贵州大学、贵州财经大学、天津工业大学、安徽师范大学、中南林业科技大学、江西农业大学、江苏师范大学、东华理工大学、山西财经大学、重庆工商大学、河南理工大学、沈阳农业大学、山东农业大学、山西农业大学、广东财经大学等。

专业类

公共管理类

专业代码

120404

修业年限

四年

授予学位

工学学士·管理学士

城市管理

👍 专业特点

城市管理专业主要研究现代管理学等方面的基本知识和技能，在政府机关、城市规划、建设等部门进行城市管理，包括城市基础设施、公共服务设施和社会公共事务的管理等。常见的城市基础设施有供电系统、供水系统、互联网、高速公路等，常见公共服务设施有学校、医院、邮局、派出所等。

📖 本专业与高中学科关联度及学科要求

语文	数学	英语	物理	化学	生物	政治	历史	地理
A	D	B	E	E	E	B	C	A

本专业对高中阶段语文科目要求较高，适合对城市管理和统计规划研究感兴趣的学生就读。

📑 选考学科建议

"3+3"省份：不限

"3+1+2"省份：首选不限，再选政治/化学/地理/生物

🎓 大学主要课程

公共管理技术与方法、公共经济学（财政学）、管理学原理、管理心理学、人力资源开发与管理、管理经济学、公共关系、公共财务、

管理定量分析、应用统计、管理信息系统、管理文秘、城市史、土木建筑工程概论、城市规划原理等。

💡 就业方向

本专业毕业生可在政府机关、城市规划、建设、执法及综合管理部门、城市市容环境和园林绿化管理部门、城市公用事业单位、城市社区、城市建设相关企业与教育科研部门从事经营管理工作，也可在相关教学和科研单位从事教学和科研工作。

🏛 本专业较好的大学（排名不分先后）

北京大学、中国人民大学、电子科技大学、南开大学、中央财经大学、中南财经政法大学、首都经济贸易大学、重庆大学、浙江财经大学、苏州大学、山东财经大学、华侨大学、山东师范大学、汕头大学、福建师范大学、北京建筑大学、西安建筑科技大学、山东农业大学、沈阳建筑大学、青岛科技大学、贵州财经大学、广东财经大学、安徽建筑大学、昆明理工大学、浙江农林大学、西安财经大学、山东工商学院、重庆工商大学、河南师范大学、湖南工商大学、湖北师范大学、广西民族大学、天津城建大学等。

海关管理

专业特点

　　海关管理专业主要研究管理学、经济学、法学、海关管理等方面的基本知识和技能，在海关及社会相关企业从事海关管理及相关工作，进行进出境物品的监管、统计、稽查、征收关税等。例如：征收进口物品的增值税、消费税等关税，排查走私物品、毒品，查阅物品有关的合同、单据。

本专业与高中学科关联度及学科要求

语文	数学	英语	物理	化学	生物	政治	历史	地理
A	D	A	E	E	E	B	C	B

　　本专业对高中阶段语文、英语科目要求较高，适合对海关管理业务感兴趣、喜欢外贸业务的学生就读。

选考学科建议

　　"3+3"省份：不限

　　"3+1+2"省份：首选不限，再选政治/化学/地理/生物

大学主要课程

　　海关管理学、比较海关管理学、管理学原理、经济学、行政管理学、海关监管、海关管理信息处理系统、海关统计、世界海关组织、海关

估价、关税制度、协调制度与归类、国际经济法、行政法学、海关法学、海关稽查、世界贸易组织等。

💡 就业方向

本专业毕业生可在海关等国家行政机关、企事业单位、社会团体、社区等管理部门，从事行政管理、人事管理、外事管理、文秘、决策咨询、政策研究和其他相关工作。

🏛 本专业较好的大学（排名不分先后）

对外经济贸易大学。

交通管理

专业特点

交通管理专业主要研究管理学、法学、航运管理等方面的基本知识和技能，以水路交通管理方向为主，进行港口与航运的管理、海上交通状况的监测、海上交通事故的处理、海上交通路线和标志的设置等，以保障海上货运的安全与通畅。

本专业与高中学科关联度及学科要求

语文	数学	英语	物理	化学	生物	政治	历史	地理
A	B	B	E	E	E	B	C	B

本专业对高中阶段语文科目要求较高，适合对交通维护管理感兴趣、善于沟通的学生就读。

选考学科建议

"3+3"省份：物理

"3+1+2"省份：首选不限，再选政治 / 化学 / 地理 / 生物

大学主要课程

航海概论、管理学基础、经济学基础、物流基础、运筹学、国际贸易实务、海商法、船舶原理与货运、会计学原理、技术经济学、国际航运政策、航运经济学、运输商务管理、国际集装箱运输、港口管理、

航运管理等。

💡 就业方向

    本专业毕业生可在国家与省、市的发展计划部门，交通规划与设计部门，交通管理部门等，从事交通运输规划、交通工程设计、交通控制系统开发等方面的工作。

🏛 本专业较好的大学（排名不分先后）

    大连海事大学、上海海事大学、上海工程技术大学、中国民航大学、重庆交通大学、广州航海学院等。

海事管理

👍 专业特点

　　海事管理专业主要研究航海技术、船舶运输管理、航运企业管理、海事事务处理等方面的基本知识和技能，进行船舶驾驶、营运管理、港口引航、海事管理等。例如：船舶及海上设施的维护，船舶污染的预防，船舶及危险货物的登记、监督，碰撞、沉没、进水等海上事故的处理。

📖 本专业与高中学科关联度及学科要求

语文	数学	英语	物理	化学	生物	政治	历史	地理
A	D	A	E	E	E	B	C	B

　　本专业对高中阶段语文、英语科目要求较高，适合对船舶、航海感兴趣的学生就读。

📚 选考学科建议

　　"3+3"省份：物理

　　"3+1+2"省份：首选不限，再选政治 / 化学 / 地理 / 生物

📘 大学主要课程

　　高等数学、计算机技术基础、航海英语、管理学、现代物流管理、国际航运管理、行政法学、民法学、海商法、远洋运输业务、海上保险、

船舶代理与货运代理、船舶原理、船舶结构与设备、航海学、水上交通安全管理、船舶防污染技术与监督管理等。

💡 就业方向

本专业毕业生可在交通行政管理部门、航运企业、各类航运代理企业、港口企事业，从事海事技术类的管理、航运管理、船员管理的工作。

🏛 本专业较好的大学（排名不分先后）

武汉理工大学、大连海事大学等。

专业类 公共管理类

专业代码 120408T

修业年限 四年

授予学位 管理学学士

公共关系学

专业特点

公共关系学专业主要研究企业公众形象的维护、同组织或个人的交流沟通等方面的基本知识和技能，涉及管理学、社会学、传播学等领域，进行企业的品牌推广、活动策划、对外联络、危机处理等。例如：企业网络新闻稿的撰写和发布，品牌广告的运作和推广，企业内部年会、对外商会等企业活动的策划，企业危机的应急处理和形象重塑。

本专业与高中学科关联度及学科要求

语文	数学	英语	物理	化学	生物	政治	历史	地理
A	D	B	E	E	E	B	C	B

本专业对高中阶段语文科目要求较高，适合对人文社科感兴趣的学生就读。

选考学科建议

"3+3"省份：不限

"3+1+2"省份：首选不限，再选政治/化学/地理/生物

大学主要课程

传播学、管理学、市场营销学、政治学、社会学、社会心理学、公共关系学原理、公共关系实务与案例、广告学原理、广告策划与策略、

广告设计、CI 战略、企业文化、领导科学与艺术等。

💡 就业方向

　　本专业毕业生可在政府部门、企事业单位或社会团体，从事公众信息传播管理、公共关系协调、信息咨询、活动策划与实施及教学科研工作。就业岗位包括总经理助理、销售经理、客服经理、总经理、办公室主任、董事长助理、总经理秘书、总裁助理、总经理助理、副总经理、市场专员、销售总监、行政主管等。

🏛 本专业较好的大学（排名不分先后）

　　中山大学、华东师范大学、西南大学、南昌大学、中国传媒大学、上海外国语大学、东华大学、上海师范大学、海南大学、广东外语外贸大学等。

健康服务与管理

专业特点

　　健康服务与管理专业主要研究管理学、健康服务、预防医学、人文科学等方面的基本知识和技能，在健康管理公司、体检中心、社区服务机构等，进行健康教育、健康咨询、健康指导、健康监测、卫生保健、医疗监督、疾病的预防和控制等。

本专业与高中学科关联度及学科要求

语文	数学	英语	物理	化学	生物	政治	历史	地理
A	D	B	E	E	E	B	C	B

　　本专业对高中阶段语文科目要求较高，适合对健康服务管理感兴趣的学生就读。

选考学科建议

　　"3+3"省份：不限

　　"3+1+2"省份：首选不限，再选政治/化学/地理/生物

大学主要课程

　　健康教育与健康促进、健康传播、健康状态与风险评估、健康干预方法、健康大数据分析、公共营养、健康心理学、健康服务与营销、危险源辨识与安全评价、职业健康安全管理体系、环境检测实务、环

公共管理类

专业类

120410T

专业代码

四年

修业年限

管理学学士

授予学位

境治理实务、人体结构与机能、健康评估（技术）、健康管理、职场压力管理实务等。

💡 就业方向

本专业毕业生可在各类大型或外资企业单位、第三方检测机构从事职业健康安全管理及环境检测工作；还可在各级社区及社区卫生服务中心、健康教育机构、学校、健康管理公司、健康咨询中心、高级康复疗养机构、高级休闲会所、营养咨询公司、心理咨询机构等，从事膳食、营养、养生、保健、职场心理健康等的咨询、指导、培训和管理等相关工作。

🏛 本专业较好的大学（排名不分先后）

东北大学、杭州师范大学、哈尔滨医科大学、南方医科大学、安徽医科大学、广州中医药大学、南京中医药大学、中国药科大学、成都中医药大学、广西师范大学、浙江中医药大学、广西医科大学、山西医科大学、新疆医科大学、天津中医药大学、江西中医药大学、广东医科大学、西南医科大学、陕西中医药大学、河南中医药大学、锦州医科大学、西华大学、河北中医学院、湖北中医药大学、云南中医药大学、贵州医科大学、海南医学院、滨州医学院、福建中医药大学、贵州中医药大学、甘肃中医药大学、桂林医学院、齐齐哈尔医学院、广东药科大学、山西中医药大学、赣南医学院、湖北医药学院、山东中医药大学、上海健康医学院、广西中医药大学、内蒙古医科大学、蚌埠医学院、长春中医药大学、成都医学院、湖南医药学院、湖北理工学院、珠海科技学院、牡丹江医学院、右江民族医学院、山东青年政治学院、新余学院、河南财政金融学院、四川旅游学院等。

海警后勤管理

专业特点

海警后勤管理专业主要负责学习部队资源的维护、物资保障、基础设施建设等知识，为部队提供强有力的后勤保障。

本专业与高中学科关联度及学科要求

语文	数学	英语	物理	化学	生物	政治	历史	地理
A	A	B	E	E	E	B	C	B

本专业对高中阶段语文、数学科目要求较高，适合对海警后勤管理业务感兴趣的学生就读。

选考学科建议

"3+3"省份：不限

"3+1+2"省份：首选不限，再选政治/化学/地理/生物

大学主要课程

高等数学、大学英语、基础会计学、财务管理、审计学、珠算、财政与金融、预算会计、经济法、军需管理、后勤参谋业务、后勤工作概论、建筑构造与识图等。

💡 就业方向

本专业毕业生可在交通行政管理部门、航运企业、各类航运代理企业、港口企事业从事后勤管理的工作。

🏛 本专业较好的大学（排名不分先后）

中国人民大学、清华大学、北京大学、南京农业大学、浙江大学、武汉大学、中山大学、北京航空航天大学、北京师范大学、复旦大学等。

医疗产品管理

专业特点

医疗产品管理专业是对医疗药品、医疗器械等进行监督与管理的学习。

本专业与高中学科关联度及学科要求

语文	数学	英语	物理	化学	生物	政治	历史	地理
A	D	B	E	E	E	B	C	B

本专业对高中阶段语文科目要求较高，适合对医疗感兴趣的学生就读。

选考学科建议

"3+3"省份：不限

"3+1+2"省份：首选不限，再选政治 / 化学 / 地理 / 生物

大学主要课程

医疗器械生产管理、体外诊断试剂管理、医疗器械注册管理、医疗器械临床评价、无源医疗器械检测与评价、有源医疗器械检测与评价、医疗器械上市后管理、医疗器械监管事务、医疗产品监管原理、国际医疗器械监管、医疗器械风险管理等。

💡 就业方向

　　医疗产品管理专业培养系统掌握医疗产品基础知识和医疗产品经营管理的理论、方法与技能，有较好的外语和计算机应用水平，能在各级医疗产品监督管理部门和相关企事业单位从事医疗产品的营销管理、法规事务执行等相关工作的应用型人才。

🏛 本专业较好的大学（排名不分先后）

　　沈阳药科大学、上海健康医学院等。

医疗保险

👍 专业特点

　　医疗保险专业依托医学院校的医学教育资源，结合社会对医疗保险专业人才的需求，侧重培养能够从事健康保险、医疗保险等相关工作的复合型人才。

📖 本专业与高中学科关联度及学科要求

语文	数学	英语	物理	化学	生物	政治	历史	地理
A	D	B	E	E	E	B	C	B

　　本专业对高中阶段语文科目要求较高，适合对医疗行业、保险行业感兴趣的学生就读。

📚 选考学科建议

　　"3+3"省份：不限

　　"3+1+2"省份：首选不限，再选政治/化学/地理/生物

📒 大学主要课程

　　西方经济学、会计学原理、统计学原理、管理学原理、保险学原理、人身保险、经济法、社会保障学、卫生经济学、健康保险学、保险核保与理赔、保险法概论、临床医学概论等。

💡 就业方向

本专业毕业生可在商业保险机构从事医疗查勘、医疗审核，以及核保、理赔等保险业务的管理工作；在社会保险机构从事保险基金的运作与管理、保险监管等工作；还可在各级医院的医疗保险部门从事医保的管理工作。

🏛 本专业较好的大学（排名不分先后）

南方医科大学、南京医科大学、湖北经济学院、甘肃中医药大学、锦州医科大学、山东第一医科大学、南京医科大学康达学院等。

养老服务管理

专业特点

养老服务管理专业培养能在涉老行政事业单位、大中型养老机构、养老产业公司、社区及居家养老服务中心等，从事老年公共管理、养老服务经营管理与教育培训等工作的高素质应用型、复合型专门人才。

本专业与高中学科关联度及学科要求

语文	数学	英语	物理	化学	生物	政治	历史	地理
A	D	B	E	E	E	B	C	B

本专业对高中阶段语文科目要求较高，适合有责任心、能吃苦耐劳、对养老服务管理感兴趣的学生就读。

选考学科建议

"3+3"省份：不限

"3+1+2"省份：首选不限，再选政治 / 化学 / 地理 / 生物

大学主要课程

老年心理照护、老年服务礼仪与沟通技巧、智慧养老与办公自动化技术、老年护理学、中医学基础、健康管理学、养老机构经营与管理、老年产业管理、老年政策与法规、老年活动组织与策划、老年人营养与膳食等。

💡 就业方向

本专业毕业生可以在各级养老机构从事老年人高级生活护理工作，在社会福利院从事康复保健等技术服务工作，还可以在养老专业相关企业从事基层管理工作。

🏛 本专业较好的大学（排名不分先后）

安徽医科大学、上海工程技术大学、中华女子学院、广西医科大学、乐山师范学院、桂林医学院、新乡学院、山东女子学院、齐鲁医药学院、上海建桥学院、遵义医科大学医学与科技学院、辽宁对外经贸学院。

图书馆学

专业特点

　　图书馆学专业主要研究图书馆学、文献学、目录学、信息学、传播学、管理学、经济学等方面的基本知识和技能，包括信息管理、文献检索、文献编目等，在图书馆、档案馆等进行图书和档案的整理，文献和文件的编目和检索，其他信息的咨询和检索等工作。

本专业与高中学科关联度及学科要求

语文	数学	英语	物理	化学	生物	政治	历史	地理
A	C	B	E	E	E	C	C	D

　　本专业对高中阶段语文科目要求较高，适合对文献信息搜集、处理、研究感兴趣的学生就读。

选考学科建议

　　"3+3"省份：不限

　　"3+1+2"省份：首选不限，再选政治/化学/地理/生物

大学主要课程

　　图书馆学基础、图书馆管理、信息管理概论、信息用户研究、文献资源建设、文献分类法、文献编目、人文社会科学文献检索、科技文献检索、咨询与决策等。

💡 就业方向

本专业毕业生主要就职企事业单位、IT 行业、新闻出版部门、大专院校、医院及有关研究机构、图书馆、档案馆、博物馆，从事信息管理和开发工作。

🏛 本专业较好的大学（排名不分先后）

武汉大学、南京大学、北京大学、中山大学、南开大学、郑州大学、黑龙江大学、湘潭大学、安徽大学、苏州大学、福建师范大学、东北师范大学等。

档案学

专业特点

　　档案学专业主要研究档案管理、信息管理、档案保护技术等方面的基本知识和技能，在国家机关、企事业单位的档案机构、信息部门，进行档案信息服务、档案信息管理等，包括档案和文书的管理与检索、档案的排序和编目、档案的保护保密等。

本专业与高中学科关联度及学科要求

语文	数学	英语	物理	化学	生物	政治	历史	地理
A	C	B	E	E	E	B	B	D

　　本专业对高中阶段语文科目要求较高，适合对档案信息管理研究感兴趣的学生就读。

选考学科建议

　　"3+3"省份：不限

　　"3+1+2"省份：首选不限，再选政治/化学/地理/生物

大学主要课程

　　档案学概论、档案管理学、科技档案管理学、电子档案管理学、档案文献编研学、档案法规学、文书学、科技文件管理学、秘书学、档案管理自动化、档案保护学等。

💡 就业方向

本专业毕业生主要在党政军机关以及各种企事业单位的综合办公部门、秘书部门、人事管理部门、档案管理部门，大型企业特别是合资类与外向型企业等的档案管理部门，从事管理工作。

🏛 本专业较好的大学（排名不分先后）

南京大学、中国人民大学、武汉大学、中山大学、吉林大学、南开大学、上海大学、四川大学、苏州大学、云南大学、郑州大学、黑龙江大学、安徽大学、湘潭大学、山东大学、南昌大学、福建师范大学、天津师范大学等。

信息资源管理

专业特点

　　信息资源管理专业主要研究管理学、信息科学与技术、信息资源集成管理、电子政务系统等方面的基本知识和技能，在国家机关、企事业单位的信息部门进行信息采集、加工、分析、管理、检索与保护以及信息系统的建设与维护等。

本专业与高中学科关联度及学科要求

语文	数学	英语	物理	化学	生物	政治	历史	地理
A	C	B	E	E	E	C	C	D

　　本专业对高中阶段语文科目要求较高，适合对信息资源管理方面感兴趣的学生就读。

选考学科建议

　　"3+3"省份：不限
　　"3+1+2"省份：首选不限，再选政治/化学/地理/生物

大学主要课程

　　微观经济学、宏观经济学、计量经济学、现代商业技术、电子商务概论、信息管理基础、信息资源建设、信息资源服务、信息描述与组织、信息检索与利用、信息分析与预测、管理信息系统、数据库技

术与应用、网络技术与应用等。

💡 就业方向

本专业毕业生可在高校、企事业单位、信息服务机构等，从事知识管理、信息分析、信息利用和知识服务等工作。

🏛 本专业较好的大学（排名不分先后）

中国人民大学、华中师范大学、四川大学、上海大学、苏州大学、浙江大学、云南大学、东北师范大学、广东医科大学、天津财经大学等。

物流管理

👍 专业特点

物流管理专业主要研究管理学、经济学、信息技术、现代物流管理等方面的基本知识和技能，在贸易、物流类企业单位，进行物流活动的计划、组织、指挥、协调、控制和监督等。例如：供应货品的采购入库，仓库商品储量的统计，货品的拣取和记录，快递的运输和配送，物流系统的规划设计。

📘 本专业与高中学科关联度及学科要求

语文	数学	英语	物理	化学	生物	政治	历史	地理
A	C	B	E	E	E	C	C	B

本专业对高中阶段语文科目要求较高，适合对物流事物处理感兴趣的学生就读。

📗 选考学科建议

"3+3" 省份：不限 / 物理 / 化学 / 生物

"3+1+2" 省份：首选不限，再选政治 / 化学 / 地理 / 生物

📚 大学主要课程

物流概论、物流规划与设计、采购与供应管理、采购项目管理、运输管理、仓储管理、配送管理、国际物流学、国际贸易理论与实务、

采购过程演练、运输实务、仓储管理实务、物流配送中心设计、国际物流实务、成功学、创新学、素质拓展训练等。

💡 就业方向

本专业毕业生可在物流企业、港口、海关、货运公司、商贸企业等就业。

🏛 本专业较好的大学（排名不分先后）

同济大学、华中科技大学、东南大学、北京交通大学、合肥工业大学、大连理工大学、西南交通大学、华东理工大学、浙江大学、东北财经大学、上海海事大学、对外经济贸易大学、福州大学、重庆大学、武汉大学、武汉理工大学、南开大学、南京信息工程大学、中山大学、上海财经大学、北京物资学院、江西财经大学、上海大学、南京财经大学、湖南工商大学、浙江工商大学、山东大学、吉林大学、大连海事大学、东华大学、山东财经大学、重庆交通大学、西南财经大学、长安大学、暨南大学、北京工商大学、首都经济贸易大学、苏州大学、天津财经大学、江苏大学、太原理工大学、杭州电子科技大学、宁波大学、北京化工大学、上海对外经贸大学、南昌大学、中南财经政法大学、重庆工商大学、深圳大学、安徽大学、中南林业科技大学、中国海洋大学、广州大学、南京邮电大学、常州大学、广东工业大学、西安邮电大学、广东外语外贸大学、武汉科技大学、郑州大学、成都信息工程大学、武汉纺织大学、江苏科技大学、华东交通大学、青岛大学、河南大学、南京审计大学等。

物流工程

👍 专业特点

物流工程专业主要研究物流学、运筹学、管理学、交通运输组织学、运输经济学、运输商务管理等方面的基本知识和技能，在物流、交通运输、机械制造等企业单位，进行物流系统的规划设计、物流技术设备的研发、物流成本的分析与控制等。例如：自卸式货车、冷藏车、分拣设备等物流设备的研发，自动识别、自动分拣系统的设计。

📖 本专业与高中学科关联度及学科要求

语文	数学	英语	物理	化学	生物	政治	历史	地理
B	A	B	E	E	E	C	C	D

本专业对高中阶段数学科目要求较高，适合对物流规划与管理感兴趣的学生就读。

📚 选考学科建议

"3+3"省份：物理 / 化学

"3+1+2"省份：首选不限，再选政治 / 化学 / 地理 / 生物

📙 大学主要课程

管理学、运筹学、工程图学、机械设计基础、生产与库存控制、物流基础、物流信息系统、物流学导论、供应链管理、物流工程、物

流机械技术、国际物流学、电子商务概论、物流仓储技术、物流系统工程、运输会计学、专业英语（物流）等。

💡 就业方向

本专业毕业生可就职各类物流企业、工商企业的物流管理部门，各级物流行政管理部门，交通运输企事业单位，物流系统规划与设计部门，商业、流通业管理部门，物流设备研发、销售企业，科研院所、大专院校等。

🏛 本专业较好的大学（排名不分先后）

武汉理工大学、北京交通大学、华南理工大学、同济大学、西南交通大学、天津大学、中南大学、福州大学、上海海事大学、大连海事大学、重庆大学、北京科技大学、大连理工大学、长安大学、北京邮电大学、吉林大学、山东大学、北京物资学院、长沙理工大学、武汉科技大学、浙江工业大学、南京农业大学、中南林业科技大学、东北林业大学、安徽工业大学、昆明理工大学、山东科技大学、南京林业大学、广西大学、成都信息工程大学、东北农业大学、天津科技大学、陕西科技大学、上海海洋大学、海南大学、华东交通大学、华北理工大学、大连交通大学、沈阳建筑大学、沈阳工业大学、福建农林大学、云南财经大学、北京印刷学院、东莞理工学院、湖北经济学院、南华大学、北京联合大学、安徽工程大学、河北科技大学、西华大学、郑州航空工业管理学院、湖北师范大学、南宁师范大学、山东交通学院、大连大学、辽宁工业大学、武汉轻工大学、安徽农业大学、鲁东大学、宁波工程学院、浙江水利水电学院、北京师范大学珠海分校、广西科技大学、太原科技大学、哈尔滨商业大学、中原工学院、重庆文理学院、长江师范学院等。

采购管理

👍 专业特点

采购管理专业主要研究经济学、工商管理、采购管理等方面的基本知识和技能，包括采购计划、订单管理及发票校验三个方面，在各类企事业单位的采购管理和行政管理部门进行企业用品的采购、供应商管理、库存管理、报价与谈判以及发票的检验等。

📒 本专业与高中学科关联度及学科要求

语文	数学	英语	物理	化学	生物	政治	历史	地理
B	A	B	E	E	E	C	C	D

本专业对高中阶段数学科目要求较高，适合对采购及供应链研究感兴趣的学生就读。

📚 选考学科建议

"3+3"省份：不限

"3+1+2"省份：首选不限，再选政治/化学/地理/生物

📖 大学主要课程

工商管理、市场营销、会计学、财务管理、人力资源管理、商品学、审计学、电子商务、物流管理、国际商务、电子商务及法律、商务策划管理等。

就业方向

本专业毕业生可在政府采购部门、招投标公司、大中型企业、跨国公司、外贸部门，从事采购、供应、招投标、物流管理和市场营销等工作，也可以从事商务策划、市场调研以及相关培训和教学工作。

本专业较好的大学（排名不分先后）

北京物资学院、河北地质大学、安徽师范大学皖江学院等。

专业类

物流管理与工程类

专业代码

120603T

修业年限

四年

授予学位

管理学学士

供应链管理

专业特点

供应链管理专业是在物流与采购管理、工商管理、市场营销、电子商务、金融、信息网络技术等多个学科基础上，运用大数据、人工智能、深度学习等前沿技术发展起来的一门新兴学科。例如：管理供应商关系，供应链中的物流管理、库存管理、绩效考评。

本专业与高中学科关联度及学科要求

语文	数学	英语	物理	化学	生物	政治	历史	地理
B	A	B	E	E	E	C	C	D

本专业对高中阶段数学科目要求较高，适合对大数据、人工智能、深度学习等前沿技术感兴趣的学生就读。

选考学科建议

"3+3"省份：不限

"3+1+2"省份：首选不限，再选政治 / 化学 / 地理 / 生物

大学主要课程

经济学原理、管理学、市场营销学、供应链管理基础、供应链运营管理、物流管理、采购与供应管理、生产与运营管理、电子商务概论、供应链服务管理、供应链信息管理、供应链系统仿真与决策、供应链

管理教学模块等。

💡 就业方向

本专业毕业生可在各类企业和组织从事供应链协同运营管理、资源规划、信息与金融服务工作。

🏛 本专业较好的大学（排名不分先后）

中央财经大学、山东大学、西南财经大学、上海海事大学、大连海事大学、湖南工商大学、北京物资学院、北京工商大学、成都信息工程大学、西交利物浦大学、安徽师范大学、河南工业大学等。

工业工程

专业特点

工业工程专业主要研究管理学、运筹学、经济学、现代工业工程等方面的基本知识和技能，以提高劳动生产率、保证质量和降低成本为目标，多在工业、制造业进行生产过程和系统的规划、设计、运行、控制、优化以及产品质量的管理和生产成本的控制等。

本专业与高中学科关联度及学科要求

语文	数学	英语	物理	化学	生物	政治	历史	地理
B	A	B	E	E	E	C	C	D

本专业对高中阶段数学科目要求较高，适合对工业工程研究与分析感兴趣的学生就读。

选考学科建议

"3+3"省份：物理 / 化生 / 生物 / 地理

"3+1+2"省份：首选不限，再选政治 / 化学 / 地理 / 生物

大学主要课程

电工技术基础、机械设计基础、运筹学、系统工程导论、管理学、市场营销学、会计学与财务管理、管理信息系统等。

专业类
工业工程类

专业代码
120701

修业年限
四年

授予学位
工学学士、管理学学士

💡 就业方向

本专业毕业生可在各类机械、电子、汽车等制造型企业，从事工程设计、新产品开发、生产计划与控制、质量工程、设施规划与物流工程、供应链管理、设备管理、制造业信息化等工作;还可在各级政府、服务部门从事组织、协调等以技术为基础的系统管理工作；或在科研机构从事相应的研究工作。

🏛 本专业较好的大学（排名不分先后）

清华大学、上海交通大学、西安交通大学、北京航空航天大学、天津大学、南京大学、华中科技大学、北京理工大学、哈尔滨工业大学、华南理工大学、西北工业大学、同济大学、四川大学、浙江大学、合肥工业大学、南京航空航天大学、重庆大学、北京交通大学、东南大学、东北大学、南开大学、电子科技大学、南京理工大学、大连理工大学、福州大学、湖南大学、吉林大学、西安电子科技大学、北京科技大学、西南交通大学、山东大学、上海大学、上海海事大学、北京工业大学、南昌大学、杭州电子科技大学、华北电力大学、武汉理工大学、浙江工业大学、中国矿业大学、河北工业大学、暨南大学、江苏科技大学、江苏大学、上海理工大学、首都经济贸易大学、苏州大学、武汉科技大学、西安理工大学、江南大学、广东工业大学、中国矿业大学（北京）、山东科技大学、郑州大学、中国计量大学、青岛大学、沈阳工业大学、天津理工大学、南京农业大学、燕山大学、南京工业大学、北京信息科技大学、南京财经大学、湖北工业大学、贵州大学、浙江理工大学、昆明理工大学、三峡大学、成都理工大学、西安邮电大学、济南大学、辽宁工程技术大学、武汉纺织大学、安徽工业大学、北京建筑大学、重庆工商大学、东北林业大学、华北水利水电大学、温州大学、大连交通大学、山东工商学院、南昌航空大学、宁波大学等。

标准化工程

专业特点

标准化工程专业主要研究管理学、统计学、标准化工程、系统管理等方面的基本知识和技能，进行标准化工程项目的设计、开发、组织、实施等。例如：ISO 等标准化体系的建设，红头标准文件的起草，质量测试数据的处理、分析，产品质量的认证。

本专业与高中学科关联度及学科要求

语文	数学	英语	物理	化学	生物	政治	历史	地理
B	A	B	E	E	E	C	C	D

本专业对高中阶段数学科目要求较高，适合对标准化工程项目的决策和管理感兴趣的学生就读。

选考学科建议

"3+3"省份：物理 / 化生 / 生物 / 地理

"3+1+2"省份：首选不限，再选政治 / 化学 / 地理 / 生物

大学主要课程

管理学、标准化基础、应用统计学、误差理论与数据处理、质量管理与质量认证、现代质量工程方法、标准化技术、标准化与知识产权、企业标准化管理与实务、标准化工程实践等。

💡 就业方向

本专业毕业生可到各级技术监督部门、标准化研究和管理部门、各类中介和咨询机构、政府机构和中外企业、公司等从事标准制定和标准化管理、策划、设计、运行管理、监督、检测、审核、科技开发和创新、标准化技术与质量管理等工作。

🏛 本专业较好的大学（排名不分先后）

中国计量大学、青岛大学等。

专业类
工业工程类

专业代码
120702T

修业年限
四年

授予学位
管理学学士

质量管理工程

专业特点

质量管理工程专业主要研究管理学、经济学、统计学、质量工程等方面的基本知识和技能，在政府质监单位、企业质量管理部门，进行产品质量、工程质量、服务质量的控制、检测、管理、监督和认证等，以确保产品质量安全，保护消费者权益。

本专业与高中学科关联度及学科要求

语文	数学	英语	物理	化学	生物	政治	历史	地理
B	A	B	A	E	E	C	C	D

本专业对高中阶段数学、物理科目要求较高，适合对质量工程感兴趣的学生就读。

选考学科建议

"3+3"省份：物理

"3+1+2"省份：首选不限，再选政治／化学／地理／生物

大学主要课程

质量管理学、质量工程学、质量统计学、质量经济学、计量与标准化基础、质量管理体系认证、质量规划理论与方法、产品质量快速检测理论与方法、电器设备质量检测理论与技术等。

💡 就业方向

本专业毕业生可到各级政府质监单位、质量相关的事业单位及科研院所、企业质量管理部门，从事质量策划、质量设计、质量改进、质量检测、质量数据统计分析、质量监督和管理等工作。

🏛 本专业较好的大学（排名不分先后）

中国计量大学、北京物资学院、北京信息科技大学、南京财经大学、昆明理工大学、河北大学、安徽工程大学、东莞理工学院、哈尔滨商业大学、河南工程学院、上海电机学院等。

电子商务

专业特点

电子商务专业主要研究计算机科学、市场营销学、管理学、经济学、现代物流等方面的基本知识和技能，利用互联网进行各种商务活动，包括网上营销、网上客户服务、网上广告、网上调查等。例如：天猫、京东等店铺优惠活动的策划，各种商品的在线售卖和售后，微信、微博的广告的投放推广，商品销量、关注度等数据的分析。

本专业与高中学科关联度及学科要求

语文	数学	英语	物理	化学	生物	政治	历史	地理
A	A	B	E	E	E	C	C	D

本专业对高中阶段语文、数学科目要求较高，适合对网络营销及设计感兴趣的学生就读。

选考学科建议

"3+3"省份：不限 / 物理 / 化学 / 地理

"3+1+2"省份：首选不限，再选政治 / 化学 / 地理 / 生物

大学主要课程

计算机网络原理、电子商务概论、网络营销基础与实践、电子商务与国际贸易、电子商务信函写作、电子商务营销写作实务、营销策划、

网页配色、网页设计、数据结构、Java 语言、Web 标准与网站重构、Flash ActionScript 动画设计、UI 设计、电子商务网站建设等。

💡 就业方向

本专业毕业生可从事银行的后台运作（网络运作）、企事业单位网站的网页设计、网站建设和维护、网络编辑、网站内容的维护和网络营销（含国际贸易）、企业商品和服务的营销策划等专业工作，或从事客户关系管理、电子商务项目管理、电子商务活动的策划与运作、电子商务系统开发与维护工作以及在各级学校从事电子商务教学等工作。

🏛 本专业较好的大学（排名不分先后）

南京大学、上海财经大学、对外经济贸易大学、西安交通大学、武汉大学、厦门大学、中央财经大学、中山大学、北京交通大学、东北财经大学、南开大学、湖南大学、哈尔滨工业大学、华南理工大学、大连理工大学、西南财经大学、浙江工商大学、北京邮电大学、合肥工业大学、中南财经政法大学、四川大学、天津大学、暨南大学、武汉理工大学、重庆大学、中南大学、山东大学、东华大学、电子科技大学、东南大学、深圳大学、江西财经大学、河海大学、苏州大学、华中师范大学、广州大学、西北工业大学、南京财经大学、首都经济贸易大学、西南交通大学、福州大学、浙江师范大学、北京工商大学、安徽大学、南京航空航天大学、中国海洋大学、山东财经大学、浙江财经大学、郑州大学、华侨大学、安徽财经大学、东北大学、广东外语外贸大学、兰州大学、天津财经大学、上海对外经贸大学、陕西师范大学、南京审计大学、南昌大学、北京外国语大学、中国农业大学、河南大学、南京邮电大学、湖南师范大学、大连海事大学等。

电子商务及法律

专业特点

电子商务及法律专业主要研究计算机科学、管理学、经济学、法学等方面的基本知识和技能，进行电子商务行业各种法律问题和纠纷的处理、仲裁等。例如：买家隐私泄露、卖家仿冒品牌、无照经营、出售假货、不予退款等电商纠纷的法律处理。

本专业与高中学科关联度及学科要求

语文	数学	英语	物理	化学	生物	政治	历史	地理
B	A	B	E	E	E	A	C	D

本专业对高中阶段数学、政治科目要求较高，适合对网络商务活动感兴趣的学生就读。

选考学科建议

"3+3"省份：不限 / 物理 / 化学

"3+1+2"省份：首选不限，再选政治 / 化学 / 地理 / 生物

大学主要课程

数理基础课程、电路系列课程、计算机系列课程、电子商务法、企业管理理论、金融运营管理、物流与供应链管理、西方法律概论、隐私与数据保护法、信息安全的技术与法律等。

💡 就业方向

本专业毕业生可在政府行业管理部门、特许经营企事业单位、特许经营国际组织、学术机构、相关媒体、相关专业中介机构，从事电子商务技术、运作与管理等工作。

🏛 本专业较好的大学（排名不分先后）

北京邮电大学、西南政法大学、湖北大学、重庆理工大学、重庆工商大学、西北政法大学、河南财经政法大学、广东金融学院、安阳师范学院、湖南文理学院等。

跨境电子商务

专业特点

　　跨境电子商务专业培养德、智、体、美、劳全面发展，具有良好职业道德和人文素养，掌握跨境电子商务领域相关专业理论知识，具备跨境电子商务网络营销、活动策划、平台运营等能力，从事跨境电子商务平台运营及数据分析、视觉营销、网络客服等工作的高素质技术技能人才。

本专业与高中学科关联度及学科要求

语文	数学	英语	物理	化学	生物	政治	历史	地理
A	C	A	E	E	E	A	C	B

　　本专业对高中阶段语文、英语、政治科目要求较高，适合对电子商务感兴趣的学生就读。

选考学科建议

　　"3+3"省份：不限

　　"3+1+2"省份：首选不限，再选政治 / 化学 / 地理 / 生物

大学主要课程

　　国际贸易实务、跨境电子商务概论、跨境电商 B2B 实务、跨境电商 B2C 实务、跨境支付与结算、跨境电商法律与监管、跨境电商数据

化运营与管理、网络营销、跨境电商英语、跨境电商案例分析、跨境电商客户服务与管理、跨境电商物流等。

💡 就业方向

本专业毕业生可从事国际商务业务员、跨境电商操作员、营销师、推广员、运营师、国际贸易报关员与报检员、售前售后服务员等工作。

🏛 本专业较好的大学（排名不分先后）

浙江外国语学院、浙江万里学院、杭州师范大学钱江学院等。

旅游管理

👍 专业特点

    旅游管理专业主要研究管理学、经济学、旅游学、文化学等方面的基本知识和技能，在旅行社、旅游咨询公司、景区公园等企事业单位，进行旅游咨询、策划、开发、管理等。例如：旅游景区的开发与管理，旅游路线的规划设计，旅游行程的引导和景区介绍。

📖 本专业与高中学科关联度及学科要求

语文	数学	英语	物理	化学	生物	政治	历史	地理
A	C	B	E	E	D	C	B	A

    本专业对高中阶段语文、地理科目要求较高，适合对旅游经营管理感兴趣、热爱旅游业的学生就读。

📚 选考学科建议

    "3+3"省份：不限

    "3+1+2"省份：首选不限，再选政治／化学／地理／生物

📚 大学主要课程

    旅游政策与法规、旅行社管理、旅游地理学、旅游心理学、旅游经济学、旅行社经营与管理、旅游市场营销、旅游学概论、旅游文化学、旅游资源开发管理、景点规划与管理、旅游企业人力资源管理、旅游

项目管理、旅游信息系统、微观经济学等。

💡 就业方向

本专业毕业生可在旅游行政管理部门、旅行社、旅游景区、旅游咨询公司、旅游电子商务企业、旅游规划策划机构、主题公园从事旅游经济管理和企业管理工作。

🏛 本专业较好的大学（排名不分先后）

中山大学、复旦大学、南开大学、北京第二外国语学院、厦门大学、华南理工大学、四川大学、暨南大学、中南财经政法大学、东北财经大学、山东大学、中国海洋大学、浙江工商大学、浙江大学、上海财经大学、云南大学、郑州大学、南京师范大学、华侨大学、武汉大学、华南师范大学、陕西师范大学、江西财经大学、北京交通大学、湖南师范大学、西南财经大学、华中师范大学、中国地质大学（武汉）、安徽大学、湖北大学、华东师范大学、河南大学、重庆大学、东南大学、海南大学、湘潭大学、北京联合大学、青岛大学、苏州大学、广州大学、上海师范大学、南昌大学、首都经济贸易大学、西南交通大学、燕山大学、东华大学、兰州大学、西北大学、上海对外经贸大学、西安外国语大学、宁波大学、浙江工业大学、江西师范大学、黑龙江大学、南京财经大学、安徽师范大学、辽宁大学、重庆交通大学、东北师范大学、山西财经大学、天津财经大学、北京化工大学、三峡大学、四川农业大学、河北经贸大学、成都理工大学、浙江师范大学、山西大学、西南大学、北京林业大学、南京林业大学、西南民族大学、安徽财经大学、中国地质大学（北京）、大连海事大学、东北林业大学、中央民族大学、山东师范大学、长安大学、南京农业大学、中南林业科技大学、广西大学、天津商业大学、河南师范大学、内蒙古大学、四川师范大学、新疆大学等。

酒店管理

👍 专业特点

　　酒店管理专业主要研究经济学、管理学、酒店管理等方面的基本知识，接受酒店的前台、餐厅、客房、会展等多方面的管理和服务技能训练，进行酒店的服务、管理、经营等。例如：酒店的客房预订、前台接待、客房服务，酒店餐厅的服务与经营，酒店发展的规划设计，酒店的投资、经营与管理。

📙 本专业与高中学科关联度及学科要求

语文	数学	英语	物理	化学	生物	政治	历史	地理
A	C	B	D	D	C	D	C	D

　　本专业对高中阶段语文科目要求较高，适合对酒店经营管理感兴趣、善于沟通的学生就读。

📚 选考学科建议

　　"3+3"省份：不限

　　"3+1+2"省份：首选不限，再选政治 / 化学 / 地理 / 生物

🏛 大学主要课程

　　现代酒店管理、酒店心理学、旅游学概论、前厅客房服务与管理、餐饮服务与管理、菜点与酒水、酒店英语、现代酒店营销、酒店财务管理、

会议服务与管理、康乐服务与管理等。

💡 就业方向

本专业毕业生可有以下去向：各类酒店、饭店、宾馆的门迎，前厅接待人员和客房服务人员；各类旅游公司、旅游管理部门的工作人员；在各类酒店、饭店、宾馆的商务部门从事业务洽谈、市场调查、信息服务、对外联络服务工作的管理人员。

🏛 本专业较好的大学（排名不分先后）

中山大学、暨南大学、北京第二外国语学院、东北财经大学、厦门大学、湖南师范大学、华侨大学、华南师范大学、浙江工商大学、广东财经大学、天津财经大学、海南大学、江南大学、郑州大学、湖南工商大学、北京联合大学、青岛大学、上海商学院、湘潭大学、济南大学、天津商业大学、安徽师范大学、西安外国语大学、重庆工商大学、上海师范大学、山西财经大学、扬州大学、贵州财经大学、河北经贸大学、昆明理工大学、四川师范大学、四川农业大学、山西大学、河南师范大学、武汉商学院、中南林业科技大学、新疆大学、云南财经大学、哈尔滨商业大学、福建师范大学、辽宁师范大学、海南师范大学、广西师范大学、大连大学、吉首大学、昆明学院、湖北经济学院、江苏理工学院、西北师范大学、桂林理工大学、厦门理工学院、重庆师范大学、中国劳动关系学院、江汉大学、江西科技师范大学、江苏第二师范学院、沈阳师范大学、贵州师范大学、湖北第二师范学院、南京晓庄学院、天津农学院、大理大学、淮北师范大学、合肥学院、淮阴师范学院、广东金融学院、重庆三峡学院、山东工商学院、长沙学院等。

会展经济与管理

专业特点

　　会展经济与管理专业主要研究管理学、经济学、法学、会展管理等方面的基本知识和技能，进行各种会议、展览会、展销会、节庆活动的策划、设计、营销、组织、服务、管理等，包括策划设计展会、发布展会消息、组织参展客商、布置安排展区、展会广告代理、接待观众等。

本专业与高中学科关联度及学科要求

语文	数学	英语	物理	化学	生物	政治	历史	地理
A	A	B	D	E	E	B	C	B

　　本专业对高中阶段语文、数学科目要求较高，适合对会展组织与管理感兴趣的学生就读。

选考学科建议

　　"3+3"省份：不限

　　"3+1+2"省份：首选不限，再选政治/化学/地理/生物

大学主要课程

　　微观经济学、宏观经济学、管理学、统计学、市场营销、市场调查与预测、财务管理、人力资源管理、政治经济学、货币银行学、会

计学、财务管理、市场营销学、公共关系学等。

💡 就业方向

　　本专业毕业生可在各会展服务公司、会展服务网络中心、展览中心、各大博物馆展陈部、企事业单位的广告策划部，从事会展方面的经营管理工作。

🏛 本专业较好的大学（排名不分先后）

　　中山大学、南开大学、华南理工大学、上海对外经贸大学、华东师范大学、四川大学、暨南大学、华侨大学、北京第二外国语学院、东华大学、华南师范大学、湖南师范大学、天津财经大学、广州大学、山东财经大学、北京联合大学、南昌大学、上海理工大学、上海师范大学、云南财经大学、广东工业大学、海南大学、广东财经大学、内蒙古财经大学、重庆工商大学、成都理工大学、济南大学、四川农业大学、天津商业大学、河北经贸大学、河南财经政法大学、湖南工商大学、中南林业科技大学、哈尔滨商业大学、上海应用技术大学、天津科技大学、杭州师范大学、浙江传媒学院、浙江外国语学院、重庆文理学院、成都信息工程大学、浙大城市学院、北京农学院、上海第二工业大学、浙江万里学院、成都大学、厦门理工学院、兰州财经大学、北京石油化工学院、贵州财经大学、中原工学院、湖北经济学院、沈阳师范大学、云南民族大学、新疆财经大学、贵州民族大学、闽江学院、北京师范大学珠海分校、桂林理工大学、合肥学院、武汉商学院、广西财经学院等。

旅游管理与服务教育

专业特点

旅游管理与服务教育专业主要研究管理学、经济学、旅游学、教育学、酒店管理等方面的基本知识和技能，包含师范和非师范两类。师范类多在专科、技术类院校进行旅游类专业的教学与研究；非师范类多在旅游、酒店类企业进行策划、营销、服务、经营和管理等。

本专业与高中学科关联度及学科要求

语文	数学	英语	物理	化学	生物	政治	历史	地理
A	C	B	E	E	D	C	B	A

本专业对高中阶段语文、地理科目要求较高，适合对旅游服务感兴趣、善于沟通交流的学生就读。

选考学科建议

"3+3"省份：不限

"3+1+2"省份：首选不限，再选政治／化学／地理／生物

大学主要课程

经济学、管理学、旅游学概论、区域旅游规划、酒店管理、旅游教学论、教育实习、市场营销学、消费心理学、电子商务、项目策划、企业营销训练、设计素描、色彩构成、建筑学基础、工程制图、城市

规划原理、绿地系统规划、景区规划、景观设计等。

🔆 就业方向

　　本专业毕业生可在各级各类旅游教育单位从事旅游职业教学和研究工作，可在旅游景区、酒店、旅行社、旅游交通等各级旅游行政管理部门、旅游企事业单位从事旅游管理工作。

🏛 本专业较好的大学（排名不分先后）

　　浙江师范大学、宁波大学、河北师范大学、湖北师范大学、西北师范大学、内蒙古财经大学、淮北师范大学、广东技术师范大学、武汉商学院、三明学院、广东第二师范学院、齐鲁师范学院、重庆文理学院、韩山师范学院、福建技术师范学院等。

艺术学

艺术史论

专业特点

　　艺术史论专业主要研究中外艺术学理论和中外艺术史等方面的基本理论和知识，在各级文化部门、美术馆、博物馆，以及报纸杂志、广播电视、出版机构、文化公司等单位，进行策划、管理、编辑、评论与文创等。例如：油画、雕塑等艺术品的创作与鉴赏，诗词、文章的撰写与编辑，艺术品真伪的鉴定。

本专业与高中学科关联度及学科要求

语文	数学	英语	物理	化学	生物	政治	历史	地理
A	E	C	E	E	E	D	A	D

　　本专业对高中阶段语文、历史科目要求较高，适合对艺术研究感兴趣的学生就读。

选考学科建议

　　"3+3"省份：不限

　　"3+1+2"省份：首选不限，再选政治 / 化学 / 地理 / 生物

大学主要课程

　　艺术学原理、艺术文化学、艺术心理学、艺术教育学、艺术传播学、中国艺术学、西方艺术学、中国艺术史、亚洲艺术史、西方艺术史等。

💡 就业方向

本专业毕业生可以在文博系统、美术研究院所、出版社等机构，从事具有专业知识的鉴定、研究人员、教师和编辑等工作。

🏛 本专业较好的大学（排名不分先后）

北京大学、东南大学、中央美术学院、清华大学、中国美术学院、南京艺术学院、四川美术学院、吉林艺术学院、西安美术学院等。

艺术管理

专业特点

艺术管理专业是以现代管理观念与管理理论为依托，以文化市场需要为根据所设计的新型专业。例如：对知识产权、文化法规进行管理，对广告内容进行规范审核。

本专业与高中学科关联度及学科要求

语文	数学	英语	物理	化学	生物	政治	历史	地理
A	E	C	E	E	E	D	D	D

本专业对高中阶段语文科目要求较高，适合对艺术管理研究感兴趣的学生就读。

选考学科建议

"3+3"省份：不限

"3+1+2"省份：首选不限，再选政治 / 化学 / 地理 / 生物

大学主要课程

管理学原理、管理心理学、人力资源开发与管理、经济学、公共关系、传播学、会计学原理、财务管理、管理信息系统、电视节目制作、电视剧创作、电视导演艺术、管理系统工程、应用统计与受众调查、媒体管理、电视节目制片管理等。

💡 就业方向

本专业毕业生可在电视台各栏目、电视剧制作中心、各影视节目制作公司等部门，从事管理、策划、组织、协调、项目运作、观众研究等方面的工作。

🏛 本专业较好的大学（排名不分先后）

中央美术学院、中国传媒大学、上海戏剧学院、中国美术学院、上海音乐学院、南京艺术学院、广州美术学院、吉林艺术学院、西安美术学院、北京舞蹈学院、中央戏剧学院、山东艺术学院、云南艺术学院、湖北美术学院等。

音乐表演

专业特点

音乐表演专业主要研究音乐、器乐、舞蹈、表演、指挥等方面的基本知识和技能，掌握不同风格及题材的音乐作品的分析方法和演绎技巧，在歌舞剧院（团）、文教单位等进行音乐演出。例如：大型音乐剧的演绎，合唱演出中的演唱、和声、指挥、钢琴伴奏，民乐合奏中古筝、琵琶、二胡等乐器的演奏。

本专业与高中学科关联度及学科要求

语文	数学	英语	物理	化学	生物	政治	历史	地理
A	E	C	E	E	E	D	D	D

本专业对高中阶段语文科目要求较高，适合对音乐作品表演感兴趣的学生就读。

选考学科建议

"3+3"省份：不限

"3+1+2"省份：首选不限，再选政治 / 化学 / 地理 / 生物

大学主要课程

声乐、钢琴、基本乐理、视唱练耳、舞台表演、合唱与指挥、形态与舞蹈、曲式与作品分析等。

💡 就业方向

本专业毕业生可到电视台、歌舞剧院（团）、电视剧制作中心、宣传部门、文教事业单位，从事演唱、创作和音乐制作工作；也可在高等院校从事教学科研工作；还可以进一步攻读该专业及相关专业的硕士学位。

🏛 本专业较好的大学（排名不分先后）

上海音乐学院、中央音乐学院、中国音乐学院、星海音乐学院、武汉音乐学院、湖南师范大学、天津音乐学院、浙江音乐学院、广西艺术学院、南京航空航天大学、沈阳音乐学院、四川音乐学院、江西师范大学、西安音乐学院、吉林艺术学院、西南大学、南京艺术学院、贵州大学、中国传媒大学、内蒙古大学、安徽师范大学、郑州大学、河南大学、哈尔滨师范大学、福建师范大学、首都师范大学、新疆艺术学院、沈阳师范大学、贵州民族大学、华东师范大学、云南艺术学院、河北师范大学、中南大学、中央民族大学、内蒙古艺术学院、陕西师范大学、扬州大学、海南大学、洛阳师范学院、南京师范大学、齐齐哈尔大学、上海师范大学、华南师范大学、浙江师范大学、中国人民大学、山东师范大学、西北民族大学、华南理工大学、厦门大学、浙江传媒学院、哈尔滨音乐学院、山东艺术学院、中南林业科技大学、华中师范大学、山西大学、西藏大学、北方民族大学、河西学院、青岛大学、周口师范学院、黄淮学院、西北师范大学、兰州文理学院、深圳大学、苏州大学、吉林大学、华中科技大学、同济大学、重庆大学、中山大学、上海大学、燕山大学、四川大学、曲阜师范大学、东北大学、广西师范大学、河南师范大学、江苏师范大学、西南交通大学、大连大学、新疆师范大学、安徽大学、西南民族大学、广东外语外贸大学、齐鲁工业大学、三峡大学、东北农业大学、集美大学、兰州大学等。

音乐学

专业特点

音乐学专业主要研究音乐学、音乐史、音乐行为、音乐教育等方面的基本知识和技能，涉及声乐、器乐、民乐、作曲等多个方面，进行音乐表演、器乐演奏、编曲作曲等。例如：合唱演出中的演唱、和声、指挥、伴奏，广播剧、影视剧配乐的创作编曲，在音乐教育机构唱歌、乐器教学。

本专业与高中学科关联度及学科要求

语文	数学	英语	物理	化学	生物	政治	历史	地理
A	E	C	D	E	D	D	C	D

本专业对高中阶段语文科目要求较高，适合对音乐研究感兴趣的学生就读。

选考学科建议

"3+3"省份：不限

"3+1+2"省份：首选不限，再选政治/化学/地理/生物

大学主要课程

音乐史、音乐学理论、中外民族民间音乐、教育学、美学、作曲技术理论、钢琴或其他乐器演奏等。

💡 就业方向

本专业毕业生主要到高、中等专业或普通院校，社会文艺团体、艺术研究单位，或文化机关、出版及广播、影视部门，从事教学、研究、编辑、评论、管理等方面的工作。

🏛 本专业较好的大学 （排名不分先后）

中央音乐学院、中国音乐学院、上海音乐学院、东北师范大学、首都师范大学、福建师范大学、南京艺术学院、中央民族大学、湖南师范大学、星海音乐学院、武汉音乐学院、北京师范大学、陕西师范大学、宁波大学、山东师范大学、天津音乐学院、山东大学、浙江音乐学院、上海师范大学、南京师范大学、浙江师范大学、哈尔滨师范大学、河南大学、杭州师范大学、吉林艺术学院、安徽师范大学、华中师范大学、西藏大学、江西师范大学、青岛大学、西南大学、沈阳师范大学、四川音乐学院、西安音乐学院、新疆师范大学、河北师范大学、华南师范大学、中国传媒大学、泉州师范学院、延边大学、广州大学、河南师范大学、广西艺术学院、沈阳音乐学院、西北师范大学、四川师范大学、济南大学、郑州大学、贵州大学、曲阜师范大学、云南艺术学院、吉首大学、华东师范大学、盐城师范学院、山东艺术学院、山西师范大学、周口师范学院、广西师范大学、扬州大学、井冈山大学、温州大学、延安大学、华南理工大学、中南民族大学、广西大学、云南师范大学、河北大学、湖南科技大学、厦门大学、晋中学院、江西中医药大学、哈尔滨音乐学院、海南师范大学、凯里学院、青海师范大学、湖北师范大学、华东交通大学、江苏第二师范学院、中北大学、湖南第一师范学院、重庆文理学院、德州学院、赣南师范大学、合肥师范学院、衡阳师范学院、湖北第二师范学院、淮北师范大学、四川大学、保定学院、贵州师范大学、黑河学院、湖南理工学院等。

作曲与作曲技术理论

专业特点

作曲与作曲技术理论专业主要研究音乐学、器乐学、作曲和作曲技术等方面的基本知识和技能，包括和声、复调、曲式、配器等方面，进行音乐分析、创作、编辑等。例如：电影、电视剧主题歌的编曲作曲，经典音乐的改编翻新，古典乐曲的曲式和调式的分析，用电脑进行旋律、音乐的合成。

本专业与高中学科关联度及学科要求

语文	数学	英语	物理	化学	生物	政治	历史	地理
A	E	C	E	E	E	D	B	D

本专业对高中阶段语文科目要求较高，适合对音乐研究感兴趣的学生就读。

选考学科建议

"3+3"省份：不限

"3+1+2"省份：首选不限，再选政治 / 化学 / 地理 / 生物

大学主要课程

作曲、作曲技术理论、视唱练耳、音乐史、戏曲史、中外民族民间音乐、钢琴或其他乐器演奏、中国传统音乐分析、现代音乐分析等。

💡 就业方向

本专业毕业生可在有关文艺单位、艺术院校、科研机构以及出版、广播影视部门，从事作曲与作曲技术理论的创作、教学、研究、编辑等方面的工作。

🏛 本专业较好的大学（排名不分先后）

中央音乐学院、中国音乐学院、上海音乐学院、星海音乐学院、沈阳音乐学院、浙江音乐学院、四川音乐学院、西安音乐学院、云南艺术学院、武汉音乐学院、西北民族大学、中央民族大学、南京艺术学院、西藏大学、山东师范大学、中国传媒大学、哈尔滨音乐学院、山东艺术学院、河南大学、广西艺术学院、吉林大学、中国戏曲学院等。

舞蹈表演

专业特点

舞蹈表演专业主要研究表演学、舞蹈学等方面的基本知识，并接受舞蹈、形体相关的训练，进行伴舞、编舞、舞蹈表演、舞蹈教学等。例如：大型舞剧的演出，歌唱表演的伴舞、群舞、双人舞、独舞造型动作的编排，儿童的舞蹈教学和形体训练。

本专业与高中学科关联度及学科要求

语文	数学	英语	物理	化学	生物	政治	历史	地理
A	E	C	E	E	E	D	D	D

本专业对高中阶段语文科目要求较高，适合对舞蹈研究感兴趣的学生就读。

选考学科建议

"3+3"省份：不限

"3+1+2"省份：首选不限，再选政治 / 化学 / 地理 / 生物

大学主要课程

艺术概论、舞蹈艺术概论、中外舞蹈史、舞蹈名作赏析、舞蹈美学、运动生理学、运动生物力学等。

💡 就业方向

本专业毕业生可从事舞蹈演员、舞蹈教学、辅导组织工作，也可从事企业文化、社区文化和大型文化活动的策划、编导、排练等工作。

🏛 本专业较好的大学（排名不分先后）

北京舞蹈学院、中央民族大学、云南艺术学院、广西艺术学院、星海音乐学院、上海戏剧学院、浙江音乐学院、内蒙古艺术学院、山东艺术学院、沈阳音乐学院、西北民族大学、西南民族大学、贵州民族大学、西安音乐学院、安徽师范大学、四川大学、南京师范大学、首都体育学院、南京艺术学院、延边大学、武汉音乐学院、河北经贸大学、厦门大学、西藏大学、北京体育大学、天津音乐学院、沈阳师范大学、成都体育学院、西北师范大学、哈尔滨体育学院、山东青年政治学院、重庆大学、贵州大学、河北师范大学、四川音乐学院、吉林艺术学院、中南大学、江南大学、燕山大学、新疆师范大学、广东外语外贸大学、湖南科技大学、集美大学、中南民族大学、常州大学、海南师范大学、内蒙古大学、云南师范大学、河南农业大学、武汉体育学院、华侨大学、内蒙古师范大学、山东工艺美术学院、四川师范大学、江汉大学、鲁东大学、湖南农业大学、山东体育学院、重庆师范大学、广州体育学院、贵州师范大学、九江学院、青海师范大学、山东理工大学、沈阳大学、成都大学、湖北科技学院、湖南第一师范学院、吉首大学、山东英才学院、河北科技师范学院、辽宁科技大学、临沂大学、沈阳体育学院、西安建筑科技大学华清学院、长春师范大学、重庆外语外事学院、河北北方学院、井冈山大学、廊坊师范学院、绵阳师范学院、宁夏大学、北方民族大学、合肥师范学院、河北农业大学、湖北师范大学、湖南工业大学、厦门大学嘉庚学院、西华大学、西华师范大学等。

舞蹈学

专业特点

舞蹈学专业主要研究舞蹈理论、舞蹈历史、舞蹈鉴赏等方面的基本知识，接受各种舞蹈的技术训练，在艺术院校、艺术团体、文化宫、少年宫等单位进行舞蹈的教学和指导等。常见的舞蹈有古典舞、芭蕾舞、民族舞、现代舞、拉丁舞、华尔兹、探戈等。

本专业与高中学科关联度及学科要求

语文	数学	英语	物理	化学	生物	政治	历史	地理
A	E	C	E	E	E	D	D	D

本专业对高中阶段语文科目要求较高，适合对舞蹈研究感兴趣的学生就读。

选考学科建议

"3+3"省份：不限

"3+1+2"省份：首选不限，再选政治／化学／地理／生物

大学主要课程

舞蹈写作教程、舞蹈形态学、中国舞蹈史、中国民间舞蹈文化、世界芭蕾史纲、欧美现代舞史、舞蹈专业英语、舞蹈文献检索与利用、中国舞蹈意象论、中外舞蹈思想教程、舞蹈解剖学等。

💡 就业方向

本专业毕业生可在文艺演出团体、少年宫、文化宫、群艺馆、艺术院校、中小学、大众事业单位宣传机构，从事舞蹈教师、舞蹈指导、艺术体操教练、舞蹈演员等工作。

🏛 本专业较好的大学 (排名不分先后)

北京舞蹈学院、中央民族大学、福建师范大学、北京师范大学、陕西师范大学、南京艺术学院、山东师范大学、首都师范大学、华南师范大学、浙江音乐学院、西北师范大学、云南艺术学院、西北民族大学、天津体育学院、四川音乐学院、西安音乐学院、新疆艺术学院、星海音乐学院、南昌大学、南京师范大学、浙江师范大学、武汉音乐学院、华南理工大学、上海师范大学、河北大学、湖南师范大学、中南民族大学、贵州师范大学、湖南第一师范学院、华中师范大学、广西艺术学院、沈阳音乐学院、天津音乐学院、青岛大学、西南大学、郑州大学、吉首大学、江西师范大学、贵州大学、杭州师范大学、山东青年政治学院、邢台学院、吉林艺术学院、昆明学院、曲阜师范大学、赣南师范大学、内蒙古艺术学院、广西师范大学、聊城大学、新疆师范大学、广东技术师范大学、武汉体育学院、云南师范大学、广西大学、辽宁师范大学、海南师范大学、辽宁大学、泉州师范学院、天津师范大学、云南大学、重庆师范大学、济南大学、贵州财经大学、华侨大学、内蒙古师范大学、四川师范大学、贵州民族大学、凯里学院、三峡大学、山东艺术学院、长江大学、湖北民族大学、淮阴师范学院、岭南师范学院、贵州师范学院、临沂大学、青海师范大学、广州体育学院、河北师范大学汇华学院、湖北工程学院、南宁师范大学、五邑大学、盐城师范学院、云南民族大学、安阳师范学院、宝鸡文理学院、广西民族大学、河北北方学院、衡阳师范学院、淮北师范大学、九江学院、南阳师范学院等。

舞蹈编导

专业特点

舞蹈编导专业主要研究舞蹈学、表演学等方面的基本知识和技能，包括舞蹈、舞剧的创作和编导理论、人体动作编创技巧、舞蹈音乐赏析等，在文艺表演团体进行舞蹈、舞剧动作和造型的创作、编导等。例如：大型舞剧的创作、编排，春节、元宵节等节日晚会舞蹈演出的设计、编导。

本专业与高中学科关联度及学科要求

语文	数学	英语	物理	化学	生物	政治	历史	地理
A	E	C	E	E	E	D	D	D

本专业对高中阶段语文科目要求较高，适合对舞蹈研究感兴趣的学生就读。

选考学科建议

"3+3"省份：不限

"3+1+2"省份：首选不限，再选政治/化学/地理/生物

大学主要课程

舞蹈编导、舞蹈基本功训练、现代舞技术、舞蹈组合训练、舞蹈剧目分析、舞蹈创作实习、音乐（钢琴、曲式分析）、舞蹈编导理论、

现代舞专业基础课程、现代舞课程等。

💡 就业方向

本专业毕业生可在专业表演团体、学校、科研单位、演艺机构等，从事中国舞、芭蕾舞、现代舞等舞蹈、舞剧的编导以及教学与研究工作。

🏛 本专业较好的大学（排名不分先后）

北京舞蹈学院、东北师范大学、中央民族大学、山东大学、浙江音乐学院、西安音乐学院、星海音乐学院、山东青年政治学院、南京艺术学院、武汉音乐学院、河南大学、广州大学、山西大学、广西艺术学院、沈阳音乐学院、天津音乐学院、哈尔滨师范大学、深圳大学、上海戏剧学院、四川音乐学院、吉林艺术学院、江南大学、云南艺术学院、内蒙古艺术学院、海南大学、江苏师范大学、河南师范大学、齐齐哈尔大学、大连大学、西南民族大学、上海体育学院、西北民族大学、内蒙古大学、山东艺术学院、东北石油大学、烟台大学、珠海科技学院、东莞理工学院、淮阴师范学院、山东体育学院等。

舞蹈教育

专业特点

舞蹈教育专业研究的对象是舞蹈教育这种特殊的社会现象及舞蹈教育的基本规律，包括一般规律和特殊规律。

本专业与高中学科关联度及学科要求

语文	数学	英语	物理	化学	生物	政治	历史	地理
A	E	C	E	E	E	D	D	D

本专业对高中阶段语文科目要求较高，适合对舞蹈研究感兴趣的学生就读。

选考学科建议

"3+3"省份：不限

"3+1+2"省份：首选不限，再选政治 / 化学 / 地理 / 生物

大学主要课程

中国文化概论、艺术概论、美学概论、西方美学史、中国舞蹈史、西方舞蹈史、民间舞蹈文化概论、舞蹈解剖学、教育心理学、舞蹈教育学、古典舞教学法、民间舞教学法、芭蕾舞教学法、中国古典舞基训、芭蕾舞基训、中国民族民间舞、现代舞、中国古典舞剧目排练、中国民族民间舞剧目排练等。

💡 就业方向

本专业毕业生可在文艺演出团体、少年宫、群艺馆、艺术院校、中小学、大众事业单位宣传机构从事舞蹈教师、舞蹈指导、艺术体操教练、舞蹈演员等工作。

🏛 本专业较好的大学（排名不分先后）

北京舞蹈学院、中央民族大学、南京艺术学院等。

航空服务艺术与管理

专业特点

航空服务艺术与管理专业培养在航空公司从事空中服务工作的专业人员，要求有一定英语或其他语种的听说能力，具备一定社交礼仪知识与技能。

本专业与高中学科关联度及学科要求

语文	数学	英语	物理	化学	生物	政治	历史	地理
A	E	C	E	E	E	D	D	D

本专业对高中阶段语文科目要求较高，适合对空乘服务感兴趣的学生就读。

选考学科建议

"3+3"省份：不限

"3+1+2"省份：首选不限，再选政治／化学／地理／生物

大学主要课程

民航概论、民航法律法规、民航服务英语、民航商务运营管理、民航服务礼仪、民航客舱安全管理、民航客舱设备操作与管理等。

💡 就业方向

本专业毕业生可到政府部门、企事业单位、在有空乘专业的院校从事管理、文秘、教师等工作，也可从事与国际空乘、民航机务、民航物流管理、国际酒店管理、民航商务信息管理相关的工作。

🏛 本专业较好的大学（排名不分先后）

山东师范大学、贵州民族大学、西北师范大学、河北师范大学、曲阜师范大学、安徽师范大学、西北民族大学、西南民族大学、云南师范大学、山西师范大学、中南民族大学、重庆师范大学、内蒙古师范大学、大连民族大学、内蒙古民族大学、青海师范大学、北方民族大学、沈阳航空航天大学、湖北民族大学、吉首大学、南昌航空大学等。

流行音乐

专业特点

流行音乐专业采用专业技能培养，实践教学、项目教学、训练营教学等多元化的教学模式，注重学生的专业理论知识培养和实践创作能力的培养。将教学延伸到校内外的音乐演出市场、音乐剧演出剧组等，学生全程参与项目实践。

本专业与高中学科关联度及学科要求

语文	数学	英语	物理	化学	生物	政治	历史	地理
A	E	C	E	E	E	D	D	D

本专业对高中阶段语文科目要求较高，适合对音乐研究感兴趣的学生就读。

选考学科建议

"3+3"省份：不限

"3+1+2"省份：首选不限，再选政治 / 化学 / 地理 / 生物

大学主要课程

音乐学理论、中外民族民间音乐、教育学、美学、作曲技术理论等。

💡 就业方向

本专业毕业生主要到高、中等专业或普通院校，社会文艺团体，艺术研究单位，或文化机关、出版及广播、影视部门，从事教学、研究、编辑、评论、管理等方面的工作。

🏛 本专业较好的大学（排名不分先后）

中央音乐学院、上海音乐学院、中国音乐学院、北京舞蹈学院、南京艺术学院、福建师范大学、首都师范大学、天津音乐学院、沈阳音乐学院、东北师范大学等。

音乐治疗

专业特点

音乐治疗专业已成为一门成熟完整的边缘学科，目前确立的临床治疗方法多达上百种，并形成了众多的理论流派。

本专业与高中学科关联度及学科要求

语文	数学	英语	物理	化学	生物	政治	历史	地理
A	E	C	E	E	E	D	D	D

本专业对高中阶段语文科目要求较高，适合对音乐治疗研究感兴趣的学生就读。

选考学科建议

"3+3"省份：不限

"3+1+2"省份：首选不限，再选政治/化学/地理/生物

大学主要课程

音乐治疗学基础、临床实用音乐技能、音乐治疗干预方法、特殊儿童音乐治疗、综合领域的音乐治疗、音乐治疗评估方法、音乐治疗文献选读与论文写作、行为干预原理与方法、言语治疗、沟通训练原理与方法、社交训练原理与方法、感觉统合训练、特殊儿童戏剧治疗，及基本乐理、视唱练耳、声乐、钢琴、器乐、合唱与指挥、舞台综合

艺术实践等。

💡 就业方向

本专业毕业生可在综合性医院、儿童特教机构、康复医院、老年院、心理诊所等单位就职。

🏛 本专业较好的大学（排名不分先后）

中央音乐学院、上海音乐学院、中国音乐学院、北京舞蹈学院、南京艺术学院、福建师范大学、首都师范大学、天津音乐学院、沈阳音乐学院、东北师范大学等。

流行舞蹈

专业特点

流行舞蹈专业采用多元化教学模式，以此培养一批集表演、教育和编导于一身的多元化高素质流行歌舞表演人才。

本专业与高中学科关联度及学科要求

语文	数学	英语	物理	化学	生物	政治	历史	地理
A	E	C	E	E	E	D	D	D

本专业对高中阶段语文科目要求较高，适合对流行舞蹈感兴趣的学生就读。

选考学科建议

"3+3"省份：不限

"3+1+2"省份：首选不限，再选政治/化学/地理/生物

大学主要课程

街舞部分：锁舞、机械舞、霹雳舞、嘻哈基础、洛杉矶风格；爵士舞部分：爵士基础、爵士芭蕾、新潮爵士、雷鬼风格女班；芭蕾基训、流行音乐理论、中国时尚流行舞考级认证课、编舞排练课。

💡 就业方向

本专业毕业生可进入专业舞蹈团、宣传部、合唱团体、专业文艺团体、广播电视局、地方文体局、部队文工团等事业单位；也可进入文化宫、少年宫等成为高等教育教师、舞蹈理论研究员；也可进入各级院校从事专业教育工作；还可成为舞蹈编导、艺术体操教练、舞蹈评论家等。

🏛 本专业较好的大学（排名不分先后）

中央音乐学院、上海音乐学院、中国音乐学院等。

表演

专业特点

表演专业主要研究戏剧、戏曲、影视、舞蹈、音乐等方面表演艺术的基本知识和技巧，涉及表演、台词、形体、配音等，进行电影、电视剧、戏剧、舞台剧、话剧等表演中不同人物形象的创作、演绎等。

本专业与高中学科关联度及学科要求

语文	数学	英语	物理	化学	生物	政治	历史	地理
A	E	C	E	E	E	D	D	D

本专业对高中阶段语文科目要求较高，适合对表演艺术研究感兴趣的学生就读。

选考学科建议

"3+3"省份：不限

"3+1+2"省份：首选不限，再选政治/化学/地理/生物

大学主要课程

表演基础理论、表演基本技能、表演剧目、艺术理论、文学修养课程、戏剧学、电影学等。

💡 就业方向

本专业毕业生可在全国各电视台、电视剧制作中心、各影视制作公司、剧组、文艺表演团体、教研单位、各单位党政工团、文化传播公司等，从事表演、管理、策划、组织等工作。

🏛 本专业较好的大学 （排名不分先后）

北京电影学院、中国戏曲学院、中央戏剧学院、上海戏剧学院、南京艺术学院、吉林艺术学院、中国传媒大学、云南艺术学院、河南大学、沈阳师范大学、北京舞蹈学院、安庆师范大学、山东艺术学院、上海大学、东北师范大学、南昌大学、武汉大学、上海音乐学院、浙江理工大学、成都理工大学、上海师范大学、重庆大学、贵州大学、陕西师范大学、山东工艺美术学院、西安工程大学、浙江音乐学院、安徽工程大学、哈尔滨师范大学、山西师范大学、深圳大学、四川师范大学、南京传媒学院、邢台学院、四川大学、四川电影电视学院、同济大学、南京农业大学、中南大学、辽宁大学、辽宁师范大学、中国海洋大学、江南大学、天津师范大学、江西师范大学、星海音乐学院、安徽大学、天津工业大学、广西艺术学院、首都体育学院、上海工程技术大学、首都经济贸易大学、天津音乐学院、常州大学、湖南农业大学、青岛大学、上海体育学院、北京联合大学、广东工业大学、河南农业大学、湖南师范大学、华南农业大学、北京服装学院、厦门理工学院、海南师范大学、南通大学、武汉纺织大学、中原工学院、江汉大学、新疆艺术学院、大连工业大学、东华大学、闽江学院、山东体育学院、西南石油大学、浙江科技学院、河北师范大学、惠州学院、沈阳大学、沈阳航空航天大学、武汉体育学院、西藏大学、西南民族大学、浙江传媒学院、广西师范大学、广州体育学院、海南大学、湖北科技学院、华东交通大学、南昌航空大学、上海视觉艺术学院、沈阳音乐学院、九江学院、辽宁科技大学等。

戏剧学

专业特点

戏剧学专业主要研究戏剧和影视的理论、评论、编辑、艺术管理等方面的基本知识和技能，进行戏剧、影视的理论研究、编排审查、评论分析、剧本创作等。例如：戏剧、电视剧情节、人物的评论分析、话剧、戏剧剧本的编写创作。

本专业与高中学科关联度及学科要求

语文	数学	英语	物理	化学	生物	政治	历史	地理
A	E	C	E	E	E	D	D	D

本专业对高中阶段语文科目要求较高，适合对戏剧研究感兴趣的学生就读。

选考学科建议

"3+3"省份：不限

"3+1+2"省份：首选不限，再选政治/化学/地理/生物

大学主要课程

导演学、表演艺术、舞台美术设计基础、中外戏剧史、艺术概论等。

💡 就业方向

本专业毕业生主要到剧院（团）或电视台、电影厂、编辑部以及文化管理机关等单位，从事理论研究、编审与文化管理等方面的工作，或到国家机关、文教事业单位从事相应工作。

🏛 本专业较好的大学（排名不分先后）

中央戏剧学院、上海戏剧学院、云南艺术学院、山东艺术学院等。

电影学

专业特点

电影学专业主要研究电影的中外历史、审美特性、创作规律、摄影艺术、造型艺术等方面的基本知识和技能，在电视台、电影厂、影视制作公司等，进行电影、广播电视节目的策划、创作、制作，以及对影视剧作的鉴赏评论等。

本专业与高中学科关联度及学科要求

语文	数学	英语	物理	化学	生物	政治	历史	地理
A	E	C	E	E	E	D	D	D

本专业对高中阶段语文科目要求较高，适合对电影学研究感兴趣的学生就读。

选考学科建议

"3+3"省份：不限

"3+1+2"省份：首选不限，再选政治/化学/地理/生物

大学主要课程

世界电影史、中国电影史、电影美学、电影造型、电影声音、摄影艺术等。

💡 就业方向

本专业毕业生主要到广播电视、新闻宣传部门、电影行业、娱乐行业等从事电影的制作、策划等工作。

🏛 本专业较好的大学（排名不分先后）

北京电影学院、北京师范大学、山东艺术学院、云南艺术学院等。

戏剧影视文学

专业特点

戏剧影视文学专业以电影、舞台剧、电视剧的文学剧本创作为核心，主要研究艺术学、中文学、电影学、编剧基础等方面的基本知识和技能，进行电影、电视剧、戏剧、舞台剧等剧本的创作、编写，以及戏剧、影视的评论、评价等。

本专业与高中学科关联度及学科要求

语文	数学	英语	物理	化学	生物	政治	历史	地理
A	E	B	E	E	E	B	A	C

本专业对高中阶段语文、历史科目要求较高，适合对戏剧影视文学研究感兴趣的学生就读。

选考学科建议

"3+3"省份：不限

"3+1+2"省份：首选不限，再选政治／化学／地理／生物

大学主要课程

戏剧、戏曲剧本写作、影视写作、戏剧概论、艺术概论、戏剧作品鉴赏与批评、影视作品赏析、中外戏剧史、中外文学史、中外电影史、表演导演艺术基础 、视听语言、舞台美术基础、音乐欣赏、美术欣赏、

摄影基础、摄像基础、3D 动画基础等，电影启示、影视艺术概论等。

💡 就业方向

　　本专业毕业生适合在文艺创作单位、专业剧团、电影制片厂、电视台、广播电台等单位，从事戏剧影视创作、评论、导演及制作工作；在大专院校和专业科研机构从事教学科研工作；在文化传播公司、文艺节目制作公司、文化事业公司、影视广告公司及文化产业领域从事创作、策划、编导、制作等工作；也可以报考戏剧戏曲学、电影学、广播电视学等相关专业继续深造。

🏛 本专业较好的大学（排名不分先后）

　　北京师范大学、南京大学、中国传媒大学、北京电影学院、上海戏剧学院、厦门大学、中央戏剧学院、中国戏曲学院、浙江师范大学、武汉大学、上海大学、南京艺术学院、南京师范大学、西北大学、西南大学、上海师范大学、山西师范大学、云南艺术学院、山东艺术学院、重庆大学、四川师范大学、山东师范大学、安徽师范大学、河南大学、曲阜师范大学、河北大学、天津师范大学、吉林艺术学院、江西师范大学、南昌大学、辽宁大学、兰州大学、湖南师范大学、河南师范大学、山西大学、广西艺术学院、新疆艺术学院、浙江传媒学院、西安建筑科技大学、天津音乐学院、长安大学、首都师范大学、洛阳师范学院、天水师范学院、暨南大学、广西大学、湖南工业大学、四川电影电视学院、中国劳动关系学院、九江学院、贵州民族大学、新疆大学、内蒙古大学、沈阳音乐学院、信阳师范学院、重庆师范大学等。

广播电视编导

专业特点

广播电视编导专业主要研究广播电视节目策划、创作、编导、制作等方面的基本知识和技能，进行电视节目编导、纪录片导演、频道与栏目策划、影视剧本创作、文娱栏目的采访与撰稿等。

本专业与高中学科关联度及学科要求

语文	数学	英语	物理	化学	生物	政治	历史	地理
A	E	C	E	E	E	D	D	D

本专业对高中阶段语文科目要求较高，适合对广播电视编导研究感兴趣的学生就读。

选考学科建议

"3+3"省份：不限

"3+1+2"省份：首选不限，再选政治/化学/地理/生物

大学主要课程

传播学、传媒艺术概论、播音与主持、电视艺术概论、戏剧艺术概论、中国戏曲、影视作品分析、视听语言。

💡 就业方向

本专业毕业生可在报纸、杂志、出版社、电台、电视台、电影制作部门等，做记者、主持、策划以及编辑、编导等工作。

🏛 本专业较好的大学（排名不分先后）

中国传媒大学、上海戏剧学院、北京电影学院、上海大学、南京师范大学、东北师范大学、西南大学、上海师范大学、福建师范大学、南京艺术学院、西北大学、山东艺术学院、广州大学、哈尔滨师范大学、山东师范大学、四川师范大学、山西师范大学、云南艺术学院、西北师范大学、中国美术学院、河南大学、吉林艺术学院、吉林大学、重庆大学、江西师范大学、陕西师范大学、华东师范大学、浙江传媒学院、云南师范大学、辽宁师范大学、北京大学、江苏师范大学、湖南大学、南昌大学、辽宁大学、上海交通大学、天津师范大学、河北传媒学院、同济大学、广西艺术学院、南京传媒学院、四川传媒学院、重庆邮电大学、河北师范大学、四川大学、池州学院、河北大学、新疆艺术学院、新乡学院、西北政法大学、四川电影电视学院、重庆文理学院、成都大学、闽南师范大学、西北民族大学、青岛农业大学、黄冈师范学院、长安大学、长沙学院、兰州城市学院、沈阳师范大学、天津工业大学、西安建筑科技大学、内蒙古师范大学、平顶山学院、宝鸡文理学院、商丘师范学院、西北大学现代学院、青岛大学、东北农业大学、陕西科技大学、贺州学院、沈阳城市学院、华南农业大学、海南师范大学、黑龙江大学、西南石油大学、东莞理工学院、贵州民族大学、广东财经大学等。

戏剧影视导演

专业特点

戏剧影视导演专业主要研究戏剧、戏曲、影视、导演基础、影音剪辑等方面的基本知识和技能，进行电影、电视剧、纪录片、广告的策划、创作、编导、剪辑等。戏剧影视导演和广播电视编导相比，戏剧影视导演主要进行录播节目的导演，广播电视编导主要进行现场直播节目的导演。

本专业与高中学科关联度及学科要求

语文	数学	英语	物理	化学	生物	政治	历史	地理
A	E	C	E	E	E	D	D	D

本专业对高中阶段语文科目要求不高，适合对戏剧影视导演感兴趣的学生就读。

选考学科建议

"3+3"省份：不限

"3+1+2"省份：首选不限，再选政治/化学/地理/生物

大学主要课程

录音基础、音乐基础、视听语言、美学、色彩学、艺术概论、中外电影史、美术作品分析、中外文学、影视导演基础、影视剧创作、

影视大师作品读解、影视精品赏析、绘画基础等。

💡 就业方向

　　本专业毕业生可在剧院（团）、电视台、电影厂、编辑部等单位，从事文学创作、编辑和理论研究工作；在国家机关、文教事业等单位从事戏剧影视策划、创作和导演工作；也可在剧院（团）、电影制片厂、电视台、电视剧制作中心等单位从事戏剧、戏曲艺术、电影、电视剧制作等方面的导演工作和理论研究工作。

🏛 本专业较好的大学 （排名不分先后）

　　北京电影学院、上海戏剧学院、中央戏剧学院、中国传媒大学、暨南大学、上海大学、中国戏曲学院、重庆大学、南京艺术学院、四川师范大学、山东艺术学院、云南艺术学院、辽宁大学、安徽大学、吉林艺术学院、贵州大学、河北科技大学等。

戏剧影视美术设计

专业特点

戏剧影视美术设计专业主要研究戏剧、影视、舞台美术、视觉设计等方面的基本知识和技能，在剧院、电影厂、电视台等进行戏剧、戏曲、影视和其他舞台演出的美术设计，包括舞台设计、场景设计、人物形象设计、布景绘制、灯光设计、服装与化妆设计、道具设计等。

本专业与高中学科关联度及学科要求

语文	数学	英语	物理	化学	生物	政治	历史	地理
A	E	C	E	E	E	D	D	D

本专业对高中阶段语文科目要求较高，适合对戏剧影视美术设计感兴趣的学生就读。

选考学科建议

"3+3"省份：不限

"3+1+2"省份：首选不限，再选政治/化学/地理/生物

大学主要课程

舞台影视美术设计、灯光设计、服装道具设计、化妆设计、绘画、绘景、计算机辅助设计、特技美术等。

💡 就业方向

本专业毕业生主要到剧院团、电影厂、电视台、电视剧制作中心从事美术设计的工作。

🏛 本专业较好的大学 （排名不分先后）

上海戏剧学院、中国戏曲学院、中央戏剧学院、北京电影学院、四川美术学院、中国传媒大学、中国美术学院、上海大学、重庆大学、浙江传媒学院、河北传媒学院、山东艺术学院、南京航空航天大学、四川师范大学、安徽师范大学皖江学院、南京艺术学院、辽宁师范大学、云南艺术学院、吉林艺术学院、广西艺术学院、天津音乐学院、湖北美术学院、北京舞蹈学院、广州美术学院、沈阳师范大学、山东工艺美术学院、新疆艺术学院、西安工程大学等。

录音艺术

专业特点

　　录音艺术专业主要研究声学、音乐、数字音频、声音设计、广播录音、影视录音等方面的基本知识和技能，进行电影、电视剧、广播节目等的音乐和音频的录制、编辑、混响、合成、制作等。例如：歌手音乐专辑的录制、制作，广播电台节目的制作，电影、电视剧拍摄时的现场收音和后期修音。

本专业与高中学科关联度及学科要求

语文	数学	英语	物理	化学	生物	政治	历史	地理
A	E	C	E	E	E	D	D	D

　　本专业对高中阶段语文科目要求较高，适合对录音艺术感兴趣的学生就读。

选考学科建议

　　"3+3"省份：不限

　　"3+1+2"省份：首选不限，再选政治 / 化学 / 地理 / 生物

大学主要课程

　　乐理、视唱练耳、钢琴、和声、配器法、曲式与作品分析、西方音乐史略、拾音技术、录音技术、音响技术、声学基础、演播室声学

与电声学基础、视听语言、电影声音分析等。

💡 就业方向

  本专业毕业生可在广播、电视、电影系统和文化艺术部门，从事声音（音响）设计、录制工作。

🏛 本专业较好的大学（排名不分先后）

  中国传媒大学、北京电影学院、星海音乐学院、武汉音乐学院、上海音乐学院、中国戏曲学院、四川音乐学院、上海师范大学、浙江传媒学院、南京艺术学院、西安音乐学院、河北传媒学院、哈尔滨师范大学、中国美术学院、辽宁师范大学、首都师范大学、暨南大学、山东农业大学等。

播音与主持艺术

专业特点

播音与主持艺术专业主要研究语言文学、播音学、艺术学、美学、广播电视新闻传播学等方面的基本知识，接受普通话语音、播音发声、播音表达的基本训练，在广播电台、电视台等进行广播电视播音与节目主持等。

本专业与高中学科关联度及学科要求

语文	数学	英语	物理	化学	生物	政治	历史	地理
A	E	B	E	E	E	D	D	D

本专业对高中阶段语文科目要求较高，适合对播音与主持艺术感兴趣的学生就读。

选考学科建议

"3+3"省份：不限

"3+1+2"省份：首选不限，再选政治/化学/地理/生物

大学主要课程

播音发声、播音创作基础、广播播音主持、电视播音主持、文艺作品演播学概论、新闻学概论、新闻采编、广播电视节目制作。

💡 就业方向

本专业毕业生可在新闻宣传部门及其他企事业单位，从事播音、节目主持等新闻宣传工作。

🏛 本专业较好的大学（排名不分先后）

中国传媒大学、华东师范大学、陕西师范大学、北京师范大学、上海戏剧学院、重庆大学、中央戏剧学院、四川师范大学、吉林大学、浙江传媒学院、浙江工业大学、广州大学、南京艺术学院、北京电影学院、山东青年政治学院、南京师范大学、武汉大学、东北师范大学、四川电影电视学院、吉林艺术学院、西南大学、福建师范大学、上海师范大学、贵州民族大学、山东师范大学、山东艺术学院、西北大学、广东外语外贸大学、广西民族大学、苏州大学、平顶山学院、周口师范学院、河南大学、山西传媒学院、安徽师范大学、河北传媒学院、南昌大学、哈尔滨师范大学、兰州城市学院、山西师范大学、深圳大学、南京传媒学院、华中科技大学、四川传媒学院、西北大学现代学院、江苏师范大学、湖南大学、辽宁大学、辽宁师范大学、河北大学、西北师范大学、云南艺术学院、河北民族师范学院、华中师范大学、暨南大学、江西师范大学、湖北大学、云南师范大学、陕西科技大学、广西艺术学院、河海大学、天津师范大学、昆明理工大学、河北师范大学、南京林业大学、上海体育学院、贵州大学、贵州师范大学、厦门理工学院、西南石油大学、广西大学、华侨大学、江汉大学、内蒙古师范大学、沈阳师范大学、广东财经大学、湖南师范大学、三峡大学、新疆艺术学院、渤海大学、河北大学工商学院、河北地质大学、青海师范大学、三明学院、新疆大学、长江大学、中华女子学院、中原工学院、成都理工大学、上海视觉艺术学院、沈阳大学、武汉体育学院、西安工程大学、信阳师范学院、盐城师范学院、长江师范学院等。

动画

专业特点

动画专业主要研究电影、电视、动画创作等方面的基本知识，接受动画设计、动画绘画、动画编导、动画制作等方面的技能训练，在动画、游戏、影视等行业，进行动画创意设计与编导、动画制作、特效合成等。例如：孙悟空、喜羊羊等动画的设计与制作，电影、游戏的动画和特效的制作。

本专业与高中学科关联度及学科要求

语文	数学	英语	物理	化学	生物	政治	历史	地理
A	E	C	E	E	E	D	D	D

本专业对高中阶段语文科目要求较高，适合对动画感兴趣的学生就读。

选考学科建议

"3+3"省份：不限

"3+1+2"省份：首选不限，再选政治 / 化学 / 地理 / 生物

大学主要课程

影视剧作、影视声音、动画技法、影视动画创作、多媒体技术及应用、动画设计、动画导演等。

💡 就业方向

本专业毕业生可在广播电视部门、影视制作公司、动画基地、广告公司、音像出版机构、学校、网络公司、游戏软件公司、新闻出版社、电子出版、数码影视广告、企事业单位设计策划部门等就职。

🏛 本专业较好的大学（排名不分先后）

中国传媒大学、北京电影学院、上海大学、北京师范大学、南京师范大学、南京艺术学院、同济大学、中国美术学院、四川美术学院、武汉理工大学、哈尔滨师范大学、中国戏曲学院、四川大学、杭州师范大学、天津工业大学、中央美术学院、吉林艺术学院、西北大学、成都大学、广西艺术学院、浙江理工大学、江西师范大学、南京信息工程大学、山东艺术学院、北京服装学院、广州美术学院、黄淮学院、陕西科技大学、清华大学、郑州轻工业大学、北京印刷学院、青岛农业大学、山东工艺美术学院、浙江传媒学院、鲁迅美术学院、上海戏剧学院、辽宁师范大学、金陵科技学院、吉林动画学院、南京传媒学院、安徽师范大学、湘潭大学、中国人民大学、安徽建筑大学、河北师范大学、浙江师范大学、重庆大学、福建师范大学、上海师范大学、沈阳建筑大学、湖北经济学院、新疆艺术学院、安徽财经大学、湖北美术学院、景德镇陶瓷大学、西安工程大学、西安美术学院、广州大学、河南大学、辽宁科技大学、北方民族大学、长沙学院、安徽师范大学皖江学院、大连东软信息学院、成都东软学院、东南大学、天津大学、渭南师范学院、三江学院、山西传媒学院、四川文化艺术学院、天津职业技术师范大学、四川师范大学、宁波财经学院、北京工业大学、赣南师范大学、北京林业大学、南昌大学、西北师范大学、云南艺术学院、浙江工业大学、安徽新华学院、深圳大学、河北大学、江苏大学、暨南大学、华南农业大学、集美大学、浙江工商大学等。

影视摄影与制作

专业特点

影视摄影与制作专业主要研究构图、摄影、图片编辑、影视制作等方面的基本知识和技能，在影视公司、剧组等进行摄影摄像，后期修图和影视剪辑等。例如：影视宣传照、剧照的拍摄与修图，电影、电视剧的布景搭建与摄影摄像，影视片段的剪辑创作。

本专业与高中学科关联度及学科要求

语文	数学	英语	物理	化学	生物	政治	历史	地理
A	E	C	E	E	E	D	D	D

本专业对高中阶段语文科目要求较高，适合对影视摄影与制作感兴趣的学生就读。

选考学科建议

"3+3"省份：不限

"3+1+2"省份：首选不限，再选政治/化学/地理/生物

大学主要课程

图片摄影、影视造型手段、影视剪辑、导演基础、影视声音、影片制作、特效 CGI 入门、电影导演创作、电影摄影创作、电影剪辑创作、电影录音创作等。

💡 就业方向

本专业毕业生可在电视台、电影制片厂、电视剧制作中心、影视制作公司、电视广告制作公司、电视音像出版部门、电影电视研究中心、教育电视系统、企事业各级宣传部门等机构，从事各类影视节目的策划和摄制工作。

🏛 本专业较好的大学（排名不分先后）

中国传媒大学、北京电影学院、浙江传媒学院、南京师范大学、上海大学、上海戏剧学院、山东工艺美术学院、南京艺术学院、安徽师范大学、重庆大学、山东艺术学院、大连东软信息学院、南京传媒学院、山西传媒学院、江苏师范大学、中国美术学院、四川美术学院、中央美术学院、云南艺术学院、吉林艺术学院、广西艺术学院、广州美术学院、新疆艺术学院、河北地质大学、西交利物浦大学、长沙理工大学、河北美术学院、湖北美术学院、沈阳音乐学院、太原理工大学、鲁迅美术学院、青岛恒星科技学院、河北科技大学、江苏师范大学科文学院、武昌理工学院、安阳师范学院、重庆工商大学、浙江越秀外国语学院、河北传媒学院、长沙学院等。

影视技术

专业特点

影视艺术技术专业是将视觉艺术与听觉艺术、时间艺术与空间艺术、纪实艺术与表演艺术、再现艺术与表现艺术有机地综合到一起，特别是电影艺术综合吸收了各门艺术的长处和特点，大大丰富了自己的艺术表现力。例如：影视制作单位后期制作团队。

本专业与高中学科关联度及学科要求

语文	数学	英语	物理	化学	生物	政治	历史	地理
A	E	C	E	E	E	D	D	D

本专业对高中阶段语文科目要求较高，适合对影视技术感兴趣的学生就读。

选考学科建议

"3+3"省份：不限

"3+1+2"省份：首选不限，再选政治 / 化学 / 地理 / 生物

大学主要课程

影视技术导论、短片制作、影像色彩处理、程序设计、计算机图形学、图形与特效制作、3D 与特种电影制作、电影制作技术流程等。

💡 就业方向

本专业毕业生可从事数字电影前期拍摄、后期制作、发行放映等领域的技术服务、技术指导与技术管理工作。

🏛 本专业较好的大学（排名不分先后）

北京师范大学、中国传媒大学、中央戏剧学院、北京电影学院、上海戏剧学院等。

戏剧教育

专业特点

戏剧教育专业培养具备戏剧和影视的理论、评论、编辑和艺术管理等方面知识的人才。

本专业与高中学科关联度及学科要求

语文	数学	英语	物理	化学	生物	政治	历史	地理
A	E	C	E	E	E	D	D	D

本专业对高中阶段语文科目要求较高，适合对戏剧教育感兴趣的学生就读。

选考学科建议

"3+3"省份：不限

"3+1+2"省份：首选不限，再选政治 / 化学 / 地理 / 生物

大学主要课程

戏剧教育、戏剧教育课堂、表演、导演、舞台语言技巧、舞台形体技巧、作品解析与改编、舞台美术基础、音乐基础、教育心理学、戏曲导演基础、戏剧美学、编剧基础、公共必修课等。

💡 就业方向

　　本专业毕业生可在剧院（团）或电视台、电影厂、编辑部等部门，从事文学创作、编辑和理论研究工作；也可在国家机关、文教事业等单位，从事戏剧影视策划、创作和导演工作；还可在剧院（团）、电影制片厂、电视台、电视剧制作中心等部门，从事戏剧、戏曲艺术、电影、电视剧制作等方面的导演工作和理论研究工作。

🏛 本专业较好的大学（排名不分先后）

　　中央戏剧学院等。

专业类
戏剧与影视学类

专业代码
130313T

修业年限
四年

授予学位
艺术学学士

美术学

专业特点

美术学专业主要研究美术学、艺术学、美术史论等方面的基本知识和技能，进行美术评论、美术编辑、艺术管理、美术研究与教学等。例如：字画、雕塑等艺术作品的点评，报纸、杂志等版面的美术设计，字画、瓷器等古董的真伪鉴定，博物馆文物的管理保养。

本专业与高中学科关联度及学科要求

语文	数学	英语	物理	化学	生物	政治	历史	地理
A	E	C	E	E	E	D	D	D

本专业对高中阶段语文科目要求较高，适合对美术学研究感兴趣的学生就读。

选考学科建议

"3+3"省份：不限

"3+1+2"省份：首选不限，再选政治 / 地理 / 化学 / 生物

大学主要课程

中外美术史、美术概论、中外画论概要、古文字学与古代汉语、美术考古学基础、书画鉴定概论、美术与摄影基础等。

就业方向

本专业毕业生可从事美术教育、美术研究、文博艺术管理、新闻出版等方面的工作。

本专业较好的大学（排名不分先后）

中央美术学院、首都师范大学、中国美术学院、上海大学、南京艺术学院、四川大学、南京师范大学、东北师范大学、广州美术学院、陕西师范大学、华东师范大学、四川美术学院、中央民族大学、福建师范大学、西安美术学院、湖南师范大学、中国人民大学、上海师范大学、哈尔滨师范大学、西南大学、苏州大学、山东师范大学、西北大学、西北师范大学、浙江师范大学、华中师范大学、杭州师范大学、鲁迅美术学院、扬州大学、湖北美术学院、广西艺术学院、贵州师范大学、曲阜师范大学、四川师范大学、华南师范大学、江南大学、天津美术学院、河南大学、广州大学、新疆师范大学、河北师范大学、广西师范大学、江苏师范大学、山东工艺美术学院、云南艺术学院、北京师范大学、景德镇陶瓷大学、云南大学、渤海大学、聊城大学、淮北师范大学、江西师范大学、深圳大学、南通大学、内蒙古师范大学、山东大学、安徽师范大学、沈阳师范大学、山东艺术学院、河南师范大学、江苏大学、湖北大学、西藏大学、天津师范大学、海南师范大学、吉林艺术学院、云南师范大学、西南民族大学、江汉大学、浙江理工大学、铜仁学院、集美大学、盐城师范学院、湖南科技大学、湖南理工学院、浙江大学、常州大学、内蒙古大学、重庆师范大学、山东财经大学、山西师范大学、东南大学、玉溪师范学院、贵州民族大学、赣南师范大学、辽宁师范大学、淮阴师范学院、湖北师范大学、信阳师范学院、江苏第二师范学院、黄冈师范学院、江西科技师范大学、贵州师范学院、山西大学、大连大学、河北科技大学、大连工业大学等。

绘画

专业特点

绘画专业主要研究色彩、构图、素描、绘画等方面的基本知识和技能，涉及国画、油画、水彩画、版画等，进行插图、漫画、壁画、装饰画等的创作和绘制。例如：书籍、杂志中插图的绘制，游戏中人物立绘、场景、CG 的设计与绘制，漫画的绘画与上色，室内装饰画的绘制。

本专业与高中学科关联度及学科要求

语文	数学	英语	物理	化学	生物	政治	历史	地理
A	E	C	E	E	E	D	D	D

本专业对高中阶段语文科目要求较高，适合对绘画研究感兴趣的学生就读。

选考学科建议

"3+3"省份：不限

"3+1+2"省份：首选不限，再选政治 / 地理 / 化学 / 生物

大学主要课程

素描、色彩、专业技法、创作、中外美术史等。

💡 就业方向

本专业毕业生可到教育、设计、研究、出版、管理单位，从事教学、创作、研究、出版、管理等方面的工作。

🏛 本专业较好的大学（排名不分先后）

中央美术学院、清华大学、中国美术学院、南京艺术学院、首都师范大学、广州美术学院、四川美术学院、湖北美术学院、天津美术学院、鲁迅美术学院、广西艺术学院、西安美术学院、上海大学、湖南师范大学、中国人民大学、陕西师范大学、南京师范大学、四川大学、华东师范大学、中央民族大学、广西师范大学、北京服装学院、山东艺术学院、上海师范大学、西北民族大学、西南大学、郑州大学、哈尔滨师范大学、杭州师范大学、景德镇陶瓷大学、青岛大学、吉林艺术学院、云南艺术学院、贵州师范大学、华中师范大学、北京印刷学院、渤海大学、重庆大学、曲阜师范大学、西北师范大学、厦门大学、山东工艺美术学院、广州大学、南开大学、吉林大学、淮北师范大学、河南大学、河北师范大学、四川师范大学、云南大学、福州大学、江苏师范大学、新疆师范大学、江西师范大学、海南师范大学、西南民族大学、安徽师范大学、西安建筑科技大学、沈阳师范大学、山西大学、安徽大学、河北大学、南昌大学、重庆师范大学、齐齐哈尔大学、河南师范大学、黑河学院、天津师范大学、内蒙古大学、北京航空航天大学、贵州大学、内蒙古师范大学、云南师范大学、四川音乐学院、新疆艺术学院、辽宁师范大学、北京工业大学、青岛科技大学、西南交通大学、河北科技大学、安徽财经大学、沈阳大学、太原理工大学、沈阳航空航天大学、西藏大学、华北水利水电大学、佳木斯大学、长春师范大学、内蒙古艺术学院、大理大学、湖南科技大学等。

专业类
美术学类

专业代码
130402

修业年限
四年

授予学位
艺术学学士

雕塑

专业特点

　　雕塑专业主要研究构图、立体造型、雕塑设计、雕塑技法等方面的基本知识和技能，涉及石雕、木雕、泥塑、陶瓷雕塑等，进行室内、园林和公共环境的各种雕塑的设计、绘图、制作等。例如：人物雕塑的制作，公园、城市内装饰雕塑的设计、绘图，纪念碑的设计、雕刻。

本专业与高中学科关联度及学科要求

语文	数学	英语	物理	化学	生物	政治	历史	地理
A	E	C	E	E	E	D	D	D

　　本专业对高中阶段语文科目要求较高，适合对雕塑研究感兴趣的学生就读。

选考学科建议

　　"3+3"省份：不限

　　"3+1+2"省份：首选不限，再选政治/地理/化学/生物

大学主要课程

　　中外美术史、素描头像写生、人物速写与构图、雕塑石膏临摹、素描人物肖像写生、泥塑人物头像写生、人物造型室外写生、雕塑构图素描人体写生、泥塑胸像写生、泥塑人体写生等。

💡 就业方向

本专业毕业生适合在各级市政规划局、建筑公司、装饰公司、设计公司、雕塑设计院及其他企事业单位，从事雕塑设计、壁画设计、装饰品设计及相关的教育、管理等工作。

🏛 本专业较好的大学（排名不分先后）

中央美术学院、清华大学、中国美术学院、广州美术学院、上海大学、四川美术学院、东北师范大学、湖北美术学院、鲁迅美术学院、西安美术学院、南京艺术学院、广西艺术学院、华东师范大学、郑州大学、上海师范大学、天津美术学院、景德镇陶瓷大学、西南大学、哈尔滨师范大学、北京服装学院、山东工艺美术学院、云南艺术学院、吉林艺术学院、山东艺术学院、河北师范大学、西安建筑科技大学、江苏大学、大连理工大学、福州大学、西南民族大学、沈阳师范大学、安徽师范大学、内蒙古大学、西安交通大学等。

摄影

专业特点

摄影专业主要研究艺术学、美学、构图、摄影、图片处理等方面的基本知识和技能，在报社、电视台、广告公司等进行照片的拍摄、修图、冲洗等。

本专业与高中学科关联度及学科要求

语文	数学	英语	物理	化学	生物	政治	历史	地理
A	E	C	E	E	E	D	D	D

本专业对高中阶段语文科目要求较高，适合对摄影研究感兴趣的学生就读。

选考学科建议

"3+3"省份：不限

"3+1+2"省份：首选不限，再选政治 / 地理 / 化学 / 生物

大学主要课程

数码摄影实用技艺、数码影像基础、摄影构图、摄影美学、摄影照明、摄影曝光控制、数码图形图像制作、新闻摄影、纪实摄影、风光建筑摄影、民俗艺术摄影、内外景婚纱摄影、商业广告摄影等。

💡 就业方向

本专业毕业生可在广告公司、影视剧制作公司、新闻媒体、报刊社、出版社、文化宣传部门和其他有关事业单位，从事摄影摄像、影视制作、计算机平面设计、广告策划与制作、文化宣传、社会教育、商业摄影等工作。

🏛 本专业较好的大学 （排名不分先后）

北京电影学院、鲁迅美术学院、清华大学、广州美术学院、浙江传媒学院、西安美术学院、中央美术学院、中国美术学院、南京师范大学、南京艺术学院、中国传媒大学、扬州大学、四川美术学院、湖北美术学院、浙江财经大学、上海师范大学、天津美术学院、广西艺术学院、北京服装学院、山东师范大学、河南大学、哈尔滨师范大学、贵州师范大学、山东艺术学院、山东工艺美术学院、安徽师范大学皖江学院、四川传媒学院、西安建筑科技大学、安徽师范大学、哈尔滨学院、西南民族大学、北京印刷学院、吉林艺术学院、云南艺术学院、大连医科大学、重庆师范大学、大连工业大学、辽宁大学、南京林业大学、贵州大学、齐鲁工业大学、天津师范大学、浙江农林大学、上海工程技术大学、济南大学、中原工学院、西安理工大学、浙江科技学院、上海视觉艺术学院、江苏理工学院、丽水学院、武汉纺织大学等。

书法学

专业特点

书法学专业主要研究古文字、书法史、现代书法、书法艺术等方面的基本知识和技能，进行书法创作、书法临摹、书法鉴定、碑帖鉴赏、书法教学、书刊出版等。例如：名家书法作品的临摹与真伪鉴定，碑帖、对联的撰写，艺术签名的设计，书刊的校对和编辑。

本专业与高中学科关联度及学科要求

语文	数学	英语	物理	化学	生物	政治	历史	地理
A	E	C	E	E	E	D	D	D

本专业对高中阶段语文科目要求较高，适合对书法研究感兴趣的学生就读。

选考学科建议

"3+3"省份：不限

"3+1+2"省份：首选不限，再选政治/地理/化学/生物

大学主要课程

篆书、隶书、楷书、篆刻、行草、古代汉语、中国书法史、书画鉴定概论等。

💡 就业方向

本专业毕业生可以到书法艺术专业团体或研究机构从事书法创作和理论研究工作；在出版社、报刊社、电视台、设计单位从事美术编辑、设计、刊物创办、书刊出版和相关的书法艺术节目主持工作；亦可以在大中专院校、中小学从事书法教学等工作。

🏛 本专业较好的大学 （排名不分先后）

南京艺术学院、中央美术学院、中国美术学院、广州美术学院、四川大学、山东艺术学院、北京师范大学、西安美术学院、首都师范大学、淮北师范大学、西安交通大学、南京师范大学、陕西师范大学、绍兴文理学院、四川美术学院、天津美术学院、云南师范大学、杭州师范大学、鲁迅美术学院、广西师范大学、广西艺术学院、湖北美术学院、郑州大学、哈尔滨师范大学、山东大学、浙江大学、贵州师范大学、西北师范大学、河北师范大学、西安工业大学、曲阜师范大学、江苏师范大学、咸阳师范学院、河南大学、山东工艺美术学院、安徽师范大学、海南师范大学、河北大学、四川师范大学、中央财经大学、聊城大学、吉林艺术学院、景德镇陶瓷大学、云南艺术学院、暨南大学、重庆师范大学、贵州民族大学、北京语言大学、岭南师范学院、淮阴师范学院、山西大学、山西师范大学、长春师范大学、内蒙古艺术学院、泉州师范学院、河北师范大学汇华学院、黑河学院、韩山师范学院、湖北师范大学、临沂大学、肇庆学院、河北美术学院、吉林建筑科技学院、吉林师范大学、齐鲁师范学院、曲靖师范学院等。

中国画

专业特点

中国画专业主要研究中国画构图、布局、配色、绘画技法等方面的基本知识和技能，包括水墨人物画、工笔人物画、山水画、花鸟画等，进行国画的创作、鉴定、宣传以及书刊的美术编辑等。例如：人物画、山水画等国画的绘制，齐白石、张大千等名家作品的真伪鉴定，书刊的国画封面、插图的设计、绘制。

本专业与高中学科关联度及学科要求

语文	数学	英语	物理	化学	生物	政治	历史	地理
A	E	C	E	E	E	D	B	D

本专业对高中阶段语文科目要求较高，适合对中国画研究感兴趣的学生就读。

选考学科建议

"3+3"省份：不限

"3+1+2"省份：首选不限，再选政治 / 地理 / 化学 / 生物

大学主要课程

中外美术史、艺术概论、美学概论、素描、色彩、速写、中国古典诗词、中国画论、透视、解剖、人物画、山水画、花鸟画、书法篆刻、篆书、

隶书、楷书、篆刻、行草、古代汉语、中国书法史等。

💡 就业方向

本专业毕业生适合在美术创作部门从事国画创作工作，在各级美术院校从事教学工作，在各级艺术馆、文化馆（站）从事美术创作或美术普及工作，在出版社和报刊杂志社从事美术编辑工作，也可在有关部门、厂矿企业从事宣传工作。

🏛 本专业较好的大学（排名不分先后）

中央美术学院、中国美术学院、南京艺术学院、南京师范大学、湖北美术学院、广州美术学院、天津美术学院、四川美术学院、鲁迅美术学院、广西艺术学院、上海大学、四川大学、西安美术学院、清华大学、哈尔滨师范大学、山东艺术学院、上海师范大学等。

实验艺术

专业特点

实验艺术专业不同于传统美术学中的油画、版画、雕塑等以工具材料与技术及其风格样式作为划分标准，而是以艺术工作方法而确定性质，不必受制于特定媒介和艺术形式的限制，进行新媒介形式和新视觉经验的探索，自由地进行艺术创作，并试图让艺术更接近现实生活。

本专业与高中学科关联度及学科要求

语文	数学	英语	物理	化学	生物	政治	历史	地理
A	E	C	E	E	E	D	D	D

本专业对高中阶段语文要求较高，适合对新媒介、新视觉艺术研究感兴趣的学生就读。

选考学科建议

"3+3"省份：不限

"3+1+2"省份：首选不限，再选政治 / 地理 / 化学 / 生物

大学主要课程

艺术学、设计学、素描、绘画、雕塑、色彩场景、美术设计等。

💡 就业方向

本专业毕业生可在美术馆、画廊、艺术基金会等单位工作，还可以从事与影视、游戏、产品设计等一系列文化创意产业相关的工作，或者在传统媒体、自媒体行业就业。

🏛 本专业较好的大学（排名不分先后）

中央美术学院、广州美术学院等。

跨媒体艺术

专业特点

跨媒体艺术专业强调打破媒介间的屏障，运用更灵活的媒介和手段进行艺术创作，涵盖实验影像、虚拟现实、空间多媒体与社会学，图像与视觉文化，现场艺术等多个专业领域，突破了既有的美术学学科格局，并旨在从媒体中发掘创意，从技术中凸显人文，致力于培养掌握媒体技术、具有实验精神和深厚造型基础的当代艺术与新兴媒体产业的创作型人才。

本专业与高中学科关联度及学科要求

语文	数学	英语	物理	化学	生物	政治	历史	地理
A	E	C	E	E	E	D	D	D

本专业对高中阶段语文要求较高，适合掌握媒体技术、具有实验精神和造型基础的学生就读。

选考学科建议

"3+3"省份：不限

"3+1+2"省份：首选不限，再选政治/地理/化学/生物

大学主要课程

社会基础、媒介基础、影像创作中的分工和协作、媒体素描、三

维动画、社会性互动、活动影像基础、日常生活艺术、自由创作、影像的跨媒体实践等。

💡 就业方向

本专业毕业生可以从事艺术设计、影视剪辑、动画创作等工作。

🏛 本专业较好的大学（排名不分先后）

北京电影学院、中国美术学院、南京师范大学、湖北美术学院等。

文物保护与修复

专业特点

文物保护与修复专业教育的特点是文、理、工交叉渗透，现代科学技术与人文科学知识相结合；既掌握数理化等学科的基本知识和历史、文物考古的一般知识，又掌握文物保护材料应用、文物材质分析和文物保护修复等实际操作技能。

本专业与高中学科关联度及学科要求

语文	数学	英语	物理	化学	生物	政治	历史	地理
A	E	C	E	B	E	D	A	A

本专业对高中阶段语文、历史、地理要求较高，适合有吃苦耐劳精神、有责任心、对文物研究感兴趣的学生就读。

选考学科建议

"3+3"省份：不限

"3+1+2"省份：首选不限，再选政治 / 化学 / 地理 / 生物

大学主要课程

文物修复造型基础（线描、雕塑）、中国美术史、陶瓷工艺与装饰、传统书画技法、文物保护基础、文物检测、陶瓷文物病害分类与图示、纸质文物病害分类与图示、陶瓷修复、书画装裱与修复、中国陶瓷史、

无机质文物修复实用化学、古籍档案修复、有机质文物修复实用化学等。

💡 就业方向

　　本专业毕业生主要面向各类博物馆、纪念馆、图书馆、档案馆和文物保护、考古研究、古建维修等专业机构，从事文物修复与保护工作。

🏛 本专业较好的大学（排名不分先后）

　　中国美术学院、南京艺术学院、鲁迅美术学院等。

漫画

👍 专业特点

漫画专业是动画设计和漫画设计的有机结合，是影视动画专业的深化与延伸；要求学生在动画设计的理论基础上，掌握漫画设计的原则及表现技巧，了解影视及媒体领域的发展方向，掌握一定的理论知识及专业技能。

📒 本专业与高中学科关联度及学科要求

语文	数学	英语	物理	化学	生物	政治	历史	地理
A	E	C	E	E	E	D	D	D

本专业对高中阶段语文要求较高，适合有想法、有创意的学生就读。

📚 选考学科建议

"3+3"省份：不限

"3+1+2"省份：首选不限，再选政治 / 化学 / 地理 / 生物

📚 大学主要课程

角色原画绘制、场景原画绘制、简笔手绘漫画、CG 插画绘制、商业插画绘制、Q 版漫画绘制、古风插画创作、故事绘本创作、四格及多格漫画创作、角色表演及道具制作（Cosplay）、动漫造型雕塑、动漫周边产品设计等。

就业方向

本专业毕业生可在漫画公司、出版社、游戏公司、动画公司、新媒体制作传播公司、互动娱乐公司、网络公司、界面设计公司、电视台、影视公司等就业，也可在各类学校从事漫画教学与研究工作。

本专业较好的大学（排名不分先后）

中国传媒大学、北京电影学院、河北美术学院等。

专业类
美术学类

专业代码
1304l0T

修业年限
四年

授予学位
艺术学学士

艺术设计学

👍 专业特点

艺术设计学专业主要研究艺术学、设计学、艺术设计史、软件设计等方面的基本知识和技能，进行平面设计、环境艺术设计、装饰设计、服装设计等。例如：礼盒的包装设计，动漫游戏周边的设计，软件操作界面的布局设计，室内装饰、陈设的设计。

📒 本专业与高中学科关联度及学科要求

语文	数学	英语	物理	化学	生物	政治	历史	地理
A	E	C	E	E	E	D	A	D

本专业对高中阶段语文、历史科目要求较高，适合对艺术设计研究感兴趣的学生就读。

📚 选考学科建议

"3+3"省份：不限

"3+1+2"省份：首选不限，再选政治 / 地理 / 化学 / 生物

📖 大学主要课程

艺术设计概论、艺术设计学、中国艺术设计史、外国艺术设计史、中国工艺美术史、外国工艺美术史、艺术考古学、艺术设计基础等。

💡 就业方向

本专业毕业生可在广告策划与设计企业、印刷包装企业设计部门、出版社与媒体设计部门从事艺术设计或策划工作。

🏛 本专业较好的大学（排名不分先后）

清华大学、南京艺术学院、山东工艺美术学院、中国美术学院、苏州大学、武汉理工大学、湖南师范大学、中山大学、四川美术学院、深圳大学、西安美术学院、景德镇陶瓷大学、武汉纺织大学、湖南工业大学、安徽工程大学、吉林艺术学院、鲁迅美术学院、广西艺术学院、湖北美术学院、天津美术学院、云南艺术学院、山东艺术学院、南昌大学、北京师范大学、汕头大学、湘潭大学、甘肃民族师范学院、吉林农业大学、郑州大学、广西大学、辽宁大学、太原科技大学、上海应用技术大学、湖北经济学院、内蒙古大学、乐山师范学院、河北美术学院、河西学院、内蒙古艺术学院等。

视觉传达设计

专业特点

视觉传达设计专业主要研究艺术学、设计学、色彩构成、立体构成、软件设计等方面的基本知识和技能，进行平面设计、广告设计、包装设计、海报设计、展示设计、标志设计等。例如：道路两侧广告牌、灯箱的设计，食品、日用品包装的设计，企业、品牌标志的设计，博览会、商场的展柜、展品的布局设计。

本专业与高中学科关联度及学科要求

语文	数学	英语	物理	化学	生物	政治	历史	地理
A	E	C	E	E	E	D	D	D

本专业对高中阶段语文科目要求较高，适合对视觉传达设计研究感兴趣的学生就读。

选考学科建议

"3+3"省份：不限

"3+1+2"省份：首选不限，再选政治 / 地理 / 化学 / 生物

大学主要课程

设计基础、品牌设计、广告设计、包装设计、编排设计等。

💡 就业方向

本专业毕业生可在广告公司、设计公司的平面设计部门担任平面设计师，在电视台、报社、大型网站等媒体单位的平面设计部门担任美术编辑，在企事业单位的策划部门担任平面设计师等。

🏛 本专业较好的大学（排名不分先后）

清华大学、同济大学、江南大学、中国美术学院、中央美术学院、南京艺术学院、中国传媒大学、武汉理工大学、上海交通大学、北京服装学院、湖南大学、浙江大学、四川大学、广州美术学院、上海大学、山东工艺美术学院、西安交通大学、北京印刷学院、苏州大学、大连工业大学、东南大学、景德镇陶瓷大学、广东工业大学、湖北工业大学、中南大学、华东师范大学、西安美术学院、湖南工业大学、浙江工商大学、东华大学、浙江理工大学、吉林艺术学院、湖南工商大学、鲁迅美术学院、天津工业大学、兰州理工大学、陕西科技大学、武汉纺织大学、东北大学、河南大学、江苏师范大学、南京林业大学、广西艺术学院、山东大学、中国地质大学（武汉）、北京理工大学、深圳大学、四川美术学院、四川师范大学、安徽工程大学、北京航空航天大学、武汉科技大学、浙江工业大学、青岛大学、湖北美术学院、温州大学、天津师范大学、长沙理工大学、济南大学、云南艺术学院、北京交通大学、东北师范大学、南京理工大学、天津美术学院、重庆大学、广州大学、汕头大学、中南民族大学、中国人民大学、齐鲁工业大学、福州大学、北京林业大学、南京师范大学、湖南师范大学、天津科技大学、海南师范大学、浙江农林大学、华中师范大学、广西师范大学、陕西师范大学、首都师范大学、北方工业大学、吉林大学、杭州师范大学、江西师范大学、西安理工大学、郑州轻工业大学、华东理工大学、合肥工业大学等。

环境设计

专业特点

环境设计专业主要研究艺术学、设计学、建筑学、社会学、环境学等方面的基本知识和技能，涉及地球表层空间设计、城市规划设计、建筑设计、室内设计、室外设计、公共艺术设计等。例如：公园地形地貌，道路、假山的设计，城市公路、绿化带、建筑的规划设计，住宅、商场室内布局的设计。

本专业与高中学科关联度及学科要求

语文	数学	英语	物理	化学	生物	政治	历史	地理
A	E	C	E	E	E	D	D	D

本专业对高中阶段语文科目要求较高，适合对环境设计研究感兴趣的学生就读。

选考学科建议

"3+3"省份：不限

"3+1+2"省份：首选不限，再选政治/地理/化学/生物

大学主要课程

素描、色彩、建筑速写、构成学、测量学、室内制图、效果图技法、摄影、装饰结构与材料、风格流派、家居空间设计、办公室空间设计、

商业空间设计、模型制作、景观建筑设计等。

💡 就业方向

　　本专业毕业生可在建筑装饰行业从事室内装饰设计、家具设计、展示设计、建筑外观装饰设计、景观设计等工作。

🏛 本专业较好的大学（排名不分先后）

　　清华大学、同济大学、江南大学、中国美术学院、南京艺术学院、广东工业大学、华东师范大学、北京服装学院、东华大学、湖南大学、哈尔滨工业大学、浙江大学、中国传媒大学、上海大学、西安交通大学、华南理工大学、广州美术学院、山东工艺美术学院、南京林业大学、武汉理工大学、中央美术学院、浙江理工大学、苏州大学、景德镇陶瓷大学、华中科技大学、东南大学、中南大学、东北师范大学、西安美术学院、湖南工商大学、安徽工程大学、吉林艺术学院、四川大学、鲁迅美术学院、海南师范大学、武汉纺织大学、四川美术学院、济南大学、江苏师范大学、深圳大学、北京理工大学、山东大学、大连工业大学、兰州理工大学、中国地质大学（武汉）、湖北美术学院、中南民族大学、北京工业大学、湖南工业大学、浙江工业大学、华中师范大学、北京建筑大学、青岛大学、温州大学、中南林业科技大学、武汉科技大学、广西艺术学院、江西师范大学、山东艺术学院、云南艺术学院、合肥工业大学、南京理工大学、河南大学、东北大学、天津师范大学、湖北工业大学、南京航空航天大学、中国人民大学、广州大学、西南交通大学、重庆大学、浙江工商大学、武汉大学、山东建筑大学、福州大学、北京林业大学、南京师范大学、大连理工大学、湖南师范大学等。

专业类
设计学类

专业代码
130503

修业年限
四年

授予学位
艺术学学士

产品设计

专业特点

产品设计专业主要研究艺术学、设计学、计算机技术等方面的基本知识和技能，进行工业设计、外观设计、结构设计、造型设计以及交互设计等。例如：勺子、杯子的造型设计，衣柜、橱柜的结构设计，软件界面的设计。

本专业与高中学科关联度及学科要求

语文	数学	英语	物理	化学	生物	政治	历史	地理
A	E	C	E	E	E	D	D	D

本专业对高中阶段语文科目要求较高，适合对产品设计研究感兴趣的学生就读。

选考学科建议

"3+3"省份：不限

"3+1+2"省份：首选不限，再选政治 / 地理 / 化学 / 生物

大学主要课程

设计素描、设计色彩、平面构成、立体构成、计算机辅助设计、思维与创意、设计概论、表现技法等。

🔆 就业方向

本专业毕业生可在工业设计公司、工程公司、IT 产品设计与制造、工业产品制造、影视动画公司、游戏后期产品设计等企业，从事产品三维造型设计、新产品开发、视觉传达设计等工作。

🏛 本专业较好的大学（排名不分先后）

清华大学、江南大学、中央美术学院、广东工业大学、北京理工大学、南京艺术学院、山东工艺美术学院、浙江理工大学、山东大学、武汉理工大学、中国地质大学（武汉）、北京服装学院、湖北工业大学、东南大学、广州美术学院、南京林业大学、鲁迅美术学院、湖南工业大学、福州大学、华南理工大学、西南交通大学、中国美术学院、云南艺术学院、浙江大学、吉林艺术学院、齐鲁工业大学、西北工业大学、湖南大学、湖北美术学院、四川美术学院、景德镇陶瓷大学、重庆大学、同济大学、湖南科技大学、江苏大学、广州大学、天津理工大学、北京林业大学、广西师范大学、郑州轻工业大学、华侨大学、江西财经大学、苏州大学、汕头大学、大连民族大学、桂林电子科技大学、华东师范大学、南京工程学院、上海工程技术大学、中南大学、常州工学院、天津科技大学、北京工业大学、东北林业大学、东华大学、河南工业大学、西安工业大学、福建农林大学、南昌大学、北京化工大学、西安理工大学、西安美术学院、华中科技大学、平顶山学院、武汉大学、中南林业科技大学、黄山学院、江苏师范大学、北京工商大学、东北师范大学、吉林大学、兰州理工大学、温州大学、杭州电子科技大学、沈阳理工大学、深圳大学、安徽财经大学、贵州民族大学、武汉纺织大学、南京师范大学、三明学院、西华大学、浙江工商大学、华东理工大学、内蒙古科技大学、武汉科技大学、上海第二工业大学、中国地质大学（北京）、海南师范大学、济南大学、华东交通大学、滁州学院、湖北汽车工业学院、江西师范大学等。

服装与服饰设计

专业特点

服装与服饰设计专业主要研究服装的立体构成、造型设计、图案设计、配饰设计等方面的基本知识和技能，进行服装和配饰的设计、绘图等。

本专业与高中学科关联度及学科要求

语文	数学	英语	物理	化学	生物	政治	历史	地理
A	E	C	E	E	E	D	D	D

本专业对高中阶段语文科目要求较高，适合对服装与服饰设计研究感兴趣的学生就读。

选考学科建议

"3+3"省份：不限

"3+1+2"省份：首选不限，再选政治 / 地理 / 化学 / 生物

大学主要课程

服装结构设计与制作、服装设计、服装 CAD、服装生产管理与营销、排料与推板、服装立体裁剪、服装专业英语、时装画技法、时装画基础等。

💡 就业方向

本专业毕业生可到各类服装企业（公司）、进出口公司、中等职业学校等单位，从事服装产品开发、服装生产技术管理、服装打板、服装产品质量检验、服装业务跟单、专卖店服装销售、卖场陈列设计、服装营销策划、服装贸易、服装教学培训等方面的工作。

🏛 本专业较好的大学（排名不分先后）

清华大学、北京服装学院、浙江理工大学、东华大学、江南大学、中国美术学院、武汉纺织大学、苏州大学、山东工艺美术学院、温州大学、广东工业大学、大连工业大学、西安美术学院、鲁迅美术学院、湖北美术学院、广州美术学院、四川美术学院、安徽工程大学、西安工程大学、中央民族大学、天津师范大学、湖南师范大学、中央美术学院、齐齐哈尔大学、吉林艺术学院、华南理工大学、河北科技大学、四川师范大学、四川大学、南京艺术学院、江西服装学院、深圳大学、东北师范大学、青岛大学、天津工业大学、济南大学、黑龙江大学、东北电力大学、广州大学、南京师范大学、福州大学、北京工业大学、北京师范大学、湖南工商大学、江苏理工学院、金陵科技学院、浙江科技学院、海南师范大学、浙江农林大学、上海戏剧学院、广西师范大学、闽江学院、内蒙古艺术学院、陕西科技大学、天津科技大学、中南民族大学、湖南女子学院、广西艺术学院、江西师范大学、南昌大学、武汉设计工程学院、湖南工程学院、上海工程技术大学、长沙理工大学、郑州经贸学院、北京联合大学、宁波大学、齐鲁工业大学、福建师范大学、青岛理工大学、太原理工大学、华南农业大学、天津理工大学、西南大学、云南艺术学院、昆明理工大学、郑州轻工业大学、大连医科大学等。

公共艺术

专业特点

公共艺术专业主要研究设计学、公共艺术等方面的基本知识和技能，涵盖公共艺术本体形态、艺术形式、创作形式、创作观念、方法、技巧及审美意识等多个方面，进行公共空间的规划设计。例如：城市公园、广场、路灯等公共设施的设计，绿地、雕塑等公共景观的设计。

本专业与高中学科关联度及学科要求

语文	数学	英语	物理	化学	生物	政治	历史	地理
A	E	C	E	E	E	D	D	D

本专业对高中阶段语文科目要求较高，适合对公共艺术研究感兴趣的学生就读。

选考学科建议

"3+3"省份：不限

"3+1+2"省份：首选不限，再选政治 / 地理 / 化学 / 生物

大学主要课程

装饰基础、雕塑基础、材料与工艺、建筑与环境设计、空间形态设计、展示设计、公共景观设计、园林建筑设计、公共设施设计、环境雕塑造型、壁画与浮雕、数码图形处理等。

💡 就业方向

本专业毕业生可到各级市政规划局、交通部门、建筑和规划部门、各类设计院所等政府部门和企事业单位，从事设计、研究、教学及管理等工作。

🏛 本专业较好的大学（排名不分先后）

华东师范大学、清华大学、杭州师范大学、中国美术学院、北京服装学院、湖北美术学院、山东工艺美术学院、江南大学、中央美术学院、南京艺术学院、浙江工业大学、南京林业大学、广州美术学院、武汉科技大学、湖北工业大学、兰州财经大学、武汉纺织大学、西安美术学院、广西师范大学、鲁迅美术学院、燕山大学、吉林艺术学院、广西艺术学院、四川美术学院、天津科技大学、汕头大学、景德镇陶瓷大学、天津美术学院、云南艺术学院、河北科技大学、江苏大学、哈尔滨理工大学、扬州大学、中国计量大学、吉林建筑大学、沈阳师范大学、辽宁师范大学、安徽工业大学、青岛科技大学等。

专业类
设计学类

专业代码
130506

修业年限
四年

授予学位
艺术学学士

工艺美术

专业特点

工艺美术专业主要研究美学、色彩构成、立体构成、工艺美术等方面的基本知识和技能，进行工艺品的设计、色彩搭配、制作、保护和修复等。常见的工艺品有木雕、玉雕、漆器、陶器、瓷器、泥塑、剪纸、蜡染等。

本专业与高中学科关联度及学科要求

语文	数学	英语	物理	化学	生物	政治	历史	地理
A	E	C	E	E	E	D	A	D

本专业对高中阶段语文、历史科目要求较高，适合对工艺美术研究感兴趣的学生就读。

选考学科建议

"3+3"省份：不限

"3+1+2"省份：首选不限，再选政治 / 地理 / 化学 / 生物

大学主要课程

中外美术通史、中外工艺美术通史、工艺美术概论、绘画基础、美学、专业写作、古汉语、中国文学史、考古学、博物馆学、中国工艺美术史、中国文化史等。

💡 就业方向

本专业毕业生可在市政规划局、交通部门、建筑和规划部门、各类设计院所等政府部门和企事业单位从事艺术创作、平面设计、广告创意、美术编辑、艺术策划、工艺品设计和制作、工艺品色彩搭配等工作。

🏛 本专业较好的大学（排名不分先后）

清华大学、山东工艺美术学院、广州美术学院、南京艺术学院、西安美术学院、中国美术学院、鲁迅美术学院、湖北美术学院、山东艺术学院、福州大学、湖南师范大学、上海视觉艺术学院、北京联合大学、广东技术师范大学、云南民族大学、太原理工大学、安徽师范大学、北京工业大学、武汉纺织大学、安徽工程大学、景德镇陶瓷大学、兰州城市学院、广西师范大学、吉林艺术学院、广西艺术学院、四川美术学院、天津工业大学、桂林旅游学院、长沙理工大学、云南艺术学院、郑州轻工业大学、桂林理工大学、天津美术学院、吉林农业大学、沈阳师范大学、哈尔滨师范大学、内蒙古农业大学、黑龙江大学、桂林电子科技大学、南京工程学院、莆田学院、河北美术学院、江西科技师范大学、河南科技学院、肇庆学院、哈尔滨学院、南阳师范学院、青海民族大学、武昌理工学院等。

数字媒体艺术

专业特点

数字媒体艺术专业主要研究设计学、艺术学、数字媒体、计算机技术等方面的基本知识和技能，涉及造型艺术、艺术设计、交互设计、计算机语言、计算机图形学等，进行虚拟场景、角色动画、游戏 CG 等的设计。例如：动漫、游戏人物造型和动画的设计，游戏虚拟场景和剧情 CG 的设计，企业网页的设计制作。

本专业与高中学科关联度及学科要求

语文	数学	英语	物理	化学	生物	政治	历史	地理
A	B	C	E	E	E	D	D	D

本专业对高中阶段语文科目要求较高，适合对数字媒体艺术研究感兴趣的学生就读。

选考学科建议

"3+3"省份：不限

"3+1+2"省份：首选不限，再选政治 / 地理 / 化学 / 生物

大学主要课程

计算机技术基础、通信技术基础、数字信号处理技术、计算机网络、数字图像处理、网页设计、多媒体信息处理与传输、交流媒体技术、

动画原理与网络游戏设计、视频特技与非线性编辑等。

💡 就业方向

本专业毕业生可以在大专院校、研究所等部门从事教学与科研工作；也可继续攻读与媒体设计、网络设计与制作专业相关的学科或交叉学科的研究生；还可任职于教学和科研单位，包括电视台、数字电影制作公司、互动娱乐公司、广告公司、电视频道及栏目包装部门、电视剧制作部门、动画公司及其他各影视制作机构等单位。

🏛 本专业较好的大学（排名不分先后）

中国传媒大学、北京服装学院、广东工业大学、清华大学、哈尔滨工业大学、南京艺术学院、中央美术学院、北京印刷学院、吉林艺术学院、上海大学、湖北大学、广州美术学院、四川美术学院、北京邮电大学、山东艺术学院、长沙理工大学、山东工艺美术学院、湖南工业大学、湖北工业大学、江南大学、武汉纺织大学、北京师范大学、江西财经大学、浙江农林大学、苏州大学、中国美术学院、北京联合大学、华中科技大学、浙江理工大学、中山大学、中国地质大学（武汉）、华南师范大学、吉林动画学院、云南艺术学院、东华大学、太原理工大学、四川传媒学院、浙江工业大学、江苏师范大学、深圳大学、东北师范大学、杭州电子科技大学、南京林业大学、北京林业大学、浙江工商大学、广州大学、首都师范大学、北京交通大学、福州大学、杭州师范大学、华东理工大学、西安邮电大学、浙江传媒学院、安徽工程大学、北京工业大学、华中师范大学、天津师范大学、湖南师范大学、江西理工大学、西安美术学院、景德镇陶瓷大学、鲁迅美术学院、西安音乐学院、上海音乐学院、大连工业大学、汕头大学、上海戏剧学院、四川师范大学、广西艺术学院、吉首大学、厦门大学、上海工程技术大学等。

艺术与科技

👍 专业特点

艺术与科技专业主要研究设计学、艺术学、计算机技术等方面的基本知识和技能，将艺术设计与科学技术相结合，进行设计和技术研发等。例如：VR 体感游戏的设计研发，数字影像的合成，软件界面的设计，未来建筑的虚拟呈现。

📖 本专业与高中学科关联度及学科要求

语文	数学	英语	物理	化学	生物	政治	历史	地理
A	E	C	E	E	E	D	D	D

本专业对高中阶段语文科目要求较高，适合对艺术与科技研究感兴趣的学生就读。

📚 选考学科建议

"3+3"省份：不限

"3+1+2"省份：首选不限，再选政治/地理/化学/生物

📚 大学主要课程

会展概论、视觉设计基础、展示空间设计、中外美术史、空间设计基础、设计素描、色彩构成、人体工程学等。

💡 就业方向

本专业毕业生可在会展活动策划组织的企事业单位、会展建设企业、各类会展场馆、会展服务行业以及各类企事业单位会展部、市场营销部门，从事会展设计、组织策划等工作。

🏛 本专业较好的大学（排名不分先后）

清华大学、中央美术学院、中国美术学院、山东工艺美术学院、西安美术学院、浙江大学、广州美术学院、南京信息工程大学、中国传媒大学、东华大学、上海大学、南京艺术学院、北京服装学院、星海音乐学院、北京印刷学院、浙江音乐学院、西安音乐学院、上海音乐学院、大连工业大学、吉林艺术学院、上海工程技术大学、广西艺术学院、四川美术学院、云南艺术学院、西安建筑科技大学、南京工业大学、厦门理工学院、北京电影学院、天津城建大学、天津音乐学院、浙江传媒学院、上海视觉艺术学院、西华大学、西交利物浦大学、浙江外国语学院等。

陶瓷艺术设计

👍 专业特点

陶瓷艺术设计专业主要研究艺术学、设计学、陶瓷设计、陶瓷工艺等方面的基本知识和技能，进行陶瓷艺术品、装饰品、日用品的设计、制作等。常见的陶瓷制品有陶瓷摆件、白瓷观音像、陶瓷装饰盘、陶瓷壁饰、陶瓷茶具等。

📖 本专业与高中学科关联度及学科要求

语文	数学	英语	物理	化学	生物	政治	历史	地理
A	E	C	E	E	E	D	D	D

本专业对高中阶段语文科目要求较高，适合对陶瓷感兴趣的学生就读。

📚 选考学科建议

"3+3"省份：不限

"3+1+2"省份：首选不限，再选政治/地理/化学/生物

📕 大学主要课程

成型工艺、创新思维与表现、陶塑、青瓷设计与制作、模型设计与制作、烧成工艺、陶瓷釉上装饰、中国陶瓷史、日用陶瓷工艺学、陶艺首饰设计、日用器皿设计、陶瓷产品装饰设计等。

💡 就业方向

　　本专业毕业生可在陶瓷工艺美术研究部门或陶瓷工厂从事设计和研究工作，或在各级艺术院校从事本专业的教学工作。

🏛 本专业较好的大学（排名不分先后）

　　中国美术学院、清华大学、景德镇陶瓷大学、广州美术学院等。

新媒体艺术

专业特点

新媒体艺术专业通常以当下最新的技术手段去提供传统艺术所无法比拟的多维度感官体验，通过视觉、听觉甚至触觉、嗅觉等多种方式创造出浸入式的互动作品的专业。

本专业与高中学科关联度及学科要求

语文	数学	英语	物理	化学	生物	政治	历史	地理
A	E	B	E	E	E	D	D	D

本专业对高中阶段语文科目要求较高，适合对新型媒介感兴趣的学生就读。

选考学科建议

"3+3"省份：不限

"3+1+2"省份：首选不限，再选政治/化学/地理/生物

大学主要课程

新媒体艺术设计概论、创意设计思维、新媒体文案策划与写作、数字平面设计（PS/AI）、摄影基础、影视艺术鉴赏、影视剪辑与合成、数字图像处理技术、网页设计基础、UI设计、互动媒体项目设计与实现、三维互动仿真高级应用技术、新媒体案例研究、新媒体短视频创意策划、

新媒体短视频拍摄与制作等。

💡 就业方向

本专业毕业生可在新媒体门户企业、互联网短视频企业、网络电视台、传统媒体集团、广告公司、数字出版机构以及政府、高校等单位和部门，从事新媒体创意策划、设计、运营与管理等工作。

🏛 本专业较好的大学（排名不分先后）

中国传媒大学、北京电影学院、河北美术学院等。

专业类
设计学类

专业代码
130511T

修业年限
四年

授予学位
艺术学学士

包装设计

👍 专业特点

　　包装设计专业是一门综合运用自然科学和美学知识，为在商品流通过程中更好地保护商品，并促进商品的销售而开设的专业学科。

📖 本专业与高中学科关联度及学科要求

语文	数学	英语	物理	化学	生物	政治	历史	地理
A	E	C	E	E	E	D	D	D

　　本专业对高中阶段语文科目要求较高，适合对包装设计研究感兴趣的学生就读。

📚 选考学科建议

　　"3+3"省份：不限

　　"3+1+2"省份：首选不限，再选政治 / 化学 / 地理 / 生物

📖 大学主要课程

　　CATIA 三维建模、Photoshop、理论力学、广告设计、包装结构、标志设计、企业视觉识别 (VI) 设计、包装造型与装潢设计、包装印刷工艺与经济成本核算、现代设计史等。

💡 就业方向

本专业毕业生可在流通企业、包装企业、包装材料、广告传播、包装科研机构、设计公司、企业单位里的包装部门等就业。

🏛 本专业较好的大学（排名不分先后）

清华大学、中国美术学院、中央美术学院、同济大学、苏州大学、江南大学、南京艺术学院、浙江大学、湖南大学、北京服装学院等。

2021 年增设专业

门类	专业类	专业代码	专业名称	学位授予门类	修业年限	增设年份
经济学	财政学类	020203TK	国际税收	经济学	四年	2021
经济学	经济与贸易类	020403T	国际经济发展合作	经济学	四年	2021
法学	法学类	030108TK	纪检监察	法学	四年	2021
法学	公安学类	030623TK	铁路警务	法学	四年	2021
教育学	教育学类	040114TK	劳动教育	教育学	四年	2021
历史学	历史学类	060109T	科学史	历史学	四年	2021
理学	地球物理学类	070804TK	行星科学	理学	四年	2021
工学	材料类	080418T	光电信息材料与器件	工学	四年	2021
工学	能源动力类	080506TK	氢能科学与工程	工学	四年	2021
工学	能源动力类	080507TK	可持续能源	工学	四年	2021
工学	电气类	080608TK	智慧能源工程	工学	四年	2021
工学	土木类	081012T	智能建造与智慧交通	工学	四年	2021
工学	水利类	081106T	智慧水利	工学	四年	2021

门类	专业类	专业代码	专业名称	学位授予门类	修业年限	增设年份
工学	地质类	081406T	智能地球探测	工学	四年	2021
工学	地质类	081407T	资源环境大数据工程	工学	四年	2021
工学	矿业类	081508TK	碳储科学与工程	工学	四年	2021
工学	轻工类	081706TK	生物质能源与材料	工学	四年	2021
工学	交通运输类	081812T	智能运输工程	工学	四年	2021
工学	海洋工程类	081905T	智慧海洋技术	工学	四年	2021
工学	航空航天类	082011T	空天智能电推进技术	工学	四年	2021
工学	林业工程类	082405T	木结构建筑与材料	工学	四年	2021
农学	植物生产类	090116TK	生物育种科学	理学	四年	2021
农学	自然保护与环境生态类	090206T	湿地保护与恢复	农学	四年	2021
农学	林学类	090505T	智慧林业	农学	四年	2021
管理学	工商管理类	120217TK	海关稽查	管理学	四年	2021
管理学	公共管理类	120418T	慈善管理	管理学	四年	2021

门类	专业类	专业代码	专业名称	学位授予门类	修业年限	增设年份
艺术学	戏剧与影视学类	130314TK	曲艺	艺术学	四年	2021
艺术学	戏剧与影视学类	130315TK	音乐剧	艺术学	四年	2021
艺术学	美术学类	130412TK	科技艺术	艺术学	四年	2021
艺术学	美术学类	130413TK	美术教育	艺术学	四年	2021
艺术学	设计学类	130513TK	珠宝首饰设计与工艺	艺术学	四年	2021

2022 年增设专业

门类	专业类	专业代码	专业名称	学位授予门类	修业年限	增设年份
法学	社会学类	030307T	社会政策	法学	四年	2022
法学	公安学类	030621TK	反恐警务	法学	四年	2022
法学	公安学类	030622TK	消防政治工作	法学	四年	2022
教育学	教育学类	040113T	融合教育	教育学	四年	2022
历史学	历史学类	060108T	古文字学	历史学	四年	2022
理学	物理学类	070206T	量子信息科学	理学	四年	2022
理学	化学类	070306T	化学测量学与技术	理学	四年	2022
理学	大气科学类	070603T	气象技术与工程	理学，工学	四年	2022
工学	机械类	080217T	增材制造工程	工学	四年	2022
工学	机械类	080218T	智能交互设计	工学	四年	2022
工学	机械类	080219T	应急装备技术与工程	工学	四年	2022
工学	能源动力类	080505T	能源服务工程	工学	四年	2022
工学	电气类	080607T	能源互联网工程	工学	四年	2022

门类	专业类	专业代码	专业名称	学位授予门类	修业年限	增设年份
工学	电子信息类	080719T	柔性电子学	工学	四年	2022
工学	电子信息类	080720T	智能测控工程	工学	四年	2022
工学	自动化类	080808T	智能工程与创意设计	工学	四年	2022
工学	计算机类	080918TK	密码科学与技术	工学	四年	2022
工学	土木类	081011T	城市水系统工程	工学	四年	2022
工学	矿业类	081507T	智能采矿工程	工学	四年	2022
工学	交通运输类	081811T	智慧交通	工学	四年	2022
工学	航空航天类	082010T	智能飞行器技术	工学	四年	2022
工学	公安技术类	083112TK	食品药品环境犯罪侦查技术	工学	四年	2022
农学	植物生产类	090115T	生物农药科学与工程	农学	四年	2022
农学	自然保护与环境生态类	090205T	土地科学与技术	农学	四年	2022
农学	动物生产类	090306T	饲料工程	农学，工学	四年	2022
农学	动物生产类	090307T	智慧牧业科学与工程	农学	四年	2022

门类	专业类	专业代码	专业名称	学位授予门类	修业年限	增设年份
农学	动物医学类	090406TK	兽医公共卫生	农学	五年	2022
医学	公共卫生与预防医学类	100406T	运动与公共健康	理学	四年	2022
医学	医学技术类	101012T	生物医药数据科学	理学	四年	2022
医学	医学技术类	101013T	智能影像工程	工学	四年	2022
管理学	工商管理类	120216T	创业管理	管理学	四年	2022
管理学	公共管理类	120415TK	海关检验检疫安全	管理学	四年	2022
管理学	公共管理类	120416TK	海外安全管理	管理学	四年	2022
管理学	公共管理类	120417T	自然资源登记与管理	管理学	四年	2022
艺术学	艺术学理论类	130103T	非物质文化遗产保护	艺术学	四年	2022
艺术学	音乐与舞蹈学类	130212T	音乐教育	艺术学	四年	2022
艺术学	美术学类	130411T	纤维艺术	艺术学	四年	2022

［大学专业］速查手册

·理科·

新高考研究室　编著

中国海洋大学出版社
CHINA OCEAN UNIVERSITY PRESS

·青岛·

图书在版编目（CIP）数据

大学专业速查手册 / 新高考研究室编著 . — 青岛：
中国海洋大学出版社，2023.4

ISBN 978-7-5670-3465-5

Ⅰ.①大… Ⅱ.①新… Ⅲ.①高等学校－招生－专业
－中国－手册 Ⅳ.① G647.32-62

中国国家版本馆CIP数据核字（2023）第052352号

大学专业速查手册（理科）

DAXUE ZHUANYE SUCHA SHOUCE（LIKE）

出版发行	中国海洋大学出版社			
社　　址	青岛市香港东路 23 号		**邮政编码**	266071
出 版 人	刘文菁			
网　　址	http://pub. ouc. edu. cn			
电子信箱	1193406329@qq.com			
订购电话	0532-82032573（传真）			
责任编辑	孙宇菲		**电　　话**	0532-85902349
印　　制	青岛金亿嘉印刷有限公司			
版　　次	2023 年 4 月第 1 版			
印　　次	2023 年 4 月第 1 次印刷			
成品尺寸	140 mm × 210 mm			
印　　张	46			
字　　数	580 千			
印　　数	1～5500			
定　　价	198. 00 元（全两册）			

发现印装质量问题,请致电 13964839192,由印刷厂负责调换。

在我国，大学是实施高等教育的学校的一种，包括综合大学和专科大学、学院。大学专业分为普通教育本科专业、职业教育本科专业、高职专科专业。其中，普通教育本科专业是在教育部颁布的《普通高等学校本科专业目录（2020 年版）》的基础上，增补近年来批准增设的目录外新专业而形成的。截至 2022 年 2 月，我国普通教育本科专业共设置 12 个学科门类（不含军事学和交叉学科），92 个专业类，771 个专业。12 个学科门类包括 4 个自然科学：理学、工学、医学、农学；8 个人文和社会科学：文学、历史学、哲学、经济学、管理学、法学、教育学、艺术学。

本书是一本实用的工具书，针对目前国内的 771 个大学专业进行了详细的解读，分文科和理科两册。对每一个专业的解读都包括专业特点、学科要求、大学课程、就业方向、开设院校等方面，并对每年新增专业进行了分析，如 2021 年新增了 31 个专业，2022 年新增了 37 个专业，让学生对大学及专业有清晰的认识。本书对高中生具有一定的指导意义，适合刚升入高中的学生研读，让学生在轻松阅读中了解大学专业，认识大学课程。

本书对每个大学专业从 6 个方面进行了详细解剖，有利于学生更好地了解大学专业。第一部分，重点介绍了各个大学专业的特点。第二部分是本科专业与高中学科的关联度及学科要求。我国大学本科专业的教学内容与高中所学的科目有一定的关联，有的关联度高，有的关联度低。在本书中，我们设计了 5 个等级，分别用 A、B、C、D、E 来表示，A

表示关联度最高，B次之，E表示关联度最低。但是需要说明的是，虽然是同一个专业，但是在不同的大学里，学习内容可能有所不同，甚至还会有较大的差别。第三部分是选考学科建议，针对"'3+3'省份"和"'3+1+2'省份"，所选学科有所不同。第四部分重点介绍了大学的主要课程。我国大学的本科专业课程主要由专业课程、公共必修课和公共选修课组成，由于公共课程在各类大学都基本相同，为了节省篇幅，在各个专业介绍中没有列出。本书只列举了专业课程，可供学生提前了解。第五部分是就业方向。第六部分为"本专业较好的大学"推荐，编者综合了中华人民共和国教育部网站、《"上海软科教育"中国大学专业排名报告（2021）》、易度专业排名等多方材料，所列大学虽排名不分先后，但是基本上反映了其专业实力，可供读者参考。

　　需要说明的是，我国大学专业代码通常由6位阿拉伯数字组成，前两位代表专业的类别，中间两位代表专业的学科，后两位代表专业变更的识别符号。此外，专业代码后加"T"，代表是"国家特设专业"，如伦理学（010104T）、国民经济管理（020103T）、化学生物学（070303T）等专业；专业代码后加"K"，代表是"国家控制布点专业"，如宗教学（010103K）、财政学（020201K）、信息安全（080904K）等专业；专业代码后加"TK"，代表是"国家特设控制布点专业"，如行星科学（070804TK）、生物育种科学（090116TK）等专业。

　　由于编者水平有限，本书不足之处在所难免，敬请广大读者批评指正。

编者

2023年1月

理 学

工 学

农 学

医 学

理学

数学与应用数学

专业特点

　　数学与应用数学专业以数学应用的理论研究为主，包含算术、代数、几何等多个方面，主要运用数学知识分析解决生活中的一些问题。例如：股票涨跌背后的数据分析；预测某一事件发生的概率；结合计算机，使用相关软件处理圆周率等一些人脑无法解决的复杂运算。

本专业与高中学科关联度及学科要求

语文	数学	英语	物理	化学	生物	政治	历史	地理
B	A	B	A	D	D	E	D	D

　　本专业对高中阶段数学、物理科目要求较高，适合逻辑思维严密、善于思考的学生就读。

选考学科建议

　　"3+3"省份：物理／物理＋化学

　　"3+1+2"省份：首选物理，再选化学

大学主要课程

　　分析学、代数学、几何学、概率论、物理学、数学模型、数学实验、计算机基础、数值方法、数学史等。

💡 就业方向

本专业毕业生可以从事中小学教学工作，也可从事软件开发工作，以及在金融公司从事相关的数据分析处理工作等。

🏛 本专业较好的大学（排名不分先后）

北京大学、复旦大学、清华大学、南开大学、北京师范大学、同济大学、浙江大学、上海交通大学、西安交通大学、北京航空航天大学、中国科学技术大学、华东师范大学、山东大学、南京大学、东南大学、中山大学、四川大学、电子科技大学、武汉大学、华中科技大学、吉林大学、厦门大学、哈尔滨工业大学、天津大学、华南理工大学、西北工业大学、中国人民大学、北京理工大学、大连理工大学、重庆大学、东北师范大学、南方科技大学、华中师范大学、中南大学、苏州大学、南京师范大学、首都师范大学、湖南大学、西安电子科技大学、华南师范大学、陕西师范大学、上海大学、兰州大学、西南大学、湖南师范大学、浙江师范大学、北京科技大学、华东理工大学、湘潭大学、郑州大学、福州大学、广州大学、西北大学、哈尔滨工程大学、上海财经大学、上海师范大学、西南交通大学、福建师范大学、安徽大学、东北大学、中国矿业大学、北京邮电大学、杭州电子科技大学、云南大学、北京工业大学、南昌大学、东华大学、江苏师范大学、扬州大学、南京理工大学、中央财经大学、中国地质大学（武汉）、山东师范大学、北京交通大学、江苏大学、杭州师范大学、宁波大学、深圳大学、新疆大学、中国农业大学、浙江理工大学、西南财经大学、重庆师范大学、四川师范大学、内蒙古大学、汕头大学、贵州大学、河北师范大学、湖北大学、西北师范大学、暨南大学、合肥工业大学、江西师范大学、山西大学、广西大学、河南大学、曲阜师范大学、长安大学、中国地质大学（北京）等。

信息与计算科学

专业特点

信息与计算科学专业是将数学与计算机相结合的专业，在培养学生数学基础和数学思维能力的同时，使学生能够熟练地使用计算机算法计算复杂的数学问题。例如：使用计算机编程模拟复杂函数图像、计算高阶矩阵、计算圆周率。数学问题通过计算机处理得以更加快速便捷地解决。

本专业与高中学科关联度及学科要求

语文	数学	英语	物理	化学	生物	政治	历史	地理
C	A	B	A	D	D	E	E	E

本专业对高中阶段数学、物理科目要求较高，适合逻辑推理能力强、喜欢计算机编程的学生就读。

选考学科建议

"3+3"省份：物理 / 物理 + 化学

"3+1+2"省份：首选物理，再选化学

大学主要课程

分析学、代数学、数学分析、高等代数、解析几何、常微分方程、几何学、概率论、数学模型、数学实验、计算机基础、普通物理学、数学物理方法、理论力学、量子力学、固体物理学、计算物理学入门等。

💡 就业方向

本专业毕业生适合到企事业单位、高科技部门、学校、行政管理和经济管理部门从事科研、教学和计算机应用软件的开发或管理等工作。

🏛 本专业较好的大学（排名不分先后）

北京大学、复旦大学、南开大学、中国科学技术大学、浙江大学、山东大学、清华大学、西安交通大学、中山大学、南京大学、武汉大学、北京航空航天大学、华中科技大学、四川大学、吉林大学、厦门大学、哈尔滨工业大学、大连理工大学、中南大学、西北工业大学、东南大学、华南理工大学、华东师范大学、湘潭大学、北京工业大学、北京交通大学、南京航空航天大学、湖南大学、上海大学、电子科技大学、北京理工大学、南京理工大学、西安电子科技大学、湖南师范大学、重庆大学、东北大学、华南师范大学、郑州大学、南京师范大学、武汉理工大学、华中师范大学、苏州大学、首都师范大学、南京信息工程大学、广州大学、陕西师范大学、北京邮电大学、杭州电子科技大学、兰州大学、合肥工业大学、中国海洋大学、中国矿业大学（北京）、浙江师范大学、云南大学、北京科技大学、华东理工大学、浙江工业大学、华北电力大学、深圳大学、中国石油大学（华东）、南昌大学、上海师范大学、西北大学、福州大学、南京邮电大学、中国矿业大学、河北工业大学、暨南大学、太原理工大学、哈尔滨工程大学、广东工业大学、上海财经大学、华中农业大学、中央财经大学、北京化工大学、安徽大学、河海大学、山东科技大学、中国地质大学（武汉）、江南大学、河南大学、陕西科技大学、四川师范大学、重庆邮电大学、内蒙古大学、西南交通大学等。

数理基础科学

👍 专业特点

　　数理基础科学专业主要研究数学与物理学的基本知识和理论，在实际生活中，将数学知识与物理知识相结合，共同解决实际问题。相较于数学与应用数学专业，本专业增加了一些物理学的基本知识，且数学理论知识相对较少。

📖 本专业与高中学科关联度及学科要求

语文	数学	英语	物理	化学	生物	政治	历史	地理
C	A	B	A	D	D	E	E	E

　　本专业对高中阶段数学、物理科目要求较高，适合推理能力强、善于分析、热爱数学的学生就读。

📚 选考学科建议

　　"3+3"省份：物理
　　"3+1+2"省份：首选物理，再选化学

📖 大学主要课程

　　数学分析、高等代数、概率论与数理统计、常微分方程、离散数学、复变函数、数值分析、微分几何、实变函数、运筹学、数学物理方程、力学、热学、电磁学、光学、原子物理、物理实验、理论力学、热力学与统计物理、量子力学等。

💡 就业方向

　　本专业毕业生可以在物理学、数学、信息与计算科学、计算机信息处理、经济、金融等从事研究、教学、应用软件开发等工作，在管理部门从事管理等相关工作。

🏛 本专业较好的大学（排名不分先后）

　　清华大学、电子科技大学、大连理工大学、云南大学、内蒙古大学、广西民族大学等。

数据计算及应用

专业特点

　　数据计算及应用专业是集数学、统计学和信息科学多学科交叉融合的应用理科专业，主要培养能运用所学知识与技能解决数据分析、信息处理、科学与工程计算等领域实际问题的复合型应用理科专业人才。例如：掌握信息科学和统计学的基本理论、方法与技能，接受科学研究的初步训练，具备一定的数据建模、高性能计算、大数据处理以及程序设计能力。

本专业与高中学科关联度及学科要求

语文	数学	英语	物理	化学	生物	政治	历史	地理
C	A	B	A	D	D	E	E	E

　　本专业对高中阶段数学、物理科目要求较高，适合逻辑推理能力强、有一定动手能力的学生就读。

选考学科建议

　　"3+3"省份：物理

　　"3+1+2"省份：首选物理，再选化学

大学主要课程

　　数学分析、高等代数、解析几何、概率统计、数学模型、离散数学、模糊数学、实变函数、复变函数、微分方程、物理学、信息处理、信息编码与信息安全、现代密码学教程、计算智能、计算机科学基础、数值计算方法、数据挖掘、最优化理论等。

💡 就业方向

本专业毕业生可以从事中小学教学工作，在金融、互联网公司从事相关的数据分析处理工作等。

🏛 本专业较好的大学（排名不分先后）

中国地质大学、重庆邮电大学、江苏大学、河北师范大学、天津师范大学、上海工程技术大学、齐鲁工业大学、重庆工商大学、太原科技大学、闽南师范大学、辽宁科技大学、湖北文理学院、荆楚理工学院、福建技术师范学院等。

物理学

👍 专业特点

物理学专业主要研究物质一般的运动规律和物质基本结构，揭示大自然的规律，探索分析大自然发生的现象，以了解其形成原因及过程。例如：闪电、雨水的形成原因及过程，宇宙行星的运转规律，生活中电路短路、断路的原因。

📖 本专业与高中学科关联度及学科要求

语文	数学	英语	物理	化学	生物	政治	历史	地理
C	A	B	A	B	C	E	D	D

本专业对高中阶段物理、数学科目要求较高，适合数学基础知识过硬、逻辑思维缜密、空间想象能力强的学生就读。

📘 选考学科建议

"3+3"省份：物理

"3+1+2"省份：首选物理，再选化学

📖 大学主要课程

高等数学、力学、热学、光学、电磁学、原子物理学、数学物理方法、理论力学、热力学与统计物理、电动力学、量子力学、固体物理学、结构和物性、计算物理学入门等。

💡 就业方向

本专业毕业生可到学校从事教学工作，或是到研究所从事理论研究、实验研究和技术开发与应用工作；还可以进入企业从事材料科学与工程、电子信息技术等领域的技术开发及应用研究工作等。

🏛 本专业较好的大学（排名不分先后）

北京大学、清华大学、复旦大学、中国科学技术大学、南京大学、上海交通大学、北京师范大学、南开大学、浙江大学、中山大学、华中科技大学、吉林大学、武汉大学、南方科技大学、华东师范大学、山东大学、中国人民大学、厦门大学、东北师范大学、苏州大学、西安交通大学、兰州大学、山西大学、华南师范大学、四川大学、华中师范大学、陕西师范大学、南京师范大学、重庆大学、郑州大学、北京航空航天大学、西北大学、东南大学、福建师范大学、湖南师范大学、西南大学、上海科技大学、内蒙古大学、山东师范大学、浙江师范大学、深圳大学、湘潭大学、河南师范大学、江苏大学、南昌大学、广西大学、宁波大学、上海师范大学、云南师范大学、扬州大学、云南大学、河南大学、河北师范大学、曲阜师范大学、广州大学、杭州师范大学、西北师范大学、中国海洋大学、湖北大学、安徽师范大学、广西师范大学、济南大学、辽宁师范大学、安徽大学、四川师范大学、天津师范大学、辽宁大学、中国地质大学（武汉）、青岛大学、合肥工业大学、江西师范大学、温州大学、吉林师范大学、中国地质大学（北京）、长沙理工大学、宁夏大学、首都师范大学、西华师范大学、重庆师范大学、鲁东大学、延边大学、贵州大学、哈尔滨师范大学、新疆大学、河北大学、山西师范大学、长江大学、江苏师范大学、海南师范大学、信阳师范学院、贵州师范大学、湖南科技大学、沈阳师范大学、吉首大学、渤海大学、三峡大学、苏州科技大学等。

应用物理学

专业特点

应用物理学专业主要研究物理学的基本理论与方法，还包含电子技术、计算机技术、光纤通信技术等方面的应用基础知识、基本实验方法和技术。

本专业与高中学科关联度及学科要求

语文	数学	英语	物理	化学	生物	政治	历史	地理
C	A	B	A	B	D	E	E	E

本专业对高中阶段物理、数学科目要求较高，适合热爱物理学、喜欢实际应用的学生就读。

选考学科建议

"3+3"省份：物理

"3+1+2"省份：首选物理，再选化学

大学主要课程

高等数学（或数学分析）、线性代数（或高等代数）、概率论与数理统计、普通物理学（包括力学、热学、光学、电磁学、原子物理学）、理论物理学（包括理论力学、电动力学、热力学与统计力学、量子力学）、数学物理方法、电子技术（包括模拟电子技术、数字电子技术）、固体物理学、普通物理实验、近代物理实验、激光物理、C语言等。

专业类
物理学类

专业代码
070202

修业年限
四年

授予学位
理学学士

💡 就业方向

本专业毕业生一般到高等学校或中学从事教学工作，也可到政府机关的科研机构、企事业单位从事科学研究等。

🏛 本专业较好的大学（排名不分先后）

中国科学技术大学、北京大学、同济大学、清华大学、上海交通大学、南开大学、吉林大学、北京理工大学、南京大学、西安交通大学、中南大学、北京航空航天大学、东南大学、华中科技大学、大连理工大学、哈尔滨工业大学、电子科技大学、南方科技大学、华南理工大学、南京航空航天大学、天津大学、西北工业大学、山东大学、上海大学、北京科技大学、湖南大学、四川大学、兰州大学、东北大学、北京邮电大学、西北大学、北京工业大学、西安电子科技大学、重庆大学、浙江工业大学、郑州大学、深圳大学、南京理工大学、北京交通大学、福州大学、南京师范大学、西南交通大学、暨南大学、河北工业大学、中国石油大学（华东）、东华大学、青岛大学、湖南师范大学、安徽大学、华东理工大学、南昌大学、太原理工大学、华北电力大学、中国矿业大学、燕山大学、南京邮电大学、杭州电子科技大学、浙江理工大学、山东师范大学、内蒙古大学、合肥工业大学、河北大学、西安理工大学、上海理工大学、长春理工大学、辽宁大学、河海大学、大连海事大学、上海师范大学、杭州师范大学、中国农业大学、云南师范大学、中央民族大学、重庆邮电大学、青岛科技大学、天津理工大学、河南科技大学、天津师范大学、烟台大学、兰州理工大学、天津工业大学、陕西科技大学、江苏科技大学、青岛理工大学、上海电力大学、西安工程大学、沈阳工业大学等。

核物理

👍 专业特点

    核物理专业主要研究原子核的结构和变化规律以及与核能、核技术应用有关的物理问题，包含原子核、同位素、离子束、核射线等。常见的核电站、核武器以及医疗中的核磁共振都是基于核物理的知识。其中，同位素是核技术应用中最广泛的，包括同位素示踪、同位素药剂、同位素仪表等。

📖 本专业与高中学科关联度及学科要求

语文	数学	英语	物理	化学	生物	政治	历史	地理
C	A	B	A	B	D	E	E	E

    本专业对高中阶段物理、数学科目要求较高，适合对物理有较强的兴趣，同时对核物理有探究愿望的学生就读。

📘 选考学科建议

    "3+3"省份：物理
    "3+1+2"省份：首选物理，再选化学

📖 大学主要课程

    普通物理、电子技术基础、数学物理方法、理论力学、热力学与统计物理、电动力学、量子力学、固体物理、原子核物理学、核电子学、核物理实验方法、辐射剂量与防护、核技术基础等。

💡 就业方向

本专业毕业生可进入相关科研部门、高等学校从事科学研究和教学工作，到与原子核物理及核技术相关的企事业技术和行政管理部门从事应用研究、科技开发、生产技术管理工作等。

🏛 本专业较好的大学（排名不分先后）

北京大学、北京航空航天大学、哈尔滨工业大学、吉林大学、华中师范大学等。

物理学类 专业类

专业代码 070203

修业年限 四年

授予学位 理学学士

声学

📋 专业特点

声学专业主要研究声波的产生、传播、接收和效应，探索声音与声波对人类生活产生的影响。例如：噪声的产生与消减，用超声波清洗高精密仪器，楼道里安装的声控灯。

📖 本专业与高中学科关联度及学科要求

语文	数学	英语	物理	化学	生物	政治	历史	地理
C	A	B	A	B	D	E	E	E

本专业对高中阶段物理、数学科目要求较高，适合喜欢自然科学、物理应用能力较强的学生就读。

📋 选考学科建议

"3+3"省份：物理

"3+1+2"省份：首选物理，再选化学

📋 大学主要课程

声学基础、噪声控制概论、超声概论、声频测量、工程噪声控制、电声技术、音响技术、高等数学、普通物理及实验、数学物理方法、理论物理、近代物理实验、电子线路及实验、计算机原理及实验、算法语言及程序设计、信号与系统理论、声学基础、近代声学、传感器等。

💡 就业方向

本专业毕业生可进入高等学校、科研院所、高科技公司等，从事音频工程、建筑声学、噪声控制、超声电子器件、超声医疗仪器制造等相关工作。

🏛 本专业较好的大学（排名不分先后）

南京大学、中国计量大学、安徽建筑大学等。

系统科学与工程

专业特点

    系统科学与工程专业主要研究系统科学、决策管理、控制系统、计算系统等方面的理论知识，培养具有系统分析与设计、研究与开发、管理与决策的基本能力，能够与国际接轨，有知识创新能力的高级工程技术人才和管理人才。例如：在自动化系统、网络与通信、生产系统、金融经济、社会管理等领域，从事系统建模、分析、控制、设计、研究、开发、运行等工作。

本专业与高中学科关联度及学科要求

语文	数学	英语	物理	化学	生物	政治	历史	地理
C	A	B	A	E	E	D	E	E

    本专业对高中阶段数学、物理科目要求较高，适合对逻辑推理感兴趣、善于研究与实践的学生就读。

选考学科建议

"3+3"省份：物理

"3+1+2"省份：首选物理，再选化学

大学主要课程

电路原理、模拟电子技术基础、数字电子技术基础、信号分析与处理、应用统计学、控制理论、现代控制理论、系统建模分析与仿真、系统理论与系统工程、运筹学、微机原理与接口技术、可编程控制器系统等。

💡 就业方向

　　本专业毕业生适合在电子信息、生物工程、通信、计算机、电子商务、电气工程、电力工程、交通、金融、机械以及轻纺等领域从事系统分析、设计、科学研究开发和管理决策等工作。

🏛 本专业较好的大学（排名不分先后）

　　北京师范大学（珠海校区）、北京交通大学、上海理工大学、玉林师范学院等。

化学

专业特点

化学专业主要研习化学基础理论知识和化学实验基本操作技能，包含单一物质内部与多种物质之间的化学反应与变化，了解其变化的机理和过程。例如：物品燃烧、钢铁生锈、食物腐烂、粮食酿酒的过程，都是化学变化，通过研究这些化学变化的过程，了解其发生变化的原因和机理。

本专业与高中学科关联度及学科要求

语文	数学	英语	物理	化学	生物	政治	历史	地理
C	B	B	A	A	B	E	E	E

本专业对高中阶段化学、物理科目要求较高，适合化学基础知识扎实、喜欢实验操作的学生就读。

选考学科建议

"3+3"省份：物理 / 化学 / 物理 + 化学

"3+1+2"省份：首选物理，再选化学

大学主要课程

无机化学、分析化学（含仪器分析）、有机化学、物理化学（含结构化学）、化学工程基础等。

化学类

专业类

070301
专业代码

四年
修业年限

理学学士
授予学位

💡 就业方向

本专业毕业生比较适合到石油化工、环保、商品检验、卫生防疫、海关、医药、精细化工厂等从事应用研究、科技开发、生产技术研发和管理工作，还可以到科研部门和高等学校从事科学研究和教学工作等。

🏛 本专业较好的大学（排名不分先后）

北京大学、中国科学技术大学、南京大学、清华大学、吉林大学、复旦大学、南开大学、浙江大学、厦门大学、北京师范大学、武汉大学、上海交通大学、中山大学、四川大学、湖南大学、华东理工大学、华中科技大学、华东师范大学、陕西师范大学、华中师范大学、兰州大学、北京航空航天大学、北京理工大学、福州大学、山东大学、郑州大学、苏州大学、东北师范大学、西北大学、南京师范大学、哈尔滨工业大学、北京化工大学、西南大学、云南大学、华南师范大学、山东师范大学、南方科技大学、中南大学、扬州大学、东南大学、湖南师范大学、中国农业大学、上海科技大学、安徽大学、河南大学、东北大学、中国人民大学、中国石油大学（华东）、南昌大学、湖北大学、河南师范大学、南京工业大学、安徽师范大学、中国海洋大学、福建师范大学、杭州师范大学、河北大学、湘潭大学、浙江师范大学、江西师范大学、山西大学、新疆大学、宁波大学、内蒙古大学、广州大学、深圳大学、西北师范大学、黑龙江大学、青岛科技大学、温州大学、广西师范大学、江苏师范大学、江苏大学、天津师范大学、广西大学、河北师范大学、贵州大学、海南师范大学、延边大学、山西师范大学、曲阜师范大学、上海师范大学、陕西科技大学、辽宁大学、济南大学、辽宁师范大学、东华理工大学、四川师范大学、北京工商大学、湖南科技大学、青岛大学、东北林业大学、宁夏大学、聊城大学、重庆师范大学、首都师范大学、哈尔滨师范大学、中央民族大学、长春师范大学等。

应用化学

专业特点

应用化学专业在研习化学基础知识、基本理论和基本技能的同时，还要学习相关的工程技术知识，包括应用研究、技术开发等。例如：工厂零部件的生产工艺流程，产品的质量把控，各种有害物质的监测及处理。

本专业与高中学科关联度及学科要求

语文	数学	英语	物理	化学	生物	政治	历史	地理
C	B	B	A	A	B	E	E	D

本专业对高中阶段化学、物理科目要求较高，适合喜欢化学、乐于科学研究的学生就读。

选考学科建议

"3+3"省份：物理 / 化学 / 物理 + 化学

"3+1+2"省份：首选物理，再选化学

大学主要课程

无机化学、分析化学、有机化学、物理化学、仪器分析、结构化学基础、精细有机化学、高分子化学、波谱分析、应用电化学、稀土化学、功能材料、化工原理、现代分离技术等。

💡 就业方向

本专业毕业生适合到石油化工、环保、商品检验、卫生防疫、海关、医药、精细化工厂等生产、技术、行政部门或厂矿企业从事应用研究、科技开发、生产技术研发和管理工作，也适合到科研部门或学校从事科学研究和教学工作。

🏛 本专业较好的大学（排名不分先后）

北京大学、大连理工大学、天津大学、华东理工大学、复旦大学、北京化工大学、吉林大学、华南理工大学、南开大学、南京大学、西安交通大学、同济大学、中南大学、哈尔滨工业大学、四川大学、湖南大学、华中科技大学、江南大学、西北大学、中山大学、武汉大学、浙江工业大学、北京理工大学、中国石油大学（华东）、兰州大学、东北大学、中国石油大学（北京）、上海大学、华东师范大学、苏州大学、暨南大学、东华大学、山东大学、广东工业大学、郑州大学、北京科技大学、北京航空航天大学、南昌大学、陕西师范大学、华中师范大学、西南大学、西北农林科技大学、西南石油大学、华北电力大学、华中农业大学、太原理工大学、中国地质大学（武汉）、中国农业大学、南京理工大学、电子科技大学、南京师范大学、重庆大学、河北工业大学、深圳大学、青岛科技大学、东北师范大学、济南大学、浙江理工大学、武汉理工大学、南京工业大学、陕西科技大学、燕山大学、青岛大学、中国矿业大学、山西大学、合肥工业大学、武汉工程大学、首都师范大学、湘潭大学、河南大学、广西大学、南京航空航天大学、南京农业大学、扬州大学、辽宁大学、浙江师范大学、东华理工大学、湖南师范大学、哈尔滨工程大学、北京工业大学、华南农业大学、江苏大学、中南民族大学、江西师范大学、上海应用技术大学、安徽师范大学、汕头大学、西安电子科技大学、西安建筑科技大学、江苏科技大学、天津工业大学等。

化学生物学

专业特点

化学生物学专业通过运用化学的理论和方法，研究生命现象、生命过程，包括疾病的发生发展、人为用药对病理过程的干预等。例如：流感的形成原因及治疗措施，抗癌药物的研发，人体激素指标的检验。

本专业与高中学科关联度及学科要求

语文	数学	英语	物理	化学	生物	政治	历史	地理
C	B	B	A	A	A	E	E	D

本专业对高中阶段化学、生物、物理科目要求较高，适合热爱生物、化学，同时有志于研究的学生就读。

选考学科建议

"3+3"省份：物理 / 化学 / 物理 + 化学

"3+1+2"省份：首选物理，再选化学

大学主要课程

无机化学、分析化学、有机化学、物理化学、结构化学、生物无机化学、生物有机化学、仪器分析、高分子化学、细胞生物学、生物化学、分子生物学、生物信息学导论、化学生物学、化学工程基础及化工制图等。

💡 就业方向

本专业毕业生可到科研部门、高等学校从事研究或教学工作，也可到化学、药学、医疗、生化制药、生物工程、无机新材料、化工、轻工、能源等行业以及事业、技术和行政部门从事应用研究、科技开发和管理等工作。

🏛 本专业较好的大学（排名不分先后）

北京大学、清华大学、厦门大学、南开大学、中山大学、北京航空航天大学、西北大学、湖北大学、西北农林科技大学、贵州大学等。

分子科学与工程

专业特点

分子科学与工程专业主要研究分子层面的理论知识，用以解决化学以及相关的环境、材料和生命科学的问题，包含分子合成与改性方法、分子材料及其加工工艺的基本知识和技能。例如：化工产品原料生产，污水的水质分析化验，分子化合物的合成与改性。

本专业与高中学科关联度及学科要求

语文	数学	英语	物理	化学	生物	政治	历史	地理
C	B	B	A	A	A	E	E	D

本专业对高中阶段化学、生物、物理科目要求较高，适合化学与生物学基础知识扎实、有志于探究分子科学的学生就读。

选考学科建议

"3+3"省份：物理 / 化学

"3+1+2"省份：首选物理，再选化学

大学主要课程

无机化学、有机化学、分析化学、物理化学、结构化学、仪器分析与技术、生物化学、高分子化学、高分子物理、高等无机化学、高等有机化学、无机材料化学等。

💡 就业方向

本专业毕业生可到石油化工、电子电器、建材、汽车、包装、军工、轻纺及医药等系统的科研（设计）院所或企业，从事塑料、橡胶、化纤、涂料、黏合剂、复合材料的合成、加工与应用，生产技术管理和市场开发等工作；以及为高新技术领域研究开发高性能材料、功能材料、生物医用材料、光电材料、精细高分子材料和其他特种高分子材料；也可到高等学校从事教学、科研等工作。

🏛 本专业较好的大学（排名不分先后）

天津大学、南开大学、北京航空航天大学等。

专业类 化学类

专业代码 070304T

修业年限 四年

授予学位 理学学士

能源化学

👍 专业特点

能源化学专业以能源为研究对象，主要研究化学、可再生能源等方面的基本知识和技能，包括能源的分类、性质、用途、利用、高效转化等；以能源的合理、高效、持续利用为目标，进行能源转化效率的提高以及能源可持续发展的探索等。

📖 本专业与高中学科关联度及学科要求

语文	数学	英语	物理	化学	生物	政治	历史	地理
B	B	B	B	A	C	C	C	C

本专业对高中阶段化学科目要求较高，适合热爱能源化学，对能源可持续发展有探求意愿，喜欢能源化学研究、生产的学生就读。

📚 选考学科建议

"3+3"省份：物理 / 化学 / 生物

"3+1+2"省份：首选物理，再选化学

🏛 大学主要课程

物理化学、有机化学、化工热力学、化工原理、化学反应工程、石油加工工程及实验、有机化工工艺、石油炼制工程概论、能源工程概论、合成燃料化学、可再生能源工程、化工用能评价、合成燃料化工设计等。

💡 就业方向

本专业毕业生可进入煤化工、天然气化工、电厂化工综合利用、生物能源化工、固体废物综合处理、石油加工、石油化工、催化剂生产和研发行业，从事设计、科学研究、技术管理等工作。

🏛 本专业较好的大学（排名不分先后）

复旦大学、北京理工大学、武汉大学、厦门大学、华南理工大学、兰州大学、大连理工大学（盘锦校区）、北京化工大学、华北电力大学（保定）、中国石油大学（北京）、西北大学、中国矿业大学、浙江工业大学、燕山大学、广东工业大学等。

专业类
化学类
专业代码
070305T
修业年限
四年
授予学位
理学学士

天文学

专业特点

天文学专业主要研究宇宙空间天体、宇宙的结构和发展，包括天体的位置、构造、性质和运行规律等。例如：我们使用的时间、方向和历法，哥白尼的日心说，康德和拉普拉斯关于太阳系起源的星云说。

本专业与高中学科关联度及学科要求

语文	数学	英语	物理	化学	生物	政治	历史	地理
C	A	B	A	C	E	E	D	C

本专业对高中阶段物理、数学科目要求较高，适合对自然科学感兴趣、热爱天文学的学生就读。

选考学科建议

"3+3"省份：物理

"3+1+2"省份：首选物理，再选化学

大学主要课程

大学数学、大学物理、理论力学、数学物理方法、电动力学、普通天文学、实体天体物理、恒星物理基础、计算天文学入门等。

💡 就业方向

本专业毕业生可进入航天、测地、国防等领域从事科学研究、教学、技术应用和科学普及等工作。

🏛 本专业较好的大学（排名不分先后）

南京大学、北京大学、中国科学技术大学、上海交通大学、北京师范大学等。

专业类
天文学类

专业代码
070401

修业年限
四年

授予学位
理学学士

地理科学

👍 专业特点

地理科学专业主要从各种角度对地质、地表形态等地理特征进行深入研究，研究人与地理的关系，主要分为以地形、地质、气候、海洋等自然环境为研究对象的自然地理学和以人口、城市、交通、文化等为研究对象的人文地理学两大类。土地勘探、地图绘制、城乡规划等都属于此专业的研究方向。

📔 本专业与高中学科关联度及学科要求

语文	数学	英语	物理	化学	生物	政治	历史	地理
C	C	B	B	B	B	E	E	A

本专业对高中阶段地理科目要求较高，适合对自然科学感兴趣、热爱地理科学研究的学生就读。

📋 选考学科建议

"3+3"省份：物理／化学／地理

"3+1+2"省份：首选不限，再选地理／化学

📚 大学主要课程

地图与遥感、自然地理学、人文地理学、经济地理学、城乡规划、中国地理、世界地理、地理信息系统、地理教学论、区域分析与规划、

环境保护与可持续发展等。

💡 就业方向

本专业毕业生可在科研机构、学校、企业等从事科研、教学、管理、规划与开发工作，也可到行政部门从事管理工作。

🏛 本专业较好的大学（排名不分先后）

北京大学、南京大学、北京师范大学、华东师范大学、武汉大学、南京师范大学、兰州大学、华南师范大学、东北师范大学、河南大学、华中师范大学、陕西师范大学、中山大学、福建师范大学、西南大学、湖南师范大学、贵州师范大学、首都师范大学、云南师范大学、浙江师范大学、上海师范大学、云南大学、山东师范大学、安徽师范大学、广州大学、中国地质大学（武汉）、江苏师范大学、西北师范大学、河北师范大学、江西师范大学、哈尔滨师范大学、湖北大学、天津大学、辽宁师范大学、新疆大学、南京信息工程大学、天津师范大学、四川师范大学、鲁东大学、南宁师范大学、宁夏大学、重庆师范大学、吉林大学、青海师范大学、合肥工业大学、海南师范大学、宁波大学、中国地质大学（北京）、衡阳师范学院、曲阜师范大学、延边大学、山西师范大学、西华师范大学、信阳师范学院、长春师范大学、吉林师范大学、湖北师范大学、太原师范学院、江苏第二师范学院、青岛大学、石河子大学、湖南科技大学、湖南文理学院、临沂大学、内蒙古师范大学、赣南师范大学、西南林业大学、闽南师范大学、南通大学、聊城大学、盐城师范学院、济南大学、广西师范大学、宝鸡文理学院、沈阳大学、黄冈师范学院、安庆师范大学、贵州师范学院、淮阴师范学院、成都师范学院、陕西理工大学、咸阳师范学院、惠州学院、泉州师范学院、阜阳师范大学、湖北文理学院等。

自然地理与资源环境

专业特点

自然地理与资源环境专业主要研究自然地理与资源环境的基本理论、知识和技能，立足于地球表层特征及其变化、自然资源管理、环境保护等，学习水资源的合理利用、土地资源的利用与评价、资源环境遥感等与资源利用和环境发展相关的专业知识与方法。

本专业与高中学科关联度及学科要求

语文	数学	英语	物理	化学	生物	政治	历史	地理
C	C	B	A	B	B	E	E	A

本专业对高中阶段地理、物理科目要求较高，适合对自然科学感兴趣、有志于研究资源环境保护及开发的学生就读。

选考学科建议

"3+3"省份：物理 / 化学 / 地理

"3+1+2"省份：首选不限，再选地理 / 化学

大学主要课程

地质学、自然地理学、国土规划、地图学、遥感应用、管理科学、环境科学、环境监测、环境经济学、土地评价与土地管理、资源学、水资源计算与管理、景观生态学、生态环境规划、环境化学、地理信

息系统、计量地理学、地质学、地貌学地理信息系统、遥感与数字图像处理等。

💡 就业方向

本专业毕业生可以到国土资源整治、自然资源开发利用与规划管理、环境保护与治理、生态环境规划以及城市规划与管理等领域从事科研及管理等工作。

🏛 本专业较好的大学（排名不分先后）

北京大学、北京师范大学、南京师范大学、南京大学、兰州大学、中山大学、华东师范大学、武汉大学、福建师范大学、西北大学、东北师范大学、北京林业大学、华中师范大学、华南师范大学、中国地质大学（武汉）、河南大学、湖南师范大学、河海大学、广州大学、云南师范大学、南京信息工程大学、山东师范大学、新疆大学、贵州师范大学、河北师范大学、江西师范大学、江苏师范大学、中国地质大学（北京）、山西大学、西安科技大学、四川师范大学、鲁东大学、东华理工大学、南宁师范大学、山东科技大学、四川农业大学、长沙理工大学、哈尔滨师范大学、青海师范大学、济南大学、湖北师范大学、湖南科技大学、曲阜师范大学、广东财经大学、南通大学、山西师范大学、河南理工大学、湖南工业大学、海南师范大学、重庆工商大学、天津理工大学、福建农林大学等。

人文地理与城乡规划

专业特点

  人文地理与城乡规划专业主要研究人文地理与城乡规划的基本理论、知识和技能，立足于宏观、中观区域规划和土地管理，进行城乡规划设计、土地资源利用和规划、旅游资源规划、区域测绘制图等。

本专业与高中学科关联度及学科要求

语文	数学	英语	物理	化学	生物	政治	历史	地理
B	B	B	B	B	B	D	E	A

  本专业对高中阶段地理科目要求较高，适合对自然科学感兴趣，热爱土木工程、城乡规划研究的学生就读。

选考学科建议

  "3+3"省份：物理 / 化学 / 地理 / 物理 + 地理

  "3+1+2"省份：首选不限，再选地理 / 化学

大学主要课程

  城乡规划原理、区域规划、城市设计、居住区规划、小城镇规划、村庄规划、控制性详细规划、城市道路与交通、规划设计 CAD、城市地理学、地理信息系统、地图学、城市园林绿地系统规划、人文地理学、经济地理学、城乡规划管理与法规、建筑制图、自然地理学等。

💡 就业方向

本专业毕业生可在各级政府规划管理部门、国土管理部门、环境保护部门、建设部门等从事规划设计、国土资源评价及资源信息化管理、环境评价及管理等方面的工作。

🏛 本专业较好的大学（排名不分先后）

北京大学、华东师范大学、北京师范大学、中山大学、南京大学、兰州大学、南京师范大学、武汉大学、华南师范大学、东北师范大学、西北大学、福建师范大学、河南大学、华中师范大学、西南大学、湖南师范大学、广州大学、武汉理工大学、福州大学、贵州师范大学、南京信息工程大学、上海师范大学、河北师范大学、云南师范大学、山东师范大学、新疆大学、 成都理工大学、浙江大学、西北师范大学、南京农业大学、宁波大学、北京联合大学、四川师范大学、湖北大学、中国地质大学（北京）、西北农林科技大学、天津师范大学、南京邮电大学、北京第二外国语学院、浙江工商大学、武汉科技大学、西安外国语大学、宁夏大学、河南财经政法大学、重庆交通大学、南宁师范大学、华侨大学、鲁东大学、山东科技大学、东北农业大学、华北水利水电大学、四川农业大学、哈尔滨师范大学、广东财经大学、济南大学、石河子大学、苏州科技大学、海南大学、曲阜师范大学、东华理工大学、贵州财经大学、南通大学、青海师范大学、泉州师范学院、西华师范大学、山西师范大学、衡阳师范学院、浙江农林大学、湖北师范大学、河南理工大学、海南师范大学、河南农业大学、湖南工商大学、湖南农业大学、重庆工商大学、安徽建筑大学、山西财经大学、聊城大学、天津城建大学、淮阴师范学院、内蒙古财经大学等。

地理信息科学

🤚 专业特点

地理信息科学专业主要研究地理学基础知识、地理信息系统、数据库原理、遥感原理与技术等，运用 3S（GPS、GIS、RS）技术，将地球系统内部的物质进行信息化。例如：根据城市地貌制成可手机查询的电子地图，制作远程遥控无人机，实时定位导航。

📖 本专业与高中学科关联度及学科要求

语文	数学	英语	物理	化学	生物	政治	历史	地理
C	A	B	B	C	D	E	E	A

本专业对高中阶段地理、数学科目要求较高，适合对自然科学感兴趣，同时具有较强的计算机编程能力的学生就读。

📚 选考学科建议

"3+3"省份：物理 / 化学 / 地理

"3+1+2"省份：首选不限，再选地理 / 化学

📔 大学主要课程

地理学、地图学、计算机科学与技术、自然地理学、经济地理学、遥感原理与技术、数据库结构、地理信息系统原理、地理信息系统设计与应用、工程数学、高级语言程序设计、数据库管理系统、摄影测

量学、遥感技术与应用、GPS 理论与应用、GIS 设计与开发、网络GIS、计算机图形学等。

💡 就业方向

本专业毕业生可在与区域、资源、环境、交通、人口、住房、土地、基础设施和规划管理等领域相关的部门，从事与地理信息系统有关的应用研究、技术开发、生产管理和行政管理等工作；也可在科研机构或高等学校从事科学研究或教学工作。

🏛 本专业较好的大学（排名不分先后）

南京师范大学、中山大学、首都师范大学、华东师范大学、北京师范大学、中南大学、兰州大学、中国地质大学（北京）、中国地质大学（武汉）、东北师范大学、河海大学、吉林大学、华南师范大学、华中师范大学、陕西师范大学、西南交通大学、南京信息工程大学、东南大学、西北大学、福建师范大学、河南大学、中国矿业大学、浙江大学、武汉理工大学、西南大学、云南师范大学、北京林业大学、新疆大学、长安大学、广州大学、中国石油大学（华东）、湖南师范大学、安徽师范大学、贵州师范大学、南京邮电大学、中国农业大学、成都理工大学、上海师范大学、云南大学、山东师范大学、山东科技大学、河北师范大学、西北师范大学、兰州交通大学、江西师范大学、哈尔滨师范大学、江苏师范大学、辽宁师范大学、合肥工业大学、华中农业大学、湖北大学、四川师范大学、大连海事大学、湖南科技大学、河南财经政法大学、鲁东大学、郑州大学、天津师范大学、西北农林科技大学、辽宁工程技术大学、南京工业大学、延边大学、东华理工大学、东北林业大学、华南农业大学、南京林业大学、昆明理工大学、太原理工大学、西安科技大学、安徽大学、江西理工大学、贵州大学、北京联合大学、杭州师范大学等。

大气科学

专业特点

大气科学专业主要研究大气的各种现象（包括人类活动对大气的影响）及其演变规律，研究对象覆盖整个地球的大气圈。例如：日常预报天气，进行气象监测，针对不利天气进行人工干预调节。

本专业与高中学科关联度及学科要求

语文	数学	英语	物理	化学	生物	政治	历史	地理
C	B	B	A	C	C	D	E	A

本专业对高中阶段物理、地理科目要求较高，适合对自然科学感兴趣，有志于大气学研究的学生就读。

选考学科建议

"3+3"省份：物理

"3+1+2"省份：首选物理，再选化学

大学主要课程

大气物理学、大气流体力学、动力气象学、天气学原理、气象统计分析与预报方法、数值天气预报、大气探测学、现代气候学基础、卫星气象学等。

💡 就业方向

本专业毕业生可从事大气物理、大气环境、大气探测、气象学、气候学、应用气象及相关学科的科研、教学、科技开发及相关管理工作，可就业于各级气象部门从事天气预报工作，也可以从事海军、空军气象工作，或去学校和科研机构以及各级政府防雹救灾部门等工作。

🏛 本专业较好的大学（排名不分先后）

北京大学、复旦大学、南京大学、南京信息工程大学、浙江大学、中国科学技术大学、中国海洋大学、中国地质大学（武汉）、中山大学、广东海洋大学、成都信息工程大学、中国民用航空飞行学院、云南大学、兰州大学、无锡学院、国防科技大学、内蒙古大学、沈阳农业大学等。

应用气象学

专业特点

应用气象学专业主要研究气象学的基本知识和技能，继而将气象学的原理、方法和成果应用于农业、水文、航海、航空、军事、医疗等领域，解决相关领域的气象问题。例如：气象防震抗洪减灾对策，生态环境调控，气候资源开发利用。

本专业与高中学科关联度及学科要求

语文	数学	英语	物理	化学	生物	政治	历史	地理
C	B	B	A	C	D	D	E	A

本专业对高中阶段物理、地理科目要求较高，适合对自然科学感兴趣、立志研究气象学的学生就读。

选考学科建议

"3+3"省份：物理

"3+1+2"省份：首选物理，再选化学

大学主要课程

大气物理学、大气探测学、天气学原理、产业工程气象学、气象信息服务、应用气象学方法、农业气象学、遥感原理及应用、气候资源学、生态学、环境科学概论、微气象学等。

💡 就业方向

本专业毕业生可在气象、环保、海洋、民航、国防、高等学校以及相关科研等部门就业，也可在农业气象及生态环境监测调控、信息分析处理、资源开发利用和防灾减灾等科研、教学和业务部门从事相关工作。

🏛 本专业较好的大学（排名不分先后）

南京大学、南京信息工程大学、中山大学、兰州大学、中国海洋大学等。

海洋科学

专业特点

海洋科学专业主要研究海洋的自然现象、性质及其变化规律以及海洋的开发利用，包括海水、溶解和悬浮于海水中的物质、生活于海洋中的生物、海底沉积和海底岩石圈以及海面上的大气边界层和河口海岸带。

本专业与高中学科关联度及学科要求

语文	数学	英语	物理	化学	生物	政治	历史	地理
C	C	B	A	A	A	E	E	C

本专业对高中阶段物理、生物、化学科目要求较高，适合对海洋科学感兴趣的学生就读。

选考学科建议

"3+3"省份：物理 / 化学 / 生物

"3+1+2"省份：首选物理，再选化学 / 生物

大学主要课程

流体力学、计算流体力学、海洋科学导论、物理海洋学、工程环境海洋学、海洋调查方法、海洋要素计算及预报、海洋数值模型、区域海洋学、卫星海洋学、海洋气象学、海洋生态学、环境评价与规划等。

💡 就业方向

本专业毕业生可从事海洋资源调查和开发利用、环境保护、水产养殖、海洋事务管理、海洋新技术、海洋科研部门、环保部门的科研工作，也可到化工、石油、地质、水产、交通部门从事化学实验及化学研究方面的工作。

🏛 本专业较好的大学（排名不分先后）

厦门大学、中国海洋大学、中山大学、同济大学、上海交通大学、南京大学、河海大学、浙江大学、天津大学、中国地质大学（武汉）、中国地质大学（北京）、浙江海洋大学、汕头大学、南京信息工程大学、南方科技大学、上海海洋大学等。

海洋技术

专业特点

海洋技术专业在研究关于海洋的基本知识和规律的同时，还研究海洋高科技和海洋工程方面的基本理论和基本知识。例如：海洋资源调查，海洋探测，海洋信息处理技术。

本专业与高中学科关联度及学科要求

语文	数学	英语	物理	化学	生物	政治	历史	地理
C	A	B	A	C	D	E	E	B

本专业对高中阶段物理、数学科目要求较高，适合热爱海洋、对海洋研究与开发技术感兴趣的学生就读。

选考学科建议

"3+3"省份：物理 / 化学 / 生物

"3+1+2"省份：首选物理，再选化学 / 生物

大学主要课程

高等数学、VB 程序设计、海洋科学导论、物理海洋学、化学海洋学、生态海洋学、海洋测量学、卫星海洋学、微波遥感、海洋遥感应用技术、海洋地质学、地理信息系统原理与应用、卫星定位与导航、声学基础、声呐技术、海洋管理信息系统、数字海洋工程等。

💡 就业方向

本专业毕业生可到水产、饲料、鱼药、生物技术等相关行业从事生产、经营管理、技术开发等工作，也可以担任结构工程师、水产技术服务员、机械工程师、声学工程师、电气工程师、销售工程师以及技术支持、水产技术服务员、管线工程师、销售代表、销售经理、区域经理、船舶结构工程师等职务。

🏛 本专业较好的大学（排名不分先后）

中国海洋大学、厦门大学、同济大学、天津大学、上海海洋大学、哈尔滨工业大学、河海大学、浙江海洋大学、南京信息工程大学、大连理工大学、浙江工业大学、大连海洋大学、河北工业大学、广东海洋大学等。

海洋资源与环境

专业特点

　　海洋资源与环境专业主要研究现代海洋生物资源管理技术和海洋学、生态学相关的理论知识，以解决海洋资源可持续利用和海洋生态环境保护的问题，其中以开发和保护海洋资源、修复受损的海洋生态系统为主。

本专业与高中学科关联度及学科要求

语文	数学	英语	物理	化学	生物	政治	历史	地理
C	A	B	A	C	D	E	E	B

　　本专业对高中阶段物理、数学科目要求较高，适合热爱海洋生物资源与环境，对开发、保护海洋领域感兴趣的学生就读。

选考学科建议

"3+3"省份：物理 / 化学 / 生物
"3+1+2"省份：首选物理，再选化学 / 生物

大学主要课程

　　无机化学及实验、概率论与统计、有机化学及实验、分析化学及实验、普通生物学、海洋生态学、生物化学及实验、环境科学概论、海洋科学导论、海洋生物学、微生物学、海洋环境监测与评价、海洋

技术概论、环境毒理学、海洋管理概论、海洋生态学、环境中的分子生物学诊断技术、海洋生物评价、海洋生物资源评估与管理等。

💡 就业方向

本专业毕业生可进入高等学校或海洋、水产、环保系统的中央及地方科研、管理机构、企业单位，从事与所学专业相关的教学、科研、应用技术开发等工作；也可在海域区划管理、海洋环境监测与保护、海洋生物资源开发利用与保护等职能部门从事行政管理工作。

🏛 本专业较好的大学（排名不分先后）

中国海洋大学、中山大学、中国地质大学（北京）、浙江海洋大学、上海海洋大学、海南大学、山东大学、大连海洋大学、南京师范大学、南京信息工程大学等。

军事海洋学

专业特点

军事海洋学专业主要研究和利用海洋自然规律，为海上军事行动提供科学依据和实施海洋保障，是在海洋科学和军事科学基础上结合发展起来的研究领域，多为国家部队服务。

本专业与高中学科关联度及学科要求

语文	数学	英语	物理	化学	生物	政治	历史	地理
C	A	B	A	C	D	E	E	B

本专业对高中阶段物理、数学科目要求较高，适合对海洋学感兴趣、有志于军事国防研究的学生就读。

选考学科建议

"3+3"省份：物理 / 化学 / 生物

"3+1+2"省份：首选物理，再选化学 / 生物

大学主要课程

流体力学、海洋学、海洋物理学、军事海洋学、海浪预报理论及方法、海洋声学、海洋动力学、海洋天气学、海战战场海洋环境评估与预测、卫星遥感及海洋遥测、军事思想、军事运筹学、军事基层管理等。

💡 就业方向

本专业毕业生可以从事海洋、水文、气象等相关领域的研究工作，或就业于海洋战场环境建设的相关部门。

🏛 本专业较好的大学（排名不分先后）

国防科技大学、海军大连舰艇学院等。

地球物理学

专业特点

地球物理学专业主要研习地理学、地质学的相关知识，研究地球深部构造、地震预测、地球物理工程、能源及矿产资源勘察等。例如：对地震、火山爆发、山体滑坡等自然灾害进行预测，对矿产、油田、煤田等进行勘察探测。

本专业与高中学科关联度及学科要求

语文	数学	英语	物理	化学	生物	政治	历史	地理
C	A	B	A	C	D	E	E	B

本专业对高中阶段物理、数学科目要求较高，适合逻辑思维能力强、喜爱户外运动、对仪器仪表及实验感兴趣的学生就读。

选考学科建议

"3+3"省份：物理

"3+1+2"省份：首选物理，再选化学 / 生物

大学主要课程

地球物理学（地震学、重力学、地磁学、地电学）、地球物理观测、地球物理数据处理、地球物理正反演、地球物理资料解释、地质学、电动力学、场理论、连续介质力学、信号与系统、数学物理方程、积

分变换、复变函数计算机及信息处理等。

💡 就业方向

本专业毕业生可以从事资源能源勘察、近地表工程勘察、地震分析预报、冶金矿产资源以及海洋国土测绘等领域的地球物理研究、管理，以及环境与工程地球物理勘察、矿产与能源地球物理勘探等工作，或在高等学校、科研院所从事科研、教学工作。

🏛 本专业较好的大学（排名不分先后）

中国科学技术大学、武汉大学、北京大学、吉林大学、中国地质大学（武汉）、中国石油大学（华东）、中国地质大学（北京）、南京大学、同济大学、南方科技大学、中南大学等。

专业类
地球物理学类
专业代码
070801
修业年限
四年
授予学位
理学学士

空间科学与技术

专业特点

空间科学与技术专业主要研究空间科学、空间环境和空间探测等方面的基本知识与方法，研习空间环境及探测技术、空间传感器技术等基本技能，主要应用于航空航天工程。例如：探月工程，卫星探测。

本专业与高中学科关联度及学科要求

语文	数学	英语	物理	化学	生物	政治	历史	地理
B	A	B	A	D	C	D	E	C

本专业对高中阶段物理、数学科目要求较高，适合热爱航空航天事业、立志探究空间科学与技术的学生就读。

选考学科建议

"3+3"省份：物理

"3+1+2"省份：首选物理，再选化学

大学主要课程

太空探索、地球科学概论、遥感概论、测量与地图学、城市与区域科学、操作系统原理、数据结构、结晶学与矿物学、普通地质学、X射线粉末衍射分析、近代地层学、石油地质学、古海洋学与全球变化、空间探测与空间环境模拟、地震学与地球内部物理学、智能交通系统概论、空间探测信息处理技术等。

💡 就业方向

　　本专业毕业生可在科研机构、高等学校、能源与资源、航天与通信或国家机关等部门从事科研、教学和高级管理工作。

🏛 本专业较好的大学（排名不分先后）

　　北京大学、南京大学、北京航空航天大学、山东大学、南京航空航天大学、哈尔滨工业大学、成都理工大学、西安电子科技大学等。

专业类
地球物理学类

专业代码
070802

修业年限
四年

授予学位
工学学士·理学学士

防灾减灾科学与工程

专业特点

防灾减灾科学与工程专业主要研究气象灾害产生的机理和自然规律、衍生灾害的探测、预警和减灾，培养能在极端天气预警、极端天气次生灾害处理、雷电科学与防护工程、空间天气灾害与预报等相关领域从事勘察、设计、施工、管理等工作的应用型、复合型工程技术人才。

本专业与高中学科关联度及学科要求

语文	数学	英语	物理	化学	生物	政治	历史	地理
C	A	B	A	B	D	E	E	B

本专业对高中阶段物理、数学科目要求较高，适合有责任心、有一定吃苦耐劳精神的学生就读。

选考学科建议

"3+3"省份：物理

"3+1+2"省份：首选物理，再选化学

大学主要课程

雷电原理、建筑防雷技术、雷电预警、雷电探测技术、大气物理学、人工影响天气、气象灾害风险评估、气象灾害防御能力评估、气象衍生灾害预报机制、天气学、雷达气象学、太阳物理学、磁层与电离层物理学、空间天气灾害预警与防护等。

💡 就业方向

本专业毕业生可在机关及工矿企业的基建管理部门，建筑、市政工程研究院，建筑、公路、桥梁等施工企业，工程质量监督站等从事技术与管理等工作。

🏛 本专业较好的大学（排名不分先后）

南京信息工程大学、南京工业大学、东华理工大学、山东科技大学、华北科技学院、防灾科技学院等。

专业类

地球物理学类

专业代码

070803T

修业年限

四年

授予学位

理学学士

地质学

专业特点

地质学专业主要研究地球的演化过程，研习地质调查、资源开发和管理等地质基本工作技能，主要进行地矿、石油、煤田、天然气等资源的开发利用，勘测地形、地质构造，监测地震等地质灾害。

本专业与高中学科关联度及学科要求

语文	数学	英语	物理	化学	生物	政治	历史	地理
C	B	B	A	A	B	E	D	B

本专业对高中阶段物理、化学科目要求较高，适合对自然科学感兴趣、有较好的身体素质、热爱地球研究的学生就读。

选考学科建议

"3+3"省份：物理 / 化学 / 地理

"3+1+2"省份：首选物理，再选化学 / 地理

大学主要课程

地质学、结晶矿物学、古生物学、地史学、岩石学、构造地质学、矿床学、地球物理及勘探方法、地球化学、遥感技术等。

💡 就业方向

本专业毕业生可在高等学校从事地质科学的教学工作，也可以到国家资源能源勘探、开发与环保、城市建设、公路交通、港口、水利水电建设、国防和地质灾害监测与防治等机构从事研究工作。

🏛 本专业较好的大学（排名不分先后）

中国地质大学（武汉）、南京大学、中国地质大学（北京）、北京大学、吉林大学、西北大学、浙江大学、中山大学、合肥工业大学、中国石油大学（北京）、中国海洋大学、兰州大学、长安大学、同济大学等。

地球化学

专业特点

地球化学专业主要研究地球及其子系统（包括部分宇宙体）的化学组成和化学演化，包括地球（包括部分天体）的化学组成、地质过程中化学作用机制和条件、元素的共生组合及其赋存形式、元素的迁移和循环等，涵盖矿物、岩石、矿床、地质等多个方面。

本专业与高中学科关联度及学科要求

语文	数学	英语	物理	化学	生物	政治	历史	地理
C	C	B	B	A	C	E	E	B

本专业对高中阶段化学科目要求较高，适合对自然科学感兴趣、热爱地球研究与化学科学的学生就读。

选考学科建议

"3+3"省份：物理/化学/物理+化学

"3+1+2"省份：首选物理，再选化学/地理

大学主要课程

地球科学概论、构造地质学、结晶学与矿物学、岩石学、矿床学、地球化学、同位素地球化学、环境地球化学、地球物理学等。

💡 就业方向

本专业毕业生可在科研机构、高等学校从事地球化学研究或教学工作，也可在资源、能源、材料、环境、基础工程等领域从事生产、测试、技术管理等工作，或在行政部门从事管理等工作。

🏛 本专业较好的大学（排名不分先后）

中国地质大学（武汉）、南京大学、中国科学技术大学、中国地质大学（北京）、北京大学等。

专业类
地质学类

专业代码
070902

修业年限
四年

授予学位
理学学士

地球信息科学与技术

专业特点

地球信息科学与技术专业主要学习数学、物理学、地球动力学与空间大地测量学的基础知识及系统地掌握现代信息科学与技术的理论和方法。研究范畴包括空间信息的分类与采集、传输与分析、成像与图像处理、空间信息系统的设计与应用,对于地球空间信息工程、3S(GPS、GIS、RS)集成、空间数据无线网络传输、数据信息可视化等领域有较大贡献。

本专业与高中学科关联度及学科要求

语文	数学	英语	物理	化学	生物	政治	历史	地理
B	A	B	A	C	D	C	C	B

本专业对高中阶段物理、数学科目要求较高,适合对自然科学感兴趣、基础理论扎实、适应能力强的学生就读。

选考学科建议

"3+3"省份:物理

"3+1+2"省份:首选物理,再选化学 / 地理

大学主要课程

地质学、矿物岩石学、构造地质学、数字图像处理、数学、物理

学、地球动力学、空间测地学、地球物理学、工程设计学、信息工程学、遥感学、全球定位系统、数字地形模拟、卫星摄像与空间摄影测量学、地理信息系统、计算机与信息传输与处理、系统工程管理学等。

💡 就业方向

本专业毕业生适合到政府机关、城市建设、国土资源、国防、信息产业、财政金融、公共事业管理、交通、电力、能源、环境保护、气象等部门和领域，从事科研、教学、生产及管理等工作。

🏛 本专业较好的大学（排名不分先后）

中国地质大学（武汉）、中国地质大学（北京）、中国矿业大学（北京）、中国矿业大学、浙江大学等。

古生物学

专业特点

古生物学专业主要通过化石和古老生命痕迹进行生物学研究，探讨古代生命的特征和演化历史，讨论重大的生命起源和生物绝灭与复苏事件，探索地球演化历史和环境变化。例如：化石研究，物种灭绝研究。

本专业与高中学科关联度及学科要求

语文	数学	英语	物理	化学	生物	政治	历史	地理
C	C	B	B	A	A	E	E	B

本专业对高中阶段生物、化学科目要求较高，适合对古生物科学感兴趣、热爱生物研究的学生就读。

选考学科建议

"3+3"省份：物理 / 化学

"3+1+2"省份：首选物理，再选化学 / 地理

大学主要课程

古生物学、植物生物学、动物生物学、生物化学、生物进化论、普通地质学、构造地质学、地史学、普通岩石学等。

💡 就业方向

本专业毕业生主要从事科研院所或高等学校的研究、教学或教辅工作，可担任古生物及其他自然类博物馆、国家及省市自然保护区及地质公园的科研人员或管理人员，也可从事国土资源行政部门化石管理工作，还可到石油、煤炭及地质调查等部门从事研究、实验等工作。

🏛 本专业较好的大学 （排名不分先后）

北京大学、河北地质大学、沈阳师范大学等。

专业类
地质学类

专业代码
070904T

修业年限
四年

授予学位
理学学士

生物科学

专业特点

生物科学专业涉及领域相当广泛，包括植物学、动物学、微生物学、神经学、生理学、组织学、解剖学等，主要研究生物的结构、生理行为和生物起源、进化与遗传发育等。例如：人体组织结构，人类基因遗传，细菌培养，基因工程。

本专业与高中学科关联度及学科要求

语文	数学	英语	物理	化学	生物	政治	历史	地理
C	C	B	B	A	A	E	E	B

本专业对高中阶段生物、化学科目要求较高，适合对自然科学感兴趣、热爱生物科学研究的学生就读。

选考学科建议

"3+3"省份：物理 / 化学 / 生物

"3+1+2"省份：首选物理，再选化学 / 生物

大学主要课程

动物生物学、植物生物学、微生物学、生物化学、细胞生物学、遗传学、发育生物学、神经生物学、分子生物学、生态学等。

💡 就业方向

本专业毕业生可到科研机构或高等学校从事科学研究或教学工作，也可到工业、医药、食品及农、林、牧、渔等行业的企事业和行政管理部门从事与生物技术有关的应用研究、技术开发、生产管理和行政管理等工作。

🏛 本专业较好的大学（排名不分先后）

北京大学、南京大学、清华大学、上海交通大学、复旦大学、中国科学技术大学、厦门大学、浙江大学、中山大学、北京师范大学、武汉大学、四川大学、华中农业大学、华中科技大学、南开大学、中国农业大学、山东大学、东北师范大学、华东师范大学、南京师范大学、吉林大学、南京农业大学、中南大学、兰州大学、中国海洋大学、华中师范大学、南方科技大学、暨南大学、陕西师范大学、湖南师范大学、天津大学、西南大学、华南师范大学、北京林业大学、西北大学、云南大学、首都师范大学、上海科技大学、东北农业大学、东南大学、中国医科大学、南昌大学、西北农林科技大学、扬州大学、东北林业大学、福建师范大学、杭州师范大学、深圳大学、河南大学、华南农业大学、山东师范大学、福建农林大学、湖北大学、内蒙古大学、河南师范大学、安徽大学、河北师范大学、苏州大学、山西大学、河北大学、上海师范大学、浙江师范大学、重庆大学、上海海洋大学、大连理工大学、华东理工大学、贵州大学、海南大学、宁夏大学、安徽师范大学、湖南农业大学、江苏师范大学、广西大学、广西师范大学、南通大学、四川农业大学、重庆师范大学、温州大学、天津师范大学、辽宁师范大学、曲阜师范大学、广州大学、哈尔滨师范大学、安徽医科大学、山东农业大学、安徽农业大学、江西师范大学、南京林业大学、合肥工业大学、湖北师范大学、新疆大学、沈阳农业大学、中央民族大学、青岛农业大学等。

生物技术

专业特点

生物技术专业主要研习现代生物学和生物技术的基本理论、基本知识和基本技能，包括分子生物学、微生物学、基因工程、发酵工程及细胞工程等方面，主要利用生物体的物质来改进产品、改良植物和动物，或为特殊用途而培养微生物。例如：克隆，基因重组技术，生物疫苗培育。

本专业与高中学科关联度及学科要求

语文	数学	英语	物理	化学	生物	政治	历史	地理
C	C	B	B	A	A	E	E	B

本专业对高中阶段生物、化学科目要求较高，适合爱好生物技术、具有较高科学素养的学生就读。

选考学科建议

"3+3"省份：物理 / 化学 / 生物 / 物理 + 化学

"3+1+2"省份：首选物理，再选化学 / 生物

大学主要课程

微生物学、细胞生物学、遗传学、动物学、植物学、生态学、植物生理学、动物生理学、生物化学、分子生物学、工业微生物学育种

学、基因工程、细胞工程、微生物工程、生化工程、生物工程下游技术、发酵工程设备、酶工程等。

💡 就业方向

本专业毕业生的主要就业方向是各类生物制品公司，其中大部分是生物制药、酒水饮料食品、保健品企业等。

🏛 本专业较好的大学（排名不分先后）

上海交通大学、北京大学、武汉大学、厦门大学、中国科学技术大学、清华大学、中山大学、复旦大学、华中科技大学、北京师范大学、南开大学、南京大学、华中农业大学、中国农业大学、浙江大学、山东大学、华东师范大学、四川大学、兰州大学、南方医科大学、东北师范大学、西北农林科技大学、暨南大学、同济大学、华南理工大学、南京农业大学、东北农业大学、南方科技大学、华南农业大学、吉林大学、广州医科大学、西安交通大学、中南大学、华中师范大学、首都师范大学、陕西师范大学、深圳大学、湖南大学、江南大学、湖南师范大学、华南师范大学、中国海洋大学、华东理工大学、南京师范大学、西北大学、云南大学、南昌大学、哈尔滨工业大学、北京理工大学、东北林业大学、汕头大学、西北工业大学、西南大学、扬州大学、电子科技大学、青岛大学、广西大学、宁波大学、浙江工业大学、郑州大学、大连医科大学、杭州师范大学、北京林业大学、内蒙古大学、哈尔滨医科大学、苏州大学、河北师范大学、福建农林大学、四川农业大学、温州医科大学、河南师范大学、湖南农业大学、山东师范大学、中国医科大学、海南大学、山东农业大学、安徽农业大学、安徽师范大学、浙江理工大学、中国药科大学、湖北大学、中国计量大学、宁夏大学、大连理工大学、南通大学、中南民族大学、上海师范大学等。

专业类
生物科学类

专业代码
071002

修业年限
四年

授予学位
理学学士、工学学士

生物信息学

专业特点

生物信息学专业将生物与数学、计算机进行了有效结合，主要通过综合运用数学和信息科学等多领域的方法和工具对生物信息进行获取、加工、存储、分析和解释，来阐明大量生物数据所包含的生物学意义，研究重点主要体现在基因组学和蛋白质组学两方面。

本专业与高中学科关联度及学科要求

语文	数学	英语	物理	化学	生物	政治	历史	地理
C	A	B	B	B	A	E	E	B

本专业对高中阶段生物、数学科目要求较高，适合对生物信息研究感兴趣、已掌握扎实的计算机基础知识的学生就读。

选考学科建议

"3+3"省份：物理 / 化学 / 生物 / 化学 + 物理
"3+1+2"省份：首选物理，再选化学 / 生物

大学主要课程

普通生物学、生物化学、分子生物学、遗传学、生物信息学、计算生物学、基因组学、生物芯片原理与技术、蛋白质组学、模式识别与预测、数据库系统原理、Linux 基础及应用、生物软件及数据库、Perl

编程基础等。

💡 就业方向

　　本专业毕业生主要到生物及与生物相关的科学技术和其他领域从事科研、教学、技术及相关管理工作。

🏛 本专业较好的大学（排名不分先后）

　　北京大学、同济大学、浙江大学、中山大学、华中科技大学、哈尔滨工业大学、华中农业大学、东南大学、南方科技大学、南方医科大学、南京医科大学、中南大学、兰州大学、华南理工大学、苏州大学、哈尔滨医科大学、天津医科大学、郑州大学、大连理工大学、湖北大学、湖南农业大学、福建农林大学、香港中文大学（深圳）等。

生态学

🔖 专业特点

　　生态学专业主要研究生物体与其周围环境（包括非生物环境和生物环境）的相互关系，主要对工业生态、城市生态和普通生态等进行生态规划、研究、建设、改造和管理，建造绿色生态的环境，减少城市污染。

📕 本专业与高中学科关联度及学科要求

语文	数学	英语	物理	化学	生物	政治	历史	地理
C	C	B	C	B	A	D	E	B

　　本专业对高中阶段生物科目要求较高，适合对生态研究感兴趣，生物、化学基本知识扎实，热爱环保事业的学生就读。

📘 选考学科建议

　　"3+3"省份：物理 / 化学 / 生物

　　"3+1+2"省份：首选物理，再选化学 / 生物

📙 大学主要课程

　　普通生态学、农业生态学、生态工程与设计、生态管理工程、土壤学、植物营养与环境分析、田间实验设计和生物统计、资源环境与信息技术、景观生态规划与设计、绿色食品与有机食品、保护生物学、污染生态学、

普通生物学、生物化学、微生物学、植物生理学、城市生态学、项目投资与评估等。

💡 就业方向

本专业毕业生可到城市建设部门、林业部门，从事风景区、森林公园、城镇等各类园林绿地的规划、设计、养护及管理等工作；还可以在高校任教或到研究所工作；或到政府机构从事生态监测和动物保护工作。

🏛 本专业较好的大学（排名不分先后）

北京大学、中山大学、复旦大学、兰州大学、北京师范大学、浙江大学、华东师范大学、南京大学、厦门大学、四川大学、东北师范大学、武汉大学、中国农业大学、云南大学、山东大学、南京农业大学、暨南大学、中国海洋大学、华南农业大学、华中农业大学、南京林业大学、安徽大学、中央民族大学、陕西师范大学、西北大学、内蒙古大学、中南林业科技大学、东北林业大学、福建农林大学、福建师范大学、南昌大学、杭州师范大学、浙江农林大学、广西大学、青海大学、河北师范大学、新疆大学、南京信息工程大学、安徽师范大学等。

整合科学

专业特点

整合科学专业主要促进学科之间特别是生命科学与其他定量学科之间的深入交叉融合，培养新一代跨学科创新型科研人才。

本专业与高中学科关联度及学科要求

语文	数学	英语	物理	化学	生物	政治	历史	地理
C	C	B	C	B	A	D	E	B

本专业对高中阶段生物科目要求较高，适合对自然科学感兴趣、逻辑推理能力强、善于分析研究的学生就读。

选考学科建议

"3+3"省份：物理 / 化学 / 生物

"3+1+2"省份：首选物理，再选化学 / 生物

大学主要课程

微积分与力学、定量分子生物学、概率论与随机过程、生物化学、定量细胞生物学、整合热力学、整合化学动力学、电磁学、概率统计、量子力学与光谱基础等。

💡 就业方向

本专业毕业生可到应用数学、生物物理、生物化学、生物工程等领域从事开发研究工作。

🏛 本专业较好的大学（排名不分先后）

北京大学、哈尔滨工业大学等。

专业类
生物科学类

专业代码
071005T

修业年限
四年

授予学位
理学学士

神经科学

专业特点

神经科学专业主要培养具备神经科学的基本理论、基本知识和较强的实验技能，能在科研机构、高等学校及企事业单位等从事科学研究、教学及管理工作的高级专门人才。

本专业与高中学科关联度及学科要求

语文	数学	英语	物理	化学	生物	政治	历史	地理
C	C	B	C	B	A	D	E	B

本专业对高中阶段生物科目要求较高，适合生物基础知识扎实、喜欢动手实验、对神经科学研究感兴趣的学生就读。

选考学科建议

"3+3"省份：物理 / 化学 / 生物

"3+1+2"省份：首选物理，再选化学 / 生物

大学主要课程

脑科学、神经生物学、神经病理学、行为遗传学等。

💡 就业方向

本专业毕业生可到科研机构或高等学校从事科学研究或教学工作，也可到工业、医药行业的企业、事业和行政管理部门从事与生物技术有关的应用研究、技术开发、生产管理和行政管理等工作。

🏛 本专业较好的大学（排名不分先后）

浙江大学、上海纽约大学等。

心理学

👍 专业特点

心理学专业主要研究人类心理现象及其影响下的精神功能和行为活动，涉及知觉、认知、情绪、思维、人格、行为习惯、人际关系、社会关系等诸多领域，也与日常生活中家庭、教育、健康、社会等有所关联，主要通过观察人类的行为及表情来描述、解释和预测其心理活动。

📖 本专业与高中学科关联度及学科要求

语文	数学	英语	物理	化学	生物	政治	历史	地理
A	C	B	D	D	B	C	C	D

本专业对高中阶段语文科目要求较高，适合对人文社科、心理学感兴趣的学生就读。

📚 选考学科建议

"3+3"省份：物理 / 化学 / 生物

"3+1+2"省份：首选物理，再选化学 / 生物

📊 大学主要课程

普通心理学、实验心理学、心理统计、心理测量、生理心理学、人格心理学、社会心理学、认知心理学、发展心理学等。

💡 就业方向

本专业毕业生可到教育、工程设计部门、工商企业、医疗、司法、行政管理等部门从事教学、管理、咨询与治疗、技术开发等工作，也可以考公务员或继续深造。

🏛 本专业较好的大学（排名不分先后）

北京大学、北京师范大学、华东师范大学、陕西师范大学、华南师范大学、浙江大学、华中师范大学、中山大学、西南大学、深圳大学、清华大学、东北师范大学、复旦大学、首都师范大学、武汉大学、湖南师范大学、山东师范大学、福建师范大学、江西师范大学、辽宁师范大学、广州大学、北京航空航天大学、四川师范大学、西北师范大学、哈尔滨师范大学、湖北大学、安徽师范大学、内蒙古师范大学、曲阜师范大学、北京语言大学、信阳师范学院、闽南师范大学、河北师范大学、河南师范大学、鲁东大学、山西师范大学、温州肯恩大学、新乡医学院等。

应用心理学

专业特点

应用心理学专业主要研究心理学的基本原理在各种实际领域中的应用，包括工业、工程、组织管理、市场消费、学校教育、社会生活、医疗保健、体育运动以及军事、司法、环境等各个领域。它通过运用心理学的原则及理论来克服领域中的实际问题。例如：快速消费品购买心理分析，网站用户点击习惯分析，广告客户发展需求分析。

本专业与高中学科关联度及学科要求

语文	数学	英语	物理	化学	生物	政治	历史	地理
A	C	B	B	C	B	B	C	E

本专业对高中阶段语文科目要求较高，适合对人文社会科学感兴趣，同时热爱心理学的学生就读。

选考学科建议

"3+3"省份：物理 / 化学 / 生物

"3+1+2"省份：首选物理，再选化学 / 生物

大学主要课程

普通心理学、实验心理学、心理统计、学习心理学、社会心理学、心理测量、工业心理学、教育心理学、临床心理学等。

💡 就业方向

本专业毕业生可到情报机关、学校、医院和诊所、监狱、企业人力资源部、公安司法机关、心理咨询中心、婚姻介绍所、人才市场事业规划服务中心等需要做人群心理分析的企事业机关单位及更多元化的咨询服务场所工作。

🏛 本专业较好的大学（排名不分先后）

北京大学、西南大学、华南师范大学、北京师范大学、华东师范大学、南京师范大学、华中师范大学、浙江大学、陕西师范大学、西南交通大学、上海师范大学、天津师范大学、中国人民大学、浙江师范大学、中央财经大学、南京大学、中山大学、山东师范大学、南开大学、湖南师范大学、宁波大学、河南大学、苏州大学、广州大学、深圳大学、杭州师范大学、中国政法大学、贵州师范大学、郑州大学、南方医科大学、吉林大学、西北师范大学、江西师范大学、济南大学、河北大学、福建师范大学、北京林业大学、辽宁师范大学、安徽医科大学、浙江理工大学、河北师范大学、大连医科大学、江苏师范大学、福州大学、南昌大学、宁夏大学、山西大学、温州医科大学、安徽师范大学、北京体育大学、上海体育学院、广州中医药大学、广州医科大学、哈尔滨工程大学、扬州大学、南京中医药大学、香港中文大学（深圳）、广西师范大学、北京联合大学、苏州科技大学、青岛大学、沈阳师范大学、兰州大学、中国医科大学、福建医科大学、湖南科技大学、浙江工业大学、云南师范大学、安徽大学、广东外语外贸大学、重庆师范大学、新乡医学院、湖南中医药大学、信阳师范学院、海南师范大学、广西大学、上海政法学院、华北理工大学、鲁东大学、中南民族大学、山东中医药大学、温州大学、重庆医科大学、南通大学、天津中医药大学、中国民航大学、赣南师范大学、徐州医科大学、滨州医学院等。

统计学

专业特点

　　统计学专业主要通过利用大量数据进行量化分析，总结出一些经验规律，做出后期推断和预测，从而为相关决策提供依据和参考，其不仅仅是统计数字，还包括调查、收集、分析、预测等，应用范围十分广泛。

本专业与高中学科关联度及学科要求

语文	数学	英语	物理	化学	生物	政治	历史	地理
C	A	B	C	E	D	B	E	E

　　本专业对高中阶段数学科目要求较高，适合对逻辑推理感兴趣、爱好数理统计的学生就读。

选考学科建议

　　"3+3"省份：物理 / 化学 / 生物

　　"3+1+2"省份：首选物理，再选化学 / 生物

大学主要课程

　　数学分析、几何代数、数学实验、常微分方程、复变函数、实变与泛函、概率论、数理统计、抽样调查、随机过程、多元统计、计算机应用基础、程序设计语言、数据分析及统计软件、回归分析、可靠

性数学、实验设计与质量控制、计量经济学、经济预测与决策、金融数学、证券投资的统计分析、数值分析、数据结构与算法、数据库管理系统、计算机网络系统、系统分析与软件设计等。

💡 就业方向

本专业毕业生的就业方向主要有三个：一是政府部门（统计局等），银行、保险公司、证券公司等金融部门；二是市场调查公司、咨询公司的市场研究部门；三是工业企业的质量检测部门。

🏛 本专业较好的大学（排名不分先后）

中国人民大学、北京大学、南开大学、厦门大学、北京师范大学、复旦大学、中国科学技术大学、上海财经大学、华东师范大学、东北师范大学、西南财经大学、中央财经大学、中山大学、北京理工大学、北京航空航天大学、西安交通大学、山东大学、上海交通大学、中南财经政法大学、华中科技大学、华中师范大学、东北财经大学、湖南大学、北京交通大学、首都师范大学、首都经济贸易大学、武汉大学、哈尔滨工业大学、中南大学、吉林大学、广州大学、南京师范大学、云南大学、东南大学、江西财经大学、四川大学、北京工业大学、湖南师范大学、安徽大学、重庆大学、安徽财经大学、西安电子科技大学、深圳大学、山西财经大学、苏州大学、西南大学、南京审计大学、西南交通大学、河南大学、浙江财经大学、山东财经大学、西北工业大学、郑州大学、南京大学、曲阜师范大学、浙江大学、杭州电子科技大学、湘潭大学、中央民族大学、江苏师范大学、陕西师范大学、南方科技大学、同济大学、西安财经大学、武汉理工大学、福建师范大学、山东师范大学、兰州财经大学、中国矿业大学、北京林业大学、北方工业大学等。

应用统计学

专业特点

应用统计学专业主要研究统计学的基本理论和方法，针对大量数据能够熟练地运用计算机处理和分析数据，用以解决各个领域内的实际问题。例如：数据分析，数据管理，统计调查。

本专业与高中学科关联度及学科要求

语文	数学	英语	物理	化学	生物	政治	历史	地理
B	A	B	D	E	E	D	E	E

本专业对高中阶段数学科目要求较高，适合对逻辑推理感兴趣、计算机操作熟练、热爱数学应用的学生就读。

选考学科建议

"3+3"省份：物理 / 化学 / 生物

"3+1+2"省份：首选物理，再选化学 / 生物

大学主要课程

数学基础课、概率论、数理统计、运筹学、描述统计、抽样调查原理、多元统计分析、计算机基础、应用随机过程等。

💡 就业方向

本专业毕业生主要到企事业单位和经济、管理部门从事统计调查、统计信息管理、数量分析等开发、应用和管理工作，或在科研、教育部门从事研究和教学工作。

🏛 本专业较好的大学（排名不分先后）

中国人民大学、北京大学、东北财经大学、浙江工商大学、上海财经大学、江西财经大学、中山大学、东北师范大学、上海对外经贸大学、北京工业大学、中央财经大学、中南财经政法大学、电子科技大学、浙江财经大学、南京理工大学、西北大学、南京师范大学、安徽财经大学、安徽大学、东北大学、山西财经大学、中央民族大学、云南财经大学、南京医科大学、北京工商大学、南方医科大学、南京信息工程大学、西安财经大学、长沙理工大学、南京航空航天大学、中国传媒大学、天津财经大学、河南师范大学、重庆工商大学、西京学院、华南师范大学、天津商业大学、曲阜师范大学、河北工业大学、南京邮电大学、中国药科大学、江苏师范大学、天津工业大学、广东财经大学、杭州师范大学、上海立信会计金融学院、北京信息科技大学、兰州财经大学、青岛大学、湖北大学、广东工业大学、桂林理工大学、哈尔滨理工大学、湖北工业大学、河北经贸大学、江苏科技大学、重庆交通大学、重庆医科大学、成都理工大学、重庆理工大学、桂林电子科技大学、温州大学、西安理工大学、中南民族大学、广西师范大学、北京物资学院、南通大学、宁夏大学、湖南科技大学、浙江农林大学、河北师范大学、东北石油大学、中北大学、华北理工大学、河南财经政法大学、内蒙古财经大学、厦门理工学院、湖北经济学院、上海第二工业大学、安徽理工大学、安徽农业大学、青岛科技大学、广东金融学院、河南工业大学、兰州交通大学、北京石油化工学院等。

工学

理论与应用力学

专业特点

理论与应用力学专业主要研究力学的基本理论、知识和技能，解决建筑工程等领域中设计、施工、管理等方面的问题。例如：复杂建筑的结构设计，施工中的力学分析，搭建桥梁的结构分析。

本专业与高中学科关联度及学科要求

语文	数学	英语	物理	化学	生物	政治	历史	地理
C	A	B	A	E	E	E	E	E

本专业对高中阶段数学、物理科目要求较高，适合具有较为扎实的数理基础、对力学研究感兴趣、实验技能较强的学生就读。

选考学科建议

"3+3"省份：物理
"3+1+2"省份：首选物理，再选化学

大学主要课程

数学分析、高等代数、数学物理方法、计算方法、程序设计、普通物理学、理论力学、材料力学、弹性力学、流体力学等。

💡 就业方向

本专业毕业生可在机械、土建、交通、材料、能源、水利、化工、航空航天等工业企业从事科学研究、技术开发、工程设计、实验研究、工程管理等工作，也可在科研机构，包括航空航天研究所、水利设计院、建筑设计院、金属研究所、自动化研究所等院所从事理论研究和实验研究，或在高等学校和中等专科学校从事力学教学与科研工作。

🏛 本专业较好的大学（排名不分先后）

北京大学、中国科学技术大学、南方科技大学、上海大学、西北工业大学、复旦大学、兰州大学、中山大学等。

专业类
力学类

专业代码
080101

修业年限
四年

授予学位
理学学士·工学学士

工程力学

专业特点

工程力学专业主要研究力学和数学的基本理论和知识，研习二维、三维绘图，运用计算机和现代实验技术手段解决与力学有关的工程问题。例如：桥梁的总承重计算，室内墙体的强度和受重分析计算，建筑的结构稳定性分析。

本专业与高中学科关联度及学科要求

语文	数学	英语	物理	化学	生物	政治	历史	地理
C	A	B	A	E	E	E	E	E

本专业对高中阶段数学、物理科目要求较高，适合数理基础知识扎实、具有较强的分析解决问题的能力、对工程力学研究感兴趣的学生就读。

选考学科建议

"3+3"省份：物理

"3+1+2"省份：首选物理，再选化学

大学主要课程

理论力学、材料力学、弹性力学、塑性力学、断裂力学、分析力学、流体力学、振动力学、计算力学、实验力学、结构力学、电工与电子技术、计算机基础知识及程序设计等。

💡 就业方向

本专业毕业生可到土木水利、机械控制、微电子技术、能源交通、航空航天等部门从事科学研究、技术开发和工程计算机软件的开发应用等高新技术领域工作，也可到信息科学、生命科学、新型材料等领域工作，还可到高校担任教学工作。

🏛 本专业较好的大学（排名不分先后）

清华大学、哈尔滨工业大学、西安交通大学、北京航空航天大学、上海交通大学、北京大学、大连理工大学、浙江大学、南京航空航天大学、天津大学、西北工业大学、同济大学、华中科技大学、北京理工大学、西南交通大学、河海大学、东南大学、四川大学、华南理工大学、重庆大学、南京理工大学、武汉大学、湖南大学、哈尔滨工程大学、武汉理工大学、暨南大学、中国矿业大学（北京）、吉林大学、山东大学、中南大学、中国矿业大学、北京交通大学、宁波大学、郑州大学、东北大学、太原理工大学、长安大学、南昌大学、江苏大学、中国石油大学（华东）、湘潭大学、中国农业大学等。

机械工程

👍 专业特点

机械工程专业以有关的自然科学和技术科学为理论基础，结合生产实践中的技术经验，研究和解决在开发、设计、制造、安装、运用和修理各种机械中遇到的实际问题。例如：家用电器的维修，汽车的改装，智能机器人的研发设计，挖掘机的使用。

📖 本专业与高中学科关联度及学科要求

语文	数学	英语	物理	化学	生物	政治	历史	地理
C	B	B	A	D	E	E	E	E

本专业对高中阶段物理科目要求较高，适合对机械研究感兴趣的学生就读。

📚 选考学科建议

"3+3"省份：物理

"3+1+2"省份：首选物理，再选化学

📘 大学主要课程

机械工程制图、电工与电子技术应用、机电设备自动检测、机械结构分析、液压系统应用与维护、机械制造技术、数控设备操作与维护、机械系统安装与调试、设备电气控制与修理、现代设备管理、机电设备故障诊断与维修等。

💡 就业方向

　　本专业毕业生可从事工业生产部门的机械产品设计开发、加工制造、工装模具设计、生产过程管理、数控技术应用、工业自动生产维护管理、计算机软件应用、产品营销等方面的工作，也可在高等学校、科研部门从事教学和科研工作。

🏛 本专业较好的大学（排名不分先后）

　　清华大学、上海交通大学、西安交通大学、北京理工大学、浙江大学、吉林大学、北京航空航天大学、华南理工大学、东南大学、南京航空航天大学、北京交通大学、东北大学、北京工业大学、南京理工大学、北京科技大学、浙江工业大学、武汉理工大学、中国矿业大学、江南大学、东华大学、中国矿业大学（北京）、武汉科技大学、北京邮电大学、上海大学、河海大学、华北电力大学、华侨大学、合肥工业大学、郑州大学、昆明理工大学、苏州大学、西南石油大学、长安大学、宁夏大学、天津工业大学、北京化工大学、中国石油大学（华东）、上海工程技术大学、南京工业大学、沈阳建筑大学、青岛大学、南方科技大学、温州大学、青岛科技大学、大连交通大学、济南大学、南通大学、长春工业大学、北京石油化工学院、新疆大学、西安建筑科技大学、中北大学、北京建筑大学、南京师范大学、天津理工大学、西安工程大学、成都理工大学、青海大学、江西理工大学、北京印刷学院、山东建筑大学、太原科技大学、北京工商大学、湖南工业大学、五邑大学、安徽工业大学、桂林电子科技大学、上海第二工业大学等。

机械设计制造及其自动化

专业特点

机械设计制造及其自动化专业主要研究各种工业机械装备及机电产品的设计、制造、运行控制、生产的基本知识和技能，以机械设计与制造为基础，融入计算机、自动控制等技术，实现工程机械自动运行等功能。

本专业与高中学科关联度及学科要求

语文	数学	英语	物理	化学	生物	政治	历史	地理
C	A	B	A	D	E	E	E	E

本专业对高中阶段数学、物理科目要求较高，适合数理基础知识扎实，对机械研究、设计、自动化感兴趣的学生就读。

选考学科建议

"3+3"省份：物理 / 物理 + 化学

"3+1+2"省份：首选物理，再选化学

大学主要课程

工程图学、理论力学、材料力学、机械原理、机械设计基础、气动与液压技术、电工与电子技术、微型计算机原理及应用、机械工程材料、机械 CAD/CAM、数控技术、机电一体化设计等。

💡 就业方向

本专业毕业生可在汽车制造厂等工业生产第一线从事机械制造领域内的设计制造、科技开发、应用研究、运行管理和经营销售等方面的工作。

🏛 本专业较好的大学 （排名不分先后）

华中科技大学、哈尔滨工业大学、大连理工大学、天津大学、西北工业大学、同济大学、重庆大学、中南大学、西南交通大学、湖南大学、浙江大学、山东大学、电子科技大学、江苏大学、中国科学技术大学、燕山大学、西安电子科技大学、武汉大学、合肥工业大学、武汉理工大学、厦门大学、太原理工大学、哈尔滨工程大学、上海大学、四川大学、中国农业大学、河北工业大学、浙江理工大学、广东工业大学、中国石油大学（北京）、福州大学、中国石油大学（华东）、华东理工大学、上海理工大学、长安大学、西安理工大学、中国地质大学（武汉）、杭州电子科技大学、北京化工大学、哈尔滨理工大学、南京林业大学、山东科技大学、宁波大学、北京信息科技大学、贵州大学、长春理工大学、南昌大学、山东理工大学、湖南科技大学、北京林业大学、扬州大学、江苏科技大学、沈阳建筑大学、西南大学、广州大学、湖北工业大学、西安科技大学、西南石油大学、广西大学、兰州理工大学、中国计量大学、西安工业大学、中北大学、沈阳工业大学、西安建筑科技大学、华北电力大学、重庆理工大学、河南工业大学、厦门理工学院、西华大学、华东交通大学、上海工程技术大学、海南大学、湖南工业大学、重庆邮电大学、沈阳航空航天大学、北方工业大学、河南科技大学、安徽理工大学、石家庄铁道大学、中国地质大学（北京）、河南理工大学、桂林电子科技大学、华南农业大学、江苏师范大学、深圳大学、长沙理工大学、汕头大学、中国海洋大学、兰州交通大学、华侨大学等。

材料成型及控制工程

专业特点

材料成型及控制工程专业主要研究材料的热加工工艺和有关设备、模具的设计方法，通过塑性成型及热加工对材料的结构、性能进行改进和重塑，将材料改变形态制成全新的产品。

本专业与高中学科关联度及学科要求

语文	数学	英语	物理	化学	生物	政治	历史	地理
C	B	B	A	A	E	E	E	E

本专业对高中阶段化学、物理科目要求较高，适合对机械设计及操作感兴趣的学生就读。

选考学科建议

"3+3"省份：物理 / 物理 + 化学

"3+1+2"省份：首选物理，再选化学

大学主要课程

工程力学、机械原理及机械零件、电工与电子技术、微型计算机原理及应用、热加工工艺基础、热加工工艺设备及设计、检测技术及控制工程、CAD/CAM 基础等。

💡 就业方向

本专业毕业生可在工业生产第一线从事热加工领域内的设计制造、试验研究、运行管理和经营销售等方面的工作。

🏛 本专业较好的大学（排名不分先后）

华中科技大学、哈尔滨工业大学、西北工业大学、大连理工大学、天津大学、北京科技大学、山东大学、吉林大学、北京理工大学、四川大学、武汉理工大学、东北大学、北京航空航天大学、南京理工大学、华南理工大学、西南交通大学、合肥工业大学、燕山大学、重庆大学、广东工业大学、武汉大学、江苏大学、湖南大学、南昌大学、太原理工大学、华东理工大学、武汉科技大学、中国石油大学（华东）、苏州大学、西安理工大学、上海理工大学、昆明理工大学、长安大学、哈尔滨工程大学、福州大学、河北工业大学、西安建筑科技大学、陕西科技大学、贵州大学、浙江理工大学、哈尔滨理工大学、中北大学、湘潭大学、河南科技大学、兰州理工大学、沈阳工业大学、湖北工业大学、华南师范大学、天津理工大学、安徽工业大学、湖南科技大学、南京农业大学、西南石油大学、大连交通大学、青岛大学、重庆理工大学、青岛科技大学、华侨大学、扬州大学、江苏科技大学、南昌航空大学、山东科技大学、长沙理工大学、广西大学、厦门理工学院、北方工业大学、太原科技大学、三峡大学、西华大学、武汉工程大学、青海大学、江汉大学、上海工程技术大学、常州大学、湖南工业大学、山东理工大学、天津科技大学、南华大学、桂林电子科技大学、青岛理工大学、西南科技大学、沈阳航空航天大学、西安工程大学、华东交通大学、内蒙古工业大学、安徽工程大学、南京工程学院、齐鲁工业大学、上海电机学院、长春工业大学、长江大学、江西理工大学等。

机械电子工程

👍 专业特点

机械电子工程专业涉及机械、电子、信息、计算机、人工智能等诸多领域，主要研习机械工业自动化、电力电子和计算机应用等技术，包括基础理论知识和机械设计制造方法、计算机软硬件应用能力等，从而进行各类机电产品和系统的设计、制造、试验和开发。例如：智能机器人的研发，电子词典等电子产品的功能设计，自动售票机的制造。

📖 本专业与高中学科关联度及学科要求

语文	数学	英语	物理	化学	生物	政治	历史	地理
C	A	B	A	C	E	E	E	E

本专业对高中阶段数学、物理科目要求较高，适合对机械、电子产品研发感兴趣，计算机应用能力较强的学生就读。

📚 选考学科建议

"3+3"省份：物理

"3+1+2"省份：首选物理，再选化学

📖 大学主要课程

工程力学、机械原理及机械零件、电工与电子技术、微型计算机原理及应用、热加工工艺基础、热加工工艺设备及设计、检测技术及控制工程、CAD/CAM 基础等。

💡 就业方向

本专业毕业生可在企业或科研院所等从事机电一体化产品和系统的设计、制造、使用维护和开发工作，也可以从事技术经济分析、质量管理和生产组织管理工作等。

🏛 本专业较好的大学（排名不分先后）

浙江大学、哈尔滨工业大学、北京理工大学、华南理工大学、重庆大学、西北工业大学、江苏大学、上海大学、同济大学、广东工业大学、河北工业大学、太原理工大学、中国农业大学、北京交通大学、长安大学、浙江理工大学、武汉科技大学、山东科技大学、南京林业大学、江南大学、兰州理工大学、天津工业大学、苏州大学、长春理工大学、哈尔滨理工大学、北京信息科技大学、华北电力大学、西安科技大学、西南石油大学、重庆理工大学、西安工业大学、北京建筑大学、河南科技大学、大连交通大学、桂林电子科技大学、广西大学、华中农业大学、沈阳建筑大学、中国计量大学、湖南科技大学、太原科技大学、上海工程技术大学、天津理工大学、贵州大学、西安建筑科技大学、华东交通大学、山东理工大学、中北大学、重庆交通大学、中国民航大学、西北农林科技大学、东北林业大学、辽宁工程技术大学、上海海事大学、集美大学、南通大学、沈阳航空航天大学、青海大学、石家庄铁道大学、长春工业大学、南京师范大学、常州大学、天津科技大学、陕西科技大学、上海第二工业大学、河南理工大学、西安石油大学、安徽理工大学、海南大学、宁波诺丁汉大学、南京工程学院、武汉工程大学、成都信息工程大学、东北电力大学、上海电力大学等。

工业设计

📖 专业特点

  工业设计专业主要研究工业中设计方面的原理和知识，探索工业产品的造型与色彩、形式与外观、结构与功能、外形与工艺等之间的关系，以实用、美观为基础对工业产品进行设计，包括包装设计、造型设计、展示设计、UI 设计等。例如：沙发的外观结构设计，吊灯的造型色彩设计。

📖 本专业与高中学科关联度及学科要求

语文	数学	英语	物理	化学	生物	政治	历史	地理
B	D	B	A	C	C	E	E	D

  本专业对高中阶段物理科目要求较高，适合对设计制作感兴趣、有一定美术基础、善于动手操作的学生就读。

📖 选考学科建议

  "3+3"省份：物理

  "3+1+2"省份：首选物理，再选化学

📖 大学主要课程

  工程图学、工业设计工程基础、设计素描、产品效果图、平面构成、色彩构成、立体构成、人机工程学、设计心理学、模型制作、计算机辅助工业设计、产品形态设计、工业设计方法学、产品设计、视觉传达设计、环境设计、工程力学、汽车概论、车身造型设计、人机工程学、汽车空气动力学、图形创意、产品包装设计、UI 设计、装帧设计、广告与招贴设计、室内设计等。

💡 就业方向

本专业毕业生可在企事业单位、专业设计部门、科研单位从事工业产品研发、视觉传达设计、环境设计等工作，也可在制造业、IT 产业、科研单位从事工业产品设计、人机交互设计、视觉传达设计、环境设计等工作。

🏛 本专业较好的大学（排名不分先后）

上海交通大学、同济大学、浙江大学、北京理工大学、西安交通大学、湖南大学、哈尔滨工业大学、华南理工大学、清华大学、西北工业大学、南京航空航天大学、武汉理工大学、大连理工大学、北京科技大学、吉林大学、南京理工大学、燕山大学、江南大学、浙江工业大学、哈尔滨工程大学、广东工业大学、东南大学、天津大学、北京航空航天大学、山东大学、东华大学、浙江理工大学、广州美术学院、重庆大学、西安理工大学、西南交通大学、西南石油大学、东北大学、武汉科技大学、中国美术学院、江苏大学、西安电子科技大学、中国石油大学（华东）、合肥工业大学、上海大学、北京工业大学、华东理工大学、华侨大学、中国农业大学、长安大学、四川美术学院、福州大学、四川大学、宁波大学、中国矿业大学、河北工业大学、哈尔滨理工大学、南昌大学、北京邮电大学、上海理工大学、兰州理工大学、河海大学、天津科技大学、深圳大学、北京信息科技大学、山东工艺美术学院、中国计量大学、山东科技大学、太原理工大学、中国地质大学（武汉）等。

过程装备与控制工程

专业特点

过程装备与控制工程专业主要研究化工、石油等行业使用的风机、压缩机、反应器等过程装备的设计、制造、控制相关的基本知识和技术。例如：工业生产过程中的检测与控制系统、温感光感等智能仪器仪表、化学反应器等过程机器和过程容器都属于过程装备。

本专业与高中学科关联度及学科要求

语文	数学	英语	物理	化学	生物	政治	历史	地理
C	B	B	A	B	C	E	E	E

本专业对高中阶段物理科目要求较高，适合对机械设计、组装研究感兴趣的学生就读。

选考学科建议

"3+3"省份：物理 / 物理 + 化学

"3+1+2"省份：首选物理，再选化学

大学主要课程

微机原理及应用、理论力学、材料力学、化工流体力学、机械原理、机械设计、工程材料及机制基础、化工原理、过程装备力学基础、过程设备设计、过程流体机械、过程装备控制技术及应用、过程装备制造与检测、过程装备成套技术等。

💡 就业方向

本专业毕业生具备化学工程、机械工程、控制工程和管理工程等方面的基本知识和技能，可直接从事化工、炼油、医药、轻工、环保等过程设备与过程计算机自动控制的设计、开发、制造、技术管理和教学等工作。

🏛 本专业较好的大学（排名不分先后）

西安交通大学、浙江大学、天津大学、大连理工大学、华南理工大学、东北大学、华东理工大学、浙江工业大学、四川大学、燕山大学、中国矿业大学、山东大学、河北工业大学、北京化工大学、武汉理工大学、中国石油大学（北京）、中国石油大学（华东）、福州大学、江南大学、郑州大学、合肥工业大学、太原理工大学、昆明理工大学、西南石油大学、南昌大学、南京工业大学、浙江理工大学、上海理工大学、华北电力大学、西安理工大学、兰州理工大学、宁夏大学、贵州大学、湘潭大学、青岛科技大学、中北大学、河南工业大学、山东科技大学、南京林业大学、常州大学、西北大学、天津科技大学、陕西科技大学、长春理工大学、广西大学、安徽理工大学、武汉工程大学、西安石油大学、重庆理工大学、东北石油大学、郑州轻工业大学、青海大学、兰州交通大学、沈阳工业大学、大连大学、天津理工大学、太原科技大学、齐鲁工业大学、沈阳化工大学、新疆大学、北京石油化工学院、辽宁石油化工大学、四川轻化工大学等。

车辆工程

👍 专业特点

车辆工程专业主要研究汽车、拖拉机、机车、军用车辆及其他工程车辆的组成构造、设计方法、质量检测等相关知识和技能，从而具备设计、制造、改装、测试、维修车辆的能力。例如：汽车车身设计，汽车零件制造，车辆性能测试，车辆故障维修。

📘 本专业与高中学科关联度及学科要求

语文	数学	英语	物理	化学	生物	政治	历史	地理
C	A	B	A	C	D	D	E	D

本专业对高中阶段物理、数学科目要求较高，适合喜欢车辆设计、研发的学生就读。

📚 选考学科建议

"3+3"省份：物理 / 物理 + 化学

"3+1+2"省份：首选物理，再选化学

📖 大学主要课程

物理、高等数学、机械制图、理论力学、工程力学、汽车机械基础、汽车英语、电工与电子技术、车辆技术评估与检测、汽车构造、汽车学、车用内燃机、汽车电子控制技术、自动变速器、汽车故障诊断及检测、汽车电器设备及维修、汽车运用工程、汽车服务工程、汽车设计、汽车试验学、机械原理、机械设计等。

💡 就业方向

本专业毕业生可从事汽车整车及零部件的设计开发、车身及造型设计、车辆电子技术应用、车辆的性能测试与试验研究、汽车制造工艺、工装以及生产管理等技术工作，可在交通运输及管理等部门从事车辆维修管理工作，也可从事相关的教学及科研工作。

🏛 本专业较好的大学（排名不分先后）

清华大学、吉林大学、西安交通大学、北京理工大学、大连理工大学、哈尔滨工业大学、同济大学、北京航空航天大学、重庆大学、浙江大学、湖南大学、中南大学、北京交通大学、南京航空航天大学、华南理工大学、西南交通大学、合肥工业大学、武汉理工大学、西北工业大学、东北大学、江苏大学、中国农业大学、燕山大学、浙江工业大学、河北工业大学、山东大学、福州大学、长安大学、太原理工大学、武汉科技大学、南京理工大学、中国石油大学（华东）、北京科技大学、广东工业大学、上海理工大学、杭州电子科技大学、西安理工大学、北京信息科技大学、南昌大学、兰州交通大学、湖南科技大学、哈尔滨理工大学、苏州大学、长沙理工大学、河南科技大学、广西大学、昆明理工大学、扬州大学、山东理工大学、厦门理工学院、北京林业大学、大连交通大学、重庆理工大学、上海工程技术大学、华侨大学、西华大学、北京建筑大学、中北大学、宁波大学、青岛理工大学、南京林业大学、西南大学、华东交通大学、山东科技大学、南京工业大学、东北林业大学、重庆交通大学、西安科技大学、沈阳工业大学、安徽工业大学、西安建筑科技大学、安徽理工大学、贵州大学、天津科技大学、西北农林科技大学等。

机械类

专业类

专业代码 080207

修业年限 四年

授予学位 工学学士

汽车服务工程

专业特点

汽车服务工程专业主要研究汽车营销、汽车保险与理赔、汽车价值评估等汽车服务与技术方面的基本知识，从事汽车后市场的技术服务工作。例如：汽车保养维护，车险鉴定理赔，汽车估值。

本专业与高中学科关联度及学科要求

语文	数学	英语	物理	化学	生物	政治	历史	地理
C	B	B	A	D	E	D	E	D

本专业对高中阶段物理科目要求较高，适合具有较强动手能力及沟通能力的学生就读。

选考学科建议

"3+3"省份：物理

"3+1+2"省份：首选物理，再选化学

大学主要课程

英语、数学、计算机、电子学、电工学、机械制图、汽车构造、汽车电气设备、汽车故障诊断和检测、汽车运用和油材料、汽车维修行业法规及标准等。

💡 就业方向

本专业毕业生适合在汽车设计和汽车及其零部件生产企业从事设计开发、生产维护和企业管理等工作，也可在汽车运用企事业单位从事汽车使用管理与调度、汽车服务系统管理和经营等工作，或在汽车服务企业从事汽车维修与保养、汽车产品宣传与市场规划、汽车评估与评价、汽车保险与理赔等方面的管理、经营和服务等工作。

🏛 本专业较好的大学（排名不分先后）

吉林大学、武汉理工大学、同济大学、长安大学、武汉科技大学、重庆理工大学、昆明理工大学、深圳大学、上海工程技术大学、厦门理工学院、青岛理工大学、中北大学、大连交通大学、温州大学、长沙理工大学、重庆交通大学、东北林业大学、天津科技大学、西华大学、齐鲁工业大学、天津职业技术师范大学、江苏理工学院、上海师范大学、浙江科技学院、重庆工商大学、辽宁科技大学、内蒙古大学、中南林业科技大学、河南农业大学、南京工程学院、宁波工程学院、广西师范大学、河北工程大学、江西理工大学、江汉大学、辽宁工业大学、湖南农业大学、北华大学、山东交通学院、广东技术师范大学、广西科技大学、上海电机学院、聊城大学、大连海洋大学、常熟理工学院、湖北汽车工业学院、武汉商学院、临沂大学、重庆科技学院、福建工程学院、常州工学院、湖北第二师范学院、绵阳师范学院、泉州师范学院、成都工业学院、九江学院、齐齐哈尔大学、贵阳学院、长春大学、盐城工学院、岭南师范学院、安徽科技学院、湖南工程学院、长沙学院、成都师范学院、湖南工学院、重庆三峡学院、桂林航天工业学院、湖北文理学院、淮阴工学院、洛阳理工学院、西安航空学院、湖南文理学院、铜陵学院、长春工程学院、唐山学院、宜宾学院、河南科技学院、南阳理工学院、攀枝花学院、乐山师范学院、南京审计大学金审学院等。

机械工艺技术

专业特点

机械工艺技术专业主要研习现代机械制造技术的相关知识，包含机械制造工艺设计、机械加工、设备操作与维护、数控加工技术等，是使用相关机械设备进行工艺设计的技术。例如：激光雕刻，3D 打印。

本专业与高中学科关联度及学科要求

语文	数学	英语	物理	化学	生物	政治	历史	地理
B	A	B	A	D	E	E	E	E

本专业对高中阶段物理、数学科目要求较高，适合对机械设计、操作感兴趣的学生就读。

选考学科建议

"3+3"省份：物理

"3+1+2"省份：首选物理，再选化学

大学主要课程

画法几何与机械制图、机械原理、机械设计、工程力学、机械工程材料、电工技术与电子技术、机电传动控制、机械制造技术、液压与气压传动、机械工程测试技术、数控原理与编程、机械 CAD\CAM 技术等。

💡 就业方向

本专业毕业生适合到中、高等职业学校从事机械专业理论教学工作；也可到机械行业担任产品设计及开发的工程师，从事机械制造、数控机床的编程编制等工作或参与机械加工维修的技术工作等。

🏛 本专业较好的大学（排名不分先后）

昆明理工大学、湖南师范大学、河北师范大学、辽宁科技大学、天津职业技术师范大学等。

微机电系统工程

专业特点

微机电系统工程专业以机、电技术，尤其是微机械为基础，运用微电子技术和微加工技术，进行微纳米和微机电系统内的一系列微型器件的设计、制造及测试等。

本专业与高中学科关联度及学科要求

语文	数学	英语	物理	化学	生物	政治	历史	地理
B	A	B	A	D	E	E	E	E

本专业对高中阶段物理、数学科目要求较高，适合对机电、现代精密技术感兴趣的学生就读。

选考学科建议

"3+3"省份：物理

"3+1+2"省份：首选物理，再选化学

大学主要课程

微机电工程材料、微机电器件与系统、微机械学、微纳米测量与测试技术、微细加工技术、现代传感技术、精密工程制造基础和光存储技术等。

💡 就业方向

本专业毕业生可从事微机电系统工程方面的设计制造、生成运行、科研开发和技术经济管理等工作。

🏛 本专业较好的大学（排名不分先后）

北京航空航天大学、西北工业大学等。

机电技术教育

专业特点

机电技术教育专业主要研究机械设计与制造和电子技术等基本理论及技能，培养能够从事机电技术专业教学工作或是机电技术领域内产品的设计与制造的技术人才。例如：技校的机电类课程教学，工厂内各类机床（车床、铣床、刨床、磨床等）的技术操作。

本专业与高中学科关联度及学科要求

语文	数学	英语	物理	化学	生物	政治	历史	地理
B	A	B	A	D	E	E	E	E

本专业对高中阶段物理、数学科目要求较高，适合对学习机械知识、机电教育感兴趣的学生就读。

选考学科建议

"3+3"省份：物理

"3+1+2"省份：首选物理，再选化学

大学主要课程

画法几何与机械制图、工程力学、电工技术基础、电子技术基础、机械制造基础、机械设计基础、机械工程控制基础、数控机床与编程、微机原理和接口技术、计算机辅助设计基础、机械学科教学论等。

💡 就业方向

本专业毕业生可从事职业高中、技校、中专、大专院校机电专业教学工作，也可到机械制造、机电产品生产等行业从事机电产品的设计与制造、机电设备维修和生产管理等方面的技术工作。

🏛 本专业较好的大学（排名不分先后）

浙江师范大学、天津职业技术师范大学、上海师范大学等。

汽车维修工程教育

专业特点

汽车维修工程教育专业主要研究汽车组成构造、制造工艺等基本知识和技能，以应用基础为指导，以实用的工艺技术为基础，以求解决汽车技术状况的维护、性能指标的恢复以及使用寿命的延长等实际问题。

本专业与高中学科关联度及学科要求

语文	数学	英语	物理	化学	生物	政治	历史	地理
B	A	B	A	D	E	E	E	E

本专业对高中阶段物理、数学科目要求较高，适合喜欢机械维修、对汽车基础知识感兴趣的学生就读。

选考学科建议

"3+3"省份：物理
"3+1+2"省份：首选物理，再选化学

大学主要课程

画法几何与机械制图、工程力学、电工技术、电子技术、机械设计基础、汽车制造工艺学、计算机辅助设计基础、汽车理论、汽车构造、汽车发动机原理、汽车电器及电子设备、汽车检测技术、汽车故障诊断与维修等。

🔆 就业方向

本专业毕业生可到相关企业从事汽车维修工程的教学、生产经营管理、技术开发与推广等工作，也可到汽车销售、汽车保险、汽车修理等单位就业。

🏛 本专业较好的大学（排名不分先后）

昆明理工大学、河北师范大学、浙江师范大学等。

智能制造工程

专业特点

智能制造工程专业主要研究智能产品设计制造、智能装备故障诊断、维护维修，智能工厂系统运行、管理及系统集成等，培养能够胜任智能制造系统分析、设计、集成、运营的学科知识交叉融合型工程技术人才及复合型、应用型工程技术人才。例如：安装、调试、维护和维修工业机器人。

本专业与高中学科关联度及学科要求

语文	数学	英语	物理	化学	生物	政治	历史	地理
B	A	B	A	D	E	E	E	E

本专业对高中阶段物理、数学科目要求较高，适合对机械研究、智能科技感兴趣的学生就读。

选考学科建议

"3+3"省份：物理

"3+1+2"省份：首选物理，再选化学

大学主要课程

机械工程基础、控制工程基础、电工与电子技术、计算机网络与工业物联网、RFID 技术与应用、人工智能技术及应用、计算机智能控制系统、嵌入式系统与应用、工业机器人技术与应用、数控机床与编程、电气控制与 PLC 应用、传感器与检测技术、智能装备故障诊断与维修、智能仪器技术、数字化制造技术、智能生产计划管理（MES/ERP）、智能工厂集成技术、智能生产系统与 CPS 建模等。

💡 就业方向

本专业毕业生可在智能制造相关领域从事系统的架构、规划，对产品进行全生命周期管理、科学研究、教学等工作。

🏛 本专业较好的大学（排名不分先后）

北京理工大学、天津大学、北京航空航天大学、同济大学、吉林大学、华南理工大学、湖南大学、山东大学、南京理工大学、东北大学、北京工业大学、武汉理工大学、上海大学、合肥工业大学、江苏大学、中国矿业大学、河北工业大学、浙江理工大学、武汉科技大学、东华大学、中国石油大学（华东）、苏州大学、西安理工大学、华北电力大学、杭州电子科技大学、南京林业大学、湖南科技大学、山东科技大学、青岛理工大学、南京工业大学、湖北工业大学、上海工程技术大学、重庆邮电大学、沈阳建筑大学、扬州大学、兰州理工大学、江苏科技大学、西安科技大学、西安工业大学、汕头大学、天津科技大学、常州大学、青岛科技大学、厦门理工学院、济南大学、陕西科技大学、河南工业大学、郑州轻工业大学、齐鲁工业大学、浙江师范大学、华东交通大学、天津职业技术师范大学、武汉纺织大学、南华大学、西交利物浦大学、南昌航空大学、天津理工大学、西安工程大学、江西理工大学、景德镇陶瓷大学、集美大学、南京工程学院、上海第二工业大学、华北水利水电大学、东莞理工学院、上海电机学院等。

智能车辆工程

专业特点

智能车辆工程专业主要培养从事车辆智能管理研究和智能车辆设计、制造、实验研究以及经营管理等工作的复合型高级专门人才。

本专业与高中学科关联度及学科要求

语文	数学	英语	物理	化学	生物	政治	历史	地理
C	A	B	A	D	D	E	E	E

本专业对高中阶段物理、数学科目要求较高，适合喜欢车辆设计、研发的学生就读。

选考学科建议

"3+3"省份：物理

"3+1+2"省份：首选物理，再选化学

大学主要课程

大学英语、高等数学、智能科学、机械制图、机械原理、理论力学、材料力学、机械设计、电工与电子技术、计算机辅助设计、汽车构造、汽车理论、内燃机理论、汽车设计、汽车试验学等。

💡 就业方向

本专业毕业生可从事汽车整车及零部件的设计开发、车辆电子技术应用、车辆的智能化性能测试与试验研究等技术工作，可在交通运输及管理等部门从事车辆研发管理工作，也可从事相关的教学及科研工作。

🏛 本专业较好的大学（排名不分先后）

哈尔滨工业大学（威海）、湖南大学、合肥工业大学、重庆工商大学、重庆理工大学、沈阳理工大学、江苏理工学院、长春工程学院等。

仿生科学与工程

专业特点

仿生科学与工程专业主要研究和建立一类人工系统，使之具有生命系统的某些特性，培养具备仿生装备设计与制造、仿生材料开发、仿生学研究等方面的高素质专门人才。

本专业与高中学科关联度及学科要求

语文	数学	英语	物理	化学	生物	政治	历史	地理
C	A	B	A	D	D	E	E	E

本专业对高中阶段物理、数学科目要求较高，适合对仿生科学与工程感兴趣的学生就读。

选考学科建议

"3+3"省份：物理

"3+1+2"省份：首选物理，再选化学

大学主要课程

工程制图、理论力学、材料力学、机械原理、机械设计、生物学基础、仿生学基础、仿生机械设计、仿生材料学基础、仿生制造基础和仿生健康工程导论等。

💡 就业方向

本专业毕业生可从事工业生产部门的机械产品设计开发、加工制造、工业自动生产、计算机软件应用、产品营销等方面的工作，也可在高等学校、科研部门从事教学和科研工作。

🏛 本专业较好的大学（排名不分先后）

吉林大学等。

新能源汽车工程

专业特点

新能源汽车工程专业以机械工程、电气工程和车辆工程为主干学科，培养能在新能源汽车工程领域从事设计制造、零部件开发、生产、试验等工作且能运用工程知识和有能力储备的高层次应用型人才。例如：新能源汽车相关产品的研发、试验、生产装配、检测、运维。

本专业与高中学科关联度及学科要求

语文	数学	英语	物理	化学	生物	政治	历史	地理
C	A	B	A	D	D	E	E	E

本专业对高中阶段物理科目要求较高，适合对新能源汽车研究感兴趣的学生就读。

选考学科建议

"3+3"省份：物理

"3+1+2"省份：首选物理，再选化学

大学主要课程

理论力学、材料力学、工程图学、电工电子技术、机械原理、机械设计、汽车构造、汽车理论、电动汽车设计、汽车试验学、新能源发动机、动力电池技术及应用、电机学、电机技术与应用、自动控制理论基础、电动汽车控制技术、汽车制造工程等。

💡 就业方向

本专业毕业生可从事汽车整车及零部件的设计开发工作，可从事汽车电子技术应用、汽车整车及零部件性能测试和试验研究以及技术管理和生产管理等工作，也可在交通运输及管理等部门从事车辆管理与维修工作，还可在大中专院校、科研院所等单位从事相关的教学及科研工作。

🏛 本专业较好的大学（排名不分先后）

中北大学、天津职业技术师范大学、上海机电学院、辽宁工业大学、辽宁科技学院、西华大学、河北科技学院、南昌理工学院、西安航空学院等。

测控技术与仪器

👍 专业特点

测控技术与仪器专业主要研究测量与控制技术的基本知识、技能以及精密仪器的使用原理、方法和设计方法等，将高精密仪器和测控技术与计算机技术进行紧密结合，提高数据测量的精准度和速度。

📖 本专业与高中学科关联度及学科要求

语文	数学	英语	物理	化学	生物	政治	历史	地理
C	A	B	A	D	D	E	E	E

本专业对高中阶段物理、数学科目要求较高，适合对精密仪器研究、设计感兴趣的学生就读。

📚 选考学科建议

"3+3"省份：物理

"3+1+2"省份：首选物理，再选化学

📖 大学主要课程

电工学、电子技术基础、传感器原理及应用、微机原理及应用、控制工程基础、信号与测试系统、智能机械设计、数字化测控技术、精密仪器设计、测控电路设计、智能仪器设计、微机电系统等。

💡 就业方向

本专业毕业生主要的就业方向为智能仪器仪表、测试计量技术与仪器以及计算机测控技术，可从事电子技术、仪器与系统的设计制造、科技开发、应用研究、运行管理等方面的工作。

🏛 本专业较好的大学（排名不分先后）

清华大学、北京航空航天大学、天津大学、哈尔滨工业大学、上海交通大学、东南大学、西安交通大学、北京理工大学、电子科技大学、吉林大学、重庆大学、中国科学技术大学、西安电子科技大学、武汉大学、合肥工业大学、厦门大学、南京航空航天大学、中国计量大学、大连理工大学、北京科技大学、中北大学、南京理工大学、哈尔滨工程大学、四川大学、武汉理工大学、北京工业大学、北京信息科技大学、杭州电子科技大学、江苏大学、西安理工大学、桂林电子科技大学、上海理工大学、燕山大学、重庆邮电大学、河北工业大学、南京邮电大学、中国石油大学（华东）、哈尔滨理工大学、北京交通大学、湖南大学、沈阳工业大学、上海大学、长春理工大学、东北大学、浙江大学、浙江理工大学、郑州大学、北京化工大学、西北工业大学、南昌大学、南昌航空大学、河北大学、华中科技大学、湖北工业大学、南京信息工程大学、大连海事大学、中南大学、广东工业大学、北京邮电大学、西南石油大学、中国农业大学、重庆理工大学、辽宁大学、南京工业大学、太原理工大学、西安工业大学、中国地质大学（武汉）、山东大学、苏州大学、南京师范大学、安徽大学、武汉科技大学、中国矿业大学（北京）、西安石油大学、华北电力大学、西南交通大学、天津科技大学、长沙理工大学、青岛科技大学、长安大学、中国地质大学（北京）等。

精密仪器

专业特点

精密仪器专业是面向高端制造装备、生物医学工程和航天国防等重大科学前沿领域，以精密机械、光学、电子、量子技术、计算机等相关学科前沿技术为手段，探索、研究、设计和研制新原理高端仪器，并实现其自动化、信息化和智能化，以多学科交叉融合为显著特征的综合性和前沿性学科。

本专业与高中学科关联度及学科要求

语文	数学	英语	物理	化学	生物	政治	历史	地理
C	A	B	A	D	D	E	E	E

本专业对高中阶段物理、数学科目要求较高，适合对精密仪器及光学研究、设计感兴趣的学生就读。

选考学科建议

"3+3"省份：物理

"3+1+2"省份：首选物理，再选化学

大学主要课程

传感器、精密仪器设计、精密仪器电路、精密机械零件、工程光学、激光物理、光电子技术、几何量计量、机械量计量、误差理论与数据处理、光组设计等。

💡 就业方向

本专业毕业生可就业于国内外学术机构、科研院所或企事业单位等相关领域。

🏛 本专业较好的大学（排名不分先后）

哈尔滨工业大学等。

智能感知工程

专业特点

智能感知工程专业主要研究信息的智能获取、智能处理及应用，以培养具备智能传感器研制与开发、智能仪器设计与分析以及复杂智能装备系统集成创新能力的复合型人才。

本专业与高中学科关联度及学科要求

语文	数学	英语	物理	化学	生物	政治	历史	地理
C	A	B	A	D	D	E	E	E

本专业对高中阶段物理、数学科目要求较高，适合善于思考、逻辑思维严密、对智能感知工程感兴趣的学生就读。

选考学科建议

"3+3"省份：物理

"3+1+2"省份：首选物理，再选化学

大学主要课程

信息与通信工程、电子科学技术、计算机科学与技术、物联网概论、电路分析基础、信号与系统、模拟电子技术、数字电路与逻辑设计、微机原理与接口技术、工程电磁场、通信原理、计算机网络、现代通信网、传感器原理、嵌入式系统设计、无线通信原理、无线传感器网络、近距无线传输技术、二维条码技术、数据采集与处理、物联网安全技术、物联网组网技术等。

💡 就业方向

　　本专业毕业生可从事先进传感、先进制造、机器人、人工智能、大数据、电子、计算机应用等领域的技术研究、产品设计开发、企业管理等工作，也可到航空航天、电子信息、智能制造、指挥测量等行业的科研院所、大型企业和高校就业。

🏛 本专业较好的大学（排名不分先后）

　　东南大学、天津大学等。

仪器类 专业类

专业代码 080303T

四年 修业年限

工学学士 授予学位

材料科学与工程

🔖 专业特点

    材料科学与工程专业主要研究金属材料、无机非金属材料、高分子材料等多种材料领域的基础知识和材料制备、加工成型的基本技能，探索材料的结构与性能之间的关系，从而能够更好地对材料进行利用和改性。例如：卫星外壳材料的强度提升，手机液晶面板材料的清晰度优化及医疗行业人造关节的耐用度提高。

📖 本专业与高中学科关联度及学科要求

语文	数学	英语	物理	化学	生物	政治	历史	地理
C	A	B	A	A	D	E	E	E

    本专业对高中阶段化学、数学、物理科目要求较高，适合对材料研究感兴趣的学生就读。

📋 选考学科建议

    "3+3"省份：物理／化学

    "3+1+2"省份：首选物理，再选化学

📚 大学主要课程

    物理化学、材料物理化学、量子与统计力学、固体物理、材料学导论、材料科学基础、材料物理、材料化学、材料力学、材料工艺与设备、钢的热处理等。

💡 就业方向

本专业毕业生可到材料及高分子复合材料成型加工、高分子合成、化学纤维、新型建筑装饰材料、现代喷涂与包装材料、陶瓷、水泥、家用电器、电子电气、汽车、钢铁、石油化工、制造业、航天航空等领域从事设计、新产品开发、生产管理、市场经营等工作，也可到高等学校、科研单位从事教学与科学研究工作，还可到政府部门从事行政管理、质量监督等工作。

🏛 本专业较好的大学（排名不分先后）

清华大学、上海交通大学、北京航空航天大学、华南理工大学、西安交通大学、华中科技大学、哈尔滨工业大学、浙江大学、北京科技大学、武汉理工大学、西北工业大学、天津大学、中南大学、北京理工大学、同济大学、北京大学、四川大学、东南大学、湖南大学、东北大学、厦门大学、南京理工大学、重庆大学、北京化工大学、北京工业大学、南京航空航天大学、山东大学、西南交通大学、郑州大学、吉林大学、南京工业大学、南昌大学、苏州大学、福州大学、哈尔滨工程大学、电子科技大学、深圳大学、上海大学、中国地质大学（北京）、西安建筑科技大学、中国地质大学（武汉）、西安电子科技大学、中国石油大学（华东）、中国石油大学（北京）、浙江工业大学、湘潭大学、上海科技大学、合肥工业大学、天津工业大学、西安理工大学、河海大学、济南大学、太原理工大学、华北电力大学、昆明理工大学、贵州大学、中国矿业大学、杭州电子科技大学、浙江理工大学、上海理工大学、南方科技大学、江苏大学、湖北大学、中国计量大学、华侨大学、中国海洋大学、暨南大学、天津理工大学、长安大学、广西大学等。

材料物理

专业特点

材料物理专业主要研究材料的组成结构、物理性能以及在各个领域内其物理性能的应用，以半导体材料、信息功能材料、超弹性材料、微电子器件等为主。例如：材料的信息储存功能应用于 DVD 光盘，陶瓷材料的热电性能应用于热敏电阻，半导体材料的导电特性应用于集成电路。

本专业与高中学科关联度及学科要求

语文	数学	英语	物理	化学	生物	政治	历史	地理
C	A	B	A	B	D	E	E	E

本专业对高中阶段物理、数学科目要求较高，适合对新型电子材料研究感兴趣的学生就读。

选考学科建议

"3+3"省份：物理 / 化学

"3+1+2"省份：首选物理，再选化学

大学主要课程

材料科学基础、工程材料学、材料的力学性能、功能材料、微电子材料、材料的相与相变基础物理、近代物理、固体物理等。

💡 就业方向

本专业毕业生适合到与材料相关的企事业单位的技术和行政管理部门从事应用研究、科技开发、生产技术和管理工作，还可到科研机构、高等学校从事科学研究和教学工作。

🏛 本专业较好的大学（排名不分先后）

中国科学技术大学、南京大学、西安交通大学、复旦大学、西北工业大学、吉林大学、哈尔滨工业大学、武汉理工大学、北京科技大学、中山大学、南开大学、山东大学、大连理工大学、中国人民大学、南京理工大学、四川大学、上海大学、武汉大学、东北大学、兰州大学、西北大学、湘潭大学、燕山大学、安徽大学、南京工业大学、西南大学、武汉科技大学、合肥工业大学、东北师范大学、华南师范大学、中国石油大学（华东）、暨南大学、南昌大学、西安理工大学、陕西科技大学、哈尔滨工程大学、河北工业大学、中国地质大学（北京）、青岛科技大学、南京信息工程大学、浙江师范大学、天津理工大学、南京邮电大学、太原理工大学、济南大学、青岛大学、福建师范大学等。

材料化学

专业特点

材料化学专业主要研究材料在制备和使用过程中涉及的化学变化和材料性质的表征测量，从而实现对高分子、金属、液晶等材料的性能优化。例如：根据陶瓷材料在烧结过程中的变化确定如何烧出理想的陶瓷，研究金属材料在使用过程中的腐蚀变化从而防止生锈，探索冶金过程中条件的控制对产品的影响以炼出优质钢材。

本专业与高中学科关联度及学科要求

语文	数学	英语	物理	化学	生物	政治	历史	地理
C	B	B	A	A	C	E	E	E

本专业对高中阶段物理、化学科目要求较高，适合对化学材料研究感兴趣的学生就读。

选考学科建议

"3+3"省份：物理／化学

"3+1+2"省份：首选物理，再选化学

大学主要课程

料科学基础、工程材料学、材料的力学性能、功能材料、微电子材料、有机化学、无机化学、分析化学、物理化学、结构化学、材料

化学、材料物理等。

💡 就业方向

本专业毕业生可在化学化工、材料、医药、食品、环境、能源和分析检验等领域从事研究、开发和管理工作，也可在高等学校或科研单位从事化学及应用化学方面的教学、科研工作。

🏛 本专业较好的大学（排名不分先后）

中国科学技术大学、南开大学、北京大学、复旦大学、南京大学、北京理工大学、哈尔滨工业大学、华南理工大学、四川大学、吉林大学、中山大学、西安交通大学、北京科技大学、西北大学、中南大学、兰州大学、山东大学、华东理工大学、苏州大学、北京化工大学、武汉理工大学、郑州大学、重庆大学、中国石油大学（华东）、南京理工大学、陕西师范大学、南京工业大学、哈尔滨工程大学、湖北大学、湘潭大学、青岛科技大学、华南师范大学、中国地质大学（武汉）、北京交通大学、安徽大学、中国海洋大学、南京邮电大学、中国地质大学（北京）、西安理工大学、山西大学、陕西科技大学、河北工业大学、浙江理工大学、太原理工大学、武汉科技大学、辽宁大学、河北大学、黑龙江大学、济南大学、安徽师范大学、东北林业大学、中南民族大学、扬州大学、中国计量大学、西安工业大学、南昌航空大学、武汉工程大学、华侨大学、南京林业大学、常州大学、长春理工大学、新疆大学、内蒙古大学、河南大学、山东科技大学、湖南科技大学、哈尔滨理工大学、江西师范大学、天津科技大学、景德镇陶瓷大学、苏州科技大学、江西理工大学、四川师范大学、齐鲁工业大学、东华理工大学、宁夏大学、曲阜师范大学、山东理工大学、华南农业大学、湖南农业大学、上海电力大学、河南科技大学、中国民航大学、西南石油大学等。

冶金工程

👍 专业特点

冶金工程专业主要研究黑色和有色金属冶炼的基本知识和工艺技能等，探索可行性强、效率高的冶炼方法，用于高效地从矿石中提取有价金属或其化合物并进行加工利用，包含钢铁冶金和有色金属冶金两大类。例如：精炼钢，提炼铝、镁等有色金属。

📖 本专业与高中学科关联度及学科要求

语文	数学	英语	物理	化学	生物	政治	历史	地理
C	C	B	A	A	E	E	E	E

本专业对高中阶段物理、化学科目要求较高，适合对金属研究及制造感兴趣的学生就读。

💻 选考学科建议

"3+3"省份：物理 / 化学 / 物理 + 化学

"3+1+2"省份：首选物理，再选化学

📚 大学主要课程

冶金工程概论、传输原理、金属学原理、金属材料及热处理、冶金物理化学、钢铁冶金学、有色金属冶金学、材料现代分析方法耐火材料等。

💡 就业方向

本专业毕业生适合到大中型冶金企业以及冶金相关设备制造、冶金原辅材料生产销售等行业，从事产品设计、生产、技术开发、生产组织和管理、产品销售、科学研究等方面的工作。

🏛 本专业较好的大学（排名不分先后）

北京科技大学、中南大学、东北大学、重庆大学、上海大学、贵州大学、昆明理工大学、武汉科技大学、西安建筑科技大学、安徽工业大学、华北理工大学、太原理工大学、江西理工大学、郑州大学、四川大学、苏州大学、江苏大学、辽宁科技大学、内蒙古科技大学、兰州理工大学、河南科技大学、南京工业大学、青海大学、湖南工业大学等。

金属材料工程

专业特点

金属材料工程专业主要研究金属材料及其复合材料的成分、结构、性能、生产工艺等基本知识和技能，涵盖了冶金、复合材料、粉末冶金、材料热处理、材料腐蚀与防护等多个方向。例如：车辆船舶金属零件的铸造，钢铁和有色金属的冶炼，钢筋的质量检验及改进，轮船的船体表面预防海水腐蚀。

本专业与高中学科关联度及学科要求

语文	数学	英语	物理	化学	生物	政治	历史	地理
C	C	B	A	A	E	E	E	E

本专业对高中阶段物理、化学科目要求较高，适合对金属材料研究、设计感兴趣的学生就读。

选考学科建议

"3+3"省份：物理 / 化学

"3+1+2"省份：首选物理，再选化学

大学主要课程

材料热力学、金属学、材料力学性能、材料分析技术、金属材料学、材料成型加工工艺与设备、计算机在材料工程中的应用等。

💡 就业方向

本专业毕业生可在冶金、材料结构研究与分析、金属材料及复合材料制备、金属材料成型等领域，从事科学研究、技术开发、工艺和设备设计、生产及经营管理等方面的工作。

🏛 本专业较好的大学 （排名不分先后）

大连理工大学、上海大学、四川大学、河北工业大学、合肥工业大学、山东大学、燕山大学、吉林大学、江苏大学、苏州大学、武汉大学、广东工业大学、太原理工大学、武汉科技大学、湘潭大学、南京工业大学、青岛科技大学、常州大学、西安工业大学、西安建筑科技大学、江苏科技大学、西南大学、河南科技大学、河海大学、哈尔滨理工大学、南昌航空大学、中北大学、兰州理工大学、沈阳工业大学、安徽工业大学、山东科技大学、湖南科技大学、江西理工大学、湖南工业大学、华北理工大学、广西大学、长春工业大学、三峡大学、河北科技大学、西安石油大学、沈阳航空航天大学、东北石油大学、桂林理工大学、安徽建筑大学、石家庄铁道大学、内蒙古工业大学、沈阳化工大学等。

无机非金属材料工程

专业特点

　　无机非金属材料工程专业主要研究无机非金属材料的组成、结构、性能和生产工艺等基本知识和技能，涉及胶凝材料、陶瓷材料、研磨材料、多孔材料、碳素材料等。例如：水泥、陶瓷、玻璃、氧化铝磨料等都属于传统无机非金属材料，无机纤维、非晶态材料、先进陶瓷等都属于新型无机非金属材料。

本专业与高中学科关联度及学科要求

语文	数学	英语	物理	化学	生物	政治	历史	地理
C	B	B	A	A	D	E	E	D

　　本专业对高中阶段化学、物理科目要求较高，适合对无机非金属材料的研究和使用感兴趣的学生就读。

选考学科建议

　　"3+3"省份：物理 / 化学 / 物理 + 化学

　　"3+1+2"省份：首选物理，再选化学

大学主要课程

　　无机化学、有机化学、分析化学、物理化学、无机非金属材料概论、无机材料热工基础、硅酸盐岩相学、材料科学基础、粉体工程、无机非金属材料工艺学、材料研究和测试方法等。

💡 就业方向

本专业毕业生能在无机非金属材料结构研究与分析、材料的制备、材料成型与加工等领域，从事技术开发、工艺和设备设计、生产及经营管理、科学研究等方面的工作。

🏛 本专业较好的大学（排名不分先后）

武汉理工大学、四川大学、山东大学、上海大学、北京科技大学、东华大学、华东理工大学、南京工业大学、中南大学、大连理工大学、吉林大学、燕山大学、苏州大学、河北工业大学、武汉科技大学、北京化工大学、陕西科技大学、合肥工业大学、江苏大学、武汉工程大学、青岛科技大学、贵州大学、太原理工大学、西安建筑科技大学、长安大学、天津工业大学、哈尔滨理工大学、河南科技大学、长春理工大学、西安科技大学、青岛大学、长沙理工大学、常州大学、齐鲁工业大学、中北大学、华北理工大学、安徽工业大学、桂林理工大学、沈阳建筑大学、安徽建筑大学、广西大学、石家庄铁道大学、苏州科技大学、山东科技大学、湖南科技大学、西安工业大学、湖南工业大学、南昌航空大学、江西理工大学等。

高分子材料与工程

专业特点

　　高分子材料与工程专业主要研究高分子材料的组成、结构、性能以及制备和加工应用等方面的基本知识和技能，针对工业生产所需对高分子材料进行合成和加工。例如：橡胶材料加工用于制造车辆轮胎，高吸水性树脂材料用于生产婴儿尿不湿。

本专业与高中学科关联度及学科要求

语文	数学	英语	物理	化学	生物	政治	历史	地理
C	B	B	A	A	C	E	E	E

　　本专业对高中阶段物化学、物理科目要求较高，适合对材料研究感兴趣的学生就读。

选考学科建议

　　"3+3"省份：物理 / 化学 / 物理 + 化学

　　"3+1+2"省份：首选物理，再选化学

大学主要课程

　　有机化学、物理化学、高分子化学、高分子物理、聚合物流变学、聚合物成型工艺、聚合物加工原理、高分子材料研究方法、VB 课程设计、化学综合实验、高分子基础实验、高分子制备课程设计、高分子成型综合实验等。

💡 就业方向

本专业毕业生可在各种材料的制备、加工成型、材料结构与性能等领域从事科学研究与教学、技术开发、工艺和设备设计、技术改造及经营管理等方面的工作，也可在科研、教学、企业等领域从事相关工作。

🏛 本专业较好的大学（排名不分先后）

清华大学、浙江大学、华南理工大学、哈尔滨工业大学、西北工业大学、四川大学、武汉理工大学、中国科学技术大学、复旦大学、北京理工大学、大连理工大学、吉林大学、北京化工大学、苏州大学、中山大学、东华大学、华东理工大学、南京理工大学、中南大学、南京工业大学、山东大学、河北工业大学、燕山大学、郑州大学、上海大学、广东工业大学、江南大学、湖北大学、浙江工业大学、西南交通大学、南昌大学、中国海洋大学、青岛大学、济南大学、安徽大学、合肥工业大学、南京邮电大学、湘潭大学、青岛科技大学、深圳大学、常州大学、江苏大学、武汉工程大学、福州大学、太原理工大学、暨南大学、天津工业大学、陕西科技大学、西安工业大学、贵州大学、哈尔滨理工大学、湖北工业大学、中北大学、西南石油大学、江苏科技大学、浙江理工大学、扬州大学、兰州理工大学、天津科技大学、长安大学、福建师范大学、武汉纺织大学、北京工商大学、华侨大学、云南大学、湖南工业大学、南京林业大学、东北林业大学、新疆大学、桂林电子科技大学、海南大学、杭州师范大学、西安科技大学、安徽工业大学、桂林理工大学、华北理工大学、长春工业大学、山东科技大学、北京石油化工学院、齐鲁工业大学、安徽建筑大学、北京服装学院、南昌航空大学、华东交通大学等。

复合材料与工程

👍 专业特点

　　复合材料与工程专业主要研究复合材料的结构、性能、生产工艺等基本知识和技能，以结构复合材料和功能复合材料为主，涉及无机材料、高分子材料、金属材料等多个领域，被广泛应用于生活中。例如：玻璃纤维制成的防弹服，碳纤维制成的运动器材，芳纶纤维制成的汽车高压软管。

📖 本专业与高中学科关联度及学科要求

语文	数学	英语	物理	化学	生物	政治	历史	地理
C	B	B	A	A	C	E	E	E

　　本专业对高中阶段物理、化学科目要求较高，适合对复合材料研究感兴趣的学生就读。

📚 选考学科建议

　　"3+3"省份：物理 / 化学

　　"3+1+2"省份：首选物理，再选化学

📘 大学主要课程

　　材料复合原理、复合材料学、复合材料工艺设备、复合材料工厂设计概论、材料学概论、复合材料的实验技术、高分子物理、机械制图、热工基础及设备、复合材料工艺学、复合材料聚合物基础、有机化学、物理化学、大学物理、无机化学等。

💡 就业方向

本专业毕业生可在与复合材料相关的汽车、建筑、电机、电子、航空航天、国防军工、信息通讯、轻工、化工等企业担任工程研究人员、工程师和营销管理人员，从事设计、研发、分析、生产、测试、评价、营销、管理等工作；也可在高等学校、研究设计院所从事教学科研工作。

🏛 本专业较好的大学（排名不分先后）

西北工业大学、哈尔滨工业大学、武汉理工大学、东华大学、华东理工大学、济南大学、南京工业大学、江苏大学、青岛大学、天津工业大学、常州大学、青岛科技大学、中北大学、安徽工业大学、武汉纺织大学、福建师范大学、南昌航空大学、华北理工大学、上海应用技术大学、齐鲁工业大学、沈阳航空航天大学、南京工程学院等。

粉体材料科学与工程

专业特点

　　粉体材料科学与工程专业主要研究与粉体材料相关的基本知识和技能，针对粉体材料制备与应用，探索科学创新的方法，以提高工农业生产效率。例如：滑石粉用于提高农用大棚的保温性，碳酸钙粒子改善 PE 薄膜的性能。

本专业与高中学科关联度及学科要求

语文	数学	英语	物理	化学	生物	政治	历史	地理
B	B	B	A	A	D	D	D	D

　　本专业对高中阶段物理、化学科目要求较高，适合对粉体材料学习、研究感兴趣的学生就读。

选考学科建议

　　"3+3"省份：化学 / 物理 + 化学

　　"3+1+2"省份：首选物理，再选化学

大学主要课程

　　无机化学、物理化学、材料科学基础、材料工程基础、机械设计基础、粉体工程、粉末冶金原理、成形模具设计制造技术、材料分析测试方法、材料物理力学性能等。

💡 就业方向

本专业毕业生可在高等学校、科研院所和高新技术企业等从事粉体材料加工制备、粉末冶金、硬质合金与超硬材料、陶瓷材料、新型电工电子材料、纳米材料和复合材料等方面的科研、生产，以及新产品、新技术的开发、教学及管理方面的工作。

🏛 本专业较好的大学（排名不分先后）

中南大学、合肥工业大学、湖南工业大学等。

宝石及材料工艺学

专业特点

　　宝石及材料工艺学专业主要研究宝石学及首饰工艺学必要的基本知识、技能和方法，包含宝石的颜色成因、鉴定方法和加工工艺等，培养具备宝石鉴定、首饰加工、珠宝设计等方面的人才。例如：天然翡翠的成因研究，典当行宝石真伪的鉴别，钻石的切割打磨与设计。

本专业与高中学科关联度及学科要求

语文	数学	英语	物理	化学	生物	政治	历史	地理
C	A	B	A	A	D	E	E	D

　　本专业对高中阶段化学、数学、物理科目要求较高，适合对宝石材料设计、研究感兴趣，具有一定美术功底的学生就读。

选考学科建议

　　"3+3"省份：化学/物理+化学

　　"3+1+2"省份：首选物理，再选化学

大学主要课程

　　地质学基础、结晶学与矿物学、晶体光学、宝石学、美术基础、美术设计原理、宝石仪器及宝石鉴定、首饰设计及效果图、首饰制作工艺学、宝石切磨加工工艺学等。

💡 就业方向

本专业毕业生适合在专业设计公司、全国各大珠宝公司、首饰加工制作厂、珠宝首饰专卖店、相关专业的学校以及服装服饰公司、广告公司等从事艺术设计、研究、教学、管理等方面的工作。

🏛 本专业较好的大学（排名不分先后）

中国地质大学（武汉）、中国地质大学（北京）、昆明理工大学、齐鲁工业大学、桂林理工大学、河北地质大学、天津商业大学、金陵科技学院、哈尔滨商业大学、南京大学金陵学院、成都文理学院等。

焊接技术与工程

👍 专业特点

　　焊接技术与工程专业主要研究焊接工程、电子技术、机械设计等方面的知识，其中有焊接方法、连接技术、焊接结构等，并进行焊接的基本技能训练，包括熔焊、压焊、钎焊等。例如：钎焊安装船舶零件，熔焊连接钢板和钢筋。

📖 本专业与高中学科关联度及学科要求

语文	数学	英语	物理	化学	生物	政治	历史	地理
B	B	B	A	B	E	E	E	E

　　本专业对高中阶段物理科目要求较高，适合对焊接技术研究感兴趣的学生就读。

📚 选考学科建议

　　"3+3"省份：物理 / 化学 / 物理 + 化学

　　"3+1+2"省份：首选物理，再选化学

📑 大学主要课程

　　计算机应用基础、机械制图、计算机辅助设计、工程力学、电工学与工业电子学、金属材料学及热处理、机械原理与机械零件、焊接方法与设备、焊接结构生产、熔焊原理及金属材料焊接性、弧焊电源、焊接生产检验等。

💡 就业方向

　　本专业毕业生可到航空航天、能源交通、电力电器等领域从事焊接工程相关的科学研究、技术开发、设计制造等工作，也可在工业生产第一线从事材料热加工领域内的设计制造、试验研究、科技开发与管理等工作，还可从事材料成型与控制、计算机科学与技术的教学、科研、开发和管理等工作。

🏛 本专业较好的大学（排名不分先后）

　　哈尔滨工业大学、南京工业大学、江苏科技大学、湘潭大学、沈阳工业大学、大连交通大学、昆明理工大学、南昌航空大学、兰州理工大学、安徽工业大学、西安石油大学、上海工程技术大学、沈阳航空航天大学、重庆理工大学、西南石油大学、太原科技大学、内蒙古工业大学、西华大学、重庆工商大学、河北科技大学、沈阳大学、南京工程学院、上海电机学院、辽宁工业大学等。

功能材料

专业特点

功能材料专业主要研究功能材料的制备、改性、加工成型及应用等方面的基本知识和技能，常见的有超导材料、医用材料、能源材料、稀土材料等几大类。例如：化学反应中的高分子催化剂，超导体材料制成的电路电线，医用的人工心肺和缝合线，白光LED节能照明灯泡。

本专业与高中学科关联度及学科要求

语文	数学	英语	物理	化学	生物	政治	历史	地理
C	C	B	A	A	B	E	E	E

本专业对高中阶段化学、物理科目要求较高，适合对材料研究感兴趣的学生就读。

选考学科建议

"3+3"省份：物理 / 化学 / 物理 + 化学

"3+1+2"省份：首选物理，再选化学

大学主要课程

材料科学基础、材料现代研究方法、固体物理、材料物理性能、材料化学、功能陶瓷材料、功能材料器件及设计、环境与能源材料、生物材料、电子信息材料、计算材料学等。

💡 就业方向

本专业毕业生可到研究院所、设计院、大专院校和企事业单位从事功能材料的研发、制备、教学等工作。

🏛 本专业较好的大学（排名不分先后）

天津大学、大连理工大学、华中科技大学、华南理工大学、北京化工大学、河北工业大学、东华大学、苏州大学、东北大学、兰州大学、昆明理工大学、西安建筑科技大学、江苏科技大学、青岛科技大学、中国计量大学、华侨大学、天津理工大学、西南科技大学、苏州科技大学、沈阳工业大学、长春理工大学、北京工商大学、兰州理工大学、河南师范大学等。

专业类
材料类

专业代码
080412T

修业年限
四年

授予学位
工学学士

纳米材料与技术

专业特点

纳米材料与技术专业主要研究纳米材料的性能、制备、加工及应用等方面的基本知识和技能。纳米材料包含纳米粉末、纳米纤维、纳米膜、纳米块体等。例如：纳米粉末制成的太阳能电池，纳米纤维制成的防水防油污的衣服，纳米膜制成的饮水过滤器。

本专业与高中学科关联度及学科要求

语文	数学	英语	物理	化学	生物	政治	历史	地理
C	A	B	A	D	D	E	E	E

本专业对高中阶段物理、数学科目要求较高，适合对纳米技术研究和设计感兴趣的学生就读。

选考学科建议

"3+3"省份：物理 / 化学

"3+1+2"省份：首选物理，再选化学

大学主要课程

纳米材料的基本概念和基本物理效应，纳米材料的结构、尺寸和形貌的表征技术，纳米粉体材料的制备与表面修饰，一维纳米材料的制备，纳米复合材料的制备，纳米结构材料的制备，纳米材料的物理特性与应用，纳电子器件的基本原理和微加工技术，纳米材料与纳米技术。

💡 就业方向

本专业毕业生可选择进入高校、研究院从事纳米材料教学、研发工作，也可选择进入纳米材料行业企业工作，还可进入传统材料相关企业从事加工及制造工作。

🏛 本专业较好的大学（排名不分先后）

北京航空航天大学、北京科技大学、苏州大学、大连理工大学、南京理工大学、北京工业大学等。

新能源材料与器件

专业特点

新能源材料与器件专业主要研究新能源材料组成、结构、性能的测试技术与分析方法，开发新一代高性能绿色能源材料、技术和器件，包含太阳能、风能、水能、核能、潮汐能等。例如：太阳能热水器，潮汐发电，风力发电，核电站，新能源汽车。

本专业与高中学科关联度及学科要求

语文	数学	英语	物理	化学	生物	政治	历史	地理
C	B	B	A	A	C	E	E	E

本专业对高中阶段物理、化学科目要求较高，适合对新能源研究、设计感兴趣的学生就读。

选考学科建议

"3+3"省份：物理／化学

"3+1+2"省份：首选物理，再选化学

大学主要课程

新能源材料与器件概论、近代物理概论（量子物理、统计物理）、固体物理、半导体物理与器件、应用电化学、薄膜物理与技术、材料科学与工程基础、无机材料物理化学、材料物理性能、材料研究方法与现代测试技术、新能源材料设计与制备、新能源转换与控制技术、储能材料与技术、半导体硅材料基础、硅材料检测技术、化学电源设计、化学电源工艺学、半导体照明原理与技术、薄膜技术与材料、太阳能电池原理与工艺太阳能发电技术与系统设计、应用光伏学、电池组件生产工艺、光伏逆变器原理与应用等。

💡 就业方向

本专业毕业生可在化学能源、太阳能及储能材料等新能源材料领域从事科学研究与教学、技术开发、工艺设计等方面的工作，也可在通信、汽车、医疗领域从事新能源材料和器件的开发、生产及管理工作。

🏛 本专业较好的大学（排名不分先后）

四川大学、中南大学、武汉理工大学、东南大学、电子科技大学、北京理工大学、华东理工大学、同济大学、合肥工业大学、苏州大学、南京航空航天大学、湘潭大学、华北电力大学、南京工业大学、安徽大学、南昌大学、陕西师范大学、西安理工大学、华南师范大学、中国石油大学（华东）、广东工业大学、西安建筑科技大学、湖北大学、昆明理工大学、浙江理工大学、西南石油大学、江苏科技大学、天津理工大学、中国矿业大学、武汉工程大学、长安大学、长沙理工大学、青岛科技大学、三峡大学、河南科技大学、成都理工大学、哈尔滨理工大学、长春理工大学、山东科技大学、西安科技大学、中北大学、桂林电子科技大学、河南师范大学、湖南工业大学、青海大学、河南理工大学、西安石油大学、宁夏大学等。

材料设计科学与工程

👍 专业特点

    材料设计科学与工程专业主要研究材料科学、物理学、力学、材料制备、材料分析等方面的基本知识和技能，了解材料的基本性能、组成结构、设计方法、加工工艺等，进行新材料的设计、研发、制备、性能测试、失效分析等。例如：复合新材料，超导材料，能源材料，智能材料。

📖 本专业与高中学科关联度及学科要求

语文	数学	英语	物理	化学	生物	政治	历史	地理
C	B	B	A	A	C	E	E	E

    本专业对高中阶段物理、化学科目要求较高，适合对材料设计技术研究感兴趣的学生就读。

📚 选考学科建议

    "3+3"省份：物理 / 化学

    "3+1+2"省份：首选物理，再选化学

📚 大学主要课程

    材料科学基础、材料物理、材料化学、材料力学、材料工艺与设备、材料热力学、功能材料及应用、大学物理、大学化学、量子力学、固体物理、计算机科学原理等。

💡 就业方向

　　本专业毕业生可到材料及高分子复合材料成型加工、高分子合成、化学纤维、新型建筑装饰材料等领域，从事设计、新产品开发、生产管理、市场经营及贸易等工作；也可到高等学校、科研单位从事科学研究与教学等工作。

🏛 本专业较好的大学（排名不分先后）

　　上海大学等。

复合材料成型工程

👍 专业特点

    复合材料成型工程专业主要培养具备独立解决复合材料成型加工工艺问题的研究开发能力，有一定的生产技术管理知识，特别是在航空航天制造领域，采用智能制造手段进行飞行器复合材料零部件的设计、成型及复合材料相关产品的制造，并具备协同制造知识、航空产品生产实践经验的产品开发、应用研究、运行管理等方面的工程技术人才。

📙 本专业与高中学科关联度及学科要求

语文	数学	英语	物理	化学	生物	政治	历史	地理
C	B	B	A	A	C	E	E	E

    本专业对高中阶段化学、物理科目要求较高，适合热爱航空航天事业、对复合材料研究感兴趣的学生就读。

📚 选考学科建议

"3+3"省份：

"3+1+2"省份：首选物理，再选化学

📖 大学主要课程

现代工程制图、工程力学、机械原理与设计、电工与电子技术、复合材料成型原理及技术、计算机辅助设计（CATIA）、企业文化与质量管理、协同制造、数控加工技术、飞机构造、飞机装配技术、生产实习等。

💡 就业方向

本专业毕业生可进入航空航天领域从事复合材料零件的加工制备及成型、新产品工艺开发、模具设计及加工及产品质量监控、材料性能测试等工作，也可拓展到机械、汽车等领域从事复合材料类产品的开发、加工及质量监控、生产管理等工作。

🏛 本专业较好的大学（排名不分先后）

上海第二工业大学等。

智能材料与结构

👍 专业特点

　　智能材料与结构专业主要研究智能材料的成分、组织结构、制备和加工工艺等与性能之间关系的基本规律，以及智能材料系统集成、通信、控制的基本方法，培养学生具备开展智能材料与结构基础理论研究、材料设计、材料性能优化、工艺开发和材料生产管理的知识和能力。

📖 本专业与高中学科关联度及学科要求

语文	数学	英语	物理	化学	生物	政治	历史	地理
C	B	B	A	A	C	E	E	E

　　本专业对高中阶段物理、化学科目要求较高，适合对智能材料研究感兴趣的学生就读。

📚 选考学科建议

　　"3+3"省份：物理 / 化学

　　"3+1+2"省份：首选物理，再选化学

📕 大学主要课程

　　环境敏感材料、智能驱动材料与结构、智能器件系统集成、材料科学基础、相变原理、各向异性弹塑性力学、材料物理性能、材料分析测试方法、智能复合材料结构力学、智能材料结构设计、测控电路与驱动技术、单片机与嵌入式系统等。

💡 就业方向

本专业毕业生可从事智能制造领域中材料与结构方面的基础理论和生产工艺研究，进行智能材料与结构相关的实验检测、质量控制和技术咨询，能够开展智能材料与结构领域相关技术和技术管理等方面的工作。

🏛 本专业较好的大学（排名不分先后）

哈尔滨工业大学、湖南科技大学、安徽理工大学、北方民族大学等。

能源与动力工程

👍 专业特点

能源与动力工程专业主要研究能源的开发和利用、动力机械和热工设备的设计和测试技术等，能源包括煤、石油、天然气等传统能源和核能、风能、生物能等新能源，动力机械和热工设备包括内燃机、锅炉、航空发动机、制冷机等。例如：天然气用作汽车燃料，风能发电，冬季烧锅炉供暖，空调制冷机设计和测试。

📕 本专业与高中学科关联度及学科要求

语文	数学	英语	物理	化学	生物	政治	历史	地理
C	B	B	A	A	C	E	E	E

本专业对高中阶段物理、化学科目要求较高，适合对能源动力研究、测试、运用感兴趣的学生就读。

📚 选考学科建议

"3+3"省份：物理 / 化学

"3+1+2"省份：首选物理，再选化学

📖 大学主要课程

工程力学、机械设计基础、机械制图、电工与电子技术、工程热力学、流体力学、传热学、控制理论、测试技术、燃烧学等。

💡 就业方向

本专业毕业生可在相关的大型企业以及研究所、设计院、高等学校和管理部门，从事热能工程、动力工程、制冷工程方面的研究与设计及产品开发、制造、试验、管理、教学等工作。

🏛 本专业较好的大学（排名不分先后）

西安交通大学、清华大学、上海交通大学、华中科技大学、天津大学、中国科学技术大学、哈尔滨工业大学、华北电力大学、东南大学、重庆大学、大连理工大学、北京理工大学、北京航空航天大学、同济大学、北京科技大学、西北工业大学、哈尔滨工程大学、华东理工大学、华南理工大学、武汉大学、山东大学、中南大学、南京航空航天大学、江苏大学、上海理工大学、东北大学、南京理工大学、中国石油大学（华东）、吉林大学、南京工业大学、中国石油大学（北京）、武汉理工大学、北京交通大学、四川大学、北京工业大学、河海大学、河北工业大学、中山大学、郑州大学、东北电力大学、北京大学、广东工业大学、中国矿业大学、扬州大学、西南交通大学、南京师范大学、上海电力大学、太原理工大学、长沙理工大学、青岛科技大学、西安理工大学、合肥工业大学、湖南大学、长安大学、兰州理工大学、昆明理工大学、浙江理工大学、天津商业大学、新疆大学、中国农业大学、南昌大学、大连海事大学、常州大学、上海海事大学、山东理工大学、湘潭大学、华中农业大学、苏州大学、河南科技大学、山东科技大学、北京建筑大学、西华大学、安徽工业大学、东北石油大学、郑州轻工业大学、沈阳航空航天大学、西北农林科技大学、广西大学、贵州大学、中国计量大学、燕山大学、青岛大学、江苏科技大学、武汉科技大学、华北水利水电大学、南京林业大学、内蒙古工业大学、上海海洋大学、陕西科技大学、北方工业大学、东莞理工学院、南京工程学院、南华大学、沈阳化工大学等。

能源与环境系统工程

专业特点

能源与环境系统工程专业主要研究能源的转换和利用及环境保护等基本知识与技能，包括一次能源转化为二次能源的过程、人工环境和制冷空调的技术问题、风能等新能源的开发利用等，力求达到能源利用高效、清洁的目的。例如:煤炭燃烧产生蒸汽能推动发电机的过程，社区绿化、供水、供暖的技术问题，风能、核能发电。

本专业与高中学科关联度及学科要求

语文	数学	英语	物理	化学	生物	政治	历史	地理
C	A	B	A	A	C	E	E	E

本专业对高中阶段数学、物理、化学科目要求较高，适合对能源与环境研究感兴趣的学生就读。

选考学科建议

"3+3"省份 : 物理 / 化学

"3+1+2"省份 : 首选物理，再选化学

大学主要课程

材料力学、理论力学、机械设计基础、工程热力学、工程流体力学、电工电子学、传热学、能源与环境系统工程基础、自动控制理论、能

源与环境工程及自动化系列课程、制冷与人工环境及自动化系列课程
等。

💡 就业方向

　　本专业毕业生可在与火力发电、能源利用与转化相关的各类大、中
型企业，从事与火电厂热力工程、煤化工、新能源开发、环境保护等
能源利用相关领域的设备制造、检修与维护、集控运行、生产管理等
方面的工作；也可在高校、科研院所等单位从事相关方面的教学、工
程设计等工作。

🏛 本专业较好的大学（排名不分先后）

　　浙江大学、山东大学、北京大学、大连理工大学、浙江工业大学、
南京师范大学、华南农业大学、东华大学、南京工业大学等。

新能源科学与工程

👍 专业特点

新能源科学与工程专业主要研究新能源的种类、特点、应用和未来发展趋势以及相关的工程技术等，包含风能、太阳能、生物质能、核电能等。例如：风力发电，太阳能热水器，沼气燃烧供热，农村农林废物发电。

📖 本专业与高中学科关联度及学科要求

语文	数学	英语	物理	化学	生物	政治	历史	地理
C	B	B	A	A	C	E	E	E

本专业对高中阶段物理、化学科目要求较高，适合对新能源研究、设计感兴趣的学生就读。

📚 选考学科建议

"3+3"省份：物理/化学

"3+1+2"省份：首选物理，再选化学

📖 大学主要课程

工程热力学、流体力学、传热学、能源系统工程、可再生能源及其利用、光伏科学与工程、风力发电原理、生物质能工程、核能利用基础、光伏材料与太阳能电池、风力发电场等。

💡 就业方向

本专业毕业生可在国家新能源科学与工程相关各类大、中型企业从事与风能、太阳能、生物质能、新能源开发、环境保护等领域的设备制造、检修与维护、集控运行、生产管理等方面的工作，也可在高等学校及科研院所等单位从事教学、工程设计等工作。

🏛 本专业较好的大学 （排名不分先后）

西安交通大学、华中科技大学、浙江大学、上海交通大学、华北电力大学、哈尔滨工业大学、江苏大学、北京工业大学、重庆大学、北京科技大学、山东大学、中南大学、上海理工大学、中国石油大学（北京）、东北大学、河海大学、南京理工大学、南京工业大学、吉林大学、中国石油大学（华东）、南京大学、河北工业大学、青岛科技大学、中国矿业大学、长沙理工大学、南开大学、东北电力大学、广东工业大学、兰州理工大学、昆明理工大学、扬州大学、厦门大学、合肥工业大学、中国矿业大学（北京）、香港中文大学（深圳）、上海电力大学、西南石油大学、西安理工大学、江苏科技大学、深圳大学、新疆大学、福建师范大学、青岛大学、沈阳工业大学、贵州大学、南京林业大学、沈阳航空航天大学、北方工业大学、北京信息科技大学、内蒙古工业大学、天津商业大学、郑州轻工业大学、兰州交通大学、成都理工大学、东北农业大学、常熟理工学院、安徽工业大学、天津理工大学、华北理工大学、济南大学、西安石油大学、福建农林大学等。

储能科学与工程

专业特点

储能科学与工程专业依托能源与动力工程、新能源科学与工程等学科特色与能源电力行业优势，属于国家战略性新兴产业专业，面向国家能源革命战略需求和"碳达峰、碳中和"战略目标。本专业是2020年获教育部批准成立的新兴特设专业。

本专业与高中学科关联度及学科要求

语文	数学	英语	物理	化学	生物	政治	历史	地理
C	B	B	A	A	C	E	E	E

本专业对高中阶段物理、化学科目要求较高，适合对环境保护感兴趣的学生就读。

选考学科建议

"3+3"省份：物理 / 化学

"3+1+2"省份：首选物理，再选化学

大学主要课程

储能原理、储能物理化学、电化学理论与方法、固体物理、储能材料工程、太阳能电池、化学电源与电化学储能、氢能源储存与应用、大数据分析、工业储能与能源管控、电储能系统与并网技术等。

💡 就业方向

本专业毕业生主要就业于新能源、环保、机械、设备、重工、化工、矿产、地质、汽车等涉及储能材料、器件与储能系统开发、制备和应用的行业，从事创新研究、技术开发、生产设计、工业制造、项目管理等工作；也可在科研院所和高等学校等单位从事科学研究和教学等工作。

🏛 本专业较好的大学（排名不分先后）

华中科技大学、西安交通大学、武汉大学、厦门大学、山东大学北京科技大学、湖南大学、重庆大学、华东理工大学、华北电力大学（北京）、中国石油大学（北京）、中国矿业大学、南京工业大学等。

电气工程及其自动化

专业特点

　　电气工程及其自动化专业主要研究电力电子技术、自动化控制技术、计算机技术等相关领域的基本知识和技能，进行电力设备的设计制造、自动控制技术的开发、电力系统的维护等工作。例如：家用冰箱、彩电等电器的生产制造，采用单片机对医用呼吸机、家用电饭煲等实现自动控制，高压电网的维护与管理。

本专业与高中学科关联度及学科要求

语文	数学	英语	物理	化学	生物	政治	历史	地理
C	B	B	A	E	E	E	E	E

　　本专业对高中阶段物理科目要求较高，适合对电气工程研究、设计感兴趣的学生就读。

选考学科建议

　　"3+3"省份：物理

　　"3+1+2"省份：首选物理，再选化学／生物

大学主要课程

　　电气工程、控制科学与工程、计算机科学与技术、电路理论、信息电子技术、电力电子技术、自动控制原理、微机原理与应用、电气

工程基础、电机学、电器学、电力系统分析、电机设计、高低压电器、电机控制、智能化电器原理与应用、电力系统继电保护、电力系统综合自动化、建筑供配电等。

💡 就业方向

本专业毕业生可在国家电力公司、电力设备制造公司及企业、科研院所从事电气工程及自动化方面的科学研究、工程设计、系统技术开发和管理、市场管理等工作，也可在航空、航天、民航、电力、通讯电子等行业从事电气工程及相关领域的技术开发、工程设计、系统运行、试验分析、科学研究和经营管理等工作。

🏛 本专业较好的大学（排名不分先后）

清华大学、华中科技大学、西安交通大学、浙江大学、哈尔滨工业大学、上海交通大学、华北电力大学、天津大学、山东大学、西南交通大学、东南大学、重庆大学、武汉大学、南京航空航天大学、湖南大学、西北工业大学、华南理工大学、北京交通大学、北京航空航天大学、同济大学、四川大学、大连理工大学、合肥工业大学、长沙理工大学、河海大学、中国矿业大学、河北工业大学、中南大学、东北电力大学、哈尔滨理工大学、福州大学、南京理工大学、江苏大学、上海电力大学、东北大学、沈阳工业大学、三峡大学、广东工业大学、太原理工大学、上海大学、天津工业大学、广西大学、中国农业大学、哈尔滨工程大学、吉林大学、燕山大学、西安电子科技大学、中国石油大学（华东）、武汉理工大学、北京理工大学、江南大学、电子科技大学、杭州电子科技大学、西安理工大学、南京工业大学、大连海事大学、中山大学、青岛大学、南京师范大学重庆邮电大学、中国矿业大学（北京）、郑州大学、华东交通大学、兰州交通大学等。

智能电网信息工程

专业特点

智能电网信息工程专业主要研究电力系统通信技术、信息采集和处理等方面的基本知识与技能，包含新能源发电与智能接入技术、电网智能调度与控制技术、智能电网信息通信技术等。例如：家用智能电表可以实时查看用电读数，通过智能交互终端预约电视机自动打开时间，电网公司联网实现支付宝同步缴纳电费。

本专业与高中学科关联度及学科要求

语文	数学	英语	物理	化学	生物	政治	历史	地理
B	A	B	A	D	E	E	E	E

本专业对高中阶段物理、数学科目要求较高，适合对电网信息化、智能化研究及应用感兴趣的学生就读。

选考学科建议

"3+3"省份：物理
"3+1+2"省份：首选物理，再选化学／生物

大学主要课程

高等数学、大学物理、电路电子技术基础、电力电子技术、信号与系统、控制理论、电力系统分析基础、智能电网导论、微网及其控制、

新能源发电技术、智能电网先进传感技术等。

💡 就业方向

本专业毕业生主要到电力行业、信息技术产业、高等学校及国民经济其他行业的生产、科研及相关部门从事电力产品设计、研发、设计、制造、技术支持、电力信息系统运维等工作，或在企事业单位和行政管理部门从事计算机应用以及技术管理等方面的工作。

🏛 本专业较好的大学（排名不分先后）

华北电力大学、东南大学、天津大学、电子科技大学、合肥工业大学、南京理工大学、东北电力大学、福州大学、西安理工大学、三峡大学、南京邮电大学、重庆邮电大学、昆明理工大学、郑州轻工业大学、山东理工大学、辽宁工程技术大学等。

光源与照明

专业特点

　　光源与照明专业主要研究传统光源、驱动电路、半导体光电等方面的基本知识和技能，涉及照明产品的设计、开发、制造、智能化控制、检测等领域。例如：节能 LED 灯，道路上的光感路灯，楼道里的声控灯，家用电灯的电源开关。

本专业与高中学科关联度及学科要求

语文	数学	英语	物理	化学	生物	政治	历史	地理
B	B	B	A	C	C	C	E	E

　　本专业对高中阶段物理科目要求较高，适合对光源与照明研究、开发运用感兴趣，热爱电子、半导体技术的学生就读。

选考学科建议

　　"3+3"省份：物理

　　"3+1+2"省份：首选物理，再选化学 / 生物

大学主要课程

　　电路理论、模拟电子技术、数字电子技术、信号与系统、半导体物理、半导体集成电路、电气照明技术、环境照明技术、电力电子技术等。

💡 就业方向

本专业毕业生可在电信、国防、科研机构、工厂等企事业单位从事半导体芯片制备、LED 封装、灯具设计、照明设计、光学设计、健康照明、驱动电源等工作，也可到高等学校从事教学工作。

🏛 本专业较好的大学（排名不分先后）

电子科技大学、天津工业大学、太原理工大学、大连工业大学、深圳大学、安徽工业大学、长江大学等。

电气工程与智能控制

专业特点

电气工程与智能控制专业主要研究电力电子技术、自动控制技术、微机控制技术等方面的基础知识和技能，包含电气装备的设计制造和运行控制、电力系统的设计研发等。例如：家用冰箱的变压器，电视机自动打开的智能化控制系统，工厂生产设备自动运行的控制系统。

本专业与高中学科关联度及学科要求

语文	数学	英语	物理	化学	生物	政治	历史	地理
C	A	B	A	C	E	E	E	E

本专业对高中阶段物理、数学科目要求较高，适合对电气工程智能化研究及运用感兴趣的学生就读。

选考学科建议

"3+3"省份：物理

"3+1+2"省份：首选物理，再选化学／生物

大学主要课程

电路与电子技术、机械设计基础、微机原理及接口、电机与拖动基础、自动控制理论、传感器与检测技术、设备信息管理系统、智能化控制系统、液压与气动等。

💡 就业方向

本专业毕业生主要从事现代企业中的生产和管理的自动控制、电气设备的系统控制和运行维护等方面的工作，也可到相关院所从事科研开发工作。

🏛 本专业较好的大学 （排名不分先后）

西南交通大学、西安理工大学、上海海事大学、沈阳工业大学、苏州大学、辽宁工程技术大学、武汉纺织大学、中北大学、安徽工业大学、上海电机学院、南京工程学院、安徽理工大学、山东科技大学、西南石油大学、东莞理工学院、黑龙江科技大学等。

电机电器智能化

专业特点

电机电器智能化专业主要学习电机电器及智能化操作，培养能够从事电机与电器智能化设计、制造、控制的高等技术应用型人才。

本专业与高中学科关联度及学科要求

语文	数学	英语	物理	化学	生物	政治	历史	地理
C	A	B	A	C	E	E	E	E

本专业对高中阶段物理、数学科目要求较高，适合对电气智能化研究、运用感兴趣的学生就读。

选考学科建议

"3+3"省份：物理

"3+1+2"省份：首选物理，再选化学／生物

大学主要课程

机械学基础、电路、电子技术、电磁场理论、电机学、电力电子技术、自动控制原理、微机原理及接口技术、电机设计、电机控制技术、电机制造工艺学、电机测试技术、智能控制等。

💡 就业方向

　　本专业毕业生可在电机与电器生产、电机与电器控制、智能控制等领域，从事电机电器设计及仿真、电机与电器智能控制、智能控制在电机电器中的应用、测试技术及传感器在电机电器中的应用、电机电器智能化领域的技术服务及管理等工作。

🏛 本专业较好的大学（排名不分先后）

　　上海电机学院、辽宁理工学院等。

电缆工程

专业特点

电缆工程专业主要研究电线电缆和光纤光缆运行设计原理、产品结构设计、电缆材料改性原理、光纤光缆工艺原理等，培养光纤光缆和电线电缆材料研究、产品设计、生产制造、质量控制、企业管理等方面的高素质应用型人才。

本专业与高中学科关联度及学科要求

语文	数学	英语	物理	化学	生物	政治	历史	地理
C	A	B	A	C	E	E	E	E

本专业对高中阶段物理、数学科目要求较高，适宜具有较强的自然科学理论知识，动手能力强，对电缆、光纤研究感兴趣的学生。

选考学科建议

"3+3"省份：物理

"3+1+2"省份：首选物理，再选化学／生物

大学主要课程

电路、电磁场、电子技术、电力电子技术、现代电气控制技术、电介质物理、绝缘材料化学基础、电气绝缘结构原理、电缆材料、电缆工艺、电气绝缘测试技术、通信电缆设计与制造、光纤光缆制造等。

💡 就业方向

本专业毕业生主要在电线电缆设计、生产制造及检测企业，从事电线电缆生产设计操作、电线电缆检测、工艺设计等工作。

🏛 本专业较好的大学（排名不分先后）

河南工学院等。

专业类 电气类

专业代码 080606T

修业年限 四年

授予学位 工学学士

电子信息工程

专业特点

  电子信息工程专业主要研究信息的获取与处理、电子设备与信息系统的设计与应用等，从而进行各类电子设备和信息系统的研究、设计、制造、应用和开发等。例如：手机和有线电视的信号传输，雷达、导航仪等电子设备的设计制造，广播、电话所使用的无线通信系统的研发设计。

本专业与高中学科关联度及学科要求

语文	数学	英语	物理	化学	生物	政治	历史	地理
C	A	B	A	C	E	E	E	E

  本专业对高中阶段物理、数学科目要求较高，适合对电子信息技术及信息系统感兴趣的学生就读。

选考学科建议

  "3+3"省份：物理

  "3+1+2"省份：首选物理，再选化学／生物

大学主要课程

  电路理论系列课程、计算机技术系列课程、信息理论与编码、信号与系统、数字信号处理、信息安全导论、电磁场理论、自动控制原理、

感测技术等。

💡 就业方向

本专业毕业生可从事电子工程师工作，设计开发一些电子、通信设备；可从事软件工程师，设计开发与硬件相关的各种软件；可从事项目主管，策划一些大的系统；可继续进修从事科研或教学工作；可从事电子信息设备的应用与维修工作等。

🏛 本专业较好的大学（排名不分先后）

清华大学、电子科技大学、西安电子科技大学、北京邮电大学、浙江大学、北京航空航天大学、北京理工大学、哈尔滨工业大学、中国科学技术大学、华中科技大学、天津大学、北京大学、西北工业大学、大连理工大学、南京邮电大学、厦门大学、武汉大学、南京理工大学、北京交通大学、杭州电子科技大学、深圳大学、重庆大学、四川大学、西南交通大学、东北大学、湖南大学、北京工业大学、吉林大学、南京信息工程大学、合肥工业大学、哈尔滨工程大学、上海大学、重庆邮电大学、安徽大学、武汉理工大学、苏州大学、大连海事大学、汕头大学、同济大学、山东大学、中国矿业大学、河北工业大学、北京科技大学、中南大学、暨南大学、中国石油大学（华东）、上海科技大学、中国传媒大学、华北电力大学、中国海洋大学、燕山大学、郑州大学、南昌大学、南通大学、中北大学、长安大学、广东工业大学、浙江理工大学、浙江工商大学、北京化工大学、东华大学、广州大学、中国地质大学（武汉）、福州大学、上海理工大学、天津工业大学、成都信息工程大学、首都师范大学、北方工业大学、太原理工大学、西北大学、中国农业大学、山东科技大学、河海大学、武汉科技大学、云南大学、桂林电子科技大学、湖南师范大学、华南师范大学、浙江工业大学、中国民航大学等。

电子科学与技术

专业特点

电子科学与技术专业主要研究微电子、光电子、集成电路等领域的基本知识和技能，进行各种电子材料、元器件、集成电路、电子系统、光电子系统的设计、制造和科技开发等。例如：GPS、有线电视、气象预报等所使用的微电子技术的开发，游戏机、计算机内一些微电子器件的设计制造，汽车防盗系统、出租车计价器等微处理器的开发应用。

本专业与高中学科关联度及学科要求

语文	数学	英语	物理	化学	生物	政治	历史	地理
C	A	B	A	C	E	E	E	E

本专业对高中阶段物理、数学科目要求较高，适合对电子科学技术研究、学习、应用感兴趣的学生就读。

选考学科建议

"3+3"省份：物理

"3+1+2"省份：首选物理，再选化学 / 生物

大学主要课程

电路与电子技术理论与应用系列课程、计算机基础技术系列课程、半导体物理、电子技术（模拟、数字）、电子线路 CAD、单片机原理

及应用、数字系统设计、集成电路工艺原理等。

💡 就业方向

　　本专业毕业生可在微电子、测控等相关领域的科研院所和高等学校从事研究和科研教学等工作，也可在企业从事专用集成电路设计、电子元器件研制、测控仪器软硬件设计和电子企业的生产管理等工作。

🏛 本专业较好的大学（排名不分先后）

　　电子科技大学、东南大学、西安电子科技大学、浙江大学、清华大学、上海交通大学、西安交通大学、华中科技大学、北京邮电大学、天津大学、北京理工大学、复旦大学、中国科学技术大学、西北工业大学、北京交通大学、哈尔滨工业大学、北京航空航天大学、吉林大学、南京理工大学、南京邮电大学、湖南大学、杭州电子科技大学、武汉大学、华南理工大学、北京工业大学、南开大学、山东大学、大连理工大学、华东师范大学、重庆大学、福州大学、合肥工业大学、四川大学、东北大学、河北工业大学、安徽大学、西南交通大学、西安理工大学、燕山大学、深圳大学、广东工业大学、西北大学、上海大学、苏州大学、太原理工大学、华北电力大学、暨南大学、武汉理工大学、同济大学、贵州大学、黑龙江大学、郑州大学、长春理工大学、中国计量大学、哈尔滨工程大学、湖北大学、江南大学、桂林电子科技大学、成都信息工程大学、重庆邮电大学、长沙理工大学、中北大学、北京化工大学、河海大学、内蒙古大学、天津理工大学、华侨大学、天津工业大学、广西大学、兰州交通大学、辽宁大学、南京信息工程大学、西安邮电大学、常州大学、大连交通大学、河北大学、云南大学、南昌航空大学、上海理工大学、武汉科技大学、浙江工业大学、陕西科技大学等。

通信工程

专业特点

通信工程专业主要研究通信技术、通信系统和通信网等方面的基础理论、组成原理和设计方法等，从而进行现代通信系统和网络的设计、开发、调测和应用等。例如：移动通信由 2G/3G 到 4G 的开发，电话网、电报网等通信网的系统设计，无线局域网（WiFi）的开发与维护。

本专业与高中学科关联度及学科要求

语文	数学	英语	物理	化学	生物	政治	历史	地理
C	A	B	A	D	E	E	E	D

本专业对高中阶段物理、数学科目要求较高，适合对通信应用感兴趣、善于分析与设计的学生就读。

选考学科建议

"3+3"省份：物理

"3+1+2"省份：首选物理，再选化学／生物

大学主要课程

电路理论与应用系列课程、计算机技术系列课程、信号与系统、电磁场理论、数字系统与逻辑设计、数字信号处理、通信原理等。

💡 就业方向

本专业毕业生集中在通信系统、高科技开发公司、科研院所、设计单位、金融系统、民航、铁路和大专院校就业，可从事研究、设计、制造、运营等工作。

🏛 本专业较好的大学（排名不分先后）

北京邮电大学、西安电子科技大学、电子科技大学、东南大学、北京理工大学、北京航空航天大学、哈尔滨工业大学、华中科技大学、西北工业大学、中国科学技术大学、武汉大学、天津大学、南京邮电大学、北京交通大学、南京理工大学、北京大学、山东大学、上海大学、深圳大学、中山大学、武汉理工大学、哈尔滨工程大学、吉林大学、南京大学、苏州大学、北京科技大学、重庆大学、西南交通大学、大连理工大学、湖南大学、重庆邮电大学、厦门大学、宁波大学、河北工业大学、福州大学、华东师范大学、南昌大学、复旦大学、中南大学、华北电力大学、郑州大学、南京信息工程大学、江苏大学、河海大学、同济大学、四川大学、东北大学、广东工业大学、北京工业大学、杭州电子科技大学、中国传媒大学、西安邮电大学、西南大学、大连海事大学、中国海洋大学、合肥工业大学、长安大学、内蒙古大学、兰州大学、西安理工大学、太原理工大学、西安科技大学、海南大学、北京化工大学、北方工业大学、贵州大学、湖北大学、集美大学、上海海事大学、成都信息工程大学、北京信息科技大学、浙江工业大学、汕头大学、暨南大学、湘潭大学、浙江理工大学、山东科技大学、华东交通大学、燕山大学、黑龙江大学、中国农业大学、兰州交通大学、沈阳航空航天大学、南开大学、南通大学、云南大学、南方科技大学、中北大学、广西大学、山东师范大学、济南大学、天津理工大学、中南民族大学、上海理工大学、广州大学、中国计量大学、武汉科技大学等。

微电子科学与工程

👍 专业特点

微电子科学与工程专业主要研究各种微电子器件和集成电路的基本原理、设计方法和基本技能等，进行半导体器件、功能电子材料、集成电路的设计制造和微机电系统的设计开发等。例如：电视机、音响、计算机等所使用的集成电路的设计，太阳能电池、探测器内的半导体器件的研发制造，血压计、汽车安全气囊防护系统等所使用的微机电系统的设计开发。

📙 本专业与高中学科关联度及学科要求

语文	数学	英语	物理	化学	生物	政治	历史	地理
B	A	B	A	C	E	E	E	E

本专业对高中阶段物理、数学科目要求较高，适合对微电子科学的研究、学习、应用感兴趣的学生就读。

📚 选考学科建议

"3+3"省份：物理

"3+1+2"省份：首选物理，再选化学／生物

📖 大学主要课程

高等数学、大学物理及实验、电路分析基础及实验、模拟电路及

实验、数学物理方法、数字电路及实验、信号与系统及实验、半导体物理及实验、固体电子学、微电子器件、电子设计自动化等。

💡 就业方向

本专业毕业生可到集成电路制造厂家、集成电路设计中心以及通信和计算机等信息科学技术领域从事开发和研究工作。

🏛 本专业较好的大学（排名不分先后）

清华大学、北京大学、南京大学、西安电子科技大学、上海交通大学、西安交通大学、电子科技大学、北京航空航天大学、复旦大学、浙江大学、东南大学、华中科技大学、中山大学、哈尔滨工业大学、武汉大学、华东师范大学、吉林大学、厦门大学、华南理工大学、南开大学、西北工业大学、南京邮电大学、南方科技大学、山东大学、四川大学、福州大学、南京理工大学、中南大学、南京航空航天大学、安徽大学、北京工业大学、兰州大学、西南交通大学、宁波大学、重庆邮电大学、合肥工业大学、广东工业大学、同济大学、上海大学、中北大学、苏州大学、深圳大学、江南大学、哈尔滨工程大学、湘潭大学、西安理工大学、北方工业大学、青岛大学、西北大学等。

光电信息科学与工程

专业特点

光电信息科学与工程专业主要研究光学、机械学、电子学及计算机科学等领域的基本知识和技能，学习光电信息领域内光电仪器的设计及制造方法，进行光电器件的研发应用、光加工技术的探索等。例如：显微镜、望远镜等光学仪器的设计制造，红外探测器、地铁 X 光安检机等器件的研发与应用，激光雕刻等光加工技术的钻研。

本专业与高中学科关联度及学科要求

语文	数学	英语	物理	化学	生物	政治	历史	地理
C	A	B	A	C	E	E	E	E

本专业对高中阶段物理、数学科目要求较高，适合对光电信息化研究、设计感兴趣的学生就读。

选考学科建议

"3+3"省份：物理

"3+1+2"省份：首选物理，再选化学 / 生物

大学主要课程

电路原理、模拟电子技术、数字电子技术、通信原理、信号与系统、数字信号处理、微机原理及应用、单片机、软件技术基础、物理光学、

应用光学、信息光学等。

💡 就业方向

本专业毕业生可到科研院所、相关企业从事产品研发、质量管理工作，也可到中等专业学校、技校、高等职业学校从事教学工作，还可到相关企事业单位从事技术管理工作。

🏛 本专业较好的大学（排名不分先后）

浙江大学、北京理工大学、华中科技大学、中国科学技术大学、电子科技大学、北京邮电大学、天津大学、西安电子科技大学、北京航空航天大学、哈尔滨工业大学、华南理工大学、南京理工大学、西北工业大学、复旦大学、中山大学、北京交通大学、东南大学、西安交通大学、南京大学、四川大学、南京邮电大学、山东大学、深圳大学、哈尔滨工程大学、南开大学、重庆大学、大连理工大学、武汉理工大学、武汉大学、同济大学、南京航空航天大学、吉林大学、上海大学、暨南大学、苏州大学、华南师范大学、合肥工业大学、重庆邮电大学、华东师范大学、东北大学、中南大学、南京信息工程大学、上海理工大学、杭州电子科技大学、中国传媒大学、南方科技大学、西北大学、中央民族大学、安徽大学、浙江工业大学、宁波大学、中国海洋大学、江南大学、华北电力大学、中国矿业大学、大连海事大学、福州大学、中国计量大学、首都师范大学、长春理工大学、山西大学、西安邮电大学、太原理工大学、中北大学、南昌大学、广东工业大学、华东理工大学、广州大学、山东师范大学、汕头大学、成都信息工程大学、江苏大学、江苏师范大学、燕山大学、东华大学、西安工业大学、中国石油大学（华东）、福建师范大学、浙江师范大学、桂林电子科技大学、北京信息科技大学、云南大学、河北大学、华侨大学、南京工业大学等。

信息工程

专业特点

信息工程专业主要研究信息的采集、传输、处理、利用以及控制系统的分析和设计等方面的基本知识和技能，进行通信网络和网络安全基础的设计调试、信息的采集与处理等。例如：面部、指纹信息采集系统的设计，医用 CT 断层成像扫描仪的设计。

本专业与高中学科关联度及学科要求

语文	数学	英语	物理	化学	生物	政治	历史	地理
C	A	B	A	D	E	E	E	E

本专业对高中阶段数学、物理科目要求较高，适合对电子信息研究及设计感兴趣的学生就读。

选考学科建议

"3+3"省份：物理

"3+1+2"省份：首选物理，再选化学 / 生物

大学主要课程

电子技术、信号与系统、电磁场与电磁波、自动控制原理、计算机系列课程、运输过程和系统分析等。

💡 就业方向

本专业毕业生可在运动控制、工业过程控制、电气工程、电力电子技术、检测与自动化仪表、电子与计算机技术等领域，从事工程设计、系统分析、系统运行、研制开发、经济管理等方面的工作。

🏛 本专业较好的大学（排名不分先后）

上海交通大学、北京邮电大学、东南大学、浙江大学、西安电子科技大学、西安交通大学、华南理工大学、电子科技大学、北京航空航天大学、南京航空航天大学、西北工业大学、南京大学、北京交通大学、中山大学、吉林大学、南京邮电大学、中国矿业大学、上海大学、武汉理工大学、南京信息工程大学、广东工业大学、苏州大学、重庆邮电大学、华东理工大学、中国矿业大学（北京）、西安邮电大学、杭州电子科技大学、暨南大学、南方科技大学、华南师范大学、中北大学、西安理工大学、青岛科技大学、福建师范大学、北京工商大学、华侨大学、天津师范大学、成都理工大学、西华大学、华东交通大学、天津财经大学、武汉工程大学、湖南工业大学、昆明理工大学、郑州轻工业大学等。

广播电视工程

专业特点

  广播电视工程专业主要研究广播电视技术、多媒体技术等相关的基础知识和技能，以视音频技术为核心，融合计算机科学、网络技术、视听艺术等多方面技术，进行数字电视技术和网络视音频技术的研究、开发与应用。例如：演播室录制节目，斗鱼网络直播，电视剧后期影视制作，少儿动画设计。

本专业与高中学科关联度及学科要求

语文	数学	英语	物理	化学	生物	政治	历史	地理
C	A	B	A	D	E	E	E	E

  本专业对高中阶段物理、数学科目要求较高，适合对多媒体技术研究、设计感兴趣的学生就读。

选考学科建议

  "3+3"省份：物理

  "3+1+2"省份：首选物理，再选化学／生物

大学主要课程

  数字信号处理、通信原理、信息论与编码原理、计算机网络、数字电视技术、数字视频系统设计、音频播控技术、数字动画制作技术等。

💡 就业方向

本专业毕业生可从事科学研究、系统设计、产品开发应用、系统支持、视音频节目制作、技术与艺术结合的影视制作、动画制作等工作，可担任技术工程师、运维工程师、销售工程师、技术支持工程师、助理工程师等职务。

🏛 本专业较好的大学 （排名不分先后）

南京邮电大学、中国传媒大学、西安邮电大学、浙江传媒学院、上海工程技术大学、四川传媒学院等。

水声工程

专业特点

　　水声工程专业主要研究水声技术、信号处理、水声装备研制等方面的知识和技能，涉及声呐总体技术、信号处理，传感器及声系统、计量与测试技术四个方向，在国防和经济建设中有着重要作用。例如：超声波在海中探测目标，螺旋桨噪声等水下噪声的减弱，鱼雷、回声探测仪等水声装备的设计制造。

本专业与高中学科关联度及学科要求

语文	数学	英语	物理	化学	生物	政治	历史	地理
C	A	B	A	D	E	E	E	E

　　本专业对高中阶段物理、数学科目要求较高，适合对水声学研究、应用感兴趣，善于探索、发现的学生就读。

选考学科建议

　　"3+3"省份：物理

　　"3+1+2"省份：首选物理，再选化学／生物

大学主要课程

　　矩阵理论、数理统计、声学原理与噪声控制、水声学基础、振动理论及其在工程中的应用、信号处理、数学物理方程、振动和声学问

题计算、水下噪声学、近代试验技术、线性系统理论、最优估计理论与系统辨别、离散随机信号处理等。

💡 就业方向

本专业毕业生可在水声工程及相关领域中从事海洋声场分析，水下噪声及减振降噪，水声信号处理，声呐及水声对抗系统与设计，水声换能器与基阵的研究、设计、开发、制造、运营和管理等工作；也可在国防工业领域和国民经济各部门从事开发、应用水声技术与设备等工作。

🏛 本专业较好的大学 （排名不分先后）

西北工业大学、哈尔滨工程大学、江苏科技大学、海军潜艇学院海军航空大学、中国人民解放军战略支援部队信息工程大学等。

专业类 电子信息类

专业代码 080708T

修业年限 四年

授予学位 工学学士

电子封装技术

📢 专业特点

电子封装技术专业主要研究封装材料、封装结构、封装工艺、互连技术、封装布线设计等方面的基本知识和技能，涉及元器件封装、光电器件制造与封装、太阳能光伏技术、电子组装技术等，进行电子封装产品的设计、与集成电路的连接等。例如：计算机主机外壳的设计制造，电视机外壳的安装与固定。

📖 本专业与高中学科关联度及学科要求

语文	数学	英语	物理	化学	生物	政治	历史	地理
C	B	B	A	A	E	D	E	E

本专业对高中阶段物理、化学科目要求较高，适合对电子封装技术及其运用感兴趣、具有较强分析解决问题能力的学生就读。

📚 选考学科建议

"3+3"省份：物理

"3+1+2"省份：首选物理，再选化学／生物

🎓 大学主要课程

微电子制造科学与工程概论、电子工艺材料、微连接技术与原理、电子封装可靠性理论与工程、电子制造技术基础、电子组装技术、半

导体工艺基础、先进基板技术等。

💡 就业方向

　　本专业毕业生可在通信、电子、计算机、航空航天、集成电路、半导体器件、微电子与光电子、自动化等领域的企事业单位，从事电子产品设计、制造、工艺、测试、研发、管理和经营销售等方面的工作。

🏛 本专业较好的大学（排名不分先后）

　　西安电子科技大学、华中科技大学、北京理工大学、哈尔滨工业大学等。

集成电路设计与集成系统

专业特点

集成电路设计与集成系统专业主要研究集成电路与嵌入式系统的结构、设计、开发、应用等相关的知识和技能，涉及微电子材料、电路与系统、电磁场与微波技术、电磁兼容技术、多芯片组件设计等多方面。例如：收音机的音频信号、录放机的磁带信号属于模拟集成电路，手机、数码相机、计算机 CPU 的逻辑控制和重放的音频信号及视频信号属于数字集成电路。

本专业与高中学科关联度及学科要求

语文	数学	英语	物理	化学	生物	政治	历史	地理
B	B	B	A	C	E	E	E	E

本专业对高中阶段物理科目要求较高，适合具有扎实的物理基础理论和知识，对集成电路与设计、研究感兴趣，乐于动手实验的学生就读。

选考学科建议

"3+3"省份：物理

"3+1+2"省份：首选物理，再选化学/生物

📖 大学主要课程

通信原理、计算机应用技术、模拟电路、数字电路、电路分析基础、信号与系统、集成电路应用实验、现代工程设计制图、微机原理与应用、软件技术基础、量子力学与统计物理、固体物理学、半导体物理、微机原理、电磁场与电磁波、现代电子技术综合实验等。

💡 就业方向

本专业毕业生可在与通信产业相关的高新技术企业、科研设计单位、国防军工企业、政府部门、大专院校、邮电等单位和研究院所，从事现代通信系统、通信工程与技术、计算机网络与数据通信、无线通信、遥控遥测、Internet、Intranet、嵌入式计算机技术、嵌入式Internet技术等有关工程技术的研究、设计、技术开发、教学、管理以及设备维护等工作。

🏛 本专业较好的大学（排名不分先后）

电子科技大学、西安电子科技大学、北京大学、南京大学、华中科技大学、北京航空航天大学、天津大学、大连理工大学、杭州电子科技大学、山东大学、厦门大学、重庆大学、合肥工业大学、深圳大学、福州大学、苏州大学、广东工业大学、西安理工大学、重庆邮电大学等。

专业类 电子信息类

专业代码 080710T

修业年限 四年

授予学位 工学学士

医学信息工程

专业特点

　　医学信息工程专业主要研究医学信息、信息管理、医院信息系统等相关的知识和技能，于医疗单位进行医药信息系统的开发建设、医院信息的管理、医疗设备的操作等。例如：医院病人信息系统的设计开发，病人病历档案的管理，药品库存数量的管理，B超等设备的操作。

本专业与高中学科关联度及学科要求

语文	数学	英语	物理	化学	生物	政治	历史	地理
B	B	B	A	C	E	E	E	E

　　本专业对高中阶段物理科目要求较高，适合对医学信息工程研究、应用感兴趣的学生就读。

选考学科建议

　　"3+3"省份：物理
　　"3+1+2"省份：首选物理，再选化学／生物

大学主要课程

　　电路、模拟电子技术、数字电子技术、数字信号处理、数据结构、操作系统、微机原理及应用、生理解剖、医学信息、医学传感检测、医学仪器、医学信号及图像、生物系统及建模、多媒体技术、系统分

析与设计、计算机算法、人工智能与应用等。

💡 就业方向

本专业毕业生可到医疗卫生部门、医疗器械设计与生产部门及其他企事业单位从事各类信息系统和计算机软件系统的应用、设计、开发、维护和评测等工作，也可在医药研究机构、医药高等学校从事科学研究和教学工作。

🏛 本专业较好的大学（排名不分先后）

四川大学、杭州电子科技大学、重庆邮电大学、合肥工业大学、上海理工大学、南京医科大学、南方医科大学、中南民族大学、浙江中医药大学、广州中医药大学、南京中医药大学、安徽医科大学、成都中医药大学、徐州医科大学、重庆医科大学、西华大学、天津中医药大学、遵义医科大学、南华大学、新乡医学院、湖南中医药大学、安徽中医药大学、哈尔滨医科大学、广西医科大学、湖北中医药大学、济宁医学院、沈阳医学院等。

电磁场与无线技术

专业特点

电磁场与无线技术专业主要研究射频无线信号的产生、辐射、传播、散射、接收和处理的相关知识和技术，在无线通信、雷达、遥感、遥测遥控、地球物理探测、电子测量等方面具有广泛的应用。例如：无线网络的技术支持和维护，广播电视天线的设计，雷达的设计制造，汽车防盗系统感应器的开发。

本专业与高中学科关联度及学科要求

语文	数学	英语	物理	化学	生物	政治	历史	地理
B	A	B	A	E	E	D	E	C

本专业对高中阶段物理、数学科目要求较高，适合对电磁场及无线技术学习、研究、运用感兴趣，动手能力强的学生就读。

选考学科建议

"3+3"省份：物理

"3+1+2"省份：首选物理，再选化学／生物

大学主要课程

电路分析基础、信号与系统、模拟电子技术基础、数字电路与逻辑设计、射频电路基础、电磁场与电磁波、微机原理与系统设计、软

件技术基础、数学物理方法、微波技术基础、天线原理等。

💡 就业方向

本专业毕业生可在科研机构、工业部门等企事业单位从事设计制造、科技开发、应用研究和科研、教学及行政管理等方面的工作。

🏛 本专业较好的大学（排名不分先后）

电子科技大学、北京航空航天大学、西安电子科技大学、华中科技大学、哈尔滨工业大学、北京邮电大学等。

电波传播与天线

专业特点

电波传播与天线专业主要研究电磁波的辐射传播、天线和微波技术等基本知识和技术，运用计算机等现代工具对无线电系统及信息获取方式进行分析、设计和综合应用，多应用于国防部门。例如：无线电技术的开发应用，雷达的设计，信息情报的获取。

本专业与高中学科关联度及学科要求

语文	数学	英语	物理	化学	生物	政治	历史	地理
B	A	B	A	E	E	D	E	C

本专业对高中阶段物理、数学科目要求较高，适合对电磁信号研究、设计感兴趣的学生就读。

选考学科建议

"3+3"省份：物理

"3+1+2"省份：首选物理，再选化学 / 生物

大学主要课程

信号与系统、电磁场理论、电波传播、电磁波散射、天线原理与设计、微波技术基础、电路分析基础、模拟电路基础、数字逻辑设计及应用、微机原理及接口技术、电磁场数学方法、阵列天线分析与综合、自适

应天线、天线与微波测量、数字信号处理、随机信号分析等。

💡 就业方向

　　本专业毕业生可在通信企事业单位从事通信网络的设计和维护等工作，也可从事通信系统的建设、监理及通信设备的生产、营销等方面的工作，还可到信息电子、航空、航天、船舶、电信等工业部门和国防科研院所从事相关科学研究、技术研发、技术应用、技术管理和教学等工作。

🏛 本专业较好的大学（排名不分先后）

　　电子科技大学、武汉大学等。

专业类 电子信息类

专业代码 080713T

修业年限 四年

授予学位 工学学士

电子信息科学与技术

专业特点

电子信息科学与技术专业主要研究电子、信息技术和计算机等方面的基本知识和技能，涉及现代电子技术、现代通信技术、计算机技术及网络技术等多个领域。例如：无线通讯技术的开发，人脸识别系统的研发，智能手机、计算机等电子产品的设计制造。

本专业与高中学科关联度及学科要求

语文	数学	英语	物理	化学	生物	政治	历史	地理
C	A	B	A	C	E	E	E	D

本专业对高中阶段物理、数学科目要求较高，适合对电子信息科学的研究、设计感兴趣的学生就读。

选考学科建议

"3+3"省份：物理

"3+1+2"省份：首选物理，再选化学 / 生物

大学主要课程

电路分析原理、电磁理论、天线原理、电子线路、数字电路、算法与数据结构、计算机基础、单片机、信号与系统分析、ARM 嵌入式系统、模拟电路、高频电路、通信原理等。

💡 就业方向

本专业毕业生可在电子信息类的相关企业中从事电子产品与设备的装配、调试、检测、应用及维修等工作，还可到企事业单位从事机电设备、通信设备及计算机控制等设备的安全运行及维护管理等工作。

🏛 本专业较好的大学（排名不分先后）

北京大学、西安电子科技大学、电子科技大学、南京大学、复旦大学、清华大学、北京邮电大学、吉林大学、中山大学、武汉大学、哈尔滨工业大学、南开大学、厦门大学、中南大学、南京航空航天大学、华东师范大学、上海大学、杭州电子科技大学、西南交通大学、山东大学、宁波大学、四川大学、重庆大学、华南师范大学、兰州大学、华中师范大学、华北电力大学、合肥工业大学、湖南师范大学、苏州大学、长沙理工大学、武汉理工大学、广东工业大学、北京师范大学、暨南大学、哈尔滨工程大学、中国矿业大学、重庆邮电大学、江苏大学、燕山大学、陕西师范大学、东北师范大学、中国农业大学、成都信息工程大学、山东科技大学、西北大学、大连海事大学、黑龙江大学、北京信息科技大学、中国计量大学、长春理工大学、中北大学、贵州大学、河南大学、中国海洋大学、烟台大学、武汉纺织大学、河北大学、北京林业大学、辽宁大学、南京农业大学、兰州理工大学、天津工业大学、青岛大学、湘潭大学、北京化工大学、湖南科技大学、山西大学、西安邮电大学、内蒙古大学、北京建筑大学、江西理工大学、上海理工大学、桂林电子科技大学、广州大学、扬州大学、天津师范大学、西安建筑科技大学、浙江理工大学、华南农业大学、天津理工大学、哈尔滨理工大学、三峡大学、河南农业大学、济南大学、江苏科技大学、西南石油大学、温州大学、昆明理工大学、青岛科技大学、华北理工大学等。

电信工程及管理

专业特点

电信工程及管理专业主要研究通信技术和通信网方面的基本知识、组成原理和设计方法，涉及光波、无线、多媒体等多种通信技术，进行现代通信系统和网络的设计、运营和管理等。例如：5G 网络的开发，卫星通信系统的维护，光纤网络的搭建，路由器的设计研发等。

本专业与高中学科关联度及学科要求

语文	数学	英语	物理	化学	生物	政治	历史	地理
C	A	B	A	C	E	E	E	D

本专业对高中阶段物理、数学科目要求较高，适合对电信工程研究、设计感兴趣，具有一定管理协调能力的学生就读。

选考学科建议

"3+3"省份：物理

"3+1+2"省份：首选物理，再选化学 / 生物

大学主要课程

数理基础课程、英语、电路系列课程、计算机系列课程、信号与系统、数字信号处理、通信原理、电磁场与电磁波、微波技术基础、现代通信技术、企业管理、产品开发等。

💡 就业方向

本专业毕业生可在国内及国际的信息通信、广播电视媒体、网络媒体及相关领域中，从事科学研究、工程设计、产品研发、网络运营、市场营销策划、企业管理等工作。

🏛 本专业较好的大学（排名不分先后）

北京邮电大学、南京邮电大学、西安邮电大学、桂林电子科技大学等。

应用电子技术教育

专业特点

应用电子技术教育专业主要研究电子与信息系统、通讯系统及计算机等方面的基本知识、技术和师范技能，进行智能电子产品的设计检测、职业技术院校电子应用技术和计算机应用等方面的教学。例如：MP3 等电子产品的设计，电视机的调试与维修，职高电子应用技术类科目的教学。

本专业与高中学科关联度及学科要求

语文	数学	英语	物理	化学	生物	政治	历史	地理
C	A	B	A	C	E	E	E	D

本专业对高中阶段物理、数学科目要求较高，适合对电子信息科学的研究、设计感兴趣的学生就读。

选考学科建议

"3+3"省份：物理

"3+1+2"省份：首选物理，再选化学 / 生物

大学主要课程

数字电路、模拟电路、微机原理、数据结构、单片机、EDA 电路分析、电子技术、微机原理及应用、信号与系统、高频电子线路、自动控制原理、

电测技术、电声技术、现代通信技术、职业教育学等。

💡 就业方向

本专业毕业生可到高等学校、职业技术院校、中等教育学校等单位从事应用电子技术、电子信息工程方面的学科教学、科研信息处理和管理工作，还可到电子产品设计与制造领域从事电子产品与设备的装配、调试、检测、应用及维修技术工作。

🏛 本专业较好的大学（排名不分先后）

湖南师范大学、浙江师范大学、湖南科技大学、河北师范大学、云南师范大学、西华师范大学等。

人工智能

专业特点

人工智能专业主要研究、开发用于模拟、延伸和扩展人的智能的理论、方法、技术及应用系统，包括机器人、语言识别、图像识别、自然语言处理和专家系统等。例如：人脸识别技术，语音识别技术，基于用户兴趣的智能算法推荐技术。

本专业与高中学科关联度及学科要求

语文	数学	英语	物理	化学	生物	政治	历史	地理
B	A	B	B	E	C	C	E	D

本专业对高中阶段数学科目要求较高，适合对电子信息技术及信息系统感兴趣的学生就读。

选考学科建议

"3+3"省份：物理

"3+1+2"省份：首选物理，再选化学／生物

大学主要课程

高等数学、线性代数、概率和数理统计、认知心理学、认知机器人、一门计算机语言（Java/C++/Python 之类）和算法等。

💡 就业方向

本专业毕业生可到高校从事教学工作，也可到相关公司、人工智能实验室等单位从事数据挖掘工程师、算法工程师、售前技术支持（商业智能方向）、行业研究员（股市）等工作。

🏛 本专业较好的大学（排名不分先后）

南京大学、西安电子科技大学、上海交通大学、浙江大学、哈尔滨工业大学、北京航空航天大学、西安交通大学、电子科技大学、同济大学、东南大学、华中科技大学、北京理工大学、北京邮电大学、复旦大学、西北工业大学、中国人民大学、天津大学、武汉大学、北京师范大学、吉林大学、南开大学、厦门大学、北京交通大学、大连理工大学、北京科技大学、四川大学、山东大学、南京航空航天大学、中国农业大学、重庆大学、东北大学、西南交通大学、陕西师范大学、安徽大学、南京信息工程大学、首都师范大学、上海大学、苏州大学、福州大学、华中师范大学、兰州大学、暨南大学、南昌大学、重庆邮电大学、中国矿业大学、武汉理工大学、南京师范大学、北京化工大学、南京农业大学、太原理工大学、华南师范大学、中国传媒大学、河北工业大学、长安大学、上海理工大学、广东工业大学、西南财经大学、华南农业大学、扬州大学、西安理工大学、福建师范大学、湖南师范大学、上海师范大学、天津工业大学、温州大学、山东财经大学、长沙理工大学、西安邮电大学、安徽工业大学、江西师范大学、河北师范大学、沈阳建筑大学、鲁东大学、浙江财经大学、安徽财经大学、中国石油大学（北京）、上海海事大学、曲阜师范大学、河北大学、安徽师范大学、桂林电子科技大学、广州大学、华东交通大学、重庆交通大学、南昌航空大学、天津科技大学、南京工业大学、青岛科技大学、沈阳航空航天大学、贵州大学、江苏科技大学、成都理工大学、西安建筑科技大学、武汉工程大学、西安工程大学等。

海洋信息工程

专业特点

海洋信息工程专业主要探索与研究海洋信息源机理和物理场规律、科学先进的认知途径、前沿深入的信息挖掘处理与应用方法以及在此基础上研制相关的海洋信息传感器、计量装置和处理与决策系统。

本专业与高中学科关联度及学科要求

语文	数学	英语	物理	化学	生物	政治	历史	地理
B	A	B	A	E	C	C	E	D

本专业对高中阶段数学、物理科目要求较高，适合愿意致力于海洋信息领域的学术研究、技术研发、管理等工作，乐于实践和探索的学生就读。

选考学科建议

"3+3"省份：物理

"3+1+2"省份：首选物理，再选化学／生物

大学主要课程

信号与系统、通信原理、模拟电子线路、数字电子线路、计算机基础、单片机原理、水声技术、海洋遥感、海洋传感技术、海洋目标探测、海洋通信等。

💡 就业方向

本专业毕业生可在与海洋信息工程与技术相关的大型企业、研究所、设计院、高等学校、国民经济各部门和国防工业中，从事与海洋电子产品开发、新技术研发、海洋探测技术应用、电子设备维护等相关的工作。

🏛 本专业较好的大学（排名不分先后）

哈尔滨工程大学、国防科技大学、哈尔滨工业大学、东南大学、哈尔滨工程大学、江苏科技大学、齐鲁工业大学、江苏海洋大学、闽江学院等。

自动化

专业特点

　　自动化专业主要研究电子技术、自动控制、系统工程、信息处理等方面的基本知识和技术，进行自动化系统的分析、设计、开发与研究，实现对各种装置和系统的自动控制。例如：大厦自动门控制系统的设计，智能机器人的设计制造，工业设备的自动控制，天气现象自动观测系统的研发。

本专业与高中学科关联度及学科要求

语文	数学	英语	物理	化学	生物	政治	历史	地理
C	A	B	A	E	E	E	E	E

　　本专业对高中阶段物理、数学科目要求较高，适合对自动化技术感兴趣、乐于探索信号控制开发与研究的学生就读。

选考学科建议

　　"3+3"省份：物理

　　"3+1+2"省份：首选物理，再选化学／生物

大学主要课程

　　电路、信号与系统、PLC 编程应用、模拟电子技术、数字电子技术、自动控制原理、现代控制理论、微机原理及应用、软件技术基础、

电机与拖动、电力电子技术、计算机控制技术、系统仿真、计算机网络、运动控制、过程控制、单片机与嵌入式系统原理、计算机辅助设计、专业英语、智能控制、C 语言程序设计、C++ 语言等。

💡 就业方向

本专业毕业生可就业于高科技公司、科研院所、设计单位、工矿企业、大专院校、金融系统、通信系统、交通系统等部门，从事与电子信息有关的系统运行、自动控制、电力电子技术、信息处理、试验分析、研制开发、经济管理以及电子与计算机技术应用等领域的工作。

🏛 本专业较好的大学（排名不分先后）

清华大学、上海交通大学、西北工业大学、浙江大学、哈尔滨工业大学、北京理工大学、西安交通大学、北京航空航天大学、华中科技大学、东南大学、山东大学、东北大学、南京理工大学、同济大学、中南大学、中国科学技术大学、南京航空航天大学、华东理工大学、华南理工大学、大连理工大学、哈尔滨工程大学、南开大学、西安电子科技大学、北京科技大学、湖南大学、杭州电子科技大学、广东工业大学、江南大学、电子科技大学、吉林大学、北京化工大学、北京交通大学、北京工业大学、华北电力大学、浙江工业大学、重庆大学、武汉大学、东华大学、武汉科技大学、天津大学、北京邮电大学、中国地质大学（武汉）、西安理工大学、燕山大学、厦门大学、武汉理工大学、南京邮电大学、江苏大学、合肥工业大学、中国石油大学（华东）、郑州大学、中国计量大学、四川大学、中国矿业大学、北方工业大学、上海大学、山东科技大学、河北工业大学、青岛大学、中山大学、南京信息工程大学、南京工业大学、长安大学、大连海事大学、安徽大学、中国石油大学（北京）、重庆邮电大学、河海大学、华东交通大学、西南交通大学、中国海洋大学等。

专业类
自动化类

专业代码
080801

修业年限
四年

授予学位
工学学士

轨道交通信号与控制

👍 专业特点

　　轨道交通信号与控制专业主要研究轨道交通控制、传感器、电子技术等方面的基本知识和技能，培育高速铁路、客运专线、地铁及城市轨道交通等领域的信息和控制方面的专门人才，以适应轨道交通事业的快速发展。例如：火车信号灯的控制，地铁列车发车、回库的调度，列车转换轨道的操作。

📖 本专业与高中学科关联度及学科要求

语文	数学	英语	物理	化学	生物	政治	历史	地理
B	B	B	A	D	C	C	E	C

　　本专业对高中阶段物理科目要求较高，适合对轨道信号研究感兴趣、乐于信号控制学习的学生就读。

📋 选考学科建议

　　"3+3"省份：物理

　　"3+1+2"省份：首选物理，再选化学 / 生物

📚 大学主要课程

　　电路分析、电子技术、计算机技术（语言、软件基础、硬件基础、单片机等）、微机原理与接口技术、自动控制理论、信号与系统分析、

计算机网络、电磁兼容及可靠性理论、铁路信号运营基础、信号基础设备原理、车站信号自动控制、区间信号自动控制、铁路信号远程控制、列车运行控制系统、编组站综合自动化、计算机联锁系统、城市轨道交通控制系统等。

💡 就业方向

本专业毕业生可在国有铁路各路局、城市地铁公司、各地方铁路公司等单位从事技术开发与管理、工程设计及设备维护等工作，也可在与铁路行业相关的研究院、设计院、铁路局、工程局、地铁公司、信号工厂等从事研究与教学工作。

🏛 本专业较好的大学（排名不分先后）

北京交通大学、中南大学、西南交通大学、南京邮电大学、南京理工大学、中山大学、苏州大学、华东交通大学、上海工程技术大学、郑州大学、长沙理工大学、南京信息工程大学、中北大学、兰州交通大学、昆明理工大学、大连交通大学、河南理工大学、石家庄铁道大学、郑州轻工业大学、常州大学、河南工业大学、中南民族大学、内蒙古大学、华北水利水电大学、重庆工商大学、五邑大学、西华大学、江汉大学、江苏师范大学、湖北师范大学、广西科技大学、山东交通学院、郑州科技学院、湖北工程学院、北京联合大学、临沂大学、安徽三联学院等。

机器人工程

🤏 专业特点

机器人工程专业主要研究工业机器人的结构、设计、应用等方面的基本知识和技术，进行机器人工作站的设计、装调与改造等，以提高工业生产的效率。例如：工业生产线使用的机器人的设计研发，自动焊接机器人的制造，激光加工机器人的装调。

📘 本专业与高中学科关联度及学科要求

语文	数学	英语	物理	化学	生物	政治	历史	地理
B	A	B	A	D	C	E	E	D

本专业对高中阶段数学、物理科目要求较高，适合对机器人设计、开发感兴趣，逻辑推理能力强，喜欢动手操作的学生就读。

📚 选考学科建议

"3+3"省份：物理

"3+1+2"省份：首选物理，再选化学／生物

📖 大学主要课程

电工学、机器人机械系统、机器视觉、机器人控制技术、单片机原理及应用、ARM 嵌入式开发、电气工程 CAD、传感技术、C 语言程序设计、电力电子技术、现场总线技术、电机学、电气控制与 PLC、

智能机器人、Python 人工智能开发、机器人编程、工业机器人、服务机器人、人工智能控制等。

💡 就业方向

本专业毕业生可在服务机器人和工业机器人的制造企业、销售企业及应用企业从事研发、编程、调试和维护等工作，也可在电力电子、嵌入式系统、计算机技术、电机设计与制造等领域从事设计、维护、销售与管理等工作，还可在高等学校及科研院所从事机器人教学、科研及管理等工作。

🏛 本专业较好的大学（排名不分先后）

东南大学、东北大学、浙江大学、北京航空航天大学、哈尔滨工业大学、西北工业大学、华南理工大学、南京理工大学、北京科技大学、湖南大学、南京航空航天大学、哈尔滨工程大学、北京工业大学、电子科技大学、西安电子科技大学、广东工业大学、重庆大学、北京化工大学、吉林大学、华北电力大学、浙江工业大学、合肥工业大学、武汉科技大学、中国矿业大学、燕山大学、西安理工大学、上海理工大学、河海大学、南京信息工程大学、山东科技大学、深圳大学、北京大学、安徽大学、中国矿业大学（北京）、重庆邮电大学、南方科技大学、长安大学、桂林电子科技大学、济南大学、北京信息科技大学、福州大学、浙江理工大学、中国石油大学（北京）、北京建筑大学、湖南工业大学、天津理工大学、太原理工大学、河南科技大学、青岛科技大学、齐鲁工业大学、江苏科技大学、哈尔滨理工大学、湖南科技大学、中北大学、安徽工业大学、青岛理工大学、沈阳工业大学、新疆大学、长春理工大学、大连交通大学、西安工业大学、成都信息工程大学、安徽理工大学、浙江科技学院、广东技术师范大学、浙江海洋大学、烟台大学等。

邮政工程

专业特点

邮政工程专业主要基于人工智能、大数据和物联网的物流信息技术和物流自动化技术，研究智慧物流系统的分析、设计、优化和运营管理，培养面向"互联网＋"和智能制造的高端复合型工程技术人才。例如：掌握智能化分拣系统、智能化无人仓储系统、无人机运输系统、运输路线规划系统、无人驾驶配送系统、智慧供应链管理系统等关键技术。

本专业与高中学科关联度及学科要求

语文	数学	英语	物理	化学	生物	政治	历史	地理
B	A	B	A	D	C	E	E	D

本专业对高中阶段数学、物理科目要求较高，适合对邮政工程感兴趣的学生就读。

选考学科建议

"3+3"省份：物理

"3+1+2"省份：首选物理，再选化学／生物

大学主要课程

运筹学、控制工程基础、检测技术与信号处理、人工智能与数据

挖掘、工业机器人、移动互联网、物联网技术、供应链管理、邮政快
递技术与装备、邮政与快递运营管理、邮政快递智能系统规划与设计、
电子商务、创新创业理论与实践等。

💡 就业方向

本专业毕业生可在邮政行业管理部门、邮政快递企业、信息通信
企业等单位从事信息网络系统及平台研发与技术管理、数据分析与应
用等工作。

🏛 本专业较好的大学（排名不分先后）

北京邮电大学、南京邮电大学等。

核电技术与控制工程

专业特点

核电技术与控制工程专业将核工程与核技术、测量技术、控制理论与控制工程、计算机控制技术融合在一起，形成具有核电特色的控制类专业，主要培养掌握核电技术与控制工程学科领域的基本理论和应用技术，了解自动化领域基础，具备核电仪表与控制相关技术知识和解决复杂实际工程问题能力的专业人才。例如：核电数字化仪表控制系统等的开发、设计、生产、运行、调试和维护。

本专业与高中学科关联度及学科要求

语文	数学	英语	物理	化学	生物	政治	历史	地理
B	A	B	A	D	C	E	E	D

本专业对高中阶段物理、数学科目要求较高，适合对核电技术及计算机控制工程感兴趣、善于动手解决实际问题的学生就读。

选考学科建议

"3+3"省份：物理

"3+1+2"省份：首选物理，再选化学 / 生物

大学主要课程

核反应堆物理及热工分析、自动控制理论、核电厂设备及运行、

计算机硬件技术、检测技术、计算机测控技术、过程控制系统及装置、核电站控制系统、核电站仪表、核电站测量技术、核电站安全及保护系统等。

💡 就业方向

本专业毕业生可到核工业公司下属的核电站、研究所及生产线工作，也可到相应的高等学校从事教学工作。

🏛 本专业较好的大学（排名不分先后）

上海电力大学等。

专业类
自动化类

专业代码
080805T

修业年限
四年

授予学位
工学学士

智能装备与系统

👍 专业特点

智能装备与系统专业主要研究复杂控制、智能感知、人工智能、数据科学及优化决策方面的理论基础，培养学生能够设计、研制智能装备系统的能力，从而成为中国现代制造业和国家智能制造的复合型人才。

📖 本专业与高中学科关联度及学科要求

语文	数学	英语	物理	化学	生物	政治	历史	地理
B	A	B	A	D	C	E	E	D

本专业对高中阶段物理、数学科目要求较高，适合对高端装备与智能制造感兴趣的学生就读。

📚 选考学科建议

"3+3"省份：物理

"3+1+2"省份：首选物理，再选化学／生物

📘 大学主要课程

电路分析、信号与系统、模拟电子技术、数字电子技术、电磁场与电磁兼容、微机原理与接口技术、自动控制原理、现代控制理论、运筹学基础、计算机控制系统、智能交通系统、智能装备设计、智能

制造工程、人工智能、无人自主系统等。

💡 就业方向

本专业毕业生可在智能制造领域、智能交通领域、消费类电子领域、航空航天以及其他工业领域就职，也可在制造业相关科研院所、高新技术科技公司、企事业单位及高科技工业制造企业从事智能产品设计、开发、管理等工作。

🏛 本专业较好的大学（排名不分先后）

哈尔滨工业大学、北京交通大学等。

专业类 自动化类

专业代码 080806T

修业年限 四年

授予学位 工学学士

工业智能

专业特点

     工业智能专业是多学科交叉专业，涉及控制论、自动化、计算机等，以强化学生实践能力和创新意识为特色，目标是培养工业发展所需的从人工经验到数据智能、从大批量流水生产到以客户为中心的智能生产转变的创新应用型人才。

本专业与高中学科关联度及学科要求

语文	数学	英语	物理	化学	生物	政治	历史	地理
B	A	B	A	D	C	E	E	D

     本专业对高中阶段数学、物理科目要求较高，适合对人工智能开发、运用感兴趣的学生就读。

选考学科建议

     "3+3"省份：物理

     "3+1+2"省份：首选物理，再选化学／生物

大学主要课程

     人工智能基础、神经网络与深度学习、智能优化方法、运筹学、工业数据建模、工业大数据分析、模式识别、智能检测技术、智能传感技术、数字信号处理、图像处理基础、工业物联网技术、高级语言

程序设计、电路分析、机械设计基础、自动控制原理、机械制造基础、PLC 原理与应用、工业机器人控制系统、电路原理、计算机原理及应用、计算机软件技术基础、过程工程基础、现代工程制图、机械设计基础、计算机辅助设计与制造、智能制造执行系统、智能设备故障诊断与维修、人工智能技术、传感器与检测技术、机电传动控制、工业机器人技术、物联网技术与应用、机器视觉技术及应用、电工与电子学、智能工厂集成技术等。

💡 就业方向

本专业毕业生就业方向有三个：一是工业智能化系统设计方向，主要从事设计、研发、应用等工作；二是机器人、大数据、人工智能等领域的研发；三是机器人管理与控制方向，主要从事机器人研发与运营、机器人控制系统设计与运营、机器人工厂管理、机器人售后维护等。

🏛 本专业较好的大学（排名不分先后）

东北大学、重庆邮电大学、沈阳工业大学、湖南工商大学等。

专业类 自动化类

专业代码 080807T

修业年限 四年

授予学位 工学学士

计算机科学与技术

专业特点

计算机科学与技术专业主要研究计算机的设计与制造，包含计算机软件和硬件的基本理论、技能与方法，进行计算机系统和软件的开发与维护、硬件的组装等。例如：Windows 系统的维护，手机 App 的开发，台式计算机的整机装配。

本专业与高中学科关联度及学科要求

语文	数学	英语	物理	化学	生物	政治	历史	地理
C	A	A	B	D	E	E	E	E

本专业对高中阶段数学、英语科目要求较高，适合对计算机学习、研发感兴趣，善于逻辑推理及分析的学生就读。

选考学科建议

"3+3" 省份：物理
"3+1+2" 省份：首选物理，再选化学 / 生物

大学主要课程

电路原理、模拟电子技术、数字逻辑、数值分析、计算机原理、微型计算机技术、计算机系统结构、计算机网络、高级语言、汇编语言、数据结构、操作系统、数据库原理、编译原理、图形学、人工智能、

计算方法、离散数学、概率统计、线性代数以及算法设计与分析、人机交互、面向对象方法等。

💡 就业方向

本专业毕业生可在软件企业、国家机关以及大中型企事业单位的信息技术部门、教育部门等，从事软件工程领域的技术开发、教学、科研及管理等工作。

🏛 本专业较好的大学（排名不分先后）

清华大学、北京大学、浙江大学、哈尔滨工业大学、南京大学、中国科学技术大学、电子科技大学、同济大学、上海交通大学、北京理工大学、华中科技大学、西安交通大学、北京航空航天大学、西北工业大学、武汉大学、西安电子科技大学、北京邮电大学、吉林大学、东南大学、华南理工大学、复旦大学、东北大学、中南大学、中国人民大学、中山大学、四川大学、南开大学、山东大学、湖南大学、天津大学、北京交通大学、大连理工大学、南京航空航天大学、北京工业大学、深圳大学、南京理工大学、厦门大学、北京师范大学、中国农业大学、苏州大学、重庆大学、北京科技大学、杭州电子科技大学、哈尔滨工程大学、合肥工业大学、浙江工业大学、南京邮电大学、河海大学、西南交通大学、华东师范大学、华东理工大学、中国海洋大学、西北大学、安徽大学、武汉理工大学、中国地质大学（武汉）、南京信息工程大学、兰州大学、江南大学、福州大学、中国矿业大学、重庆邮电大学、暨南大学、江苏大学、南京师范大学、山西大学、上海大学、陕西师范大学、首都师范大学、浙江工商大学、燕山大学、华中师范大学、北京化工大学、中国石油大学（华东）、中国矿业大学（北京）、华南师范大学、太原理工大学、华北电力大学、济南大学等。

软件工程

专业特点

　　软件工程专业主要研究计算机各类软件的构造、设计、开发方法、测试、维护等相关的知识和技术，涉及程序设计语言、数据库、软件开发工具、系统平台、设计模式等方面，进行软件需求分析、软件设计、软件测试、软件维护等。例如：电子邮件，Office 办公软件，设计软件 PS，Windows 操作系统，各类游戏。

本专业与高中学科关联度及学科要求

语文	数学	英语	物理	化学	生物	政治	历史	地理
C	A	A	C	E	E	E	E	E

　　本专业对高中阶段数学、英语科目要求较高，适合对软件学习、研究、开发感兴趣，热爱软件应用的学生就读。

选考学科建议

　　"3+3"省份：物理
　　"3+1+2"省份：首选物理，再选化学 / 生物

大学主要课程

　　高等数学、线性代数、高等代数、电子技术基础、离散数学、计算机引论（C 语言）、数据结构、C++ 程序设计、汇编语言程序设计、

算法设计与分析、计算机组成原理与体系结构、数据库系统、计算机网络、软件工程、软件测试技术、软件需求与项目管理、软件设计实例分析等。

💡 就业方向

本专业毕业生主要的就业方向是计算机软件专业公司、信息咨询公司以及金融行业等，可以从事办公自动化处理、计算机安装与维护、网页制作、计算机网络及专业服务器的维护管理和开发、动态商务网站开发与管理、软件测试与开发及计算机相关设备的商品贸易等工作。

🏛 本专业较好的大学（排名不分先后）

清华大学、南京大学、北京航空航天大学、北京大学、浙江大学、华东师范大学、中国科学技术大学、武汉大学、同济大学、复旦大学、天津大学、西北工业大学、电子科技大学、大连理工大学、哈尔滨工业大学、东北大学、东南大学、中山大学、重庆大学、华南理工大学、山东大学、西安电子科技大学、北京交通大学、四川大学、南开大学、吉林大学、北京邮电大学、苏州大学、华南师范大学、南京航空航天大学、南京理工大学、北京工业大学、哈尔滨工程大学、浙江工业大学、郑州大学、南京邮电大学、西北大学、扬州大学、中国地质大学（武汉）、安徽大学、合肥工业大学、浙江师范大学、西南大学、杭州电子科技大学、首都师范大学、上海交通大学、武汉理工大学、北京理工大学、西安理工大学、厦门大学、东华大学、江苏大学、河海大学、华中科技大学、陕西师范大学、西南交通大学、云南大学、南京信息工程大学、中国石油大学（华东）、青岛大学、西安交通大学、重庆邮电大学、天津工业大学、江南大学、湖南大学、河南大学、武汉科技大学等。

网络工程

专业特点

网络工程专业主要研究计算机软硬件、网络与通信系统等方面的基本知识和技术，进行计算机网络系统的规划设计、维护管理和应用开发等。例如：企业网站的设计开发，游戏服务器的维护，网络故障的原因排查，木马等网络病毒的处理。

本专业与高中学科关联度及学科要求

语文	数学	英语	物理	化学	生物	政治	历史	地理
C	A	A	B	D	E	C	E	D

本专业对高中阶段英语、数学科目要求较高，适合对网络工程感兴趣、热爱通信基础的学生就读。

选考学科建议

"3+3"省份：物理

"3+1+2"省份：首选物理，再选化学/生物

大学主要课程

电路与电子学、数字逻辑电路、数据结构、编译原理、操作系统、数据库系统、汇编语言程序设计、计算机组成原理、微机系统与接口技术、通信原理、通信系统、现代交换原理、TCP/IP 原理与技术、计

算机网络组网原理、网络编程技术等。

💡 就业方向

本专业毕业生可在网络公司、电信运营商、系统集成商、教育机构、银行以及相关企事业单位的网络技术部门，从事网络规划师、网络工程师、售前技术工程师、售后技术工程师、网络管理员等岗位的技术工作。

🏛 本专业较好的大学（排名不分先后）

电子科技大学、中山大学、西安电子科技大学、大连理工大学、北京邮电大学、杭州电子科技大学、华南理工大学、浙江工业大学、南京邮电大学、四川大学、深圳大学、南京理工大学、苏州大学、安徽大学、西南交通大学、中国地质大学（武汉）、济南大学、暨南大学、广东工业大学、南京信息工程大学、温州大学、西南大学、重庆邮电大学、东华大学、大连海事大学、西安理工大学、福州大学、华北电力大学、江苏大学、北京信息科技大学、哈尔滨理工大学、浙江工商大学、华南师范大学、中国传媒大学、南京农业大学、武汉科技大学、浙江师范大学、河北工业大学、长安大学、新疆大学、天津工业大学、青岛大学、西安邮电大学、南昌大学、上海理工大学、广西大学、成都信息工程大学、华南农业大学、湘潭大学、长沙理工大学、河南大学、沈阳航空航天大学、天津师范大学、天津理工大学、上海海事大学、东莞理工学院、内蒙古大学、福建农林大学、长春理工大学、中南民族大学、北京林业大学、广州大学、福建师范大学、四川师范大学、海南大学、桂林电子科技大学、湖南科技大学、山东财经大学、安徽工业大学、西南石油大学、江西师范大学、西安石油大学、河北师范大学、石家庄铁道大学、山东科技大学、山东工商学院、长江大学等。

专业类
计算机类

专业代码
080903

修业年限
四年

授予学位
工学学士

信息安全

👍 专业特点

　　信息安全专业主要研究信息系统、信息安全与保密、网络安全等方面的基本知识和技术，采取各种防护措施，对信息、网络、服务器等进行安全保护。例如：计算机防火墙的搭建，入侵检测系统的设计，网络病毒的检测分析，杀毒软件的研发，企业内网的监测排查，软件漏洞的挖掘与修复。

📖 本专业与高中学科关联度及学科要求

语文	数学	英语	物理	化学	生物	政治	历史	地理
C	A	B	B	E	E	D	E	E

　　本专业对高中阶段数学科目要求较高，适合对信息网络感兴趣、数学功底好、动手实践能力强的学生就读。

📘 选考学科建议

　　"3+3"省份：物理
　　"3+1+2"省份：首选物理，再选化学 / 生物

📚 大学主要课程

　　计算方法、概率论与数理统计、计算机与算法初步、计算机原理与汇编语言、数据库原理、操作系统、大学物理、集合与图论、代数与逻辑、

密码学原理、编码理论、信息论基础、信息安全体系结构、软件工程、数字逻辑、计算机网络等。

💡 就业方向

本专业毕业生可在政府机关、国家安全部门、银行、金融、证券、通信等领域从事信息安全系统、计算机安全系统的研究、设计、开发和管理等工作，也可在 IT 领域从事计算机应用等工作。

🏛 本专业较好的大学（排名不分先后）

浙江大学、上海交通大学、中国科学技术大学、哈尔滨工业大学、华中科技大学、武汉大学、北京航空航天大学、电子科技大学、北京邮电大学、西北工业大学、同济大学、中南大学、南开大学、西安电子科技大学、山东大学、北京交通大学、华南理工大学、复旦大学、四川大学、北京工业大学、湖南大学、中国人民大学、东北大学、中山大学、南京航空航天大学、重庆大学、杭州电子科技大学、哈尔滨工程大学、北京科技大学、南京邮电大学、兰州大学、安徽大学、中国矿业大学、江苏大学、合肥工业大学、暨南大学、西南交通大学、福州大学、华北电力大学、中国地质大学（武汉）、重庆邮电大学、东华大学、天津理工大学、西南大学、华中师范大学、南京信息工程大学、新疆大学、中国传媒大学、浙江工商大学、武汉科技大学、南昌大学、郑州大学、青岛大学、中央财经大学、太原理工大学、中国地质大学（北京）、中南财经政法大学、桂林电子科技大学、成都信息工程大学、海南大学、北京信息科技大学、广东工业大学、西安邮电大学、北方工业大学、贵州大学等。

物联网工程

专业特点

物联网工程专业主要研究物联网的体系结构、信息处理、安全技术、系统及其应用等方面的基本知识和技能，涉及通信、传感、网络以及 RFID、嵌入式系统等多个领域，其应用在生活中屡见不鲜。例如：网易云音乐的在线搜索，联网听歌，淘宝 App 联网搜索各类商品，从个人计算机上传视频图片资料至百度云盘。

本专业与高中学科关联度及学科要求

语文	数学	英语	物理	化学	生物	政治	历史	地理
C	A	B	A	C	D	E	E	C

本专业对高中阶段数学、物理科目要求较高，适合对物联网理论及应用感兴趣、热衷物联网技术的学生就读。

选考学科建议

"3+3"省份：物理

"3+1+2"省份：首选物理，再选化学 / 生物

大学主要课程

物联网导论、Java 程序设计、无线传感网络、嵌入式系统技术、传感器技术、工业信息化及现场总线技术、MZM 技术等。

💡 就业方向

本专业毕业生可到与物联网相关的企业、行业从事物联网的通信架构、网络协议和标准、无线传感器、信息安全等的设计、开发、管理与维护等工作，也可到高校或科研机构从事教学和科研工作。

🏛 本专业较好的大学（排名不分先后）

西安交通大学、哈尔滨工业大学、电子科技大学、吉林大学、西北工业大学、北京邮电大学、中南大学、北京交通大学、西安电子科技大学、湖南大学、华中科技大学、北京科技大学、北京理工大学、四川大学、东南大学、东北大学、武汉大学、天津大学、合肥工业大学、江南大学、南开大学、河海大学、武汉理工大学、大连理工大学、安徽大学、山东大学、西北大学、重庆大学、南京航空航天大学、北京工业大学、苏州大学、深圳大学、西南交通大学、重庆邮电大学、哈尔滨工程大学、杭州电子科技大学、南京信息工程大学、郑州大学、中国石油大学（华东）、太原理工大学、浙江工业大学、南京邮电大学、福州大学、齐鲁工业大学、桂林电子科技大学、暨南大学、江苏大学、华北电力大学、华中师范大学、华南师范大学、河北工业大学、大连海事大学、广东工业大学、浙江工商大学、中国传媒大学、中央民族大学、杭州师范大学、湖南师范大学、南昌大学、扬州大学、福建师范大学、北京信息科技大学、安徽师范大学、北京林业大学、西南石油大学、江西师范大学、青岛科技大学、武汉工程大学、河南理工大学、昆明理工大学、天津理工大学、湖南科技大学、山东科技大学、哈尔滨理工大学、沈阳航空航天大学、宁波大学、江西财经大学、南京财经大学、安徽工业大学、西安工业大学、烟台大学、海南大学、河北师范大学、云南大学、青岛大学、山东师范大学、西安理工大学、东莞理工学院、常州大学、郑州轻工业大学、三峡大学、湖北工业大学、北京物资学院等。

数字媒体技术

专业特点

数字媒体技术专业主要研究文字、图片、音频、视频等数字媒体的设计和应用开发等，将抽象的数字、作为实物的媒体以及计算机技术三者结合，常见于游戏、动漫类行业。例如：动画场景设计，角色形象设计，游戏程序设计，VR 技术研发。

本专业与高中学科关联度及学科要求

语文	数学	英语	物理	化学	生物	政治	历史	地理
B	A	B	D	E	D	D	D	D

本专业对高中阶段数学科目要求较高，适合对数字媒体的研究、开发、运用感兴趣，逻辑思维能力较强的学生就读。

选考学科建议

"3+3"省份：物理

"3+1+2"省份：首选物理，再选化学 / 生物

大学主要课程

摄影摄像技术、艺术设计基础、数字媒体技术概率、程序设计基础、数字库设计、网页设计与制作、算法设计与分析、面向对象程序设计等。

💡 就业方向

本专业毕业生适合在与数字媒体技术相关的影视、娱乐游戏、出版、图书、新闻等文化媒体行业就业，可在国家机关、高等学校、电视台及其他数字媒体软件开发和产品设计制作企业工作，也可在广播电视、广告制作等信息传媒领域从事多媒体信息的采集、编辑等方面的技术工作以及多媒体产品的开发与制作工作，还可在企事业单位、学校从事计算机网络、教学多媒体信息系统的运行、管理与维护等工作。

🏛 本专业较好的大学（排名不分先后）

浙江大学、哈尔滨工业大学、北京邮电大学、华中科技大学、山东大学、电子科技大学、湖南大学、大连理工大学、上海大学、西安电子科技大学、中山大学、浙江工业大学、东北大学、江南大学、南京邮电大学、杭州电子科技大学、北京工业大学、华中师范大学、厦门大学、中国传媒大学、合肥工业大学、兰州大学、福州大学、安徽大学、北方工业大学、广东工业大学、重庆邮电大学、东北师范大学、青岛大学、云南大学、山东财经大学、北京林业大学、成都信息工程大学、浙江理工大学、山东科技大学、宁波大学、西安理工大学、南昌大学、福建师范大学、北京语言大学、桂林电子科技大学、三峡大学、辽宁师范大学、北京联合大学、西南石油大学、北京电影学院、武汉工程大学、石家庄铁道大学、浙江传媒学院、郑州轻工业大学、中北大学、四川师范大学、山东工商学院、安徽理工大学、华侨大学、贵州师范大学、东华理工大学、长春工业大学、西安石油大学、辽宁工程技术大学、延边大学、北京印刷学院、辽宁石油化工大学、天津外国语大学、湖南工业大学、大连交通大学、哈尔滨师范大学、天津科技大学、安庆师范大学、浙江科技学院、河南师范大学、湖北经济学院、广西科技大学等。

智能科学与技术

专业特点

　　智能科学与技术专业基于计算机技术、自动控制技术、智能系统方法、传感信息处理等科学与技术，进行信息获取、传输、处理、优化、控制、组织等并完成系统集成，主要从事智能技术与工程的科研、开发、管理等。例如：人工智能，VR技术，智能机器人，人机识别，体感游戏，无人驾驶技术。

本专业与高中学科关联度及学科要求

语文	数学	英语	物理	化学	生物	政治	历史	地理
B	A	B	B	E	E	D	E	E

　　本专业对高中阶段数学科目要求较高，适合对计算机技术感兴趣、热衷研发智能科学技术的学生就读。

选考学科建议

　　"3+3"省份：物理
　　"3+1+2"省份：首选物理，再选化学/生物

大学主要课程

　　数字信号处理、数字图像处理、信息感知、通信原理、微机原理与接口技术、控制原理、信息网络、智能科学技术导论、脑与认知科

学、数理逻辑学、人工智能基础、神经网络基础、模式识别、智能控制、移动智能、智能信息处理、人机交互、数据挖掘、自然语言处理与理解、机器翻译、机器学习、智能游戏等。

💡 就业方向

本专业毕业生可在高校、科研单位和中外企业的研究中心从事智能信息处理和计算机科学等相关领域的研究工作，也可在外企、IT 公司及其他大型公司从事智能应用系统及计算机工程的研发工作，还可在政府机构、教育机构、信息中心、数据中心及企业的技术部门和行政管理部门从事计算机、信息处理、教学、技术管理、系统维护和软件系统使用和维护等工作。

🏛 本专业较好的大学（排名不分先后）

北京大学、西安电子科技大学、南开大学、北京邮电大学、复旦大学、华南理工大学、湖南大学、中南大学、中山大学、电子科技大学、厦门大学、北京科技大学、杭州电子科技大学、南京理工大学、重庆邮电大学、合肥工业大学、中国地质大学（武汉）、中国海洋大学、上海大学、华东理工大学、暨南大学、河海大学、浙江工业大学、西南大学、安徽大学、南京邮电大学、西北大学、大连海事大学、江苏大学、华北电力大学、中国石油大学（华东）、青岛大学、中国传媒大学、燕山大学、西安邮电大学、浙江师范大学、河北工业大学、云南大学、上海理工大学、东北师范大学、北京信息科技大学、浙江理工大学、南方科技大学、齐鲁工业大学、中国石油大学（北京）、昆明理工大学、山东科技大学、武汉工程大学、桂林电子科技大学、天津师范大学、中南民族大学、成都信息工程大学、长春理工大学、常州大学、海南大学、湖北工业大学、成都理工大学、烟台大学、东北电力大学、重庆理工大学等。

空间信息与数字技术

专业特点

空间信息与数字技术专业目前主要有两种研究方向：一种是研究遥感、地理信息系统，进行城市信息数字化、网络化、可视化和智能化管理，如 GPS 技术、手机上的数字地图等；另一种是研究外太空的空间信息系统，如卫星通信、探月工程。

本专业与高中学科关联度及学科要求

语文	数学	英语	物理	化学	生物	政治	历史	地理
B	A	B	A	E	D	D	E	B

本专业对高中阶段物理、数学科目要求较高，适合对空间信息系统感兴趣、乐于研究数字化技术、有较丰富的想象力的学生就读。

选考学科建议

"3+3"省份：物理

"3+1+2"省份：首选物理，再选化学 / 生物

大学主要课程

电路分析基础、信号与系统、模拟电子线路、数字电路与系统设计、高频电子线路、计算机语言与程序设计、软件技术基础、微机原理与系统设计、数字信号处理、随机信号分析、信息论基础、编码理论基础、

通信原理、电磁场与电磁波、计算机操作系统、数字工程的原理和方法、数据库原理与设计、算法与数据结构、网络管理、离散数学、电子政务与电子商务、网络安全理论与技术、虚拟现实与仿真、工程制图与计算机绘图、网络程序设计、数字图像处理基础、卫星通信、电子测量技术、数字测图、GPS 定位技术、多媒体技术等。

💡 就业方向

本专业毕业生可到 IT 行业、电信运营商及科研院所从事信息和通信系统、数字化国土、数字化城市的研究设计和制造工作，也可到政府管理部门，军事、经济、科学研究部门从事系统管理工作。

🏛 本专业较好的大学（排名不分先后）

电子科技大学、西安电子科技大学、武汉大学、吉林大学、上海海洋大学、中国地质大学（武汉）、成都信息工程大学、南京航空航天大学、重庆邮电大学等。

电子与计算机工程

专业特点

电子与计算机工程专业结合电气工程和计算机科学，主要研究现代电子、自动控制、电力工程以及计算机技术等方面的基本知识和技能，进行现代电子系统的开发设计、工艺控制、智能设备的软硬件开发等。例如：工业设备控制系统的研发，自动门控制系统的设计，计算机等电子产品的电路设计。

本专业与高中学科关联度及学科要求

语文	数学	英语	物理	化学	生物	政治	历史	地理
B	A	B	A	E	D	D	E	B

本专业对高中阶段物理、数学科目要求较高，适合对电子及计算机工程感兴趣、乐于研发现代电子系统及计算机技术应用的学生就读。

选考学科建议

"3+3"省份：物理
"3+1+2"省份：首选物理，再选化学 / 生物

大学主要课程

电路理论系列课程、电子技术系列课程、计算机技术系列课程、通信原理及应用、信息理论与编码、信号与系统、数字信号处理、楼

宇自动化、数字图像处理、电子装备技术等。

💡 就业方向

本专业毕业生可在邮电、通信、金融、电力部门以及电子信息与计算机应用领域的高新技术企业从事科研开发和技术管理工作，也可在高等学校、科研机构从事教学与科研工作，还可在政府机关和国民经济的许多领域从事电子信息系统的维护管理工作。

🏛 本专业较好的大学（排名不分先后）

浙江大学、上海交通大学、中山大学、西安理工大学等。

数据科学与大数据技术

专业特点

　　数据科学与大数据技术专业主要研究计算机科学和大数据处理技术等相关的知识和技能，从数据管理、系统开发、海量数据分析与挖掘三个层面出发，对实际问题进行分析和解决。例如：今日头条通过算法匹配个人更偏爱的信息内容，淘宝根据消费者日常购买行为等数据进行商品推荐，电子地图根据过往交通情况数据为车辆规划最优路线。

本专业与高中学科关联度及学科要求

语文	数学	英语	物理	化学	生物	政治	历史	地理
B	A	B	A	E	C	C	C	D

　　本专业对高中阶段数学、物理要求较高，适宜喜欢探索未知、有数据分析思维的学生就读。

选考学科建议

　　"3+3"省份：物理

　　"3+1+2"省份：首选物理，再选化学 / 生物

大学主要课程

　　数学分析、高等代数、普通物理数学与信息科学概论、数据结构、

数据科学导论、程序设计导论、程序设计实践、离散数学、概率与统计、算法分析与设计、数据计算智能、数据库系统概论、计算机系统基础、并行体系结构与编程、非结构化大数据分析等。

💡 就业方向

本专业毕业生可在计算机和互联网领域以及大数据相关产业，从事数据科学研究、大数据相关工程应用开发、技术管理与咨询等工作。

🏛 本专业较好的大学（排名不分先后）

哈尔滨工业大学、北京大学、中国科学技术大学、电子科技大学、同济大学、华东师范大学、复旦大学、中国人民大学、北京理工大学、西北工业大学、武汉大学、西安电子科技大学、北京邮电大学、华南理工大学、吉林大学、天津大学、中南大学、北京师范大学、厦门大学、南开大学、湖南大学、山东大学、东北大学、重庆大学、西南交通大学、中国农业大学、合肥工业大学、哈尔滨工程大学、中国地质大学（武汉）、兰州大学、浙江工业大学、上海大学、中国海洋大学、武汉理工大学、重庆邮电大学、北京化工大学、安徽大学、大连海事大学、中国矿业大学、南京邮电大学、南京信息工程大学、东华大学、福州大学、华中师范大学、中国石油大学（华东）、东北师范大学、西南大学、浙江工商大学、华北电力大学、山西大学、华南师范大学、南昌大学、中国传媒大学、南京农业大学、齐鲁工业大学、新疆大学、云南大学、昆明理工大学、上海理工大学、中央民族大学、广东工业大学、河北工业大学、山东师范大学、太原理工大学、天津工业大学、湖南师范大学、天津理工大学、济南大学、杭州师范大学、西北农林科技大学、北方工业大学、山东科技大学、中南财经政法大学、西南财经大学、河南大学、湘潭大学、西安理工大学、汕头大学、温州大学、北京信息科技大学、东莞理工学院等。

网络空间安全

专业特点

网络空间安全专业主要研究网络空间的组成、形态、安全、管理等，进行网络空间相关的软硬件开发、系统设计与分析、网络空间安全规划管理等。例如：网络犯罪的预防，国家网络安全的维护，杀毒软件等安全产品的研发，网络世界的监管。

本专业与高中学科关联度及学科要求

语文	数学	英语	物理	化学	生物	政治	历史	地理
B	A	B	D	E	C	B	E	D

本专业对高中阶段数学科目要求较高，适合计算机网络知识扎实、对网络空间安全产品的研发感兴趣的学生就读。

选考学科建议

"3+3"省份：物理

"3+1+2"省份：首选物理，再选化学／生物

大学主要课程

电路与电子学、数字逻辑电路、数据结构、编译原理、操作系统、数据库系统、汇编语言程序设计、计算机组成原理、微机系统与接口技术、通信原理、通信系统、现代交换原理、TCP/IP 原理与技术、计

算机网络组网原理、网络编程技术等。

💡 就业方向

本专业毕业生可在国家、政法、企业和个人网络系统，从事网络空间安全保障和治理的相关工作。

🏛 本专业较好的大学（排名不分先后）

电子科技大学、西安电子科技大学、武汉大学、北京理工大学、东南大学、北京邮电大学、中山大学、四川大学、暨南大学、山东大学、天津大学、华中科技大学、广州大学、西北工业大学、哈尔滨工业大学、杭州电子科技大学、南京理工大学、福建师范大学、中国传媒大学、厦门大学、南昌大学、桂林电子科技大学、吉林大学、重庆邮电大学、国际关系学院、云南大学、西安邮电大学、上海大学、广东外语外贸大学、华南师范大学、中国海洋大学、北京电子科技学院、西南石油大学、安徽大学、成都信息工程大学等。

新媒体技术

专业特点

新媒体技术专业主要培养面向新媒体与内容产业应用需求，具备传播学、计算机、人工智能、大数据、媒体技术等专业技术知识的高水平、创新型、复合型人才。例如：网络社交媒体情感计算，舆情监控，新闻推荐。

本专业与高中学科关联度及学科要求

语文	数学	英语	物理	化学	生物	政治	历史	地理
B	A	B	D	E	C	B	E	D

本专业对高中阶段数学科目要求较高，适合对新媒体技术感兴趣的学生就读。

选考学科建议

"3+3"省份：物理

"3+1+2"省份：首选物理，再选化学／生物

大学主要课程

新媒体概论、新媒体实务、数字媒体技术与应用、网络营销策划与创意、网站策划创意与设计、网页设计与制作、数据库、摄影与摄像、数字图像创意与设计、动画创意与设计等。

💡 就业方向

本专业毕业生可在网络传媒、移动传媒等单位从事与媒体产业相关的媒体数据挖掘、智能传播、数字产品开发与方案设计、生产制作、营运管理等工作，也可在新闻出版行业从事书刊、杂志、报纸的数字化出版与传播等工作，还可从事新媒体、网络与电子商务企业信息的采集、组织与印制等工作。

🏛 本专业较好的大学（排名不分先后）

齐鲁工业大学、上海理工大学、广西科技大学、吉林动画学院、成都锦城学院等。

电影制作

专业特点

电影制作专业将导演、制片、摄影、剪辑、美术、录音等专业整合，注重培养学生综合利用各种知识、技能和工具进行视听艺术表达和"讲故事"的能力。例如：拍电影、电视剧、微电影，制作网络短片。

本专业与高中学科关联度及学科要求

语文	数学	英语	物理	化学	生物	政治	历史	地理
B	A	B	D	E	C	B	E	D

本专业对高中阶段数学科目要求较高，适合对电影制作的研究、开发、运用感兴趣的学生就读。

选考学科建议

"3+3"省份：物理

"3+1+2"省份：首选物理，再选化学 / 生物

大学主要课程

数字信号处理、数字图像处理、信息感知、通信原理、微机原理与接口技术、控制原理、信息网络、电影摄影创作、电影剪辑创作、电影录音创作等。

💡 就业方向

本专业毕业生的就业方向主要是与电影制作技术相关的影视、娱乐游戏等行业，还可在广播电视、广告制作等信息传媒领域从事多媒体信息的采集、编辑等技术工作以及多媒体产品的开发与制作等工作。

🏛 本专业较好的大学 （排名不分先后）

上海大学等。

保密技术

专业特点

保密技术专业主要培养掌握保密技术专业领域的基本理论和技术，能够从事保密技术相关工作，知识、能力、素质协调发展的专业人才。

本专业与高中学科关联度及学科要求

语文	数学	英语	物理	化学	生物	政治	历史	地理
B	A	B	B	D	D	C	C	D

本专业对高中阶段数学科目要求较高，适合对计算机安全及信息安全感兴趣的学生就读。

选考学科建议

"3+3"省份：物理
"3+1+2"省份：首选物理，再选化学/生物

大学主要课程

面向对象程序设计、计算机系统基础、数据通信与计算机网络、数据结构、信息安全数学基础、概率论与数理统计、操作系统、数据库引论、信号系统与信号处理、数字逻辑与部件设计、密码学基础、保密技术概论、通信安全保密技术、电磁辐射与物理安全、保密监管与泄密取证技术、涉密信息系统防护、窃密与反窃密综合实验等。

💡 就业方向

本专业毕业生的就业方向主要是政府机关、大中型国企、军工单位以及高科技企业，可从事与保密技术相关的工作。

🏛 本专业较好的大学（排名不分先后）

复旦大学、湖南大学、北京交通大学、中国海洋大学、齐鲁工业大学等。

专业类 计算机类

专业代码 080914TK

修业年限 四年

授予学位 工学学士

服务科学与工程

专业特点

　　服务科学与工程专业是软件工程、计算机科学与技术、管理学、社会经济学等多学科交叉融合的产物，专注于复合型服务创新人才的培养。

本专业与高中学科关联度及学科要求

语文	数学	英语	物理	化学	生物	政治	历史	地理
B	A	B	B	D	D	C	C	D

　　本专业对高中阶段数学科目要求较高，适合对计算机感兴趣的学生就读。

选考学科建议

　　"3+3"省份：物理

　　"3+1+2"省份：首选物理，再选化学／生物

大学主要课程

　　软件服务工程导论、服务业务分析与建模、软件服务使能技术、服务系统体系结构与设计、软件测试与质量保证、软件与社会、Java程序设计、Web应用开发技术、移动计算技术、电子商务与互联网金融、云计算与软件服务、ERP与供应链管理、人工智能与智慧服务、服务

管理等。

🔅 就业方向

本专业毕业生可到 IT 领域、金融机构、服务型制造企业从事服务信息系统研发、架构、管理、分析、咨询等工作，还可在国内或国外继续深造后从事计算机科学、软件工程、服务计算领域的研究工作。

🏛 本专业较好的大学（排名不分先后）

哈尔滨工业大学（威海）等。

虚拟现实技术

专业特点

　　虚拟现实技术专业培养具有坚实的虚拟现实理论基础和视觉交互、引擎开发、场景设计等相关技术和技能，具备较高的艺术鉴赏和沟通能力，以及初步的虚拟现实创作技能，富有创新精神，能够将虚拟现实技术运用于现代制造、文化、旅游、教育等领域的国际化、复合型、创新型人才。

本专业与高中学科关联度及学科要求

语文	数学	英语	物理	化学	生物	政治	历史	地理
B	A	B	B	D	D	C	C	D

　　本专业对高中阶段数学科目要求较高，适合对未来科技、新兴事物感兴趣的学生就读。

选考学科建议

　　"3+3"省份：物理

　　"3+1+2"省份：首选物理，再选化学／生物

大学主要课程

　　数字媒体技术导论、计算机图形学、虚拟现实引擎基础与进阶、摄影摄像技术、人机交互技术、虚拟现实项目实战应用、数字图像处理、

虚拟现实技术、动漫创作、3D 动画、虚拟现实应用技术综合实训、影视剪辑等。

💡 就业方向

本专业毕业生可在制造、教育、文化、商贸等领域，从事 VR 程序员、VR 开发工程师、VR 交互工程师、VR3D 建模师、VR 特效师、VR 后期制作及相关跨专业、跨行业的 VR 技术应用等工作。

🏛 本专业较好的大学（排名不分先后）

江西理工大学、江西科技师范大学等。

区块链工程

👍 专业特点

　　区块链工程专业主要培养区块链应用开发工程师、平台开发工程师和算法工程师。区块链应用开发工程师能够设计开发区块链上业务相关职能合约，且与常见业务架构对接，并对其进行编程。区块链平台开发工程师能够设计区块链平台架构并对其进行编程，为上层业务提供安全、可靠、高效的运行环境。区块链算法工程师主要研发区块链协议、运行机制和底层实现。

📖 本专业与高中学科关联度及学科要求

语文	数学	英语	物理	化学	生物	政治	历史	地理
B	A	B	A	D	D	C	C	D

　　本专业对高中阶段物理、数学科目要求较高，适合对区块链应用感兴趣的学生就读。

📚 选考学科建议

　　"3+3"省份：物理

　　"3+1+2"省份：首选物理，再选化学／生物

📚 大学主要课程

　　程序设计、数据结构、操作系统原理、计算机网络、数据库原理

及应用、区块链原理、数据挖掘与分析、密码学基础原理、信息安全与数字身份、共识机制与算法、P2P 网络技术、区块链技术与应用、分布式计算与存储、脚本与智能合约、区块链应用开发实践、区块链金融、区块链与数字经济。

💡 就业方向

本专业毕业生可在 IT 企业、金融机构、政府机关及相关企事业单位，从事区块链工程技术、应用设计及运营管理等工作。

🏛 本专业较好的大学（排名不分先后）

太原理工大学、苏州科技大学、成都信息工程大学、安徽理工大学、大连民族大学、安徽工程大学、河北金融学院、浙江万里学院等。

土木工程

专业特点

土木工程专业主要研究各类土地工程设施的勘测、设计、建造、保养、维修等方面的基本知识和技术，进行各类工程建筑物的新建、改建或扩建，以及相关配套设施的勘察、规划、设计、施工等。

本专业与高中学科关联度及学科要求

语文	数学	英语	物理	化学	生物	政治	历史	地理
C	C	B	A	C	D	E	E	C

本专业对高中阶段物理科目要求较高，适合对土木工程感兴趣、热爱市政建设的学生就读。

选考学科建议

"3+3"省份：物理

"3+1+2"省份：首选物理，再选化学/生物

大学主要课程

高层建筑设计、建筑结构抗震设计、房屋建筑学、建筑制图、结构力学、混凝土结构设计、钢结构设计、建筑工程CAD、材料力学、施工组织与管理、工程项目管理、土力学与地基基础、工程造价与计价原理、建筑设备、水力学等。

💡 就业方向

本专业毕业生可在建筑施工企业、房地产开发企业、路桥施工企业、监理单位、质量监督站等，从事设计、预算、出图、监管施工现场及进度、对质量进行实施监督、负责竣工验收及质量评估等工作。

🏛 本专业较好的大学（排名不分先后）

同济大学、哈尔滨工业大学、武汉大学、东南大学、大连理工大学、湖南大学、清华大学、重庆大学、浙江大学、河海大学、天津大学、中南大学、四川大学、上海交通大学、北京工业大学、山东大学、华中科技大学、华南理工大学、西南交通大学、北京交通大学、西安建筑科技大学、北京科技大学、长安大学、西安交通大学、中国矿业大学、福州大学、武汉理工大学、北京航空航天大学、中国矿业大学（北京）、广州大学、郑州大学、南京工业大学、合肥工业大学、深圳大学、北京建筑大学、中国地质大学（武汉）、长沙理工大学、浙江工业大学、吉林大学、上海大学、广西大学、石家庄铁道大学、东北大学、青岛理工大学、厦门大学、河北工业大学、南京航空航天大学、兰州理工大学、太原理工大学、宁波大学、中国地质大学（北京）、南昌大学、重庆交通大学、沈阳建筑大学、广东工业大学、西北工业大学、西安理工大学、江苏大学、中山大学、山东科技大学、华侨大学、南京理工大学、湖南科技大学、三峡大学、兰州交通大学、哈尔滨工程大学、成都理工大学、南京林业大学、扬州大学、湖北工业大学、中国海洋大学、苏州科技大学、江苏科技大学、暨南大学、华东交通大学、兰州大学、汕头大学、西安科技大学、山东建筑大学、武汉科技大学、燕山大学、中国农业大学、东北林业大学、福建工程学院等。

建筑环境与能源应用工程

专业特点

建筑环境与能源应用工程专业主要研究建筑物理环境、建筑节能、建筑设施智能技术等方面的基本知识和技能，针对空调、供热、通风、建筑给排水、燃气供应等公共设施系统进行设计、施工、调试、运行，并对建筑设备的运行进行节能控制，对室内环境的空气进行净化调节等。

本专业与高中学科关联度及学科要求

语文	数学	英语	物理	化学	生物	政治	历史	地理
B	B	B	A	C	C	E	E	D

本专业对高中阶段物理科目要求较高，适合对建筑能源感兴趣、热爱建筑节能应用的学生就读。

选考学科建议

"3+3"省份：物理

"3+1+2"省份：首选物理，再选化学/生物

大学主要课程

建筑力学、传热学、流体力学、建筑环境学、建筑环境与能源学、热质交换理论与设备、建筑环境测试技术、热泵技术、空气调节、工

业通风、建筑设备自动化、燃气输配、建筑给排水、建筑电气、建筑节能与可再生能源利用、工程管理与经济等。

💡 就业方向

本专业毕业生可在建筑设计研究和规划管理部门、工程建设公司、设备制造企业、运营公司等单位就业，从事供热、通风、空调、冷热源、净化、燃气等方面的规划设计、研发制造、施工安装、运行管理及系统保障等技术和管理工作。

🏛 本专业较好的大学 （排名不分先后）

同济大学、哈尔滨工业大学、大连理工大学、清华大学、东南大学、天津大学、北京工业大学、重庆大学、湖南大学、西南交通大学、中南大学、华中科技大学、广州大学、长安大学、西安建筑科技大学、南京工业大学、四川大学、中国矿业大学、北京建筑大学、北京科技大学、广东工业大学、西安交通大学、合肥工业大学、郑州大学、东华大学、武汉理工大学、太原理工大学、南昌大学、青岛理工大学、沈阳建筑大学、南京理工大学、长沙理工大学、华北电力大学、南京航空航天大学、河北工业大学、兰州交通大学、石家庄铁道大学、哈尔滨工程大学、湖南科技大学、江苏大学、西安科技大学、浙江理工大学、山东建筑大学、上海理工大学、山东科技大学、武汉科技大学、中国石油大学（华东）、华东交通大学、兰州理工大学、天津城建大学、贵州大学、东北林业大学、扬州大学、苏州科技大学、北方工业大学、江苏科技大学、西南科技大学、燕山大学、安徽建筑大学、苏州大学、吉林建筑大学、昆明理工大学、南华大学、南京师范大学、西南石油大学、安徽理工大学、福建工程学院、东北电力大学、安徽工业大学、湘潭大学、辽宁科技大学、湖南工业大学、河南科技大学、辽宁工程技术大学等。

给排水科学与工程

专业特点

给排水科学与工程专业研究的是水的社会循环问题，包含两个方面：一方面是"给水"，将从江河湖泊中抽取的自然水经过净化成为符合生活用水标准的自来水，并输送到千家万户；另一方面是"排水"，将使用过的污水、废水集中处理，然后干干净净地被排放到江河湖泊中。例如："南水北调"工程，原水净化，污水处理，污染物检测。

本专业与高中学科关联度及学科要求

语文	数学	英语	物理	化学	生物	政治	历史	地理
B	B	B	A	B	B	D	E	C

本专业对高中阶段物理科目要求较高，适合对水循环改造感兴趣、热心市政建设及规划的学生就读。

选考学科建议

"3+3"省份：物理

"3+1+2"省份：首选物理，再选化学/生物

大学主要课程

工程力学、材料力学、测量学、水力学、水泵与泵站、水文学与水文地质学、土建工程基础、建筑电气、给水工程、排水工程、水工

程施工等。

💡 就业方向

本专业毕业生可到城市规划设计部门、经济管理部门、环保部门、工矿企业等从事规划设计、施工管理方面的工作，也可在市政工程设计研究院、建筑和其他专业设计院、城市规划设计研究院、水务局、环境保护和市政公用事业等部门、市政和建筑工程公司、环保设备公司、高等学校和科研院所等单位从事与专业相关的工作。

🏛 本专业较好的大学（排名不分先后）

清华大学、同济大学、哈尔滨工业大学、东南大学、河海大学、重庆大学、北京工业大学、武汉大学、华中科技大学、湖南大学、西安建筑科技大学、长安大学、华南理工大学、广州大学、福州大学、合肥工业大学、武汉理工大学、北京交通大学、四川大学、南京工业大学、北京建筑大学、浙江工业大学、长沙理工大学、沈阳建筑大学、郑州大学、太原理工大学、青岛理工大学、重庆交通大学、华侨大学、兰州交通大学、河北工业大学、苏州科技大学、南昌大学、广西大学、华东交通大学、哈尔滨工程大学、湖南科技大学、西安科技大学、广东工业大学、西安理工大学、山东建筑大学、南京林业大学、济南大学、昆明理工大学、武汉科技大学、兰州理工大学、天津城建大学、北京林业大学、暨南大学、扬州大学、江苏科技大学、安徽建筑大学、辽宁工程技术大学、福建工程学院、贵州大学、吉林建筑大学、南华大学、华北水利水电大学、武汉轻工大学、安徽工业大学、长江大学、桂林理工大学、江西理工大学、南京信息工程大学、浙江工商大学、安徽理工大学、东北电力大学、河北工程大学、青海大学、河北建筑工程学院、新疆大学、四川农业大学、湖南工业大学、石河子大学、常州大学、浙江科技学院等。

建筑电气与智能化

专业特点

建筑电气与智能化专业主要研究建筑物理环境和环境控制系统的基本知识，进行建筑设备系统的设计、调试和运行管理等方面的技能训练，实现室内环境设备和公共设施系统智能化。例如：楼道内光感声控的照明灯的设计，室内温度自动调节系统的研发，电力系统超负荷自动断电的设计。

本专业与高中学科关联度及学科要求

语文	数学	英语	物理	化学	生物	政治	历史	地理
B	B	B	A	B	B	D	E	C

本专业对高中阶段物理科目要求较高，适合对建筑和电气学习研究感兴趣、热衷建筑智能化设计的学生就读。

选考学科建议

"3+3"省份：物理

"3+1+2"省份：首选物理，再选化学／生物

大学主要课程

电气控制与可编程、建筑制图与识图、电工基础、电子技术基础、应用电机技术、微机原理与接口技术、电气CAD、建筑供配电、智能

建筑环境学、建筑设备与自动化、建筑信息设施系统、公共安全技术等。

💡 就业方向

本专业毕业生可在政府管理部门、科学研究机构、设计院、咨询公司、建筑工程公司、物业及能源管理、建筑节能设备及产品制造生产企业等单位，从事建筑节能的研究、设计、施工、运行、监测与管理等工作。

🏛 本专业较好的大学（排名不分先后）

同济大学、哈尔滨工业大学、西安建筑科技大学、北京建筑大学、南京工业大学、福州大学、沈阳建筑大学、苏州科技大学、青岛理工大学、华东交通大学、山东建筑大学、三峡大学、扬州大学、安徽建筑大学、湘潭大学、天津城建大学、吉林建筑大学、南华大学、福建工程学院、辽宁科技大学、浙江科技学院、南通大学、沈阳工业大学、郑州轻工业大学、河北建筑工程学院、金陵科技学院、桂林理工大学、南京工程学院、桂林电子科技大学、安徽工程大学、山西大学、郑州科技学院、常州工学院、广东技术师范大学、内蒙古科技大学、西南财经大学天府学院、云南民族大学、安徽科技学院、盐城工学院、华北科技学院、长江师范学院、长春工程学院、湖南文理学院、周口师范学院、衡水学院、四川旅游学院等。

专业类
土木类

专业代码
081004

修业年限
四年

授予学位
工学学士

城市地下空间工程

专业特点

    城市地下空间工程专业主要研究城市地下空间的规划、设计、研究、开发利用、施工和管理等相关知识和技能，对于城市地下空间进行合理规划及高效利用。例如：城市地铁的规划与建设，地下管道的搭建，地下停车场的建造，防空地下室的修建。

本专业与高中学科关联度及学科要求

语文	数学	英语	物理	化学	生物	政治	历史	地理
B	A	B	A	D	E	D	E	C

    本专业对高中阶段物理、数学科目要求较高，适合对城市地下空间规划、利用感兴趣，热爱市政规划建设的学生就读。

选考学科建议

    "3+3"省份：物理

    "3+1+2"省份：首选物理，再选化学／生物

大学主要课程

    材料力学、结构力学、土力学与基础工程、混凝土结构、钢结构、工程制图、建筑材料、工程地质、施工组织与概预算、有限单元法、城市地下规划与设计、城市地下空间开发利用、地下工程结构、地铁

与轻轨、隧道工程、工程项目管理等。

💡 就业方向

本专业毕业生可在城市地下铁道、地下隧道与管线、基础工程、地下商业与工业空间、地下储库等工程的设计、研究、施工、教育、管理、投资、开发等部门从事技术或管理工作。

🏛 本专业较好的大学 （排名不分先后）

东南大学、哈尔滨工业大学、山东大学、西安建筑科技大学、中南大学、中国矿业大学（北京）、重庆大学、四川大学、西南交通大学、南京工业大学、郑州大学、中国矿业大学、中国地质大学（武汉）、合肥工业大学、西安理工大学、广东工业大学、太原理工大学、华侨大学、石家庄铁道大学、北方工业大学、青岛理工大学、山东建筑大学、山东科技大学、沈阳建筑大学、西安科技大学、成都理工大学、天津城建大学、湖北工业大学、西南石油大学、贵州大学、安徽理工大学、福建工程学院、河南理工大学、武汉工程大学、华北水利水电大学、昆明理工大学、南华大学、辽宁工程技术大学、中南林业科技大学等。

道路桥梁与渡河工程

专业特点

道路桥梁与渡河工程专业主要研究道路工程、桥梁工程、地下工程等方面的基本知识和技能，进行道路和桥梁的规划、设计和建造等。例如：道路的翻修施工，立交桥的设计建造，路基路面的勘测，道路周边景观的设计。

本专业与高中学科关联度及学科要求

语文	数学	英语	物理	化学	生物	政治	历史	地理
C	B	B	A	D	E	E	E	B

本专业对高中阶段物理科目要求较高，适合对道路桥梁及渡河工程感兴趣、热爱道路桥梁规划建设的学生就读。

选考学科建议

"3+3"省份：物理

"3+1+2"省份：首选物理，再选化学／生物

大学主要课程

理论力学、材料力学、结构力学、土力学、机械设计基础、液压传动及伺服、舟艇设计、舟桥结构与计算、军用桥梁、道路勘测与设计、路基路面工程、岸滩工程及其器材的设计与使用、濒海工程施工组织

管理、工程兵战术等。

💡 就业方向

本专业毕业生可从事道路桥梁与地下工程的勘测、规划、设计、建造、监理、咨询、管理（检测、评价、维护）等方面的技术工作，主要就业于公路、民航、铁道、运输、市政、建筑等行政主管部门及其大中型企事业单位。

🏛 本专业较好的大学（排名不分先后）

东南大学、哈尔滨工业大学、西南交通大学、长安大学、华中科技大学、吉林大学、武汉理工大学、郑州大学、广东工业大学、河北工业大学、长沙理工大学、重庆交通大学、兰州理工大学、太原理工大学、沈阳建筑大学、天津城建大学、山东建筑大学、兰州交通大学、吉林建筑大学、武汉工程大学、辽宁工程技术大学、辽宁科技大学、安徽理工大学、华北水利水电大学、安徽建筑大学、宁夏大学、南华大学、沈阳工业大学、安徽工业大学、河南工业大学、四川农业大学、河北建筑工程学院、内蒙古大学、福建工程学院、河北工程大学、浙大城市学院、山东农业大学、信阳师范学院、沈阳大学、台州学院、浙大宁波理工学院、宁波工程学院、郑州工业应用技术学院、浙江水利水电学院、内蒙古工业大学等。

铁道工程

专业特点

铁道工程专业主要研究铁道的规划、设计、施工、管理和养护等方面的基本知识和技能，涉及铁道、交通和土建等领域。例如：铁道线路的规划，高速铁路的勘测设计，铁道的维护养护。

本专业与高中学科关联度及学科要求

语文	数学	英语	物理	化学	生物	政治	历史	地理
B	B	B	A	C	C	C	E	B

本专业对高中阶段物理科目要求较高，适合对铁道规划及勘测设计感兴趣的学生就读。

选考学科建议

"3+3"省份：物理

"3+1+2"省份：首选物理，再选化学 / 生物

大学主要课程

工程制图、理论力学、材料力学、结构力学、流体力学、工程材料、工程地质学、土力学、基础工程、混凝土结构设计原理、测量学、施工测量、铁路轨道、路基工程、铁路桥梁、隧道工程、铁路车站、铁路规划与线路设计、铁道工程施工技术、施工组织与概预算、工务工程、

土木工程测试技术、工程经济学、工程项目管理等。

💡 就业方向

本专业毕业生可在铁路工程、城市地面轨道工程、城市地下铁道工程施工及铁路运营单位的铁道工程部门，从事铁路轨道、桥隧及地下铁道设计、施工及设备维护工作。

🏛 本专业较好的大学（排名不分先后）

中南大学、北京交通大学、西南交通大学、南京工业大学、石家庄铁道大学等。

智能建造

专业特点

　　智能建造专业是以土木工程为基础，以信息技术为纽带，融合土木工程、计算机应用、物联网、GIS 等相关理论与技术而成的新专业，旨在培养具有较好的数学和力学基础，能熟练掌握土木工程专业的基本知识，精通工程结构智能设计原理、构件生产和施工技术，能够应用相关计算机开发语言和工程建造的一般机械和控制工程原理，完成现代土木工程的智能设计、智能生产、智能施工和全过程运行维护管理，具备创新能力和国际视野的行业人才。

本专业与高中学科关联度及学科要求

语文	数学	英语	物理	化学	生物	政治	历史	地理
B	B	B	A	C	C	D	D	C

　　本专业对高中阶段物理科目要求较高，适合对智能建造学习感兴趣、热爱计算机智能化应用的学生就读。

选考学科建议

　　"3+3" 省份：物理

　　"3+1+2" 省份：首选物理，再选化学 / 生物

📖 大学主要课程

工程力学、结构设计原理、计算机语言、大数据、物联网和人工智能、PYTHON 程序设计、三大力学、建造机械控制原理、BIM 技术基础、智能测绘、混凝土结构设计原理、装配式结构设计与智能化设计、建筑工程和绿色建筑等。

💡 就业方向

本专业毕业生可选择勘察、设计、施工、房地产、监理公司等传统建筑工程行业，从事土木工程项目的智能规划与设计、智能装备与施工、智能设施与防灾、智能运维与管理等工作。

🏛 本专业较好的大学（排名不分先后）

同济大学、东南大学、华中科技大学、北京工业大学、福州大学、北京建筑大学、青岛理工大学、河北工业大学、北方工业大学、天津城建大学、福建工程学院等。

土木、水利与海洋工程

👍 专业特点

    土木、水利与海洋工程专业实行大类招生、大类培养和大类出口，以强化"宽口径、厚基础、强实践、多样化"的通识教育和专业教育融合，满足未来社会对创新型和复合型杰出人才的需求，促进面向全国乃至全球的城市与基础设施建设、水资源与水安全保障、海洋能源资源开发等重大国民经济领域的可持续发展。

📘 本专业与高中学科关联度及学科要求

语文	数学	英语	物理	化学	生物	政治	历史	地理
B	B	B	A	C	C	D	D	C

    本专业对高中阶段物理科目要求较高，适合对土木、水利与海洋科学感兴趣，热爱市政建设、海洋技术研究的学生就读。

📚 选考学科建议

"3+3"省份：物理

"3+1+2"省份：首选物理，再选化学／生物

📖 大学主要课程

    工程力学、材料力学、测量学、水力学、施工组织与管理、工程项目管理、土力学与地基基础、海洋技术导论、船舶柴油机原理、海

洋工程装备设计、港口机械设计、海洋石油钻采技术等。

💡 就业方向

　　本专业毕业生可进入建筑、市政、交通、水利、海洋、环境、能源、房地产、金融、社会管理等领域，从事开发、创新及科研工作。

🏛 本专业较好的大学 （排名不分先后）

　　清华大学、山东大学、中山大学、河海大学等。

土木、水利与交通工程

👍 专业特点

　　土木、水利与交通工程专业采用以"强化思政引领、夯实数理基础、强调学科交叉、融合土木水利交通、加强创新实践、对标国际一流"为特色的新工科培养模式，课程设置充分考虑全球化、气候变化和环境可持续性等人类社会发展与变化的新问题，旨在培养学生掌握土木、水利与交通等建设工程学科前沿知识，提升学生主动适应未来社会经济发展的能力。

📖 本专业与高中学科关联度及学科要求

语文	数学	英语	物理	化学	生物	政治	历史	地理
B	B	B	A	C	C	D	D	C

　　本专业对高中阶段物理科目要求较高，适合对探究土木、水利、交通模块感兴趣，应用能力较强的学生就读。

📚 选考学科建议

　　"3+3"省份：物理

　　"3+1+2"省份：首选物理，再选化学／生物

📖 大学主要课程

　　结构工程、岩土工程、市政工程、工程管理、水利工程及交通工程等。

💡 就业方向

本专业毕业生可在市政、交通、房地产、水务、城建、环保、农林、能源、地矿、工程管理等行业单位以及国家基础设施建设大型企事业单位从事设计、施工、管理等工作，也可在科研院所和高等学校从事相关领域前沿科学研究工作。

🏛 本专业较好的大学（排名不分先后）

浙江大学、青海大学等。

专业类 土木类

专业代码 081010T

修业年限 四年

授予学位 工学学士

水利水电工程

专业特点

水利水电工程专业主要研究水资源、水工结构、水力学及流体动力学、水利工程技术等方面的基本知识和技能，进行水利水电工程的勘测、规划、设计、施工、管理等工作。例如：南水北调工程的规划，水电站、大坝、闸门等水工建筑物的建造，河道治理工程的设计。

本专业与高中学科关联度及学科要求

语文	数学	英语	物理	化学	生物	政治	历史	地理
C	B	B	A	C	D	E	E	C

本专业对高中阶段物理科目要求较高，适合对水利水电感兴趣、热爱工程设计及施工管理的学生就读。

选考学科建议

"3+3"省份：物理 / 化学

"3+1+2"省份：首选物理，再选化学

大学主要课程

高等数学、大学英语、计算机编程、工程制图（CAD）、大学物理、理论力学、工程材料、材料力学、测量学、水力学、结构力学、工程水利学、水资源规划及利用、钢筋混凝土结构学、工程经济、河流动力学等。

💡 就业方向

本专业毕业生可在水利水电工程管理、设计、科学研究机构、企事业单位和高等学校从事相关的设计、施工、管理、营销和教学等工作，也可在土木建筑、交通和市政工程及其他行业从事相关工作，还可在水利水电资源开发、大型水利水电枢纽勘测、设计、施工、管理等领域从事规划、设计和科学研究工作。

🏛 本专业较好的大学（排名不分先后）

清华大学、河海大学、武汉大学、天津大学、大连理工大学、中国农业大学、四川大学、华中科技大学、郑州大学、西安理工大学、西北农林科技大学、扬州大学、三峡大学、长沙理工大学、山东大学、华北水利水电大学、合肥工业大学、福州大学、广西大学、华北电力大学、河北工程大学、青海大学、重庆交通大学、南昌大学、长安大学、太原理工大学、宁夏大学、浙江大学、东北农业大学、华南理工大学、昆明理工大学、山东农业大学、兰州交通大学、华南农业大学、黑龙江大学、贵州大学、南昌工程学院、内蒙古农业大学、兰州理工大学、济南大学、沈阳农业大学、新疆农业大学、浙江水利水电学院、云南农业大学、四川农业大学、甘肃农业大学、石河子大学等。

水文与水资源工程

专业特点

　　水文与水资源工程专业主要研究水文、水资源及水环境等方面的基本知识和技能，涉及地下水资源的评价、水资源开发利用、水资源保护与管理、水资源问题防治等方面，也涉及进行水利工程前期和修筑完成之后的工作。例如：水流量、水位、降雨量等信息的采集和处理，地下水环境的评价，水库的日常监测，水污染的治理，洪水等水灾害的防治。

本专业与高中学科关联度及学科要求

语文	数学	英语	物理	化学	生物	政治	历史	地理
C	B	B	A	B	C	E	E	B

　　本专业对高中阶段物理科目要求较高，适合对水资源开发利用感兴趣，热爱水文水资源信息处理、设计的学生就读。

选考学科建议

　　"3+3"省份：物理 / 化学
　　"3+1+2"省份：首选物理，再选化学

大学主要课程

　　自然地质学、气象与气候学、水力学、河流动力学、水利工程、水文学原理、水文统计学、水资源学、地下水文学、环境化学、水利法规等。

💡 就业方向

本专业毕业生可在国土资源、水利、水资源、城建、环保、交通等部门，从事科研、教学、管理、设计和生产等方面的工作。

🏛 本专业较好的大学（排名不分先后）

河海大学、武汉大学、南京大学、四川大学、郑州大学、吉林大学、中山大学、中国地质大学（武汉）、西北农林科技大学、中国地质大学（北京）、西安理工大学、长安大学、兰州大学、华北电力大学、三峡大学、太原理工大学、华北水利水电大学、长沙理工大学、南方科技大学、中国矿业大学、合肥工业大学、扬州大学、南京信息工程大学、青海大学、东北农业大学、济南大学、昆明理工大学等。

港口航道与海岸工程

👍 专业特点

港口航道与海岸工程专业主要研究港口工程、航道工程和海岸工程等方面的基本知识和技能，在交通、水利、海岸开发等领域进行工程规划、设计、施工和管理等。例如：轮船航道的规划，沿海城市港口、码头的建设，潮汐发电等海洋资源的开发，运货、载人等海上运输业的发展。

📖 本专业与高中学科关联度及学科要求

语文	数学	英语	物理	化学	生物	政治	历史	地理
C	B	B	A	D	E	E	E	C

本专业对高中阶段物理科目要求较高，适合对港口航道海岸感兴趣，热爱设计、施工及管理的学生就读。

📚 选考学科建议

"3+3"省份：物理 / 化学

"3+1+2"省份：首选物理，再选化学

📘 大学主要课程

工程制图、理论力学、工程测量、材料力学、结构力学、水力学、工程水文学、工程地质、水工钢筋混凝土结构、河流动力学与航道整治、海岸动力学、水运工程施工、港口规划布置、港口水工建筑物、渠化工程、工程经济学、工程项目管理等。

💡 就业方向

本专业毕业生可在交通、水利、海岸开发等部门从事规划、设计、施工、管理等工作，还可在一些教育部门从事教学、研究工作。

🏛 本专业较好的大学 （排名不分先后）

河海大学、天津大学、大连理工大学、武汉大学、中国海洋大学、同济大学、长沙理工大学、重庆交通大学、浙江大学、华北水利水电大学、哈尔滨工程大学、福州大学、扬州大学、东南大学、三峡大学、上海海事大学、武汉理工大学等。

水务工程

👍 专业特点

水务工程专业主要研究城市水资源的可持续开发和利用等水的社会循环问题，涉及城市给排水工程、环境工程、水文与水资源工程、城市水利工程等多个方面。例如：城市供水的取用、净化，污水的处理、排放，城市洪水防治及河道治理，水资源的开发、利用和节约。

📖 本专业与高中学科关联度及学科要求

语文	数学	英语	物理	化学	生物	政治	历史	地理
C	B	B	A	D	E	E	E	C

本专业对高中阶段物理科目要求较高，适合对水务资源开发利用感兴趣、热爱设计及技术研究的学生就读。

📚 选考学科建议

"3+3"省份：物理／化学

"3+1+2"省份：首选物理，再选化学

🧪 大学主要课程

工程制图、测量学、水力学、工程力学、结构力学、水文地质及工程地质、钢筋混凝土结构、工程水文学、环境概论、城市规划原理、水工建筑物、给水排水工程、水处理工程、水务规划与管理、城市防洪与减灾等。

💡 就业方向

　　本专业毕业生可在各部委、省、市的专业设计研究院、规划设计院、市政工程设计研究院、建筑设计研究院等技术部门，水务局、规划局、市政工程局和各部委相关职能机构等管理部门，以及房地产开发集团、中外水务集团、环保公司、咨询公司、大型物业管理集团等相关企业，从事规划设计、施工、管理等工作。

🏛 本专业较好的大学（排名不分先后）

　　河海大学、华南理工大学、华北水利水电大学、北京工业大学等。

水利科学与工程

专业特点

水利科学与工程专业主要研究解决水问题所需要的地理学、力学、工程学、管理学等方面的基本知识和技能，了解水资源问题的现状及发展趋势，进行水利工程的勘测、规划、设计、施工以及水工建筑物的设计、建造。

本专业与高中学科关联度及学科要求

语文	数学	英语	物理	化学	生物	政治	历史	地理
C	B	B	A	D	E	E	E	C

本专业对高中阶段物理科目要求较高，适合对水利科学与工程感兴趣、热爱水利建设的学生就读。

选考学科建议

"3+3"省份：物理

"3+1+2"省份：首选物理，再选化学

大学主要课程

水力学、工程力学、土力学、岩石力学、河流动力学、固体力学、水文地质学等。

💡 就业方向

本专业毕业生可到城市规划设计部门、经济管理部门、环保部门、工矿企业等，从事规划设计、施工管理等方面的工作。

🏛 本专业较好的大学 （排名不分先后）

清华大学、四川大学、南京信息工程大学等。

测绘工程

专业特点

　　测绘工程专业主要研究测绘学、空间精密定位与导航、城市与工程建设及其测量工程等方面的基本知识和技能，进行空间、大地地貌、地质构造等各种信息的测量并绘制成地形图，常于野外作业。例如：煤、石油等矿产资源的勘察，交通地图的绘制，工程效果图的绘制。

本专业与高中学科关联度及学科要求

语文	数学	英语	物理	化学	生物	政治	历史	地理
C	B	B	A	E	E	D	E	A

　　本专业对高中阶段物理、地理科目要求较高，适合对测绘学感兴趣、擅长摄影及绘图的学生就读。

选考学科建议

　　"3+3"省份：物理

　　"3+1+2"省份：首选物理，再选地理 / 化学

大学主要课程

　　矿山测量学、测量学、误差理论与测量平差、大地控制测量学、工程测量学、摄影测量学、数字图像处理、遥感原理与应用、地图投影、计算机制图、地理信息系统原理、GPS 原理与应用、地图学、数据库

原理与应用、地籍测量学、数字化测图技术及应用等。

💡 就业方向

本专业毕业生可在城市建设规划与管理、交通（包括公路、铁路与水运）、国土与房产、工业企业、海洋、建筑、水利、电力、石油、冶金、国防、测绘、工程勘察、城市与企业信息管理等部门从事测绘及相关信息工程的规划、设计、实施与管理等工作，也可在政府部门、教育和科研单位从事相关工作。

🏛 本专业较好的大学（排名不分先后）

武汉大学、同济大学、中国矿业大学、中南大学、西南交通大学、中国地质大学（武汉）、中国矿业大学（北京）、长安大学、东南大学、河海大学、吉林大学、南京信息工程大学、中国地质大学（北京）、南京师范大学、北京建筑大学、东北大学、山东科技大学、中国石油大学（华东）、合肥工业大学、西安科技大学、南京邮电大学、河南理工大学、广东工业大学、辽宁工程技术大学、南京工业大学、兰州交通大学、太原理工大学、成都理工大学、东华理工大学、长沙理工大学、贵州大学、重庆大学、安徽大学、桂林理工大学、江西理工大学、昆明理工大学、沈阳建筑大学、重庆交通大学、湖南科技大学、江苏师范大学、山东理工大学、河北工业大学、安徽理工大学、西南石油大学、山东建筑大学、山东农业大学、华东交通大学、湘潭大学、华北理工大学、华南农业大学、南京林业大学、河北工程大学、吉林建筑大学、江苏海洋大学、青海大学、浙江农林大学、黑龙江工程学院、石家庄铁道大学、西南科技大学、新疆大学、成都信息工程大学、苏州科技大学、兰州理工大学、沈阳农业大学、华北水利水电大学、天津城建大学、中南林业科技大学、山东协和学院、厦门理工学院、浙江水利水电学院等。

遥感科学与技术

专业特点

遥感科学与技术专业主要研究遥感技术、电子技术和计算机科学与技术等方面的基本知识和技能，进行遥感电子设备与系统的研制、应用系统和系统集成的建设与开发、空间信息系统和管理信息系统的建设和应用等。例如：GPS 导航系统的研发，电子地图的绘制，生态环境遥感监测。

本专业与高中学科关联度及学科要求

语文	数学	英语	物理	化学	生物	政治	历史	地理
C	A	B	A	E	D	D	E	A

本专业对高中阶段数学、物理、地理科目要求较高，适合对遥感科学感兴趣、热衷于遥感技术的学生就读。

选考学科建议

"3+3"省份：物理

"3+1+2"省份：首选物理，再选地理 / 化学

大学主要课程

电磁场理论、电子技术应用、航空与航天摄影、数字图像处理、遥感原理与应用、近景摄影测量、摄影测量学、微波遥感、数据结构

与数据库、模式识别、遥感图像解译、环境保护与规划、数学规划与测量中的应用、计算机视觉、海洋测绘、计算机网络与应用、虚拟现实技术、人工智能、信息论、地图投影与变换等。

就业方向

本专业毕业生可在测绘、遥感、地质、水利、交通、农业、林业、冶金、电力、石油、医学、机械、矿山、煤炭、国防、军工、城建、环保、文物保护、航空摄影、航空航天、电子技术应用等行业和部门，从事摄影测量与遥感方面的生产、设计、规划和管理及有关教学、科研管理工作。

本专业较好的大学（排名不分先后）

武汉大学、长安大学、中南大学、中国矿业大学、西南交通大学、河海大学、中国矿业大学（北京）、中国地质大学（武汉）、南京信息工程大学、山东科技大学、哈尔滨工业大学、北京航空航天大学、北京建筑大学、西安电子科技大学、西安科技大学、河南理工大学、辽宁工程技术大学、中山大学、郑州大学、首都师范大学、兰州交通大学、南京工业大学、江苏师范大学、桂林理工大学等。

导航工程

👍 专业特点

　　导航工程专业主要研究各种导航技术、导航传感器设备的基本知识和技能，服务于航空、航天、交通、军事、公安等领域和部门，进行导航定位技术的研发及应用。例如：卫星导航设备的维护，公安通过电话进行定位，车载导航仪的系统研发。

📘 本专业与高中学科关联度及学科要求

语文	数学	英语	物理	化学	生物	政治	历史	地理
B	A	B	B	E	E	E	E	A

　　本专业对高中阶段数学、地理科目要求较高，适合对导航工程感兴趣、乐于研究导航技术及其设备的学生就读。

📗 选考学科建议

　　"3+3"省份：物理

　　"3+1+2"省份：首选物理，再选地理 / 化学

📙 大学主要课程

　　导航学、最优估计、微机原理与接口技术、卫星导航原理、信号与系统、模拟与数字电路、卫星导航数据处理方法、组合导航、惯性导航原理、嵌入式系统与程序设计、GNSS 接收机原理、数字信号处理、

导航电子地图、天文导航、室内定位技术、LBS 技术与应用等。

💡 就业方向

本专业毕业生可在航空、航天、交通、军事、电子、信息及通信产业等部门工作，也可在政府部门、高等学校和科研单位从事研发、管理、教学及应用等工作，还可从事导航装备与通信装备使用、维修、监造、管理等工作。

🏛 本专业较好的大学（排名不分先后）

武汉大学、武汉理工大学、桂林电子科技大学等。

专业类
测绘类

专业代码
081203T

修业年限
四年

授予学位
工学学士

地理国情监测

👍 专业特点

地理国情监测专业主要研究测绘、全球卫星导航定位（GPS）、航空航天遥感（RS）、地理信息系统（GIS）等方面的基本知识和技术，进行地理国情的动态获取、集成处理、综合分析及评估等，以适应国家重大工程所需。例如：土地资源利用监测，灾害动态监测，矿产资源监测，地面沉降监测。

📖 本专业与高中学科关联度及学科要求

语文	数学	英语	物理	化学	生物	政治	历史	地理
B	A	B	B	E	E	E	E	A

本专业对高中阶段地理、数学科目要求较高，适合对地理国情监测感兴趣、喜欢地质测量与分析的学生就读。

📚 选考学科建议

"3+3"省份：物理

"3+1+2"省份：首选物理，再选地理 / 化学

📙 大学主要课程

地理国情概论、地理国情监测原理、地理调查与编码、数字传感器网络技术、测量学、遥感原理、摄影测量学、全球卫星导航定位技术、

空间数据库、自然地理学、经济地理与区域规划、计算机基础与程序设计、数字图像处理等。

💡 就业方向

本专业毕业生可在测绘、国土、规划、民政、水利、交通、环境、生态、矿产、农业、林业、人口、海洋、气象、国防、军事、安全、公共卫生、重大工程等政府部门及科研院校、企事业单位，从事与地理国情监测相关的科研、教学、技术研发和管理工作。

🏛 本专业较好的大学（排名不分先后）

武汉大学、南宁师范大学等。

地理空间信息工程

专业特点

地理空间信息工程专业面向国家城市化与信息化两大发展趋势，以城市信息学为主要特色，融合计算机科学、测绘科学、地理信息科学、城市科学等多个领域，为适应建设新型智慧城市而开设，进行城市规划、地理监测、地理信息研究等。

本专业与高中学科关联度及学科要求

语文	数学	英语	物理	化学	生物	政治	历史	地理
B	A	B	B	E	E	E	E	A

本专业对高中阶段地理、数学科目要求较高，适合对地理空间研究感兴趣的学生就读。

选考学科建议

"3+3"省份：物理

"3+1+2"省份：首选物理，再选地理/化学

大学主要课程

地理学、地图学、遥感原理、全球卫星导航定位技术、空间数据库、经济地理学、遥感原理与技术、数据库结构、地理信息系统原理、地理信息系统设计与应用、工程数学、高级语言程序设计、数据库管理

系统、摄影测量学、GPS 理论与应用、GIS 设计与开发、网络 GIS、计算机图形学等。

💡 就业方向

本专业毕业生可在政府、事业单位，从事国土资源与环境调查、灾害、监测评估、空间信息服务、智慧城市建设等工作。

🏛 本专业较好的大学（排名不分先后）

武汉大学、中国地质大学（武汉）、南京信息工程大学、北京建筑大学、深圳大学等。

化学工程与工艺

专业特点

化学工程与工艺专业主要研究化学工程与化学工艺相关的基本知识和技能，涉及化学反应、化工单元操作、化工过程与设备、工艺过程系统模拟优化等多个方面，进行化工合成、化学工艺优化、化学检验等。例如：洗发水、洗涤剂等生活用品的调配和合成，化妆品配方的研发，医学用药的研制，血液成分的化学检验。

本专业与高中学科关联度及学科要求

语文	数学	英语	物理	化学	生物	政治	历史	地理
C	B	B	A	A	B	E	E	E

本专业对高中阶段化学、物理科目要求较高，适合热爱化学工程，喜欢化学工艺研究、设计的学生就读。

选考学科建议

"3+3"省份：物理 / 化学 / 生物

"3+1+2"省份：首选物理，再选化学 / 生物

大学主要课程

无机化学、有机化学、物理化学、分析化学、化工原理、化工热力学、化学反应工程、化工分离工程、催化原理、化工工艺学、化工

设计、环境工程、煤化工工艺学、天然气综合利用、化工技术经济等。

💡 就业方向

　　本专业毕业生可到科研院所、高等学校从事与化学工程与工艺相关的科研、教学等工作；也可到化工类、石油类、轻工类、车辆化工、建筑机械、制药、食品、涂料涂装等相关的科研单位、企业从事应用研究，精细化工产品的开发、设计、生产技术和科技等工作；还可到相关化工类企业从事销售、管理等工作。

🏛 本专业较好的大学（排名不分先后）

　　天津大学、大连理工大学、华东理工大学、浙江大学、四川大学、北京化工大学、华南理工大学、上海交通大学、南京工业大学、北京理工大学、哈尔滨工业大学、西安交通大学、南京理工大学、浙江工业大学、中南大学、中国石油大学（华东）、湖南大学、厦门大学、东南大学、河北工业大学、中国石油大学（北京）、福州大学、重庆大学、江南大学、苏州大学、郑州大学、中国矿业大学、西北大学、太原理工大学、中山大学、山东大学、吉林大学、广东工业大学、合肥工业大学、上海大学、武汉工程大学、江苏大学、中国矿业大学（北京）、燕山大学、广西大学、青岛科技大学、武汉科技大学、济南大学、西北工业大学、湘潭大学、中国海洋大学、常州大学、兰州大学、南昌大学、陕西科技大学、石河子大学、西南石油大学、安徽大学、武汉理工大学、广州大学、华侨大学、天津工业大学、哈尔滨工程大学、新疆大学、天津科技大学、上海应用技术大学、昆明理工大学、沈阳化工大学、湖南师范大学、东北石油大学、贵州大学、宁夏大学、安徽工业大学、海南大学、南京林业大学、山东科技大学、山东理工大学、西安科技大学、同济大学、中北大学、河北科技大学、天津理工大学、西南大学等。

制药工程

专业特点

制药工程专业主要研究化学、生物学、药学和工程学等方面的基本知识和技能，涉及医药、农药、精细化工、生物化工等，进行药品的研发制造、新工艺的开发、药物质检等。例如：中药含片、中药冲剂的生产，新型药品的研发，药物成分的化学检验。

本专业与高中学科关联度及学科要求

语文	数学	英语	物理	化学	生物	政治	历史	地理
C	C	B	B	A	A	E	E	E

本专业对高中阶段化学、生物科目要求较高，适合热爱制药工程，同时具有较好的化学、生物功底的学生就读。

选考学科建议

"3+3"省份：物理 / 化学 / 生物

"3+1+2"省份：首选物理，再选化学 / 生物

大学主要课程

有机化学、生物化学、物理化学、化工原理、制药工程、药物合成反应、药物化学、药理学、药剂学、天然药物化学、应用光谱解析、制药工艺学、药用高分子材料、制药分离工程、药物分析、制药装备

与车间设计、药事管理学、药品营销等。

💡 就业方向

本专业毕业生可到制药工程（或医药生物技术）领域相关的生产企业、营销企业、科研院所、药品监督管理部门等企事业单位，从事药品生产、管理、营销、检验监督和研发等工作。

🏛 本专业较好的大学（排名不分先后）

天津大学、北京理工大学、四川大学、中国药科大学、华东理工大学、大连理工大学、华南理工大学、浙江大学、中南大学、西安交通大学、北京化工大学、浙江工业大学、南京工业大学、郑州大学、江南大学、西北大学、河北工业大学、南京理工大学、东南大学、广东工业大学、吉林大学、合肥工业大学、太原理工大学、湘潭大学、重庆大学、江苏大学、西南大学、常州大学、山东大学、南昌大学、南方医科大学、武汉工程大学、武汉理工大学、福州大学、温州医科大学、广东药科大学、西北农林科技大学、昆明理工大学、陕西科技大学、广州中医药大学、西南交通大学、云南大学、天津工业大学、遵义医科大学、天津中医药大学、沈阳药科大学、广西大学、天津科技大学、上海应用技术大学、湖北工业大学、石河子大学、青岛科技大学、华侨大学、福建农林大学、济南大学、扬州大学、华南农业大学、宁夏大学、河北科技大学、山东中医药大学、天津理工大学、山东第一医科大学、中北大学、东北农业大学、山东理工大学、湖南中医药大学、沈阳化工大学、成都中医药大学、齐鲁工业大学、烟台大学、湖南师范大学、上海工程技术大学、安徽工业大学、重庆理工大学、辽宁大学、西北师范大学等。

资源循环科学与工程

专业特点

　　资源循环科学与工程专业主要研究废弃物资源再生利用、再生材料的性能和应用、节能减排效益分析等与资源循环相关的知识和技术问题，以适应国家节能减排、低碳经济及循环经济的发展趋势，进行资源再生利用、材料回收加工等。例如：再生纸的生产，水资源的循环利用，塑料的回收利用。

本专业与高中学科关联度及学科要求

语文	数学	英语	物理	化学	生物	政治	历史	地理
C	C	B	B	A	B	E	E	E

　　本专业对高中阶段化学科目要求较高，适合热爱资源循环科学、喜欢循环经济分析的学生就读。

选考学科建议

　　"3+3"省份：物理 / 化学 / 生物
　　"3+1+2"省份：首选物理，再选化学 / 生物

大学主要课程

　　传递工程、材料科学基础、循环经济概论、环境科学基础、工业废弃物处置与处理、循环经济理论与生态工业技术、系统工程导论、传

递工程原理、资源循环科学与工程原理、过程工程单元操作、C 语言程序设计、固体废弃物资源化、过程工程设备、工业生态学、工业技术经济学、生态环境材料、资源循环与环境影响评价、清洁生产与循环经济、工艺设计概论、计算机在资源循环科学与工程中的应用、专业外语、有机化学、废旧高分子材料回收与利用、胶凝材料、生态建筑材料等。

💡 就业方向

本专业毕业生可在资源循环以及与资源综合利用相关的建材、冶金、新材料产业、原材料产业等行业，从事工业规划、技术开发、工艺及设备设计、清洁生产评估与咨询等工作。

🏛 本专业较好的大学（排名不分先后）

南开大学、浙江大学、华东理工大学、大连理工大学、北京工业大学、山东大学、西安建筑科技大学、福州大学、东北大学、南京工业大学、南昌大学、昆明理工大学、山西大学、安徽工业大学、桂林理工大学、常州大学、武汉工程大学、福建师范大学、中南民族大学、湖南师范大学、安徽理工大学等。

能源化学工程

👍 专业特点

能源化学工程专业主要研究化学和能源转化与利用的基本知识和技能，以解决能量转换、能量储存及能量运输的问题，从而实现低碳能源清洁化、可再生能源回收利用以及能源高效转化等。例如：核能、水能等清洁能源的存储及转化，太阳能电池的研发制备，提高风能转换为电能的转换效率。

📙 本专业与高中学科关联度及学科要求

语文	数学	英语	物理	化学	生物	政治	历史	地理
B	B	B	B	A	B	C	E	D

本专业对高中阶段化学科目要求较高，适合热爱能源化学工程、对能源化学研究及生产感兴趣的学生就读。

📚 选考学科建议

"3+3"省份：物理 / 化学 / 生物

"3+1+2"省份：首选物理，再选化学 / 生物

📖 大学主要课程

无机化学与分析化学、物理化学、有机化学、化工热力学、化工原理、化学反应工程、石油加工工程及实验、有机化工工艺、石油炼制工程

概论、能源工程概论、合成燃料化学、可再生能源工程、化工用能评价、合成燃料化工设计、能源转化催化原理、合成燃料工程、煤化工工艺学、天然气化工工艺学、能源经济学、能源化工设计、专业英语等。

💡 就业方向

本专业毕业生可在煤化工行业、天然气化工行业、电厂化工综合利用行业、生物能源化工行业、固体废物综合处理行业、石油加工行业、石油化工行业、天然气行业、城市燃气、分析检测、催化剂生产和研发行业，从事设计、科学研究、技术管理等工作。

🏛 本专业较好的大学（排名不分先后）

北京化工大学、大连理工大学、北京理工大学、华南理工大学、哈尔滨工业大学、浙江工业大学、中国石油大学（北京）、中国矿业大学、武汉大学、广东工业大学、西北大学、常州大学、中国石油大学（华东）、华北电力大学、兰州大学、武汉工程大学、广西大学、合肥工业大学、燕山大学、新疆大学、沈阳化工大学、东北石油大学、中北大学、河北科技大学、贵州大学、西安科技大学、安徽工业大学、银川能源学院、昆明理工大学、辽宁石油化工大学、西安石油大学、西南科技大学、辽宁科技大学、湖南科技大学等。

化学工程与工业生物工程

专业特点

化学工程与工业生物工程专业主要学习生物学、化学、工程学的基本知识和技能，研究生物产品的生产过程、生产技术、分析测定技术等。例如：生物克隆技术，试管婴儿技术，食品发酵技术，医药研发技术，植物转基因技术。

本专业与高中学科关联度及学科要求

语文	数学	英语	物理	化学	生物	政治	历史	地理
C	C	B	B	A	B	E	E	E

本专业对高中阶段化学科目要求较高，适合化学基础知识扎实，喜欢动手实验，对研究、开发生物产品感兴趣的学生就读。

选考学科建议

"3+3"省份：物理 / 化学 / 生物

"3+1+2"省份：首选物理，再选化学 / 生物

大学主要课程

无机化学、分析化学、有机化学、物理化学、化工原理、化工制图、化工设备及机械设计、化学反应工程、化工热力学、化工工艺学、化工设计、工业催化、生物化学、仪器分析和波谱解析、计算机技术等。

💡 就业方向

本专业毕业生可到食品、医药、能源、环保等领域从事生物产品的研制、生产，也可到高等学校、设计和研究单位从事教学、科研、生产、管理等方面的工作。

🏛 本专业较好的大学（排名不分先后）

清华大学、大连理工大学、东北电力大学、闽南师范大学等。

化工安全工程

专业特点

化工安全工程专业融合化学工程与工艺、安全工程、环境工程、过程装备与控制工程、自动化、工程管理等多个学科，培养具有创新精神和国际视野的"知工艺、懂安全、精技术、会管理"的化工安全复合型人才。

本专业与高中学科关联度及学科要求

语文	数学	英语	物理	化学	生物	政治	历史	地理
C	C	B	B	A	B	E	E	E

本专业对高中阶段化学科目要求较高，适合热爱化学安全工程的学生就读。

选考学科建议

"3+3"省份：物理 / 化学 / 生物

"3+1+2"省份：首选物理，再选化学 / 生物

大学主要课程

无机化学、分析化学、有机化学、物理化学、化工原理、化工制图、化工设备及机械设计、化学反应工程、化工热力学、化工工艺学、化工设计、工业催化、生物化学、仪器分析和波谱解析、计算机技术等。

💡 就业方向

本专业毕业生可在化工、能源、冶金、环保、轻工和军工等部门，尤其是化工相关部门，从事工程设计、技术开发、生产运行与技术管理、科学研究或安全管理等工作。

🏛 本专业较好的大学 （排名不分先后）

中国石油大学（华东）、南京工业大学、辽宁石油化工大学、重庆科技学院、华北科技学院、山东石油化工学院、盐城工学院等。

涂料工程

👍 专业特点

涂料工程专业以先进功能材料为专业背景，以涂料工程为特色，着力培养掌握高分子材料尤其是涂料的设计、合成、制备、涂装等方面的专业知识，具备涂料新产品、新技术、新工艺的开发应用和工程实践能力的应用型人才。

📖 本专业与高中学科关联度及学科要求

语文	数学	英语	物理	化学	生物	政治	历史	地理
C	C	B	A	A	B	E	E	E

本专业对高中阶段物理、化学科目要求较高，适合对涂料合成技术及工艺开发利用感兴趣的学生就读。

📚 选考学科建议

"3+3"省份：物理 / 化学 / 生物

"3+1+2"省份：首选物理，再选化学 / 生物

🧪 大学主要课程

无机化学、有机化学、分析化学、物理化学、高分子化学、高分子物理、材料科学与工程基础、高分子材料研究方法、材料加工原理与工程、聚合物加工流变学、涂料工艺学、涂料树脂合成工艺、涂料

用溶剂与助剂、涂料生产设备、涂料制造及应用、涂料用颜料与填料、涂料和涂装的安全与环保、涂装工艺及装备、涂料及原材料质量评价等。

💡 就业方向

本专业毕业生可在与涂料工业相关的企业、研究所、设计院和事业单位从事涂料相关产品合成与加工、产品研发、生产和管理、检验和质量监督等工作，也可在高分子材料领域从事相关工作。

🏛 本专业较好的大学 （排名不分先后）

上海工程技术大学、长春工业大学、江西科技师范大学等。

精细化工

专业特点

精细化工专业是国家首批"新工科"专业，专业在日用化学品、新型电子材料及其器件化、新型能源、信息存储技术、精准医学、生物、军工材料、环境催化材料等领域形成特色，培养具有宽厚而扎实的专业知识和技能，有一定的科学研究、产品开发和工程实践创新能力的精细化工专门人才。

本专业与高中学科关联度及学科要求

语文	数学	英语	物理	化学	生物	政治	历史	地理
C	C	B	B	A	B	E	E	E

本专业对高中阶段化学科目要求较高，适合热爱化学工程，喜欢化学工艺研究、设计的学生就读。

选考学科建议

"3+3"省份：物理 / 化学 / 生物

"3+1+2"省份：首选物理，再选化学 / 生物

大学主要课程

公共英语、高等数学、无机化学、有机化学、分析化学、化工基本技能训练、化工设备认知与制图、化工单元过程及设备、高分子化学、

精细有机合成技术、精细化工生产技术、化工仪表及自动化、仪器分析等。

💡 就业方向

本专业毕业生可在涂料、日用化学品、助剂与催化剂、医药中间体等精细化工生产行业，从事生产工艺过程控制、生产管理、产品品质检测与控制、产品销售等工作。

🏛 本专业较好的大学（排名不分先后）

天津大学、大连理工大学、华东理工大学、太原理工大学、合肥工业大学等。

地质工程

专业特点

地质工程专业主要研究地质环境的概况、评价、改造和保护等相关知识和技能，范围涵盖地面、地下、陆地、海洋等，在工程规划、灾害预测中有着重要的作用。例如：施工地的地质结构与地质背景调查，金矿、铅矿等矿产资源的普查与勘探，地震等地质灾害的预测及评价。

本专业与高中学科关联度及学科要求

语文	数学	英语	物理	化学	生物	政治	历史	地理
C	B	B	A	C	E	E	E	A

本专业对高中阶段物理、地理科目要求较高，适合热爱地质工程，喜欢地质研究、分析的学生就读。

选考学科建议

"3+3"省份：物理

"3+1+2"省份：首选物理，再选化学

大学主要课程

地质工程、工程制图、普通地质学、矿物岩石学、构造地质学、第四纪地质与地貌学、地史古生物、工程物探化探、工程力学、测量学、岩体力学、工程地质原理、工程地质勘察、水文地质学基础、地下水动力学、水文地质勘察、地质工程设计等。

💡 就业方向

本专业毕业生可在科研院所、大专院校从事本专业或相邻专业的教学和科研工作，也可在国土资源、中铁中建、工矿企业、工程设计院从事资源勘察与评价、环境评价、城市与环境水文地质、工程勘察、设计和施工及生产管理等方面的开发、科研与管理工作。

🏛 本专业较好的大学（排名不分先后）

中国地质大学（武汉）、吉林大学、中南大学、同济大学、中国地质大学（北京）、南京大学、中国矿业大学（北京）、长安大学、西南交通大学、河海大学、中国矿业大学、西北大学、成都理工大学、福州大学、西安科技大学、山东科技大学、兰州大学、中山大学、河南理工大学、南京工业大学、华北水利水电大学、太原理工大学、西南科技大学、贵州大学、哈尔滨工程大学、安徽理工大学、三峡大学、新疆大学、重庆交通大学、昆明理工大学、桂林理工大学等。

勘察技术与工程

专业特点

勘察技术与工程专业主要研究基础地质学、地球物理学、工程地质学、地质工程等方面的基本知识和技能，进行地质勘察和地质工程问题的解决处理等。例如：水井的设计和钻探，油田的勘察和开发，施工地的地质调查，地震、滑坡等地质灾害的监测。

本专业与高中学科关联度及学科要求

语文	数学	英语	物理	化学	生物	政治	历史	地理
C	B	B	A	D	E	E	E	A

本专业对高中阶段物理、地理科目要求较高，适合热爱勘察技术，喜欢地质研究、勘察与分析的学生就读。

选考学科建议

"3+3"省份：物理 / 地理

"3+1+2"省份：首选物理，再选化学

大学主要课程

地质学、地球物理勘探、钻探工艺与设备、地球化学勘探、工程地质学、地质学基础、工程地质分析原理、工程地质勘察、岩土钻孔工程、岩土工程设计与施工、岩土加固与治理、岩土工程施工项目管理、水文地质学、环境工程地质学等。

💡 就业方向

本专业毕业生可到资源勘察、工程勘察、管理等单位从事各类资源勘察与评价、管理及工程勘察、设计、施工与监理等方面的工作，也可在科研机构、高等学校或技术和行政部门从事工程研究、设计、施工、培训和咨询等方面的工作。

🏛 本专业较好的大学（排名不分先后）

中国地质大学（武汉）、吉林大学、中国石油大学（华东）、中国地质大学（北京）、中国石油大学（北京）、长安大学、成都理工大学、西北大学、西南石油大学、中国海洋大学、长江大学、北京大学、东华理工大学、东南大学、合肥工业大学、中山大学、山东科技大学、东北石油大学、湖南科技大学、重庆大学、桂林理工大学、南京工业大学、太原理工大学、贵州大学等。

资源勘察工程

专业特点

资源勘察工程专业主要研究地质学、矿产勘察学及矿产经济学等方面的基本知识和技能，涉及从勘察选区、勘察评价到矿产开发全过程的地质、技术、经济及环境等方面的内容，常于野外作业。例如：煤矿等矿产资源的勘察，油田的勘察与开采，矿产资源评价，地震等地质灾害的防治。

本专业与高中学科关联度及学科要求

语文	数学	英语	物理	化学	生物	政治	历史	地理
C	C	B	A	A	C	E	E	A

本专业对高中阶段物理、化学、地理科目要求较高，适合热爱资源勘察工程、能够适应野外勘察工作的学生就读。

选考学科建议

"3+3"省份：物理 / 地理

"3+1+2"省份：首选物理，再选化学

大学主要课程

普通地质学、结晶矿物学、晶体光学、矿产勘察学、矿物岩石学、古生物地层学、构造地质学、矿床学、能源地质学、应用地球物理、应用地球化学、工程测量、地理信息系统、资源管理与评价等。

💡 就业方向

本专业毕业生可到固体矿产勘察、石油与天然气地质勘察两大领域相关的科研机构或者高等学校从事研究、教学工作，也可到企事业单位从事相关的资源勘察工作。

🏛 本专业较好的大学（排名不分先后）

中国地质大学（武汉）、中国石油大学（华东）、吉林大学、中国地质大学（北京）、中南大学、中国石油大学（北京）、中国矿业大学、中国矿业大学（北京）、长安大学、西北大学、成都理工大学、东北大学、西南交通大学、西安科技大学、西南石油大学、合肥工业大学、长江大学、太原理工大学、山东科技大学、福州大学、东北石油大学、东华理工大学、新疆大学、河南理工大学、昆明理工大学、西安石油大学等。

地下水科学与工程

👍 专业特点

地下水科学与工程专业主要研究地下水资源和地下水工程等方面的基本知识和技能，包括地下水资源的勘察、评价、开发、管理，地下水环境和地质环境的监测、评价和治理等。例如：地下水的储备与管理，水资源污染的防治，地下水资源的可持续利用，地下水资源的保护。

📖 本专业与高中学科关联度及学科要求

语文	数学	英语	物理	化学	生物	政治	历史	地理
B	A	B	A	B	C	D	E	B

本专业对高中阶段物理、数学科目要求较高，适合对地下水科学的研究、学习、应用感兴趣，热爱工程勘察设计的学生就读。

📚 选考学科建议

"3+3"省份：物理 / 地理

"3+1+2"省份：首选物理，再选化学

🏺 大学主要课程

地下水科学概论、地下水水力学、地下水水化学、地下水工程概论、岩土环境工程、地下水资源评价与开发利用、岩土力学、地质灾害与防治以及数学物理方法、第四纪地质与地貌、综合地质学等。

💡 就业方向

本专业毕业生可在国土资源、水利、城建、环保、煤炭、冶金、交通等部门的水利勘察设计研究院、电力设计研究院、煤炭设计研究院、建筑设计研究院、地热开发设计院及各种工程施工单位以及中外合资企业、教育部门、部队的相关领域，从事与地下水科学与工程相关的科研、教学、管理、设计和生产等方面的工作。

🏛 本专业较好的大学 （排名不分先后）

吉林大学、中国地质大学（武汉）、中国地质大学（北京）、南京大学、中国矿业大学（北京）、长安大学、中国矿业大学、成都理工大学等。

旅游地学与规划工程

专业特点

旅游地学与规划工程专业是地质、地理、旅游管理和规划设计等多学科交叉融合的新工科专业，以服务旅游业、促进经济发展为主要目标。本专业既保留了地质学、地理学和旅游管理学基础课程，又突出旅游地学特色，强调旅游地学资源的调查、评价与开发。

本专业与高中学科关联度及学科要求

语文	数学	英语	物理	化学	生物	政治	历史	地理
C	B	B	B	C	E	E	E	A

本专业对高中阶段地理科目要求较高，适合对旅游、规划感兴趣的学生就读。

选考学科建议

"3+3"省份：物理 / 地理 / 化学

"3+1+2"省份：首选物理，再选地理 / 化学

大学主要课程

地质学、地理学、旅游管理学、生态学概论、普通地质学、旅游学概论、地貌学、人文地理学、自然地理学、旅游地理学、旅游资源学、

国家公园与旅游、旅游规划学、区域开发与规划、旅游景区设计等。

💡 就业方向

　　本专业毕业生可在科研机构和高等学校从事地质学、地理学、旅游管理和旅游地学等教学与科研工作，还可在风景名胜区、地质公园、国土资源部门、旅游局等从事旅游地学资源调查、分析、评价、开发以及旅游策划、旅游管理以及导游等相关工作。

🏛 本专业较好的大学 （排名不分先后）

　　东华理工大学、河北地质大学、青海民族大学、滇西应用技术大学等。

采矿工程

专业特点

采矿工程专业主要研究固体（煤、金属及非金属）矿床开采的基本理论和方法，包括矿区规划、矿山开采设计、岩层控制技术、矿山安全技术及工程设计等，多应用于采矿领域。例如：石油和天然气的开发规划，矿井的设计开采，塌方等矿井灾害的预防，矿井内的通风与安全技术。

本专业与高中学科关联度及学科要求

语文	数学	英语	物理	化学	生物	政治	历史	地理
C	C	B	A	C	E	E	E	C

本专业对高中阶段物理科目要求较高，适合对矿物开采业感兴趣、热衷采矿工艺技术安全管理的学生就读。

选考学科建议

"3+3"省份：物理 / 地理 / 化学

"3+1+2"省份：首选物理，再选地理 / 化学

大学主要课程

采矿学、矿山压力及其岩层控制、岩石力学、矿井通风与安全、井巷工程、电工学、液压传动与采掘机械、矿山企业管理、矿业安全法规、

矿业经济学、矿井瓦斯防治、采矿工程英语、测量学、矿山机械设备等。

🔍 就业方向

本专业毕业生可到采矿领域从事煤矿、铁矿、金矿、石膏矿以及铁路等设计和改造管理工作，也可以到冶金、有色、化工、核工业、非金属和煤炭等六类矿业和水利、铁道、地下、工程和环保部门从事生产开发、科学研究和教学工作。

🏛 本专业较好的大学（排名不分先后）

中国矿业大学、中南大学、东北大学、中国矿业大学（北京）、北京科技大学、重庆大学、山东科技大学、太原理工大学、武汉科技大学、武汉理工大学、西安科技大学、昆明理工大学、河南理工大学、辽宁工程技术大学、安徽理工大学、江西理工大学、贵州大学、湖南科技大学、西南科技大学、福州大学、华北理工大学、西安建筑科技大学、武汉工程大学、河北工程大学、辽宁科技大学、湘潭大学、山东理工大学等。

石油工程

专业特点

　　石油工程专业主要研究地下油气从油气藏中开采到地面的过程中涉及的知识和技术，包括油藏、钻井、采油和石油地面工程等，进行油气田钻井、开采石油及油气开发工程的设计、施工、管理等。例如：大庆油田的开采，中缅油气管道的设计，油田储量的预测，油层厚度、分布状况等储集层参数的评价。

本专业与高中学科关联度及学科要求

语文	数学	英语	物理	化学	生物	政治	历史	地理
C	B	B	A	A	D	E	E	A

　　本专业对高中阶段化学、物理、地理科目要求较高，适合热爱石油工程，热衷油气田开采、设计、管理的学生就读。

选考学科建议

　　"3+3"省份：物理/地理/化学
　　"3+1+2"省份：首选物理，再选地理/化学

大学主要课程

　　技术经济学、油气田开发地质、工程力学、计算机程序设计、流体力学、渗流力学、钻井工程、采油工程、油藏工程、油田化学、钻

采新技术、采矿工程、石油工程、矿物加工工程、勘察技术与工程、资源勘察工程、地质工程、矿物资源工程等。

💡 就业方向

本专业毕业生可在胜利、大港等油田领域，从事石油钻井、采油、修井、石油设备制造与维护等工作。

🏛 本专业较好的大学（排名不分先后）

中国石油大学（华东）、中国石油大学（北京）、西南石油大学、中国地质大学（北京）、中国地质大学（武汉）、东北石油大学、长江大学、西安石油大学、成都理工大学、燕山大学、陕西科技大学等。

矿物加工工程

专业特点

矿物加工工程主要研究矿物（金属、非金属、煤炭）的分选加工和矿产资源的综合利用等方面的基本知识和技能，分离有用矿物和脉石矿物，实现冶炼效率的提高。例如：将铁、铜、铅等矿石中的石英等无用矿物筛选出来，将矿石中的有害元素除掉，将火岩石加工成耐火材料。

本专业与高中学科关联度及学科要求

语文	数学	英语	物理	化学	生物	政治	历史	地理
C	C	B	A	B	E	E	E	C

本专业对高中阶段物理科目要求较高，适合对矿物加工及矿产资源设计、应用感兴趣的学生就读。

选考学科建议

"3+3"省份：物理 / 化学

"3+1+2"省份：首选物理，再选地理 / 化学

大学主要课程

物理化学、工程流体力学、选矿学、矿物加工厂工艺设计、矿物加工试验研究方法、技术经济分析与生产管理等。

💡 就业方向

本专业毕业生可在矿产资源利用领域的设计研究单位、厂矿企业及政府机关从事矿物（金属、非金属、煤炭）分选加工或金属矿物、非金属矿物资源综合利用领域内的技术改造、生产、设计、决策、科学研究、开发及管理工作，也可在高等学校从事教学与科研工作。

🏛 本专业较好的大学 （排名不分先后）

中南大学、中国矿业大学、东北大学、中国矿业大学（北京）、北京科技大学、武汉理工大学、太原理工大学、山东科技大学、武汉科技大学、昆明理工大学、辽宁工程技术大学、西安科技大学、河南理工大学、江西理工大学、贵州大学、武汉工程大学、福州大学、安徽理工大学、长安大学、西安建筑科技大学、西南科技大学等。

矿业类

专业类

专业代码
081503

修业年限
四年

授予学位
工学学士

油气储运工程

专业特点

油气储运工程专业主要研究油气和城市燃气的储存、运输及管理等方面的基本知识和技能，包括油气田集输、长距离管道输送、储存与装卸及城市输配等。例如："西气东输"工程，加油站汽油的储存与管理，家用天然气的供配，输油、输气管道的设计。

本专业与高中学科关联度及学科要求

语文	数学	英语	物理	化学	生物	政治	历史	地理
C	C	B	A	A	E	E	E	C

本专业对高中阶段化学、物理科目要求较高，适合对油气储运、设备设施研究感兴趣的学生就读。

选考学科建议

"3+3"省份：物理/化学

"3+1+2"省份：首选物理，再选地理/化学

大学主要课程

工程流体力学、工程力学、工程流体力学、工程热力学、传热学、物理化学、泵与压缩机、电工与电子技术、油气管道设计与管理、油气集输、油库设计与管理、油气储运工程最优化、技术经济学等。

💡 就业方向

本专业毕业生可在油气田企业，油气管道的规划设计、建设、运营管理单位，石油化工企业，石油销售企业，城市燃气公司，建筑公司，部队和民航的油料公司，设计院以及国家物资储备部门等领域，从事工程规划、勘测设计、施工、监督与管理、科学研究与技术开发以及油气储运设备运营等方面的工作。

🏛 本专业较好的大学（排名不分先后）

中国石油大学（华东）、中国石油大学（北京）、西南石油大学、华东理工大学、东北石油大学、长江大学、西安石油大学、常州大学、武汉理工大学、福州大学、青岛科技大学、辽宁石油化工大学、常州大学怀德学院、浙江海洋大学、中国民航大学、昆明理工大学、兰州理工大学、北京石油化工学院等。

矿物资源工程

专业特点

矿物资源工程专业主要研究岩石力学、地质学、工程地质、凿岩爆破、采矿学的基本知识和技能，进行自然矿产资源的开发与加工利用等。例如：油气田的开发，金刚石、金等矿物资源的加工，矿山开采的工程爆破。

本专业与高中学科关联度及学科要求

语文	数学	英语	物理	化学	生物	政治	历史	地理
C	B	B	A	C	D	C	C	B

本专业对高中阶段物理科目要求较高，适合对矿物资源的开发、加工、利用感兴趣的学生就读。

选考学科建议

"3+3"省份：物理 / 化学

"3+1+2"省份：首选物理，再选地理 / 化学

大学主要课程

工程力学、工程化学、流体力学、地质学与矿物学、矿床地质与油气田地质、岩石力学与爆破工程、矿床开采、油气田钻探与开发、矿物加工与利用、技术经济学等。

💡 就业方向

本专业毕业生可到规划设计、生产经营、投资、管理、科研等部门从事矿物资源开发、加工利用、规划与设计、矿业投资（咨询）、企业生产与经营、技术与行政管理、工艺革新与技术研发以及相关设施建设等方面的工作，也可到大中专院校从事教学工作。

🏛 本专业较好的大学（排名不分先后）

北京科技大学、南华大学、广西大学等。

海洋油气工程

专业特点

海洋油气工程专业主要研究工程流体力学、石油化学、油气储运工程等方面的基本知识和技能，以海洋钻井与完井、海洋采油、油气集输工艺为主，进行海洋油气储运工程的规划、勘察设计等。例如：海洋石油、天然气资源的开采，海洋油气资源的储存和运输。

本专业与高中学科关联度及学科要求

语文	数学	英语	物理	化学	生物	政治	历史	地理
C	B	B	A	A	C	C	E	B

本专业对高中阶段化学、物理科目要求较高，适合热爱海洋油气工程，乐于学习研究油气储运、质检的学生就读。

选考学科建议

"3+3"省份：物理 / 化学

"3+1+2"省份：首选物理，再选地理 / 化学

大学主要课程

工程制图、工程力学、工程流体力学、计算机应用、大学外语、海洋平台工程、石油地质学、海洋钻井工程、海洋采油工程等。

💡 就业方向

本专业毕业生可到国家、省、市发展计划部门，交通运输规划部门与设计部门、石油石化企业与城市燃气企业等单位，从事油气储运工程的规划、勘察设计、施工项目管理和研究、油品应用、石油营销及管理等工作。

🏛 本专业较好的大学（排名不分先后）

中国石油大学（北京）、中国石油大学（华东）、西南石油大学、东北石油大学等。

纺织工程

👍 专业特点

纺织工程专业主要研究纺织品的设计、加工工艺、质量检测、贸易等方面的基本知识和技能，包括纺织贸易和纺织服装两个方向，进行纺织品设计开发、纺织工艺设计、纺织生产质量控制等。常见的纺织品有刺绣、丝绸、服饰和地毯四大类，常用的纺织工艺包括清花、梳绵、并条、粗纱、细纱。

📖 本专业与高中学科关联度及学科要求

语文	数学	英语	物理	化学	生物	政治	历史	地理
C	C	B	A	A	D	E	E	E

本专业对高中阶段物理、化学科目要求较高，适合对纺织与服装设计加工感兴趣的学生就读。

📚 选考学科建议

"3+3"省份：物理／化学

"3+1+2"省份：首选物理，再选化学

📖 大学主要课程

机械设计基础、电工与电子技术、微型计算机原理及应用、纺织加工化学、纺织材料学、纺纱学、织造学、纺织品设计学、企业经管与管理等。

💡 就业方向

本专业毕业生可在纺织企业的技术和业务管理部门从事工艺设计、生产管理、产品开发等工作，也可到经营和外贸等部门从事经营管理和专业外贸等工作，还可到科研单位、纺织学校等单位从事科研、教学等工作。

🏛 本专业较好的大学（排名不分先后）

东华大学、天津工业大学、江南大学、苏州大学、浙江理工大学、西安工程大学、武汉纺织大学、青岛大学、西南大学、南通大学、四川大学、新疆大学、大连工业大学、上海工程技术大学、太原理工大学、中原工学院、绍兴文理学院、河北科技大学、安徽工程大学、五邑大学、安徽财经大学、嘉兴学院、兰州理工大学等。

服装设计与工程

专业特点

服装设计与工程专业主要研究服装设计、服装结构工艺及服装经营管理等方面的基本知识和技能，进行服装开发、设计、生产管理和营销等。例如：品牌服装的成衣设计，服装厂家的服装生产管理，服装布料的选择和鉴别，成品服装的宣传营销。

本专业与高中学科关联度及学科要求

语文	数学	英语	物理	化学	生物	政治	历史	地理
C	C	B	C	A	D	E	D	E

本专业对高中阶段化学科目要求较高，适合喜欢服装设计，对服装设计、制版、工艺、管理、营销等方面感兴趣的学生就读。

选考学科建议

"3+3"省份：物理 / 化学

"3+1+2"省份：首选物理，再选化学

大学主要课程

服装设计、服装色彩、服装材料、服装结构、成衣纸样与工艺、服装 CAD、服装生产与管理、服装工业制版、服装市场营销、服装史、服装工效学等。

💡 就业方向

本专业毕业生可在服装生产与销售企业、服装研究单位、服装行业管理部门及新闻出版机构等，从事服装产品开发（服装商品企划、开发板设计）、市场营销、服装外贸、服装生产管理、服装理论研究及宣传评论等方面的工作。

🏛 本专业较好的大学（排名不分先后）

东华大学、浙江理工大学、江南大学、武汉纺织大学、苏州大学、上海工程技术大学、北京服装学院、天津工业大学、西安工程大学、大连工业大学、陕西科技大学、青岛大学、闽江学院、南通大学、惠州学院、德州学院、太原理工大学、广东工业大学、中原工学院、济南大学、新疆大学、常熟理工学院、华南农业大学、温州大学、四川师范大学、浙江科技学院、安徽农业大学、金陵科技学院、五邑大学、吉林工程技术师范学院、河北科技大学、绍兴文理学院、沈阳航空航天大学、重庆师范大学、江苏理工学院、安徽工程大学、山东工艺美术学院、广东技术师范大学、嘉兴学院、江西服装学院、重庆文理学院、湖北理工学院、辽宁工业大学等。

非织造材料与工程

专业特点

    非织造材料与工程专业主要研究纺织及材料科学方面的基本知识和技能，在非织造材料与产品制造领域进行产品研制、技术开发、工艺和装备设计、国内外贸易等。常见的非织造产品有：无纺布购物袋，化妆棉，湿纸巾，口罩，手术服等。

本专业与高中学科关联度及学科要求

语文	数学	英语	物理	化学	生物	政治	历史	地理
B	B	B	B	A	D	C	E	E

    本专业对高中阶段化学科目要求较高，适合对纺织产品制造感兴趣，喜欢新材料研究、设计的学生就读。

选考学科建议

    "3+3"省份：物理 / 化学

    "3+1+2"省份：首选物理，再选化学

大学主要课程

    物理化学、量子与统计力学、固体物理、材料学概论、材料科学基础、材料物理、材料化学、材料力学、材料科学研究方法、材料工艺与设备、计算机在材料科学中的应用等。

💡 就业方向

本专业毕业生可从事非织造材料与工程领域的产品开发、工艺设计、设备设计与生产、生产技术管理、经营与贸易和质量检验等工作，也可选择国内外纺织贸易、外资企业、政府部门、商检与海关、国有及私营企业、科研院所等单位就业。

🏛 本专业较好的大学（排名不分先后）

东华大学、天津工业大学、浙江理工大学、苏州大学、武汉纺织大学、南通大学等。

服装设计与工艺教育

专业特点

服装设计与工艺教育专业主要研究服装造型与结构设计、计算机辅助设计、教育学等方面的基本知识和技能，进行服装的设计生产、服装类专业课程的教学等。例如：成衣的款式设计，服装设计图样板的制作（服装打版），多种尺寸样板的制作（服装推板），技校服装类课程的教学。

本专业与高中学科关联度及学科要求

语文	数学	英语	物理	化学	生物	政治	历史	地理
C	C	B	B	A	C	E	E	E

本专业对高中阶段化学科目要求较高，适合喜欢服装设计、有一定美术功底、善于创新的学生就读。

选考学科建议

"3+3"省份：物理 / 化学

"3+1+2"省份：首选物理，再选化学

大学主要课程

服装美术基础、服装人体工程学、服装结构设计、时装画技法和效果图、心理学、服装设计学、服装工艺学、服装立体裁剪、教育学、服装材料学、中国服装史、服装 CAD 等。

💡 就业方向

　　本专业毕业生可在服装行业从事服装设计与开发、服装生产工艺设计、服装打板、服装推板、服装生产工艺单编写、样衣制作、服装生产管理等工作，也可从事服装技术教学及研究工作。

🏛 本专业较好的大学（排名不分先后）

　　东华大学、苏州大学、江南大学、天津工业大学、浙江理工大学、新疆大学、陕西科技大学、青岛大学、北京服装学院、武汉纺织大学等。

丝绸设计与工程

专业特点

　　丝绸设计与工程专业采用工程与艺术相结合的模式进行人才培养，使学生成为既具有纺织丝绸工程知识，又具有艺术修养、创新设计理论及实践能力的复合型人才。本专业知识涉及丝绸文化历史知识、丝绸产品艺术设计、丝绸产品工艺设计、丝绸服装服饰产品、丝绸家纺装饰产品、丝绸产品营销贸易等诸多领域。

本专业与高中学科关联度及学科要求

语文	数学	英语	物理	化学	生物	政治	历史	地理
C	C	B	B	A	C	E	E	E

　　本专业对高中阶段化学科目要求较高，适合热爱纺织业，对丝绸设计、制版、工艺、管理、营销感兴趣的学生就读。

选考学科建议

　　"3+3"省份：物理 / 化学

　　"3+1+2"省份：首选物理，再选化学

大学主要课程

　　丝绸专业导论、现代设计基础、纺织材料学、制丝学、丝织工艺学、织物组织学、纹织学、丝针织工艺技术、丝绸色彩学、丝绸染整工艺学、印花图案设计、纺织品设计学、纺织品 CAD 等。

💡 就业方向

　　本专业毕业生可在服装生产与销售企业、服装研究单位、服装行业管理部门及新闻出版机构等领域，从事丝绸服装产品开发、服装商品企划、开发板设计等工作。

🏛 本专业较好的大学（排名不分先后）

浙江理工大学等。

轻化工程

专业特点

轻化工程专业主要研究各类轻化工产品的生产、加工、检测等方面的基本知识和技能，涉及制浆造纸、精细化工、纺织染整、皮革工程等多个领域，通过化学、物理和机械的方法加工纺织品、皮革、纸张等。例如：布料染色，皮革设计与加工，纸张制造与漂白，香烟的生产。

本专业与高中学科关联度及学科要求

语文	数学	英语	物理	化学	生物	政治	历史	地理
C	C	B	B	A	C	E	E	E

本专业对高中阶段化学科目要求较高，适合乐于涉入轻纺化工领域、善于生产设计及研究的学生就读。

选考学科建议

"3+3"省份：物理/化学

"3+1+2"省份：首选物理，再选化学

大学主要课程

无机及分析化学、有机化学、物理化学、高分子化学及物理、化工原理、新型染整技术、染整工艺与原理、染料化学等。

💡 就业方向

本专业毕业生适合在制浆与造纸、外贸商检、环境保护、技术监督、化工等有关部门从事生产技术管理、品质控制与分析检测及废水处理的研究开发等工作，也可在大中专院校、科研院所从事教学、工程设计、技术开发与经营、科学研究等工作，还可在皮革、纺织机械设备公司从事与纺织相关的机械设计、生产、销售等工作。

🏛 本专业较好的大学（排名不分先后）

华南理工大学、四川大学、江南大学、陕西科技大学、天津科技大学、广西大学、浙江理工大学、南京林业大学、华东理工大学、齐鲁工业大学、东华大学、湖北工业大学、大连工业大学、天津工业大学、苏州大学、青岛科技大学、东北林业大学、南京工业大学、西南大学、西安工程大学、青岛大学、昆明理工大学、常州大学、长沙理工大学、福建农林大学、浙江科技学院、上海应用技术大学等。

包装工程

专业特点

　　包装工程专业主要研究包装学、物理学、化学、材料学、美学、色彩等方面的基本知识和技能，涉及包装的设计、印刷、测试、管理、研发等方面，针对包装的不同功能需求（保护产品、方便储运、促进销售）进行内包装、外包装、结构包装、缓冲包装、运输包装的设计，同时兼具包装的质量检测和包装制品的印刷等。

本专业与高中学科关联度及学科要求

语文	数学	英语	物理	化学	生物	政治	历史	地理
C	C	B	A	A	D	E	E	E

　　本专业对高中阶段化学、物理科目要求较高，适合乐于从事包装设计、研发相关工作的学生就读。

选考学科建议

　　"3+3"省份：物理 / 化学

　　"3+1+2"省份：首选物理，再选化学

大学主要课程

　　包装工程概论、包装材料学、包装工艺学、包装结构设计、包装机械、包装测试、包装运输、包装印刷、包装容器结构设计与制造、包装装潢设计、Photoshop 图形图像处理、3D-Max、高分子物理与化学、有机化学、无机化学、物流工程、工程力学、理论力学、材料力学、电子电工学、机械设计基础等。

💡 就业方向

本专业毕业生可在商品生产与流通部门、包装企业、科研机构、外贸部门、商检部门等从事包装系统设计、质量检测、技术管理和科学研究等工作。

🏛 本专业较好的大学（排名不分先后）

江南大学、天津科技大学、武汉大学、北京化工大学、陕西科技大学、广西大学、暨南大学、南京林业大学、齐鲁工业大学、西安理工大学、山东大学、吉林大学、上海大学、郑州大学、武汉理工大学、大连工业大学、北京林业大学、上海理工大学、西南大学、青岛科技大学、北京工商大学、北京印刷学院、华南农业大学、江苏大学、浙江理工大学、广东工业大学、东北林业大学、东北农业大学、四川农业大学、上海海洋大学、天津商业大学、湖南工业大学、武汉轻工大学、河南工业大学、沈阳农业大学等。

印刷工程

（ED）

👍 专业特点

印刷工程专业主要研究图文信息处理、印刷复制工程等方面的基本知识和技能，包括宣传单、易拉宝、宣传册等印刷制品的印前、印刷、印后的各种加工技术，进行印刷的生产实施和工艺设计等。例如：印前的图文编排、印刷制版，印刷设备的操作，印刷过程的质量监控，印后的装帧、塑封。

📖 本专业与高中学科关联度及学科要求

语文	数学	英语	物理	化学	生物	政治	历史	地理
C	C	B	B	A	C	E	E	E

本专业对高中阶段化学科目要求较高，适合乐于从事印刷工作，善于动手设计、研究的学生就读。

📚 选考学科建议

"3+3"省份：物理 / 化学

"3+1+2"省份：首选物理，再选化学

📕 大学主要课程

印刷概论、色彩学、色彩管理原理与应用、信息获取与输出技术、印前处理原理与技术、印刷原理与工艺、材料科学基础、信息记录材料与技术、显示材料与技术、印刷材料与适性、数字图像处理、计算机图形学、数字内容管理、页面描述语言、印刷设备、计算机集成印刷系统、信息与信息编码、通信与信息系统等。

💡 就业方向

本专业毕业生可在出版社、期刊社、报社以及中外大型企业的企业文化发展部门、图书和出版工作室、网站、排版公司、广告公司以及其他传播行业单位从事文字技术编辑、图文编排、版面设计、出版物质量监控、出版物成本核算、印制业务管理、网络编辑、校对、出版物生产组织管理等工作，也可在各类企事业和行政机关单位从事文稿编辑出版、宣传策划等工作。

🏛 本专业较好的大学（排名不分先后）

武汉大学、西安理工大学、陕西科技大学、北京印刷学院、南京林业大学、齐鲁工业大学、上海理工大学、湖南工业大学、天津科技大学等。

香料香精技术与工程

专业特点

香料香精技术与工程专业是一门以化学、生物学、食品科学和工程学等作为主要基础的多学科交叉的应用科学。本专业旨在培养具有良好的政治素质和道德修养，具有强烈的社会责任感，适应国民经济建设需要的高素质应用型高级工程技术人才。

本专业与高中学科关联度及学科要求

语文	数学	英语	物理	化学	生物	政治	历史	地理
C	C	B	B	A	A	E	E	E

本专业对高中阶段化学、生物科目要求较高，适合乐于从事香料香精技术与工程领域的学生就读。

选考学科建议

"3+3"省份：物理 / 化学

"3+1+2"省份：首选物理，再选化学

大学主要课程

无机及分析化学、有机化学、物理化学、高分子化学及物理、化工原理等。

💡 就业方向

　　本专业毕业生可从事香料香精化妆品行业的技术开发工作，如日化香原料制备、食用香原料制备、日化香精制备与分析、食用香精制备与分析、产品品质控制以及香精在日用化工、化妆品工业、食品工业、烟草行业、皮革、纺织、造纸、医药等行业中的应用，也可从事技术管理、市场营销等相关工作。

🏛 本专业较好的大学（排名不分先后）

　　上海应用技术大学、北京工商大学、河南农业大学、云南农业大学等。

化妆品技术与工程

👍 专业特点

化妆品技术与工程专业培养具有良好的职业道德和人文素养、较强的创新创业能力，掌握扎实的医学、化妆品科学、美容健康管理所必备的基本理论知识，具备化妆品配方设计、功效评价、质量检验、生产技术以及化妆品的应用与营销管理能力的高素质应用型专门人才。

📖 本专业与高中学科关联度及学科要求

语文	数学	英语	物理	化学	生物	政治	历史	地理
C	C	B	B	A	A	E	E	E

本专业对高中阶段化学科目要求较高，适合对化妆品研究感兴趣、热衷美容健康管理的学生就读。

📋 选考学科建议

"3+3"省份：物理 / 化学

"3+1+2"省份：首选物理，再选化学

📚 大学主要课程

基础医学、有机化学、分析化学、天然成分化学、化妆品配方设计、化妆品工艺学等。

💡 就业方向

本专业毕业生可从事化妆品行业的技术开发，如化妆品原料应用、化妆品配方开发、化妆品功效评价、化妆品市场法规、化妆品生产管理、化妆品原料检测分析、化妆品原料技术销售等行业的相关工作，也可从事技术管理、市场营销等相关工作。

🏛 本专业较好的大学（排名不分先后）

北京工商大学、上海应用技术大学等。

交通运输

专业特点

交通运输专业主要研究运筹学、管理学、交通运输组织学等方面的基本知识和技能，包括铁路、公路、水路及航空运输基础设施的布局及修建、载运工具运用工程、交通信息工程及控制、交通运输经营和管理等。例如：汽车控制系统的开发，飞机航行路线的规划，地铁的乘务管理，公交车站等交通设施的设计建造。

本专业与高中学科关联度及学科要求

语文	数学	英语	物理	化学	生物	政治	历史	地理
A	C	B	A	E	E	C	E	C

本专业对高中阶段物理科目要求较高，适合乐于从事交通运输及管理、车辆设计制造相关工作的学生就读。

选考学科建议

"3+3"省份：物理 / 化学

"3+1+2"省份：首选物理，再选化学

大学主要课程

铁路工程、道路工程、内河运输工程、机场工程、港口工程、航道工程、水运交通信息工程及控制、船舶运用工程、水运规划与管理、智能化、电子技术、现代信号处理及现代控制理论、现代试验及检测技术、规划理论与现代化管理等。

💡 就业方向

本专业毕业生可到国家与省、市的发展规划部门、交通规划与设计部门、交通管理部门、交通工程公司等单位从事交通运输规划、交通工程设计、交通控制系统开发等方面的工作，也可在高等学校、科研院所从事教学和科学研究等工作。

🏛 本专业较好的大学（排名不分先后）

西南交通大学、北京交通大学、东南大学、同济大学、长安大学、北京航空航天大学、中南大学、武汉理工大学、吉林大学、大连海事大学、南京航空航天大学、华南理工大学、上海交通大学、长沙理工大学、上海海事大学、重庆交通大学、中国民航大学、江苏大学、石家庄铁道大学、华东交通大学、华中科技大学、东北林业大学、合肥工业大学、兰州交通大学、山东大学、苏州大学、上海工程技术大学、大连交通大学、中国民用航空飞行学院、西安建筑科技大学、中国农业大学、南京林业大学、山东理工大学、河北工业大学、深圳大学、集美大学、南京农业大学、山东科技大学、福州大学、中国矿业大学、内蒙古大学、武汉科技大学、浙江师范大学、广东工业大学、昆明理工大学、海南大学、河南科技大学、华南农业大学、福建工程学院、宁夏大学、沈阳建筑大学、青岛理工大学、鲁东大学、南通大学、天津职业技术师范大学、沈阳航空航天大学、西华大学、沈阳农业大学、广州航海学院、山东交通学院、河南农业大学、淮阴工学院、北京联合大学、华北理工大学、南京工程学院、浙江农林大学、山东建筑大学、上海第二工业大学、中南林业科技大学、福建农林大学、厦门理工学院、烟台南山学院等。

交通工程

专业特点

交通工程专业主要研究系统工程学、交通工程学、土木工程学等方面的基本知识和技能，进行交通工程规划、交通工程设计、交通土建施工工程建设管理等。例如：道路和地铁的施工规划，公交车站、停车场等交通设施的建设，高速公路的修理养护。

本专业与高中学科关联度及学科要求

语文	数学	英语	物理	化学	生物	政治	历史	地理
C	C	B	A	E	E	C	E	B

本专业对高中阶段物理科目要求较高，适合热爱交通工程，善于制图、测量的学生就读。

选考学科建议

"3+3"省份：物理 / 化学

"3+1+2"省份：首选物理，再选化学

大学主要课程

数学、外语、道路工程制图、工程力学基础、公路土质土力学、交通运输工程、桥隧工程、道路勘测设计、交通工程设计、道路施工监理、道路工程、高速公路管理、公路建设法规、公路养护管理、智能运输系统等。

🔆 就业方向

　　本专业毕业生可到公路、地铁、市政、城建、公安、铁道等领域从事交通规划、勘测、设计、施工、监理等方面的技术和管理工作，也可到科研、高等学校从事开发、教学工作。

🏛 本专业较好的大学（排名不分先后）

　　西南交通大学、东南大学、北京交通大学、同济大学、长安大学、哈尔滨工业大学、华南理工大学、吉林大学、北京工业大学、大连理工大学、清华大学、长沙理工大学、上海海事大学、中山大学、武汉理工大学、西北工业大学、重庆交通大学、大连海事大学、河海大学、东北林业大学、合肥工业大学、江苏大学、郑州大学、华东交通大学、石家庄铁道大学、兰州交通大学、北京建筑大学、浙江大学、南京林业大学、中国民航大学、华中科技大学、福州大学、南京工业大学、昆明理工大学、上海理工大学、中国农业大学、桂林电子科技大学、河北工业大学、山东理工大学、上海工程技术大学、武汉科技大学、西安建筑科技大学、广州大学、深圳大学、扬州大学、中国民用航空飞行学院、大连交通大学、新疆大学、宁夏大学、山东科技大学、沈阳建筑大学、湖北工业大学、苏州科技大学、青岛理工大学、华北水利水电大学、五邑大学、西华大学、福建农林大学、南通大学、北京联合大学、辽宁工程技术大学、湖南交通工程学院、华北理工大学、宁波工程学院、西南科技大学、山东建筑大学、上海应用技术大学等。

航海技术

专业特点

    航海技术专业主要研究海洋船舶驾驶、船舶运输管理等方面的基本知识和技能，接受船舶操纵、船舶避碰、航图运用、仪表识别、GMDSS 通信、消防和急救等方面的基本训练，进行一系列海上作业。例如：海上船舶货物运输，出海航线规划设计，海洋科学考察，海上搜救，海上国防。

本专业与高中学科关联度及学科要求

语文	数学	英语	物理	化学	生物	政治	历史	地理
C	B	A	A	D	D	D	E	C

    本专业对高中阶段物理、英语科目要求较高，适合热爱航海事业，乐于从事与船舶驾驶、运输管理有关工作的学生就读。

选考学科建议

"3+3"省份：物理 / 化学

"3+1+2"省份：首选物理，再选化学

大学主要课程

    航海学、航海英语、船舶操纵与避碰航、船舶管理、海气象与海洋学、船舶结构与货运、航海仪器、船舶无线电技术基础、海洋船舶驾驶、海商法、船舶原理、船舶自动化基础、GMDSS 认识与操作等。

💡 就业方向

　　本专业毕业生的就业方向主要面向海事管理部门、船舶管理部门、航海业务部门、航运企业、港口、码头、航道管理部门、集装箱业务部门、国际航海业务通信部门、船厂、国际劳务输出公司、海关公安及边防单位等。

🏛 本专业较好的大学（排名不分先后）

　　大连海事大学、武汉理工大学、上海海事大学、宁波大学、山东交通学院、集美大学、重庆交通大学、中国海洋大学等。

专业类 交通运输类

专业代码 081803K

修业年限 四年

授予学位 工学学士

轮机工程

专业特点

轮机工程专业主要研究机械原理、轮机系统等方面的基本知识和技能，在海洋运输各企事业单位进行轮机操纵、维修、船舶监造等，常于海上作业。例如：船舶机器设备的维修与保养，造船厂轮机设备的生产制造，海上航行时的管轮。

本专业与高中学科关联度及学科要求

语文	数学	英语	物理	化学	生物	政治	历史	地理
C	C	A	A	C	D	D	E	D

本专业对高中阶段物理、英语科目要求较高，适合对海洋运输感兴趣、乐于轮机工程研究的学生就读。

选考学科建议

"3+3"省份：物理 / 化学

"3+1+2"省份：首选物理，再选化学

大学主要课程

船舶与海洋工程、电气工程、控制科学与工程、工程热力学、传热学、流体力学、理论力学、材料力学、机械设计基础、金属材料、电路与电子技术、轮机工程、轮机操作、自动化技术基础等。

💡 就业方向

本专业毕业生的就业方向主要面向海洋运输等企事业单位，可从事轮机操纵、维修和船舶监造等工作，也可从事远洋和近海船舶的轮机管理等工作，还可在航运机务部门、港务监督部门、船检部门等从事相关工作。

🏛 本专业较好的大学（排名不分先后）

大连海事大学、武汉理工大学、哈尔滨工程大学、江苏科技大学、上海海事大学、重庆交通大学、华中科技大学、浙江海洋大学、集美大学、宁波大学、中国海洋大学等。

飞行技术

专业特点

飞行技术专业主要研究空气动力学、飞行力学、飞行性能与操纵原理、现代运输飞机构造等方面的基本知识和技能，为民航和军队培养飞行驾驶员。

本专业与高中学科关联度及学科要求

语文	数学	英语	物理	化学	生物	政治	历史	地理
C	C	A	A	C	D	D	E	D

本专业对高中阶段物理、英语科目要求较高，适合对飞行技术感兴趣、乐于学习飞行技术的学生就读。

选考学科建议

"3+3"省份：物理 / 化学

"3+1+2"省份：首选物理，再选化学

大学主要课程

飞行原理、飞机构造、航空动力装置、民航飞机电子设备、空气动力学、飞行力学、空中领航学、飞行气象学、飞行安全、机组资源管理、工程力学、电工与电子技术、空地对话、航空体育等。

💡 就业方向

本专业毕业生主要就职于上海航空股份有限公司及其他各大航空公司等民航企业，从事民航航线飞行驾驶工作。

🏛 本专业较好的大学 (排名不分先后)

中国民航大学、南京航空航天大学、北京航空航天大学、中国民用航空飞行学院、昆明理工大学、滨州学院、上海工程技术大学、太原理工大学、沈阳航空航天大学、南昌航空大学等。

交通设备与控制工程

专业特点

　　交通设备与控制工程专业主要研究交通设备、控制工程、机电技术等方面的基本知识和技能，在交通运输领域进行交通设备设计制造、检修维护、科技开发、应用研究、运行管理等。例如：红绿灯、天眼等交通设备的设计制造、检修维护，电子收费系统（ETC）等智能交通系统的研发。

本专业与高中学科关联度及学科要求

语文	数学	英语	物理	化学	生物	政治	历史	地理
B	B	B	A	C	D	C	C	C

　　本专业对高中阶段物理科目要求较高，适合乐于从事交通设备设计制造、检修、维护、应用研究等工作的学生就读。

选考学科建议

　　"3+3"省份：物理 / 化学
　　"3+1+2"省份：首选物理，再选化学

大学主要课程

　　交通工程学、交通管理与控制、智能交通系统、计算机工程图学、理论力学、材料力学、机械设计基础、数字电子技术、控制工程基础、测试技术与信号处理、流体传动与控制、CAD/CAM 技术等。

💡 就业方向

本专业毕业生可就职于政府交通管理部门，航空、公路及铁路等交通运输部门，交通运输装备研究院所和相关生产研发单位，从事交通运输设备设计、开发，交通运输规划与管理等工作。

🏛 本专业较好的大学（排名不分先后）

中南大学、哈尔滨工业大学、西南交通大学、西北工业大学、北京工业大学、合肥工业大学、重庆交通大学、南通大学、北方工业大学等。

救助与打捞工程

专业特点

救助与打捞工程专业主要学习先进的救捞技术，熟悉现代化的救捞设备，进行救助打捞和应急救援，或者进行救助打捞装备的研究、设计及制造等。例如：对遭遇海难的海上船舶进行救助，对沉船的货物进行打捞，对突发洪水、滑坡等灾害的应急救援。

本专业与高中学科关联度及学科要求

语文	数学	英语	物理	化学	生物	政治	历史	地理
C	C	A	A	C	D	D	E	B

本专业对高中阶段英语、物理科目要求较高，适合思想政治素质好、热爱救助与打捞事业、纪律性强、身体健康、吃苦耐劳、英语基础好的男生就读。

选考学科建议

"3+3"省份：物理 / 化学

"3+1+2"省份：首选物理，再选化学

大学主要课程

船舶设计原理、机械设计基础、机械制造基础、材料力学、船舶与海洋工程结构力学、流体力学、船舶静力学、航海气象学、航海概论、轮机概论、潜水技术基础、海洋工程、救助工程、打捞工程、救助与打捞政策法规、国际标准合同、救捞应急管理、救捞及海洋工程项目管理等。

💡 就业方向

本专业毕业生可在交通部所属的救助打捞系统、各类海洋工程公司，救助打捞装备研究、设计及制造的研究所、设计所、企业从事设计、研究、制造、检验、指挥、管理及实施等工作，也可在救助打捞技术培训的教育机构从事教学、培训等工作。

🏛 本专业较好的大学（排名不分先后）

大连海事大学、海军潜艇学院等。

船舶电子电气工程

专业特点

　　船舶电子电气工程专业主要研究船舶电子电气设备的工作原理、构造、设计等方面的基本知识和技能，涉及电气技术、电子技术、控制技术、计算机控制及其网络技术等领域，常用于船舶运输业进行海上作业。例如：海上设施的检验，通信器、导航仪等船舶电子电气设备的维修与养护。

本专业与高中学科关联度及学科要求

语文	数学	英语	物理	化学	生物	政治	历史	地理
C	C	A	A	C	D	D	E	D

　　本专业对高中阶段物理、英语科目要求较高，适合热爱船舶电子工程、乐于从事船舶自动化相关工作的学生就读。

选考学科建议

　　"3+3"省份：物理 / 化学

　　"3+1+2"省份：首选物理，再选化学

大学主要课程

　　电路原理、模拟电子技术、数字电子技术、电力电子技术、通讯电子线路、自动控制原理、计算机网络应用、微机原理及应用、PLC

编程及工程应用、传感器原理及应用、电机学、交流调速、船舶电站、船舶电力拖动系统、船舶电气设备及系统、船舶机舱自动控制系统、船舶综合驾驶台系统、船舶电子电气工艺等。

💡 就业方向

本专业毕业生的主要就业方向为船舶运输业、船舶修造、船级社、海事管理、港口电气、同类院校及科研院所等，可从事船舶电子电气设备维护、船舶电子电气生产设计、航运企业机电管理、船舶电子电气检验、海事管理、港口电气设备管理和维护、船舶电子电气专业教学及科研等工作。

🏛 本专业较好的大学（排名不分先后）

大连海事大学、上海海事大学、集美大学、重庆交通大学、浙江海洋大学等。

轨道交通电气与控制

专业特点

轨道交通电气与控制专业是以交通运输工程、电气工程、控制科学与工程为主要学科支撑的应用型新工科专业。本专业以轨道交通供电、电力牵引传动、车辆辅助电器设备及控制、车辆综合监控等理论为基础，培养适应中国轨道交通电气与控制领域的一线应用型人才。

本专业与高中学科关联度及学科要求

语文	数学	英语	物理	化学	生物	政治	历史	地理
C	C	A	A	C	D	D	E	B

本专业对高中阶段物理、英语科目要求较高，适合对轨道交通应用管理感兴趣的学生就读。

选考学科建议

"3+3"省份：物理 / 化学

"3+1+2"省份：首选物理，再选化学

大学主要课程

电力机车与车辆概论、电力电子技术、电力系统分析、轨道交通设备系统 、继电保护原理、轨道交通综合监控、牵引供电技术 / 电力牵引传动与控制、接触网技术 / 电控与PLC、电机学 / 电机及拖动基础等。

💡 就业方向

本专业毕业生可到轨道交通装备制造单位、轨道交通牵引供电系统建设单位、轨道交通运营单位和轨道交通维管单位，从事相关设备的设计、制造、调试、生产（施工）、维护和维修等工作。

🏛 本专业较好的大学 （排名不分先后）

山东交通学院、重庆移通学院、西安交通工程学院等。

专业类
交通运输类

专业代码
081809T

修业年限
四年

授予学位
工学学士

邮轮工程与管理

专业特点

邮轮工程与管理专业主要学习邮轮工程与管理的基本理论和基本知识，使学生接受邮轮专用机电设备管理与检修的基本训练，掌握邮轮管理的基本能力。

本专业与高中学科关联度及学科要求

语文	数学	英语	物理	化学	生物	政治	历史	地理
C	C	A	A	C	D	D	E	B

本专业对高中阶段物理、英语科目要求较高，适合对邮轮管理等感兴趣的学生就读。

选考学科建议

"3+3"省份：物理 / 化学

"3+1+2"省份：首选物理，再选化学

大学主要课程

工程制图、邮轮经济、邮轮工程英语、船舶港口防污染技术、邮轮口岸管理、船舶运营与决策、船舶电气及自动化、船舶制冷设备、工程项目管理、船舶动力推进设备等。

💡 就业方向

　　本专业毕业生可从事邮轮工程及管理工作，可在邮轮或母港、酒店、楼宇等行业从事相关机电设备的维护与管理等保障工作，也可在邮轮设备生产厂、修造船厂等单位从事设计、安装调试、维修、现场管理等工作，还可在邮轮营运机构、邮轮管理等部门从事相关管理工作。

🏛 本专业较好的大学（排名不分先后）

　　广州航海学院等。

船舶与海洋工程

专业特点

船舶与海洋工程专业主要研究船舶的构造、航行原理、安全性设计和国内外重要船级社的规范等基本知识和技能，进行船舶与海洋结构物的设计、研究、制造、检验、使用和管理等。例如：船舶动力装置的设计，船舶抗风浪性能的检验，船舶轮机系统的保养和维修，船舶的使用驾驶。

本专业与高中学科关联度及学科要求

语文	数学	英语	物理	化学	生物	政治	历史	地理
C	A	B	A	D	E	E	E	C

本专业对高中阶段物理、数学科目要求较高，适合热爱船舶与海洋工程、善于分析研究的学生就读。

选考学科建议

"3+3"省份：物理

"3+1+2"省份：首选物理，再选化学

大学主要课程

理论力学、材料力学、流体力学、船舶结构力学、船舶静力学、船舶阻力、船舶推进、船体强度与结构设计、船体建造工艺、船体焊接、船舶设计原理等。

💡 就业方向

本专业毕业生可到船舶与海洋工程设计研究单位、海事局、国内外船级社、船舶公司、船厂、海洋石油单位、高等学校，以及船舶运输管理、船舶贸易与经营、海关、海上保险和海事仲裁等部门，从事船舶与海洋结构物设计、研究、制造、检验、使用和管理等工作。

🏛 本专业较好的大学（排名不分先后）

上海交通大学、哈尔滨工程大学、天津大学、西北工业大学、大连理工大学、华中科技大学、武汉理工大学、哈尔滨工业大学、中国海洋大学、大连海事大学、江苏科技大学、浙江大学、华南理工大学、上海海事大学、中国石油大学（华东）、集美大学、浙江海洋大学、南京航空航天大学、重庆交通大学等。

海洋工程与技术

👍 专业特点

海洋工程与技术专业主要研究海洋科学、海洋工程和海洋高新技术等方面的基本知识和技能，进行海洋高新技术的开发和海洋工程的设计建造等。例如：人工岛、浮标等海上构造物的设计建造，海洋油气资源的开采，海洋地质调查，海上设施的质量检验。

📖 本专业与高中学科关联度及学科要求

语文	数学	英语	物理	化学	生物	政治	历史	地理
C	C	B	A	C	D	D	E	A

本专业对高中阶段物理、地理科目要求较高，适合热爱海洋科学，乐于从事海洋高新技术研究、开发、运用相关工作的学生就读。

📚 选考学科建议

"3+3"省份：物理

"3+1+2"省份：首选物理，再选化学

📔 大学主要课程

工程图学、机械原理、机械设计、理论力学、材料力学、电工基础、电子技术基础、流体力学、工程热力学、海洋技术导论、船舶柴油机原理、海洋工程装备设计、港口机械设计、海洋石油钻采技术等。

💡 就业方向

本专业毕业生可到海洋工程设计、研究、建造、检验等部门从事海洋结构物的研究、设计、制造、检验、贸易等工作，也可从事海洋油气开发以及航运管理、海上保险等工作，还可到海洋开发、航务工程、船舶工程、道路与桥梁工程等相近专业部门工作。

🏛 本专业较好的大学（排名不分先后）

浙江大学、中山大学、华南理工大学等。

海洋资源开发技术

专业特点

　　海洋资源开发技术专业主要研究海洋资源的勘探、评估开发和利用等方面的基本知识和技能，进行海洋资源的开发利用、海洋产品的研发生产等。例如：海洋油气开发，海底采矿，海水淡化，鱼、虾、贝类等海产品的生产、加工、质检等，人工岛等海洋工程的设计、建造。

本专业与高中学科关联度及学科要求

语文	数学	英语	物理	化学	生物	政治	历史	地理
C	C	B	A	A	D	D	E	A

　　本专业对高中阶段化学、物理、地理科目要求较高，适合对海洋资源开发技术感兴趣、乐于实践应用的学生就读。

选考学科建议

　　"3+3"省份：物理

　　"3+1+2"省份：首选物理，再选化学

大学主要课程

　　生物化学、无机及分析化学、海洋微生物工程、水产食品化学、海洋资源原料学、海洋生物资源评估、海洋生物资源加工与利用工程、海洋生物资源产品质量控制、海洋资源综合利用技术专题、海洋管理概论等。

💡 就业方向

本专业毕业生可从事海洋资源调查与开发、海洋环境监测、海洋资源管理、海洋探测、海洋信息处理技术等工作，也可在水产、饲料、鱼药、生物技术等相关行业从事生产、经营管理、技术开发与推广等工作。

🏛 本专业较好的大学 （排名不分先后）

大连理工大学、中国海洋大学、同济大学、河海大学、南京师范大学、山东大学、浙江理工大学等。

海洋机器人

👍 专业特点

    海洋机器人专业是一门将水动力分析、控制技术、传感器技术、人工智能、计算机仿真等高科技手段综合运用于海洋领域的新兴交叉学科。本专业主要研究智能水下机器人、遥控水下机器人、水面无人艇等海中无人平台的基础理论和应用技术。例如：海洋机器人操作，水下考古挖掘，水下探险，水下科研。

📖 本专业与高中学科关联度及学科要求

语文	数学	英语	物理	化学	生物	政治	历史	地理
C	C	B	A	C	D	D	E	A

    本专业对高中阶段物理、地理科目要求较高，适合热爱海洋科学，乐于从事海洋高新技术研究、开发、运用的学生就读。

📚 选考学科建议

    "3+3"省份：物理

    "3+1+2"省份：首选物理，再选化学

📙 大学主要课程

    海洋机器人专业导论、船舶与海洋工程流体力学、电路与电子技术、自动控制原理、人工智能、海洋机器人操纵与控制、水下导航与定位技术、海洋机器人环境感知、海洋机器人设计、水下密封与腐蚀防护等。

💡 就业方向

本专业毕业生可从事水下安全检查、海洋工程、科学考察等工作，也可从事军事海洋机器人的研究以及围绕海洋机器人智能部件的开发、测试与生产技术工作。

🏛 本专业较好的大学（排名不分先后）

哈尔滨工程大学、山东交通学院等。

航空航天工程

专业特点

航空航天工程专业主要研究航空电子系统，飞行器的设计、制造等方面的基本知识和技能，涉及数学、物理、计算机、材料学等多个领域，进行飞行器总体、结构与系统的分析设计等。例如：火箭、载人飞船等飞行器的设计制造，飞机各种电子设备的研发生产。

本专业与高中学科关联度及学科要求

语文	数学	英语	物理	化学	生物	政治	历史	地理
B	A	B	A	C	D	C	E	C

本专业对高中阶段物理、数学科目要求较高，适合热爱航空航天工程，乐于工艺及设计、实验相关工作的学生就读。

选考学科建议

"3+3"省份：物理

"3+1+2"省份：首选物理，再选化学

大学主要课程

空气动力学、飞行器结构力学、航空航天概论、机械设计基础、电路与电子学、自动控制原理、工程热力学、飞行器总体设计、飞行器结构设计、传热学、燃烧学、流体力学、材料力学、结构强度、材料与制造工艺、航空发动机、飞行控制、通信与导航、风洞试验、可靠性与质量控制、安全救生、环境控制、航空仪表、航空宇航制造工程、航空航天动力装置、电子对抗技术、隐身技术、飞机维修等。

💡 就业方向

本专业毕业生可在航空航天类领域，从事与航空学有关的科研、技术开发、工程设计、测试、制造、使用、维修和教学等工作。

🏛 本专业较好的大学（排名不分先后）

北京航空航天大学、西北工业大学、上海交通大学、清华大学、北京理工大学、南京航空航天大学、北京大学、中南大学、中山大学等。

飞行器设计与工程

👍 专业特点

    飞行器设计与工程专业主要研究与航空航天飞行器设计相关的基本知识和技能，包括飞行器总体、结构、外形的设计等，涉及数学、力学、机械学等相关领域，进行飞行器设计、飞行器性能计算与分析、结构受力与分析、飞行器故障诊断及维修。

📘 本专业与高中学科关联度及学科要求

语文	数学	英语	物理	化学	生物	政治	历史	地理
C	A	B	A	C	D	E	E	D

    本专业对高中阶段物理、数学科目要求较高，适合热爱航空航天工程，乐于从事飞行器设计与研发、维修工作的学生就读。

📚 选考学科建议

    "3+3"省份：物理

    "3+1+2"省份：首选物理，再选化学

📖 大学主要课程

    理论力学、材料力学、机械设计、弹性力学、结构力学、流体力学与空气动力学基础、飞行器结构力学、空气动力学、飞行力学、结构强度、试验技术、自动控制理论、飞行器总体设计、结构设计、复合材料设计与分析、民机结构维修、民机维修无损检测等。

💡 就业方向

本专业毕业生可在航空航天系统的设计、生产与研发部门从事飞行器的设计、实验、研究、运行维护等工作，还可从事航空和其他国民经济部门的技术、管理及教学等工作。

🏛 本专业较好的大学（排名不分先后）

北京航空航天大学、西北工业大学、哈尔滨工业大学、南京航空航天大学、北京理工大学、浙江大学、西安交通大学、复旦大学、南京理工大学、大连理工大学、华中科技大学、厦门大学、哈尔滨工程大学等。

飞行器制造工程

专业特点

　　飞行器制造工程专业主要研究飞行器制造、制造工程、电工与电子技术等方面的基本知识和技能，进行飞行器制造领域的设计、制造、研究、开发与管理等。例如：飞行器制造，零件加工与装配，故障诊断。

本专业与高中学科关联度及学科要求

语文	数学	英语	物理	化学	生物	政治	历史	地理
C	A	B	A	C	D	E	E	E

　　本专业对高中阶段物理、数学科目要求较高，适合热爱航空航天工程，乐于从事飞行器制造、研究、开发与管理工作的学生就读。

选考学科建议

　　"3+3"省份：物理

　　"3+1+2"省份：首选物理，再选化学

大学主要课程

　　航空制造工程概论、计算机辅助技术概论、计算机图形学、结构有限元法、金属塑性成形原理、飞机装配工艺学、计算机辅助几何造型技术、计算机辅助制造、模具设计与制造、塑性成形有限元法、飞机钣金成形工艺等。

🔆 就业方向

本专业毕业生可在航空航天、机械设计与制造、材料加工以及计算机应用等行业和领域的研究院（所）、大中型企业、合资企业及高等学校，从事科研、设计、生产、技术管理和教学等方面的工作。

🏛 本专业较好的大学（排名不分先后）

西北工业大学、北京航空航天大学、哈尔滨工业大学、南京航空航天大学、同济大学、沈阳航空航天大学、中北大学、中国民航大学、南昌航空大学、合肥工业大学、上海工程技术大学、重庆交通大学、中国民用航空飞行学院、西安航空学院、北华航天工业学院、贵州理工学院、黄河交通学院等。

专业类 航空航天类

专业代码 082003

修业年限 四年

授予学位 工学学士

飞行器动力工程

专业特点

飞行器动力工程专业主要研究飞行器的动力装置及控制系统的工作原理、结构、设计方法等方面的基本知识和技能，涉及数学、力学、机械学及电子学等领域，从而进行飞行器动力装置及控制系统的设计、研究、测试、运行维护等。例如：火箭发动机的维修养护，飞机控制系统的测试，载人飞船动力装置的研发制造。

本专业与高中学科关联度及学科要求

语文	数学	英语	物理	化学	生物	政治	历史	地理
C	A	B	A	C	E	E	E	E

本专业对高中阶段物理、数学科目要求较高，适合热爱航空航天工程、乐于学习研究飞行器动力装置的学生就读。

选考学科建议

"3+3"省份：物理

"3+1+2"省份：首选物理，再选化学

大学主要课程

机械原理及机械设计、电工与电子技术、工程力学、工程热力学、传热学、流体（含气体）力学、材料力学、空气动力学、理论力学、动力装置原理及结构、动力装置制造工艺学、动力装置测试技术等。

💡 就业方向

本专业毕业生可在航空、航天发动机设计所、研究所，高等学校、部队和企业的设计、生产等部门从事设计、试验、研究等方面的工作，也可从事飞行器推荐系统及热机系统的理论研究、技术开发、总体论证、方案设计、实验技术研究与技术管理等工作。

🏛 本专业较好的大学（排名不分先后）

北京航空航天大学、西北工业大学、哈尔滨工业大学、北京理工大学、南京航空航天大学、西安交通大学、哈尔滨工程大学、厦门大学、沈阳航空航天大学、南昌航空大学、中国民航大学等。

飞行器环境与生命保障工程

专业特点

　　飞行器环境与生命保障工程专业主要研究航空航天环境的模拟与控制、生命保障系统的设计等方面的基本知识和技能，涉及机械学、传热学、控制理论、空间环境工程等方面，在航空航天领域进行环境控制与生命保障系统的设计等。例如：飞机防冰系统的研发，飞行器内温度气压的控制，制冷系统及设备的设计。

本专业与高中学科关联度及学科要求

语文	数学	英语	物理	化学	生物	政治	历史	地理
C	A	B	A	C	E	E	E	E

　　本专业对高中阶段物理、数学科目要求较高，适合热爱航空航天工程、乐于从事飞行器研究工作的学生就读。

选考学科建议

　　"3+3"省份：物理

　　"3+1+2"省份：首选物理，再选化学

大学主要课程

　　人机与环境系统工程、动力工程与工程热物理、控制科学与工程、工程热力学、传热学、空间环境工程、航空航天生理学、控制理论、人机环境系统工程、人机工效学、空气动力学、理论力学、结构强度基础、计算机可视化技术、空调制冷技术、航空航天环境模拟与控制技术、航空航天安全工程、空间环境试验技术、人工智能工程导论、飞行器总体设计、振动与噪声控制技术有限元基础等。

💡 就业方向

本专业毕业生可在航空类科研单位从事飞行器生产公司的技术相关工作，也可在民航、民航维修企业以及机械、建筑、化工、部队等部门从事空调与制冷技术方面的管理、教学、研究等工作。

🏛 本专业较好的大学（排名不分先后）

北京航空航天大学、西北工业大学等。

飞行器质量与可靠性

专业特点

飞行器质量与可靠性专业主要研究飞行器系统可靠性设计与分析等方面的基本知识和技能，涉及机械学、电子技术、计算机技术等方面，进行飞行器质量与可靠性的设计、分析、评估与监测等，以保障飞行器运行期间的安全与稳定。

本专业与高中学科关联度及学科要求

语文	数学	英语	物理	化学	生物	政治	历史	地理
C	A	B	A	C	E	E	E	E

本专业对高中阶段物理、数学科目要求较高，适合热爱航空航天工程、乐于从事飞行器质量检测事业的学生就读。

选考学科建议

"3+3"省份：物理

"3+1+2"省份：首选物理，再选化学

大学主要课程

公共基础课程、机电类专业基础课程、飞行器设计与工程专业平台课、飞行器设计系统工程、系统可靠性设计与分析、飞行器维修性设计与验证、可靠性试验技术等。

💡 就业方向

本专业毕业生可在航空、航天飞行器、舰船、兵器等专业领域从事可靠性工程设计、管理和研究等工作，也可从事质量管理、质量工程、飞行器设计等专业的有关工作。

🏛 本专业较好的大学 （排名不分先后）

北京航空航天大学、哈尔滨工程大学等。

飞行器适航技术

专业特点

　　飞行器适航技术专业主要研究飞行器设计、适航技术等方面的基本知识和技能，包括适航法规、适航验证与审定技术、适航工程管理等，多应用于民用飞机，进行民用飞机的设计、飞机适航性的鉴别审定等，以保障飞行安全，常服务于适航审定中心或民航单位等。

本专业与高中学科关联度及学科要求

语文	数学	英语	物理	化学	生物	政治	历史	地理
C	A	B	A	C	E	E	E	E

　　本专业对高中阶段物理、数学科目要求较高，适合热爱航空航天工程，乐于从事飞行器适航技术学习、研究工作的学生就读。

选考学科建议

　　"3+3"省份：物理

　　"3+1+2"省份：首选物理，再选化学

大学主要课程

　　飞行器总体设计、飞行器结构设计、飞行器系统设计、航空发动机原、发动机结构与强度、发动机控制、航空电子、航空电器、机载计算机、通信与导航、飞机制造基础、现代飞机装配技术、民用航空法、航空安全工程原理、可靠性原理、飞机安全性设计与分析、适航规章、适航验证与审定技术、适航管理工程等。

💡 就业方向

本专业毕业生的主要就业方向是适航审定与管理部门，民用航空设计、制造单位；也可去高等学校，生产企业和管理部门从事该领域的科学研究、工程设计和科研管理等方面的工作。

🏛 本专业较好的大学（排名不分先后）

北京航空航天大学、哈尔滨工程大学等。

飞行器控制与信息工程

专业特点

飞行器控制与信息工程专业主要研究飞行器控制系统设计与仿真、信息系统与网络设计等方面的基本知识和技能，涉及控制工程、信息科学、电子技术等多个学科，进行飞行器控制与信息系统的开发设计等，以实现飞行器智能化、自主化。例如：卫星、导弹等飞行器的定向控制，飞机的导航与信息处理。

本专业与高中学科关联度及学科要求

语文	数学	英语	物理	化学	生物	政治	历史	地理
C	A	B	A	C	E	E	E	E

本专业对高中阶段物理、数学科目要求较高，适合热爱航空航天、乐于研究飞行器控制的学生就读。

选考学科建议

"3+3"省份：物理

"3+1+2"省份：首选物理，再选化学

大学主要课程

计算机基础、微机原理与接口技术、电路原理、电工电子实验、模拟电子技术、数字电子技术、空气动力学、理论力学、机械制图、机械设计、数据结构与算法分析、高级语言程序设计、飞行器结构、自动控制原理、雷达原理、导航原理、现代控制理论、卫星导航原理与应用、视觉导航原理、飞行器控制系统设计、飞行仿真原理、空中交通管理基础、航空电子设备等。

💡 就业方向

本专业毕业生可在航空航天领域的飞行器设计研究所、飞行器制造公司、民航公司、军队及其他相关企业从事航空和航天飞行器设计与研究、飞行器控制、飞行器信息处理与传输等方面的研发工作，或者在高等学校、政府部门和军队从事与本专业有关的教育和技术管理等工作。

🏛 本专业较好的大学（排名不分先后）

西北工业大学、北京航空航天大学、南京航空航天大学、电子科技大学等。

无人驾驶航空器系统工程

专业特点

无人驾驶航空器系统工程专业培养适应社会主义现代化建设需要，德、智、体、美全面发展，具有良好的科学素养和创新精神，能系统掌握无人机的系统结构和工作原理、系统设计和研发、系统操控与组装调试等专业知识和应用技能，能够从事无人机的产品设计、研发、应用和管理等相关工作的高素质技术技能型人才。例如：航拍，低空无人机操作。

本专业与高中学科关联度及学科要求

语文	数学	英语	物理	化学	生物	政治	历史	地理
C	B	B	A	C	E	E	E	E

本专业对高中阶段物理科目要求较高，适合对高科技、航空航天等感兴趣的学生就读。

选考学科建议

"3+3"省份：物理

"3+1+2"省份：首选物理，再选化学

大学主要课程

电路原理、电子技术、微机原理与应用、空气动力学基础、自动控制原理、无人驾驶航空器系统、卫星导航原理、通信原理、嵌入式系统、无人驾驶航空器地面控制等。

💡 就业方向

本专业毕业生可到航空、航天、民用及国防单位从事无人驾驶航空器系统工程，包括无人驾驶航空器设计、无人驾驶航空器操控、应用无人驾驶航空器测绘和数据采集等工作；也可到国民经济和国防领域有关部门从事设计与技术开发等工作。

🏛 本专业较好的大学 （排名不分先后）

北京航空航天大学、电子科技大学、中国民航大学、中国民用航空飞行学院、西华大学、云南警官学院、台州学院等。

武器系统与工程

专业特点

武器系统与工程专业主要研究武器系统的工作原理、结构、设计、探测等方面的基本知识和技能，进行武器系统及其子系统的综合设计、产品研制、实验测试等。例如：防空导弹武器系统的设计，火箭弹、火炮等基本武器的研发，火药的合成。

本专业与高中学科关联度及学科要求

语文	数学	英语	物理	化学	生物	政治	历史	地理
C	A	B	A	C	E	E	E	E

本专业对高中阶段物理、数学科目要求较高，适合热爱武器系统、善于学习机械工程及自动化的学生就读。

选考学科建议

"3+3"省份：物理

"3+1+2"省份：首选物理，再选化学

大学主要课程

武器系统工程、空气动力学、流体力学、弹道力学、水物理场理论、中近程探测与识别技术、现代控制理论、制导原理及系统、传感与动态检测技术、高分子材料与工程、火（炸）药合成、燃烧与爆炸物理学、火工烟火技术、地面武器机动系统分析与综合、液压与液力传动、车辆电子技术、导航与稳定理论、机械制造工艺学等。

💡 就业方向

本专业毕业生可在有关科研单位、高等学校、生产企业和管理部门，从事系统设计、技术开发、产品制造、实验测试和科技管理等方面的工作。

🏛 本专业较好的大学（排名不分先后）

南京理工大学、北京理工大学等。

武器发射工程

专业特点

武器发射工程专业主要研究武器从发射、飞行到命中目标全过程的力学现象、运动规律等相关的基本知识和技能，面向高尖端航天技术及制导技术，进行炮弹类武器及自动武器的研发、设计、制造、测试等。例如：火炮、火箭弹等炮弹类武器的设计，跟踪导弹等自动武器的研发，导弹速度、威力、命中率等性能的测试。

本专业与高中学科关联度及学科要求

语文	数学	英语	物理	化学	生物	政治	历史	地理
C	A	B	A	C	E	E	E	D

本专业对高中阶段物理、数学科目要求较高，适合热爱武器系统、对武器发射系统感兴趣的学生就读。

选考学科建议

"3+3"省份：物理

"3+1+2"省份：首选物理，再选化学

大学主要课程

高等数学、大学物理、大学英语、信息技术基础、Visual Basic 程序设计、机械设计与制造、微机原理、模拟电路与数字电路、工程热力学、气体动力学、弹箭空气动力学、内弹道学、外弹道学、武器概论、实验弹道学、新概念武器等。

💡 就业方向

本专业毕业生可到国防工业部门所属研究设计和生产单位从事武器方面的设计、制造、试验、教学、科研等工作，也可到民用工业部门、企业、工厂从事普通机械的研制以及新产品的技术开发等工作，还可到国家有关部门、科研院所、高等学校、部队、企业和管理部门从事武器系统设计、技术开发、产品制造实验测试、机械工程及其自动化等工作。

🏛 本专业较好的大学（排名不分先后）

北京理工大学、南京理工大学等。

探测制导与控制技术

专业特点

探测制导与控制技术专业主要研究目标及环境的探测、识别、跟踪、定位、制导与控制、传感检测等方面的基本知识和技能，包括探测与识别技术、制导与控制技术、传感与检测技术、机电控制技术和系统分析等，进行武器、飞行器的研发设计。例如：鱼雷、飞雷等武器的设计制造，炸弹引信的研发，飞机制导控制系统的设计。

本专业与高中学科关联度及学科要求

语文	数学	英语	物理	化学	生物	政治	历史	地理
C	A	B	A	C	E	E	E	D

本专业对高中阶段物理、数学科目要求较高，适合热爱武器系统、对探测制导及控制技术感兴趣的学生就读。

选考学科建议

"3+3"省份：物理

"3+1+2"省份：首选物理，再选化学

大学主要课程

机械工程、电子科学与技术、控制科学与工程、自动控制原理、机电系统设计、中近程探测与识别技术、现代控制理论、制导与控制原理及系统、传感与检测技术、模式识别与智能控制、GPS 与抗干扰技术、武器探测、制导与控制系统分析与设计、系统建模与仿真技术等。

💡 就业方向

本专业毕业生可到兵器工业部门或民用企事业单位，从事产品设计、技术开发、科学研究与管理等工作。

🏛 本专业较好的大学（排名不分先后）

北京理工大学、西北工业大学、南京理工大学、电子科技大学、北京航空航天大学、南京航空航天大学、哈尔滨工业大学等。

专业类
兵器类

专业代码
082103

修业年限
四年

授予学位
工学学士

弹药工程与爆炸技术

专业特点

弹药工程与爆炸技术专业主要研究弹药工程、爆炸与安全技术以及民用工程爆破等方面的基本知识和技能，进行军用弹药工程或民用爆破工程等。例如：手枪、炮弹等武器的弹药系统的分析设计，弹药威力的实验测试，建筑物拆除时爆破作业的设计。

本专业与高中学科关联度及学科要求

语文	数学	英语	物理	化学	生物	政治	历史	地理
C	A	B	A	B	E	E	E	E

本专业对高中阶段物理、数学科目要求较高，适合对武器系统及弹药与爆炸技术感兴趣的学生就读。

选考学科建议

"3+3"省份：物理

"3+1+2"省份：首选物理，再选化学

大学主要课程

弹药系统分析与设计、爆炸物理、弹道学、终点效应、动态检测技术、冲击动力学、爆炸技术、安全工程学、机械工程、力学、兵器科学与技术等。

💡 就业方向

本专业毕业生可在公安、消防、安全等公共管理机构及化工、铁道、水利水电、矿业、建筑工程、兵器工业、高等学校和科研院所等企事业单位，从事设计、研发、产品制造、实验测试和科技与安全管理等工作。

🏛 本专业较好的大学 （排名不分先后）

北京理工大学、南京理工大学、北京理工大学、南京理工大学等。

特种能源技术与工程

专业特点

特种能源技术与工程专业主要研究火炸药、火工及烟火技术等特种能源及其能量转换相关的基本知识和技能，以化学和化工为基础，涉及含能材料设计、制造和应用，多服务于国防军工，进行特种能源工程与烟火技术的生产系统设计、技术开发、产品制造、实验测试等。例如：雷管、导火索、爆炸开关等火工品的研发设计，火炸药、烟火剂的生产制造。

本专业与高中学科关联度及学科要求

语文	数学	英语	物理	化学	生物	政治	历史	地理
C	A	B	A	A	D	E	E	E

本专业对高中阶段物理、数学科目要求较高，适合热爱武器系统、对特种能源技术感兴趣的学生就读。

选考学科建议

"3+3"省份：物理

"3+1+2"省份：首选物理，再选化学

大学主要课程

高等数学、外语、大学物理、电工技术、工程制图、无机化学、有机化学、物理化学、化工原理、工程力学、炸药理论、燃烧理论、烟火学、火工品设计原理等。

💡 就业方向

本专业毕业生可在有关科研单位、高等学校、生产企业和管理部门，从事系统设计、技术开发、产品制造、实验测试和科技管理等方面的工作。

🏛 本专业较好的大学（排名不分先后）

北京理工大学、中北大学、沈阳理工大学、南京理工大学、安徽理工大学、西南科技大学、沈阳工学院等。

装甲车辆工程

专业特点

装甲车辆工程专业主要研究装甲车辆的系统设计、技术开发、生产制造、性能测试等方面的基本知识和技能，进行装甲车辆总体、动力装置、防护装置、特设装置等的研制设计，多服务于国防军工。例如：运兵车、侦察车、通信车等装甲车辆的设计制造，自动灭火、自动导航、隐身等装甲车特设装置的研发。

本专业与高中学科关联度及学科要求

语文	数学	英语	物理	化学	生物	政治	历史	地理
C	A	B	A	A	D	E	E	E

本专业对高中阶段物理、数学、化学科目要求较高，适合热爱武器系统，对装甲车辆的系统设计、开发感兴趣的学生就读。

选考学科建议

"3+3"省份：物理

"3+1+2"省份：首选物理，再选化学

大学主要课程

计算机系列课程、工程力学、机械设计基础课群、工程材料基础、电工和电子技术、流体力学、机械振动、自动控制理论基础、车用内燃机、坦克学、液压与液力传动、轮式车辆技术、现代车辆试验学等。

💡 就业方向

本专业毕业生可在国防工业所属的军工企业、科研院所或其他工业部门从事机动武器、装甲车辆的设计、制造、试验等工作，也可从事普通机械、汽车的设计和制造等工作，还可到有关科研单位、高等学校、生产企业和管理部门从事系统设计、技术开发、产品制造、实验测试和科技管理等方面的工作。

🏛 本专业较好的大学（排名不分先后）

北京理工大学、中北大学等。

专业类 兵器类

专业代码 082106

修业年限 四年

授予学位 工学学士

信息对抗技术

专业特点

信息对抗技术专业主要研究信息战进攻与防御的技术系统及其决策支持系统以及民用信息安全防护等方面的基本知识和技能，涉及网络对抗、雷达对抗、通信对抗、水声对抗等多个领域，进行国家和企事业单位的信息安全防护。例如：黑客防范体系的涉及，敌方信息的拦截与破译，计算机病毒的查杀与预防。

本专业与高中学科关联度及学科要求

语文	数学	英语	物理	化学	生物	政治	历史	地理
C	A	B	A	C	E	D	E	E

本专业对高中阶段物理、数学科目要求较高，适合热爱武器系统、对信息对抗技术感兴趣、计算机基础较扎实的学生就读。

选考学科建议

"3+3"省份：物理

"3+1+2"省份：首选物理，再选化学

大学主要课程

信息对抗新技术、雷达原理、雷达对抗原理、网络对抗原理、通信原理、通信对抗原理、雷达对抗实验、网络对抗实验、数字信号处理、随机信号处理、信息战导论、雷达系统、信息论与编码理论、扩频通信、网络安全与保密、DSP 系统设计等。

💡 就业方向

本专业毕业生既可在国防、军事领域从事信息对抗工作，又可在民用行业如金融、保险、税务、企业等部门从事信息安全防护工作；既可从事信息系统、信息对抗系统的研究、开发等工作，又可从事此类系统的维护、管理、咨询等工作。

🏛 本专业较好的大学 (排名不分先后)

北京理工大学、西北工业大学、哈尔滨工业大学、北京航空航天大学、西安电子科技大学、电子科技大学、哈尔滨工程大学等。

专业代码 082107

修业年限 四年

授予学位 工学学士

智能无人系统技术

专业特点

    智能无人系统技术专业主要以无人化平台为基础，以信息为纽带，以自主化与智能化为核心，以人工智能和大数据为支撑，研究与广域可移动能力的智能无人系统相关的共性基础科学与工程技术。

本专业与高中学科关联度及学科要求

语文	数学	英语	物理	化学	生物	政治	历史	地理
C	A	B	A	C	E	D	E	E

    本专业对高中阶段的物理、数学科目要求较高，适合对人工智能感兴趣、立志于高新技术创新、计算机基础扎实的学生就读。

选考学科建议

    "3+3"省份：物理

    "3+1+2"省份：首选物理，再选化学

大学主要课程

    机械原理、模拟电路基础、数字电路基础、信号与系统、自动控制原理、飞航力学、智能无人系统总体设计、机器学习、智能感知与信息处理、智能驱动控制技术、导航与制导技术、系统可靠性技术等。

就业方向

本专业毕业生可就业于高新前沿科技领域，从事军事研究开发工作；也可到民营企业从事测绘航测、高压线巡查、地质勘探、抢险救灾、农药喷洒等工作。

本专业较好的大学（排名不分先后）

北京理工大学、中北大学、沈阳理工大学、四川轻化工大学等。

核工程与核技术

专业特点

核工程与核技术专业主要研究工程热物理、核工程、核技术等方面的基本知识和技能，进行核工程及核技术方面的研究、设计、制造、应用等。例如：核电站的建立和运行，核供热装置的研究设计，核武器的设计制造，核辐射的控制和防护。

本专业与高中学科关联度及学科要求

语文	数学	英语	物理	化学	生物	政治	历史	地理
C	C	B	A	A	C	C	E	D

本专业对高中阶段物理、化学科目要求较高，适合热爱工程物理、对核工程及核技术的研究感兴趣的学生就读。

选考学科建议

"3+3"省份：物理

"3+1+2"省份：首选物理，再选化学

大学主要课程

工程力学、机械设计基础、电工与电子技术、工程热力学、流体力学、传热学、控制理论、测试技术、核物理、核反应堆、核能与热能动力装置、热工设备等。

💡 就业方向

本专业毕业生可在与近代物理技术和信息技术（IT）密切相关的环境、医疗、卫生、国防、工业、农业的政府部门、规划部门和经济管理部门，核电工程的科研设计单位，核动力和核供热以及常规火力电站，工矿企业，高等学校等，从事研究、规划、设计、施工、核电厂运行管理及设备制造、研发、技术咨询等工作。

🏛 本专业较好的大学 （排名不分先后）

清华大学、中国科学技术大学、西安交通大学、上海交通大学、北京大学、哈尔滨工程大学、四川大学、兰州大学、华北电力大学、华中科技大学、武汉大学、中山大学、哈尔滨工业大学、南华大学、成都理工大学、华南理工大学等。

辐射防护与核安全

👍 专业特点

辐射防护与核安全专业主要研究核辐射防护与核安全技术等方面的基本知识和技能，涉及辐射监测、辐射防护、辐射安全评价、核废料与退役核设施处置、辐射事故应急处理等，在环保、核电安全、核工业等领域进行辐射防护和核环境治理工程的研究、设计、开发、管理等，多服务于核电站或环保部门等。

📖 本专业与高中学科关联度及学科要求

语文	数学	英语	物理	化学	生物	政治	历史	地理
B	A	B	A	B	C	C	E	C

本专业对高中阶段物理、数学科目要求较高，适合热爱工程物理、对辐射防护与环境工程的研究感兴趣的学生就读。

📋 选考学科建议

"3+3"省份：物理

"3+1+2"省份：首选物理，再选化学

📚 大学主要课程

核能与核技术概论、辐射物理、核辐射探测方法、辐射防护、电离辐射剂量学、环境工程、环境影响评价方法、环境地球化学基础、核安全法规、放射生态学、核电子学与核仪器、辐射监测方法与仪器、核数据获取与处理、核反应堆物理基础等。

💡 就业方向

本专业毕业生可在环保、核电安全、核工业及其他工业领域，从事辐射防护和核环境治理工程等的研究、设计、开发、生产、管理等多方面的工作。

🏛 本专业较好的大学（排名不分先后）

兰州大学、哈尔滨工程大学、华北电力大学、南京航空航天大学等。

专业类 核工程类

专业代码 082202

修业年限 四年

授予学位 工学学士

工程物理

专业特点

工程物理专业主要研究能量以热和功及其他相关的形式在转化、传递和利用过程中的基本规律及其相关应用等，常在工业和高新技术领域进行工程规划与设计等，从而提高工程的效率和品质，在电力工程、暖通工程、制冷工程、核工程等方面起到重要作用。

本专业与高中学科关联度及学科要求

语文	数学	英语	物理	化学	生物	政治	历史	地理
B	A	B	A	B	C	C	E	C

本专业对高中阶段物理、数学科目要求较高，适合热爱工程物理、对核物理研究感兴趣的学生就读。

选考学科建议

"3+3"省份：物理

"3+1+2"省份：首选物理，再选化学

大学主要课程

热力学专论、传热学专论、工程流体力学专论、现代实验技术、现代数学方法概论、非线性动力系统、非定常及不稳定两相流动、高效换热器、计算传热学进展及其应用等。

就业方向

本专业毕业生可从事电子、电机、品质控制、市场推广、程序编写及教学等工作。

本专业较好的大学（排名不分先后）

清华大学、中国科学技术大学等。

核化工与核燃料工程

专业特点

核化工与核燃料工程专业主要研究核能、核化工、核燃料等相关的基本知识和技能，在国防核工业领域进行核材料开发、核燃料加工、核辐射防护等。例如：铀-235的提取与浓缩，核反应堆燃料元件的制造，核裂变获取核能，放射性废物的处理。

本专业与高中学科关联度及学科要求

语文	数学	英语	物理	化学	生物	政治	历史	地理
B	B	B	A	A	C	C	E	C

本专业对高中阶段物理、化学科目要求较高，适合热爱工程物理、对核物理研究感兴趣的学生就读。

选考学科建议

"3+3"省份：物理 / 化学

"3+1+2"省份：首选物理，再选化学

大学主要课程

高等数学、普通物理、大学基础化学、工程制图、检测化学、环境化学、核化学与化工、核燃料循环与材料、化学反应工程、放化基础、核材料科学基础、核燃料后处理与废物处置、原子核物理、两相流基础、流体力学、工程热力学、反应堆物理分析、反应堆热工分析、反应堆安全分析、反应堆控制、核辐射探测、核电子学、辐射防护、环境监测与评价、核电站辐射测量技术、核技术应用概论等。

就业方向

本专业毕业生可到国防军工核电行业及相关民用企业从事核材料开发和性能测试，也可到相近专业领域从事科研、设计、生产、应用和管理等工作，还可到科研机构、高等学校、企事业单位及行政单位从事辐射防护方面的科研、教学、环境管理等工作。

本专业较好的大学（排名不分先后）

北京大学、哈尔滨工程大学、兰州大学等。

农业工程

专业特点

农业工程专业主要研究农业、水利、土木工程的基本知识和技能，将现代科学技术与农业产业化、现代化有机结合，进行农业工程的规划、设计、开发、建设等，包括灌溉和排水系统等农田水利的建设，小麦和蔬菜等农副产品的加工与运输，拖拉机等农业装备的设计制造等。

本专业与高中学科关联度及学科要求

语文	数学	英语	物理	化学	生物	政治	历史	地理
B	B	B	A	A	C	C	E	C

本专业对高中阶段物理、化学科目要求较高，适合热爱农业，对农业现代化工程设计、规划感兴趣的学生就读。

选考学科建议

"3+3"省份：物理 / 化学 / 生物

"3+1+2"省份：首选物理，再选生物 / 化学

大学主要课程

机械制图与计算机绘图、工程力学、机械设计基础、电工技术、电子技术、工程测试技术、生物学基础、农牧业生产基础、工程材料基础、工程结构基础、农业工程导论、农业机械与设备、土壤与水资源、

农产品加工工程、设施农业工程、机械装备设计、农业工程项目规划与设计、工程项目管理、机电系统驱动与控制等。

💡 就业方向

本专业毕业生可到现代农业工程设施与装备部门、农业高新技术企业、科技开发园区、规划设计院所和科研教学单位工作，从事农业工程及相关领域的规划、设计、开发、建设、管理、教学或试验研究等工作；也可到工业部门从事装备生产、经营以及管理等工作。

🏛 本专业较好的大学（排名不分先后）

浙江大学、中国农业大学等。

农业机械化及其自动化

👍 专业特点

　　农业机械化及其自动化专业主要研究农学、机械学、自动化技术及经营管理学等方面的基本知识和技能，进行农业机械设备的设计、制造、测试、维修等，将先进的农业机械设备运用到传统农业生产中，实现农业的生产技术水平和生产效率的提高。常见的农业机械设备有水稻插秧机、棉花自动收割机、小麦自动收割脱粒机等。

📖 本专业与高中学科关联度及学科要求

语文	数学	英语	物理	化学	生物	政治	历史	地理
C	B	B	A	C	C	E	E	D

　　本专业对高中阶段物理科目要求较高，适合热爱农业，对农业机械化及自动化的设计、试验、生产感兴趣的学生就读。

📚 选考学科建议

　　"3+3"省份：物理／化学
　　"3+1+2"省份：首选物理，再选生物／化学

📔 大学主要课程

　　工程制图、工程力学、电工电子学、机械设计基础、机械制造基础、现代测试技术、液压技术、技术经济学、农业机械学、汽车拖拉机构

造及原理、汽车电器设备、机电一体化技术、农业机械化生产与管理、农产品加工等。

💡 就业方向

本专业毕业生可到相关的国有企业、各类独资合资企业及行政管理等部门从事机械化及自动化方面的管理及产品的设计、制造、运用、鉴定等技术工作，也可到科学研究单位及高等学校从事科学研究及教育教学工作。

🏛 本专业较好的大学（排名不分先后）

中国农业大学、吉林大学、华南农业大学、西北农林科技大学、南京农业大学、江苏大学、华中农业大学、东北农业大学、西南大学、石河子大学、山东理工大学、沈阳农业大学、山东农业大学、青岛农业大学、四川农业大学、河南农业大学、安徽农业大学、海南大学、湖南农业大学、山西农业大学、福建农林大学、扬州大学等。

农业电气化

专业特点

　　农业电气化专业主要研究农村电力系统、农用电气工程和自动化技术等方面的基本知识和技能，对农村进行供电及电器普及，实现农村和农业的电气化，缩小城乡差距。例如：空调、冰箱等家用电器在农村推广，将计算机等电子设备用于农业生产，在农村建立照明、加热等电器装置，在农村建立电站网。

本专业与高中学科关联度及学科要求

语文	数学	英语	物理	化学	生物	政治	历史	地理
C	A	B	A	D	E	D	E	D

　　本专业对高中阶段物理、数学科目要求较高，适合热爱农业工程，对电力电子及控制的设计、规划感兴趣的学生就读。

选考学科建议

　　"3+3"省份：物理 / 化学
　　"3+1+2"省份：首选物理，再选生物 / 化学

大学主要课程

　　机械制图与计算机绘图、工程力学、机械设计基础、电工技术、电子技术、工程测试技术、生物学基础、农牧业生产基础、工程材料

基础、工程结构基础、农业工程导论、农业机械与设备、土壤与水资源、农产品加工工程、设施农业工程、机械装备设计、农业工程项目规划与设计、工程项目管理、机电系统驱动与控制等。

💡 就业方向

本专业毕业生主要在农业企业、地方电力系统、用电管理部门、电子信息产业和技术发展系统，从事与本专业有关的技术设计、经营管理、教学科研等工作。

🏛 本专业较好的大学（排名不分先后）

江苏大学、南京农业大学、东北农业大学、华北电力大学、沈阳农业大学、昆明理工大学、山西农业大学、内蒙古农业大学、河北农业大学、青岛农业大学等。

农业建筑环境与能源工程

专业特点

农业建筑环境与能源工程专业主要研究生物环境工程、建筑工程与农村能源等方面的基本知识和技能，进行乡镇建设、农业设施的规划、农村能源的开发等。例如：农村房屋、蔬菜大棚的搭建，农作物秸秆、畜禽粪便等生物质能的开发利用，农村环境废弃物的处理，城乡与区域的规划。

本专业与高中学科关联度及学科要求

语文	数学	英语	物理	化学	生物	政治	历史	地理
C	B	B	A	C	B	E	D	C

本专业对高中阶段物理科目要求较高，适合热爱农业建筑，对农业设施、新能源开发的设计、规划感兴趣的学生就读。

选考学科建议

"3+3"省份：物理 / 化学

"3+1+2"省份：首选物理，再选生物 / 化学

大学主要课程

生物环境原理、建筑力学、建筑结构、流体力学、工程热力学与传热学、建筑测量、土力学与基础工程、房屋建筑学、乡镇规划、农

业建筑学、农业生物环境工程与农村能源工程等。

💡 就业方向

本专业毕业生可在农业相关部门从事建筑工程设计、施工管理、建筑规划、农业生物环境工程及工厂化设施等方面的技术工作，也可到相关企事业单位、科研院所从事教学科研、经营管理等工作。

🏛 本专业较好的大学（排名不分先后）

中国农业大学、东北农业大学、河南农业大学、西南大学、沈阳农业大学、云南师范大学等。

农业水利工程

专业特点

农业水利工程专业主要研究灌排工程学、水文学、水力学和工程力学等方面的基本知识和技能，以农业灌溉为主，也涉及城市和工业用水领域，进行水利工程的勘测、规划、设计等。例如：农田灌溉技术的研究，农业防洪防涝，雨水的集蓄利用，城市污水的排放处理，"南水北调"等跨流域调水工程的设计。

本专业与高中学科关联度及学科要求

语文	数学	英语	物理	化学	生物	政治	历史	地理
C	B	B	A	D	C	E	E	C

本专业对高中阶段物理科目要求较高，适合热爱农业，对水利工程的设计、规划感兴趣的学生就读。

选考学科建议

"3+3"省份：物理

"3+1+2"省份：首选物理，再选生物／化学

大学主要课程

水文学、工程力学，水力学、土力学、结构力学、钢筋混凝土结构、土壤农作学、水利工程施工、灌溉与排水工程学、水资源规划利用与

管理、水工建筑物、水泵与泵站（或水电站）等。

💡 就业方向

本专业毕业生主要在农业水利、水电、水保等部门，从事水利工程勘测、规划、设计、施工、管理和试验研究以及教学、科研等方面的工作。

🏛 本专业较好的大学（排名不分先后）

中国农业大学、西北农林科技大学、河海大学、东北农业大学、武汉大学、扬州大学、石河子大学、西安理工大学、四川农业大学、沈阳农业大学、四川大学、太原理工大学、华北水利水电大学、内蒙古农业大学、河北农业大学、合肥工业大学、塔里木大学、三峡大学等。

土地整治工程

👍 专业特点

土地整治工程专业主要对低效利用、不合理利用、未利用以及生产建设活动和自然灾害损毁的土地进行整治，以提高土地利用效率。例如：土地综合整治，工矿废弃地复垦利用，土地开发复垦。

📖 本专业与高中学科关联度及学科要求

语文	数学	英语	物理	化学	生物	政治	历史	地理
C	B	B	B	D	A	E	E	C

本专业对高中阶段生物科目要求较高，适合对土地整治技术研究感兴趣的学生就读。

💻 选考学科建议

"3+3"省份：物理

"3+1+2"省份：首选物理，再选化学

📚 大学主要课程

机械制图与计算机绘图、工程力学、机械设计基础、电工技术、电子技术、工程测试技术、生物学基础、农牧业生产基础、工程材料基础、工程结构基础、农业工程导论、农业机械与设备、土壤与水资源、农产品加工工程、设施农业工程、机械装备设计、农业工程项目规划与设计、工程项目管理、机电系统驱动与控制等。

💡 就业方向

　　本专业毕业生可到国土、城建、农业、房地产以及相关领域，从事土地调查、土地利用规划、地籍管理及土地管理等工作。

🏛 本专业较好的大学（排名不分先后）

　　中国农业大学、河海大学、东北农业大学、沈阳农业大学、河南农业大学、中国地质大学（北京）、山东农业大学等。

农业智能装备工程

专业特点

农业智能装备工程专业属于新农科工程类专业，是农业工程与机械工程、农学与生命科学、信息科学等学科深度交叉融合的产物，是融合新一代信息技术，对现有农业工程、农业机械化及其自动化等专业的拓展和延伸。

本专业与高中学科关联度及学科要求

语文	数学	英语	物理	化学	生物	政治	历史	地理
C	B	B	A	D	C	E	E	C

本专业对高中阶段物理科目要求较高，适合对农业机械化感兴趣的学生就读。

选考学科建议

"3+3"省份：物理

"3+1+2"省份：首选物理，再选生物/化学

大学主要课程

高等数学、线性代数、概率论与数理统计、工程流体力学、工程热力学、理论力学、材料力学、电工技术、电子技术、机械原理、机械设计、农学基础、工业大数据及云计算、人工智能、智能传感与检

测技术、无线传感与物联网技术、智能制造技术、数字图像处理技术、农业机器人与作业系统、农业智能生产系统等。

💡 就业方向

本专业毕业生可在现代农业、人工智能、装备制造等领域，从事与产品设计、智能制造、系统集成开发、项目管理等相关的创新性工作。

🏛 本专业较好的大学（排名不分先后）

中国农业大学、西北农林科技大学、南京农业大学、江苏大学、河南农业大学、山西农业大学、福建农林大学、吉林农业大学、大连海洋大学等。

森林工程

专业特点

　　森林工程专业主要研究工程力学、机械运用学、土木工程学、环境科学和森林资源可持续发展等方面的基本知识和技能，进行森林资源建设、保护、开发和利用等。例如：森林合理采伐方式的研究，森林道路、桥梁的规划设计，林道冻害的防治，地板、家具等森工产品的生产制造。

本专业与高中学科关联度及学科要求

语文	数学	英语	物理	化学	生物	政治	历史	地理
C	B	B	A	C	C	E	E	C

　　本专业对高中阶段物理科目要求较高，适合热爱森林工程、对森林资源管理与开发感兴趣的学生就读。

选考学科建议

　　"3+3"省份：物理 / 化学 / 生物

　　"3+1+2"省份：首选物理，再选化学 / 生物

大学主要课程

　　森林环境学、森林生态经济学、测量学、土力学与工程地质、水力学与水文学、工程机电基础、结构力学、道路工程、机械设计制造

基础、人类工效学、运筹学等。

💡 就业方向

本专业毕业生可在林业部门从事森林工程方面的生产技术、组织管理、规划设计和研究工作，也可以到交通道路部门、机械行业、经济管理部门、教育系统、研究机构、行政机关等部门从事相关工作。

🏛 本专业较好的大学 （排名不分先后）

东北林业大学、南京林业大学等。

木材科学与工程

专业特点

    木材科学与工程专业主要研究木材原料的微观结构、种类、性质、加工等方面的基本知识和技能，进行木材的加工处理、性能测试、家具的生产制造、室内的装饰设计等。例如：木材干燥、防腐、改性等加工处理，木材的承重、硬度、抗弯曲度等性能的测试，地板、衣柜、桌子等家具的设计制造，房屋的室内装饰。

本专业与高中学科关联度及学科要求

语文	数学	英语	物理	化学	生物	政治	历史	地理
C	C	B	A	B	D	E	D	D

    本专业对高中阶段物理科目要求较高，适合对木材生产、加工、应用感兴趣的学生就读。

选考学科建议

    "3+3"省份：物理／化学／生物

    "3+1+2"省份：首选物理，再选化学／生物

大学主要课程

    工程制图、机械设计与制造基础、电工与电子技术、木材学、胶黏剂与涂料、木材干燥学、木材切削原理与刀具、家具设计与制造、

材料科学导论、美学基础、建筑设计基础、木制品生产工艺学、人造板表面装饰工艺、计算机辅助设计等。

💡 就业方向

本专业毕业生可在木材工业（包括人造板）、生物质复合材料、家具制造、室内装饰工程，经济与贸易等领域的企业、设计院、科研院所从事木材加工、家具设计制造、工程设计、工艺流程和设备管理、新产品开发、经营管理、木业贸易等工作，也可在物资、轻工、建工、房地产开发、海关商检以及高等学校、科研院所、设计院（所）等单位从事工程技术、产品开发与生产、科学研究、教学、经营及管理等工作。

🏛 本专业较好的大学（排名不分先后）

东北林业大学、北京林业大学、南京林业大学、西北农林科技大学、广西大学、中南林业科技大学、福建农林大学、浙江农林大学等。

林产化工

专业特点

林产化工专业主要研究树木及林特产品的化学组成、性质、化学转化和化学工程等方面的基本知识和技能，进行林产品化学加工、植物提取、制浆造纸等。例如：橡胶树的胶乳经化学加工制成手套、轮胎，从薰衣草、茶树等植物中提取蒸馏得到精油，研发生产草本护肤品，林木进行制浆造纸。

本专业与高中学科关联度及学科要求

语文	数学	英语	物理	化学	生物	政治	历史	地理
C	C	B	B	A	B	E	E	C

本专业对高中阶段化学科目要求较高，适合热爱林产化工，对树木及林产品的生产、设计感兴趣的学生就读。

选考学科建议

"3+3"省份：物理 / 化学 / 生物

"3+1+2"省份：首选物理，再选化学 / 生物

大学主要课程

无机及分析化学、有机化学、物理化学、植物资源学、天然产物化学、化工原理、天然树脂工艺学、树木提取物工艺学、木材热解工

艺学、精细化工工艺学、生物化工工艺学、化工仪表及自动化、化工设备机械基础和工厂设计概论等。

💡 就业方向

本专业毕业生主要在林产工业、化学工业、日用化工、食品、制药、商贸等企业和相关科研机构，从事林产品化学加工、精细化学加工及生物化学加工工艺设计、设备选型、生产、技术管理和新产品研发等工作。

🏛 本专业较好的大学（排名不分先后）

北京林业大学、东北林业大学、南京林业大学、西北农林科技大学、中南林业科技大学等。

家居设计与工程

专业特点

家居设计与工程专业主要为家具与室内装饰业培养具有从事家具设计开发、家具制造工艺技术、生产管理与质量控制、市场营销与国际商贸、室内设计与装修等方面研究能力的应用型高级专门人才。

本专业与高中学科关联度及学科要求

语文	数学	英语	物理	化学	生物	政治	历史	地理
C	C	B	A	A	B	E	E	C

本专业对高中阶段物理、化学科目要求较高，适合喜欢家居设计、制造行业，动手能力较强的学生就读。

选考学科建议

"3+3"省份：物理 / 化学 / 生物

"3+1+2"省份：首选物理，再选化学 / 生物

大学主要课程

家具史、人体工程学、家具材料、家具造型设计、木家具结构设计、木家具制造工艺学、软体家具制造工艺学、家具表面装饰、家具设计实务、家具产品展示、数字化制造与管控技术、建筑与家居木制品等。

💡 就业方向

本专业毕业生可在与本专业相关的院校、院所、检测机构、企业等，从事教学、研究、检测、产品设计与研发、生产管理、商贸等方面的工作。

🏛 本专业较好的大学（排名不分先后）

南京林业大学、东北林业大学等。

环境科学与工程

专业特点

环境科学与工程专业主要研究环境及其与人类的关系、环境的改造工程、环境的污染问题等方面的基本知识和技能，进行环境工程建设、环境质量监测评价、环境污染防治等。例如：水处理、固体废弃物处理等环境工程的规划设计，对水质、空气、土壤等进行环境质量监测，噪声、重金属、沙尘等环境污染的防治。

本专业与高中学科关联度及学科要求

语文	数学	英语	物理	化学	生物	政治	历史	地理
C	C	B	A	A	B	E	E	C

本专业对高中阶段物理、化学科目要求较高，适合热爱环境科学工程，对污染治理、环境安全规划、设计感兴趣的学生就读。

选考学科建议

"3+3"省份：物理 / 化学 / 生物

"3+1+2"省份：首选物理，再选化学 / 生物

大学主要课程

机械制图、环保设备设计、电工学及实验、仪器分析、化工原理、化工原理实验、化工工艺设计、计算机在化学化工中应用、专业外语、

环境科学导论、环境系统工程与优化、环境化学、环境监测、环境质量评价、环境噪声控制、固体废物处理工程、大气污染控制工程、水污染控制工程、环境工程导论、环境监测、环境监测实验等。

💡 就业方向

本专业毕业生可在环保、化工、冶金、能源、交通、轻工、医药、农业、军工等行业，从事环境科学研究与工程设计、技术开发、环境质量管理等方面的工作。

🏛 本专业较好的大学（排名不分先后）

上海交通大学、华南理工大学、东南大学、南昌大学、西南大学、浙江师范大学、南方科技大学、云南大学、青岛大学、陕西科技大学、成都理工大学、山东科技大学、福建农林大学、重庆交通大学、浙江农林大学、烟台大学、浙江海洋大学、辽宁工业大学、安徽科技学院、信阳师范学院、江西农业大学、厦门大学嘉庚学院等。

环境工程

专业特点

环境工程专业主要研究自然资源的保护和合理利用、环境污染问题的改善和防治、环境质量的提高等方面的基本知识和技能，进行环境工程建设、环境监测、污染防治等。例如：饮用水的过滤和消毒等水处理工程的规划，空气、水资源污染物的监测和分析，土壤污染、水污染问题的改善和防治。

本专业与高中学科关联度及学科要求

语文	数学	英语	物理	化学	生物	政治	历史	地理
C	C	B	A	A	C	D	E	D

本专业对高中阶段物理、化学科目要求较高，适合热爱环境工程，对污染治理、环境安全规划、设计感兴趣的学生就读。

选考学科建议

"3+3"省份：物理/化学/生物
"3+1+2"省份：首选物理，再选化学/生物

大学主要课程

水污染控制工程、大气污染控制工程、工程制图、环境规划与管理、环境生物化学、环境土壤学、环境微生物学、固废处理与处置、

环境影响评价、高等数学、线性代数、概率论、大学物理、无机化学、分析化学、有机化学、物理化学、大学计算机基础、物理性污染控制、专业英语等。

💡 就业方向

本专业毕业生可在政府部门、规划部门、经济管理部门、环境保护各部门、环境工程设计单位、工矿企业、相关科研单位、火力发电厂等，从事规划、设计、管理、教育、研究开发、电厂化学等方面的工作。

🏛 本专业较好的大学（排名不分先后）

清华大学、哈尔滨工业大学、同济大学、北京师范大学、北京大学、浙江大学、南京大学、南开大学、天津大学、大连理工大学、华南理工大学、华中科技大学、中山大学、湖南大学、重庆大学、山东大学、北京工业大学、河海大学、武汉大学、北京科技大学、四川大学、华东理工大学、中南大学、中国海洋大学、南京理工大学、吉林大学、北京航空航天大学、中国地质大学（武汉）、东南大学、东华大学、浙江工业大学、西安交通大学、江南大学、北京化工大学、中国矿业大学、西安建筑科技大学、上海大学、江苏大学、华东师范大学、中国地质大学（北京）、北京林业大学、中国农业大学、华北电力大学、南京信息工程大学、广东工业大学、昆明理工大学、中国石油大学（北京）、华南师范大学、南京农业大学、南昌大学、长安大学、兰州大学、中国人民大学、东北大学、福州大学、中国矿业大学（北京）、广州大学、西南交通大学、暨南大学、上海理工大学、武汉理工大学、辽宁大学、北京建筑大学、太原理工大学、东北师范大学、浙江工商大学、合肥工业大学、西北农林科技大学、南京师范大学、天津工业大学等。

环境科学

专业特点

环境科学专业主要研究环境的地理、物理、化学、生物等方面的基本理论和知识，进行环境的保护、监测、质量评价、规划管理等。例如：对水质、空气、土壤、固体废物等进行监测，对大气、地表水、噪声、固体废物等进行环境影响评价，对城市居住环境进行规划管理。

本专业与高中学科关联度及学科要求

语文	数学	英语	物理	化学	生物	政治	历史	地理
C	C	B	A	A	B	D	E	D

本专业对高中阶段物理、化学科目要求较高，适合热爱环境科学工程、对环境监测及质量评估感兴趣的学生就读。

选考学科建议

"3+3"省份：物理 / 化学 / 生物

"3+1+2"省份：首选物理，再选化学 / 生物

大学主要课程

机械制图、环保设备设计、电工学及实验、仪器分析、化工原理、化工原理实验、化工工艺设计、计算机在化学化工中应用、专业外语、环境科学导论、环境系统工程与优化、环境化学、环境监测、环境质

量评价、环境噪声控制、固体废物处理工程、大气污染控制工程、水污染控制工程、环境工程导论、环境监测、环境监测实验等。

💡 就业方向

本专业毕业生可在中央和地方、各工业部委的环境科学研究部门从事环境科学研究、环境监测、评价、管理和规划等工作，也可从事环保产品的开发或进行环境工程和给水排水工程的规划、设计及管理等工作，还可在大中专院校从事相应专业的教学工作。

🏛 本专业较好的大学 （排名不分先后）

北京大学、北京师范大学、南京大学、浙江大学、同济大学、南开大学、复旦大学、哈尔滨工业大学、天津大学、中山大学、大连理工大学、中国科学技术大学、厦门大学、华东师范大学、河海大学、中国海洋大学、湖南大学、山东大学、华南理工大学、吉林大学、武汉大学、北京工业大学、重庆大学、北京科技大学、中国农业大学、南京信息工程大学、东北师范大学、西安交通大学、兰州大学、北京林业大学、四川大学、暨南大学、西安建筑科技大学、中国人民大学、华北电力大学、东华大学、西北农林科技大学、昆明理工大学、浙江工业大学、中国石油大学（北京）、长安大学、武汉理工大学、华南师范大学、山西大学、南京师范大学、中国矿业大学、华中农业大学、广东工业大学、南京农业大学、东北大学、广州大学、中国矿业大学（北京）、辽宁大学、南昌大学、浙江工商大学、苏州科技大学、南京工业大学、安徽大学、成都信息工程大学、陕西师范大学、河南师范大学、中央民族大学、郑州大学、北京建筑大学、山东师范大学、济南大学、扬州大学、西北工业大学、内蒙古大学、华南农业大学、海南大学、西北大学、南京林业大学、福建师范大学、河南大学、天津科技大学、华侨大学等。

环境生态工程

专业特点

环境生态工程专业主要研究环境学、生态学等方面的基本知识和技能，通过运用生态学的原理、工程学的手段来进行污染防治和环境保护等。例如：水土流失、土地荒漠化等生态环境问题的治理，大气、水体、土壤等生态污染的防治，生态园林的规划设计。

本专业与高中学科关联度及学科要求

语文	数学	英语	物理	化学	生物	政治	历史	地理
C	C	B	A	A	A	D	D	C

本专业对高中阶段物理、化学科目要求较高，适合热爱环境科学工程，对生态学研究、学习、应用感兴趣的学生就读。

选考学科建议

"3+3"省份：物理 / 化学 / 生物

"3+1+2"省份：首选物理，再选化学 / 生物

大学主要课程

环境学、生态学导论、湿地生态学、固体废物处理与处置、景观生态学、生态监测与评价、生态工程学、环境工程学、保护生物学、产业生态学、环境生态规划与管理、水污染控制工程、环境生态工程等。

💡 就业方向

本专业毕业生主要在各级政府环保部门、规划部门、建设管理部门、设计研究院所、环境工程公司、科研单位、高等学校等，从事环境规划、环境管理、环境工程设计、环保产品开发以及教学和环境科学研究等方面的工作。

🏛 本专业较好的大学（排名不分先后）

北京师范大学、重庆大学、哈尔滨工业大学、中山大学、南开大学、厦门大学、大连理工大学、河海大学、南京信息工程大学、华东师范大学、兰州大学、广东工业大学、合肥工业大学、东北师范大学、辽宁大学、华中农业大学、山西大学、北京建筑大学、四川农业大学、成都理工大学、华侨大学、内蒙古大学、齐鲁工业大学、青海大学、中南林业科技大学、天津城建大学、湖北工业大学、广西师范大学、安徽建筑大学、长江大学、湖南工业大学、山东农业大学、沈阳建筑大学、辽宁工程技术大学、沈阳师范大学等。

环保设备工程

专业特点

环保设备工程专业主要研究环保设备的工作原理、结构组成、设计制造、调试养护等方面的基本知识和技能，进行环保设备的设计制造、操纵维护、应用研究以及设备功能的改进完善等。

本专业与高中学科关联度及学科要求

语文	数学	英语	物理	化学	生物	政治	历史	地理
C	C	B	A	A	A	D	D	C

本专业对高中阶段物理、化学、生物科目要求较高，适合热爱环境科学工程，对环保设备的设计、应用感兴趣的学生就读。

选考学科建议

"3+3"省份：物理 / 化学 / 生物

"3+1+2"省份：首选物理，再选化学 / 生物

大学主要课程

环保产业概论、识图与制图、工程材料、机械制造基础、化工原理、电子电工技术、工程 CAD 技术、环境监测、实用废水处理技术、大气污染控制技术、环保设备与应用、环境工程技术经济和造价分析、水电工程概预算、环保产业运营、环保设备选用技术、固体废物处理与

处置、工业安全工程、城市污水处理厂的建设与管理、水泵的运行与维护管理、设备保养与维修技术、电机原理及其运行与维护等。

💡 就业方向

本专业毕业生可在环境工程、设备制造及其相关领域科研院所、企业从事产品的设计、制造、研发和环保工程建设与管理工作，也可在大专院校从事教学、科研工作。

🏛 本专业较好的大学（排名不分先后）

中国石油大学（华东）、江苏大学、湘潭大学、河北工业大学、安徽工业大学、南华大学、烟台大学等。

资源环境科学

专业特点

　　资源环境科学专业主要研究资源环境与城乡规划管理等方面的基本知识和技能，进行资源高效利用、资源开发与保护、环境管理规划等。例如：水资源、海洋资源的高效利用，沼气、秸秆等生物质资源的开发利用，草地退化的防治，珍稀濒危动植物的保护。

本专业与高中学科关联度及学科要求

语文	数学	英语	物理	化学	生物	政治	历史	地理
C	C	B	A	A	B	C	D	C

　　本专业对高中阶段物理、化学科目要求较高，适合热爱环境科学工程，对生态环境学及资源规划、设计感兴趣的学生就读。

选考学科建议

　　"3+3"省份：物理 / 化学 / 生物

　　"3+1+2"省份：首选物理，再选化学 / 生物

大学主要课程

　　生物学基础、生物化学、微生物学、生态学、遗传学、分子生物学、生物统计学、农业资源信息系统、仪器分析、环境监测与评价、环境化学、环境生物学、自然资源学导论、普通地质学、测量与地图学基础、土壤学、

土地资源学、水资源开发与利用、环境生态学、环境资源调查与评价、环境资源法规与管理、环境资源区划与规划、遥感概论、环境资源信息系统、植物营养学、环境资源分析与农产品检测、环境监测与修复技术等。

💡 就业方向

本专业毕业生可在资源和环境领域的高等学校和科研院所从事教学、科研工作，也可在各级农业、环境、资源和生态等行政和事业单位从事管理和技术推广工作，还可在肥料、灌溉和绿色食品等企业从事技术工作。

🏛 本专业较好的大学（排名不分先后）

上海交通大学、北京师范大学、华南理工大学、浙江大学、中国农业大学、西北农林科技大学、昆明理工大学、扬州大学、南京工业大学等。

水质科学与技术

专业特点

　　水质科学与技术专业主要研究水在社会循环过程中的水质变化规律和水质控制技术等方面的基本知识和技能，涉及化学、化工、材料、计算机、仪器仪表等多个学科，进行水净化等水质工程的规划、水处理系统的设计、水质的分析与监测、水污染的控制与防治等。

本专业与高中学科关联度及学科要求

语文	数学	英语	物理	化学	生物	政治	历史	地理
C	C	B	A	A	B	C	D	C

　　本专业对高中阶段物理、化学科目要求较高，适合热爱环境科学工程、对水资源可持续发展感兴趣的学生就读。

选考学科建议

　　"3+3"省份：物理 / 化学 / 生物

　　"3+1+2"省份：首选物理，再选化学 / 生物

大学主要课程

　　无机化学、有机化学、分析化学、物理化学、水质科学基础、水化学、水生态学、工程数学、工程力学、流体力学、电工电子技术、计算机辅助设计、化工原理、水处理、核电站水质工程、水污染控制、材料

保护、水质分析与监测技术、智能仪器仪表、自动控制原理、计算机控制技术、水处理设备自动化、水处理系统设计、计算机网络、水工业法学、水工业经济学等。

💡 就业方向

本专业毕业生可在电力、环境、市政、石油、化工、核工业、冶金、军工、电子、生物、制药、造纸、食品和饮料等行业从事规划设计、生产运行、施工监理、经营管理等工作，也可在高等学校、科研院所从事教学、科研工作。

🏛 本专业较好的大学 （排名不分先后）

武汉大学、南京工业大学、南京工程学院等。

生物医学工程

专业特点

生物医学工程专业主要研究生命科学、电子技术、计算机技术和信息科学等方面的基本知识和技能，包括生物材料、人工器官、生物医学信号处理方法、医学成像和图像处理方法等。例如：人工心脏、人工关节等人工器官的研发，脑 CT 机、核磁共振仪等医疗设备的操纵和维护，B 超、核磁共振成像的图像处理。

本专业与高中学科关联度及学科要求

语文	数学	英语	物理	化学	生物	政治	历史	地理
C	C	B	A	A	A	C	D	C

本专业对高中阶段物理、化学、生物科目要求较高，适合热爱生物医学工程、对生命科学仪器设备感兴趣的学生就读。

选考学科建议

"3+3"省份：物理 / 化学 / 生物

"3+1+2"省份：首选物理，再选化学 / 生物

大学主要课程

模拟电子技术、数字电子技术、人体解剖学、生理学、基础生物学、生物化学、信号与系统、算法与数据结构、数据库原理、数字信号处理、

EDA 技术、数字图像处理、自动控制原理、医学成像原理、生物信息学等。

💡 就业方向

本专业毕业生可在研究机构，医院影像、设备、临床工程、信息中心等相关科室，医疗器械相关企事业单位，政府相关管理部门等从事医疗器械的维护、采购管理及信息管理等工作；也可到医疗仪器企业从事研发、销售、维修等工作；还可到高等医学院校从事医学影像技术的教学、科研工作。

🏛 本专业较好的大学（排名不分先后）

东南大学、清华大学、上海交通大学、浙江大学、北京大学、复旦大学、华中科技大学、北京航空航天大学、西安交通大学、天津大学、电子科技大学、四川大学、华南理工大学、北京理工大学、中山大学、重庆大学、南方医科大学、天津医科大学、首都医科大学、深圳大学、大连理工大学、山东大学、北京工业大学、南京医科大学、广州医科大学、西北工业大学、东北大学、西安电子科技大学、吉林大学、南方科技大学、上海理工大学、暨南大学、南京大学、温州医科大学、河北工业大学、重庆医科大学、西南交通大学、上海大学、中国医科大学、上海科技大学、哈尔滨医科大学、湖南大学、太原理工大学、南京航空航天大学、香港中文大学（深圳）、杭州电子科技大学、福州大学、合肥工业大学、中南大学、南京邮电大学、哈尔滨工程大学、江苏大学、北京化工大学、徐州医科大学、上海中医药大学、郑州大学、汕头大学、北京交通大学、湖南工业大学、长春理工大学、大连医科大学、重庆邮电大学、中南民族大学、广西大学、桂林电子科技大学、广州中医药大学、沈阳药科大学、南昌大学等。

专业类
生物医学工程类

专业代码
082601

修业年限
五年、四年

授予学位
理学学士、工学学士

假肢矫形工程

专业特点

假肢矫形工程专业主要研究假肢矫形器的结构、设计、材料、生产和康复工程等方面的基本知识和技能，为残疾人已缺失或畸形的身体部位或器官进行矫正、补偿装置的配置以及提供临床康复服务等。例如：机械假手、大腿假肢等人工假体的设计制造，假肢装配、康复训练等临床康复服务的提供。

本专业与高中学科关联度及学科要求

语文	数学	英语	物理	化学	生物	政治	历史	地理
C	C	B	B	A	A	C	D	C

本专业对高中阶段生物、化学科目要求较高，适合热爱生物医学工程、对假肢矫形及康复研究感兴趣的学生就读。

选考学科建议

"3+3"省份：物理 / 化学 / 生物

"3+1+2"省份：首选物理，再选化学 / 生物

大学主要课程

高等数学、普通物理学、理论力学、材料力学、运动生物力学、机械原理、金属工艺学、正常人体形态学、矫形临床学、矫形外科学、

矫形材料学、假肢学、矫形器学、康复工程、康复心理学等。

💡 就业方向

　　本专业毕业生适合到国内外康复工程、生物医学工程等领域从事与假肢、矫形相关的科研、教学、医疗技术开发和技术管理等工作，可到国内各大医疗机构中的康复中心协助各机构建立整合性假肢矫形工程系统，也可到假肢装配中心、假肢零部件生产厂研制与开发社会需求的假肢矫形工程产品，还可到政府的医保单位从事假肢矫形器医疗保险技术管理或装配中心、假肢部件生产厂从事车间管理工作。

🏛 本专业较好的大学（排名不分先后）

　　南方医科大学、首都医科大学、上海理工大学、广州中医药大学等。

专业类
生物医学工程类

专业代码
082602T

修业年限
四年

授予学位
工学学士

临床工程技术

专业特点

临床工程技术专业培养具有掌握重要医疗仪器设备，主要包括手术室、ICU 设备、血液透析中心等生命支持设备的操作、使用、维护、功能开发和技术管理的职业技能，掌握现代临床医疗仪器发展的复合型临床工程技术人才。例如：人工心肺机、呼吸机、血液透析机等操作与维护。

本专业与高中学科关联度及学科要求

语文	数学	英语	物理	化学	生物	政治	历史	地理
C	C	B	B	A	B	C	D	C

本专业对高中阶段化学科目要求较高，适合对临床工程技术研究感兴趣的学生就读。

选考学科建议

"3+3"省份：物理 / 化学 / 生物

"3+1+2"省份：首选物理，再选化学 / 生物

大学主要课程

医用诊断仪器、医用治疗仪器、人体机能替代装置、人体信息及其测量技术、临床工程课题研究、医用机器安全管理学、医院见习等。

💡 就业方向

本专业毕业生主要面向各级医院临床工程技术部门（手术室、ICU、血液透析中心、设备维护管理部门等）从事生命替代装置如呼吸机、人工心肺机、血液透析机及患者监护设备等的操作、使用、维护、功能开发和技术管理等工作；也可到中外医疗器械部门从事产品开发、制造、营销和技术管理等工作。

🏛 本专业较好的大学（排名不分先后）

上海健康医学院等。

专业类 生物医学工程类

专业代码 082603T

修业年限 四年

授予学位 工学学士

康复工程

专业特点

康复工程专业通过研究机械、电子、计算机等综合工程技术，用于预防、评估、增强、代偿或重建功能障碍者功能，其技术正向着智能化与物联网化方向发展，成为支撑老龄化社会与人民生命健康的新兴交叉学科。

本专业与高中学科关联度及学科要求

语文	数学	英语	物理	化学	生物	政治	历史	地理
C	C	B	A	A	A	C	D	C

本专业对高中阶段生物、化学、物理科目要求较高，适合热爱康复医疗、对工程机械研究感兴趣的学生就读。

选考学科建议

"3+3"省份：物理／化学／生物

"3+1+2"省份：首选物理，再选化学／生物

大学主要课程

人体生理学、人体解剖学、常见疾病康复、人体生物力学、机械制图与计算机辅助设计、人机工程学、生物医学信号检测、机械设计、电工电子学、微机原理、自动控制、人工智能、康复工程概论、康复医学、

康复机器人学、康复治疗与训练设备、人体康复辅助技术、人机无障碍交互技术、康复器械工业设计、假肢矫形器学等。

💡 就业方向

本专业毕业生的就业去向主要是在医院、各级康复机构从事康复器械的设计与临床适配技术服务，在智能设备制造企业和科研机构从事设计研发，在企事业单位、政府相关管理部门从事专业管理工作等。

🏛 本专业较好的大学（排名不分先后）

上海理工大学、济宁医学院、新乡学院等。

食品科学与工程

专业特点

食品科学与工程专业主要研究化学、生物学、食品工程和食品技术等方面的基本知识和技能，在食品领域内进行食品生产技术管理、产品开发、工程设计、品质控制、科学研究等。例如：酸奶发酵工艺的设计，罐头类食品的加工、生产，食品营养物质的研究，食品质量的监督和检测。

本专业与高中学科关联度及学科要求

语文	数学	英语	物理	化学	生物	政治	历史	地理
C	C	B	B	A	A	E	E	D

本专业对高中阶段生物、化学科目要求较高，适合热爱食品工程，对食品生产技术、研究、管理感兴趣的学生就读。

选考学科建议

"3+3"省份：物理 / 化学 / 生物

"3+1+2"省份：首选不限，再选生物 / 化学

大学主要课程

有机化学、生物化学、食品化学、微生物学、化工过程与设备和食品技术原理等。

💡 就业方向

本专业毕业生可从事各类食品生产企业的生产工艺设计、新产品开发、质量检测、经营管理等工作，也可从事食品的科学研究和成果推广工作，还可在食品质量监督、海关、商检、卫生防疫、进出口等部门从事产品分析、检测工作。

🏛 本专业较好的大学（排名不分先后）

江南大学、中国农业大学、中国海洋大学、浙江大学、华南理工大学、南昌大学、南京农业大学、上海交通大学、华中农业大学、吉林大学、江苏大学、西北农林科技大学、北京工商大学、东北农业大学、合肥工业大学、华南农业大学、西南大学、浙江工商大学、天津科技大学、南京财经大学、上海海洋大学、大连工业大学、福建农林大学、暨南大学、浙江工业大学、福州大学、四川大学、南京工业大学、华东理工大学、宁波大学、哈尔滨工业大学、湖北工业大学、沈阳农业大学、四川农业大学、北京林业大学、陕西师范大学、集美大学、陕西科技大学、海南大学、天津大学、南京师范大学、天津商业大学、河南工业大学、广西大学、武汉轻工大学、河南科技大学、中南林业科技大学、河南农业大学、南京林业大学、山东农业大学、上海理工大学、吉林农业大学、扬州大学、长沙理工大学、北京师范大学、广东海洋大学、西北大学、浙江海洋大学、郑州轻工业大学、河北农业大学、齐鲁工业大学、贵州大学、东北林业大学、宁夏大学、湖南农业大学、青岛农业大学、西华大学、上海大学、渤海大学、安徽农业大学、昆明理工大学、烟台大学、青海大学、湘潭大学、内蒙古农业大学、山西大学、辽宁大学、大连理工大学、浙江农林大学、上海应用技术大学、沈阳药科大学、成都大学、安徽工程大学、哈尔滨商业大学、深圳大学、延边大学、安徽大学、山西农业大学、江西农业大学、齐鲁医药学院等。

食品质量与安全

专业特点

食品质量与安全专业主要研究生物学和食品工程学等方面的基本知识和技能，包括食品生产技术管理、食品质量检测和食品安全检测等，在食品行业内进行食品品质控制和卫生监督等。例如：食品加工流程中的卫生监督，食品添加剂含量的检测，保健食品的功能检测，特殊类食品贮藏方法的研究。

本专业与高中学科关联度及学科要求

语文	数学	英语	物理	化学	生物	政治	历史	地理
C	C	B	B	A	A	D	E	D

本专业对高中阶段生物、化学科目要求较高，适合热爱食品工程、对食品安全与质量管理感兴趣的学生就读。

选考学科建议

"3+3"省份：物理 / 化学 / 生物

"3+1+2"省份：首选不限，再选生物 / 化学

大学主要课程

普通生物学、食品原料学、食品微生物学、基础生物化学、人体机能学、营养学、食品卫生学、食品化学、食品工艺学、食品安全与

质量控制技术、食品保藏学、食品工程原理、食品检验检疫学、食品质量检验技术、食品微生物检验技术、功能食品、食品毒理学、现代食品安全科学、食品免疫学、食品感官评价、有机化学、无机化学、分析化学、物理化学、仪器分析、食品试验设计与统计分析、食品标准与法规、食品企业管理、食品环境学、食品品质控制学、食品添加剂学、食品质量管理学、动物性食品卫生学检验、食品理化检验等。

💡 就业方向

本专业毕业生可到全国各级食品卫生监督部门、食品企业、社区的食品营养与安全服务部门、餐饮业等单位从事食品生产、食品营养与安全的管理、公共营养等方面的工作，也可在教育、科研单位从事教学及科研工作。

🏛 本专业较好的大学（排名不分先后）

江南大学、中国农业大学、华南理工大学、南昌大学、南京农业大学、江苏大学、华中农业大学、浙江工商大学、华南农业大学、西北农林科技大学、西南大学、吉林大学、北京工商大学、大连工业大学、天津科技大学、东北农业大学、合肥工业大学、暨南大学、上海海洋大学、沈阳农业大学、南京财经大学、陕西师范大学、福建农林大学、南京师范大学、南京工业大学、浙江工业大学、四川农业大学、河南工业大学、华东理工大学、陕西科技大学、上海理工大学、扬州大学、湖北工业大学、贵州大学、广东海洋大学、海南大学、宁波大学、天津商业大学、河南农业大学、青岛农业大学、武汉轻工大学、广西大学、河南科技大学、北京工业大学、郑州轻工业大学、苏州大学、中南林业科技大学、齐鲁工业大学、中国计量大学、沈阳药科大学、南京林业大学、山东农业大学、渤海大学、吉林农业大学、中国药科大学等。

粮食工程

专业特点

　　粮食工程专业主要研究生物学和食品工程学等方面的基本知识和技能，包括粮食与制品加工和储藏过程中所发生的化学、微生物、物性等变化，粮油产品加工工艺与装备，粮食储藏与运输等。例如：花生油、菜籽油等食用油的生产，玉米面、燕麦等粗粮食品的加工生产，小米、面粉等粮食产品的储藏和运输。

本专业与高中学科关联度及学科要求

语文	数学	英语	物理	化学	生物	政治	历史	地理
C	C	B	B	A	A	D	E	D

　　本专业对高中阶段生物、化学科目要求较高，适合热爱生物学，对粮食工程规划、粮油加工感兴趣的学生就读。

选考学科建议

　　"3+3"省份：化学 / 生物
　　"3+1+2"省份：首选不限，再选生物 / 化学

大学主要课程

　　粮食工程概论、粮食生产技术、粮食产品加工、粮食贮藏、粮食运输、粮食市场营销、食品工程原理、食品微生物、食品分析、粮油加工工艺、

发酵食品工艺、焙烤制品工艺、食品机械与设备、课程设计等。

🔍 就业方向

　　本专业毕业生可到粮食生产、储运、加工、销售等领域从事技术与管理工作，也可到相关的院校、科研机构从事教学及科学研究工作，还可到外贸、商检、海关等部门从事相关的粮食流通与质量检测工作。

🏛 本专业较好的大学（排名不分先后）

　　河南工业大学、东北农业大学、南京财经大学、吉林农业大学、青岛农业大学、沈阳农业大学、中南林业科技大学、武汉轻工大学等。

专业类
食品科学与工程类

专业代码
082703

修业年限
四年

授予学位
工学学士

乳品工程

👍 专业特点

    乳品工程专业主要研究生物化学、乳品化学、乳品微生物、乳品加工、食品营养等方面的基本知识和技能，在乳品加工行业进行乳制品加工、研发、品质检测等。例如：生牛乳加工成牛奶、炼乳，研发婴幼儿配方奶粉，生牛乳发酵制成酸奶，生产加工奶片、奶酪、奶油等各类乳制品。

📖 本专业与高中学科关联度及学科要求

语文	数学	英语	物理	化学	生物	政治	历史	地理
C	C	B	B	A	A	D	E	D

    本专业对高中阶段生物、化学科目要求较高，适合热爱生物化学、对乳制品加工质量管理技术感兴趣的学生就读。

📚 选考学科建议

"3+3"省份：化学 / 生物

"3+1+2"省份：首选不限，再选生物 / 化学

🏺 大学主要课程

    食品生物化学、食品营养学、食品工程原理、乳品化学、乳品机械设备、乳品微生物学、液态乳品科学与技术、固态乳品科学与技术、

原料奶生产技术、乳品工厂设计、乳品安全与质量控制、商业经济学、乳品分析等。

💡 就业方向

本专业毕业生可到乳品行业及相关领域（中高等职业院校、技术监督部门、科研院所、海关、商检），从事乳品开发与研究、乳品生产及管理、产品质量控制、工程设计、分析检验、产品销售等方面的相关工作。

🏛 本专业较好的大学（排名不分先后）

东北农业大学、扬州大学、陕西科技大学等。

酿酒工程

👍 专业特点

  酿酒工程专业以化学、生物学和工程学为基础，将传统酿酒工艺艺术与现代生物工程技术有机结合，旨在培养酿酒行业的生产、技术和管理的高级工程技术和管理人才。

📖 本专业与高中学科关联度及学科要求

语文	数学	英语	物理	化学	生物	政治	历史	地理
C	C	B	B	A	A	D	E	D

  本专业对高中阶段生物、化学科目要求较高，适合热爱生物化学、对酿酒技术的研究及管理感兴趣的学生就读。

📚 选考学科建议

  "3+3"省份：化学 / 生物

  "3+1+2"省份：首选不限，再选生物 / 化学

📙 大学主要课程

  分析化学、动物生理学、生物化学、生物学、分子生物学、微生物学、葡萄品种学和栽培学、果实贮躲保鲜学、葡萄酒酿造学、葡萄酒鉴评学、葡萄酒工程学、葡萄酒庄园设想与治理、食品营养与卫生学、实用企业治理学、市场营销学等。

💡 就业方向

本专业毕业生可到酿酒科学与工程领域，从事教学、科学研究与开发、生产管理、检验、产品营销与技术服务等工作。

🏛 本专业较好的大学（排名不分先后）

江南大学、北京工商大学、贵州大学、湖北工业大学、武汉轻工大学、河北农业大学、陕西科技大学、内蒙古农业大学、吉林农业大学、四川轻化工大学、齐鲁工业大学、西华大学等。

葡萄与葡萄酒工程

👍 专业特点

葡萄与葡萄酒工程专业主要研究葡萄酒的原料生产、酿造工艺、分析检测、设备维护、营销管理等方面的基本知识和技能，涉及葡萄酒从原料到消费者餐桌的全过程的知识和技术。例如：葡萄的选种、栽种、加工，葡萄酒的酿造、质检、品鉴、储藏、营销。

📖 本专业与高中学科关联度及学科要求

语文	数学	英语	物理	化学	生物	政治	历史	地理
B	C	B	B	A	A	D	E	D

本专业对高中阶段生物、化学科目要求较高，适合热爱食品工程，对葡萄酒酿造、分析感兴趣的学生就读。

📘 选考学科建议

"3+3"省份：化学 / 生物

"3+1+2"省份：首选不限，再选生物 / 化学

📚 大学主要课程

葡萄酒分析与质量控制、酶学、发酵科学、酿酒葡萄学、葡萄酒酿造学、葡萄酒感官鉴评原理与技术、葡萄酒工程学、食品营养与卫生学、实用企业管理学、市场营销学等。

💡 就业方向

本专业毕业生可到国家机关、大专院校、科研院所、质量技术检测监督、知识产权保护、产品策划和设计、商贸公司、文化交流等部门，从事酒类企业管理、葡萄酒生产、营销贸易、文化推广、新产品新技术开发、机械和工程生产及设计等领域的工作。

🏛 本专业较好的大学（排名不分先后）

中国农业大学、西北农林科技大学、大连工业大学、沈阳药科大学、青岛农业大学、齐鲁工业大学、石河子大学、宁夏大学、山东农业大学等。

食品营养与检验教育

专业特点

食品营养与检验教育专业主要研究食品科学与工程、食品法规与标准、食品质量管理、食品安全检测等方面的基本知识和技能，对食品生产、加工的过程进行安全管理和质量控制，对食品的营养进行提高和合理配比等。例如：食品加工过程卫生质量的监督，食品里添加剂的检测，食品营养成分的研究和合理配比。

本专业与高中学科关联度及学科要求

语文	数学	英语	物理	化学	生物	政治	历史	地理
B	C	B	B	A	A	D	E	D

本专业对高中阶段生物、化学科目要求较高，适合热爱食品工程、对食品营养及检验感兴趣的学生就读。

选考学科建议

"3+3"省份：化学 / 生物

"3+1+2"省份：首选不限，再选生物 / 化学

大学主要课程

无机化学、分析化学、食品化学、食品微生物学、食品营养学、食品卫生学、食品标准与法规、食品机械与设备、食品工艺学、食品

感官检验、食品病理检验、食品毒理学、食品理化分析、食品检验与分析、食品微生物检验、食品质量管理、食品包装学等。

💡 就业方向

本专业毕业生可从事食品安全与质量控制教育教学、教学研究工作，也可到食品原辅料生产、流通和消费领域从事分析检验、质量管理、安全评价、企业管理和科学研究等方面的工作。

🏛 本专业较好的大学（排名不分先后）

河南农业大学、锦州医科大学、河南工业大学、遵义师范学院、山西师范大学、黑龙江八一农垦大学、齐齐哈尔医学院、吉林工程技术师范学院等。

烹饪与营养教育

👍 专业特点

　　烹饪与营养教育专业主要研究烹饪、营养、管理和教育等方面的基本知识和技能，进行食品营养的研究、餐饮企业的管理、高职高专院校的教学等。例如：药膳、营养餐的研发，菜品营养的合理配比，技校烹饪与营养类专业的教学。

📙 本专业与高中学科关联度及学科要求

语文	数学	英语	物理	化学	生物	政治	历史	地理
B	C	B	B	A	A	D	E	D

　　本专业对高中阶段生物、化学科目要求较高，适合热爱食品工程、对烹饪面点及酒店管理感兴趣的学生就读。

📘 选考学科建议

　　"3+3"省份：化学／生物

　　"3+1+2"省份：首选不限，再选生物／化学

📚 大学主要课程

　　饮食文化概论、食品卫生学、营养学基础、烹饪化学、餐饮企业管理、中国饮食保健学、实用营养学、管理学、心理学、教育学等。

💡 就业方向

本专业毕业生可从事大、中型饭店及集团餐饮部门的技术及管理工作，也可到中、高等烹饪学校或相关科研部门从事教学、科研工作。

🏛 本专业较好的大学 （排名不分先后）

扬州大学、河北师范大学、哈尔滨商业大学、济南大学、湖北经济学院、武汉商学院、岭南师范学院、广东第二师范学院、河南科技学院、昆明学院、内蒙古财经大学、吉林工商学院、北京联合大学等。

食品安全与检测

专业特点

食品安全与检测专业主要研究食品安全与检测的基础知识，运用现代生物技术手段培养具有扎实的食品安全管理的基本理论、基本知识和实验技能，能在科研机构、质量技术监督、疾病预防控制中心、检验检疫局、海关、食品企业等企事业单位和政府部门从事与食品安全与管理相关的技术工作，并具有食品科学研究、设计、营销和食用新资源开发利用能力的复合型人才。

本专业与高中学科关联度及学科要求

语文	数学	英语	物理	化学	生物	政治	历史	地理
B	C	B	B	A	A	D	E	D

本专业对高中阶段生物、化学科目要求较高，适合有志于食品安全管理的学生就读。

选考学科建议

"3+3"省份：化学 / 生物

"3+1+2"省份：首选不限，再选生物 / 化学

大学主要课程

食品微生物学、食用资源学、有机化学、分析化学、仪器分析、

食品化学、生物化学等。

就业方向

本专业毕业生可到食品生产企业、质检部门、食品保健等行业，从事食品安全监督管理或实际检测技术开发利用、食品保健品高新技术开发等方面的工作。

本专业较好的大学（排名不分先后）

上海师范大学、汕头大学、西安文理学院、新疆理工学院等。

食品营养与健康

专业特点

食品营养与健康专业主要研究食品营养与健康领域的基本知识和基本技能，化学、工程学和营养健康科学的基础知识和技能，培养具有食品科学研究、健康管理和功能食品生产与开发的技术能力，能在食品加工与流通领域从事相关的科学研究、教学、政策咨询、食品生产及技术管理等方面工作的应用型高级专业人才，以满足食品、营养等相关领域对专门人才的需求。

本专业与高中学科关联度及学科要求

语文	数学	英语	物理	化学	生物	政治	历史	地理
B	C	B	B	B	A	D	E	D

本专业对高中阶段生物科目要求较高，适合对食品营养、食品健康感兴趣的学生就读。

选考学科建议

"3+3"省份：化学 / 生物

"3+1+2"省份：首选不限，再选生物 / 化学

大学主要课程

生物化学与分子生物学、食品卫生与营养学、食品毒理与免疫学、

食品工艺学、食品微生物学、基础医学概论、人体生理与健康、营养与疾病预防、营养调查与实践等。

💡 就业方向

本专业毕业生可到出入境检验检疫、疾病预防与控制、民政、工商和市场管理监督及国内外经济贸易部门从事食品检验、品质管理、食品质量分析等工作；也可到医院、疗休养等部门从事营养临床与营养指导，开展不同人群的营养健康管理工作；还可到食品企业从事营养健康食品研发、贸易、市场营销和流通等工作。

🏛 本专业较好的大学（排名不分先后）

中国农业大学、陕西师范大学、西北农林科技大学、中国药科大学、南京农业大学、华中农业大学、四川农业大学、北京工商大学、江西师范大学、天津科技大学、河南农业大学、大连工业大学、福建农林大学、渤海大学、成都医学院等。

食用菌科学与工程

专业特点

食用菌科学与工程专业是食品科学与工程类下的二级学科。本专业主要研究利用科学有效的方法繁育各种食用菌种，开发出新产品，同时能够对食用菌进行加工管理的过程。

本专业与高中学科关联度及学科要求

语文	数学	英语	物理	化学	生物	政治	历史	地理
B	C	B	B	A	A	D	E	D

本专业对高中阶段生物、化学科目要求较高，适合对食用菌培养、开发及应用感兴趣的学生就读。

选考学科建议

"3+3"省份：化学 / 生物

"3+1+2"省份：首选不限，再选生物 / 化学

大学主要课程

食用菌学、发酵食品工艺学、植物生理学、植物病理学、微生物学、食品化学、食品分析、真菌分类学、食品工程原理、食用菌栽培学、食用菌设施设计与生产、食用菌加工工艺学等。

💡 就业方向

本专业毕业生可在各级企事业单位，从事食用菌领域的新技术研究、新产品开发及产业规划、设计、管理等方面的工作。

🏛 本专业较好的大学（排名不分先后）

山西农业大学、楚雄师范学院等。

白酒酿造工程

专业特点

白酒酿造工程专业是一个以食品科学与工程类各基础专业和特设专业为基础，吸纳生物学、轻工技术与工程、管理学等多学科知识的交叉学科、综合学科和应用学科为一体的专业，旨在培养掌握白酒酿造、品评勾兑、酒质检测技术，具有创新能力的高素质应用型人才，以满足中国白酒产品和中国白酒文化走向世界的人才需要。

本专业与高中学科关联度及学科要求

语文	数学	英语	物理	化学	生物	政治	历史	地理
B	C	B	B	A	A	D	E	D

本专业对高中阶段生物、化学科目要求较高，适合热爱白酒文化、对白酒酿造工艺感兴趣的学生就读。

选考学科建议

"3+3"省份：化学/生物

"3+1+2"省份：首选不限，再选生物/化学

大学主要课程

无机及分析化学、有机化学、生物化学、发酵工程原理、微生物学、白酒生产技术、酒精与蒸馏酒工艺学、白酒工厂设计、酿酒机械与设备、

葡萄酒工艺学、啤酒工艺学、黄酒工艺学、微生物代谢控制发酵等。

就业方向

本专业毕业生可到白酒及相关行业，从事白酒酿造、生产管理、品评勾调、分析检验等工作。

本专业较好的大学（排名不分先后）

山西农业大学等。

建筑学

专业特点

建筑学专业主要研究建筑的结构、设计、材料、环境、建造等方面的基本知识和技能，涉及建筑设计、城市设计、室内设计、市政设计等多个方面，进行各类建筑的设计和规划等。例如：大厦的建造方案和施工图的设计，城市大型建筑分布的布局规划，房屋室内的装饰设计。

本专业与高中学科关联度及学科要求

语文	数学	英语	物理	化学	生物	政治	历史	地理
B	C	B	A	C	C	D	C	C

本专业对高中阶段物理科目要求较高，适合热爱建筑学，对建筑设计、规划施工感兴趣的学生就读。

选考学科建议

"3+3"省份：物理

"3+1+2"省份：首选不限，再选政治/化学/地理/生物

大学主要课程

建筑概论、建筑美术、建筑构成、建筑设计、风景园林建筑、建筑材料、计算机辅助设计、公共建筑设计、城市规划原理、建筑项目

管理、地基基础、环境心理学、古建筑保护、建筑与城市摄影等。

💡 就业方向

本专业毕业生可到设计部门从事各项设计工作，也可到房地产领域从事建筑策划与管理工作。

🏛 本专业较好的大学（排名不分先后）

清华大学、天津大学、东南大学、哈尔滨工业大学、同济大学、华南理工大学、西安建筑科技大学、浙江大学、重庆大学、南京大学、华中科技大学、湖南大学、大连理工大学、北京建筑大学、深圳大学、武汉大学、西南交通大学、北京工业大学、上海交通大学、苏州大学、厦门大学、西安交通大学、北京交通大学、沈阳建筑大学、南京工业大学、合肥工业大学、中南大学、广州大学、山东建筑大学、河北工业大学、华侨大学、北方工业大学、昆明理工大学、郑州大学、青岛理工大学、浙江工业大学、西北工业大学、东北大学、新疆大学、福州大学、苏州科技大学、南昌大学、广东工业大学、天津城建大学、太原理工大学、四川大学、长安大学、安徽建筑大学、中国美术学院、上海大学、河南理工大学、中国矿业大学、武汉理工大学、长沙理工大学、中国矿业大学（北京）、山东大学、宁波大学、广西大学、石家庄铁道大学、湖北工业大学、兰州理工大学、贵州大学、暨南大学、河南大学、河北工程大学、湖南科技大学、华东交通大学、中国石油大学（华东）、烟台大学、成都理工大学、扬州大学、重庆交通大学、吉林建筑大学、西南民族大学、武汉科技大学、内蒙古工业大学、汕头大学、云南大学、燕山大学、浙江理工大学、海南大学等。

城乡规划

专业特点

　　城乡规划专业主要研究城乡规划、城乡设计等方面的基本知识和技能，进行城市和农村的规划和设计等，包括整体规划和区域规划等。例如：城市布局的规划设计，城乡道路交通的规划，河道、供水、绿化等城市市政工程的规划，园林游憩区域的规划设计。

本专业与高中学科关联度及学科要求

语文	数学	英语	物理	化学	生物	政治	历史	地理
B	C	B	A	C	B	D	C	B

　　本专业对高中阶段物理科目要求较高，适合热爱建筑学，对城乡规划、设计、管理感兴趣的学生就读。

选考学科建议

"3+3"省份：不限／物理

"3+1+2"省份：首选不限，再选政治／化学／地理／生物

大学主要课程

　　城市规划原理、城市规划设计、城市设计、城市规划理论与城市发展史、城市道路与交通、城市生态与环境保护、城市地理学、城市经济学、区域规划等。

💡 就业方向

本专业毕业生可到国家或地区规划设计单位、政府部门、高等学校、房地产开发企业、城建系统的企业、城市建设咨询和研究机构以及国外相关研究、设计和咨询企业等，从事规划、设计与管理等工作。

🏛 本专业较好的大学（排名不分先后）

清华大学、同济大学、东南大学、南京大学、天津大学、哈尔滨工业大学、华南理工大学、华中科技大学、重庆大学、中山大学、西安建筑科技大学、武汉大学、大连理工大学、湖南大学、深圳大学、西南交通大学、浙江工业大学、北京建筑大学、苏州科技大学、长安大学、北京交通大学、西北大学、沈阳建筑大学、北京工业大学、南京工业大学、四川大学、福州大学、北京大学、北京林业大学、武汉理工大学、南京林业大学、厦门大学、浙江大学、广东工业大学、广州大学、郑州大学、合肥工业大学、安徽建筑大学、山东建筑大学、昆明理工大学、浙江工商大学、河北工业大学、东北大学、贵州大学、云南大学、中南大学、上海大学、苏州大学、浙江农林大学、青岛理工大学、天津城建大学、西北农林科技大学、华侨大学、宁波大学、江西师范大学、浙江师范大学、南昌大学、太原理工大学、四川农业大学、河南财经政法大学、东北林业大学、江苏师范大学、浙江财经大学、中国美术学院、广西大学、武汉科技大学、湖南科技大学、华南农业大学、河南大学、北方工业大学、福建工程学院、西安理工大学、西交利物浦大学、长沙理工大学、武汉工程大学、西南民族大学、西安科技大学、宁夏大学、西南科技大学、南华大学、三峡大学、成都理工大学、桂林理工大学、济南大学、重庆交通大学、青海大学、湖北工业大学、吉林建筑大学、兰州理工大学、浙江科技学院、兰州交通大学、长江大学、安徽农业大学等。

风景园林

👍 专业特点

　　风景园林专业主要研究风景园林规划、区域规划、植物学等方面的基本知识和技能，进行风景园林的规划建设、传统园林的保护修复等。例如：公园绿地的规划，城市道路景观的设计，旅游开发区园林的建设，花卉草木的培育养护，颐和园、拙政园等古典园林的保护和修复。

📖 本专业与高中学科关联度及学科要求

语文	数学	英语	物理	化学	生物	政治	历史	地理
B	C	B	A	C	C	D	C	C

　　本专业对高中阶段物理科目要求较高，适合喜欢建筑学，对风景园林规划、设计感兴趣的学生就读。

📚 选考学科建议

　　"3+3"省份：物理

　　"3+1+2"省份：首选不限，再选政治/化学/地理/生物

📖 大学主要课程

　　城市规划、园林树木学、城市规划设计、城市绿地规划与设计、建筑设计、园林设计、园林工程等。

💡 就业方向

本专业毕业生可到园林局、设计院、苗圃设计公司、园林设计公司、旅游规划设计公司、风景旅游区、房地产公司、大中专院校以及其他同建筑与环境工程、市政园林、公用事业、城乡规划建设管理等相关的行业、部门机构，从事风景园林的规划建设工作。

🏛 本专业较好的大学（排名不分先后）

清华大学、同济大学、东南大学、北京林业大学、华南理工大学、华中农业大学、西安建筑科技大学、西南交通大学、哈尔滨工业大学、华中科技大学、华南农业大学、西北农林科技大学、天津大学、上海交通大学、东北林业大学、福建农林大学、重庆大学、南京林业大学、浙江农林大学、南京农业大学、四川农业大学、北京建筑大学、四川大学、天津城建大学、福州大学、西南大学、沈阳建筑大学、长安大学、海南大学、华东理工大学、苏州大学、山东建筑大学、中南林业科技大学、湖南大学、北京工业大学、苏州科技大学、东北农业大学、河南农业大学、中国美术学院、深圳大学、河北农业大学、青岛理工大学、昆明理工大学、浙江理工大学、广西大学、上海应用技术大学、江西农业大学、福建工程学院、青岛农业大学、安徽建筑大学、山西农业大学、金陵科技学院、华北水利水电大学、湖南文理学院、南昌工程学院、湖南城市学院、南京工业大学、湖南农业大学、西南林业大学、长江大学、广州美术学院、南华大学、重庆交通大学、湖南科技大学、西安工程大学、内蒙古农业大学、西华大学、安徽科技学院、绵阳师范学院、滁州学院、闽南师范大学、中央美术学院、沈阳农业大学、郑州大学、广州大学、桂林理工大学、江西师范大学、山东农业大学、成都理工大学、扬州大学、北京农学院、吉林农业大学、吉首大学、河北工程大学、安徽理工大学、衡阳师范学院、四川旅游学院、暨南大学、合肥工业大学等。

历史建筑保护工程

专业特点

历史建筑保护工程专业主要研究古建筑保护、建筑历史、建筑设计、修缮技术等方面的基本知识和技能，针对城市里具有特殊价值和意义的历史建筑进行保护和修缮等。

本专业与高中学科关联度及学科要求

语文	数学	英语	物理	化学	生物	政治	历史	地理
B	C	B	A	C	C	D	B	B

本专业对高中阶段物理科目要求较高，适合喜欢建筑学，对历史建筑保护、维修、设计感兴趣的学生就读。

选考学科建议

"3+3"省份：物理 / 历史

"3+1+2"省份：首选不限，再选政治 / 化学 / 地理 / 生物

大学主要课程

建筑概论、建筑美术、建筑构成、建筑设计、风景园林建筑、建筑材料、计算机辅助设计、公共建筑设计、城市规划原理、建筑项目管理、地基基础、环境心理学、古建筑保护、建筑与城市摄影、保护技术、艺术史、文博专题等。

💡 就业方向

本专业毕业生主要从事历史建筑保护方面的设计、管理、研究和教学工作，也可从事建筑、规划、景园等领域的相关工作。

🏛 本专业较好的大学（排名不分先后）

同济大学、西安建筑科技大学、苏州大学等。

专业类
建筑类

专业代码
082804T

修业年限
五年、四年

授予学位
工学学士

人居环境科学与技术

专业特点

人居环境科学与技术专业主要培养具备人居环境多尺度系统思维和宽厚的相关学科基础理论，接受大数据与智慧城市、土木工程、建筑环境与能源应用工程方向的教育，能够在未来智慧城市建设方面发挥引领作用的优秀人才。例如：从事城市规划，城市设计工作。

本专业与高中学科关联度及学科要求

语文	数学	英语	物理	化学	生物	政治	历史	地理
B	C	B	B	C	C	D	B	A

本专业对高中阶段地理科目要求较高，适合对城市规划、城市设计、智慧城市感兴趣的学生就读。

选考学科建议

"3+3"省份：物理 / 历史 / 地理

"3+1+2"省份：首选不限，再选政治 / 化学 / 地理 / 生物

大学主要课程

人居环境科学导论、城市地理学、城市规划概论（设计）、现代城市与住宅设计、城市防灾与减灾、城市经济学，城市气象学、城市生态环境学、城市物质与能量的综合与集成（热工基础）、水利工程与环境、

人居环境工程技术、BIM 技术概论、数据管理与挖掘（专题实验）、信号与系统、地理信息系统、人居环境大数据与多规合一方法、智慧城市与城市计算等。

💡 就业方向

本专业毕业生可到城市规划设计、城市规划管理、土地规划与建设、房地产开发等单位从事城市、村镇、小区等的规划设计与管理方面的工作，也可到高等学校、科研、政府机关等事业单位从事研究及教学工作。

🏛 本专业较好的大学（排名不分先后）

西安交通大学等。

城市设计

专业特点

城市设计专业以建筑学、城乡规划学和风景园林三个一流学科为基础，具有很强的实践应用性和交叉综合性，是中国新时代城市精细化发展和城市更新中的急需专业，涉及工程技术、艺术人文、社会科学、经济学、管理政策等多方面的前沿学科。

本专业与高中学科关联度及学科要求

语文	数学	英语	物理	化学	生物	政治	历史	地理
B	C	B	A	C	C	D	B	A

本专业对高中阶段物理、地理科目要求较高，适合喜欢建筑学、对城乡规划设计感兴趣的学生就读。

选考学科建议

"3+3"省份：物理 / 历史 / 地理

"3+1+2"省份：首选不限，再选政治 / 化学 / 地理 / 生物

大学主要课程

建筑与城市概论、建筑设计原理、城市设计原理、城市规划原理、景观设计原理、城市发展史、城市设计理论、城市交通学原理、城市社会学原理、城市经济学原理、城市形态学原理、城市阅读、艺术史、

建筑史等。

💡 就业方向

本专业毕业生可进入各级政府的规划、建设主管部门从事相关管理工作，可到国内外专业设计机构从事设计工作，也可到房地产公司从事设计管理工作，还可到大专院校、研究所等机构从事科研工作。

🏛 本专业较好的大学（排名不分先后）

同济大学、西南交通大学、西安建筑科技大学、湖南城市学院、内蒙古科技大学等。

智慧建筑与建造

专业特点

    智慧建筑与建造专业旨在培养兼具智慧建筑与建造相关自然科学知识，掌握智慧建筑与建造基础与前沿理论方法和技术工具，能够解决建筑全生命周期内复杂工程问题的复合型高级人才。

本专业与高中学科关联度及学科要求

语文	数学	英语	物理	化学	生物	政治	历史	地理
B	C	B	A	C	C	D	B	A

    本专业对高中阶段物理、地理科目要求较高，适合对建筑及建造智能化研究感兴趣的学生就读。

选考学科建议

    "3+3" 省份：物理 / 历史 / 地理

    "3+1+2" 省份：首选不限，再选政治 / 化学 / 地理 / 生物

大学主要课程

    建筑学、人居环境导论、创意设计、画法几何与阴影透视、建筑设计基础、造型艺术基础、人工智能与算法设计、建筑力学与建筑结构、建筑构造、建筑环境交互原理、智慧建筑设计与建造、外国建筑史、中国建筑史、建筑设备、建筑施工组织与技术、建筑工程法规与合同等。

💡 就业方向

本专业毕业生可到设计机构、高科技企业、地产企业、国家机关、高等学校、科研单位等，从事设计、管理、教学、研究等工作。

🏛 本专业较好的大学 （排名不分先后）

哈尔滨工业大学、山西大学等。

专业类
建筑类

专业代码
082807T

修业年限
四年

授予学位
工学学士

安全工程

专业特点

    安全工程专业主要研究矿山、地下建筑、地上建筑的灾害防治技术、安全原理、安全监测、安全系统工程等方面的基本知识和技能，多用于户外作业，进行施工前的安全评价和风险评估，施工现场的安全管理和安全教育，以及发生坍塌、爆炸、火灾等事故后的工伤事故处理等。

本专业与高中学科关联度及学科要求

语文	数学	英语	物理	化学	生物	政治	历史	地理
C	C	B	A	A	C	D	E	D

    本专业对高中阶段物理、化学科目要求较高，适合热爱安全工程、对安全监测与监控感兴趣的学生就读。

选考学科建议

"3+3"省份：物理

"3+1+2"省份：首选物理，再选化学

大学主要课程

    燃烧与爆炸学、安全工程学、通风空调与净化、安全监测与监控、职业卫生学、流体力学与流体机械、工程热力学与传热学、分析化学与物理化学、电工与电子技术、安全评价理论与方法、安全法学、安全心理学、安全管理基础学、安全系统工程及分析技术等。

💡 就业方向

本专业毕业生可到大型施工企业从事施工现场安全管理、现场安全教育、工伤事故处理、安全施工方案编制及审核、施工安全防护用具配备及管理、现场安全档案管理等工作，也可到大型厂矿、生产型企业从事企业安全管理、安全教育、安全评价、工伤事故处理及职业病防治等工作，还可到安全评价机构从事专业安全评价、风险评估等工作，或在政府、企事业单位、大中专院校从事安全管理和教学等工作。

🏛 本专业较好的大学（排名不分先后）

中国科学技术大学、中国矿业大学、中南大学、北京理工大学、中国矿业大学（北京）、北京科技大学、重庆大学、中国石油大学（北京）、北京航空航天大学、南京工业大学、东北大学、西安科技大学、中国地质大学（武汉）、武汉理工大学、中国地质大学（北京）、华南理工大学、南京理工大学、山东科技大学、大连理工大学、中国石油大学（华东）、河南理工大学、福州大学、太原理工大学、北京化工大学、常州大学、安徽理工大学、江苏大学、郑州大学、辽宁工程技术大学、长安大学、南华大学、首都经济贸易大学、华东理工大学、湖南科技大学、西南交通大学、武汉科技大学、中国计量大学、浙江工业大学、西北工业大学、沈阳航空航天大学、四川大学、昆明理工大学、中北大学、青岛科技大学、青岛理工大学、贵州大学、南京信息工程大学、中国民航大学、中南财经政法大学、黑龙江科技大学、天津理工大学、哈尔滨工程大学、河北工业大学、哈尔滨理工大学、西安建筑科技大学、大连海事大学、南昌大学、华北理工大学、上海海事大学、西南石油大学、安徽工业大学、广东工业大学、西南科技大学、沈阳建筑大学等。

应急技术与管理

专业特点

应急技术与管理专业旨在培养能够在公共安全、矿山、建筑、施工、消防、机械与电气、化工等行业和领域从事安全方面的管理、设计与生产、研究、评价、监察、检测与监控、应急救援、教育与培训等工作的应用创新型高级专门人才。

本专业与高中学科关联度及学科要求

语文	数学	英语	物理	化学	生物	政治	历史	地理
C	C	B	A	A	C	D	E	D

本专业对高中阶段物理、化学科目要求较高，适合对应急技术感兴趣的学生就读。

选考学科建议

"3+3"省份：物理

"3+1+2"省份：首选物理，再选生物 / 化学

大学主要课程

应急管理法律法规、公共政策分析、基础会计学、公共管理学、灾害学概论、系统分析与协调、应急管理的理论与实践、社会保障学、公共关系学、运筹学基础、危机心理干预、危机信息管理与发布、应

急运作管理、风险评估与管理等。

💡 就业方向

　　本专业毕业生可到矿业、石油等企业从事安全工程方面的工作，也可到企业的建筑、电力、交通等部门从事风险评估的工作，还可到政府相关部门从事安全监督工作，或到相关企业、社区从事应急安全管理工作。

🏛 本专业较好的大学（排名不分先后）

　　西安科技大学、河南理工大学等。

职业卫生工程

专业特点

职业卫生工程专业旨在培养掌握职业安全与职业卫生两方面基础理论，具备事故伤亡损失和健康危害预防与控制基本技能，能够将职业健康危害的医学机理与作业场所有害因素的检测与评价、工程控制及个体防护手段有机结合的职业卫生专业人才。

本专业与高中学科关联度及学科要求

语文	数学	英语	物理	化学	生物	政治	历史	地理
C	C	B	A	A	A	D	E	D

本专业对高中阶段物理、化学、生物科目要求较高，适合对职业安全与卫生研究感兴趣的学生就读。

选考学科建议

"3+3"省份：物理 / 化学 / 生物

"3+1+2"省份：首选物理，再选生物 / 化学

大学主要课程

医学基础、流行病学、卫生毒理学、职业卫生学、工业通风与噪声控制、工业防毒技术、职业危害检测与评价等。

💡 就业方向

本专业毕业生可到能源、建筑、石油、化工、电力、交通等涉及职业危害的企事业单位和个体经济组织从事职业安全健康设计、检测、检验、监察、管理、评价、教育、培训与咨询等工作，也可到卫生监督所、职业卫生监管职能部门、职业卫生评价机构、疾病预防控制中心、职业病医院、社会团体等领域从事职业卫生监察、管理与研究等工作。

🏛 本专业较好的大学（排名不分先后）

中国劳动关系学院、安徽理工大学、华北科技学院等。

生物工程

专业特点

生物工程专业主要研究现代生物工程技术及其产业化的原理、工艺过程和工程设计等方面的基本知识和技能，在制药、农林、食品等领域进行产品研发、生产、质量检测等。例如：疫苗、抗生素等生物药物的研制，人工授精、胚胎移植、克隆等生物工程的设计，转基因食品的研发，杂交水稻的培育。

本专业与高中学科关联度及学科要求

语文	数学	英语	物理	化学	生物	政治	历史	地理
C	C	B	B	A	A	E	E	D

本专业对高中阶段生物、化学科目要求较高，适合热爱生物工程，对生物细胞培养、生物技术感兴趣的学生就读。

选考学科建议

"3+3"省份：化学

"3+1+2"省份：首选物理，再选生物 / 化学

大学主要课程

高等数学、线性代数、无机化学与化学分析、植物组织培养技术、有机化学、生物化学、化工原理、生化工程、微生物学、细胞生物学、

遗传学、分子生物学、基因工程、细胞工程、蛋白质工程、微生物工程、生物工程下游技术、发酵工程设备、概率论与数理统计、动物生理学、生态学等。

💡 就业方向

本专业毕业生可到生物医药、食品、农业、能源、环保等行业，从事研发、质量管控、生产管理、销售、技术服务等工作。

🏛 本专业较好的大学（排名不分先后）

上海交通大学、华南理工大学、江南大学、大连理工大学、华东理工大学、天津大学、四川大学、北京化工大学、中国农业大学、浙江工业大学、浙江大学、华中农业大学、南京工业大学、哈尔滨工业大学、重庆大学、中南大学、吉林大学、西北农林科技大学、西北大学、北京航空航天大学、福州大学、西安交通大学、东北大学、东南大学、湖北工业大学、上海大学、中山大学、西南交通大学、河北工业大学、福建师范大学、湖北大学、山东大学、厦门大学、南昌大学、东北农业大学、南京理工大学、南京林业大学、三峡大学、天津科技大学、安徽大学、南京师范大学、沈阳药科大学、陕西科技大学、深圳大学、东华大学、华南师范大学、中国计量大学、北京中医药大学、燕山大学、南京农业大学、中国药科大学、合肥工业大学、西南大学、中国海洋大学、郑州大学、昆明理工大学、大连民族大学、中国矿业大学、华侨大学、武汉工程大学、新疆大学、烟台大学、浙江工商大学、北京工商大学、江苏大学、江西师范大学、广东工业大学、武汉科技大学、广州大学、大连工业大学、常州大学、集美大学、广西大学、扬州大学、中南民族大学、浙江科技学院、遵义医科大学、太原理工大学、河南农业大学、黑龙江大学、海南大学、湖南科技大学、齐鲁工业大学等。

生物制药

专业特点

生物制药专业主要研究生物化学、药剂学、生物技术、制药技术等方面的基本知识和技能，进行生物药物的分析、研发、实验、生产、质检等。常见的生物药物有疫苗、抗生素、抗毒血清、胰岛素等。

本专业与高中学科关联度及学科要求

语文	数学	英语	物理	化学	生物	政治	历史	地理
C	C	B	B	A	A	E	E	D

本专业对高中阶段生物、化学科目要求较高，适合热爱生物工程，对生物分析、制药研发感兴趣的学生就读。

选考学科建议

"3+3"省份：物理 / 化学 / 生物

"3+1+2"省份：首选物理，再选生物 / 化学

大学主要课程

生物化学及生物化学实验、分子生物学及分子生物学实验、药理学及药理学实验、药剂学及药剂学实验、生物技术制药、生物制药工艺学、发酵工程、药品与生物制品检验等。

💡 就业方向

本专业毕业生可到生物药物生产经营、研制与开发等领域以及药检所、药政管理部门、各类生物工程公司等从事应用技术研究、开发、生产、经营与管理等工作，也可从事化学药品的生产、营销和检验等工作，还可到医院药房或药剂室工作，或在社区从事药品普及教育工作。

🏛 本专业较好的大学（排名不分先后）

中国药科大学、华中科技大学、武汉大学、温州医科大学、吉林大学、暨南大学、沈阳药科大学、南方医科大学、苏州大学、兰州大学、浙江工业大学、南京中医药大学、大连医科大学、福建医科大学、广东药科大学、潍坊医学院、华南理工大学、上海大学、浙江理工大学、扬州大学、中南民族大学、武汉理工大学、山东第一医科大学、东北大学、山西医科大学、新乡医学院、烟台大学、湖北工业大学、安徽大学、广西大学、广州大学、南京林业大学、上海海洋大学、安徽中医药大学、重庆理工大学、温州大学、安徽师范大学、武汉轻工大学、浙江农林大学、河南科技大学、滨州医学院、长江大学、安徽工程大学、成都医学院、聊城大学、重庆工商大学、江苏师范大学、北京石油化工学院、黑龙江大学、安徽农业大学、浙江海洋大学、济宁医学院、贵州中医药大学等。

合成生物学

专业特点

合成生物学专业是一门综合学科，旨在以传统生物学获得的知识和材料为基础，利用系统生物学的手段对其加以定量地解析，在工程学以及计算机的指导下设计新的生物系统或对原有生物系统进行深度改造。

本专业与高中学科关联度及学科要求

语文	数学	英语	物理	化学	生物	政治	历史	地理
C	C	B	B	A	A	E	E	D

本专业对高中阶段生物、化学科目要求较高，适合喜欢生物学，对生物系统设计、改造感兴趣的学生就读。

选考学科建议

"3+3"省份：物理 / 化学 / 生物

"3+1+2"省份：首选物理，再选生物 / 化学

大学主要课程

合成生物学、生物化学、有机合成化学、代谢工程、生物信息学、化学生物学、基因工程、生物制药工程、环境生物技术，能源生物技术等。

💡 就业方向

本专业毕业生可到环保、能源、生物医药、信息、轻工、食品和军工等领域，从事生物技术的开发、应用和创新等工作。

🏛 本专业较好的大学（排名不分先后）

天津大学等。

刑事科学技术

专业特点

刑事科学技术专业主要研究各种犯罪中物证的形成和变化规律，运用显现、提取、鉴定等科学技术手段，进行案发现场采证和还原以及各种物证的检验分析等。例如：案发现场指纹、血迹的采集，案发现场的还原、重建，笔迹、声音、文件的鉴定，毛发、皮屑、血液的化验。

本专业与高中学科关联度及学科要求

语文	数学	英语	物理	化学	生物	政治	历史	地理
C	C	B	B	A	A	B	E	D

本专业对高中阶段生物、化学科目要求较高，适合对刑事科学技术感兴趣的学生就读。

选考学科建议

"3+3"省份：物理

"3+1+2"省份：首选物理，再选政治／生物／化学

大学主要课程

刑事科学技术概论、心理学、逻辑学、刑事证据学、现场勘察、刑审侦察学、光学仪器检验与分析等。

💡 就业方向

本专业毕业生主要在公安、司法等部门从事刑事技术鉴定工作，或在各级政法机关、军队保卫部门、海关、金融部门、司法鉴定机构等从事现场勘察、分析、重建以及常规物证检验、鉴定侦查等工作，也可进入高等学校从事教学及科研工作。

🏛 本专业较好的大学（排名不分先后）

中国人民公安大学、中国刑事警察学院、江苏警官学院、福建警察学院、湖北警官学院、广东警官学院、湖南警察学院、铁道警察学院、吉林警察学院、山东警察学院、浙江警察学院、甘肃政法大学、四川警察学院等。

消防工程

专业特点

消防工程专业主要研究消防法规、防灭火工程技术、火灾调查、灭火救援等方面的基本知识和技能，在消防部门进行消防管理、灭火救援、火灾调查等。例如：大厦内火灾报警器、消火栓等消防设施的管理，火灾等事故的抢险救援、起因调查。

本专业与高中学科关联度及学科要求

语文	数学	英语	物理	化学	生物	政治	历史	地理
B	B	B	A	A	B	C	E	C

本专业对高中阶段物理、化学科目要求较高，适合对消防工程安全管理感兴趣的学生就读。

选考学科建议

"3+3"省份：物理

"3+1+2"省份：首选物理，再选政治 / 生物 / 化学

大学主要课程

工程力学、化学工程、消防燃烧理论、建筑防火设计原理、灭灾对策学、消防技术装备、消防法规、防火工程、消防监督管理、消防队伍管理、灭火救援、火灾调查、消防专业外语等。

💡 就业方向

本专业毕业生可到消防工程技术和开发部门、武警消防部队、消防行政管理部门、各级规划设计院、消防工程施工安装部门以及大型企事业单位消防事务管理部门等，从事消防工程技术的研究、设计、评价、监测、教育与培训以及消防设备、仪器的研究、设计、开发与制造等工作。

🏛 本专业较好的大学 （排名不分先后）

中国人民警察大学、中南大学、西安科技大学、中国矿业大学、中国矿业大学（北京）、河南理工大学、西南交通大学、南京工业大学、常州大学等。

交通管理工程

专业特点

交通管理工程专业主要研究公安技术学、公安学、政治学、法学和交通运输学等方面的基本知识和技能，在公安机关进行交通秩序管理、道路交通指挥、交通违法行为处理、交通事故处理、交通安全宣传等。例如：交通拥堵的疏解，酒驾、闯红灯等交通违法行为的处理，撞车等交通事故的鉴定与处理。

本专业与高中学科关联度及学科要求

语文	数学	英语	物理	化学	生物	政治	历史	地理
B	B	B	A	B	B	C	E	C

本专业对高中阶段物理科目要求较高，适合对交通管理、指挥、治安感兴趣的学生就读。

选考学科建议

"3+3"省份：物理

"3+1+2"省份：首选物理，再选政治/生物/化学

大学主要课程

公安交通管理概论、交通工程学、交通心理学、道路交通事故学、交通违法行为处理、交通组织与指挥、道路交通控制、交通肇事逃逸

案件侦查、道路与交通管理设施、交通系统工程、道路交通安全法规、交通管理信息系统、交通事故现场勘察、交通秩序管理、交通事故鉴定技术、交通事故再现等。

🔆 就业方向

本专业毕业生可到国家与省、市的发展规划部门、交通规划与设计部门、交通管理部门、交通工程公司等从事交通运输规划、交通工程设计、交通控制系统开发等方面的工作，也可到高等学校、科研院所从事教学和科研工作。

🏛 本专业较好的大学（排名不分先后）

中国人民公安大学、四川警察学院、浙江警察学院、湖南警察学院、河南警察学院、吉林警察学院、重庆警察学院、贵州警察学院、山东警察学院、云南警官学院等。

安全防范工程

专业特点

安全防范工程专业主要研究安全防范工程和网络安全防控等方面的基本知识和技能，在公安部门和国家安全部门等单位进行安全防范、安全检查、信息安全、网络传输等。例如：入侵报警系统、视频监控系统的开发，国家信息的安全防护，大型赛事、活动的防爆安检。

本专业与高中学科关联度及学科要求

语文	数学	英语	物理	化学	生物	政治	历史	地理
B	B	B	A	B	B	C	E	C

本专业对高中阶段物理科目要求较高，适合对安全防范工程感兴趣的学生就读。

选考学科建议

"3+3"省份：物理

"3+1+2"省份：首选物理，再选政治 / 生物 / 化学

大学主要课程

电子技术、信号与线性系统、通信原理、微机原理与应用、自动控制原理、视频技术、计算机网络技术、安全防范管理与法规、安全防范技术、安全防范系统与工程等。

💡 就业方向

本专业毕业生可到大型施工企业从事施工现场安全管理、现场安全教育、工伤事故处理、安全施工方案编制及审核、施工安全防护用具配备及管理、现场安全档案管理等工作，也可到大型厂矿、生产型企业从事企业安全管理、安全教育、安全评价、工伤事故处理及职业病防治等工作，还可到安全评价机构从事专业安全评价、风险评估等工作，或到政府、企事业单位从事政府层面的安全管理工作。

🏛 本专业较好的大学（排名不分先后）

中国人民公安大学、甘肃政法大学等。

公安视听技术

专业特点

公安视听技术专业主要研究各种犯罪中视听证据的形成与变化规律，运用采集、处理、分析、鉴定等技术手段，检验与犯罪有关的一系列视频、图像和声音资料，从而为政法机关的侦查、起诉、审判提供线索和证据。例如：犯罪现场的摄影记录，视频、音频证据的处理、比对，嫌疑人电话的监听。

本专业与高中学科关联度及学科要求

语文	数学	英语	物理	化学	生物	政治	历史	地理
B	B	B	A	A	B	C	E	C

本专业对高中阶段物理、化学科目要求较高，适合对运用音频、计算机等处理分析犯罪事件感兴趣的学生就读。

选考学科建议

"3+3"省份：物理

"3+1+2"省份：首选物理，再选政治 / 生物 / 化学

大学主要课程

政治理论、法律、高等数学、普通物理、普通化学、大学语文、大学英语、计算机基础与应用、犯罪现场勘察、刑事科学技术、数字

图像处理、视听资料检验、视频技术、音频技术、警察体育、擒拿格斗、射击、驾驶等。

💡 就业方向

本专业毕业生可到公安、司法部门，从事现场摄影、图像处理、视频分析、视音资料检验、电话监听、视频侦查等工作。

🏛 本专业较好的大学（排名不分先后）

中国刑事警察学院、中国人民公安大学等。

抢险救援指挥与技术

专业特点

　　抢险救援指挥与技术专业主要研究灾害应急救援、组织指挥、医疗急救等方面的基本知识和技能，在武警消防部队进行灾害事故的抢险救援、紧急救援的组织指挥、灾害现场的医疗急救等。

本专业与高中学科关联度及学科要求

语文	数学	英语	物理	化学	生物	政治	历史	地理
B	B	B	A	A	B	C	E	C

　　本专业对高中阶段物理、化学科目要求较高，适合对抢险救援技术感兴趣的学生就读。

选考学科建议

　　"3+3"省份：物理 / 化学

　　"3+1+2"省份：首选物理，再选政治 / 生物 / 化学

大学主要课程

　　灾害抢险救援技术、抢险救援技术训练、救生救助技术训练、灭火救援组织指挥方法、灾害抢险救援行动概论、现场医疗急救技术、部队管理、技能训练、公安消防部队实习、社会调查等。

💡 就业方向

本专业毕业生可到武警消防部队、地方消防行政管理部门和中介机构、建筑设计院、消防工程施工和安装部门，大中型企业单位从事消防事务管理工作；也可到各种大型企业、机场、港口、重要物资的大型仓库等的专职消防队，各类消防产品的生产企业，各类危险物品的生产、储存及运输管理企业等从事消防技术及工程的评价、监测、施工、管理、监察、教育和培训工作；还可到矿山、矿井、危化、建筑、烟爆企业，城市救援、消防和政府基层安全监管部门和城市管理、矿山救护等部门从事城市救援指挥、消防工程技术与管理等工作。

🏛 本专业较好的大学（排名不分先后）

中国人民警察大学、中国消防救援学院等。

火灾勘察

专业特点

    火灾勘察专业主要研究火灾事故调查、火灾起因分析、刑事案件侦查、火灾物证鉴定等方面的基本知识和技能，在公安、消防等部门进行火灾现场的勘察与询问、火灾损失的核定、火灾起因和责任的认定、火灾刑事案件的侦查、火场物证的技术鉴定等。

本专业与高中学科关联度及学科要求

语文	数学	英语	物理	化学	生物	政治	历史	地理
B	B	B	B	A	A	C	E	C

    本专业对高中阶段生物、化学科目要求较高，适合对火灾勘察研究感兴趣的学生就读。

选考学科建议

    "3+3"省份：物理 / 化学

    "3+1+2"省份：首选物理，再选政治 / 生物 / 化学

大学主要课程

    行政法与行政诉讼法、火灾学、防火工程与技术、火灾证据学、火灾专案调查、火场图像技术、火灾物证技术鉴定、火灾现场勘察、火灾刑事案件侦查等。

💡 就业方向

本专业毕业生可到公安、检察、国家安全等部门从事侦查工作、刑事执法工作以及预防和控制犯罪及侦查学教学、科研等方面的工作。

🏛 本专业较好的大学（排名不分先后）

中国人民警察大学、中国消防救援学院等。

网络安全与执法

专业特点

网络安全与执法专业主要研究网络安全、网络监察、网络犯罪侦查、刑事执法等方面的基本知识和技能，在公安、检察、国家安全等部门进行网络安全的保障、网络信息的监控、非法入侵和恶意袭击等网络犯罪的预防和侦查等。

本专业与高中学科关联度及学科要求

语文	数学	英语	物理	化学	生物	政治	历史	地理
B	A	B	A	B	B	C	E	C

本专业对高中阶段数学、物理科目要求较高，适合对网络安全与执法感兴趣、善于分析的学生就读。

选考学科建议

"3+3"省份：物理 / 化学

"3+1+2"省份：首选物理，再选政治 / 生物 / 化学

大学主要课程

计算机网络、操作系统、计算机犯罪侦查、网络信息监控技术、信息安全体系结构、电子证据分析与鉴定技术、互联网情报信息分析技术、互联网安全管理等。

💡 就业方向

本专业毕业生绝大多数到公安、检察院、法院、国家安全等部门从事侦查、刑事执法、预防和控制犯罪以及侦查学教学、科研等方面的工作，也有的到边防、武警系统从事网络案件侦破、打击跨国犯罪、维护国家信息安全等工作，还有的到政府、国防、军队、电信、金融、证券、海关、铁路等部门及各大中型企事业单位的计算机网络系统和信息安全领域进行管理服务和技术支持等工作。

🏛 本专业较好的大学（排名不分先后）

中国人民公安大学、浙江警察学院、中国刑事警察学院、南京森林警察学院、河南警察学院、辽宁警察学院、四川警察学院、北京警察学院、重庆警察学院、贵州警察学院、山东警察学院、中国人民警察大学等。

核生化消防

专业特点

核生化消防专业主要研究核生化灾害消防、应急救援等方面的基本知识和技能，进行核生化灾害的预防、应急处理、紧急救援等。

本专业与高中学科关联度及学科要求

语文	数学	英语	物理	化学	生物	政治	历史	地理
B	B	B	B	A	A	C	E	C

本专业对高中阶段生物、化学科目要求较高，适合对核生化消防技术感兴趣的学生就读。

选考学科建议

"3+3"省份：物理 / 化学

"3+1+2"省份：首选物理，再选政治 / 生物 / 化学

大学主要课程

电路原理、模拟电子技术、数字逻辑、数字分析、计算机原理、微型计算机技术、计算机系统结构、计算机网络、高级语言、汇编语言、数据结构、操作系统等。

💡 就业方向

　　本专业毕业生的就业方向主要是核生化研究等部门，也可在科研部门、教育单位、企事业单位、技术和行政管理部门等从事计算机教学或科研工作。

🏛 本专业较好的大学（排名不分先后）

　　中国人民警察大学等。

专业类
公安技术类

专业代码
083109TK

修业年限
四年

授予学位
工学学士

海警舰艇指挥与技术

专业特点

海警舰艇指挥与技术专业主要研究海警舰艇的操纵、指挥、管理、海洋气象、海上执法等方面的基本知识和技能，在海警部队进行大型舰艇的操纵与指挥、海上维权执法、制止海上犯罪等。

本专业与高中学科关联度及学科要求

语文	数学	英语	物理	化学	生物	政治	历史	地理
B	B	B	A	B	B	C	E	C

本专业对高中阶段物理科目要求较高，适合对海警舰艇操纵与指挥技术感兴趣的学生就读。

选考学科建议

"3+3"省份：物理

"3+1+2"省份：首选物理，再选政治/生物/化学

大学主要课程

舰艇操纵与避碰、航海学、舰艇训练与管理、海洋气象、舰艇机动与编队、舰艇武器、涉外海上执法业务等。

💡 就业方向

本专业毕业生可到海警部队担任航通长、枪帆长、舰艇长等，进行海上执法等相关工作；也可从事大型舰艇的操纵与指挥、海上维权执法、制止海上犯罪等相关工作。

🏛 本专业较好的大学（排名不分先后）

公安海警学院等。

数据警务技术

专业特点

数据警务技术专业主要为公安机关培养从事公安信息化平台架构与运维、警务大数据分析与预测、警务大数据管理与决策的高素质复合型警务人才。

本专业与高中学科关联度及学科要求

语文	数学	英语	物理	化学	生物	政治	历史	地理
B	A	B	B	B	B	C	E	C

本专业对高中阶段数学科目要求较高，适合对大数据、警务工作感兴趣的学生就读。

选考学科建议

"3+3"省份：物理

"3+1+2"省份：首选物理，再选政治/生物/化学

大学主要课程

大数据编程基础、警务大数据导论、警务数据分析与决策、大数据管理、数据安全技术、数据采集与清洗、警务数据可视化、数据库原理、操作系统原理、分布式系统与云计算、人工智能与警务应用、数据恢复技术等。

💡 就业方向

本专业毕业生可到公安机关，从事公安信息化平台架构与运维、警务数据分析与预测、警务数据管理与决策等工作。

🏛 本专业较好的大学（排名不分先后）

中国人民公安大学、中国人民警察大学、中央司法警官学院、江苏警官学院等。

农学

农学

专业特点

　　农学专业主要研究作物生产、作物遗传育种、种子生产、经营管理等方面的基本知识和技能，进行农作物的栽培与耕作、农作物转基因育种、种子生产与检验、农产品加工与营销等。例如：玉米的人工授粉，水稻的栽培与育种，将玉米、花生等农作物加工成食用油，农场的经营与管理。

本专业与高中学科关联度及学科要求

语文	数学	英语	物理	化学	生物	政治	历史	地理
B	D	B	C	A	A	E	E	C

　　本专业对高中阶段生物、化学科目要求较高，适合对农业生物、生态、作物发育、遗传感兴趣的学生就读。

选考学科建议

　　"3+3"省份：物理 / 化学 / 生物

　　"3+1+2"省份：首选不限，再选化学 / 生物

大学主要课程

　　植物生理与生物化学、应用概率统计、遗传学、田间试验设计、农业生态学、作物栽培与耕作学、育种学、种子学、农业经济管理、农

业推广学、植物病虫害学等。

🔍 就业方向

本专业毕业生可到农业及其他相关部门或单位，从事与农学有关的技术与设计、推广与开发、经营与管理、教学与科研等工作。

🏛 本专业较好的大学（排名不分先后）

中国农业大学、南京农业大学、浙江大学、扬州大学、华中农业大学、四川农业大学、西北农林科技大学、西南大学、东北农业大学、湖南农业大学、华南农业大学、河南农业大学、沈阳农业大学、河北农业大学、山东农业大学、福建农林大学、广西大学、海南大学、浙江农林大学、安徽农业大学、吉林大学、青海大学、石河子大学、长江大学、贵州大学、宁夏大学、江西农业大学、吉林农业大学、中山大学、云南农业大学、河南科技学院、甘肃农业大学、西南科技大学、山西农业大学、青岛农业大学、内蒙古农业大学、北京农学院、天津农学院、黑龙江八一农垦大学、河南科技大学等。

园艺

专业特点

园艺专业主要研究花卉、果树、蔬菜和观赏树木的品种、生长习性、育种、栽培、繁殖、加工等方面的基本知识和技能，进行植物育种、栽培、繁殖、养护、管理等。例如：果树、蔬菜的栽培与繁育，君子兰、风信子等观赏花卉的养护与销售，新品种花卉的研发。

本专业与高中学科关联度及学科要求

语文	数学	英语	物理	化学	生物	政治	历史	地理
B	D	B	C	A	A	E	E	C

本专业对高中阶段生物、化学科目要求较高，适合对生物学及园艺学感兴趣的学生就读。

选考学科建议

"3+3"省份：物理 / 化学 / 生物

"3+1+2"省份：首选不限，再选化学 / 生物

大学主要课程

植物学、植物生理与生物化学、应用概率统计、遗传学、土壤学、农业生态学、园艺植物育种学、园艺植物栽培学、园艺植物病虫害防治学、园艺产品贮藏加工及营销学等。

💡 就业方向

本专业毕业生可从事与农业相关的工作，如现代农业产业园区、园艺公司、园艺场等生产、贮藏、加工企业的技术管理员，园艺行业协会、园艺产品与农资销售企业的营销员，鲜切花生产经营企业及花店的插花员，园艺教育、科研、试验单位的试验辅助人员，以及农业科技推广和行政管理部门的技术推广员等。

🏛 本专业较好的大学（排名不分先后）

华中农业大学、浙江大学、南京农业大学、中国农业大学、西北农林科技大学、西南大学、华南农业大学、沈阳农业大学、东北农业大学、山东农业大学、湖南农业大学、四川农业大学、河北农业大学、北京农学院、福建农林大学、海南大学、安徽农业大学、浙江农林大学、北京林业大学、宁夏大学、长江大学、贵州大学、扬州大学、广西大学、河南农业大学、青岛农业大学、苏州大学、吉林大学、山西农业大学、石河子大学、云南农业大学、甘肃农业大学、江西农业大学、南京林业大学、华侨大学、内蒙古大学、上海师范大学、吉林农业大学、仲恺农业工程学院、天津农学院、青海大学、中南林业科技大学、河南科技学院、河北工程大学、四川师范大学、安徽师范大学、贵州师范大学、上海应用技术大学、西南林业大学、湖北民族大学、西南科技大学、鲁东大学、江汉大学、赣南师范大学、河南科技大学、湖北工程学院、淮北师范大学、金陵科技学院、齐齐哈尔大学、宜春学院、佛山科学技术学院、塔里木大学等。

植物保护

专业特点

植物保护专业主要研究农业生物、农业生态、农业有害生物的发生发展规律及其综合治理技术等方面的基本知识和技能，进行植物有害生物的鉴定、监测、控制、治理等。例如：植物杂草的铲除，蝗虫、疫病等农业灾害的预防与治理，农产品农药残留的检测分析。

本专业与高中学科关联度及学科要求

语文	数学	英语	物理	化学	生物	政治	历史	地理
B	D	B	C	A	A	E	E	B

本专业对高中阶段生物、化学科目要求较高，适合对生物科学、植物保护感兴趣的学生就读。

选考学科建议

"3+3"省份：物理 / 化学 / 生物

"3+1+2"省份：首选不限，再选化学 / 生物

大学主要课程

植物检疫、农业螨学、杂草识别、农业病原细菌、病毒学、物理农业、生物统计学、作物学、普通遗传学、农业气象学、微生物学、有机化学、生物化学、无机分析化学、大学物理、统计学、计算机导论、C 语言

程序设计、植物学、动物学等。

💡 就业方向

本专业毕业生可从事植物保护、农产品安全与检验、无公害农产品的农药残留安全与检验、农药加工和经营管理等工作。

🏛 本专业较好的大学（排名不分先后）

浙江大学、南京农业大学、中国农业大学、西北农林科技大学、西南大学、华中农业大学、扬州大学、贵州大学、吉林大学、福建农林大学、华南农业大学、云南农业大学、山东农业大学、沈阳农业大学、东北农业大学、四川农业大学、吉林农业大学、湖南农业大学、广西大学、安徽农业大学、海南大学、河北农业大学、青岛农业大学、长江大学、河南农业大学、山西农业大学、宁夏大学、河南科技大学、北京农学院等。

专业类 植物生产类

专业代码 090103

修业年限 四年

授予学位 农学学士

植物科学与技术

专业特点

植物科学与技术专业主要研究传统农业生产技术与现代生物技术等方面的基本知识和技能，将传统的农学、园艺、植保与现代生物技术有机结合，进行植物的育种、栽培、保护和新品种研发等。例如：抗虫转基因棉花的栽培，抗除草剂转基因大豆的培育，杂交水稻的生产，将菜籽、葵花籽等农作物加工成食用油。

本专业与高中学科关联度及学科要求

语文	数学	英语	物理	化学	生物	政治	历史	地理
B	D	B	C	A	A	E	E	C

本专业对高中阶段生物、化学科目要求较高，适合对植物科研、生成、管理、开发感兴趣的学生就读。

选考学科建议

"3+3"省份：物理 / 化学 / 生物

"3+1+2"省份：首选不限，再选化学 / 生物

大学主要课程

植物学、植物学实验、植物生理学、植物生理实验技术、基础生物化学、基础生物化学实验、细胞生物学、普通遗传学、土壤肥料学、

土壤农化分析、普通微生物学、耕作学、植物生产学、分子生物学、植物生态学、种子学等。

💡 就业方向

本专业毕业生可到农业、园林、林业、食品、医药、畜牧等行业从事与植物科学相关的教学与科研、推广与开发、经营与管理等工作，还可到农业院校、科研院所、农场、种子公司、农业技术推广部门、涉农企业、国家机关等单位从事与食品、医药、园林、农业、林业、畜牧、植物科学相关的科学研究与教学、技术推广与开发、生产经营、管理与咨询服务等工作。

🏛 本专业较好的大学（排名不分先后）

华中农业大学、上海交通大学、西北农林科技大学、西南大学、山东农业大学、福建农林大学、四川农业大学、湖南农业大学、东北农业大学、河南大学、郑州大学、河南农业大学、云南大学、吉林农业大学等。

种子科学与工程

专业特点

种子科学与工程专业主要研究农业生物科学、种子科学等方面的基本知识和技能，进行种子生产、植物育种、种子加工贮藏、种子质量检测、种子营销等。例如：对种子进行脱粒、干燥、精选等加工处理，合理贮藏种子以防止虫蛀发霉，对种子的活性、纯度、净度等性能进行检测。

本专业与高中学科关联度及学科要求

语文	数学	英语	物理	化学	生物	政治	历史	地理
B	D	B	C	A	A	E	E	C

本专业对高中阶段生物、化学科目要求较高，适合对种子生产、经营管理、推广感兴趣的学生就读。

选考学科建议

"3+3"省份：物理 / 化学 / 生物

"3+1+2"省份：首选不限，再选化学 / 生物

大学主要课程

植物学、植物生理学、植物生产学、普通遗传学、基础生物化学、植物保护学、种子生物学、种子加工与贮藏、市场营销学、田间试验

与统计分析、种子检验学、种子生产学、种子经营管理学、种子贮藏加工学等。

💡 就业方向

本专业毕业生可到农业及种子领域、高等学校、科学研究相关部门或单位，从事教学与科研、技术与设计、推广与开发、经营与行政管理等工作。

🏛 本专业较好的大学（排名不分先后）

中国农业大学、南京农业大学、西北农林科技大学、华中农业大学、扬州大学、华南农业大学、四川农业大学、东北农业大学、沈阳农业大学、湖南农业大学、山东农业大学、河南农业大学、浙江农林大学、河北农业大学、安徽农业大学、石河子大学、福建农林大学、海南大学、长江大学、北京农学院、山西农业大学等。

设施农业科学与工程

专业特点

设施农业科学与工程专业主要研究农业设施的设计、制造与安装、设施环境调控、传感与测试技术等方面的基本知识和技能，进行现代农业基本设施的设计、建造、环境调控等。常见的农业设施有：玻璃温室，塑料大棚，农业灌溉系统，排水系统等。

本专业与高中学科关联度及学科要求

语文	数学	英语	物理	化学	生物	政治	历史	地理
B	D	B	C	A	A	E	E	C

本专业对高中阶段生物、化学科目要求较高，适合对农业设施设计、制造、安装感兴趣的学生就读。

选考学科建议

"3+3"省份：物理 / 化学 / 生物

"3+1+2"省份：首选不限，再选化学 / 生物

大学主要课程

植物学、植物生理学、基础生物化学、土壤肥料学、试验设计与统计分析、画法几何与建筑制图、温室建筑力学基础、工程测量、园艺植物栽培原理、园艺设施学、设施环境工程学、温室设计与建造、

设施园艺作物栽培学、园艺植物病理学等。

💡 就业方向

　　本专业毕业生可到涉及农业、设施、生物或综合性高等学校、科研单位、科技推广部门从事教学、科研、管理、技术推广和经营工作，也可通过选干或公务员考试进入各级政府相关部门从事行政管理工作，还可通过双向选择进入农业、设施、环境工程等部门从事科研、开发、推广及生产经营工作。

🏛 本专业较好的大学（排名不分先后）

　　南京农业大学、西北农林科技大学、华中农业大学、中国农业大学、沈阳农业大学、山东农业大学、华南农业大学、四川农业大学、东北农业大学、福建农林大学、河海大学、湖南农业大学、河南农业大学、甘肃农业大学、河北农业大学、江苏大学、海南大学、吉林农业大学、山西农业大学、安徽农业大学、石河子大学、青岛农业大学、内蒙古农业大学、河北工程大学等。

茶学

专业特点

　　茶学专业主要研究农业生物科学、食品科学、茶科学、茶文化学等方面的基本知识和技能，包括茶树栽培育种、茶叶生产加工、茶叶审评检验、茶的综合利用和营销、茶文化等，进行茶叶的选种、加工、评级、贸易、茶文化的推广等。例如：茶树的培育与采摘，对茶叶进行晒青、杀青、焙干等加工处理，对茶叶等级进行审评鉴定，茶叶对外出口贸易，中国茶文化的宣传推广。

本专业与高中学科关联度及学科要求

语文	数学	英语	物理	化学	生物	政治	历史	地理
B	D	B	C	A	A	E	E	B

　　本专业对高中阶段生物、化学科目要求较高，适合对茶树栽培、茶叶生产、茶叶营销感兴趣的学生就读。

选考学科建议

　　"3+3"省份：物理 / 化学 / 生物

　　"3+1+2"省份：首选不限，再选化学 / 生物

大学主要课程

　　植物生理与生物化学、应用概率统计、遗传学、土壤学、农业生态学、

茶树栽培与育种学、茶叶生物化学、茶叶机械、茶叶加工学、茶叶审评与检验、经济管理与营销等。

💡 就业方向

本专业毕业生一般到农业、工业、商贸等领域或部门，从事与茶学有关的技术与设计、推广与开发、经营与管理、教学与科研等工作。

🏛 本专业较好的大学（排名不分先后）

华中农业大学、浙江大学、湖南农业大学、安徽农业大学、南京农业大学、华南农业大学、福建农林大学、四川农业大学、西北农林科技大学、西南大学、山东农业大学、云南农业大学、浙江农林大学、河南农业大学、武夷学院等。

烟草

专业特点

烟草专业主要研究烟草生产、烟草遗传育种、烟叶质量检测与经营管理等方面的基本知识和技能，进行烟草的栽培选育与生产加工、烟叶的检测、香烟的贸易营销等。例如：将烟草进行加工制成香烟，烟叶的质量鉴定与品质分级，香烟的陈列、清点与售卖，假烟、私烟的打击与查处，烟草法律法规的宣传。

本专业与高中学科关联度及学科要求

语文	数学	英语	物理	化学	生物	政治	历史	地理
B	D	B	C	A	A	E	E	B

本专业对高中阶段生物、化学科目要求较高，适合对烟草栽培、生产、经营管理感兴趣的学生就读。

选考学科建议

"3+3"省份：物理 / 化学 / 生物

"3+1+2"省份：首选不限，再选化学 / 生物

大学主要课程

烟草化学、烟草机械学、烟草艺术设计、烟草育种学、烟草栽培学、烟叶调制、烟叶分级、烟草病理、烟草昆虫、烟叶品质分析、烟草商

品学等。

💡 就业方向

本专业毕业生可进入烟草及其相关的部门或单位，从事与烟草有关的技术与设计、推广与开发、经营与管理、教学与科研等工作。

🏛 本专业较好的大学（排名不分先后）

河南农业大学、湖南农业大学、四川农业大学、山东农业大学等。

应用生物科学

专业特点

应用生物科学专业主要研究生物技术在农业生物、昆虫、微生物等方面的应用，在食品、粮油、医药等领域进行生产加工、质量检测和工程设计等。例如：香菇、木耳等食用菌的栽培与加工，肉类、蔬菜等食品的微生物检验，醋、酱油、醪糟的发酵生产。

本专业与高中学科关联度及学科要求

语文	数学	英语	物理	化学	生物	政治	历史	地理
B	D	B	C	A	A	E	E	C

本专业对高中阶段生物、化学科目要求较高，适合对农业生物、生态、作物发育、遗传感兴趣的学生就读。

选考学科建议

"3+3"省份：物理 / 化学 / 生物

"3+1+2"省份：首选不限，再选化学 / 生物

大学主要课程

植物生理学、基础生物化学、遗传学、植物病理学、农业昆虫学、园艺种植资源学、园艺植物育种学、园艺作物栽培学、园艺产品贮藏学、园艺产品加工学、教学实习等。

💡 就业方向

本专业毕业生可到科研机构或高等学校从事科研或教学工作，也可到工业、医药、食品及农、林、牧、渔、环保、园林等行业从事与生物技术有关的应用研究、技术开发、生产管理和行政管理等工作。

🏛 本专业较好的大学 （排名不分先后）

浙江大学、东北农业大学、安徽农业大学、沈阳农业大学、河南农业大学、吉林农业大学、山东农业大学、西南林业大学等。

农艺教育

专业特点

农艺教育专业主要研究农业生物科学、作物生产、作物遗传育种、教育学等方面的基本知识和技能，进行农业技术开发或农艺专业的教学等。例如：农作物高产栽培技术的研发，农作物的良种繁育，蝗虫、疫病等灾害的防治，土壤改良方案的设计，技术类院校农艺专业的教学研究。

本专业与高中学科关联度及学科要求

语文	数学	英语	物理	化学	生物	政治	历史	地理
B	D	B	C	A	A	E	E	C

本专业对高中阶段生物、化学科目要求较高，适合对农艺教育传播、推广感兴趣的学生就读。

选考学科建议

"3+3"省份：物理 / 化学 / 生物

"3+1+2"省份：首选不限，再选化学 / 生物

大学主要课程

生物学、作物栽培学、耕作学、作物育种与良种繁育学、生物技术、农业经济与管理、教育学、教育心理学、职业教育、计算机应用基础等。

💡 就业方向

本专业毕业生可到中学或高等学校从事专业课的教学工作，也可到现代农业高新园区、农业企业、政府部门等单位从事土壤改良、水肥调控、有害生物防治、无公害作物生产和良种繁育等方面的技术开发、科学研究和经营管理工作。

🏛 本专业较好的大学（排名不分先后）

海南大学、江西农业大学等。

专业类 植物生产类

专业代码 090110T

修业年限 四年

授予学位 农学学士

园艺教育

专业特点

园艺教育专业主要研究园艺作物的生产、栽培、育种、经营、管理和教育学等方面的基本知识和技能，进行观赏植物的培育或园艺专业的教学等。例如：富贵竹、君子兰等观赏植物的栽培与养护，植物病虫害的防治，果树、花卉的贮藏保鲜，技术类院校园艺专业的教学。

本专业与高中学科关联度及学科要求

语文	数学	英语	物理	化学	生物	政治	历史	地理
B	D	B	C	A	A	E	E	C

本专业对高中阶段生物、化学科目要求较高，适合对园艺教育、植物生产、经营感兴趣的学生就读。

选考学科建议

"3+3"省份：物理 / 化学 / 生物

"3+1+2"省份：首选不限，再选化学 / 生物

大学主要课程

植物学、植物生理与生物化学、应用概率统计、遗传学、土壤学、农业生态学、园艺植物育种学、园艺植物栽培学、园艺植物病虫害防治学、园艺产品贮藏加工及营销学等。

💡 就业方向

本专业毕业生可到现代农业产业园区、园艺公司、园艺场等单位从事生产、贮藏、加工等技术管理工作，也可到园艺行业协会、园艺产品与农资销售企业从事营销工作，还可到园艺教育、科研、试验等单位从事试验辅助、农业科技推广工作等。

🏛 本专业较好的大学（排名不分先后）

海南大学、吉林农业大学等。

智慧农业

专业特点

　　智慧农业专业主要研究将物联网技术运用到传统农业中，运用传感器和软件通过移动平台或者计算机平台对农业生产进行控制，使农业生产过程更为科学高效，以提高农业经济效益。

本专业与高中学科关联度及学科要求

语文	数学	英语	物理	化学	生物	政治	历史	地理
B	D	B	C	A	A	E	E	C

　　本专业对高中阶段生物、化学科目要求较高，适合对农业智能化管理感兴趣的学生就读。

选考学科建议

　　"3+3"省份：物理 / 化学 / 生物
　　"3+1+2"省份：首选不限，再选化学 / 生物

大学主要课程

　　作物生产学、作物育种学、植物保护学、神经网络与深度学习、大数据框架与模式、Python 语言程序设计、生物统计学、机器学习、生物信息学、模式识别、单片机原理与应用、农业遥感、农业生产机械化、物联网工程、电气控制基础与可编程控制器、农业推广学等。

💡 就业方向

本专业毕业生可到现代农业及相关领域，从事教学科研、产业规划、经营管理、技术服务等方面的工作。

🏛 本专业较好的大学（排名不分先后）

上海交通大学、西北农林科技大学、华中农业大学、东北农业大学、河南农业大学、湖南农业大学、安徽农业大学、福建农林大学、山西农业大学、吉林农业大学、青岛农业大学、聊城大学、内蒙古民族大学、吉林农业科技学院、塔里木大学、广西农业职业技术大学等。

菌物科学与工程

专业特点

菌物科学与工程专业旨在培养具备扎实的菌物学基础理论，掌握现代生物技术、智能化信息技术和现代管理技术在菌物生产上应用的原理，具备菌物资源开发利用、食药用菌育种、标准化生产、产品加工、菌糠循环利用及农业生产与经营管理方面的理论知识和基本技能的复合型人才。

本专业与高中学科关联度及学科要求

语文	数学	英语	物理	化学	生物	政治	历史	地理
B	D	B	B	A	A	E	E	C

本专业对高中阶段生物、化学科目要求较高，适合对菌物科学和产业感兴趣的学生就读。

选考学科建议

"3+3"省份：物理 / 化学 / 生物

"3+1+2"省份：首选不限，再选化学 / 生物

大学主要课程

微生物学、食品化学、食品分析、食品工程原理等。

💡 就业方向

本专业毕业生可到农、林、牧业相关部门从事生产和技术开发推广工作，也可到与菌物学相关的科研与教育部门从事教学、培训和开发工作。

🏛 本专业较好的大学（排名不分先后）

天津农学院、吉林农业大学、河西学院等。

植物生产类 专业类 | 090113T 专业代码 | 四年 修业年限 | 农学学士 授予学位

农药化肥

专业特点

　　农药化肥专业旨在培养具有现代化农业生产技能和水平的农药化肥专业人才，服务于农业生产资料行业营销、管理、科学研究与技术推广。

本专业与高中学科关联度及学科要求

语文	数学	英语	物理	化学	生物	政治	历史	地理
B	D	B	B	A	A	E	E	C

　　本专业对高中阶段化学、生物科目要求较高，适合对农业感兴趣的学生就读。

选考学科建议

　　"3+3"省份：物理 / 化学 / 生物

　　"3+1+2"省份：首选不限，再选化学 / 生物

大学主要课程

　　农业药剂学、植物营养学、肥料学、农药分析技术、肥料分析技术、作物施肥原理与技术、植物病理学、农业昆虫学、农资市场学和管理学、环境影响评价、绿色农产品生产、农药境内外登记等。

💡 就业方向

本专业毕业生可到国家、省、市农业行政管理部门，从事农药化肥的推广应用、技术服务、营销管理、科研开发、质量监控等工作。

🏛 本专业较好的大学（排名不分先后）

吉林农业大学、塔里木大学等。

专业类 植物生产类

专业代码 090114T

修业年限 四年

授予学位 农学学士

农业资源与环境

专业特点

  农业资源与环境专业主要研究农业资源的管理及利用、农业生态、农业环境保护、农产品检测等方面的基本知识和技能，进行农业资源的规划与利用、农业环境的保护与污染防治等。例如：土地、草原、野生动植物等农业资源的调查与保护，水体富营养化、重金属污染等农业环境污染的防治，农产品农药残留的检测。

本专业与高中学科关联度及学科要求

语文	数学	英语	物理	化学	生物	政治	历史	地理
B	D	B	B	A	A	E	E	B

  本专业对高中阶段生物、化学科目要求较高，适合热爱自然保护、对农业资源与环境感兴趣的学生就读。

选考学科建议

  "3+3"省份：物理 / 化学 / 生物

  "3+1+2"省份：首选不限，再选化学 / 生物

大学主要课程

  土壤学、植物营养学、土地资源学、资源遥感与信息技术、农业环境学、农业气象学、生态学、水土保持学、育种学、种子学等。

💡 就业方向

本专业毕业生可到农业、土地、环保、农资等部门，从事农业资源管理及利用、农业环境保护、生态农业、资源遥感与信息技术的教学、科研、管理等工作。

🏛 本专业较好的大学（排名不分先后）

浙江大学、南京农业大学、华中农业大学、西南大学、四川农业大学、沈阳农业大学、福建农林大学、上海交通大学、东北农业大学、山东农业大学、浙江农林大学、南京信息工程大学、贵州大学、湖南农业大学、河南农业大学、海南大学、河北农业大学、江西农业大学、吉林农业大学、山西农业大学、广西大学、甘肃农业大学、长江大学、吉林大学、宁夏大学、青岛农业大学等。

野生动物与自然保护区管理

专业特点

    野生动物与自然保护区管理专业主要研究动物科学、动物检疫学、动物遗传育种与繁殖学、自然保护区管理等方面的基本知识和技能，进行野生动物的繁育、驯养、保护、检疫和自然保护区的规划、设计、管理。例如：金丝猴、麋鹿等野生动物的保护，大熊猫的后代繁育，长白山、九寨沟等自然保护区的规划与管理。

本专业与高中学科关联度及学科要求

语文	数学	英语	物理	化学	生物	政治	历史	地理
B	D	B	B	A	A	E	E	A

    本专业对高中阶段化学、生物、地理科目要求较高，适合热爱自然保护、对野生动物及自然保护区管理感兴趣的学生就读。

选考学科建议

"3+3"省份：物理 / 化学 / 生物

"3+1+2"省份：首选不限，再选生物 / 地理 / 化学

大学主要课程

    森林资源经营管理、森林生态学、森林环境学、生物技术、动物学、野生动物组织解剖学、生物化学、动物遗传育种与繁殖学、野生动物

生理学等。

💡 就业方向

本专业毕业生主要到科研院所、国家海关和边境口岸、工商、自然保护区、动物园、动物饲养场等企事业单位从事野生动物繁育、驯养、检疫、疾病防护等工作，也可到自然保护区从事管理、自然资源可持续利用、产业开发以及教学、科研等工作。

🏛 本专业较好的大学（排名不分先后）

北京林业大学、东北林业大学、华南农业大学、西南林业大学等。

水土保持与荒漠化防治

专业特点

水土保持与荒漠化防治专业主要研究生物学、生态学、森林及草场培育学、环境科学与工程、水利工程等方面的基本知识和技能，包括水土流失和土地荒漠化的基本规律、水土保持和荒漠化防治的规划设计方法和监测评价技术等。

本专业与高中学科关联度及学科要求

语文	数学	英语	物理	化学	生物	政治	历史	地理
B	D	B	B	A	A	E	E	A

本专业对高中阶段化学、生物、地理科目要求较高，适合热爱自然保护、对水土保持及荒漠化防治感兴趣的学生就读。

选考学科建议

"3+3"省份：地理 / 生物

"3+1+2"省份：首选不限，再选生物 / 地理 / 化学

大学主要课程

生态学、森林环境学、植物学、植物分类学、植物生理学、保护生物学、测量与遥感、土壤学与地质基础、土壤侵蚀原理、生态环境建设规划、沙漠化原理、水力学、水文学及水资源、环境地理学、荒

漠化监测等。

💡 就业方向

本专业毕业生可到市、县、镇（乡）及国营农场的水土保持、农业、林业、水利、环境保护、国土整治、土地管理等企事业单位从事水土保持与荒漠化防治规划、设计、施工、监测等方面的工作，也可到相关部门的设计院（所）从事水土保持方案编制和科研等方面的工作。

🏛 本专业较好的大学 （排名不分先后）

北京林业大学、南京林业大学、西北农林科技大学、福建农林大学、西南大学、贵州大学、中南林业科技大学、沈阳农业大学、四川农业大学、山东农业大学、西南林业大学等。

生物质科学与工程

专业特点

生物质科学与工程专业主要研究利用现代科学技术把可再生的农林生物质资源转化成电能、运输燃料、生物燃气、固体燃料、生物塑料、生物材料、药物等各种产品。

本专业与高中学科关联度及学科要求

语文	数学	英语	物理	化学	生物	政治	历史	地理
B	D	B	B	A	A	E	E	C

本专业对高中阶段生物、化学科目要求较高，适合具有扎实的生物基础知识、对再生资源开发感兴趣的学生就读。

选考学科建议

"3+3"省份：物理 / 化学 / 生物

"3+1+2"省份：首选不限，再选生物 / 地理 / 化学

大学主要课程

无机化学与化学分析、植物组织培养技术、有机化学、生物化学、化工原理、生化工程、微生物学、细胞生物学、遗传学、分子生物学、基因工程、细胞工程、蛋白质工程、微生物工程、生物工程下游技术、发酵工程设备、概率论与数理统计、动物生理学、生态学等。

💡 就业方向

本专业毕业生可到科研机构或高等学校从事科学研究、产品开发、生产管理等工作，也可到轻工、化工、生物工程、食品、制药等传统行业从事技术创新、工程设计和管理等工作。

🏛 本专业较好的大学（排名不分先后）

中国农业大学等。

动物科学

专业特点

动物科学专业主要研究动物的遗传变异、生长发育、后代繁殖、消化代谢、营养与饲养等方面的基本知识和技能，进行动物的生产与管理、饲料的研发与生产、基因工程的研究等。例如：动物的饲养与后代繁殖，动物饲料的配方设计，克隆动物和转基因动物的研究与育成，牛奶、肉类等各种动物产品的加工生产。

本专业与高中学科关联度及学科要求

语文	数学	英语	物理	化学	生物	政治	历史	地理
B	D	B	B	A	A	E	E	C

本专业对高中阶段化学、生物科目要求较高，适合热爱动物科学，对动物遗传、生产、管理感兴趣的学生就读。

选考学科建议

"3+3"省份：物理 / 化学 / 生物

"3+1+2"省份：首选物理，再选生物 / 化学

大学主要课程

动物解剖学、动物组织胚胎学、动物生物化学、畜牧微生物学、动物遗传学、动物营养学、饲料分析技术、动物繁殖学、畜牧生产系

统、群体遗传学、数量遗传学、生化遗传学、配合饲料工艺原理与技术、反刍动物营养、鱼虾动物营养等。

💡 就业方向

　　本专业毕业生可在各级政府部门、进出境和国内各级动植物检疫机构、卫生监督检验机构、高等学校、研究院所、企业集团等行政部门及企事业单位，从事行政执法、教学科研、新产品研制、商品监督检验、食品生产的卫生管理监督与产品质量检测、科技推广等工作。

🏛 本专业较好的大学（排名不分先后）

　　中国农业大学、华中农业大学、浙江大学、华南农业大学、南京农业大学、扬州大学、西北农林科技大学、西南大学、四川农业大学、东北农业大学、吉林大学、上海交通大学、湖南农业大学、广西大学、江西农业大学、山东农业大学、广东海洋大学、武汉轻工大学、河南农业大学、云南农业大学、安徽农业大学、河北农业大学、贵州大学、西南民族大学、内蒙古农业大学、宁夏大学、沈阳农业大学、吉林农业大学、青岛农业大学、东北林业大学、石河子大学、山西农业大学、福建农林大学、青海大学、集美大学、甘肃农业大学、海南大学、北京农学院、延边大学、河北工程大学、新疆农业大学、河南科技大学、江苏师范大学、佛山科学技术学院、西南科技大学等。

蚕学

专业特点

蚕学专业主要研究蚕的种类、形态结构、生活习性、繁殖发育、饲养保护、分布移动等方面的基本知识和技能，进行蚕业的经营管理和蚕资源、蚕丝副产物的综合利用等。例如：桑树的栽培育种，蚕的养殖与繁育，蚕丝被、丝绸等蚕丝制品的加工生产，丝绸的营销与管理。

本专业与高中学科关联度及学科要求

语文	数学	英语	物理	化学	生物	政治	历史	地理
B	D	B	B	A	A	E	E	C

本专业对高中阶段化学、生物科目要求较高，适合热爱动物科学，对蚕的养殖、蚕丝加工感兴趣的学生就读。

选考学科建议

"3+3"省份：物理 / 化学 / 生物

"3+1+2"省份：首选物理，再选生物 / 化学

大学主要课程

蚕病学、蚕种学、养蚕学、蚕体解剖生理学、细胞生物学、动物生物学、昆虫生物化学、昆虫学、桑树保护学、桑栽培与育种学、生物化学、植物病理学、植物学、植物营养学。

💡 就业方向

本专业毕业生可到蚕丝产业相关机构、行政管理或高等学校科研机构从事栽桑养蚕、茧丝加工、蚕业资源调查及桑蚕副产物综合利用、蚕业经营管理及丝绸贸易等方面的工作，也可到学校、研究机关从事教学和科研工作。

🏛 本专业较好的大学（排名不分先后）

西南大学、山东农业大学、华南农业大学等。

蜂学

👍 专业特点

蜂学专业主要研究蜜蜂饲养与管理、蜜蜂遗传育种、蜂病防治、蜂产品加工、蜂产品贸易等方面的基本知识和技能，在蜂业进行生产管理、技术开发和贸易等。例如：蜜蜂的养育、繁殖、管理，佝偻病、麻痹病等蜂病的防治，蜂蜜、蜂胶、蜂王浆等蜂产品的研发生产，蜂产品的营销与贸易。

📖 本专业与高中学科关联度及学科要求

语文	数学	英语	物理	化学	生物	政治	历史	地理
B	D	B	B	A	A	E	E	C

本专业对高中阶段化学、生物科目要求较高，适合热爱动物科学，对蜜蜂育种、产品加工等感兴趣的学生就读。

📚 选考学科建议

"3+3"省份：物理 / 化学 / 生物

"3+1+2"省份：首选物理，再选生物 / 化学

📘 大学主要课程

蜜蜂饲养管理学、密封遗传育种学、蜜蜂保护学、蜜蜂机具学、蜜蜂源植物学、蜂产品加工学等。

🔆 就业方向

本专业毕业生主要就业于各级蜂业管理和技术部门、土畜产品外贸公司、食品加工和制药企业、大专院校和科研机构等单位，从事专业技术和管理工作。

🏛 本专业较好的大学（排名不分先后）

福建农林大学、云南农业大学等。

专业类
动物生产类

专业代码
090303T

修业年限
四年

授予学位
农学学士

经济动物学

专业特点

经济动物学专业旨在培养了解经济动物生物学特性、繁殖与育种、营养与饲料、饲养管理、产品初加工以及疾病防治等方面知识和技术的人才。

本专业与高中学科关联度及学科要求

语文	数学	英语	物理	化学	生物	政治	历史	地理
B	D	B	B	A	A	E	E	C

本专业对高中阶段生物、化学科目要求较高，适合热爱动物科学，对经济动物遗传、生产、管理感兴趣的学生就读。

选考学科建议

"3+3"省份：物理 / 化学 / 生物

"3+1+2"省份：首选物理，再选生物 / 化学

大学主要课程

动物遗传学、动物营养学、饲料分析技术、动物繁殖学、畜牧生产系统、群体遗传学、数量遗传学、生化遗传学等。

💡 就业方向

本专业毕业生可到各级政府部门、出入境和国内各级动植物检疫机构、卫生监督检验机构、高等学校、研究院所、企业集团等行政部门，从事技术与设计、推广与开发、经营与管理、教学与科研等工作。

🏛 本专业较好的大学（排名不分先后）

吉林农业大学、山西农业大学等。

马业科学

专业特点

马业科学专业旨在培养学生具备马属动物遗传育种与繁殖、营养、医学及马术等方面的基本理论和操作技能，能在马业科学及相关领域从事马属动物育种繁殖、饲养管理、营养调配，马的调教、饲料生产、疾病防治，马用具用品生产、马场设施建造、马术运动与管理、赛事组织与运营等业务与技术工作。

本专业与高中学科关联度及学科要求

语文	数学	英语	物理	化学	生物	政治	历史	地理
B	D	B	B	A	A	E	E	C

本专业对高中阶段生物、化学科目要求较高，适合对马的遗传、生产、管理感兴趣的学生就读。

选考学科建议

"3+3"省份：物理 / 化学 / 生物
"3+1+2"省份：首选物理，再选生物 / 化学

大学主要课程

动物解剖与组织胚胎学、动物生理学、动物生物化学、动物遗传学、动物育种学、马繁殖学、马营养学、饲料学、微生物学、生物统计与

试验设计、家畜环境卫生学等。

💡 就业方向

本专业毕业生可到马科学及相关领域从事马（驴）育种繁殖、饲养管理、营养调配，马的调教、饲料生产、疾病防治，马用具用品生产、马场设施建造、马术运动等业务与技术工作；还可从事与马业相关的研究、培训、商贸服务、经营与管理、教学与科研等工作。

🏛 本专业较好的大学（排名不分先后）

青岛农业大学、新疆农业大学、内蒙古农业大学等。

专业类 动物生产类

专业代码 090305T

修业年限 四年

授予学位 农学学士

动物医学

专业特点

动物医学专业主要研究动物疾病的发生发展规律、动物疾病的诊断与防治等方面的基本知识和技能，进行畜禽、伴侣动物、医学实验动物及其他观赏动物疾病的防治等。例如：狗、猫等宠物的饲养、疾病治疗、健康管理，猪、牛、羊等畜禽的防疫检疫，生肉类产品的卫生检验。

本专业与高中学科关联度及学科要求

语文	数学	英语	物理	化学	生物	政治	历史	地理
B	D	B	B	A	A	E	E	C

本专业对高中阶段生物、化学科目要求较高，适合热爱动物、对动物防疫检疫感兴趣的学生就读。

选考学科建议

"3+3" 省份：物理 / 化学 / 生物

"3+1+2" 省份：首选物理，再选生物 / 化学

大学主要课程

动物解剖与组织胚胎学、动物生理学、动物生物化学、兽医病理学、兽医药理学、兽医微生物学与免疫学、兽医内科学、兽医外科学、动

物寄生虫学，寄生虫病学，动物传染病学，特种经济动物学，兽医产科学等。

🔍 就业方向

本专业毕业生可从事畜牧兽医行政管理、进出口动物及其产品的检验、肉品卫生检验、饲料工业、食品安全、环境保护、畜禽疾病的诊断与防治、伴侣动物医疗保健、实验动物、比较医学、公共卫生及生物学领域的工作。

🏛 本专业较好的大学（排名不分先后）

中国农业大学、华中农业大学、扬州大学、吉林大学、华南农业大学、西北农林科技大学、南京农业大学、浙江大学、广西大学、四川农业大学、沈阳农业大学、东北农业大学、西南大学、河南农业大学、山东农业大学、福建农林大学、吉林农业大学、湖南农业大学、山西农业大学、安徽农业大学、青海大学、浙江农林大学、甘肃农业大学、北京农学院、贵州大学、海南大学、黑龙江八一农垦大学、青岛农业大学、江西农业大学、石河子大学、西南民族大学、内蒙古农业大学、西北民族大学、东北林业大学、宁夏大学、河北农业大学、天津农学院、佛山科学技术学院、云南农业大学等。

动物药学

专业特点

动物药学专业主要研究动物药理学、药物化学、药物分析等方面的基本知识和技能，进行动物药品和动物生物制品的研发、制造、分析、检验等。例如：兽药的生产、制造，牛黄、犀角、麝香等动物药的提取制剂，疫苗、血清等生物制品的研发制备，动物疫病的检验防治。

本专业与高中学科关联度及学科要求

语文	数学	英语	物理	化学	生物	政治	历史	地理
B	D	B	B	A	A	E	E	C

本专业对高中阶段生物、化学科目要求较高，适合热爱动物药学，对动物用药的研发、推广感兴趣的学生就读。

选考学科建议

"3+3"省份：物理 / 化学 / 生物

"3+1+2"省份：首选物理，再选生物 / 化学

大学主要课程

家畜解剖学、家畜组织与胚胎学、家畜生理学、兽医微生物与免疫学、兽医病理学、兽医药理学、兽医毒理学、兽医药剂学、兽医药物分析、兽医中药药理学、药物代谢动力学、有机化学、基础生物化学、

中兽药炮制学、药物化学、药政管理学、中兽医学基础理论、中药制剂工艺学、中药制剂产品质量控制、生化制药、生物制品学与工艺学、分子生物学基础、基因工程制药技术等。

💡 就业方向

本专业毕业生可到药品生产、检验、销售、研究开发等制药企业、保健公司、药检局、防疫站、现代养殖场、科研院所、行政管理部门从事与药学有关的药品配方与生产、推广与开发、经营与管理、教学与科研等工作。

🏛 本专业较好的大学（排名不分先后）

南京农业大学、西北农林科技大学、华南农业大学、东北农业大学、河南农业大学、西南大学、山东农业大学、湖南农业大学、青岛农业大学、沈阳农业大学、河北农业大学、吉林农业大学、江西农业大学等。

动植物检疫

专业特点

　　动植物检疫专业主要研究化学、病毒学、动植物病理学、动植物检疫等方面的基本知识和技能，在检验检疫、卫生监督、海关、农业等企事业单位进行动植物卫生检验、疫病排查诊断、食品安全监督等。例如：猪、牛、羊等肉类的检验检疫，进口花卉等植物的病虫害检验，禽流感等畜禽疫病的诊断防治。

本专业与高中学科关联度及学科要求

语文	数学	英语	物理	化学	生物	政治	历史	地理
B	D	B	B	A	A	E	E	C

　　本专业对高中阶段生物、化学科目要求较高，适合热爱动植物学、对动植物检疫感兴趣的学生就读。

选考学科建议

　　"3+3"省份：物理/化学/生物

　　"3+1+2"省份：首选物理，再选生物/化学

大学主要课程

　　有机化学、分析化学、化学实验、普通化学、农药学基础、组织切片技术、植物生理学、生物化学、微生物学、植物病理学、昆虫学、

动物病理学、动物卫生检验学、植物检验检疫、食品卫生检验技术等。

💡 就业方向

本专业毕业生可到各级政府部门、高等学校、研究院所、出入境和国内各级动植物检疫机构、兽医卫生监督检验机构、植物检疫机构、食品卫生监督检验机构，从事行政管理、教学科研、新产品研制、商品监督检验、食品生产的卫生管理监督及产品质量检测、科技推广等工作。

🏛 本专业较好的大学（排名不分先后）

扬州大学、四川农业大学、河南农业大学、沈阳农业大学、湖南农业大学、山东农业大学、山西农业大学、安徽农业大学、中国计量大学、集美大学、河北农业大学、江西农业大学、云南农业大学、河南科技大学、内蒙古农业大学等。

動物医学类 专业类

090403T 专业代码

四年 修业年限

理学学士，农学学士 授予学位

实验动物学

专业特点

实验动物学专业旨在培养具有动物科学方面的基本理论、基本知识和基本技能，能在实验动物科学相关的领域从事技术与设计、经营与管理、推广与应用等工作，并具有创新精神和实践能力的复合型科学技术人才。

本专业与高中学科关联度及学科要求

语文	数学	英语	物理	化学	生物	政治	历史	地理
B	D	B	B	A	A	E	E	C

本专业对高中阶段生物、化学科目要求较高，适合对动物科学感兴趣、喜欢动手实验的学生就读。

选考学科建议

"3+3"省份：物理 / 化学 / 生物

"3+1+2"省份：首选物理，再选生物 / 化学

大学主要课程

实验动物学、实验动物医学、比较医学、遗传学、实验动物解剖学、动物组织学与胚胎学、动物生理学、微生物学、免疫学、动物病理学、药理及毒理学、动物实验技术、实验动物质量检测技术、动物行为学、

动物传染病学、动物寄生虫病学、细胞分子生物学、实验动物环境控制与管理、疾病模型的建立方法等。

💡 就业方向

本专业毕业生可到与实验动物相关的领域，从事实验动物教学、科研、培育和管理等工作。

🏛 本专业较好的大学 （排名不分先后）

扬州大学、辽宁中医药大学、贵州中医药大学等。

中兽医学

专业特点

中兽医学专业旨在培养具备扎实的现代动物医学及传统兽医学理论、知识和技能，富有创新创业精神和实践能力的高素质中西兽医结合的复合应用型人才。例如：中兽医诊断、开具中药及方剂。

本专业与高中学科关联度及学科要求

语文	数学	英语	物理	化学	生物	政治	历史	地理
A	D	B	B	A	A	E	E	C

本专业对高中阶段生物、化学科目要求较高，适合对兽医学研究感兴趣的学生就读。

选考学科建议

"3+3"省份：物理 / 化学 / 生物

"3+1+2"省份：首选物理，再选生物 / 化学

大学主要课程

家畜解剖学及组织胚胎学、中兽医基础理论、动物生理学、兽医针灸学、兽医中药学、兽医方剂学、兽医微生物学、动物传染病学、动物性食品卫生学、中药添加剂学等。

💡 就业方向

本专业毕业生可到兽医业务部门、动物生产单位、兽药厂及相关部门，从事动物疫病的诊疗、防疫检疫、中兽药研发、教学、科研等工作。

🏛 本专业较好的大学（排名不分先后）

中国农业大学、西南大学等。

林学

专业特点

林学专业主要研究森林的概况、培育、经营、保护、资源合理利用等方面的基本知识和技能，在林业、农业、环保等企事业单位进行森林培育、森林资源保护、森林生态环境建设等研究。例如：野生动植物等森林资源的调查与保护，林木、花卉的良种选育与栽培繁育，森林病虫鼠害的防治与检疫，森林的防火管理。

本专业与高中学科关联度及学科要求

语文	数学	英语	物理	化学	生物	政治	历史	地理
B	D	B	B	A	A	E	E	B

本专业对高中阶段生物、化学科目要求较高，适合热爱林学，对林木培育、森林生态建设感兴趣的学生就读。

选考学科建议

"3+3"省份：物理 / 化学 / 生物

"3+1+2"省份：首选不限，再选生物 / 化学

大学主要课程

森林植物学、植物生理学、植物营养学、林木遗传育种、生物技术、土壤肥料学、森林环境学、森林昆虫学、林木病理学、森林生态学、

测量与遥感等。

💡 就业方向

本专业毕业生可到林业、农业、环境保护等部门，从事森林培育、森林资源保护、森林生态环境建设等工作。

🏛 本专业较好的大学（排名不分先后）

北京林业大学、南京林业大学、西北农林科技大学、东北林业大学、浙江农林大学、广西大学、华南农业大学、四川农业大学、福建农林大学、中南林业科技大学、华中农业大学、贵州大学、河南农业大学、西南林业大学、河北农业大学、西南大学、沈阳农业大学、江西农业大学、北华大学、山东农业大学、安徽农业大学、内蒙古农业大学等。

园林

专业特点

　　园林专业主要研究园林植物的培育与养护、园林的规划与建设、绘图技法、插花艺术等方面的基本知识和技能，进行园林植物的栽培养护、城乡各类园林绿地的规划设计等。例如：旅游区风景园林的设计、建设，城市公园、小区绿地系统的规划，城市道路两边景观的设计。

本专业与高中学科关联度及学科要求

语文	数学	英语	物理	化学	生物	政治	历史	地理
B	D	B	B	A	A	E	E	B

　　本专业对高中阶段生物、化学科目要求较高，适合热爱园林学，对园林植物繁育、园林施工、管理感兴趣的学生就读。

选考学科建议

　　"3+3"省份：物理/化学/生物

　　"3+1+2"省份：首选不限，再选生物/化学

大学主要课程

　　园林树木学、园林花卉学、园林植物栽培养护学、园林苗圃学、园林植物遗传育种学、城市绿地系统规划、园林设计、园林建筑设计、园林工程、园林管理等。

💡 就业方向

本专业毕业生可到城建部门、园林部门、科研机构、大专院校等企事业单位，从事城市绿地系统、各类公园、风景区、工矿区、庭院的规划设计、施工、管理以及园林植物的繁育、花卉生产等方面的教学研究工作。

🏛 本专业较好的大学（排名不分先后）

北京林业大学、南京林业大学、东北林业大学、西北农林科技大学、浙江农林大学、福建农林大学、四川农业大学、华南农业大学、华中农业大学、河南农业大学、中南林业科技大学、西南大学、河北农业大学、江西农业大学、西南林业大学、沈阳农业大学、海南大学、北华大学、上海交通大学、广西大学、浙江大学、安徽农业大学、中国农业大学、贵州大学、南京农业大学、苏州大学、东北农业大学、山东农业大学、内蒙古农业大学、扬州大学、长江大学、青岛农业大学、昆明理工大学、江苏师范大学、仲恺农业工程学院、常州大学、宁夏大学、成都理工大学、青海大学、重庆文理学院、贵州师范大学、湖南农业大学、北京农学院、湖南科技大学、上海应用技术大学、山西农业大学、沈阳建筑大学、海南师范大学、石河子大学、上海商学院、吉林农业大学、金陵科技学院、南昌工程学院、云南农业大学、河北工程大学、山东建筑大学、贵阳学院、广东海洋大学、惠州学院、黄山学院、吉首大学、聊城大学、临沂大学、延安大学、湖北民族大学、长江师范学院、甘肃农业大学、沈阳大学、闽南师范大学、安庆师范大学、桂林理工大学、天津农学院、湖北科技学院、九江学院、长春大学、安康学院等。

森林保护

专业特点

森林保护专业主要研究生物学、地理学、林学、管理学等方面的基本知识和技能，进行森林资源保护、森林资源调查与管理、森林灾害防治等。例如：森林动植物情况的调查与管理，珍稀树木、野生动物等森林资源的保护，林木等森林资源耗量的控制，虫蛀、火灾等森林灾害的防治。

本专业与高中学科关联度及学科要求

语文	数学	英语	物理	化学	生物	政治	历史	地理
B	D	B	B	A	A	E	E	B

本专业对高中阶段生物、化学科目要求较高，适合热爱森林工程、对现代林业及森林保护感兴趣的学生就读。

选考学科建议

"3+3"省份：物理 / 化学 / 生物

"3+1+2"省份：首选不限，再选生物 / 化学

大学主要课程

植物学、植物生理学、土壤学、微生物学、树木学、森林生态学、森林培育学、普通植物病理学、普通昆虫学、植物病原真菌学、昆虫

分类学、树木病理学、树木昆虫学、农药学、植物检疫学、普通动物学、野生动植物资源管理、森林防火等。

💡 就业方向

本专业毕业生可到森林公园、林场以及森林资源调查与管理部门、林政管理与执法部门、林业部门、林业企事业单位，从事森林资源调查与监测、森林保护、森林动植物检疫、森林病虫害监测与防治、野生动植物保护、森林防火、自然保护区管理、林政管理与执法等工作。

🏛 本专业较好的大学（排名不分先后）

北京林业大学、西北农林科技大学、南京林业大学、东北林业大学、中南林业科技大学、浙江农林大学、福建农林大学、华南农业大学、西南交通大学、四川农业大学、贵州大学等。

经济林

专业特点

经济林专业旨在培养从事经济林良种选育、经济林机械与智能化栽培管理、林下资源开发利用、经济林基地规划设计、经济林产品贮藏加工、经济林产品营销等方面工作的高级复合型专业技术人才。

本专业与高中学科关联度及学科要求

语文	数学	英语	物理	化学	生物	政治	历史	地理
B	D	B	B	A	A	E	E	B

本专业对高中阶段生物、化学科目要求较高，适合对经济林研究感兴趣的学生就读。

选考学科建议

"3+3"省份：物理 / 化学 / 生物

"3+1+2"省份：首选不限，再选生物 / 化学

大学主要课程

植物学、植物生理学、生物化学、气象学、土壤学、经济林遗传育种、经济林栽培学、经济林综合实习、林下资源开发与利用、经济林有害生物控制、经济林贮藏与加工、经济林产品营销学、经济林机械与智能管理、科学研究法与实训等。

💡 就业方向

本专业毕业生可到林业、农业、环保、国土绿化等行业的科研机构、大专院校、行政机关、企业等，从事经济林栽培与加工利用、林下资源经营管理、经济林产品市场营销等方面的教学科研、行政管理和生产管理等工作。

🏛 本专业较好的大学（排名不分先后）

北京林业大学、中南林业科技大学等。

水产养殖学

👍 专业特点

水产养殖学专业主要研究水产动植物的种类、育种、增养殖以及饲料的营养与生产等方面的基本知识和技能，在水产业进行养殖生产、加工处理、技术开发等。例如：鱼、虾、蟹、贝等水产动物的养殖，水产动物饵料的配方研发，养殖池的消毒与病害防治，鱼粉、罐头等水产品的加工处理。

📙 本专业与高中学科关联度及学科要求

语文	数学	英语	物理	化学	生物	政治	历史	地理
B	D	B	B	A	A	E	E	C

本专业对高中阶段生物、化学科目要求较高，适合热爱水产学，对水产养殖、管理感兴趣的学生就读。

📚 选考学科建议

"3+3"省份：物理 / 化学 / 生物

"3+1+2"省份：首选物理，再选生物 / 化学

📖 大学主要课程

鱼类增养殖学、甲壳动物增养殖学、水产动物育种学、水产动物营养与饲料、水产动物疾病防治、海藻与海藻栽培学、水环境化学等。

💡 就业方向

本专业毕业生可到教育机构、各级水产研究、生产开发和管理以及水产环保、外贸海关等部门从事教学、科研工作，也可到渔业行政机关、水产技术推广站、渔政监督管理站、动物检验检疫部门、名优特水产品良种场、养殖场、饲料加工厂、水产品加工厂、水产公司、休闲渔业基地等单位从事技术推广、应用以及生产经营、销售、管理等工作。

🏛 本专业较好的大学（排名不分先后）

中国海洋大学、上海海洋大学、华中农业大学、宁波大学、南京农业大学、西北农林科技大学、海南大学、集美大学、南昌大学、四川农业大学、西南大学、大连海洋大学、广东海洋大学、华南农业大学、河南师范大学、青岛农业大学、浙江海洋大学、广西大学、扬州大学、中国农业大学、长江大学、贵州大学、东北农业大学、湖南农业大学、天津农学院、鲁东大学、福建农林大学等。

专业类 水产类

专业代码 090601

修业年限 四年

授予学位 农学学士

海洋渔业科学与技术

专业特点

海洋渔业科学与技术专业主要研究渔业资源与渔场学、海洋环境学、渔具渔法学、渔业法规与渔政管理等方面的基本知识和技能，进行渔业资源与环境的调查研究、渔具渔法的设计、渔业管理等。例如：鱼、虾、藻等渔业资源的管理与开发利用，淡水、海水、人工湖等渔业环境的调查与监测，捕鱼工具和方法的设计。

本专业与高中学科关联度及学科要求

语文	数学	英语	物理	化学	生物	政治	历史	地理
B	D	B	B	A	A	E	E	C

本专业对高中阶段生物、化学科目要求较高，适合热爱水产学，对海洋渔业生产、教育、科研感兴趣的学生就读。

选考学科建议

"3+3"省份：物理 / 化学 / 生物

"3+1+2"省份：首选物理，再选生物 / 化学

大学主要课程

水生生物学、鱼类学、渔具渔法学、渔具理论与设计、航海技术、渔业资源与渔场学、渔业资源评估、海洋环境调查和监测、渔业法规

与渔政管理等。

💡 就业方向

本专业毕业生可到海洋渔业生产、教育、科研和管理等部门，从事科学研究、远洋渔业开发、教学、渔政管理等方面的工作。

🏛 本专业较好的大学（排名不分先后）

上海海洋大学、中国海洋大学、集美大学、浙江海洋大学等。

专业类
水产类

专业代码
090602

修业年限
四年

授予学位
农学学士

水族科学与技术

👍 专业特点

　　水族科学与技术专业主要研究水环境科学、水产动物育种学、水族动物生产学、水产动物疾病学等方面的基本知识和技能，进行观赏水族的育种、养殖、病害防治以及水域环境处理等。例如：小丑鱼、神仙鱼等观赏水族的饲养与繁殖，观赏水族所处水域环境的净化处理与监测，水族箱、水族馆内水族景观的规划设计。

📙 本专业与高中学科关联度及学科要求

语文	数学	英语	物理	化学	生物	政治	历史	地理
B	D	B	B	A	A	E	E	C

　　本专业对高中阶段生物、化学科目要求较高，适合热爱水产学，对水产育种、品质与卫生检验感兴趣的学生就读。

📖 选考学科建议

　　"3+3"省份：物理/化学/生物

　　"3+1+2"省份：首选物理，再选生物/化学

📕 大学主要课程

　　基础化学、有机化学、生物化学、动物学、鱼类学、水生生物学、观赏水族养殖学、水草栽培学、游钓渔业学、水族馆创意与设计、观

赏水族营养与饲料学、观赏水族疾病防治学、水处理技术、景观生态学、管理学、休闲渔业经营学等。

💡 就业方向

本专业毕业生可到高等学校、科研机构、海关检疫、环境保护、动植检疫、生物制药、现代渔业技术和水产品加工等行业从事水族技术研发与推广、行政管理、市场营销、国内和国际贸易、综合经营管理等工作，也可从事农业相关产业的其他工作。

🏛 本专业较好的大学（排名不分先后）

华中农业大学、上海海洋大学、大连海洋大学、西南大学、河南师范大学、青岛农业大学等。

水产类 专业类

090603T 专业代码

四年 修业年限

农学学士 授予学位

水生动物医学

专业特点

水生动物医学专业主要研究水产动物病原、病理、病害预防与控制等方面的基本知识和技能，涉及微生物学、免疫学、水产动物病理学、药理学等学科，进行鱼、虾、蟹等水生动物的疾病诊治、病害防控、防疫检验等。

本专业与高中学科关联度及学科要求

语文	数学	英语	物理	化学	生物	政治	历史	地理
B	D	B	B	A	A	E	E	C

本专业对高中阶段生物、化学科目要求较高，适合对水生动物医学感兴趣的学生就读。

选考学科建议

"3+3"省份：化学 / 生物

"3+1+2"省份：首选物理，再选生物 / 化学

大学主要课程

养殖水环境化学、水生动物生物学、水产动物病原生物学、水产药物学、水产动物病理学、水产动物免疫、鱼病学、水产无脊椎动物疾病学、水产动物疾病诊断学、水产养殖学概论等。

💡 就业方向

本专业毕业生可到水产养殖生产、教育、科研和管理等部门，从事水生动物疾病诊治、防疫检验、教学、管理、技术研发和服务、产品营销等工作。

🏛 本专业较好的大学（排名不分先后）

广东海洋大学、上海海洋大学、集美大学等。

专业类 水产类

专业代码 090604TK

修业年限 四年

授予学位 农学学士

草业科学

专业特点

草业科学专业主要研究农业作物科学、农业生态学、草坪学、草地学、环境科学等方面的基本知识和技能，进行牧草养殖、人工草坪建植与护理等。例如：牛、羊等草食动物所吃的草饲料的生产、加工，公园、小区内草坪的养护与修剪，运动场、高尔夫球场的人工草坪的建植与管理。

本专业与高中学科关联度及学科要求

语文	数学	英语	物理	化学	生物	政治	历史	地理
B	D	B	B	A	A	E	E	C

本专业对高中阶段生物、化学科目要求较高，适合热爱草学科学，对其设计、开发、管理感兴趣的学生就读。

选考学科建议

"3+3"省份：化学/生物

"3+1+2"省份：首选不限，再选生物/化学

大学主要课程

植物学、植物生理学、土壤学、草坪学、草地学、树木学、草坪草与牧草遗传育种学、草坪与牧草病虫害、草坪灌排水学、草坪机械、

草坪杂草、草坪营养与施肥、园林绿地规划等。

💡 就业方向

本专业毕业生可到政府机关、林业局、草原站农林部门等机构从事技术与设计、推广与开发、经营与管理、教学与科研等工作，也可到园林、人工草场体育场等部门从事各种类型草坪的建植与管理工作，还可到房地产公司、公共事务建设部门以及公路绿化部门从事负责小区、公园、广场、街道、公路的隔离带、医院、学校、工厂等公用绿地的草坪建植和规划等工作。

🏛 本专业较好的大学（排名不分先后）

兰州大学、中国农业大学、西北农林科技大学、北京林业大学、南京农业大学、青海大学、宁夏大学、四川农业大学、东北农业大学、华南农业大学、甘肃农业大学、扬州大学、内蒙古农业大学、贵州大学、海南大学、青岛农业大学等。

草坪科学与工程

专业特点

草坪科学与工程专业以生物学为基础，研究草坪绿地植物生长发育规律，合理利用和保护草地资源，提高草业生产效率，主动服务国家与区域生态文明建设战略部署和草坪产业市场需求，注重对学生进行生物科学、生态学、环境科学和草坪科学基本理论知识，以及草坪与绿地、园林建造和管理技能等应用能力的训练，致力于培养草坪、园林绿化、生态环境等领域从事生产、经营、管理和科研工作的复合型人才。

本专业与高中学科关联度及学科要求

语文	数学	英语	物理	化学	生物	政治	历史	地理
B	D	B	B	A	A	E	E	B

本专业对高中阶段生物、化学科目要求较高，适合对园林绿化、生态环境等感兴趣的学生就读。

选考学科建议

"3+3"省份：化学 / 生物

"3+1+2"省份：首选不限，再选生物 / 化学

📘 大学主要课程

植物学、土壤学、基础生物化学、植物生理学、普通生态学、植物分类学、草地生态化学实验、草类植物种子学、草原调查与规划学、草原培育与管理学、草原植物育种学、草原植物栽培学、草地昆虫学、草产品学、草食动物营养与饲养学等。

💡 就业方向

本专业毕业生可在草坪业、园林绿化、生态环境、运动场草坪、草业生产等行业从事技术和管理工作，也可在高等学校和科研院所从事教学与研究工作。

🏛 本专业较好的大学（排名不分先后）

北京林业大学、四川农业大学、青岛农业大学、甘肃农业大学、新疆农业大学等。

专业类 草学类

专业代码 090702T

修业年限 四年

授予学位 农学学士

医学

基础医学

专业特点

基础医学专业主要研究人体的健康与疾病的本质及其规律等，涉及生物学、解剖学、病理学、生理学、药理学等多个学科，进行人体疾病的诊断与治疗等。例如：医院的医生对患者疾病进行初步诊断和用药，体检科医生对体检者进行身体健康检查。

本专业与高中学科关联度及学科要求

语文	数学	英语	物理	化学	生物	政治	历史	地理
B	C	B	B	A	A	E	E	E

本专业对高中阶段生物、化学科目要求较高，适合对基础医学研究感兴趣的学生就读。

选考学科建议

"3+3"省份：物理 / 化学 / 生物

"3+1+2"省份：首选物理，再选化学 / 生物

大学主要课程

人体解剖学、组织胚胎学、细胞生物学、生理学、神经生理学、生物化学与分子生物学、医学遗传学、微生物学与免疫学、病理学、药理学、临床医学等。

💡 就业方向

本专业毕业生可从事高等医药院校、科研机构及临床有关实验室的教学和科学研究工作。

🏛 本专业较好的大学（排名不分先后）

北京大学、复旦大学、中山大学、浙江大学、四川大学、南方医科大学、华中科技大学、南京医科大学、天津医科大学、首都医科大学、中南大学、武汉大学、中国医科大学、南京大学、西安交通大学、哈尔滨医科大学等。

专业类 基础医学类

专业代码 100101K

修业年限 五年

授予学位 医学学士

生物医学

专业特点

生物医学专业主要研究生物学、基础医学等方面的基本知识和技能，进行人体健康知识的探寻和完善，从而对人体疾病的预防和诊疗手段实现创新。例如：肿瘤的免疫治疗，人体抗衰老技术的研发，遗传缺陷的纠正，克隆、试管婴儿等基因工程技术的研究，人类染色体的合成。

本专业与高中学科关联度及学科要求

语文	数学	英语	物理	化学	生物	政治	历史	地理
B	C	B	B	A	A	E	E	E

本专业对高中阶段生物、化学科目要求较高，适合对生物医学研究感兴趣的学生就读。

选考学科建议

"3+3"省份：物理 / 化学 / 物理 + 化学

"3+1+2"省份：首选物理，再选化学 / 生物

大学主要课程

生命科学基础、细胞与生物分子、遗传与发育、人体结构与功能学、疾病基础、感染与免疫学、药理学与药物研发、神经科学、重要疾病

的临床与研究等。

💡 就业方向

　　本专业毕业生可在科研单位、高等学校、医院等机构从事预防、诊疗、创新、教学工作，也可在生物医学高新企业从事新药、新的治疗技术的研发工作，还可在生物医学知识产权等相关法律事务单位从事大健康产业的管理工作。

🏛 本专业较好的大学（排名不分先后）

　　北京大学、北京协和医学院、复旦大学、上海交通大学、浙江大学、中山大学、第二军医大学、天津医科大学、苏州大学、南京医科大学、山东大学、华中科技大学、中南大学、四川大学、南方医科大学、首都医科大学、中国医科大学、大连医科大学、吉林大学、同济大学、武汉大学等。

生物医学科学

专业特点

生物医学科学专业主要研究生物学、生命科学、基础医学、遗传学等方面的基本知识和技能，进行肿瘤、糖尿病、遗传疾病、病毒等方面的诊疗与探索。例如：人体 DNA 的检测与排序，基因治疗技术的研究，白化病、血友病等遗传疾病的诊断与治疗。

本专业与高中学科关联度及学科要求

语文	数学	英语	物理	化学	生物	政治	历史	地理
B	C	B	B	A	A	E	E	E

本专业对高中阶段生物、化学科目要求较高，适合对生物医学研究感兴趣的学生就读。

选考学科建议

"3+3"省份：物理 / 化学 / 物理 + 化学

"3+1+2"省份：首选物理，再选化学 / 生物

大学主要课程

生物学模块 I（含生物化学、细胞分子生物学）、生物学模块 II（含遗传、胚胎学、发育生物学）、人体结构与功能模块（含解剖学、生理学、组织学）、疾病学基础模块 I（含病理学、病理生理学、药理学）、疾病

学基础模块Ⅱ（含微生物学、寄生虫学、免疫学）、生物医学综合实验、临床医学概论模块等。

💡 就业方向

本专业毕业生可在三级甲等医院、医科院所和生物医药公司，从事医疗器械研发、销售和维修等工作。

🏛 本专业较好的大学（排名不分先后）

上海交通大学、山东大学、华南理工大学等。

临床医学

专业特点

临床医学专业主要研究基础医学、临床医学、手术学等方面的基本知识和技能，进行人类疾病的诊断、治疗、预防等。例如：骨折、心脏病等疾病的诊断，心脏搭桥、器官移植等手术的实施，肿瘤的放射治疗。

本专业与高中学科关联度及学科要求

语文	数学	英语	物理	化学	生物	政治	历史	地理
B	C	B	B	A	A	E	E	E

本专业对高中阶段生物、化学科目要求较高，适合对人类疾病的诊断、治疗、预防等研究感兴趣的学生就读。

选考学科建议

"3+3"省份：物理 / 化学 / 物理 + 化学

"3+1+2"省份：首选物理，再选化学 / 生物

大学主要课程

人体解剖学、组织学与胚胎学、生物化学、神经生物学、生理学、医学微生物学、医学免疫学、病理学、药理学、人体形态学实验、医学生物学实验、医学机能学实验、病原生物学与免疫学实验、诊断学、

内科学、外科学、妇产科学、儿科学、循证医学、卫生法学、医学伦理学、医学心理学、医患沟通与技巧等。

💡 就业方向

本专业毕业生可在医疗卫生机构，从事临床各科的医疗、预防工作及医学教学和研究工作。

🏛 本专业较好的大学（排名不分先后）

北京协和医学院、上海交通大学、复旦大学、北京大学、四川大学、浙江大学、山东大学、华中科技大学、中山大学、首都医科大学、中南大学、武汉大学、同济大学、吉林大学、哈尔滨医科大学、南京医科大学、中国医科大学、南京大学、广州医科大学、西安交通大学、南方医科大学、东南大学、天津医科大学、重庆医科大学、清华大学、南开大学、苏州大学、暨南大学、温州医科大学、河北医科大学、厦门大学、广西医科大学、大连医科大学、郑州大学、安徽医科大学、中国科学技术大学、汕头大学、福建医科大学、南昌大学、兰州大学、昆明医科大学、青岛大学、江苏大学、宁波大学、徐州医科大学、新疆医科大学、南通大学、宁夏医科大学、广东医科大学、江南大学、南华大学、扬州大学、遵义医科大学、华南理工大学、山西医科大学、山东第一医科大学、浙江中医药大学、电子科技大学、广州中医药大学、西南医科大学、南京中医药大学、深圳大学、海南医学院、贵州医科大学、滨州医学院、青海大学、河北大学、新乡医学院、潍坊医学院、河南大学、三峡大学、南方科技大学、湖南师范大学、皖南医学院、蚌埠医学院、湖北医药学院、桂林医学院、天津大学、石河子大学、武汉科技大学、成都中医药大学、延边大学、杭州师范大学、湖南中医药大学、福建中医药大学、锦州医科大学、香港中文大学（深圳）等。

麻醉学

专业特点

　　麻醉学专业主要研究基础医学、临床医学、麻醉学等方面的基本知识和技能，接受麻醉、急救与生命复苏的训练，在医疗卫生单位的麻醉科、急诊科、ICU 等进行临床麻醉、急救和复苏、术后监测等。例如：手术前的全身麻醉处理，紧急情况下患者的急救与心肺复苏，ICU病房危重病人的术后监测，止疼药的药物依赖的戒断。

本专业与高中学科关联度及学科要求

语文	数学	英语	物理	化学	生物	政治	历史	地理
B	C	B	B	A	A	E	E	E

　　本专业对高中阶段生物、化学科目要求较高，适合对手术麻醉处理、围麻醉期并发症防治和危重病症监测、判断和治疗感兴趣的学生就读。

选考学科建议

　　"3+3" 省份：化学 / 生物

　　"3+1+2" 省份：首选物理，再选化学 / 生物

大学主要课程

　　人体解剖学、生理学、药理学、内科学、外科学、临床麻醉学、急救医学、疼痛诊疗学、麻醉药理学、麻醉设备学、麻醉生理学、麻

醉解剖学等。

💡 就业方向

本专业毕业生主要到医疗卫生单位的麻醉科、急诊科、急救中心、重症监测治疗病房、药物依赖戒断及疼痛诊疗等领域，从事临床麻醉、急救和复苏、术后监测、生理机能调控等方面的工作。

🏛 本专业较好的大学（排名不分先后）

中南大学、中山大学、哈尔滨医科大学、中国医科大学、重庆医科大学、天津医科大学、南方医科大学、徐州医科大学、温州医科大学、南昌大学、兰州大学、福建医科大学、郑州大学、安徽医科大学、河北医科大学、广州医科大学、大连医科大学、遵义医科大学、广西医科大学、广东医科大学、西南医科大学、宁夏医科大学、山西医科大学、昆明医科大学、南华大学、皖南医学院、新疆医科大学、潍坊医学院、青海大学等。

医学影像学

专业特点

医学影像学专业主要研究基础医学、临床医学和现代医学影像学等方面的基本知识和技能，在医疗卫生单位从事医学影像诊断、介入放射学和医学成像技术等方面的工作。常见的医学影像技术有：CT，核磁共振，B超，血管造影，心电图等。

本专业与高中学科关联度及学科要求

语文	数学	英语	物理	化学	生物	政治	历史	地理
B	C	B	B	A	A	E	E	E

本专业对高中阶段化学、生物科目要求较高，适合对影像诊断研究感兴趣的学生就读。

选考学科建议

"3+3"省份：物理／化学／生物

"3+1+2"省份：首选物理，再选化学／生物

大学主要课程

物理学、电子学基础、计算机原理与接口、影像设备结构与维修、医学成像技术、摄影学、人体解剖学、诊断学、内科学、影像诊断学、介入放射学、影像物理、超声诊断等。

💡 就业方向

本专业毕业生可在各类医疗机构、防疫机构、医学科研部门、血站等单位从事临床影像技术、功能检查等技术工作，也可在医疗设备公司从事产品销售、维护等工作。

🏛 本专业较好的大学（排名不分先后）

华中科技大学、东南大学、天津医科大学、中山大学、南方医科大学、南京医科大学、中国医科大学、西安交通大学、广州医科大学、哈尔滨医科大学、重庆医科大学、郑州大学、温州医科大学、南昌大学、河北医科大学、安徽医科大学、苏州大学、兰州大学、大连医科大学、徐州医科大学、广东医科大学、华南理工大学、广西医科大学、福建医科大学、青岛大学、宁夏医科大学、山东第一医科大学、广州中医药大学、昆明医科大学、南华大学、江苏大学、三峡大学、西南医科大学、遵义医科大学、山西医科大学、南通大学、浙江中医药大学、海南医学院、新乡医学院、青海大学等。

眼视光医学

专业特点

眼视光医学专业主要研究现代光学技术和现代眼科学等方面的基本知识和技能，进行人体视力检测、视力矫正等，从而解决人类视觉障碍的问题，包括近视、远视、散光、弱视、低视力等。例如：体检时的视力检查，眼镜店配镜前的验光，眼镜镜架、镜片的选择与装配。

本专业与高中学科关联度及学科要求

语文	数学	英语	物理	化学	生物	政治	历史	地理
B	C	B	B	A	A	E	E	E

本专业对高中阶段化学、生物科目要求较高，适合对眼科医学技术感兴趣的学生就读。

选考学科建议

"3+3"省份：化学 / 生物

"3+1+2"省份：首选物理，再选化学 / 生物

大学主要课程

人体解剖学（含组织胚胎学）、生理学、诊断学基础、药理学、基础眼科学、视光学基础、眼视光特检技术、内科学、外科学、验光技术、临床眼科学、眼镜技术、配镜学、角膜接触镜验配技术。

💡 就业方向

本专业毕业生主要在各级卫生院所、眼镜生产企业及眼镜配制中心，从事眼视光诊疗、保健、预防和验光配镜等专项技术工作。

🏛 本专业较好的大学（排名不分先后）

温州医科大学、首都医科大学、天津医科大学、南开大学、河北医科大学、南京医科大学、中国医科大学、安徽医科大学、南昌大学、徐州医科大学等。

专业类 临床医学类

专业代码 100204TK

修业年限 五年

授予学位 医学学士

精神医学

专业特点

　　精神医学专业主要研究精神疾病的病因、发病机理、临床表现和发展规律以及其预防、诊断、治疗和康复等方面的基本知识和技能，进行常见的心理障碍、精神疾病等病症的诊断与处理。例如：躁郁症、精神分裂症、创伤后压力心理障碍症、神经衰弱、癔病等的诊断与治疗。

本专业与高中学科关联度及学科要求

语文	数学	英语	物理	化学	生物	政治	历史	地理
B	C	B	B	A	A	E	E	E

　　本专业对高中阶段生物、化学科目要求较高，适合对心理障碍、行为障碍、精神疾病研究感兴趣的学生就读。

选考学科建议

　　"3+3"省份：化学／生物

　　"3+1+2"省份：首选物理，再选化学／生物

大学主要课程

　　医学、临床医学、临床心理学、行为医学、儿童精神医学、精神病学等。

💡 就业方向

本专业毕业生主要到各级医药院校、综合医院、脑科医院、医学心理中心及精神卫生保健机构等，从事医疗、教学和科研工作等。

🏛 本专业较好的大学（排名不分先后）

中南大学、首都医科大学、南京医科大学、南方医科大学、温州医科大学、重庆医科大学、中国医科大学、广州医科大学、河北医科大学、大连医科大学、安徽医科大学、广西医科大学、汕头大学、徐州医科大学、遵义医科大学、山西医科大学等。

临床医学类 专业类

100205TK 专业代码

五年 修业年限

医学学士 授予学位

放射医学

专业特点

放射医学专业主要研究电离辐射对人体的作用、损伤与修复等方面的基本知识和技能，进行放射诊断、放射治疗、放射损伤的修复等。例如：使用 X 光机、CT 等进行放射诊断，利用放射线进行肿瘤治疗，辐射损害的诊断与治疗。

本专业与高中学科关联度及学科要求

语文	数学	英语	物理	化学	生物	政治	历史	地理
B	C	B	B	A	A	E	E	E

本专业对高中阶段生物、化学科目要求较高，适合对放射诊断、核素诊断、影像诊断感兴趣的学生就读。

选考学科建议

"3+3"省份：物理 / 化学 / 生物

"3+1+2"省份：首选物理，再选化学 / 生物

大学主要课程

解剖学、组织与胚胎学、病原学、免疫学、生物化学、生理学、病理学、药理学、临床医学导论、内科学、外科学、预防医学、放射医学及防护、影像诊断学、肿瘤放射治疗学、核医学等。

💡 就业方向

本专业毕业生可到各类医疗机构、防疫机构、医学科研部门等，从事放射医学及防护、放射病诊断治疗、核医学和医学影像诊断等工作。

🏛 本专业较好的大学（排名不分先后）

吉林大学、苏州大学等。

儿科学

专业特点

儿科学专业主要研究胎儿至青春期儿童的生长发育、疾病预防、疾病诊疗、保健等方面的基本知识和技能，进行儿童健康的保障与小儿疾病的预防、诊治等。例如：新生儿先天性疾病的筛查，幼儿疫苗的接种，儿童感冒、发烧等疾病的诊断、治疗。

本专业与高中学科关联度及学科要求

语文	数学	英语	物理	化学	生物	政治	历史	地理
B	C	B	B	A	A	E	E	E

本专业对高中阶段生物、化学科目要求较高，适合对临床医学研究感兴趣、关心儿童身心健康的学生就读。

选考学科建议

"3+3"省份：物理 / 化学

"3+1+2"省份：首选物理，再选化学 / 生物

大学主要课程

人体解剖学、组织胚胎学、生理学、生物化学、医学微生物学、医学免疫学、医学寄生虫学、病理学、药理学、医学统计学、诊断学、内科学、外科学、妇产科学、小儿内科学、小儿外科学、儿童保健学、

小儿传染病学等。

💡 就业方向

本专业毕业生可在各类医疗卫生机构，从事临床各科的医疗、预防工作及医学教学和研究工作。

🏛 本专业较好的大学（排名不分先后）

上海交通大学、首都医科大学、华中科技大学、南京医科大学、南方医科大学、吉林大学、重庆医科大学、中国医科大学、广州医科大学、天津医科大学、哈尔滨医科大学、温州医科大学、郑州大学、河北医科大学、安徽医科大学、兰州大学、大连医科大学、南昌大学、广西医科大学、昆明医科大学、徐州医科大学、宁夏医科大学、浙江中医药大学等。

口腔医学

专业特点

口腔医学专业主要研究口腔及颌面部疾病的诊断、治疗、预防等方面的基本知识和技能，进行口腔常见病、多发病的诊疗、修复和预防保健等。例如：口腔内龋齿的充填，智齿的拔除，假牙的种植，牙齿的矫正，口腔溃疡、牙周炎等口腔疾病的诊疗。

本专业与高中学科关联度及学科要求

语文	数学	英语	物理	化学	生物	政治	历史	地理
B	C	B	B	A	A	E	E	E

本专业对高中阶段生物、化学科目要求较高，适合对口腔常见病、多发病方面研究感兴趣的学生就读。

选考学科建议

"3+3"省份：物理 / 化学 / 生物

"3+1+2"省份：首选物理，再选化学 / 生物

大学主要课程

人体解剖学、组织学与胚胎学、生物化学、细胞生物学、生理学、医学微生物学、医学免疫学、病理学、病理生理学、药理学、人体形态学实验、医学生物学实验、医学机能学实验、病原生物学与免疫学

实验、诊断学、外科学、内科学、耳鼻咽喉头颈外科学、口腔解剖生理学、口腔组织病理学、口腔颌面医学影像诊断学、牙体牙髓病学、牙周病学、口腔黏膜病学、儿童口腔医学、口腔颌面外科学、口腔修复学、口腔正畸学、预防口腔医学等。

💡 就业方向

本专业毕业生可在各级口腔医院、综合医院口腔科及医学院校，从事医疗、教学与科研工作。

🏛 本专业较好的大学（排名不分先后）

四川大学、北京大学、上海交通大学、武汉大学、南京医科大学、中山大学、浙江大学、首都医科大学、同济大学、山东大学、华中科技大学、吉林大学、重庆医科大学、西安交通大学、中国医科大学、南京大学、中南大学、天津医科大学、复旦大学、南方医科大学、哈尔滨医科大学、广西医科大学、大连医科大学、温州医科大学、青岛大学、河北医科大学、福建医科大学、安徽医科大学、兰州大学、南开大学、郑州大学、南昌大学、广州医科大学、昆明医科大学、遵义医科大学、西南医科大学、暨南大学、滨州医学院、厦门大学、宁夏医科大学、苏州大学、湖南中医药大学、浙江中医药大学、汕头大学、深圳大学、新疆医科大学、河南大学、广东医科大学、山西医科大学、杭州师范大学、佳木斯大学、华北理工大学、青海大学、徐州医科大学、南通大学、川北医学院、潍坊医学院、蚌埠医学院、贵州医科大学、河北大学、山东第一医科大学等。

预防医学

专业特点

预防医学专业主要研究传染病和流行病的病因、预防、筛查、控制和消灭等方面的基本知识和技能，进行传染病和人群流行病的防控、病因调查和疾病监测等。例如：甲肝、肺结核、重症急性呼吸综合征（SARS）等传染病的预防与控制，禽流感、甲流等疾病的病因调查，传染病相关知识的宣传普及。

本专业与高中学科关联度及学科要求

语文	数学	英语	物理	化学	生物	政治	历史	地理
B	C	B	B	A	A	E	E	E

本专业对高中阶段生物、化学科目要求较高，适合对卫生防疫、控制传染病方面研究感兴趣的学生就读。

选考学科建议

"3+3"省份：化学 / 生物

"3+1+2"省份：首选不限，再选化学 / 生物

大学主要课程

细胞生物学、人体解剖学、组织胚胎学、生物化学、生理学、病理学、病理生理学、人体寄生虫学、医学微生物学、免疫学、药理学、卫生化学、

毒理学、诊断学等。

💡 就业方向

本专业毕业生可在医学领域从事临床科研工作或者从事卫生防疫、卫生宣传普及、卫生事业管理、社会医学研究等相关工作，也可去其他非医学领域从事环境保护与监测、海关疫检等相关工作。

🏛 本专业较好的大学（排名不分先后）

华中科技大学、复旦大学、北京大学、南京医科大学、中山大学、首都医科大学、上海交通大学、南方医科大学、浙江大学、哈尔滨医科大学、四川大学、中南大学、东南大学、山东大学、天津医科大学、武汉大学、西安交通大学、吉林大学、中国医科大学、广州医科大学、郑州大学、厦门大学、安徽医科大学、广西医科大学、重庆医科大学、南昌大学、苏州大学、兰州大学、温州医科大学、山西医科大学、青岛大学、南华大学、福建医科大学、南京大学、河北医科大学、广东医科大学、南通大学、宁波大学、宁夏医科大学、昆明医科大学、贵州医科大学、大连医科大学、武汉科技大学、新疆医科大学、山东第一医科大学、广东药科大学、湖南师范大学、华北理工大学、汕头大学、徐州医科大学、杭州师范大学、青海大学、新乡医学院等。

食品卫生与营养学

👍 专业特点

食品卫生与营养学专业主要研究食物与机体的相互作用，以及食物营养成分在机体里的分布、运输、消化、代谢等方面的基本知识和技能，进行营养指导、食品卫生的监督与检测等。例如：针对不同疾病的临床营养食谱的编写，食品内细菌、霉菌的检测，营业餐馆卫生的监督管理。

📒 本专业与高中学科关联度及学科要求

语文	数学	英语	物理	化学	生物	政治	历史	地理
B	C	B	B	A	A	E	E	E

本专业对高中阶段生物、化学科目要求较高，适合对营养与食品卫生方面研究感兴趣的学生就读。

📚 选考学科建议

"3+3"省份：物理 / 化学 / 生物

"3+1+2"省份：首选不限，再选化学 / 生物

📖 大学主要课程

营养学基础、临床营养学、食品卫生学、食品工艺学、烹调学、食品毒理学、组织学与胚胎学、人体解剖学、生理学、生物化学、内

656

科学、外科学、儿科学、医学统计学、流行病学、英语、计算机等。

💡 就业方向

本专业毕业生可在各级医疗卫生机构、动植物检验部门、营养与食品安全服务部门、食品企业、食品流通企业、各类餐饮业、教学单位等，从事营养与食品卫生技术工作及食品安全检测、社区人群营养卫生管理、社区人群卫生保健工作等。

🏛 本专业较好的大学（排名不分先后）

上海交通大学、四川大学、安徽医科大学、广州医科大学、重庆医科大学、河北医科大学、扬州大学、南京中医药大学、徐州医科大学、浙江中医药大学、上海中医药大学、昆明医科大学、贵州医科大学、成都中医药大学、天津中医药大学、福建农林大学、桂林医学院、安徽农业大学等。

专业类
公共卫生与预防医学类

专业代码
100402

修业年限
四年

授予学位
理学学士

妇幼保健医学

👍 专业特点

妇幼保健医学专业主要研究妇幼保健基础医学、临床医学、预防医学等方面的基本知识和技能，进行妇女和儿童的保健管理、计划生育等。其中妇女保健包括婚检、产检、高危孕产妇的监控、生殖健康的宣传等，儿童保健包括儿童体检、疫苗接种、体弱儿的监控、新生儿筛查等。

📔 本专业与高中学科关联度及学科要求

语文	数学	英语	物理	化学	生物	政治	历史	地理
B	C	B	B	A	A	E	E	E

本专业对高中阶段生物、化学科目要求较高，适合对妇幼卫生及保健方面研究感兴趣的学生就读。

📚 选考学科建议

"3+3"省份：化学 / 生物

"3+1+2"省份：首选不限，再选化学 / 生物

🧪 大学主要课程

人体解剖学、组织胚胎学、生理学、病理学、遗传与优生学、生殖内分泌与免疫、内科学、外科学、儿科学、妇产科学、生殖健康、妇幼与少儿卫生、妇女保健学、儿童保健学妇幼营养学、妇幼心理学、

妇幼卫生管理、流行病学、性医学等。

💡 就业方向

本专业毕业生主要到妇幼保健业务及行政部门，从事临床、预防、科研、管理等方面的工作。

🏛 本专业较好的大学（排名不分先后）

安徽医科大学、广西医科大学、北京中医药大学、上海中医药大学、广州中医药大学、暨南大学、南京中医药大学、浙江中医药大学、天津中医药大学、黑龙江中医药大学、湖南中医药大学、成都中医药大学、首都医科大学、南方医科大学、山东中医药大学、福建中医药大学、长春中医药大学、江西中医药大学、河南中医药大学、辽宁中医药大学、湖北中医药大学、宁夏医科大学、厦门大学、安徽中医药大学、陕西中医药大学、广西中医药大学、青海大学、山西中医药大学、新疆医科大学、温州医科大学、甘肃中医药大学、西南医科大学、云南中医药大学、贵州中医药大学、重庆医科大学、河北中医学院、华北理工大学等。

卫生监督

专业特点

卫生监督专业主要研究基础医学、卫生监督执法等方面的基本知识和技能，包括流行病学、病理学、食品卫生、卫生的法规与条例等，在食品行业、各级卫生监督机构进行食品、餐饮的卫生监督和卫生执法等。

本专业与高中学科关联度及学科要求

语文	数学	英语	物理	化学	生物	政治	历史	地理
B	C	B	B	A	A	E	E	E

本专业对高中阶段生物、化学科目要求较高，适合对卫生监督与执法感兴趣的学生就读。

选考学科建议

"3+3"省份：化学 / 生物

"3+1+2"省份：首选不限，再选化学 / 生物

大学主要课程

系统解剖学、生理学、病理学、药理学、医学微生物学、诊断学、内科学、外科学、卫生统计学、流行病学、卫生法学、监督学总论、环境卫生与监督等。

💡 就业方向

本专业毕业生主要到各级卫生监督部门、疾病控制中心以及企事业单位卫生管理部门，从事卫生监督和卫生执法等工作。

🏛 本专业较好的大学（排名不分先后）

哈尔滨医科大学、安徽医科大学等。

全球健康学

专业特点

全球健康学专业主要研究全球健康学、全球卫生等方面的基本知识和技能，以适应全球卫生合作和发展的需要，保障国家安全与国民健康，进行全球健康学领域的理论研究、政策评估、国际卫生资源整合和疾病控制等。

本专业与高中学科关联度及学科要求

语文	数学	英语	物理	化学	生物	政治	历史	地理
B	C	A	B	A	A	E	E	B

本专业对高中阶段生物、化学、英语科目要求较高，适合对全球健康领域的理论研究感兴趣的学生就读。

选考学科建议

"3+3"省份：化学 / 生物

"3+1+2"省份：首选不限，再选化学 / 生物

大学主要课程

全球健康概论、基础医学概论、公共卫生概论、心理学、全球文化概论等。

💡 就业方向

本专业毕业生可在政府机关、事业单位，从事全球健康领域的理论研究、政策评估、国际卫生资源整合和全球疾病控制等方面的工作。

🏛 本专业较好的大学（排名不分先后）

武汉大学等。

中医学

专业特点

中医学专业主要研究人体生理病理、疾病诊断与防治以及摄生康复等方面的基本知识和技能，从中医角度进行疾病的诊断治疗、调节人体五脏六腑等。例如：把脉诊断病情，药物外敷化瘀，针灸、拔罐、艾灸等非药物疗法治疗，中药药方的制定研发。

本专业与高中学科关联度及学科要求

语文	数学	英语	物理	化学	生物	政治	历史	地理
A	D	C	B	A	A	E	E	E

本专业对高中阶段生物、化学、语文科目要求较高，适合对中医各科疾病的临床诊疗研究感兴趣的学生就读。

选考学科建议

"3+3"省份：物理 / 化学 / 生物

"3+1+2"省份：首选不限，再选化学 / 生物

大学主要课程

医古文、英语、中医基础理论、中医诊断学、中药学、方剂学、《黄帝内经》选读、《伤寒论》选读、《金匮要略》选读、温病学、中医内科学、中医外科学、中医妇科学、中医儿科学、针灸学、人体解剖学、

组织学与胚胎学、生理学、生物化学、病理学、药理学、检体诊断学、实验诊断学、影像诊断学、西医内科学、西医外科学等。

💡 就业方向

本专业毕业生主要到各级中医院、中医科研机构及各级综合性医院等部门，从事中医临床医疗工作和科学研究工作等。

🏛 本专业较好的大学（排名不分先后）

厦门大学、首都医科大学、北京中医药大学、中国人民解放军海军军医大学、上海中医药大学、暨南大学、南方医科大学、广州中医药大学、天津中医药大学、浙江中医药大学、南京中医药大学、成都中医药大学、温州医科大学、重庆医科大学、河南中医药大学等。

针灸推拿学

专业特点

针灸推拿学专业主要研究中医学、中药学和针灸、推拿医疗技术等方面的基本知识和技能，运用针疗、艾灸、推拿等中医技法进行人体的调理、疾病的治疗等。例如：艾灸理气血、调经络，推拿按摩穴位缓解疲劳、舒筋活络，拔火罐活血行气、散寒除湿。

本专业与高中学科关联度及学科要求

语文	数学	英语	物理	化学	生物	政治	历史	地理
A	D	C	B	A	A	E	E	E

本专业对高中阶段生物、化学、语文科目要求较高，适合对运用针灸、推拿诊疗各科疾病方面研究感兴趣的学生就读。

选考学科建议

"3+3"省份：物理 / 化学 / 生物

"3+1+2"省份：首选不限，再选化学 / 生物

大学主要课程

中医学基础、人体解剖学、生物力学、中医古典医籍、经络学、刺灸学、手法学、功法学、中医内科学、神经病学、针灸临床治疗学、推拿临床治疗学等。

💡 就业方向

本专业毕业生可在各级中医院、中医科研机构及综合性医院针灸等部门从事针灸、推拿医疗及科学研究工作，也可在高等学校从事教育教学工作。

🏛 本专业较好的大学（排名不分先后）

北京中医药大学、上海中医药大学、广州中医药大学、南京中医药大学、天津中医药大学、成都中医药大学、山东中医药大学、浙江中医药大学、黑龙江中医药大学、湖南中医药大学、南方医科大学、长春中医药大学、暨南大学、福建中医药大学、宁夏医科大学、湖北中医药大学、河南中医药大学、江西中医药大学、安徽中医药大学、辽宁中医药大学、新疆医科大学、广西中医药大学、贵州中医药大学、青海大学、陕西中医药大学、重庆医科大学、山西中医药大学等。

藏医学

🔰 专业特点

　　藏医学专业主要研究藏药学、藏医诊疗法、藏医临床医疗技术等方面的基本知识和技能，运用藏医的理法方药进行常见病的诊断、治疗等，多见于西藏地区。藏医诊法除望、闻、问、切外，更注重尿诊。常见的藏医疗法有服药治疗、穴位放血、熏蒸治疗、腹部穿刺等。

📖 本专业与高中学科关联度及学科要求

语文	数学	英语	物理	化学	生物	政治	历史	地理
A	D	C	B	A	A	E	E	E

　　本专业对高中阶段生物、化学、语文科目要求较高，适合对藏医的药理方法研究感兴趣的学生就读。

📚 选考学科建议

　　"3+3"省份：物理/化学/生物

　　"3+1+2"省份：首选不限，再选化学/生物

📕 大学主要课程

　　藏医概论学、藏医人体学、藏医病机学、藏医三大基因学、藏医保健学、藏药方剂学、藏医外治学、藏医诊断学、藏医内科学、藏医热病疫病学等。

💡 就业方向

本专业毕业生可从事藏医医疗、教学、科研及藏药开发等工作。

🏛 本专业较好的大学（排名不分先后）

成都中医药大学、青海大学等。

蒙医学

专业特点

蒙医学专业主要研究蒙药学、蒙医诊疗法、蒙医临床医疗技术等方面的基本知识和技能，运用蒙医或蒙西医结合的理法方药进行常见病的诊断、治疗等，多见于蒙古地区。常见的蒙医疗法有药物疗法、饮食疗法、烧灼疗法、正脑术、灸疗、放血疗法等，其中，以饮食疗法为主，常用的有马奶、牛骨髓、乳酪等。

本专业与高中学科关联度及学科要求

语文	数学	英语	物理	化学	生物	政治	历史	地理
A	D	C	B	A	A	E	E	E

本专业对高中阶段生物、化学、语文科目要求较高，适合对蒙医临床操作和辨证施治方面研究感兴趣的学生就读。

选考学科建议

"3+3"省份：物理 / 化学 / 生物

"3+1+2"省份：首选不限，再选化学 / 生物

大学主要课程

蒙医基础理论、蒙医诊断学、蒙药学、蒙医方剂学、（四部医典）导读、蒙医疗学、蒙医温病学、蒙医内科学、人体解剖学、生理学、诊断学、

内科学、中医学等。

🔍 就业方向

本专业毕业生一般在医疗、教学、科研等领域工作。

🏛 本专业较好的大学（排名不分先后）

内蒙古医科大学、内蒙古民族大学、赤峰学院等。

维医学

专业特点

维医学专业主要研究维药学、维医诊疗法、维医临床医疗技术等方面的基本知识和技能，运用维医的理法方药进行常见病的诊断、治疗等，多见于新疆地区。常见的维医疗法有药物疗法、饮食疗法、放血疗法、放水蛭疗法等。

本专业与高中学科关联度及学科要求

语文	数学	英语	物理	化学	生物	政治	历史	地理
A	D	C	B	A	A	E	E	E

本专业对高中阶段生物、化学、语文科目要求较高，适合对维医药理方法防治常见病、多发病方面研究感兴趣的学生就读。

选考学科建议

"3+3"省份：物理 / 化学 / 生物

"3+1+2"省份：首选不限，再选化学 / 生物

大学主要课程

维医基础理论、维药学、维药方剂学、维医诊断、维医内科、维医外科、维医妇科、维医儿科、人体解剖生理学、中医学概论、现代医学基础等。

💡 就业方向

本专业毕业生可从事维医医疗、教育和科研工作。

🏛 本专业较好的大学（排名不分先后）

新疆医科大学等。

专业类
中医学类

专业代码
100505K

修业年限
五年

授予学位
医学学士

壮医学

👍 专业特点

　　壮医学专业以气为重要理论基础之一，主要研究壮药学、壮医诊疗法、壮医临床医疗技术等方面的基本知识和技能，运用壮医的理法方药进行常见病的诊断、治疗等，多见于广西壮族自治区。壮医诊法除望、闻、问、切外，辅以甲诊、按诊、探病诊法来观察病人的指甲、肢体和穴位变化等进行深入诊断。常见的疗法有内疗法、药线点灸疗法、药物竹罐疗法、针挑疗法等。

📙 本专业与高中学科关联度及学科要求

语文	数学	英语	物理	化学	生物	政治	历史	地理
A	D	C	B	A	A	E	E	E

　　本专业对高中阶段生物、化学、语文科目要求较高，适合对壮医药理方法防治常见病、多发病方面研究感兴趣的学生就读。

📗 选考学科建议

"3+3"省份：物理 / 化学 / 生物

"3+1+2"省份：首选不限，再选化学 / 生物

📖 大学主要课程

　　壮医概论学、壮医人体学、壮医病机学、壮医三大基因学、壮医

保健学、壮药方剂学、壮医外治学、壮医诊断学、壮医内科学、壮医热病疫病学等。

💡 就业方向

本专业毕业生主要进入设有壮医学专科的各级中、西医疗机构，从事壮医临床医疗、教学、科研及其他相关工作。

🏛 本专业较好的大学（排名不分先后）

广西中医药大学等。

哈医学

专业特点

　　哈医学专业以阴阳学为理论基础，主要研究哈药学、现代医学、哈萨克医学等方面的基本知识和技能，接受哈医临床操作和辨证施治的基本训练，运用哈医的理法方药进行常见病的诊断、治疗等，多见于阿勒泰地区。常见的哈医疗法有药浴、蒸熏洗疗法、放血疗法、羊油疗法等。

本专业与高中学科关联度及学科要求

语文	数学	英语	物理	化学	生物	政治	历史	地理
A	D	C	B	A	A	E	E	E

　　本专业对高中阶段生物、化学、语文科目要求较高，适合对哈医防治常见病、多发病方面研究感兴趣的学生就读。

选考学科建议

　　"3+3"省份：物理/化学/生物

　　"3+1+2"省份：首选不限，再选化学/生物

大学主要课程

　　哈医概论学、哈医人体学、哈医病机学、哈医三大基因学、哈医保健学、哈药方剂学、哈医外治学、哈医诊断学、哈医内科学、哈医

热病疫病学等。

💡 就业方向

本专业毕业生可在各级哈医院、综合性医院、社区医疗机构及医学科研机构从事诊疗、科研及教学工作。

🏛 本专业较好的大学（排名不分先后）

新疆医科大学等。

傣医学

专业特点

傣医学专业主要研究傣药学、傣医诊疗法、傣医临床医疗技术等方面的基本知识和技能,运用傣医的理法方药恢复体内四塔(风、水、火、土)的平衡,从而实现疾病的治愈。傣医常见的诊法有望诊、问诊和摸诊,脉诊较为少用。傣医疗法除了内服、外用和二者结合外,独特疗法有睡药、敷药、蒸药、熏药、刺药等。

本专业与高中学科关联度及学科要求

语文	数学	英语	物理	化学	生物	政治	历史	地理
A	D	C	B	A	A	E	E	E

本专业对高中阶段生物、化学、语文科目要求较高,适合对傣医诊疗感兴趣的学生就读。

选考学科建议

"3+3"省份:物理/化学/生物

"3+1+2"省份:首选不限,再选化学/生物

大学主要课程

傣药学、傣医诊疗法、傣医临床医疗技术等。

💡 就业方向

本专业毕业生可在医疗单位、个体诊所、社区卫生医疗服务中心（站）以及各类制药厂，从事傣医诊疗、傣药开发及研究工作。

🏛 本专业较好的大学（排名不分先后）

云南中医药大学、滇西应用技术大学等。

回医学

🔖 专业特点

回医学专业主要研究回药学、回医诊疗法、回医临床医疗技术等方面的基本知识和技能，以辨质为主，运用回医的理法方药进行常见病的诊断、治疗等，多见于宁夏回族自治区。常见的回医疗法有饮食疗法（如羊脖子炖黄芪、鸽子炖三七）和放血疗法（如眉心放血、太阳穴放血）。

📒 本专业与高中学科关联度及学科要求

语文	数学	英语	物理	化学	生物	政治	历史	地理
A	D	C	B	A	A	E	E	E

本专业对高中阶段生物、化学、语文科目要求较高，适合对回医药理方法防治常见病、多发病方面研究感兴趣的学生就读。

📚 选考学科建议

"3+3"省份：物理/化学/生物

"3+1+2"省份：首选不限，再选化学/生物

📖 大学主要课程

回医基础理论、回药学、回药方剂学、回医诊断、回医内科、回医外科、回医妇科、回医儿科、人体解剖生理学、中医学概论、现代

医学基础等。

💡 就业方向

本专业毕业生可在医院等医疗机构，运用回医理法方药从事诊疗工作。

🏛 本专业较好的大学（排名不分先后）

宁夏医科大学等。

中医康复学

专业特点

中医康复学专业旨在培养掌握中西医基础理论、康复医学、中医康复学等基础知识，具备运用中医康复方法和现代康复技术处理临床疾病功能障碍的基本能力，能在各类医疗机构从事中医康复学临床、教学和科研工作的中医康复学人才。

本专业与高中学科关联度及学科要求

语文	数学	英语	物理	化学	生物	政治	历史	地理
A	D	C	B	A	A	E	E	E

本专业对高中阶段生物、化学、语文科目要求较高，适合对中医康复学方面研究感兴趣的学生就读。

选考学科建议

"3+3"省份：物理 / 化学 / 生物

"3+1+2"省份：首选不限，再选化学 / 生物

大学主要课程

中医基础理论、中医诊断学、中药学、方剂学、中医内科学、诊断学、内科学、康复医学概论、康复评定学、临床康复学、康复疗法学。

💡 就业方向

本专业毕业生可在各级综合性医院、专科医院、社区医院、保健康复机构从事康复治疗、保健与评价工作，也可在综合医院康复医学科、康复中心（康复医院）从事康复治疗师技术工作，还可在疗养院、保健中心、体育医院或运动队医务室、社区卫生服务机构等单位从事康复治疗等工作。

🏛 本专业较好的大学（排名不分先后）

南京中医药大学、黑龙江中医药大学、浙江中医药大学、成都中医药大学、湖南中医药大学、长春中医药大学等。

中医养生学

专业特点

中医养生学专业旨在培养掌握中医学基本理论知识和技能，与中医养生学相关的理论知识和实践技能，同时掌握一定的西医学基本理论、知识和技能，并具有良好的人文关怀精神和自然科学素养的高级中医养生医学人才。

本专业与高中学科关联度及学科要求

语文	数学	英语	物理	化学	生物	政治	历史	地理
A	D	C	B	A	A	E	E	E

本专业对高中阶段化学、生物、语文科目要求较高，适合对中医养生研究感兴趣的学生就读。

选考学科建议

"3+3"省份：物理 / 化学 / 生物

"3+1+2"省份：首选不限，再选化学 / 生物

大学主要课程

中医基础理论、中医诊断学、中药学、方剂学、中医内科学、中医养生学、中医老年病学、亚健康学、中医养生适宜技术临床应用、中医药膳食养学、中医健康评价、中医养生产品的研发与推广等。

💡 就业方向

本专业毕业生可在各级医院老年科、慢性病相关科室，各类养生、治未病机构以及各类健康管理公司等，从事中医养生、治未病、慢性病、老年病干预治疗和防护、中医健康管理（成人及儿童）、养生保健相关产品的研发与推广等工作。

🏛 本专业较好的大学（排名不分先后）

南京中医药大学、广州中医药大学、成都中医药大学、湖南中医药大学、山东中医药大学、江西中医药大学等。

中医儿科学

专业特点

中医儿科学专业旨在培养适应全面发展，同时具备良好的人文、科学和职业素养，掌握系统的中医学基本理论、基本知识、基本技能，具有对常见病症尤其是儿科病症进行中医临床诊疗的能力，而且具有继承与创新精神的人才。

本专业与高中学科关联度及学科要求

语文	数学	英语	物理	化学	生物	政治	历史	地理
A	D	C	B	A	A	E	E	E

本专业对高中阶段化学、生物、语文科目要求较高，适合对中医儿科学研究感兴趣的学生就读。

选考学科建议

"3+3"省份：物理 / 化学 / 生物

"3+1+2"省份：首选不限，再选化学 / 生物

大学主要课程

中医基础理论、中医诊断学、中药学、方剂学、人体解剖学、生理学、病理学、诊断学基础、中医内科学、中医外科学、内科学、外科学、中西医结合妇科学、中医儿科学、儿科学、中医儿童保健学、

新生儿学、小儿推拿学等。

🔆 就业方向

本专业毕业生可在各级综合性医院、中医院、医学院校、社区医院、医疗卫生管理机构以及中、西医科研机构，从事中医及中医儿科医疗、教学、科研工作。

🏛 本专业较好的大学（排名不分先后）

南京中医药大学、天津中医药大学、河南中医药大学、成都中医药大学、长春中医药大学等。

中医骨伤科学

专业特点

中医骨伤科学专业旨在培养学生学习中医骨伤科学的内容、掌握骨伤科的基本知识、基本技能、基本操作技术，遇到相关疾病时可进行中医临床诊疗的能力。

本专业与高中学科关联度及学科要求

语文	数学	英语	物理	化学	生物	政治	历史	地理
A	D	C	B	A	A	E	E	E

本专业对高中阶段生物、化学、语文科目要求较高，适合对中医各科疾病的临床诊疗方面研究感兴趣的学生就读。

选考学科建议

"3+3"省份：物理 / 化学 / 生物

"3+1+2"省份：首选不限，再选化学 / 生物

大学主要课程

中医学基础、现代医学基础、中医古典医籍、中医诊断学、中药学、方剂学、中医外科学等。

💡 就业方向

本专业毕业生可在各级中西医医疗机构中从事骨伤学科的临床医疗工作，也可从事针灸、推拿、康复等的医疗工作，还可在各类医学院中骨伤及相关学科从事教学与科研工作。

🏛 本专业较好的大学（排名不分先后）

浙江中医药大学、成都中医药大学、山东中医药大学、河南中医药大学、福建中医药大学、江西中医药大学、陕西中医药大学等。

中医学类 专业类

100513TK 专业代码

五年 修业年限

医学学士 授予学位

中西医临床医学

专业特点

　　中西医临床医学专业主要研究传统中医学理论、西方现代医学技术等方面的基本知识和技能，将中医药与西医技术结合，进行疾病的预防、临床诊断和治疗。例如：结合中医诊脉和西医血液化验、B超等医学技术进行病情诊断。

本专业与高中学科关联度及学科要求

语文	数学	英语	物理	化学	生物	政治	历史	地理
A	D	A	B	A	A	E	E	E

　　本专业对高中阶段生物、化学、语文科目要求较高，适合对中西医各科疾病的临床诊疗方面研究感兴趣的学生就读。

选考学科建议

"3+3"省份：物理 / 化学 / 生物

"3+1+2"省份：首选不限，再选化学 / 生物

大学主要课程

　　医用基础化学、生理学、中医基础理论、免疫学、微生物寄生虫学、医用生物学、药理学、中医诊断学、中药学、人体解剖学、分子生物学、病理学、组织胚胎学、方剂学、传染病学、生物化学、诊断学、病理

生理学、精神病学、预防医学、医学统计学、医学影像学等。

💡 就业方向

　　本专业毕业生可在各级各类医院、高等医学院校、卫生行政管理部门、有关科研院所，从事西医、中西医结合或中医专业医疗、教学、管理、科研等工作。

🏛 本专业较好的大学（排名不分先后）

　　上海中医药大学、北京中医药大学、大连医科大学、南方医科大学、广州中医药大学、南京中医药大学、湖南中医药大学、华中科技大学、天津中医药大学、河北医科大学、成都中医药大学、福建中医药大学、黑龙江中医药大学、广州医科大学、山东中医药大学、扬州大学、辽宁中医药大学、江西中医药大学、浙江中医药大学、安徽中医药大学、重庆医科大学、西南医科大学、河北中医学院、河南中医药大学、新疆医科大学等。

药学

专业特点

药学专业主要研究药剂学、药理学、药物化学、药物合成、药物分析等方面的基本知识和技能，进行药品的研发、生产、加工、质检、销售、管理等。例如：中成药、西药的研发，中药颗粒冲剂的加工，药物质量的检验鉴定，药品的销售管理。

本专业与高中学科关联度及学科要求

语文	数学	英语	物理	化学	生物	政治	历史	地理
A	D	A	B	A	A	E	E	E

本专业对高中阶段生物、化学、语文科目要求较高，适合对药物制备、质量控制评价等研究感兴趣的学生就读。

选考学科建议

"3+3"省份：物理 / 化学 / 生物 / 物理 + 化学

"3+1+2"省份：首选不限，再选化学 / 生物

大学主要课程

马克思主义基本原理、思想道德修养、法律基础、大学英语、高等数学、医用物理学、计算机基础、形态学概论、生理学、细胞生物学、分子生物学、医学免疫学、病理生理学、医学微生物学等。

💡 就业方向

本专业毕业生可到制药厂和医药研究所从事各类药物开发、研究、生产质量保证和合理用药等方面的工作，也可选择从事药品销售代理等工作。

🏛 本专业较好的大学（排名不分先后）

北京大学、中国药科大学、复旦大学、浙江大学、四川大学、北京协和医学院、上海交通大学、山东大学、中山大学、清华大学、天津医科大学、吉林大学、华中科技大学、沈阳药科大学、华东理工大学、天津大学、首都医科大学、苏州大学、中南大学、南方医科大学、武汉大学、西安交通大学、哈尔滨医科大学、暨南大学、中国海洋大学、西南大学、南京医科大学、温州医科大学、广州医科大学、郑州大学、重庆医科大学、安徽医科大学、厦门大学、南开大学、兰州大学、浙江工业大学、北京中医药大学、南京中医药大学、大连医科大学、河北医科大学、广东药科大学、福建医科大学、南昌大学、广州中医药大学、浙江中医药大学、重庆大学、大连理工大学、青岛大学、上海中医药大学、徐州医科大学、广西医科大学、江南大学、中南民族大学、河南大学、宁夏医科大学、天津中医药大学、江苏大学、延边大学、烟台大学、贵州医科大学、黑龙江中医药大学、新疆医科大学、昆明医科大学、山西医科大学、南京工业大学、山东第一医科大学、潍坊医学院、北京师范大学、湖南中医药大学、汕头大学、遵义医科大学、成都中医药大学、扬州大学、南通大学、南华大学、江西中医药大学、湖北大学、新乡医学院、桂林医学院、广东医科大学、杭州师范大学、湖南师范大学、深圳大学、西南医科大学、石河子大学、华侨大学、济南大学、三峡大学、成都大学、河北大学、山东中医药大学、香港中文大学（深圳）、安徽中医药大学、福建中医药大学、合肥工业大学等。

药物制剂

专业特点

药物制剂专业主要研究药学、生物药剂学、工业药剂学、药物制剂工程等方面的基本知识和技能，进行药物制剂的研发、生产、分析、质检等。常见的药物制剂有糖衣片、肠溶片、胶囊、软膏、喷雾、注射剂等。

本专业与高中学科关联度及学科要求

语文	数学	英语	物理	化学	生物	政治	历史	地理
B	D	A	B	A	A	E	E	E

本专业对高中阶段英语、化学、生物科目要求较高，适合对药物制剂研究、开发、生产技术感兴趣的学生就读。

选考学科建议

"3+3"省份：物理 / 化学 / 生物

"3+1+2"省份：首选不限，再选化学 / 生物

大学主要课程

物理化学、化工原理、药物化学、药物分析学、药理学、物理药学、药用高分子材料学、生物药剂学、工业药剂学、制剂设备与车间工艺设计等。

💡 就业方向

本专业毕业生可在制药企业、医院药剂科、研究所及药政管理部门，从事药物制剂研究、开发、生产、经营、药品制剂、质检、管理、购销、问病给药等工作。

🏛 本专业较好的大学（排名不分先后）

中国药科大学、浙江大学、沈阳药科大学、南方医科大学、华东理工大学、郑州大学、吉林大学、南京中医药大学、天津医科大学、中国医科大学、广东药科大学、浙江工业大学、兰州大学、江苏大学、河北医科大学、哈尔滨医科大学、福建医科大学、广州中医药大学、南京工业大学、重庆医科大学、天津中医药大学、中南民族大学、浙江中医药大学、黑龙江中医药大学、河南大学、湖南中医药大学、南通大学、徐州医科大学、延边大学、武汉工程大学、江西中医药大学、昆明医科大学、遵义医科大学、贵州大学、河北大学、内蒙古医科大学、陕西科技大学、贵州医科大学、山东第一医科大学、山西医科大学、新乡医学院、青岛科技大学、成都中医药大学、四川农业大学、福建中医药大学、辽宁中医药大学、安徽中医药大学、桂林医学院、贵州中医药大学、华北理工大学、南华大学、武汉轻工大学等。

临床药学

👍 专业特点

　　临床药学专业主要研究药物在人体内的代谢过程，确定药物达到最高疗效时的用量、浓度等，以实现药物防病治疗的合理性和高效性，进行临床合理用药、临床药物不良反应监测、新药评价及药品再评价、临床药物治疗方案的设计等。

📒 本专业与高中学科关联度及学科要求

语文	数学	英语	物理	化学	生物	政治	历史	地理
A	D	A	B	A	A	E	E	E

　　本专业对高中阶段生物、化学、语文科目要求较高，适合对临床药学研究以及药物开发感兴趣的学生就读。

📚 选考学科建议

"3+3"省份：物理 / 化学 / 生物

"3+1+2"省份：首选不限，再选化学 / 生物

📖 大学主要课程

　　大学英语、高等数学、数理统计、医用物理学、基础化学、分析化学、有机化学、生物化学与分子生物学、寄生虫与微生物学、天然药物化学、药物化学、药物分析、人体系统解剖学、药理学、药剂学、临床药物

代谢动力学、细胞生物学、药物毒理学、病理学、生理学、病理生理学、诊断学、内科学、外科学、妇产科学、儿科学、临床见习、临床药理学、临床药物治疗学、药物不良反应与药物警戒、药物经济学、医院药事法规与 GCP、医学伦理学、药学信息检索等。

💡 就业方向

本专业毕业生主要在各级医疗单位、医学院校，从事临床药学教育、药品流通、药品不良反应监测、药品鉴定与研发、药品服务与管理等工作。

🏛 本专业较好的大学（排名不分先后）

中国药科大学、四川大学、上海交通大学、山东大学、首都医科大学、南方医科大学、沈阳药科大学、中国医科大学、中南大学、南京医科大学、哈尔滨医科大学、天津医科大学、西安交通大学、吉林大学、安徽医科大学、广州医科大学、重庆医科大学、温州医科大学、暨南大学、河北医科大学、兰州大学、福建医科大学、徐州医科大学、大连医科大学、广西医科大学等。

药事管理

专业特点

　　药事管理专业主要研究药学、法学、管理学、经济学、药事法规等方面的基本知识和技能，了解药事活动的基本规律、药品管理的法律法规等，进行药品研制、生产、流通、使用等环节的管理和监督。例如：药品质量的监督管理，药品价格的人为调控，医药市场行为和特征的调查分析。

本专业与高中学科关联度及学科要求

语文	数学	英语	物理	化学	生物	政治	历史	地理
A	D	A	B	A	A	E	E	E

　　本专业对高中阶段生物、化学、语文科目要求较高，适合对医药企业管理、医院药房和社会零售药店管理感兴趣的学生就读。

选考学科建议

　　"3+3"省份：不限

　　"3+1+2"省份：首选不限，再选地理 / 化学 / 政治 / 生物

大学主要课程

　　临床医学概论、基础医学概论、药事管理学、经济学、管理学、药学概论，会计学、财务管理、药事企业管理、中医方药学、中药商

品学、中药药剂学、中药炮制与加工、药理学、中药药理学、运筹学、国际贸易、人力资源管理、企业发展战略与企业文化等。

💡 就业方向

本专业毕业生可在药品监督管理、卫生行政管理、药品价格管理、医疗保险、医药卫生监察、医药经济调控等部门和药品生产经营企业、医药科研院所、医疗卫生机构等单位，从事卫生和药政活动的监督管理、医药资源调查研究、医药市场行为和特征分析、策划及经营的高级药事管理等工作。

🏛 本专业较好的大学（排名不分先后）

中国药科大学、北京中医药大学、沈阳药科大学、南京中医药大学、广东药科大学、东南大学成贤学院等。

药物分析

专业特点

药物分析专业主要研究化学结构已经明确的合成药物或天然药物及其制剂质量等，包括药物成品的化学检验、药物生产过程的质量控制、药物贮存过程的质量考察、临床药物分析、体内药物分析等。例如：运动员体内兴奋剂的检测，毒品成分的化验分析。

本专业与高中学科关联度及学科要求

语文	数学	英语	物理	化学	生物	政治	历史	地理
A	D	A	B	A	A	E	E	E

本专业对高中阶段生物、化学、语文、英语科目要求较高，适合对药物分析、药事与企业管理方面研究感兴趣的学生就读。

选考学科建议

"3+3"省份：化学 / 生物

"3+1+2"省份：首选不限，再选化学 / 生物

大学主要课程

无机化学、有机化学、分析化学、生物化学、微生物学、天然药物化学、药理学、药用物理、化学原理与化学分析、药物化学、药物分析、药剂学、药品质量管理技术、药品生产过程验证、现代药剂应

用技术、现代药物分析检验技术、药品生物检定技术、药物分析质量管理规范、药事概论、药学微生物基础技术、仪器分析、药学英语等。

💡 就业方向

本专业毕业生可在高等学校、科研机构、医药企业和其他相应的产业部门从事教学、研究、科技开发以及管理工作，也可到药品生产、检验、流通、使用和研究与开发领域从事鉴定、药物设计、一般药物制剂及临床合理用药等方面的工作。

🏛 本专业较好的大学（排名不分先后）

中国药科大学、沈阳药科大学、哈尔滨医科大学、广东药科大学、河北医科大学、中南民族大学、福建医科大学、黑龙江中医药大学、蚌埠医学院等。

药学类 专业类

100705T 专业代码

四年 修业年限

理学学士 授予学位

药物化学

专业特点

药物化学专业主要从分子水平上研究药物在体内的作用机理和作用方式，包括药物的化学结构和活性、物理化学性质之间的关系、药物与受体的相互作用，以及药物在体内吸收、转运、分布的情况及代谢产物等，进行药物成分的化学分析、药物质量的控制、药物效力和毒性的检验等。

本专业与高中学科关联度及学科要求

语文	数学	英语	物理	化学	生物	政治	历史	地理
A	D	A	B	A	A	E	E	E

本专业对高中阶段生物、化学、语文、英语科目要求较高，适合对药物化学分析研究感兴趣的学生就读。

选考学科建议

"3+3"省份：化学／生物

"3+1+2"省份：首选不限，再选化学／生物

大学主要课程

有机化学，生物化学，生理学，药理学，高等药物化学，药物合成设计，药物合成反应，近代有机合成，甾体、抗肿瘤、抗病毒前沿

研究跟踪，药物设计进展，天然产物化学，有机光谱鉴定，有机结构测定的物理方法，现代生物技术与新药研究开发等。

💡 就业方向

本专业毕业生可进入日用化工行业、生化药品行业、石油化工行业、制药行业，从事药物制剂开发、研究、质检以及销售代理等工作。

🏛 本专业较好的大学（排名不分先后）

中国药科大学、沈阳药科大学、南开大学等。

专业类 药学类

专业代码 100706T

修业年限 四年

授予学位 理学学士

海洋药学

👍 专业特点

海洋药学专业主要研究海洋药物（以海洋生物和海洋微生物为药源制成的药物）药源的分布、储量、药性、临床应用以及海洋生物活性物质等方面的基本知识和技能，进行海洋药物的研制、生产、质量控制和工艺设计等。常见的海洋药物药源有牡蛎、海胆、海参、海马、海藻、龟板等。

📖 本专业与高中学科关联度及学科要求

语文	数学	英语	物理	化学	生物	政治	历史	地理
A	D	A	B	A	A	E	E	E

本专业对高中阶段生物、化学、语文、英语科目要求较高，适合对海洋药物研制、生产、质量控制研究感兴趣的学生就读。

📗 选考学科建议

"3+3"省份：物理 / 化学 / 生物

"3+1+2"省份：首选不限，再选化学 / 生物

📚 大学主要课程

无机化学、分析化学、有机化学、物理化学、海洋生物学、海洋药物化学、海洋药用生物资源学、海洋药物生物技术、海洋制药学、

生物化学、微生物学、遗传学、药理学、人体解剖生理学、生物制药工艺学等。

💡 就业方向

本专业毕业生可到科研部门、高等学校、制药企业、医院和政府管理部门，从事科学研究、教学、应用开发研究、药物生产、技术管理、药物检验、药物营销、质量控制、药物管理和监督合理用药等工作。

🏛 本专业较好的大学（排名不分先后）

中国药科大学、广东药科大学等。

化妆品科学与技术

专业特点

化妆品科学与技术专业培养面向化妆品行业，具备化学基本知识和基本理论，掌握化妆品、医药、农药、香精香料、颜料染料、电子化学品、化工助剂等精细化学品的专业知识，具有较强创新意识、创新能力和实践能力的人才。

本专业与高中学科关联度及学科要求

语文	数学	英语	物理	化学	生物	政治	历史	地理
A	D	A	B	A	A	E	E	E

本专业对高中阶段化学、生物、语文、英语科目要求较高，适合对化妆品研制与开发感兴趣的学生就读。

选考学科建议

"3+3"省份：物理 / 化学 / 生物

"3+1+2"省份：首选不限，再选化学 / 生物

大学主要课程

化妆品配方设计、化妆品制剂学、表面活性剂化学、植物化妆品学、化妆品安全评价、化妆品功效评价等。

💡 就业方向

　　本专业毕业生可在化妆品 ODM 和 OEM 加工生产企业、化妆品品牌委托企业、化妆品第三方检测机构、化妆品研究开发机构、美容美发行业、化妆品监督管理部门，从事配方与工艺、分析检测、安全与功效评价及产品开发、生产、咨询、销售等工作。

🏛 本专业较好的大学（排名不分先后）

　　湖北科技学院、广东药科大学、齐鲁医药学院、广州华商学院等。

中药学

📋 专业特点

中药学专业主要研究中医学、中药学、中药药理学、毒理学、中药研制等方面的基本知识和技能，进行中药鉴定、中药分析、中药炮制、中药制剂制备、中药配药等。例如：牛黄清心丸等中成药的成分分析，软膏、药丸、糖浆等中药制剂的研发，用川乌、草乌等中药进行炮制降毒，根据中药药方进行配药、抓药、煎药。

📖 本专业与高中学科关联度及学科要求

语文	数学	英语	物理	化学	生物	政治	历史	地理
A	D	C	B	A	A	E	E	E

本专业对高中阶段生物、化学、语文科目要求较高，适合对中药鉴定、炮制、制备感兴趣的学生就读。

📚 选考学科建议

"3+3"省份：物理 / 化学 / 生物

"3+1+2"省份：首选物理，再选化学 / 生物

📕 大学主要课程

高等数学、医用物理学、英语、形态学概论、生理学、生物化学、病原学概论、医学生物学、药理学、无机化学、定量分析、有机化学、

仪器分析、物理化学、中医学基础、中药学、方剂学、中药化学、药用植物学、中药鉴定学、中药炮制学、中药药理学、中药制剂分析和药事管理学等。

💡 就业方向

　　本专业毕业生可在各级医院及医疗机构、制药及药品经营企业、药品检验部门、药品管理部门、科研单位及医药院校，从事研究开发、中药检验、质量控制、生产管理、药品营销等方面的工作。

🏛 本专业较好的大学（排名不分先后）

　　上海中医药大学、北京中医药大学、南京中医药大学、中国药科大学、天津中医药大学、成都中医药大学、黑龙江中医药大学、广州中医药大学、浙江中医药大学、江西中医药大学、南方医科大学、首都医科大学、沈阳药科大学、温州医科大学、山东中医药大学、西北大学、河南中医药大学、暨南大学、安徽中医药大学、湖南中医药大学、长春中医药大学、安徽医科大学、华中科技大学、陕西中医药大学、中央民族大学、辽宁中医药大学、苏州大学、贵州中医药大学、南京农业大学、河南大学、湖北中医药大学、福建中医药大学、浙江工业大学、河北医科大学、兰州大学、广西中医药大学、西南交通大学、宁夏医科大学、甘肃中医药大学、青海大学、河北大学、广东药科大学、西南医科大学、云南中医药大学、河北中医学院、重庆医科大学、山西医科大学、浙江农林大学、吉林农业大学、贵州医科大学、山东第一医科大学、石河子大学、西南民族大学、新疆医科大学、华北理工大学、山西中医药大学、内蒙古医科大学等。

专业类

中药学类

专业代码

100801

修业年限

四年

授予学位

理学学士

中药资源与开发

专业特点

  中药资源与开发专业主要研究中药学、中药资源学等方面的基本知识和技能，进行中药资源的调查分析、中药材的培养生产、中药资源的综合开发利用和保护更新等。例如：中药资源种类、数目、分布的普查，当归、人参等中药材的栽培养护，中药新药的研制，中药材新品种的研发。

本专业与高中学科关联度及学科要求

语文	数学	英语	物理	化学	生物	政治	历史	地理
A	D	C	B	A	A	E	E	E

  本专业对高中阶段生物、化学、语文科目要求较高，适合对中药原料的生产、加工，中药新药开发感兴趣的学生就读。

选考学科建议

  "3+3"省份：物理 / 化学 / 生物

  "3+1+2"省份：首选物理，再选化学 / 生物

大学主要课程

  中医药基础理论、药用植物学、药用动物学、植物生理和生态学、生药学（中药鉴定学）、药用植物栽培学、中药资源学、天然药物化学、

植物化学分类学、中药分析化学、中药生物技术、中药药理学、中药材加工和炮制学、中药制剂学、中药新药开发概论、药事法规等。

💡 就业方向

本专业毕业生主要从事中药资源调查、中药材栽培、中药材鉴定、中药原料采购、中药新药研究开发、中药资源的综合开发和合理利用等方面的工作。

🏛 本专业较好的大学（排名不分先后）

南京中医药大学、中国药科大学、广州中医药大学、成都中医药大学、天津中医药大学、沈阳药科大学、黑龙江中医药大学、江西中医药大学、湖南中医药大学、陕西中医药大学、湖北中医药大学、河南中医药大学、山东中医药大学、安徽中医药大学、长春中医药大学、华南农业大学、吉林农业大学、辽宁中医药大学、甘肃中医药大学等。

藏药学

🖐 专业特点

　　藏药学专业主要研究藏医学基础、藏药学等方面的基本知识和技能，包括藏药材的辨认、配制、药理分析和临床使用等，进行藏药材的品种鉴定与品质评价、藏药炮制、藏药制剂制备、常见病的诊治与配药、藏药质量的分析鉴定、藏成药的研发生产等。常见的藏药有藏红花、雪莲花、唐古特红景天等。

📙 本专业与高中学科关联度及学科要求

语文	数学	英语	物理	化学	生物	政治	历史	地理
A	D	C	B	A	A	E	E	E

　　本专业对高中阶段生物、化学、语文科目要求较高，适合对药物制备、质量控制评价方面研究感兴趣的学生就读。

📖 选考学科建议

　　"3+3"省份：物理/化学/生物
　　"3+1+2"省份：首选物理，再选化学/生物

📚 大学主要课程

　　藏医概论学、藏医人体学、藏医病机学、藏药学、藏医三大基因学、藏医保健学、藏医伦理学、藏药植物学、藏药动物学、藏药矿物学、

藏医药物学、水银洗练法、藏医常用配方学、藏药冶炼学、藏药炮制学、藏药方剂学、藏药泻治学、药理学、药剂学、天然药物化学、药物制剂分析、生药学、民族药物学、药事管理学等。

💡 就业方向

本专业毕业生一般在医药行业，从事藏药鉴定、炮制、药剂等工作。

🏛 本专业较好的大学（排名不分先后）

成都中医药大学、甘肃中医药大学等。

蒙药学

专业特点

　　蒙药学专业主要研究蒙医学基础、蒙药学等方面的基本知识和技能，包括蒙药材的辨认、配制、药理分析和蒙药制剂的制备原理、方法、生产工艺等，进行蒙药炮制加工、蒙药制剂制备、常见病的诊治与配药、蒙药质量的分析鉴定、蒙成药的研制、药膳的研发等。常见的蒙药有诃子、牛乳、马奶酒、龙骨、沙棘等。

本专业与高中学科关联度及学科要求

语文	数学	英语	物理	化学	生物	政治	历史	地理
A	D	C	B	A	A	E	E	E

　　本专业对高中阶段生物、化学、语文科目要求较高，适合对蒙药鉴定、炮制、制备感兴趣的学生就读。

选考学科建议

　　"3+3"省份：物理／化学／生物

　　"3+1+2"省份：首选物理，再选化学／生物

大学主要课程

　　蒙医学基础、蒙药学、蒙医方剂学、药用植物学、蒙药鉴定学、蒙药资源学、蒙药化学、蒙药药理学、蒙药炮制学、蒙药药剂学、蒙

药分析、药事管理学等。

💡 就业方向

本专业毕业生可在蒙药制药企业、蒙药研究部门、食品卫生监督管理部门、药品检验部门、医院药剂科、食品生产企业、医院、疗养院、康复中心，从事食谱、药膳、工艺设计、质量评价等研究工作。

🏛 本专业较好的大学（排名不分先后）

成都中医药大学、甘肃中医药大学等。

中药制药

👍 专业特点

中药制药专业主要研究药理学、药剂学、中药分析和制药工程等方面的基本知识和技能，进行中药材加工、中药新药研发、中药药物制备、中药制剂生产、药品质量评价、药物有效性与安全性评价等。例如：中药材的粉碎、干燥、提取，颗粒、药丸、糖浆等中药制剂的生产，中药材质量、品级的筛选评价。

📖 本专业与高中学科关联度及学科要求

语文	数学	英语	物理	化学	生物	政治	历史	地理
A	D	C	B	A	A	E	E	E

本专业对高中阶段生物、化学、语文科目要求较高，适合对中药制药生产、检测技能感兴趣的学生就读。

📚 选考学科建议

"3+3"省份：物理 / 化生 / 生物

"3+1+2"省份：首选物理，再选化学 / 生物

📖 大学主要课程

中医学基础、中药学、方剂学、物理化学、中药化学、生物化学、分析化学、中药炮制学、中药药理学、中药药剂学、中药制剂设备和

车间设计、GMP 管理工程、方剂与中成药、药用植物识别技术、中药鉴定技术、中药调剂技术、中药贮存与养护、中药制剂技术、中药制剂检验技术等。

💡 就业方向

本专业毕业生主要在中药经营企业、医院中药房、中药饮片加工企业和中药养护等相关部门，中药生产企业、医院、药检部门的中药检验及其他与中药有关的单位部门，从事中药材栽培、中药商品购销和管理、中药加工炮制、中药养护、中药检测、制剂生产、调剂、质量监管等工作。

🏛 本专业较好的大学（排名不分先后）

北京中医药大学、南京中医药大学、中国药科大学、天津中医药大学、沈阳药科大学、南方医科大学、江西中医药大学、黑龙江中医药大学、河南中医药大学、贵州中医药大学、湖北中医药大学等。

中药学类 专业类

100805T 专业代码

四年 修业年限

理学学士·工学学士 授予学位

中草药栽培与鉴定

专业特点

    中草药栽培与鉴定专业主要研究中草药资源的分布、栽培、采收、加工及鉴定等方面的基本知识和技能，进行中药材栽培、中药制药、中药检验、中药材管理等。例如：人参、白勺、柴胡等中药材的种植与养护，中药材粉碎、炮制等加工技术，中药材质量、品级的鉴定。

本专业与高中学科关联度及学科要求

语文	数学	英语	物理	化学	生物	政治	历史	地理
A	D	C	B	A	A	E	E	E

    本专业对高中阶段生物、化学、语文科目要求较高，适合对中草药资源分布、栽培、采收加工感兴趣的学生就读。

选考学科建议

    "3+3"省份：物理 / 化生 / 生物

    "3+1+2"省份：首选物理，再选化学 / 生物

大学主要课程

    中药学、药用植物学、植物生理生化、中草药资源学植物保护学、药用植物组织培养学、药用植物病虫防治学、中药化学、中药炮制学、中草药遗传育种学、中药鉴定学、药用植物栽培学、中药贮藏与加工等。

💡 就业方向

本专业毕业生可在中药现代化领域，从事中药材栽培、中药制药、检验、经营管理、教学科研、资源开发和利用等方面的工作。

🏛 本专业较好的大学（排名不分先后）

浙江中医药大学、辽宁中医药大学、甘肃中医药大学、山东中医药大学、云南中医药大学、贵州大学、贵州中医药大学、四川农业大学、吉林农业大学等。

中药学类 专业类

100806T 专业代码

四年 修业年限

理学学士 授予学位

法医学

专业特点

　　法医学专业主要研究基础医学、临床医学、法学及法医学等方面的基本知识和技能，在公安机关、医院、司法鉴定机构和保险公司进行法医学检案鉴定、医疗服务、保险服务等。例如：死者的尸检，案发现场不明血迹、残留物的鉴定，事故中人身伤害程度的鉴定，医疗纠纷中过错和不良后果的鉴定。

本专业与高中学科关联度及学科要求

语文	数学	英语	物理	化学	生物	政治	历史	地理
B	D	B	B	A	A	E	E	E

　　本专业对高中阶段生物、化学科目要求较高，适合对法医鉴定感兴趣的学生就读。

选考学科建议

　　"3+3"省份：物理 / 化生 / 生物

　　"3+1+2"省份：首选物理，再选化学 / 生物

大学主要课程

　　医药高等数学、医学物理学、医学统计学、基础化学、有机化学、医学生物学、卫生法学、解剖学、组织学与胚胎学、医学微生物学、

医学细胞生物学、医学遗传学、生物化学与分子生物学、生理学、病理学、病理生理学、医学免疫学、药理学、神经科学、内科学、外科学、妇产科学、儿科学、眼科学、诊断学、医学影像学、耳鼻咽喉头颈外科学、刑事科学技术、法医临床学、法医物证学等。

💡 就业方向

本专业毕业生可在全国各级公安部门、检察院、司法机关、鉴定机构、医院、高等学校及保险公司等，从事法医学鉴定、医疗服务、法医学及医学科研、教学、保险服务等工作。

🏛 本专业较好的大学 (排名不分先后)

四川大学、中山大学、华中科技大学、复旦大学、西安交通大学、南方医科大学、苏州大学、中南大学、中国医科大学、南京医科大学、河北医科大学、重庆医科大学、哈尔滨医科大学、昆明医科大学、山西医科大学、广西医科大学等。

医学检验技术

专业特点

医学检验技术专业主要研究基础医学、临床医学、医学检验等方面的基本知识和技能，在各级医院、血站、防疫、检验等部门进行医学检验、卫生检验等。例如：血液中血糖、血红蛋白等各种物质含量的检验，亲子间 DNA 的检验，食品中细菌含量的检验，动植物疫病的检验、检疫。

本专业与高中学科关联度及学科要求

语文	数学	英语	物理	化学	生物	政治	历史	地理
B	D	B	B	A	A	E	E	E

本专业对高中阶段生物、化学科目要求较高，适合对医学检验方面感兴趣的学生就读。

选考学科建议

"3+3"省份：化学 / 生物

"3+1+2"省份：首选不限，再选化学

大学主要课程

分子生物学、生物化学、医学统计学、医学免疫学、细胞生物学、组织学与胚胎学、药理学、分析化学、临床检验学、检验仪器学、生理学、病理学、寄生虫学及检验、微生物学及检验、免疫学及检验、血液学检验、实验室管理学、卫生学及卫生检验、药物浓度监测、临床生物化学及检验等。

💡 就业方向

    本专业毕业生可在各级医院、医学研究机构、血站、疾病防控中心，以及体外诊断试剂研发及生产、商品检验、环境保护、海关检疫等部门，从事医学检验及医学类实验室工作。

🏛 本专业较好的大学（排名不分先后）

    北京大学、上海交通大学、四川大学、华中科技大学、中南大学、广州医科大学、首都医科大学、南京医科大学、南方医科大学、天津医科大学、中国医科大学、重庆医科大学、厦门大学、大连医科大学、温州医科大学、武汉大学、郑州大学、中山大学、安徽医科大学、南昌大学、东南大学、福建医科大学、河北医科大学、青岛大学、徐州医科大学、兰州大学、广东医科大学、江苏大学、苏州大学、宁夏医科大学、南通大学、广西医科大学、西南医科大学、南华大学、广州中医药大学、浙江中医药大学、贵州医科大学、山东第一医科大学、新乡医学院、遵义医科大学、昆明医科大学、蚌埠医学院、成都中医药大学、青海大学、湖南师范大学、滨州医学院、扬州大学、海南医学院、哈尔滨医科大学、湖北中医药大学、大连大学、桂林医学院、新疆医科大学、山西医科大学、成都医学院、杭州医学院、皖南医学院、石河子大学、湖南中医药大学、湖北医药学院、长江大学、华北理工大学、陕西中医药大学、锦州医科大学、潍坊医学院、天津中医药大学、北华大学、河南中医药大学、广东药科大学、河北北方学院、承德医学院、延安大学、安徽理工大学、济宁医学院、河南科技大学等。

医学实验技术

专业特点

医学实验技术专业主要研究基础医学、临床医学、临床生物化学、医学实验技术等方面的基本知识和技能，进行临床医学实验研究、生物制品研发等。例如：新药批量生产前在动物身上进行临床实验，实验用的小白鼠的培育，疫苗、血清、病毒等生物制品的研发生产。

本专业与高中学科关联度及学科要求

语文	数学	英语	物理	化学	生物	政治	历史	地理
B	D	B	B	A	A	E	E	E

本专业对高中阶段生物、化学科目要求较高，适合对临床实验及卫生检验感兴趣的学生就读。

选考学科建议

"3+3"省份：物理 / 化学 / 生物

"3+1+2"省份：首选不限，再选化学

大学主要课程

英语、无机化学、有机化学、分析化学、人体解剖学、组织胚胎学、生理学、生物化学、分子生物学、病理学、医学统计学、临床医学概论、临床检验基础、临床生物化学及检验、微生物学及检验、免疫学及检验、血液学检验、寄生虫学及检验、卫生理化检验、检验仪器学、实验室管理等。

💡 就业方向

本专业毕业生可在医药高等学校、科研院所及相关企事业单位的实验动物科学部、实验动物中心、教研室、研发中心，医院的动物室、临床实验科室，医药学及生命科学动物实验室，从事教学、科研、开发及管理等工作。

🏛 本专业较好的大学（排名不分先后）

北京大学、华中科技大学、首都医科大学、南方医科大学、重庆医科大学、福建医科大学、浙江中医药大学、昆明医科大学、贵州医科大学、广东医科大学、天津中医药大学、山东第一医科大学、山西医科大学等。

医学影像技术

专业特点

医学影像技术专业主要研究基础医学、临床医学、医学影像学等方面的基本知识和技能，以影像诊断学和介入医学为手段，进行疾病的诊断、治疗等。常见的医学影像诊断技术有 CT、B 超、X 光片、核磁共振、多普勒彩超等，常见的治疗技术有肿瘤放射治疗等。

本专业与高中学科关联度及学科要求

语文	数学	英语	物理	化学	生物	政治	历史	地理
B	D	B	B	A	A	E	E	E

本专业对高中阶段生物、化学科目要求较高，适合对影像诊断学和介入医学感兴趣的学生就读。

选考学科建议

"3+3"省份：物理 / 化学 / 生物

"3+1+2"省份：首选不限，再选化学

大学主要课程

高等数学、物理学、电子学基础、数据结构与算法、C 语言、计算机原理与接口、影像设备结构与维修、医学影像检查技术、医学影像成像理论、人体解剖学、诊断学、内科学、影像诊断学、介入放射学、影像物理、超声诊断、放射诊断、核素诊断、核医学、医学影像解剖学、肿瘤放疗治疗学、B超诊断学等。

💡 就业方向

本专业毕业生主要在医疗卫生单位，从事临床医学影像诊断、放射治疗或医学教育及医学科研等工作。

🏛 本专业较好的大学（排名不分先后）

天津医科大学、中国医科大学、四川大学、首都医科大学、河北医科大学、南京医科大学、南方医科大学、华南理工大学、山东第一医科大学、郑州大学、重庆医科大学、大连医科大学、温州医科大学、福建医科大学、南昌大学、浙江中医药大学、哈尔滨医科大学、西安电子科技大学、西南医科大学、昆明医科大学、上海理工大学、山西医科大学、蚌埠医学院、滨州医学院、皖南医学院、遵义医科大学、河北大学、徐州医科大学、长江大学、锦州医科大学、河南中医药大学、湖北医药学院、贵州医科大学、西南科技大学、河南科技大学、天津中医药大学、川北医学院、新疆医科大学、福建中医药大学、湖北中医药大学、潍坊医学院、广西中医药大学、杭州医学院、西安医学院、江汉大学、江西中医药大学、赣南医学院、新乡医学院、绍兴文理学院、河北工程大学、吉首大学、上海健康医学院、湘南学院、河北中医学院等。

眼视光学

📖 专业特点

眼视光学专业主要研究眼科学、眼视光学、现代光学技术等方面的基本知识和技能，进行视力的矫正，眼病的预防、诊断、治疗等。例如：眼睛视力、散光的检查，眼睛屈光、矫正等手术的实施，眼睛的验光和配镜，眼睛保健知识的宣传。

📙 本专业与高中学科关联度及学科要求

语文	数学	英语	物理	化学	生物	政治	历史	地理
B	D	B	B	A	A	E	E	E

本专业对高中阶段生物、化学科目要求较高，适合对诊断、预防与治疗眼病感兴趣的学生就读。

📚 选考学科建议

"3+3"省份：物理/化学/生物

"3+1+2"省份：首选不限，再选化学

📖 大学主要课程

计算机基础、细胞生物学、基础化学、有机化学、物理学系统解剖学、组织胚胎学、生理学、生物化学与分子生物学、药理学、病理生理学、病理学、微生物与免疫学、卫生学、统计学、流行病学诊断学、外科学基础、内科学、外科学、医学心理学、生命伦理学、眼科学、隐形眼镜学、眼科光学基础、眼科学基础、临床视光学基础、验光学、眼镜光学等。

💡 就业方向

本专业毕业生可到各级综合性医院、专科医院、医学院校、眼镜公司、眼视光学器械研究部门，从事视力测试、教学、科研等工作。

🏛 本专业较好的大学（排名不分先后）

南京医科大学、四川大学、天津医科大学、南京中医药大学、中国医科大学、南昌大学、广州中医药大学、福建医科大学、滨州医学院、昆明医科大学、山东第一医科大学、山东中医药大学、山西医科大学、潍坊医学院、成都中医药大学、金陵科技学院等。

康复治疗学

专业特点

　　康复治疗学专业主要研究基础医学、临床医学、康复治疗学、康复预防与评价等方面的基本知识和技能，进行康复治疗、康复评定、预防保健等。例如：关节损伤患者的关节活动训练，瘫痪病人的康复训练，患者康复情况的评定，运动员伤愈后的恢复指导。

本专业与高中学科关联度及学科要求

语文	数学	英语	物理	化学	生物	政治	历史	地理
B	D	B	B	A	A	E	E	E

　　本专业对高中阶段生物、化学科目要求较高，适合对康复治疗感兴趣的学生就读。

选考学科建议

"3+3"省份：物理 / 化学 / 生物

"3+1+2"省份：首选不限，再选化学

大学主要课程

　　英语、生物学、解剖学、生物化学、生理学、组织学与胚胎学、免疫学、药理学、病理学、病理生理学、诊断学、计算机学、医学统计学、文献检索学、内科学、外科学、妇产科学、儿科学、表面解剖学、生物力学、康复医学总论、康复评定学、康复工程学、物理治疗学、作业治疗学、语言治疗学、康复护理学、康复心理学、儿童康复学、骨科康复学、内科疾病康复学、神经伤病康复学、社区康复学、传统康复学等。

💡 就业方向

本专业毕业生可在各级综合性医院、专科医院、社区医院、保健康复机构从事康复治疗、保健与评价工作，也可在综合医院康复医学科、康复中心（康复医院）从事康复治疗工作，还可在疗养院、保健中心、体育医院或运动队医务室、社区卫生服务机构等单位从事康复治疗等工作。

🏛 本专业较好的大学（排名不分先后）

四川大学、南京医科大学、南方医科大学、首都医科大学、广州医科大学、天津医科大学、吉林大学、中山大学、福建医科大学、中国医科大学、郑州大学、广州中医药大学、温州医科大学、上海中医药大学、南昌大学、同济大学、南京中医药大学、安徽医科大学、河北医科大学、重庆医科大学、成都中医药大学、昆明医科大学、宁夏医科大学、浙江中医药大学、徐州医科大学、湖南中医药大学、哈尔滨医科大学、北京中医药大学、南通大学、青海大学、滨州医学院、新乡医学院、遵义医科大学、天津中医药大学、广西医科大学、山东第一医科大学、河南中医药大学、云南中医药大学、海南医学院、锦州医科大学、桂林医学院、武汉轻工大学、吉首大学、皖南医学院、大理大学、成都医学院、长春中医药大学、齐齐哈尔医学院、山东中医药大学、福建中医药大学、山西医科大学、潍坊医学院、贵州中医药大学、西南医科大学、河北工程大学、南昌航空大学等。

口腔医学技术

专业特点

口腔医学技术专业主要研究基础医学、口腔医学和口腔医学技术等方面的基本知识和技能，进行口腔修复、口腔矫形、面部整容等。例如：口腔内错牙和畸形的矫正，义齿的加工和安装，断齿的修复。

本专业与高中学科关联度及学科要求

语文	数学	英语	物理	化学	生物	政治	历史	地理
B	D	B	B	A	A	E	E	E

本专业对高中阶段生物、化学科目要求较高，适合对口腔常见病、多发病的诊疗、修复和预防保健感兴趣的学生就读。

选考学科建议

"3+3"省份：物理 / 化学 / 生物

"3+1+2"省份：首选不限，再选化学

大学主要课程

物理学、生物学、口腔解剖生理学、口腔组织病理学、口腔材料学、口腔内科学、口腔颌面外科学、口腔修复学、口腔正畸学等。

💡 就业方向

本专业毕业生可在综合性医院口腔科、口腔医院、口腔修复工艺技术加工中心、医学研究机构等单位，从事口腔修复、矫正、面部整容等工作。

🏛 本专业较好的大学（排名不分先后）

四川大学、北京大学、重庆医科大学、滨州医学院、广东医科大学、山东第一医科大学、赤峰学院、皖南医学院、河北中医学院、遵义医科大学、上海健康医学院、成都大学、聊城大学等。

卫生检验与检疫

专业特点

　　卫生检验与检疫专业主要研究预防医学、卫生理化检验及生物学检验等方面的基本知识和技能，在疾病预防控制中心、医院检验科室、检验检疫单位进行卫生检验检疫等。例如：甲流等大规模流行病的临床检验、病理化验，进出口动植物的检验检疫，食品、药品、化妆品等的质量检验、细菌检验。

本专业与高中学科关联度及学科要求

语文	数学	英语	物理	化学	生物	政治	历史	地理
B	D	B	B	A	A	E	E	E

　　本专业对高中阶段生物、化学科目要求较高，适合对卫生检验与检疫方面感兴趣的学生就读。

选考学科建议

　　"3+3"省份：化学 / 物理 / 生物

　　"3+1+2"省份：首选不限，再选化学

大学主要课程

　　英语、计算机、卫生化学、仪器分析、临床检验学基础、免疫学与临床免疫检验、寄生虫学及检验、空气理化检验学、水质理化检验学、食品理化检验学、生物材料理化检验、卫生检验检疫、卫生微生物及检验、病毒学及检验等。

💡 就业方向

本专业毕业生一般在疾病预防控制中心、医院的检验科室、出入境检验检疫局、食品药品监督管理局、农产品质量监督管理局、卫生局、海关、化妆品公司、自来水厂、环保局、质量技术监督局以及医疗器械的销售、第三方检验检测公司等单位，从事卫生检验检疫工作。

🏛 本专业较好的大学（排名不分先后）

南京医科大学、四川大学、中山大学、温州医科大学、首都医科大学、安徽医科大学、武汉科技大学、河北医科大学、河北大学、南昌大学、南华大学、浙江中医药大学、大连医科大学、广东医科大学、重庆医科大学、中国计量大学、福建医科大学、山东第一医科大学、成都中医药大学、贵州医科大学、广东药科大学、江苏大学、山西医科大学、华北理工大学、皖南医学院、昆明医科大学、新乡医学院、蚌埠医学院、广西医科大学等。

专业类
医学技术类
专业代码
101007
修业年限
四年
授予学位
理学学士

听力与言语康复学

专业特点

听力与言语康复学专业主要研究临床听力诊断、听力康复、言语康复学等方面的基本知识和技能，在各级医疗单位、康复机构、特殊教育机构进行听觉康复治疗等。例如：听力障碍、语言障碍、言语障碍的诊断、治疗、康复训练，言语障碍的程度评估和矫治，聋哑人群的教育、心理疏导。

本专业与高中学科关联度及学科要求

语文	数学	英语	物理	化学	生物	政治	历史	地理
B	D	B	B	A	A	E	E	E

本专业对高中阶段生物、化学科目要求较高，适合对听力与言语康复学治疗感兴趣的学生就读。

选考学科建议

"3+3"省份：生物 / 物理

"3+1+2"省份：首选不限，再选化学

大学主要课程

人体解剖学、听觉生理学、诊断听力学、诊断听力学实践、助听器学、助听器学实践、临床听力学、临床听力学实践、人工耳蜗学、小耳听力学、语言学导论、语言病理学等。

💡 就业方向

本专业毕业生主要在听觉康复中心或者医学机构、教育机构，从事听觉治疗、测试、教学等工作。

🏛 本专业较好的大学（排名不分先后）

首都医科大学、浙江中医药大学、华东师范大学、重庆医科大学、上海中医药大学 、昆明医科大学等。

康复物理治疗

专业特点

　　康复物理治疗专业旨在培养学生能够掌握物理治疗学基础理论、医学基本知识及相关自然科学知识，具备对常见疾病和残疾的康复治疗、评定及预防的基本能力，具备较强的人际交流能力和良好的职业道德。

本专业与高中学科关联度及学科要求

语文	数学	英语	物理	化学	生物	政治	历史	地理
B	D	B	B	A	A	E	E	E

　　本专业对高中阶段化学、生物科目要求较高，适合对健康护理等感兴趣的学生就读。

选考学科建议

　　"3+3"省份：物理 / 化生 / 生物

　　"3+1+2"省份：首选物理，再选化学 / 生物

大学主要课程

　　功能解剖学、运动生理学、运动生物化学、人体运动学、人体发育学、运动控制、神经科学、康复心理学、物理治疗基础、理疗学、骨骼肌肉物理治疗、成人神经疾病物理治疗、儿童神经疾病物理治疗、心肺疾病物理治疗、老年健康与康复、妇女健康与康复、中医传统康复学等。

💡 就业方向

本专业毕业生可在各级医疗卫生单位、养老机构、社会福利及健康相关产业，从事物理临床治疗、教学等工作。

🏛 本专业较好的大学（排名不分先后）

南方医科大学、昆明医科大学、广州医科大学、上海中医药大学、福建中医药大学等。

康复作业治疗

专业特点

康复作业治疗专业旨在培养学生能够系统掌握作业治疗学基础理论、医学基本知识及相关自然科学知识，具备对常见疾病和残疾的康复治疗、评定及预防的基本能力，具备较强的人际交流能力和良好的职业道德，具备完成初步科学研究的能力。

本专业与高中学科关联度及学科要求

语文	数学	英语	物理	化学	生物	政治	历史	地理
B	D	B	B	A	A	E	E	E

本专业对高中阶段化学、生物科目要求较高，适合对健康护理、康复理疗、大健康等感兴趣的学生就读。

选考学科建议

"3+3"省份：物理／化生／生物

"3+1+2"省份：首选物理，再选化学／生物

大学主要课程

功能解剖学、运动生理学、运动生物化学、人体运动学、人体发育学、运动控制、神经科学、作业治疗理论、作业治疗基础、精神科作业治疗、骨骼肌肉与烧伤作业治疗、发育障碍的作业治疗、神经疾病的作业治疗、

职业康复、环境改造与辅具设计、老年健康与康复、妇女健康与康复、中医传统康复学等。

💡 就业方向

本专业毕业生可在各级医疗卫生单位、养老机构、特殊教育学校、社会福利及健康相关产业，从事临床作业治疗、教学等工作。

🏛 本专业较好的大学（排名不分先后）

南方医科大学、昆明医科大学等。

智能医学工程

专业特点

智能医学工程专业主要研究智能药物研发、医疗机器人、智能诊疗、智能影像识别、智能健康数据管理等，旨在培养出适应时代发展的综合性高素质人才。

本专业与高中学科关联度及学科要求

语文	数学	英语	物理	化学	生物	政治	历史	地理
B	D	B	B	A	A	E	E	E

本专业对高中阶段化学、生物科目要求较高，适合对人工智能感兴趣的学生就读。

选考学科建议

"3+3"省份：物理 / 化生 / 生物

"3+1+2"省份：首选物理，再选化学 / 生物

大学主要课程

数学与自然科学类、学科基础与专业类、创新与研修类、人文与社会科学类、训练与健康类、集中实践类、数理基础、医学基础、智能核心、医工融合、人文素质等。

💡 就业方向

本专业毕业生既能在大型综合性医院中从事医疗方向的临床和研究工作，又能在高等学校、研究院所、人工智能以及智能医疗相关企业从事研发及管理等工作。

🏛 本专业较好的大学（排名不分先后）

东南大学、天津大学、重庆大学、天津医科大学、南开大学、北京邮电大学、东北大学、南京医科大学、山东大学、重庆医科大学、西安电子科技大学、太原理工大学等。

护理学

专业特点

护理学专业主要研究基础医学、护理学、预防保健等方面的基本知识和技能，在护理领域进行临床护理、预防保健、护理管理、护理教学等。例如：医院内的临床操作、病人护理，新生儿和产妇的护理，老年人的保健和疾病预防。

本专业与高中学科关联度及学科要求

语文	数学	英语	物理	化学	生物	政治	历史	地理
B	D	B	B	A	A	E	E	E

本专业对高中阶段生物、化学科目要求较高，适合对临床护理感兴趣的学生就读。

选考学科建议

"3+3"省份：不限

"3+1+2"省份：首选不限，再选政治/化学/地理/生物

大学主要课程

人体解剖学、生理学、病理学、药理学、医学心理学、医学伦理学、护理学导论、护理学基础、内科护理学、外科护理学、妇产科护理学、儿科护理学、急救护理学、预防医学、精神护理学、护理管理学、护

理礼仪、护理科研等。

💡 就业方向

　　本专业毕业生可在医院、保健康复中心、敬老院等单位从事病弱患者的护理工作，也可在各类开设护理专业的大专院校从事护理学教学与科研工作。

🏛 本专业较好的大学（排名不分先后）

　　北京协和医学院、复旦大学、中南大学、北京大学、上海交通大学、四川大学、中山大学、首都医科大学、福建医科大学、山东大学、南京医科大学、天津医科大学、南方医科大学、南京中医药大学、西安交通大学、吉林大学、哈尔滨医科大学、重庆医科大学、华中科技大学、广州医科大学、浙江中医药大学、苏州大学、广州中医药大学、中国医科大学、武汉大学、郑州大学、安徽医科大学、温州医科大学、青岛大学、南昌大学、河南大学、杭州师范大学、滨州医学院、山西医科大学、山东第一医科大学、北京中医药大学、遵义医科大学、成都中医药大学、大连大学、河北医科大学、天津中医药大学、广西医科大学、暨南大学、华北理工大学、延边大学、厦门大学、扬州大学、东南大学、湖南中医药大学、宁夏医科大学、大连医科大学、山东中医药大学、西南医科大学、南华大学、汕头大学、锦州医科大学、昆明医科大学、福建中医药大学、潍坊医学院、江南大学、湖北中医药大学、贵州医科大学、电子科技大学、西安电子科技大学、徐州医科大学、南通大学、新疆医科大学、上海中医药大学、广东医科大学、湖南师范大学、蚌埠医学院、河北大学、兰州大学、江苏大学、海南医学院、深圳大学、延安大学、长江大学、新乡医学院、青海大学、三峡大学、云南中医药大学、贵州大学、承德医学院、石河子大学、常州大学等。

助产学

👍 专业特点

助产学专业培养掌握护理学和助产学的基础理论、基本知识和基本技能，具备良好的职业素质和责任感，在各类医疗卫生保健机构中能够从事临床助产、围产期护理以及母婴保健工作的高级助产专门人才。

📖 本专业与高中学科关联度及学科要求

语文	数学	英语	物理	化学	生物	政治	历史	地理
B	D	B	B	A	A	E	E	E

本专业对高中阶段生物、化学科目要求较高，适合对助产学感兴趣的学生就读。

📚 选考学科建议

"3+3"省份：不限

"3+1+2"省份：首选不限，再选政治/化学/地理/生物

📖 大学主要课程

解剖学基础、生理学基础、遗传与优生学基础、病原生物与免疫学基础、病理学基础、药物应用护理、护理礼仪、人际沟通、护理学基础、健康评估、心理与精神护理、产科学及护理、内科护理、外科

护理、妇科护理、儿科护理、母婴保健、急救护理技术等。

💡 就业方向

本专业毕业生可在各级医疗、预防、保健机构和社区卫生服务中心，从事助产、护理、母婴保健等工作。

🏛 本专业较好的大学（排名不分先后）

首都医科大学、南方医科大学、福建医科大学、南京中医药大学、浙江中医药大学、安徽医科大学、山东第一医科大学、温州医科大学、山西医科大学、河北医科大学、华北理工大学、广西医科大学、昆明医科大学、遵义医科大学、贵州医科大学、湖北中医药大学、西安医学院、徐州医科大学、广西中医药大学、蚌埠医学院、河北中医学院、陕西中医药大学、川北医学院、海南医学院、潍坊医学院、杭州医学院、湖南医药学院、沈阳医学院、甘肃中医药大学、桂林医学院等。

2021 年增设专业

门类	专业类	专业代码	专业名称	学位授予门类	修业年限	增设年份
经济学	财政学类	020203TK	国际税收	经济学	四年	2021
经济学	经济与贸易类	020403T	国际经济发展合作	经济学	四年	2021
法学	法学类	030108TK	纪检监察	法学	四年	2021
法学	公安学类	030623TK	铁路警务	法学	四年	2021
教育学	教育学类	040114TK	劳动教育	教育学	四年	2021
历史学	历史学类	060109T	科学史	历史学	四年	2021
理学	地球物理学类	070804TK	行星科学	理学	四年	2021
工学	材料类	080418T	光电信息材料与器件	工学	四年	2021
工学	能源动力类	080506TK	氢能科学与工程	工学	四年	2021
工学	能源动力类	080507TK	可持续能源	工学	四年	2021
工学	电气类	080608TK	智慧能源工程	工学	四年	2021
工学	土木类	081012T	智能建造与智慧交通	工学	四年	2021
工学	水利类	081106T	智慧水利	工学	四年	2021

门类	专业类	专业代码	专业名称	学位授予门类	修业年限	增设年份
工学	地质类	081406T	智能地球探测	工学	四年	2021
工学	地质类	081407T	资源环境大数据工程	工学	四年	2021
工学	矿业类	081508TK	碳储科学与工程	工学	四年	2021
工学	轻工类	081706TK	生物质能源与材料	工学	四年	2021
工学	交通运输类	081812T	智能运输工程	工学	四年	2021
工学	海洋工程类	081905T	智慧海洋技术	工学	四年	2021
工学	航空航天类	082011T	空天智能电推进技术	工学	四年	2021
工学	林业工程类	082405T	木结构建筑与材料	工学	四年	2021
农学	植物生产类	090116TK	生物育种科学	理学	四年	2021
农学	自然保护与环境生态类	090206T	湿地保护与恢复	农学	四年	2021
农学	林学类	090505T	智慧林业	农学	四年	2021
管理学	工商管理类	120217TK	海关稽查	管理学	四年	2021
管理学	公共管理类	120418T	慈善管理	管理学	四年	2021

门类	专业类	专业代码	专业名称	学位授予门类	修业年限	增设年份
艺术学	戏剧与影视学类	130314TK	曲艺	艺术学	四年	2021
艺术学	戏剧与影视学类	130315TK	音乐剧	艺术学	四年	2021
艺术学	美术学类	130412TK	科技艺术	艺术学	四年	2021
艺术学	美术学类	130413TK	美术教育	艺术学	四年	2021
艺术学	设计学类	130513TK	珠宝首饰设计与工艺	艺术学	四年	2021

2022 年增设专业

门类	专业类	专业代码	专业名称	学位授予门类	修业年限	增设年份
法学	社会学类	030307T	社会政策	法学	四年	2022
法学	公安学类	030621TK	反恐警务	法学	四年	2022
法学	公安学类	030622TK	消防政治工作	法学	四年	2022
教育学	教育学类	040113T	融合教育	教育学	四年	2022
历史学	历史学类	060108T	古文字学	历史学	四年	2022
理学	物理学类	070236T	量子信息科学	理学	四年	2022
理学	化学类	070306T	化学测量学与技术	理学	四年	2022
理学	大气科学类	070603T	气象技术与工程	理学、工学	四年	2022
工学	机械类	080217T	增材制造工程	工学	四年	2022
工学	机械类	080218T	智能交互设计	工学	四年	2022
工学	机械类	080219T	应急装备技术与工程	工学	四年	2022
工学	能源动力类	080505T	能源服务工程	工学	四年	2022
工学	电气类	080607T	能源互联网工程	工学	四年	2022

门类	专业类	专业代码	专业名称	学位授予门类	修业年限	增设年份
工学	电子信息类	080719T	柔性电子学	工学	四年	2022
工学	电子信息类	080720T	智能测控工程	工学	四年	2022
工学	自动化类	080808T	智能工程与创意设计	工学	四年	2022
工学	计算机类	080918TK	密码科学与技术	工学	四年	2022
工学	土木类	081011T	城市水系统工程	工学	四年	2022
工学	矿业类	081507T	智能采矿工程	工学	四年	2022
工学	交通运输类	081811T	智慧交通	工学	四年	2022
工学	航空航天类	082010T	智能飞行器技术	工学	四年	2022
工学	公安技术类	083112TK	食品药品环境犯罪侦查技术	工学	四年	2022
农学	植物生产类	090115T	生物农药科学与工程	农学	四年	2022
农学	自然保护与环境生态类	090205T	土地科学与技术	农学	四年	2022
农学	动物生产类	090306T	饲料工程	农学，工学	四年	2022
农学	动物生产类	090307T	智慧牧业科学与工程	农学	四年	2022

门类	专业类	专业代码	专业名称	学位授予门类	修业年限	增设年份
农学	动物医学类	090406TK	兽医公共卫生	农学	五年	2022
医学	公共卫生与预防医学类	100406T	运动与公共健康	理学	四年	2022
医学	医学技术类	101012T	生物医药数据科学	理学	四年	2022
医学	医学技术类	101013T	智能影像工程	工学	四年	2022
管理学	工商管理类	120216T	创业管理	管理学	四年	2022
管理学	公共管理类	120415TK	海关检验检疫安全	管理学	四年	2022
管理学	公共管理类	120416TK	海外安全管理	管理学	四年	2022
管理学	公共管理类	120417T	自然资源登记与管理	管理学	四年	2022
艺术学	艺术学理论类	130103T	非物质文化遗产保护	艺术学	四年	2022
艺术学	音乐与舞蹈学类	130212T	音乐教育	艺术学	四年	2022
艺术学	美术学类	130411T	纤维艺术	艺术学	四年	2022